U0915911

# 中国邮政集团有限公司

## 年鉴 2023

中国邮政文史中心（中国邮政邮票博物馆） 编

人民邮电出版社
北　京

**图书在版编目（CIP）数据**

中国邮政集团有限公司年鉴. 2023 / 中国邮政文史中心（中国邮政邮票博物馆）编. -- 北京 : 人民邮电出版社, 2024.3
ISBN 978-7-115-63443-6

Ⅰ. ①中… Ⅱ. ①中… Ⅲ. ①邮政—邮电企业—企业集团—中国—2023—年鉴 Ⅳ. ①F632.1-54

中国国家版本馆CIP数据核字(2024)第002548号

◆ 编　　　中国邮政文史中心（中国邮政邮票博物馆）
责任编辑　苏　萌
责任印制　马振武

◆ 人民邮电出版社出版发行　　北京市丰台区成寿寺路 11 号
邮编　100164　　电子邮件　315@ptpress.com.cn
网址　https://www.ptpress.com.cn
北京盛通印刷股份有限公司印刷

◆ 开本：880×1230　1/16
印张：23.25　　　2024 年 3 月第 1 版
字数：856 千字　　　2024 年 3 月北京第 1 次印刷

定价：238.00 元

**读者服务热线：(010) 81055493　印装质量热线：(010) 81055316**
**反盗版热线：(010) 81055315**
**广告经营许可证：京东市监广登字 20170147 号**

# 《中国邮政集团有限公司年鉴》编委会

# 《中国邮政集团有限公司年鉴》编辑部

# 编 辑 说 明

一、《中国邮政集团有限公司年鉴》由中国邮政集团有限公司主管，综合部主办，中国邮政文史中心（中国邮政邮票博物馆）编纂并组织出版。

二、本年鉴收录的内容包括中国邮政集团有限公司总部各部门、控股子公司、寄递事业部、直属单位、各省（自治区、直辖市）分公司工作，是一部全面、翔实记录全国邮政工作的纪年性资料工具书。

三、《中国邮政集团有限公司年鉴（2023）》以年鉴体例为基础，根据邮政特点，采用分类编辑法，分为要闻，特载，综述，大事记，网路运营，邮政服务，业务发展，邮票发行及集邮，纪检监察，企业管理，科技创新，党的建设，工会工作，交流与合作，控股子公司、寄递事业部及直属单位工作，各省、自治区、直辖市分公司工作，附录共17个栏目。起止时限为2022年1月1日至12月31日，个别条目采取了追溯的办法，以保证文献的连贯性。

四、本年鉴所涉及的单位名称使用简称。“中国邮政集团有限公司”简称“集团公司”，个别采用“中国邮政”描述；“中国邮政储蓄银行股份有限公司”简称“邮储银行”；“中邮人寿保险股份有限公司”简称“中邮保险”；“中邮证券有限责任公司”简称“中邮证券”；“中邮资本管理有限公司”简称“中邮资本”；“中国邮政集团有限公司寄递事业部”简称“集团公司寄递事业部”。中国邮政集团有限公司各省（区、市）分公司简称如“北京市分公司”“新疆分公司”等。控股子公司各省（区、市）分公司简称如“邮储银行河北省分行”“中邮保险辽宁省分公司”“中邮证券山西省分公司”等。直属各单位亦按规范使用简称。

五、本年鉴所载全国性统计资料和数据均未含香港特别行政区、澳门特别行政区和台湾地区；部分内容含港澳台地区。全书数据因各单位统计层级、口径不同略有差异。

六、本年鉴在编辑出版过程中，得到各单位的大力支持。值此出版之际，衷心感谢集团公司总部各部门、控股子公司、寄递事业部、直属单位、各省（自治区、直辖市）分公司的大力支持。同时，向为本书的编辑、出版付出辛勤劳动的全体撰稿、审稿人员致谢。

七、由于经验不足，水平有限，《中国邮政集团有限公司年鉴（2023）》难免存在不足和错讹之处，诚请不吝指教。

《中国邮政集团有限公司年鉴》编辑部

2023年12月

# 目 录

要 闻……………………………………… 1

习近平总书记在考察2022年冬奥会、冬残奥会筹办备赛工作时察看冬奥村邮政书报亭……………………2

特 载……………………………………… 3

汲取思想伟力 打造核心优势 锚定战略任务 在服务新发展格局中纵深推进中国邮政高质量发展
——党组书记、董事长刘爱力在中国邮政集团有限公司2022年工作会议暨第一届第三次职工代表大会上的讲话 …………………… 4

综 述…………………………………… 15

大事记…………………………………… 21

网路运营………………………………… 29

概述 ……………………………………30

邮路建设…………………………………… 31

"温州—东京"国际货运航线开通 ……………31

中日海上邮路合作落地青岛 ……………………31

安徽省分公司9610美国商业专线首发成功 ……31

湖北省分公司发运首个跨境电商中欧班列货柜 ……31

郑州至莫斯科专线包机开通 ……………………31

济南邮区中心首次开通省际邮政特品专线汽车邮路 … 31

西安—宝鸡首条中邮快运专线开通 ……………31

山东省分公司首条海运快件专线上线运营 ………31

"南宁—南京"荔枝专机航线开通 ……………31

东北地区开通首条中欧班列运邮专线 ……………32

"乌鲁木齐—阿拉木图"邮货包机正式启航 ………32

内蒙古兴安盟第一条边防邮路开通 ………………32

"巫山—南京"巫山脆李专机航线开通 …………32

"哈尔滨—黑河—叶卡捷琳堡"陆运邮路正式开通 …32

中欧班列运邮启动白俄罗斯新线路测试 …………32

"深圳—大阪"国际货运航线开通 ………………33

太原邮区中心开通太原至南宁往返邮路 …………33

山东省分公司首条日本向航空快件专线开通 ………33

中欧班列"江苏号"首发莫斯科 ………………33

辽宁至澳大利亚海运邮路开通 …………………33

河南省分公司和新疆分公司分别开通卡航国际运输业务 …33

"乌鲁木齐—莫斯科"全货机航线开通 …………33

广西分公司开通两条一级干线高铁邮路 …………34

中欧班列"长安号"运邮专线首发 ……………34

河北省分公司开通7条集群市场直达专线 ………34

中欧班列(渝新欧)回程运邮海铁多式联运测试成功 ……………………………………34

邮航"双11"加班专机班次数量创历史新高 ………34

邮航继续开通冬令"极速鲜"航线 ……………35

处理中心…………………………………… 35

大连邮区中心获评2021年度全国最佳处理中心 ……35

青岛中邮海外仓中转仓上线 ……………………35

中国(郑州)重要国际邮件枢纽口岸业务正式开通 …35

辽宁省分公司国际邮快件监管中心通过海关验收 ……35

新疆邮政航空货邮枢纽正式运营 …………………36

沈阳(苏家屯)仓储中心工程正式开工建设 ………36

新疆分公司启动霍尔果斯国际邮件交换站 ………36

中国邮政邮件处理中心屋顶光伏发电厦门试点项目建成并网运行 ……………………………36

安徽省安庆邮区中心正式乔迁新场地运营 ………36

新疆分公司在吉木乃口岸国际物流运输业务正式运营 ……36
中国邮政（郑州）逆向海淘重要基地启动 ……36
西安国际邮件互换局暨中国（西安）邮政跨境电商产业园揭牌 ……37
杭州处理中心大江东新场地顺利投产 ……37
上海市桃浦邮件处理中心投入试生产 ……37
粤西（湛江）邮件处理中心启动建设 ……37
江西省上饶市分公司综合处理中心正式投入使用 ……37
南昌邮区中心以大客户为先 保畅通、提时限 ……38
石家庄国际邮件互换局（兼交换站）获批设立 ……38
上海市分公司推进邮区中心规范化改革 ……38
邮政处理中心规范化系列研究完成 ……38

**运行管理** ……39

西藏拉林铁路代运党报试运行成功 ……39
内蒙古分公司市趟运输改革 ……39
安徽省分公司深化三级物流体系建设 ……39
甘肃邮政抓实“路长制” 提升网运质量 ……39
西藏那曲进出口邮件寄递时限缩短 24 小时 ……40
成都邮区中心筑牢安全防线 ……40
浙江省分公司提升车辆装载率 ……40
江西萍乡邮政跨区组网提升网运效能 ……40
揽投网改革试点工作推进 ……41
各地邮政做好“双 11”生产支撑保障 ……41
上海邮政提升邮件自动化处理能力 ……42
湖北省分公司实现省会城市间普邮全程时限达标领先 ……42
南京集散中心战旺季稳时限 ……42
湖南省临澧县分公司三级物流体系建设通过实地验收考评 ……43
中国邮政和海关总署联合发起“关邮行邮税缴税信息联网项目” ……43

## 邮政服务 ……45

概述 ……46

**网点建设** ……47

“开往冬奥的邮政专列”快闪活动在北京启动 ……47
中国国家博物馆主题邮局开业 ……48
“PlayStation‘宇宙漫游局’”快闪主题邮局亮相上海 ……48
北京首家邮局咖啡店开业 ……48
小度智能体验店落地京城邮局 ……48
“生命接力”主题邮局成立 ……48
天津市分公司开展网点进校园活动 ……48
内蒙古分公司启动青少年主题邮局建设 ……48
清水河邮政老牛湾主题邮局开业 ……49
长春邮政“邮味灵感追梦空天”主题邮局亮相航空展 ……49
“长江 11 号”主题邮局开业 ……49
《中国共产党章程》诞生地主题邮局开业 ……49
宋庆龄故居纪念馆主题邮局开业 ……49
航空主题邮局开业 ……49
杭州市分公司搭建“声音邮局” ……50
“人民邮电所”打造邮电一站式服务 ……50
金华首个邮政网点“共享法庭”揭牌 ……50
武夷山主题邮局落地景区宋街 ……50
江西邮政自提点建设提前收官 ……51
江西省泰和县工业园区邮政所昌盛便民药店开业 ……51
河南周口共配中心助力“快递进村” ……51
广东首家邮局咖啡店开业 ……51
广州首家服务乡村振兴主题邮局启用 ……52
“圳兴乡村”主题邮局开业 ……52
“熊猫邮局”再添网红打卡地 ……52
张掖甘州首个“政务邮局”开业 ……52
邮储银行北京市分行首家“邮储驿站”开业 ……52
邮储银行苏州市分行打造“金融书屋” ……53

**普遍服务** ……53

普邮全程时限提升达标专项活动 ……53
集团公司印发《邮政普遍服务行政处罚企业内控管理办法》 ……53
集团公司召开 2023 年度全国邮政报刊发行会议 ……53
广东邮政确保疫情防控期间党报党刊不断档 ……53
四川省达州市分公司参与“出生一件事”惠民服务项目 ……54
《习近平谈治国理政》第四卷送到抵边村 ……54
云南 2207 个抵边自然村全部通邮 ……54
呼伦贝尔市、保山市抵边自然村全部通邮 ……54
中国邮政定点帮扶工作 ……54
集团公司部署服务乡村振兴重点任务 ……55
集团公司党组学习贯彻《乡村建设行动实施方案》 ……55
集团公司召开邮银协同服务乡村振兴重点工作推进会 ……55
集团公司推进服务乡村振兴重点工作 ……55
中国邮政与中国中化开展惠农合作服务春耕 ……55
邮储银行科技赋能新模式　助力乡村振兴 ……55
集团公司新闻宣传中心组织开展“乡村振兴行”大型全媒体行进式采访活动 ……56
浙江省分公司当选浙江省农民专业合作社联合会副会长单位 ……56

浙江省常山县众柚胡柚专业合作社成为首批“全国级中邮惠农综合服务示范社” ……56
安徽省分公司定点帮扶村灵璧县河北村被评定为“省级乡村振兴示范村” ……56
河南邮政帮助农户销售滞销菜 ……56
湖南省分公司与湖南省妇联战略合作助乡村振兴 ……56
广西分公司启动专项营销活动 ……57
海口三门坡惠农服务中心正式开业 ……57
重庆市分公司深化惠农合作助力乡村振兴 ……57
集团公司与退役军人事务部签署拥军优抚合作协议 ……57
江苏全面启动退役军人及其他优抚对象优待证申领制发工作 ……57
浙江省分公司协同推进退役军人优待证寄递服务 ……57
广西贵港邮政为驻地各部队提供军队喜报专递业务 ……57
新疆昭苏邮政开展“为退伍老兵办实事”活动 ……58
绿色邮政建设完成行业生态环保目标 ……58

**重大活动和重大事件服务……58**

集团公司完成党的二十大邮政通信服务保障任务 ……58
集团公司部署北京冬奥会期间邮政安全与服务保障工作 ……58
北京市分公司完成全国两会服务任务 ……58
北京市分公司服务党的二十大 ……59
上海市分公司服务第五届进博会 ……59
浙江省分公司建设嘉兴平湖汇集点 助力全国邮政保供上海物资发运 ……59
杭州市分公司打造亚运城市名片 ……59
福州市分公司驻点服务2022国际渔博会 ……60
珠海市分公司服务第十四届中国航展 ……60
广西分公司争分夺秒保障救援 ……60
广西分公司服务中国—东盟博览会 ……60
粤桂邮政抗洪救灾保安全保通畅 ……60
海南省分公司高标准完成博鳌论坛年会服务保障 ……61
海南省分公司服务消博会 ……61
海南邮银协同服务“冬交会” ……61
四川邮银保全力做好地震灾后应急救援工作 ……62
成都市分公司服务第56届国际乒联世界乒乓球团体锦标赛（决赛） ……62
西藏分公司疫情防控期间全力保障服务 ……62
各地邮政全力保障用邮需求 ……62

**服务质量……63**

服务质量及管理水平统计资料 ……63
军队喜报项目服务质量持续向好 ……63
多家基层邮政企业荣获用户满意荣誉 ……63
集团公司部署推进邮政会员服务体系建设 ……64
各地邮政、直属单位紧抓安全生产不放松 ……64
太原邮区中心邮件处理强管控提质量 ……64
内蒙古邮政持续推进“管理提升年”工作 ……64
江苏省分公司以互寄测试推动市趟改革提能增效 ……64
合肥邮区中心色彩管理推动生产精细化 ……65
广西邮政信息网改造实现降本增效 ……65

## 业务发展……67

**邮政业务……68**

概况 ……68
2023年全国邮政经营服务工作会议召开 ……68
集团公司部署加快推进自提点建设应用 ……69
集团公司专题会议部署函件业务发展 ……69
国家邮政局发文支持浙江邮政高质量发展 助力建设共同富裕示范区 ……69
党建服务和函包业务融合发展 ……69
公益包裹项目 ……69
发挥国有主渠道作用 完成收订任务目标 ……69
图书业务快速发展 ……70
供给端服务开发加强 ……70
全力做好党报党刊发行服务 ……70
中国邮政宣传发行《习近平谈治国理政》第四卷 ……70
集团公司部署安排《习近平谈治国理政》第四卷发行工作 ……70
全力保障党的二十大期间《人民日报》及时发行到位 ……71
中国“邮”礼中国邮政文创第二届文创产品设计大赛颁奖暨中国邮政文创新品发布会举办 ……71
线上线下媒体整合营销 ……71
“冰雪邮我”冬奥直播宣传活动 ……71
中国邮政中秋数字藏品首发 ……72
天津实现全国关邮缴税信息互联互通 ……72
天津市分公司首批启用四位条形码 ……72
山西省太原市税邮合作中心推出纳税人发票免费寄递服务 ……72
内蒙古自治区实现关邮缴税信息联网 ……72
辽宁邮政和贵州邮政共同助力丹东草莓销售 ……72
吉林省扶余市分公司“返箱行动”进校园 ……72
黑龙江省分公司与黑龙江省信访局联合开展“免费信访邮政”服务 ……73
上海市分公司推出文创雪糕 ……73
江苏邮政支撑线上诊疗药品配送服务 ……73
浙江省温州市分公司推出“爱心陪办”业务 ……73
安徽省分公司完成首单“9710”自主报关业务 ……74

"赣服通"政务平台"邮政专区"上线 ……74
山东省分公司服务"线上文化惠民"工作获央视新闻联播报道 ……74
河南省分公司推广快递包裹客户预付费管理 ……74
湖北省十堰市分公司在疫情管控下保证高考录取通知书投递 ……74
首个"邮乐直播基地"在湖南开建 ……74
广东省分公司推动传统业务转型 ……74
广东省分公司启动全国首个跨境电商嵌入式监管 ……75
打造"渝快递·愉快递"大同城品牌 ……75
四川省分公司身份证"邮政直通车"服务提速 ……75
贵州邮政开启"集邮6.18""双十二购物狂欢，佳酿相伴"直播带货零售新模式 ……75
云南省分公司多样化手段提高政务图书发行 ……75
西藏分公司抗疫保供保通保畅 ……75
陕西省分公司"极速鲜"樱桃项目获丰收 ……75
新疆博州分公司疫情下服务不中断 ……75

**金融业务 ……76**

邮储银行零售金融业务 ……76
邮储银行公司金融业务 ……76
邮储银行资金资管业务 ……77
邮储银行普惠金融 ……77
邮储银行"农业产业链金融"模式入选农业农村部金融支农八大创新模式 ……77
"普惠服务全川行"活动启动 ……77
代理金融业务 ……77
代理金融储蓄存款增规模、调结构成效显著 ……78
代理金融个人有效客户经营质效提升 ……78
代理保险数智化转型营销活动 ……78
代理金融打造重点行业智慧+场景 ……78
全国邮政代理金融专业工作会在北京召开 ……79
全国邮政代理金融启动风控合规"雷霆行动" ……79
全国邮政代理金融本年新增储蓄存款破万亿元 ……79
中邮保险增资扩股引战项目完成 ……79
中邮保险获评"中国金融年度十佳社会责任机构" ……79
普惠保险探索业务协办新模式 ……79
中邮保险与招商银行开展银保业务合作 ……79
辽宁邮保共同举办保险期交大单训练营 ……80
宁夏邮保协同推进健康险业务发展 ……80
中邮证券财富管理业务 ……80
中邮证券资管业务 ……80
中邮证券投行业务 ……80
中邮证券自营业务 ……80
中邮证券卖方研究所 ……81
中邮证券获评中债指数"创新引领先锋机构" ……81
中邮证券获"十佳优秀投教会员单位"等荣誉 ……81
中邮证券成功发行首单绿色ABS产品 ……81

**速递物流业务 ……81**

1591条寄递业务重点线路精准提速 ……81
中国邮政EMS年业务量突破百亿件 ……81
国内特快业务"双11"首日突破1200万件 ……81
农产品寄递突破22亿件 ……82
"双11"旺季产生揽投任务完成 ……82
高考录取通知书寄递服务保障工作 ……82
EMS"行李到家"服务上线 ……82
丰巢快递柜寄件业务开通 ……82
中速快运业务开办 ……82
江苏省分公司上线全国邮政首家特快邮件混合收寄 ……82
全国邮政首个进口冷链仓储项目落地江西 ……83
湖北省寄递事业部制定《湖北邮政国际寄递业务服务RCEP区域经济实施方案》 ……83

**农村电商 ……83**

2022年全国邮政农村电商发展推进会召开 ……83
集团公司召开2022年全国邮政进销存转型推广电视电话会议 ……83
第六届中国邮政"919电商节"启动 ……83
"邮乐购电商服务生态圈项目"入选天津乡村振兴典型案例 ……83
江苏省分公司联合举办大闸蟹直播助农活动 ……83
安徽省分公司举办2022年"振兴邮我"项目表彰会暨直播大赛启动仪式 ……84
"老俵情"获"2022最受欢迎的江西十大网货品牌" ……84
江西省金溪县分公司"蜜梨+文旅"惠农助销 ……84
山东省分公司参与主办"山东省第四届双品网购节暨非洲好物网购节" ……84
河南省邮保协同创新惠农 ……84
广东省分公司"好心惠农"小程序上线 ……85
四川省分公司联合举行"川工带川货助力乡村振兴——喜迎农民丰收节"直播活动 ……85
贵州邮政线上开展"双品网购节"活动助力乡村振兴 ……85
云南省分公司启动"山货上头条"活动 ……85
陕西省富平县分公司助力柿饼销售 ……85
宁夏邮政积极推进特色农产品电商合作 ……86
新疆伊犁州分公司助力樱桃销售 ……86

## 邮票发行及集邮 ……87

概述 ……88

集邮业务 ……88
2022年集邮文化季活动举办 ……89
2022集邮周活动举办 ……89
癸卯年生肖邮票图稿发布 ……89
壬寅年生肖贺岁季活动举办 ……89
邮票条码化推广应用 ……89
《〈区域全面经济伙伴关系协定〉生效》纪念邮票发行 ……89
《壬寅年》特种邮票在中国国家博物馆首发 ……89
《第24届冬季奥林匹克运动会开幕纪念》邮票发行 ……90
北京冬奥会闭幕纪念封发行 ……90
《杭州2022年第19届亚运会》个性化邮票双连张发布 ……90
《中国古典文学名著——〈红楼梦〉》系列邮票收官 ……91
《中国共产主义青年团成立一百周年》纪念邮票发行 ……91
《姑苏繁华图》特种邮票发行 ……91
中国古镇邮票发行第四组 ……92
《洞庭湖》特种邮票发行 ……92
《我和祖国一起成长》邮票“六一”发行 ……92
《东南大学建校一百二十周年》纪念邮票发行 ……92
“致敬先贤——千年周敦颐司马光”个性化邮票发行 ……92
《水电建设》特种邮票发行 ……93
《第一部〈中国共产党章程〉通过一百周年》纪念邮票发行 ……93
《中国国家版本馆》特种邮票发行 ……93
《中国共产党第二十次全国代表大会》纪念邮票发行 ……93
《中国空间站》邮票发行 ……94
《邮票上的中国共产党百年历程》新书发布会在中国邮政邮票博物馆举行 ……94
第二届粤港澳大湾区邮展举行 ……94
“中国集邮生肖邮票”首获2021十大年度国家IP文创设计赛道金奖 ……94
《张仲景》特种邮票在南阳市首发 ……95
中国集邮生肖贺岁季启动 ……95
中国集邮文化香港校园展举行 ……95
北京邮票厂有限公司获得全国最佳邮票评选5个奖项 ……96
山西省运城市分公司联合运城市集邮协会、运城市妇女联合会举办“邮票里的女性”主题展览 ……96
辽宁省丹东市分公司开展“童心向党 邮我相伴”主题活动 ……96
江苏省金陵马庄小学青少年集邮协会成立 ……96
安徽省安庆市集邮协会获“先进基层集邮组织”荣誉称号 ……96
洛阳集邮助力文旅融合发展 ……97
重庆市分公司举办第42届佳邮评选活动 ……97
2022年纪特邮票发行目录 ……97

## 纪检监察……101

概述 ……102
聚焦党的二十大强化政治监督 ……103
为邮政企业服务北京冬奥会（冬残奥会）筹备提供坚强的纪律保障 ……103
开展疫情防控监督 ……103
协助集团公司党组召开2022年党风廉政建设和反腐败工作会议 ……103
健全与集团公司党组定期会商机制 ……103
建立与集团公司各部门定期召开贯通协同监督工作沟通会机制 ……104
推动开展重点领域专项治理 ……104
协助集团公司党组召开领导人员警示教育大会 ……104

## 企业管理……105

**综合管理……106**
概况 ……106
集团公司召开2022年工作会议暨第一届第三次职工代表大会 ……108
全国邮政“安全生产月”活动收官 ……108
集团公司召开安全生产委员会办公室会议 ……108
集团公司召开2022年工作座谈会 ……108
集团公司部署做好党的二十大期间邮政安全服务保障工作 ……109
集团公司总部运维费用定额标准规范体系首次建立 ……109
集团公司部署开展“消防宣传月”活动 ……109
中国邮政跃升世界邮政第一 ……109
中国获评万国邮联PDL10级国家 ……109
中国邮政获第三届亚太邮联区域奖多个奖项 ……109
中国邮政两项目获评服贸会服务示范案例 ……110
7家邮政单位获评“2022年全国市场质量信用AA级企业” ……110
策划迎接党的二十大主题宣传活动 ……110
中国邮政创新高端传播品牌传播模式 ……110
中国邮政服务乡村振兴宣传活动 ……111

保供保通保畅主题系列宣传 …… 111
聚焦冬奥传播邮政形象 …… 111
围绕代表履职做好全国两会宣传 …… 111
推进董事会规范建设 …… 111
建立全流程督办机制 …… 111
档案工作信息化水平提升 …… 111
推进档案工作规范管理 …… 112
建立健全疫情防控平急结合的标准化体系建设 …… 112
中国邮政2022年首批优秀创意和优秀创新项目揭晓 …… 112
第十八届全国邮政企业管理现代化创新成果评选完成 …… 112
石家庄邮电职业技术学院在国家“双高计划”建设中期绩效评价获评优秀等级 …… 112
**战略规划与风控合规 …… 112**
概况 …… 112
集团公司部署开展外包专项整治和15项管理提升重点工作 …… 113
集团公司改革三年行动收官 …… 113
完善战略规划管理体系 …… 114
推进分业经营改革 …… 114
优化绩效考核体系 …… 114
建立健全全面风险管理体系 …… 114
提升法律服务支撑水平 …… 114
处理法律纠纷化解风险 …… 115
中邮科技IPO成功过会 …… 115
开展仓储项目布局 …… 115
完成邮乐公司增资控股 …… 115
**财务管理 …… 115**
概况 …… 115
资源管控 …… 115
分类核算 …… 116
成本管控 …… 116
业财一体化平台建设和数据治理 …… 116
财务基础管理 …… 116
**人力资源管理 …… 117**
概况 …… 117
优化领导班子结构 …… 118
加强年轻干部队伍建设 …… 118
全面实施任期制和契约化管理 …… 118
健全落实重点业务配员标准 …… 118
集团公司召开人才工作会议 …… 118
浙江省邮政培训中心项目获国际人才发展协会“卓越实践奖” …… 118
**采购管理 …… 118**
概况 …… 118
构建“三图一表十模板”采购流程化管理框架 …… 119
中国邮政电子采购与物资供应平台二期工程建设与应用工作推进 …… 119
采购工作“三把尺子”方法论指导项目实施 …… 119
**审计监督 …… 120**
概况 …… 120
围绕集团公司改革发展开展审计监督 …… 120
代理金融业务审计监督 …… 120
经济责任审计 …… 120
工程审计 …… 121
组织全系统落实审计署经济责任审计整改 …… 121
增强审计实效 …… 121
审计监督体系建设 …… 121
审计人才队伍建设 …… 121
审计工作数字化转型 …… 122
推动党建与审计工作深度融合 …… 122

## 科技创新 …… 123

概述 …… 124
《中国邮政科技创新体系建设行动方案》印发 …… 124
推进数字邮政落地 …… 124
中国邮政数字化处理中心研发项目 …… 125
中国邮政光伏建设试点项目并网发电 …… 125
集团公司建设统一的智能客服平台 …… 126
“中国邮政技术中台v2.0”通过首批云原生安全成熟度3级评估 …… 126
中国邮政大数据平台邮务数据湖集群升级工作顺利完成 …… 126
第一届中国邮政数据创新实践劳动竞赛成功举办 …… 126
2022年度中国邮政科学技术奖评选结果揭晓 …… 126
邮储银行新一代个人业务核心系统全面投产上线 …… 127
中邮信科编制发布发展规划（2022—2025） …… 127
石家庄邮区中心“智能机械手”升级 …… 127
内蒙古分公司自主研发代理金融业务数据分析系统 …… 127
芜湖邮政邮车接卸智能管控系统助力降本增效 …… 127
武汉邮区中心“科技信息携手促进设备效能达标”案例获集团最佳实践 …… 127
11183广州中心完成智能客服平台全量切换 …… 127
深圳邮政首台智能无人驾驶配送车投入试运行 …… 127
南宁邮区中心启用进局接卸车辆驾驶员自助登记系统 …… 128
重庆邮政推进“数智化邮政”建设 …… 128

## 党的建设……………………………… 129


概述 …………………………………………… 130
巡视工作概况 ……………………………………… 130
集团公司举办十九届六中全会精神宣讲报告会 … 131
集团公司党组书记、董事长刘爱力在学习贯彻党的十九届六中全会精神专题培训班上讲授党课 … 131
中国邮政五人当选党的二十大代表 ………………… 131
邮政全系统认真组织收看党的二十大开幕会 …… 131
集团公司党组认真传达学习贯彻党的二十大精神 …132
集团公司举办学习贯彻党的二十大精神专题讲座 …132
集团公司召开党史学习教育专题民主生活会 …… 132
集团公司召开党史学习教育总结大会 …………… 132
集团公司召开 2022 年党的建设暨党风廉政建设和反腐败工作会议 ……………………………… 132
集团公司部署在全系统开展“党风廉政警示教育月”活动 ……………………………………… 133
集团公司召开会议研究部署全系统党建工作和意识形态工作 ……………………………………… 133
集团公司党组会议要求学习贯彻《纪检监察机关派驻机构工作规则》 ………………………… 133
集团公司党组启动 2022 年巡视工作 …………… 133
集团公司党组 2022 年巡视完成反馈 …………… 133
集团公司推进全系统党建工作与生产经营深度融合 … 134
集团公司要求全系统广大青年为企业高质量发展拼搏奋斗 ……………………………………… 134
开展基层党组织建设达标工程和创先争优活动 … 134
持续开展“领题破题”和“三亮三比三评”活动，助推党建与生产经营深度融合 ………………… 134
做好青年理论学习工作带动青年学思践悟 ……… 134
开展“喜迎二十大、永远跟党走、奋进新征程”主题教育实践系列活动 ………………………… 134
安徽省分公司思想政治工作“三四五”工作法在全系统复制推广 ……………………………… 135
中央和国家机关工委两个党支部在中国邮政邮票博物馆联合开展主题党日活动 ………………… 135
最高人民检察院政治部党总支在中国邮政邮票博物馆开展主题党日活动 ………………………… 135
中国记协国内部、机关服务中心两党支部与新闻宣传中心党总支开展主题党日活动 …………… 135
巡视工作呈现新特点 ……………………………… 135
精准确定巡视监督内容 …………………………… 135
加强巡视工作规范化建设 ………………………… 136
金融板块高质量开展对照整改工作 ……………… 136
144 家党组织完成全面自查整改工作 …………… 136
全面系统总结 5 年来的巡视巡察工作 …………… 136
持续加强党风廉政建设 …………………………… 136
集团公司直属机关 36 个党支部被命名为中央和国家机关“四强”党支部 ………………………… 137
中国邮政 1 集体 3 个人获全国“两红两优”表彰 … 137
中国邮政 1 集体 2 个人获“全国向上向善好青年” … 137
中国邮政 2 个人获评“全国青年岗位能手（标兵）” ……………………………………… 137
2018—2021 年度全国邮政系统“双先”表彰大会召开 ……………………………………… 137
集团公司表彰 2021 年度新闻宣传先进集体和个人 … 137
集团公司表彰百名青年学习标兵 ………………… 138
4 名邮政人获评交通运输青年科技英才 ………… 138
《人民日报》报道王顺友、尼玛拉木事迹 ……… 138
中国邮政承办北京国际摄影周大众手机摄影展 … 139
邮政故事获交通好故事宣讲全国总决赛两项大奖 … 139
企业文化建设优秀成果推荐评选及表彰活动 …… 139
“寻找身边典型、讲好邮政故事”活动 ………… 139
石家庄邮电职业技术学院获得“交通运输文化建设优秀单位” ………………………………… 139
2022 中国邮政网络春晚登上热榜 ……………… 139
《中国邮政报》乡村振兴报道获中宣部中国记协表彰 ……………………………………… 140
中国邮政报 3 项目获评行业媒体融合发展创新案例 … 140
“中国邮票展”在中国国家版本馆展出 ………… 140
中国邮政邮票博物馆入选 2021—2025 年度第一批“全国科普教育基地” ……………………… 140
集团公司召开清代驿站文化资料收集工作专题培训电视电话会议 ……………………………… 140
EMS 与中国青年品牌联名活动成功举办 ………… 140
大型原创话剧《其美多吉》在北京演出 ………… 141
武汉邮政艺术团获群星奖 ………………………… 141
天津邮政博物馆被授予“天津市少先队校外实践教育基地” ………………………………… 141
河北省分公司召开北京 2022 年冬奥会、冬残奥会张家口赛区邮政服务工作总结表彰会 ………… 141
江苏省连云港市分公司开展“探寻红色记忆传承红色基因”系列活动 ……………………… 142
《浙江通志·邮政业志》正式出版 ……………… 142
山东战邮基地被命名为“中国邮政革命传统教育基地” ……………………………………… 142
山东战邮成立 80 周年纪念大会召开 …………… 142
山西省运城市分公司团委联合举办“传承红色基因献礼建团百年”主题研学活动 ……………… 142
云南邮政桑南才当选 2021 年“诚信之星” ……… 142

宁夏分公司 2 单位 3 个人荣获“自治区三八红旗集体”“自治区三八红旗手”称号 …………………… 142

## 工会工作………………………………… 143

概述 ………………………………………………… 144
集团工会召开二届六次全委会（扩大）会 ……… 144
邮政系统先进获中华全国总工会表彰 ………… 145
中国邮政 14 名快递员获得“交通技术能手”称号 ……………………………………………… 145
中国邮政 7 个职工书屋示范点获全国总工会命名 ……………………………………………… 145
全国“安康杯”竞赛 16 个邮政集体获表彰 ……… 145
中国邮政 4 员工 1 集体获全国职工职业道德建设先进表彰 ……………………………………… 146
湖北省恩施州邮政工会获评全国工会财会工作先进 ………………………………………………… 146
四川邮政业务员马永强获“全国技术能手”称号 … 146
中国国防邮电工会慰问北京中南海支局员工 …… 146
邮政多篇论文入选国防邮电工会典型案例 ……… 146
2022 年全国邮政劳动竞赛启动 ………………… 146
集团工会部署暑期汛期疫情防控期送关爱工作 … 147
全国邮政工会开展夏日慰问送关爱活动 ………… 147
集团工会举办“建功新时代 喜迎二十大”全国邮政职工摄影作品展 …………………………… 147
集团工会组织开展“职工心理健康大讲堂” …… 147
集团工会为“双 11”旺季生产前线的投递员送温暖 ……………………………………………… 147
集团工会开展关爱揽投员“暖蜂行动” ………… 148
集团公司劳模创新工作室评出 ………………… 148
集团公司直属机关工会开展员工心理健康系列服务工作 …………………………………………… 148
山西省分公司“工会为员工办实事”实践活动 … 148
吉林省分公司举办“巧手匠心邮政人”主题摄影画艺展览 ………………………………………… 148
江苏省昆山市分公司连续 5 年捐助爱心包裹 …… 149
江苏交警为揽投员开展道路交通安全宣传教育 … 149
浙江省杭州邮政员工技能竞赛获佳绩 ………… 149
安徽省明光市分公司开展第十三届“爱心报刊”现场捐赠（订）活动 ……………………………… 149
江西省 9 个站点获 2022 年全省邮政“户外劳动者服务站点・最美邮爱驿站”称号 ……………… 149
山东省东营市分公司联合举办年度岗位技能大赛… 150
湖北省武汉市分公司启动“免费纳凉公益邮我”活动 ……………………………………………… 150
青海省海东市循化县分公司街子镇邮政所荣获青海高原“工人先锋号”荣誉称号 ……………… 150
青海省总工会举办葛军先进事迹宣讲会 ………… 150
新疆阿勒泰地区分公司获“开发建设新疆奖状” … 150

## 交流与合作……………………………… 151

**国内交流合作**……………………………………………152
集团公司与中国石化开展战略合作 …………… 152
集团公司与中信集团开展战略合作 …………… 152
集团公司与内蒙古自治区政府签署推进乡村振兴战略合作协议 ………………………………… 152
集团公司与吉林省政府签署合作框架协议 ……… 152
邮储银行与科技部火炬中心战略合作 ………… 152
中国邮政速递物流股份有限公司与华贸物流签署战略合作协议 ………………………………… 152
中国邮政速递物流股份有限公司与抖音电商签署合作框架协议 ………………………………… 152
中国邮政速递物流股份有限公司与海航航空集团全面战略合作 ………………………………… 152
黑龙江省分公司与黑龙江省营商环境建设监督局签署战略合作协议 …………………………… 153
黑龙江省分公司与黑龙江省供销合作社联合社举行战略合作签约仪式 ………………………… 153
上海邮银与中化现代农业合作助推乡村振兴 …… 153
浙江省分公司法院辅助服务模式被最高人民法院作为优秀示范案例推广 ……………………… 153
浙江邮银与浙江国寿寿险及财险公司签署战略合作协议 ………………………………………… 153
安徽省分公司联合省司法厅开办“行政复议专递”服务 ………………………………………… 153
江西省分公司与江西省粮食和物资储备局签署战略合作协议 …………………………………… 153
江西省分公司携手江西吉利新能源推进“绿色配送” …………………………………………… 153
河南省分公司与河南省退役军人事务厅签署优待合作协议 ……………………………………… 154
湖北省分公司联办儿童友好城市主题活动 ……… 154
湖南省分公司与湖南日报举办“邮政杯”《湖南日报》朗读者主题活动 ………………………… 154
海南邮银协同开立中国移动募集资金监管账户 ………………………………………………… 154
海南省分公司服务消博会　助力海南自贸港建设 154
四川省分公司与四川省大数据中心签署战略合作协议 …………………………………………… 154

四川省德阳市分公司探索“校企共育”邮教联合教育实践活动 …… 154
云南省分公司政企深化交流共促发展 …… 155
新疆湖南邮政联手开启“疆品入湘”春节通道 …… 155
新疆分公司与乌鲁木齐综合保税区管委会签订《战略合作框架协议》 …… 155
邮储银行重庆市分行联合苏宁易购服务实体经济 …… 155
邮储银行广西分行与中交平昭投资有限公司战略合作 …… 155
中国邮政推进两岸邮件海关电子预报关信息交换事宜 …… 155
**国际交流合作** …… **155**
中国邮政参加万国邮联春秋季年会 …… 155
中国邮政参加2022年度卡哈拉CEO委员会会议 …… 155
中国邮政参加第十三届亚太邮联大会 …… 156
中国邮政与吉尔吉斯斯坦邮政签署合作备忘录 …… 156
中国邮政参加中俄总理定期会晤委员会通信与信息技术分委会 …… 156
邮储银行携手德交所举办绿色金融论坛 …… 156
中国邮政速递物流股份有限公司云南省分公司与老挝西提集团、云南阳瑞进出口贸易有限公司签订三方协议 …… 156

## 控股子公司、寄递事业部及直属单位工作 …… 157

中国邮政储蓄银行股份有限公司 …… 158
中邮人寿保险股份有限公司 …… 159
中邮证券有限责任公司 …… 161
中国邮政集团有限公司寄递事业部（中国邮政速递物流股份有限公司） …… 162
中国集邮有限公司 …… 166
中邮信息科技（北京）有限公司 …… 167
邮政科学研究规划院有限公司（中国邮政集团有限公司邮政研究中心） …… 170
石家庄邮电职业技术学院（中国邮政集团有限公司培训中心 中共中国邮政集团有限公司党校） …… 172
北京邮票厂有限公司 …… 173
中国邮政集团有限公司新闻宣传中心（中国邮政报社有限公司） …… 174
中国邮政文史中心（中国邮政邮票博物馆） …… 175
中国邮政广告传媒公司（中国邮政广告有限责任公司） …… 177
中邮资本管理有限公司 …… 179
中邮电子商务有限公司 …… 180

## 各省、自治区、直辖市分公司工作 …… 183

**北京市** …… **184**
中国邮政集团有限公司北京市分公司 …… 184
邮储银行北京市分行 …… 185
中邮保险北京市分公司 …… 186
中邮证券北京市分公司 …… 188
**天津市** …… **188**
中国邮政集团有限公司天津市分公司 …… 188
邮储银行天津市分行 …… 190
中邮保险天津市分公司 …… 191
**河北省** …… **193**
中国邮政集团有限公司河北省分公司 …… 193
邮储银行河北省分行 …… 195
中邮保险河北省分公司 …… 196
**山西省** …… **198**
中国邮政集团有限公司山西省分公司 …… 198
邮储银行山西省分行 …… 199
中邮证券山西省分公司 …… 201
**内蒙古自治区** …… **202**
中国邮政集团有限公司内蒙古分公司 …… 202
邮储银行内蒙古分行 …… 205
中邮证券内蒙古分公司 …… 207
**辽宁省** …… **208**
中国邮政集团有限公司辽宁省分公司 …… 208
邮储银行辽宁省分行 …… 209
邮储银行大连市分行 …… 211
中邮保险辽宁省分公司 …… 213
中邮证券辽宁省分公司 …… 214
**吉林省** …… **215**
中国邮政集团有限公司吉林省分公司 …… 215
邮储银行吉林省分行 …… 216
中邮保险吉林省分公司 …… 218
中邮证券吉林省分公司 …… 219
**黑龙江省** …… **220**
中国邮政集团有限公司黑龙江省分公司 …… 220
邮储银行黑龙江省分行 …… 221
中邮保险黑龙江省分公司 …… 222
中邮证券黑龙江省分公司 …… 224
**上海市** …… **225**
中国邮政集团有限公司上海市分公司 …… 225
邮储银行上海市分行 …… 227
中邮保险上海市分公司 …… 228
中邮证券上海市分公司 …… 229
**江苏省** …… **230**

中国邮政集团有限公司江苏省分公司 …………… 230
邮储银行江苏省分行 …………………………… 232
中邮保险江苏省分公司 ………………………… 234
中邮证券江苏省分公司 ………………………… 235
**浙江省……………………………………………236**
中国邮政集团有限公司浙江省分公司 …………… 236
邮储银行浙江省分行 …………………………… 237
邮储银行宁波市分行 …………………………… 239
中邮保险浙江省分公司 ………………………… 240
中邮证券浙江省分公司 ………………………… 241
**安徽省……………………………………………242**
中国邮政集团有限公司安徽省分公司 …………… 242
邮储银行安徽省分行 …………………………… 244
中邮保险安徽省分公司 ………………………… 245
**福建省……………………………………………247**
中国邮政集团有限公司福建省分公司 …………… 247
邮储银行福建省分行 …………………………… 248
邮储银行厦门市分行 …………………………… 249
中邮证券福建省分公司 ………………………… 250
**江西省……………………………………………251**
中国邮政集团有限公司江西省分公司 …………… 251
邮储银行江西省分行 …………………………… 253
中邮保险江西省分公司 ………………………… 255
中邮证券江西省分公司 ………………………… 256
**山东省……………………………………………257**
中国邮政集团有限公司山东省分公司 …………… 257
邮储银行山东省分行 …………………………… 258
邮储银行青岛市分行 …………………………… 260
中邮保险山东省分公司 ………………………… 262
中邮证券山东省分公司 ………………………… 263
中邮证券青岛市分公司 ………………………… 264
**河南省……………………………………………265**
中国邮政集团有限公司河南省分公司 …………… 265
邮储银行河南省分行 …………………………… 267
中邮保险河南省分公司 ………………………… 268
中邮证券河南省分公司 ………………………… 269
**湖北省……………………………………………270**
中国邮政集团有限公司湖北省分公司 …………… 270
邮储银行湖北省分行 …………………………… 272
中邮保险湖北省分公司 ………………………… 274
中邮证券湖北省分公司 ………………………… 275
**湖南省……………………………………………276**
中国邮政集团有限公司湖南省分公司 …………… 276
邮储银行湖南省分行 …………………………… 279
中邮保险湖南省分公司 ………………………… 280
中邮证券湖南省分公司 ………………………… 281
**广东省……………………………………………282**
中国邮政集团有限公司广东省分公司 …………… 282
邮储银行广东省分行 …………………………… 284
邮储银行深圳市分行 …………………………… 286
中邮保险广东省分公司 ………………………… 288
中邮证券广东省分公司 ………………………… 289
中邮证券深圳市分公司 ………………………… 291
**广西壮族自治区…………………………………292**
中国邮政集团有限公司广西分公司 ……………… 292
邮储银行广西分行 ……………………………… 294
中邮保险广西分公司 …………………………… 296
**海南省……………………………………………297**
中国邮政集团有限公司海南省分公司 …………… 297
邮储银行海南省分行 …………………………… 299
**重庆市……………………………………………300**
中国邮政集团有限公司重庆市分公司 …………… 300
邮储银行重庆市分行 …………………………… 302
中邮保险重庆市分公司 ………………………… 304
中邮证券重庆市分公司 ………………………… 305
**四川省……………………………………………306**
中国邮政集团有限公司四川省分公司 …………… 306
邮储银行四川省分行 …………………………… 307
中邮保险四川省分公司 ………………………… 309
中邮证券四川省分公司 ………………………… 310
**贵州省……………………………………………311**
中国邮政集团有限公司贵州省分公司 …………… 311
邮储银行贵州省分行 …………………………… 313
中邮证券贵州省分公司 ………………………… 314
**云南省……………………………………………315**
中国邮政集团有限公司云南省分公司 …………… 315
邮储银行云南省分行 …………………………… 318
中邮证券云南省分公司 ………………………… 320
**西藏自治区………………………………………321**
中国邮政集团有限公司西藏分公司 ……………… 321
邮储银行西藏分行 ……………………………… 322
**陕西省……………………………………………324**
中国邮政集团有限公司陕西省分公司 …………… 324
邮储银行陕西省分行 …………………………… 326
中邮保险陕西省分公司 ………………………… 327
中邮证券陕西省分公司 ………………………… 328
**甘肃省……………………………………………330**
中国邮政集团有限公司甘肃省分公司 …………… 330
邮储银行甘肃省分行 …………………………… 332
**青海省……………………………………………334**

中国邮政集团有限公司青海省分公司 …………… 334
邮储银行青海省分行 ……………………………… 336

**宁夏回族自治区……………………………………………337**

中国邮政集团有限公司宁夏分公司 …………… 337
邮储银行宁夏分行 ………………………………… 339
中邮保险宁夏分公司 ……………………………… 340

**新疆维吾尔自治区…………………………………………341**

中国邮政集团有限公司新疆分公司 …………… 341
邮储银行新疆分行 ………………………………… 344
中邮证券新疆分公司 ……………………………… 345

## 附　录 ………………………………… 349

**2022 年邮政行业发展统计公报 ………………………350**

**国家邮政局公布 2022 年邮政行业运行情况 ……………352**

# 要 闻

◇ 习近平总书记在考察 2022 年冬奥会、冬残奥会筹办备赛工作时察看冬奥村邮政书报亭

# 习近平总书记在考察2022年冬奥会、冬残奥会筹办备赛工作时察看冬奥村邮政书报亭

1月4日，习近平总书记在北京冬奥村（冬残奥村）考察北京2022年冬奥会、冬残奥会筹办备赛工作期间，察看了邮政提供运营服务的冬奥村书报亭。

北京冬奥村（冬残奥村）分居住区、广场区、运行区3个区域，赛时将为各国运动员及随队官员提供3000多个床位及商业服务。在广场区，习近平总书记听取冬奥村（冬残奥村）建设过程、运行概况、疫情防控等情况介绍，沿途察看书报亭和官方特许商品零售店等，了解各类商业服务设施运行情况。

习近平总书记强调，办好北京冬奥会、冬残奥会，是我们向国际社会作出的庄严承诺。经过几年努力，各项筹备工作基本就绪，我们完全有信心、有能力为世界奉献一届精彩、非凡、卓越的奥运盛会。要坚定信心、振奋精神、再接再厉，全面落实简约、安全、精彩的办赛要求，抓紧抓好最后阶段各项赛事组织、赛会服务、指挥调度等准备工作，确保北京冬奥会、冬残奥会圆满成功。

北京冬奥村（冬残奥村）书报亭是北京邮政在冬奥村的生活广场区提供图书报刊服务的文化阵地，按冬奥组委要求，提供图书、杂志和报纸的零售服务。北京邮政精心准备了政务图书、人物传记、北京人文、医药养生、体育武术、文学典籍、文化社科、休闲旅游、鉴赏收藏、餐饮美食、语言工具书等10余个品类、700余种图书报刊，其中外文书刊有686种，包括英、法、日、俄、德、葡萄牙、西班牙、阿拉伯等文版，26种外文版的《习近平谈治国理政》全部上架陈列。赛事期间，北京邮政负责运营的书报亭将为外籍人员提供文化服务。

为了迎接北京2022年冬奥会、冬残奥会，北京邮政在国家体育场、国家速滑馆、冬奥村等场馆与区域共设置邮政服务网点12处，网点服务设施面积总计850余平方米，直接提供服务人员为164人，投入直接服务车辆27辆。

一直以来，中国邮政与奥运都有着不解的历史渊源。2019年12月7日，中国邮政正式成为北京2022年冬奥会和冬残奥会官方邮政服务独家供应商，在赛会筹办、举办期间全方位满足北京冬奥会和冬残奥会的用邮需求，提供特快专递、包裹快递等寄递服务，集邮类、封片卡类等邮政产品以及综合现场服务等。

（中国邮政网1月6日）

# 特载

◇ 汲取思想伟力　打造核心优势　锚定战略任务

在服务新发展格局中纵深推进中国邮政高质量发展

——党组书记、董事长刘爱力在中国邮政集团有限公司2022年工作会议暨第一届第三次职工代表大会上的讲话

# 汲取思想伟力 打造核心优势 锚定战略任务 在服务新发展格局中纵深推进中国邮政高质量发展

## ——党组书记、董事长刘爱力在中国邮政集团有限公司2022年工作会议暨第一届第三次职工代表大会上的讲话

## （2022年1月7日）

这次会议的主要任务是：以习近平新时代中国特色社会主义思想为指导，全面贯彻落实党的十九大和十九届历次全会及中央经济工作会议精神，总结2021年工作，部署2022年重点战略任务。下面，我讲四个方面的内容。

### 一、聚力改革发展，推动各项工作取得显著成效

过去的一年，我们不折不扣落实中央决策部署，立足新发展阶段，贯彻新发展理念，服务新发展格局，推动高质量发展，交出了振奋人心的成绩单，焕发了昂扬向上的精气神，实现了"十四五"良好开局，夯实了中国邮政二次崛起之基。

（一）全力推动高质量发展，抓转型、提质效，四梁业务"主引擎"作用充分彰显

完成收入7005亿元，同比增长7.19%；实现利润773.5亿元，同比增长28.18%，利润增幅创近5年新高。

一是普遍服务质量全面提升。普邮全程时限显著提升；西部地区建制村投递频次、《人民日报》当日见报率提前达标；机要通信连续14年万无一失；乡镇网点覆盖率和建制村通邮率保持100%；125处边海防邮路全面开通。通过"开放共享、叠加赋能、建立生态"，不断丰富普服内涵，提升运营质效，转型网点超4万个，零收入网点实现清零，网点点均收入从2018年的173.4万元提升至2021年的243.9万元，年均增幅达12%。2021年邮务类业务累计收入同口径增幅7.28%。

二是金融业务发展质效稳步增长。邮储银行深入推进"五化"转型，加快打造一流零售商业银行，前三季度营业收入和净利润增速、净资产收益率（ROE）、拨备覆盖率均居六大行首位，不良率在六大行中最低。代理金融加快构建全产品链体系，形成了储蓄存款、代理保险、理财类业务、电子支付等多元增收格局，实现收入1244.2亿元，增幅达10.06%，创近5年新高。中邮保险加快价值成长，持续提升专业运营能力，新增长极战略地位日益凸显。完成收入1023亿元，对集团增收贡献率22%；净利润同比增加2.4亿元；新业务价值超过去5年总和。中邮证券全面推进管理转型，夯实了发展基础。

三是寄递业务竞争优势加快重塑。着力提升发展质效，依托优势线路强营销、围绕够量市场提速度，大力开拓市场，全面压降成本，推动规模效益型发展成效初显，业务量迈上百亿新台阶，创造了历史新纪录。特快时限与行业最优旗鼓相当、快包时限达到历史最好水平；收寄、内部处理、运输、投递、管理支撑环节件均成本同比下降；特快收入同比增长21.1%，创近5年新高，"双11"当日特快业务量突破千万大关。

四是农村电商平台生态初步构建。加快"网点＋站点"模式落地，分类推进站点业务叠加，实现42万个站点全面激活；建成100个标准化农产品基地，"邮政农品"品牌效应进一步提升；成功举办第五届邮政"919电商节"。上下行双向商流规模达136亿元，创历史新高。

（二）全力推进改革攻坚，增动力、激活力，深化改革"动力源"作用充分彰显

坚持统筹兼顾、突出重点，强化顶层设计、试点先行，深入贯彻落实国企改革三年行动方案，以全面深化改革有效激发了高质量发展的动力和活力。

一是多项顶层设计落地见效。科学谋划和实施"十四五"发展规划和各板块子规划；推动邮储银行完成300亿元定增，缓解了资本金不足等制约发展的根本性问题，提高了风险抵御能力；实现数字人民币系统的研发从无到有、功能由点到面、评分由低到高，为数字金融竞争集聚了优势；邮惠万家直销银行获开业批复，抢占金融生态竞争新高地；中邮保险成功引入友邦保险作为战略投资者，被评为年度最佳"金融服务业"并购交易，既补充了资本金，又完善了治理结构和运营机制；实现邮乐战略重

组，解除邮乐原合同中的“竞业禁止”“估值无下限”“反稀释”等限制条款，打破了制约农村电商发展的锁链；完成中邮科技股份制改造并启动上市，为推进资产证券化、进一步深化混合所有制改革奠定了基础；推进董事会规范化建设，完善治理机制，提升了治理水平。

二是寄递五大改革持续深化。深入推进两集中改革，初步构建了统一管控的寄递网络运营体系，提升了管控效率、运营效益、资源效能。扎实推进陆运网改革，打破行政区组网，优化网络节点布局，压缩网络层级，减少了分拣和经转次数。有序推进运输改革，深化“小改大”“单改双”，加大多式联运力度，提高了运输管控和效能水平。大力推进邮区中心改革，压缩内设部门 254 个，精简各类人员 1.1 万人，包件车间处理效率提升 43.4%，取得了减层级、减机构、减人员的良好成效。加快推进揽投网改革，加大自提网络建设，持续推动内部承包、外包代办、特许加盟等模式创新，进一步搞活揽投两端，激发了经营活力。

三是市场化机制加快建立。深入推进任期制和契约化管理试点，健全制度体系，相关改革全面启动；完善市场化招聘制度，强化全员绩效考核，加大薪酬分配向高效业务、创收环节、高绩效员工倾斜，初步构建了管理人员能上能下、员工能进能出、收入能增能减的市场化机制。各专业对标对表，按照“三大规律”积极推进资源市场化配置。

（三）全力实施创新驱动发展战略，提能力、建优势，科技赋能“助推器”作用充分彰显

坚持创新在发展全局中的核心地位，以新技术、新模式、新工艺助推企业转型、能力提升、流程优化。一是数智化转型提速发力。制定数字邮政规划、信息化规划、数据规划，夯实了科技赋能发展基础；深化业技融合，利用人工智能、大数据等新技术，提升网络组织、邮件跟踪、流程优化、市场营销、客户服务、服务三农等信息化能力；加强自动化、智能化技术研究，自主研发面单识别、异形件识别等 AI 算法，助力寄递“智能+”转型；邮储银行新一代信贷业务平台全面推广上线、新一代个人业务核心系统首批业务功能上线，构建以“邮储大脑”为核心的人工智能平台，实现了数据、算力、模型等 AI 资源的集约化管理。二是寄递四大数据库建设成效初显。升级时限数据库，通过定标准、看执行、促对标、建优势，全面赋能优标准、稳时限、提速度；深化市场数据库，以客户画像、流失预警为抓手，有效赋能拓市场、促营销、增客户；完善成本数据库，初步实现五大环节成本及关键管控要素指标数据集成；基本建成服务数据库，赋能服务品质提升。三是 90 个邮区中心工艺流程优化有序推进。聚焦疏通堵点、连接断点、分类实施、增能赋能，开展 126 项工艺优化项目，制定关键环节的标准化流程，采取人工矩阵升级为自动摆轮矩阵等优化举措，提高了自动化处理水平，有效支撑了“双 11”单日峰值处理量再创新高。

（四）全力服务国家重大战略部署，保大局、抓落实，国家队“主力军”作用充分彰显

心怀“国之大者”，在融入新发展格局中展现新作为。一是服务乡村振兴向深度广度拓展。持续做好定点帮扶工作，主动对接国家相关部委，成为推进乡村振兴系列国家举措的重要承接单位；在延伸惠农合作项目服务链的基础上，构建了服务乡村振兴工作体系，与中化集团共同打造全产业链一体化为农服务模式，与农业农村部联合召开助力新型农业经营主体高质量发展会议，系统推动了邮政服务乡村振兴工作的落地见效。二是绿色邮政建设卓有成效。主动服务“双碳”目标，强化绿色包装治理，大力实施“2582”工程；扎实推进绿色运输；加快发展绿色金融，绿色贷款余额 3723.05 亿元，同比增长 32.52%。三是重大风险底线牢牢守住。统筹发展和安全管理，慎终如始抓实抓细疫情防控，全年未发生重大金融风险和重大生产安全事故。四是积极服务“一带一路”建设及雄安新区、粤港澳大湾区、海南自贸区等重大区域战略，彰显了央企责任担当。

（五）全力提升企业党建质量，强阵地、固堡垒，党建引领“定盘星”作用充分彰显

以建党百年为契机，以党史学习教育为引领，切实推动党建各项工作走深走实，为高质量发展提供了坚强保障。一是党史学习教育取得扎实成效。抓好“十学模式”，推动学党史有新进步、悟思想有新提升；各级邮政企业完成 2.2 万个“办实事”项目，做到办实事有新成效、开新局有新气象，得到中央第 23 指导组的高度肯定。二是基层党组织战斗堡垒作用充分发挥。建立党员联系无党员网点工作制度，推动党的工作有形覆盖、有效覆盖；开展党支部（党小组）“领题破题”活动，结题 1.3 万余项；开展党员“三亮三比三评”活动，“一个支部一座堡垒，一个党员一面旗帜”作用进一步彰显。三是干部队伍结构持续优化。大胆使用政治素质好、专业能力强、敢于担当、群众认可的优秀干部，新提任党组管理领导人员 44 名，其中 45 岁左右的年轻干部占比近 50%；拓宽选人用人视野，推动跨板块交流使用干部，公开引进保险、证券高端专业经营管理人才，领导班子的年龄、知识、专业和能力结构进一步优化。四是巡视巡察工作取得预期成效。常规巡视、巡视“回头看”和专项调研综合运用，提前一年实现巡视全覆盖；加快进度与提升质量相结合，巡察覆盖率达到预期；常态化全面整改与专项重点整改互相结合，巡视巡察利剑作用进一步凸显。五是党风廉政建设和反腐败斗争向纵深推进。锲而不舍落实中央八项规定精神，持续强化正风肃纪反腐，系统施治重点领域突出问题，一体推进不敢腐、不能腐、不想腐。全系统立案 921 件，给予党纪政务处分 1067 人，党风廉政建设和反腐败工作取得新成效。

事非经过不知难，成如容易却艰辛。回望 2021 年，

中国邮政经营发展成绩可圈可点，服务国家大局不折不扣，重大顶层设计落实落地，改革创新工作有力有效，得到了中央领导的充分肯定和社会各界的高度认可，特别是习近平总书记视察广西桂林象山主题邮局和党史展览馆主题邮局，使广大邮政干部职工深受鼓舞、倍感振奋。这些成绩的取得，是以习近平同志为核心的党中央坚强领导的结果，是国家有关部委和社会各界大力支持的结果，是全体干部职工团结拼搏的结果。我代表集团公司党组，向关心和支持中国邮政发展的各级领导和社会各界，向付出了艰辛努力的广大干部职工和离退休老同志，表示衷心的感谢！

在总结成绩的同时，我们要清醒认识面临的机遇和挑战、问题与困难。当前，我国经济发展稳中向好，行业发展空间巨大。但经济下行压力依然存在，行业竞争日趋激烈，监管新规更加严格，企业还存在发展质量不高、竞争能力不强、高标准市场化体系和规范化管理体系亟待建立、改革创新亟待深化、党建工作仍存在薄弱环节、干部队伍素质需加快提升等问题。我们必须铭记生于忧患、死于安乐，常怀远虑、居安思危，以行百里者半九十的清醒辩证看待机遇和挑战，以越是艰险越向前的气魄加快改革创新，以咬定青山不放松的执着奋力打造行业国家队。

## 二、汲取思想伟力，坚定不移用习近平新时代中国特色社会主义思想武装头脑、指导实践、推动工作

习近平新时代中国特色社会主义思想是经过改革发展实践检验的科学真理，是中国邮政改革发展的根本遵循和行动指南。知之愈明，则行之愈笃。学习得深入不深入、贯彻得到位不到位、与各项工作结合得紧密不紧密，直接决定了邮政事业的兴衰成败。我们要再学习、再领会、再落实，推动学习贯彻往深里走、心里走、实里走。

（一）深入贯彻党的十九届六中全会精神

十九届六中全会提出，全党要坚持唯物史观和正确党史观，从党的百年奋斗中看清楚过去我们为什么能够成功、弄明白未来我们怎样才能继续成功，以史为鉴、开创未来。我们要以党的百年成功经验和习近平新时代中国特色社会主义思想为指导，看清楚、弄明白中国邮政打造行业国家队的使命责任；看清楚、弄明白中国邮政改革创新的战略路径；看清楚、弄明白中国邮政如何在服务新发展格局、落实乡村振兴等国家战略部署中作出新的更大贡献，从而砥砺初心、埋头苦干、勇毅前行，在新时代新征程的历史大考中，交出优异答卷。

（二）深入贯彻总书记关于“国之大者”重要论述

总书记强调，对“国之大者”要心中有数，要关注党中央在关心什么、强调什么，深刻领会什么是党和国家最重要的利益、什么是最需要坚定维护的立场。对中国邮政而言，心怀“国之大者”就要增强“放眼全局谋一域”的意识，在主动服从服务国家大局中找准坐标、选准方位、发挥作用。普遍服务是保障公共服务均等化的法律性制度性安排，是实现共同富裕、助力乡村振兴的重要途径，与人民群众向往的美好生活息息相关，也是中国邮政的“根”，必须切实推进普服提质达标，不断丰富新内涵，加快三级物流体系建设，大力推进交邮联运，以“网点＋站点”模式推动网点转型，满足人民日益增长的美好用邮需要。快递物流是数字中国基础性、先导性、战略性产业，是畅通经济循环的重要支撑，是服务新发展格局的重要力量，是中国邮政的主责主业，必须深化改革创新，加强市场化运营、专业化管理，实现有效益的规模发展，成为“平时是信使、战时是战士”的行业国家队。金融是现代经济的血脉，服务“三农”、城乡居民和中小企业是国家对邮储银行的定位。邮储银行必须践行国有大行责任担当，适应普惠金融、科技金融、产业金融、绿色金融的发展趋势，协同各板块打造服务乡村振兴独具特色的金融生态，在服务国家重大战略、服务实体经济和人民生产生活、助力经济社会发展等方面发挥主力军作用。农村电商是服务乡村振兴的重要抓手，要以邮乐平台销售为牵引，以物流、仓储、金融为支撑保障，以与供应商合作推进现代化为农服务体系建设为依托，充分发挥“四流合一”优势，持续推进惠农合作项目，切实解决农村地区“三难”问题。

（三）深入贯彻总书记关于高质量发展重要论述

总书记强调，我国经济已由高速增长阶段转向高质量发展阶段，必须坚持质量第一、效益优先，推动经济发展质量变革、效率变革、动力变革，提高全要素生产率，不断增强创新力和竞争力。邮政各板块仍存在诸多制约高质量发展的问题，必须持续推动质量、效率、动力变革。一是普服方面，网点智能化水平不高、客流量少，万元收入以下占比达9%，效能、效率、效益急需提升，渠道平台亟待转型。必须坚持开放共享、协同联动、叠加代理、科技赋能，构建多元业务生态。二是寄递业务方面，规范化、专业化的管理体系尚未建立；时限、服务质量不够稳定，环节标准化管控缺失，IT赋能不足，成本管控力度不够，部分产品持续亏损的局面尚未扭转。时限、成本、服务、市场、IT五大体系建设亟待深化。三是邮储银行方面，核心一级资本制约明显，活期占比、存贷比、成本收入比、中间业务收入规模及占比仍有改善空间，公司、资金资管板块对中间业务收入贡献力度不足，批零联动生态发展有待加强，专业化、市场化、数字化管理亟待提升。四是代理金融方面，全产品链转型力度不够，客户精细化经营不到位；活期占比持续下降，以生态场景引流活期的能力不足。必须持续推动从“做储蓄”向“做银行”“做生态”转型。五是中邮保险方面，业务结构不合理，资本

贡献型业务占比较低；销售高价值产品的能力不足，多元渠道尚未破局；市场化、专业化运作机制有待完善，平衡高收益、偿付能力和资负匹配要求等面临挑战。必须深化价值转型，加大渠道能力、数字化能力、资产负债管理能力建设。六是农村电商方面，尚未建立可持续的运营模式，“两线融合”有待加强，邮乐平台流量有待提升，获客场景不丰富。农产品进城各层级运营机制尚未建立，基于农村小商超的进销存系统控制力不足、批销大单品规模不够。必须提升整体运营能力，做大流量、做活站点、做强基地、做强大单品、做大商流规模。

（四）深入贯彻总书记关于供给侧结构性改革重要论述

总书记强调，要着力加强供给侧结构性改革，着力提高供给体系质量和效率，增强经济持续增长动力。中国邮政各板块业务都处在蓬勃发展和需求旺盛的黄金期，很多业务都在“风口”上，但供给质量效率不高，如高端畅销刊物发行能力不足，文创与集邮产品结合不够；寄递时限、服务品质难以满足高端市场的巨量需求；理财、保险产品多维化供给存在短板；农村电商平台的商品不够丰富，客户体验不好。迫切需要提升产品供给质量和效率，着力完善服务网络，提升服务能力，优化作业流程，强化多板块产品协同开发，提供多样性、综合性、一体化服务。

（五）深入贯彻总书记关于治理体系治理能力重要论述

总书记强调，推进国家治理体系和治理能力现代化，就是要适应时代变化，既改革不适应实践发展要求的体制机制，又不断构建新的体制机制，使各项事务治理制度化、规范化、程序化，构建系统完备、科学规范、运营有效的制度体系。推进中国邮政治理体系和治理能力现代化，是提升竞争力、创新力、控制力、影响力和抗风险能力的迫切需要。巡视、审计、纪检发现的典型案例反映出企业存在规范化管理体系不健全、制度执行不到位、管控手段不足、问责力度不够等问题，全面加强基础管理迫在眉睫。各单位各部门必须系统梳理完善各项管理流程、规范、标准、制度等，全面构建规范化、专业化的管理体系，为企业行稳致远打牢根基。

（六）深入贯彻总书记关于高标准市场体系重要论述

总书记强调，要坚持社会主义市场经济改革方向，使市场在资源配置中起决定性作用，建设高标准市场体系。建立高标准市场体系，其本质是充分发挥市场在资源配置中的决定性作用，关键是强化对标对表，目的是补短板、强弱项、固优势，为高质量发展提供机制保障。邮政各板块业务都处于充分竞争领域，但缺少竞争的意识、竞争的机制、竞争的举措，必须加快建立高标准市场化体系，彻底改变过去只看自身发展、不看行业发展、不关注竞争对手的做法，把市场这只“看不见的手”变成对标对表“看得见”的手。通过开展全业务、全流程、端到端、各环节、全要素的对标对表，时刻了解客户需求是什么、我们与竞争对手的差距是什么、行业先进的做法是什么，在产品服务、工艺流程、定额定编、效率效益、薪酬福利等方面按市场化机制优化配置资源，切实推动中国邮政在“跟跑”“并跑”中实现跨越式发展。

（七）深入贯彻总书记关于深化改革创新重要论述

总书记强调，改革是决定当代中国命运的关键一招；创新是引领发展的第一动力。改革只有进行时、没有完成时，停顿和倒退没有出路，必须敢于啃硬骨头、敢于涉险滩，真枪真刀推进改革。邮政改革正处于攻坚期和深水区，我们要明知山有虎偏向虎山行，统筹推进各项改革创新取得实效。今年要完成国企改革三年行动，蹄疾步稳推进普遍服务与竞争性业务分业经营改革试点，全面实施任期制和契约化管理，加快推动中邮保险、中邮科技上市工作，持续开展寄递“五大改革”，不断深化邮储银行“五化转型”，要锚定时间表、任务书、路线图，做到改革“可衡量、可考核、可检验”。

（八）深入贯彻总书记关于数字经济重要论述

总书记强调，数字技术、数字经济可以推动各类资源要素快捷流动、各类市场主体加速融合，帮助市场主体重构组织模式，延伸产业链条，实现跨界发展。数字经济发展速度之快、辐射范围之广、影响程度之深前所未有，正在成为改变全球竞争格局的关键力量。数字经济呼啸而来，不随其兴旺，必随其灭亡。邮政寄递从脚力、畜力、动力时代迈入了算力时代，金融业务从“算盘时代”迈入了科技金融时代，电商更是完全基于大数据、互联网的平台经济。我们必须主动顺应数字经济发展浪潮，推动数字技术与业务深度融合，以数字邮政建设赋能企业转型升级、提质增效；以物流科技赋能寄递业务每一个环节，推进优化流程、提升效率、改善服务、降本增效；以金融科技重置生产要素，基于大数据运营实现靶向营销、批量获客、精准画像、自动审批、智能风控；以数智化技术优化升级邮乐平台功能，赋能商家、客户、网点、站点，实现“两线融合”，促进商流规模化。

（九）深入贯彻总书记关于人才工作重要论述

总书记强调，千秋基业，人才为本。要加快形成有利于人才成长的培养机制、有利于人尽其才的使用机制、有利于竞相成长各展其能的激励机制、有利于各类人才脱颖而出的竞争机制，形成天下英才聚神州、万类霜天竞自由的创新局面。要办好中国邮政的事，在充分市场竞争中做强做优，关键在于打造一支高素质专业化人才队伍。但目前我们的人才队伍专业化程度不高，人才结构和布局不合理，新业务领域高层次、复合型人才短缺，人才活力尚未有效激发，必须健全工作机制，全方位培养并用好人才。要健全人才培养机制，构建分类分级培训体系，全面提升专业化能力、职业化素养。要健全人才选拔机制，不拘一格用人才，做到人尽其才、才尽其用、用当其时。要健全市场化激励机制，形成“能者上、优者奖、庸者下、劣者汰”的正确导向。要健全人才评价机制，构建各类人才发展通道，牵引员工岗位成才。要健全监督管理机制，加强对“关键人、关键处、关键事、关键时”的监督，切实营造风清气正的用人环境。

（十）深入贯彻总书记关于行家里手重要论述

总书记强调，我们处在前所未有的变革时代，如果知识不够、眼界不宽、能力不强，就会耽误事。各级领导干部要加快知识更新，使专业素养和工作能力跟上时代节拍，避免少知而迷、不知而盲、无知而乱，努力成为行家里手。中国邮政各板块的专业化、科技化、智能化程度越来越高，如果领导干部的知识和专业素养与岗位不匹配，就难以履职尽责，就会阻碍企业发展。在知识方面，有的领导干部知识体系更新慢，专业知识、专业素养、专业思维不能满足岗位需要，“本领恐慌”问题突出。在眼界方面，有的面对传统业务被替代、传统生产方式被颠覆，思想保守、故步自封，看不清发展趋势，体察不出蕴藏其中的机遇和挑战。在能力方面，有的面对新情况、新问题，不懂规律、不懂门道，习惯于陈陈相因看问题、办事情，找不到扭转发展颓势的方式方法，错失了发展机遇。各级领导干部既要政治过硬，也要本领高强，要着力提高“七种能力”和“六大思维”，坚持干什么学什么、缺什么补什么，使自己的知识、眼界、能力满足岗位职责需要，跟上时代发展步伐，成为所在领域的行家里手。

## 三、心怀“国之大者”，不折不扣把习近平总书记重要讲话精神和中央决策部署转化为中国邮政的战略行动

2022年将召开党的二十大，这是党和国家政治生活中的一件大事。谋划和做好邮政改革发展工作，意义重大。集团公司工作总体要求是：坚定不移以习近平新时代中国特色社会主义思想为指导，全面贯彻落实党的十九大和十九届历次全会及中央经济工作会议精神，弘扬伟大建党精神，全面准确把握新发展阶段、新发展理念、新发展格局的核心要义，以高质量发展为主题，以贯彻落实“十四五”规划为主线，以完成国企改革三年行动方案为动力，以打造“三大核心竞争优势”为关键，以“管理提升年”为抓手，以构建高标准市场化体系为路径，坚持稳中求进，深化改革创新，加快转型升级，着力提质增效，纵深推进中国邮政高质量发展，以优异成绩迎接党的二十大胜利召开。

2022年经营发展目标是：收入完成7495.3亿元，同比增长7%；利润实现889.6亿元，同比增长15%。其中，邮政公司（含寄递）收入2422.1亿元，同比增长6.77%；寄递事业部收入707.3亿元，同比增长8.76%；中邮保险收入1084.6亿元，同比增长6%；中邮证券收入9.5亿元，同比增长38.54%。

我们要统一认识，全力打造三大核心竞争优势。

（一）全力构建业务生态，打造独一无二的协同优势

协同是各板块生存发展的基因所在。各板块都由普服“衍生”而来，相互之间“血脉”相连。邮政离不开银行。从收入构成看，代理金融收入占邮政公司（不含寄递）的73.4%，来自银行的收入占代金收入的85.9%。从利润构成看，如果剔除银行分红及代理金融收益，邮政公司是严重亏损的。特别对集团公司来说，离开了银行，集团发展将难以为继。银行离不开邮政。4万个金融网点中，代金占比80%；6.3亿个人客户中，69%来自邮政；9.89万亿元个人存款中，77%来自邮政；13.3万亿元个人客户资产中，76.7%来自邮政。离开了邮政公司，银行将丧失既有的优势地位。中邮保险离不开邮银渠道。中邮保险新单保费87%来自代理金融、12%来自银行。离开了邮银渠道，中邮保险将成为无源之水。寄递当下的发展离不开邮政。邮政具有遍布全国、覆盖城乡的网络，与万国邮联220多个国家和地区通邮，国内有5.4万个网点、8869个代投点、42万个邮乐购站点，对当前寄递发展具有重要支撑作用。

协同是各板块价值互创的禀赋所在。正如生命离不开呼吸、消化、神经、循环等系统的协同一样，经济体系也离不开商流、物流、资金流、信息流等资源的协同。中国邮政拥有“四流合一”资源禀赋，自身就构成完整的经济体系，这是其他企业难以企及的。在“一个中国邮政”体系中，普服是协同的基础，我们在普服网点、邮乐购站点不断叠加金融、寄递、便民服务、代理政务等业务，能为其他板块发展带来渠道、客户、信息等资源的协同复用。寄递是协同的纽带，有了寄递，就能高频接触客户、洞察客户，进而掌握客户对供应链金融的潜在需求，给银行带来对公、代发、收单、个人财富管理等业务；而银行依托寄递物流客户的进销收入流水等信息，可更好地强化信贷风控。银行是协同的关键，银行贷款和资金结算业务除为自身建立金融生态外，还能增强客户黏性，联动营销客户使用电商、物流业务。农村电商是协同的牵引，做好电商平台及进销存支撑，就能带来巨大商流，为银行引入更多的活跃商户、优质场景，带来快捷支付、小额信贷、信用卡、消费金融、定制理财等多层次服务；为寄递带来农产品进城和工业品下乡的“双向”物流业务。数据是协同的核心，各板块的客户、交易、资金等信息，能够实现数据共享、客户画像、交叉营销、叠加销售。“四流”互为条件、互为动力、互为引流、互为支撑，能为各板块搭建更丰富的协同场景，激发更大的价值创造。

协同是获得政策支持的优势所在。政策是最大的生产

力。正是因为我们拥有“四流合一”的协同优势，才在惠农合作、农村电商、三级物流体系建设和交邮联运等方面，得到了相关部委、地方政府的政策和资金支持；正是因为我们多年深耕农村市场，投入大量资源，以农村电商、惠农合作协同金融和寄递业务，切实解决了农民合作社、家庭农场“三难”问题，契合乡村振兴战略要求，才被各大部委列为服务乡村振兴的推进主体并给予政策支持。我们一定要运用好协同带来的政策优势，在服务经济社会发展中作出应有的贡献。

在激烈的市场竞争中，邮政任何一个板块单打独斗、各自为战都没有优势可言。“脱离了身体的手只能是名义上的手”，只有兄弟齐心、同频共振，做到资源共享、商机共创、优势共建、协作共赢，才能建立各自领域的独特竞争优势，才能争取更多的政策支持，才能发挥出1+1>2的协同倍增效应。

（二）全力建设数字邮政，打造决胜未来的数智化优势

数字化是寄递业务的核心竞争要素。寄递竞争的实质，是数字化对全业务全链条改造速度、广度和深度的竞争。寄递已进入“算力”时代，我们有上百亿件邮件、十几万条邮路、数万个揽投点、几百个分拣中心，没有数字化，就无法做到邮路一条一条捋、成本一环节一环节核、要素一项一项算，就无法做到运营全程可视可控、网络智能优化、资源精准匹配、成本有效管控。没有数字化，寄递就难以在竞争中生存。

数字化是金融业务的核心竞争要素。未来金融凸显科技金融，只有依靠强大的数据、算力、中台能力，才能在市场竞争中存活下来。面对6.3亿个人客户、1800多种金融产品、每天近3亿笔的交易量，没有数字化，就无法做到集约化管理、一体化运营，为客户提供综合服务解决方案、线上线下一致的极致体验；就无法做到有效识别各种深层风险，实现自动化准入、自动化授信、自动化审批，更不能做到全链条风险智能管控；就无法做到与核心政企的数据对接，嵌入生产生活场景，发挥邮银协同优势，建立开放共赢的服务生态。没有数字化，金融将丧失竞争力。

数字化是中国邮政发展的核心竞争要素。离开了数字化，就无法做到精准识别寄递、金融、邮政、电商各方面的需求，实现各业务相互引流、叠加销售、交叉营销，最大程度捕捉商机，最有效率地促进线上线下融合发展；就无法做到网点不断叠加代理赋能，5万多个网点资源禀赋将成为沉重的负担；就无法做到各板块的有效协同，难以发挥商流、物流、资金流、信息流“四流合一”的独特优势。没有数字化，中国邮政将丧失历史性发展机遇。

（三）全力服务乡村振兴，打造广袤无垠的农村市场优势

服务乡村振兴是落实国家战略部署的责任所在。总书记强调，要把解决好“三农”问题作为全党工作重中之重，举全党全社会之力推动乡村振兴。中国邮政作为行业国家队，必须在落实国家战略部署、助力乡村振兴中强化担当作为。

服务乡村振兴是发挥中国邮政资源禀赋的优势所在。中国邮政的资源禀赋在农村，这些沉没资源有着显著的边际效应。网点渠道方面，我们5.4万个普服网点中有4万个在农村，近4万个金融网点中有2.8万个在农村，累计建设了42万个邮乐购站点，为乡村振兴提供了集金融、电商、寄递及公共服务等为一体的“一站式”生态场景；物流网络方面，我们是唯一实现乡乡设所、村村通邮的国企，有着相对完善的物流服务网络，以及正在加快建设的县乡村三级物流体系，是促进城乡生产和消费有效衔接的重要基础设施。农村电商方面，我们打通了农产品进城、工业品下乡的双向流通渠道，是促进产销对接、助力农民增收、服务乡村振兴的重要力量。中国邮政的资源禀赋与乡村振兴战略高度契合，具有其他经济主体无可比拟的先发优势、边际优势。

服务乡村振兴是中国邮政自身生存发展的需要所在。农村市场是我们发挥“四流合一”优势创造价值的主阵地。寄递方面，农村快递业务量达408亿件，同比增长37.6%。“电商平台+快递物流”战略联盟正在加快布局农村市场，而邮政寄递86.6%的业务量来自阿里、拼多多等平台，一旦这些电商使用自有或联盟物流，而我们又没有巩固好农产品进城最初一公里和工业品下乡最后一公里的优势，将会形成寄递无锚的局面。金融方面，城市金融已被国有四大行和招行等股份制银行占据，邮政金融缺乏比较优势，而我们73%的客户、68%的存款、29%的贷款在县域，农村市场是我们的固有优势。目前，农村金融市场空间巨大，前三季度农村居民人均可支配收入增速高于城镇居民2.5个百分点，农村居民人均消费支出同比增长18.55%，农村贷款增速同比增长11.3%。但农村现在已成为金融机构的“竞技场”，各大金融机构携金融科技优势加快下沉布局，我们在农村的优势面临严峻挑战，如不加快巩固并建立新的优势，将形成金融无根的局面。电商方面，2020年全国县域农产品网络零售额达7520.5亿元，占农产品销售总额的13.8%。拼多多农产品销售额超2700亿元，日均带动包裹超5000万件和7.4亿元商家结算。邮政电商难以建立如阿里、拼多多平台的优势，但拥有“两线融合”优势，必须加快打造可持续发展的运营模式，否则，就会丢掉源头活水，形成电商无源的局面。普服方面，传统普服业务日趋萎缩，而普服新内涵更多来自满足农村居民的服务需求，来自三级物流体系建设带来的能力提升，不能服务好乡村振兴，就会形成普服无依的局面。

邮政先辈告诫“人嫌细微，我宁烦琐，不争大利，但求稳妥”，农村工作虽然细微烦琐，但农村确是我们生存发展的“稳妥”所在。丢掉了农村市场，我们丢失的将不是一端而是一链，不是个体而是整个农村生态，不是一时

得失而是发展根基稳定，就会丢掉中国邮政的未来。

我们要凝心聚力，着力抓好八项战略任务。

（一）加强规范管理，推进治理体系和治理能力现代化

粗放管理和零碎化管理是无法实现管理目标的。规范化管理是企业生存发展的最基本要求，流程化管理是规范化管理的基础。任何一个产品或服务都是各单位、各部门、各岗位行为和活动配合的结果，再细化为各环节、各要素的协同配合。业务流程化就是将这些行为和活动、环节和要素连接起来，并给出明确的界定和要求，辅以表单化、信息化的管理手段，使每个行为和活动、环节和要素的任何偏离都能第一时间发现并予以纠偏，从而达到最优的质量、最优的效率、最优的效益。

全系统要以流程化管理为抓手，全面加强规范化管理，加快推进治理体系治理能力现代化。一是每个单位、每个部门都要坚持与行业对标，全面梳理业务和管理流程，做到环节和要素按其逻辑一一勾画，制度、标准、规范、定额按照行业规律逐项修订，并固化到信息系统中，持续优化完善，形成规范化的管理体系。如寄递业务有收、分、运、投4个主要生产流程，细分为25个作业流程，进一步细化为74个操作环节。要针对这些具体环节，能做什么、不能做什么，建立制度；明确行为标准、定岗定编、效率效益、成本质量等要求，建立规范；明确达成目标与否的奖惩措施，强化考核。二是针对近几年巡视、审计和检查发现的问题，要从流程、制度、执行、考核等方面深入剖析，举一反三查找漏洞，做到亡羊补牢，加快整改落实。特别要做好中央审计整改工作，加强风险管控和规范管理。以个人账户归集资金为例：要系统梳理从业务发生到资金入账的整个流程，分析各节点的制度规定是否合理、系统功能是否完善、收款手段是否具备、业财信息是否匹配、权责是否明确、监督问责是否到位，全面查漏补缺、整改规范、强化管控。三是建立健全工作机制，加强组织保障，明确目标任务、时间表和路线图，层层压实责任，全面系统推进，实现决策程序化、组织系统化、业务流程化、行为标准化、考核定量化、权责明晰化、目标计划化、措施具体化、控制过程化、奖惩有据化，加快提升管理的规范化水平。

（二）强化对标对表，构建高标准市场化体系

以构建规范化管理体系为抓手，逐步建立分层分类的全面对标体系。用好三个视角、三大规律的方法论，从客户视角对标产品、服务、性价比；从竞争视角对标效益、效率、市场份额；从行业最优视角对标各环节、各要素。遵循行业规律，对标竞争对手成功路径，借鉴行业有益经验；遵循市场规律，对标各环节的最佳设置、各要素的最优配置；遵循价值规律，对标环节结算和激励举措。

一要从三个层面建立对标体系。总部层面重点从全局性和系统性方面对标，要清楚总部应承担的任务，查找工作上的差距。如寄递两集中等五大改革、流程、工艺、定额、IT建设、产品设计等问题，是总部的责任，必须从总部层面系统解决。省级层面重点从执行和落实效果方面进行对标，要取得与当地经济社会相一致的市场地位。既要与同业对标，如寄递从时限、服务、成本、满意度、份额等方面找出差距，明确赶超目标；也要与同类省对标，借鉴先进省份最佳实践，采取措施迎头赶上。运营层面重点从流程、标准、定额等执行情况进行对标，每一个环节、每一个要素都要对标标准，对标行业，看有没有做到最优，差距在哪里，如何改进提升。各板块都要从专业化管理方面分层分类对标改进。

二要建立健全对标工作机制。各层面都要明确对标责任单位和责任人，针对差距制定系统解决方案，强化责任落实，做到“四个到人”。总部层面要定方案、强督导、促落实；省级层面要发挥承上启下作用，既要给总部提出意见和需求，也要对基层提出要求、做好支撑，要看在自己的管辖范围内，总部的要求有没有落实，基层的生产运营是否达到最优，以良好的机制推动对标工作落实、落细、落具体。

（三）建设数字邮政，打造驱动高质量发展的新引擎

“事未至而预图，则处之常有余，事既至而后计，则应之常不足。”我们数字化能力明显落后，必须加快数字技术与业务的深度融合，构建中国邮政统一的IT管控体系，搭建用户连接、客户运营、数据洞察、核心业务、集约管理、技术支撑等六大平台，增强数据驱动、流程重构、科技支撑、敏捷创新四大核心能力，实现客户服务敏捷化、员工赋能数字化、生产运营智能化三大提升，打造驱动高质量发展的新引擎。

一要加快寄递数字化能力提升。通过数字化赋能，深化五大体系建设。赋能市场体系，洞察客户行为和商机，智能推荐营销方案，提升获客留客能力。赋能运营体系，通过拉通全程数据，建立仿真模型和算法，实现端到端、全环节、全流程的可视可控、智能调度和资源合理配置，提升网络运营效率效益。赋能成本体系，推进分类核算，全面上线业财一体化平台，实现各环节成本到件到车到人，做到成本精细化管控。赋能服务体系，完善全渠道全触点智能化客服体系，提供更加便捷的线上智能客户服务，提升客户体验。赋能管理体系，开展数据治理，数字赋能寄递管理全过程，建设大数据驱动的风险防控体系，提升管理能力。

二要深化金融业务数字化转型。打造科技金融，建设新一代核心系统、手机银行，完善“邮储大脑”平台，全渠道、全流程提升客户体验。打造农村数字化协同场景，深耕农企供应链等场景，加快政企数据对接，深化邮银资源协同，实现精准画像、主动授信、线上放款，深挖农村金融市场。打造数字开放银行，与邮惠万家协同联动，构

建定制化综合服务方案，推动由专业金融向生态金融转变。提升中邮保险数字化运营能力，通过“科技＋场景”赋能一线，构建智能核保、分层审核和自动理算模型，实现快速承保和高效理赔。

三要推动邮政业务和农村电商数字化转型。邮政业务要建设产品库，形成产品智慧组合，实现全生命周期管理，提升数字化产品管理能力；打造数字化触点，建设网点库，实现产品与网点智能匹配，打通线上线下，推动邮政业务向新零售转型。农村电商要实现邮乐平台商品智能推荐、智能客服、精准选品，提升商家和客户体验；建立站点画像，实现千店千面，提升站点数字化水平。

四要构建共用共享的数字协同生态。构建统一连接平台，以业务官网作为线上核心触点，实现客户线上统一入口。构建客户运营平台，实现全触点营销活动闭环管理、交易共享。构建数据共享平台，通过“信息脱敏＋标签共享”方式，实现数据共享、交叉营销、协同联动。

（四）深化寄递改革，积极稳妥推进分业经营

“审度时宜，虑定而动，天下无不可为之事。”对寄递改革我们要坚定信心，关键是要“虑定而动”。

一要加快推进寄递五大改革见成效。一是两集中改革要在管理模式上取得突破。两集中改革是寄递改革的重中之重，没有两集中改革，就没有“时限提升、效率提升、服务提升、成本压降”。要做到“一张网，一套管理体系，两级管理主体”，就要按照“集团管省际，各省管省内”原则，集团着力完善省际网的节点布局、网络规划、时限标准、作业计划，提升指挥调度、运输资源、生产流程、质量考核的管控水平；省公司作为省级责任主体，要优化省内管控模式，落实网络运营一体化管理责任，按照“一竿子到底，一揽子统筹”的要求，强化对省内指挥调度、处理中心、二级干线和市趟运输的集中管理，实现成本集中管控、资源集中调配、生产集中指挥、质量集中考核。二是陆运网改革要在柔性组网上取得突破。实施多中心主辅结合，推行串行运输、尾量汇集，完善适应市场竞争需求的区域网；狠抓“四象限”工作法应用，扩大优势线路。三是运输改革要在运力集中管控上取得突破。加大高铁、民航资源使用力度，强化自有运力和甩挂应用，推动运输管理从“邮路管理”向“车次管理”转变；优化市趟作业组织，推动市趟运输与内部处理、投递作业紧密衔接。四是邮区中心改革要在标准化管理上取得突破。持续优化工艺流程，补断点、疏堵点，推动工艺流程自动化；完善并落实处理中心的管理标准、流程标准、操作标准；强化外包规范化管理，着力解决包而不管的问题。五是揽投网改革要在精准布局和能力提升上取得突破。完善揽投网规划，实行重点区域特快专网揽投，加大自主可控的自提网络建设，深入推进网格化作业。

二要切实推进分业经营改革落地。一是要充分认识改革的复杂性、把握改革原则。早在2009年，邮政法就明确要求“邮政普遍服务业务与竞争性业务应当分业经营”，十几年来我们经历了分分合合几次改革。到如今，寄递业务既存在长期积累的历史遗留问题，又面临行业激烈竞争而自身专业化能力不足的矛盾。我们要充分认识改革的复杂性，把握好改革原则，做到有利于保证普服质量和寄递专业化管理、市场化经营；有利于速递物流公司轻装上阵，按行业规律在竞争中生存发展；有利于统筹好分业经营改革、速递物流业务高质量发展和员工队伍稳定的关系；有利于明确速递物流公司法人主体定位、实施差异化竞争策略，加快引战混改上市。二是要试点先行、分步推进分业经营改革。任何改革都不是一蹴而就的，要以专业化管理、市场化经营为方向，坚持一张网络、一个管理体系、一套IT系统、一个专业化管理团队的改革思路，制定分业经营改革方案。按照“两利相较取其重，两害相权取其轻”的原则，在清晰财务测算的基础上，对不同方案进行利弊分析论证。要划分经营界面，实行分类核算，做到业务清晰、人员清晰、资产清晰、成本清晰、核算清晰。上半年征得上级批准后，先开展分业经营改革试点，取得成功后逐步推广。

（五）服务乡村振兴，构建农村市场的主导优势

深入贯彻落实中央决策部署，紧抓政策机遇，立足邮政资源禀赋，明确“五大定位”，聚焦“六大抓手”，努力做乡村振兴综合服务提供商、普惠金融主力军、电子商务主渠道、综合物流主导者、公共服务重要参与者，加快构建农村市场主导优势。

一要以惠农合作项目为抓手，增强农村综合协同服务。在完成农民合作社走访对接全覆盖的基础上，实现从全面摸底、掌握需求、培育模式向精准服务、开放合作、构建生态转变。加快推进“四流”有效协同，强化各板块责任落地，推广邮政综合服务，全面构建惠农协同生态。

二要以农村普惠金融为抓手，打造农村金融服务生态。以推进乡村振兴产业链服务为依托，提供应收账款质押等供应链金融服务，带动对公、收单、代发、个人理财、电子支付等金融业务发展，构建广覆盖、多层次农村普惠金融生态。

三要以三级物流体系为抓手，强化农村寄递物流服务。加大集团、省级政策支撑，积极争取国家和地方政策资金扶持。加快推进三级物流体系建设，强化三级节点建设，着力打造邮政共配平台，推进邮快合作和交邮联运；加强农产品仓储冷链服务体系建设规划和农产品基地的产地仓建设。

四要以农村电子商务为抓手，畅通农村双向流通渠道。全网要统一认识，坚持以农村电商为牵引，做大商流规模，增强协同带动效应。以邮政农品基地为源头，依托线上线下渠道，构建全渠道产销对接体系，大力推动农产品进城；

以邮政大单品运营推广为重点，通过在线支付引导掌柜使用进销存功能，推进邮乐购站点的连锁化、数字化运营，有效促进工业品下乡。

五要以网点站点转型为抓手，提升农村公共服务能力。持续推进乡镇网点转型，强化“网点＋站点”管理，完善网点站点运营及双向引流机制。丰富农村邮乐购站点服务场景，推进农村消费品批销配送、邮件代收自提、农村普惠金融、农村公共服务等场景有效运营。

六要以三大帮扶项目为抓手，持续巩固脱贫攻坚成果。严格落实“四个不摘”要求，落实重点地区的定点帮扶、金融帮扶和产业帮扶工作，将扶贫经验转化为乡村振兴的举措。

（六）深化人事制度改革，全面实施任期制契约化管理

任期制和契约化管理是国企改革三年行动的关键任务，上半年要在试点的基础上全面施行。重点要把握六个关键点：一要坚持全面实施，应推尽推、应签尽签。要做到单位全面覆盖、人员全面签约、时限全面完成。二要坚持岗位管理，破除身份管理。树立看岗位、看贡献的市场导向，坚持人岗相适、人事相宜，做到“有任命就有任期、有职务就有职责、有业绩就有奖励、不称职就要调整”。三要严格任期管理，打破“铁交椅”“终身制”。任期期限原则为3年，不得随意延长；任期期满，将根据任期内考核结果确定是否续聘，未能续聘的，自然免职或解聘。四要突出目标挑战性，引领争先创优。要构建以战略为导向的“关键指标＋重点任务”经营业绩考核体系，注重年度和任期经营业绩考核目标的有效衔接。对标企业发展战略规划、行业先进水平、近3年历史业绩、内部先进单位，制定富有挑战性的考核目标，并合理确定预算，逐级分解考核指标，落实到人。五要强化业绩贡献导向，加大薪酬激励力度。薪酬要与业绩直接联动，体现“业绩升、薪酬升，业绩降、薪酬降”。六要加强考核结果应用，做到干部能上能下。“能上能下”是推行任期制和契约化管理的核心。要明确退出条件、退出通道。

（七）争当行家里手，打造高素质专业化干部人才队伍

为政之要，唯在用人。“政治路线确定之后，干部就是决定的因素”。必须加大干部人才培养工作力度。一要增强政治能力。坚持把习近平新时代中国特色社会主义思想作为教育培训干部的首要任务，发挥好邮政党校主渠道作用，系统开展培训、轮训，不断提高政治判断力、政治领悟力、政治执行力。二要增强专业能力。除必备的基础知识外，要根据工作需要，掌握邮务、寄递、银行、保险、电商等方面的业务知识，洞悉分管领域发展趋势、前沿理论、难点痛点和工作路径，努力成为专家型内行领导。面向省市县各层级领导，每年有针对性地分类分层开展专业能力提升培训。统筹办好规范化管理专题讲座，提升精细化管理能力。三要增强调查研究能力。要坚持问题导向，带着专题去一线调研，摸准实情、分析症结、理清思路。要亲自撰写调研报告，既要有问题梳理，也要有原因分析，更要有解决方案，提升解决实际问题的能力。四要增强抓落实的能力。要聚焦经营发展和集团重点任务，创造性地抓好贯彻落实，真正抓实、抓细、抓落地，持续推动企业发展。五要增强“一把手”能力。要率先垂范、凝心聚力，抓好班子、带好队伍，有效调动班子成员和广大干部员工的积极性、主动性、创造性，形成整体合力，营造推动企业发展的良好内外部环境。

（八）强化总部建设，推动总部职能向生产运营管理转变

随着数字经济的快速发展，快递、金融等行业运营方式、生产方式的转变带来了组织方式的根本性变化，强总部显得尤为迫切，我们要“五位一体”加快推动总部职能转变。

一要强化战略管控。要加强战略性、系统性、前瞻性研究谋划能力，发挥总部在战略规划、资源配置、预算控制、风险防范、组织优化等方面的作用。要结合所在行业或领域，制定专业发展和职能管理规划，以价值创造为重点、以预算管理为抓手、以风险防控为保障、以绩效评价为导向，确保战略目标落地。

二要强化运营管理。探索推行“扁平化”“大部门制”“项目制”管理模式，加大财务核算、人力资源、网络资源、集中采购、会员运营、客户服务管控力度，推动总部职能向生产运营、平台运营、智慧运营转变，成为资源集中配置、运营集中调度、客户集中开发、IT集中研发的“智慧大脑”。总部不仅要定计划、下任务，还要紧盯普遍性、行业性发展不平衡的问题，为基层提供一揽子解决方案。

三要强化创新引领。各单位各部门，特别是专业公司、邮政院、石邮院要站在行业前沿，强化前瞻性研究，关注行业未来2～3年发展趋势和特点，用创新的手段去解决当前业务发展问题。要运用“否定之否定”方法，经常进行流程穿越，结合行业发展趋势和要求，固化正确流程，优化不必要的环节，实现更高层面的创新提升。

四要强化高效服务。切实推动总部作风转变，落实“首问负责制、一次告知制、限时办结制、责任追究制”；破除部门间的“玻璃门”“弹簧门”“旋转门”，快速响应基层诉求，限期提出解决方案，做到马上就办、案无积卷、事不隔夜；深入基层专题调研，把调查研究和落实基层联系点制度、“‘一月一事’，消灭最差”以及跟班作业活动结合起来，切实解决发展中最现实的问题和基层最关心的问题。

五要强化精简节约。深入贯彻总书记关于厉行节约、反对浪费重要指示批示精神，坚持抓总部、带系统、促基层，倡导精简节约、绿色低碳工作方式，把每一笔钱花在刀刃上、紧要处，以更高标准推动资源有效利用、成本切实压降。

## 四、着力强根铸魂，坚持不懈以高质量党建引领保障中国邮政高质量发展

深入贯彻落实新时代党的建设总要求，把党的建设融入和贯穿到改革发展各方面、全过程，推动党建质量实现新提升，更好地引领保障中国邮政高质量发展。

（一）持续加强政治建设，在政治引领上实现新提升

把学习贯彻党的十九届六中全会精神作为重大政治任务，引导推动各级党组织和党员干部自觉做“两个确立”的坚定捍卫者和忠实实践者。坚持把“两个维护”作为加强党的政治建设的首要任务，第一时间学习贯彻好总书记重要讲话、重要指示批示精神，不折不扣贯彻落实党中央重大决策部署，不断提高政治判断力、政治领悟力、政治执行力。严肃党内政治生活，严守政治纪律规矩，严格执行重大事项请示报告等各项制度，旗帜鲜明讲政治，把讲政治体现在具体工作的方方面面和党员干部的日常言行。巩固巡视巡察成果，针对性开展专项巡视或巡视“回头看”；有形有效相统一，实现巡察全覆盖；以问题为导向，持续开展专项重点整改，不断深化中央巡视整改，进一步发挥巡视巡察监督保障作用。

（二）切实强化思想引领，在理论武装上实现新提升

坚持不懈以习近平新时代中国特色社会主义思想武装头脑、指导实践、推动工作，落实和完善各项学习机制，提升理论武装的实效性，高质量开展党委（党组）理论学习中心组学习，强化党员干部日常自主学习，让广大党员、干部特别是领导干部切身感受学习的重要性，不断增强学习的动力，将理论武装的成效转化为履职尽责的工作业绩。不断深化意识形态工作，关注员工思想动态，回应员工关切，切实解决事关员工利益的痛点难点问题。推进邮政企业文化建设，更好地凝聚共识、鼓舞斗志、激发动力。

（三）大力推进“两覆盖”，在作用发挥上实现新提升

坚持以提升组织力为重点，把建立党的组织、开展党的工作作为机构改革调整的必要前提，强化“四同步”“四对接”，确保企业改革发展推进到哪里，党的建设就跟进到哪里。各级党委要动态做好组织设置和换届指导工作，巩固深化基层党建达标创优成果，进一步推进党的组织和党的工作从有形覆盖向有效覆盖转变，促进党建工作与生产经营深度融合，完善党支部（党小组）“领题破题”、党员“三亮三比三评”的长效机制，突出“比”和“评”，推动标杆变标准、模范变规范、盆景变风景，充分激发出中国邮政 1.6 万个基层党组织、22.6 万名党员的行动力、战斗力、创造力，把党的组织优势转化为企业的创新优势、发展优势、竞争优势。

（四）深化正风肃纪，在从严治党成效上实现新提升

深入落实全面从严治党要求，持续培土加固中央八项规定精神的堤坝，深化整治形式主义、官僚主义顽瘴痼疾，坚持重遏制、强高压、长震慑，加大腐败案件查处力度，深化以案促改、以案促治，不断提升不敢腐、不能腐、不想腐一体推进综合效能。

同志们！击鼓催征稳驭舟，奋楫争先谱新篇。让我们更加紧密地团结在以习近平同志为核心的党中央周围，从党的百年奋斗重大成就和历史经验中汲取智慧力量，以一往无前的勇气、革故鼎新的锐气、不懈奋斗的朝气，用心用情担责，打造核心优势，锚定战略任务，加快推进中国邮政高质量发展，以优异成绩迎接党的二十大胜利召开！

（集团公司综合部）

# 综　述

2022年，中国邮政集团有限公司坚定不移以习近平新时代中国特色社会主义思想为指导，不折不扣贯彻落实中央决策部署，主动服务新发展格局，纵深推动高质量发展，加快打造三大核心优势，扎实推进八项战略任务，抗疫情、助民生，促改革、求创新，强管理、提能力，补短板、固优势，取得了令人瞩目的发展成效，有力夯实了中国邮政二次崛起之基。

## 一、坚持质量第一、效益优先，推动高质量发展，业务规模不断扩大、竞争实力大幅跃升、发展优势全面塑造

聚焦高质量发展，明确各板块的发展战略，实施有效的发展举措，集团全年完成收入7417.6亿元、增长5.8%，实现利润675.9亿元，收入和利润规模均居世界邮政第1位，实现了更高质量、更有效率、更可持续发展。

聚焦提质达标、丰富内涵，普遍服务根系扎深拓宽。按照“叠加、代理、赋能”，深扎根、拓根系、强根基的发展思路，全力提升普服质量、加快推进渠道平台转型、全面强化农村邮政基础设施新功能，充分满足人民群众日益增长的美好生活用邮需要。普服指标达到国家监管要求，省会城市间普邮全程时限克服疫情影响降至2.4天；西部建制村投递频次达标率提升至99.86%以上；机要通信保持15年万无一失。网点转型破解无业务可干困境，转型100%全覆盖，“网点+站点”运营管控持续强化，促进零收入网点从2018年的4612个降为0、零普服交易网点减少4992个；邮务业务收入增幅达9.8%，创近年最好水平。丰富内涵打造新时代新普服，按照“政府主导给政策、自主投入提能力、交邮联运补短板、邮快合作促进村、代收自提降成本”要求，三级物流体系建设取得突破，建成1081个县中心、6000余个乡镇中心、35万个村级站点；建设自提点46.4万个，比上年多增29.9万个；快递进村业务量21.8亿件，为2021年的2.2倍。普遍服务牢牢夯实了邮政生存之根本，坚实奠定了板块协同发展之基础。

聚焦体系重构、优势重塑，寄递业务竞争能力不断增强。主动服务双循环新发展格局，以“三个视角”找差距、以“三大规律”促改革，聚焦“八大市场”，实施“三差三力”竞争策略，推动“优势线路促营销、够量市场提速度”，进一步完善“五大体系”、深化“六大改革”、狠抓提质增效，构建了全面系统的经营管理体系。寄递业务收入696.5亿元，增幅6.2%；特快业务保持高速增长，增幅24.4%，高于竞品20%，浙江、陕西、江苏、山东、广东5省增幅超35%。揽、分、运、投、管理环节件均成本分别下降8.54%、12.13%、1.71%、9.83%、14.37%。“官慢贵繁”的负面形象彻底扭转，竞争能力大幅提升，主责主业的责任担当充分彰显。

聚焦战略引领、转型变革，邮储银行发展质效稳步提升。践行国有大行责任担当，围绕“服务实体经济、防控金融风险、深化金融改革”三项任务，以“5+1”转型战略为引领，加快打造一流商业银行，经营业绩可圈可点。2022年度，邮储银行实现营业收入3349.56亿元，比上年增长5.08%；净利润853.55亿元，比上年增长11.53%；总资产突破14万亿元，加权平均净资产收益率11.89%，不良贷款率0.84%，继续保持行业优秀水平。邮储银行不仅在规模上，同时在运营管控、改革创新和专业素养等方面迈出了打造一流大型零售银行的坚实步伐。

聚焦守正创新、结构优化，代理金融转型发展成效超出预期。坚持“四千精神”和科技创新“两条腿”走路、线上线下“两线”融合、金融与非金融板块“两业”并举，持续推动从“做储蓄”向“生态金融”“财富金融”转型。收入逐年跨越百亿元台阶，AUM（资产管理规模）连年突破万亿元关口，储蓄存款余额翻越3个万亿元平台，“吃饭”业务的产量越来越多、品种越来越丰富、“饭碗”越端越牢。

聚焦价值成长、专业赋能，中邮保险新增长极加快打造。落实打造“一流险企”战略，强化“五引”工作落地，以加大高价值业务发展为着力点，推动稳增长、优结构、创价值。截至2022年年底，总资产4460.4亿元，比上年增长11.2%；营业收入1129.9亿元，比上年增长10.4%；总保费914.3亿元，比上年增长6.6%；其中，长期期交新单保费314亿元，比上年增长35%，占新单保费79%，比上年提升15%；新业务价值跨越式增长，从2018年的7.4亿元增至70.5亿元，跻身行业第五。转型发展实现重大突破，渠道多元化实质性破局，自我造血能力逐步增强，实现了发展方式从资本驱动向价值驱动转变，发展动能由行政推动向专业赋能转变。

聚焦融合叠加、模式创新，农村电商平台生态初步构建。坚持把农村电商作为服务乡村振兴的重要抓手，牢牢把握大单品、进销存管理、业务叠加三大核心要素，持续打造“919电商节”，加强农产品基地建设，加快打造“进城+下乡、线上+线下、生态+专业”特色生态体系，上下行双向商流规模达211.7亿元；线上打造“社区+社群”营销场景，线下3.4万个网点的3.8万名渠道经理与45万个站点形成绑定关系，带动35.5万个站点成为金融客户，向网点引流客户539万人，“网点+站点”同心圆服务模式初见成效。

聚焦共建共享、共创共赢，“一个中国邮政”的协同优势切实发挥。坚持协同是中国邮政最重要的战略、最核心的优势，以优势共建、资源共享、商机共创、协作共赢为目标，推动协同战略有效落地。建成邮务、寄递、保险、证券之间统一语音互转、话务接入和智能处理的智能客服平台；建成以CRM为客户中台、以“邮生活”为客户触角

的协同运营平台，开展基于会员的协同营销，推动数据资源向数据资产转变，协同优势向经营成果转化成效显现。

## 二、坚持问题导向，全面深化改革，顶层设计有效引领、体制机制弊端不断破除、发展活力全面激发

全面发力、多点突破，国企改革三年行动圆满收官，多项重点改革任务落地实施，有效激发了发展的动力和活力。

多项具有战略性前瞻性的顶层设计落地实施。2018 年以来，通过 A 股 IPO、集团公司定增、推进扩股和自身利润留存，邮储银行核心一级资本较 5 年前接近翻番，有效支撑了贷款增长、存贷比从 45.02% 提升至 56.82%，及时有效满足了监管部门对于资本充足率的刚性要求，确保了规模增长的可持续。首家国有大行直销银行正式开业，为邮储开辟了全程线上金融服务新赛道，为邮政开启了全面服务乡村振兴及协同发展新平台，也为代理金融以“生态金融”“财富金融”实现普惠金融服务提供了支撑。史上首次代理储蓄手续费率调整平稳完成，兼顾了各方利益最大化，确保了邮银双方的可持续发展。中邮保险资管公司批筹审查工作基本完成，为增强专业化投资能力、提升综合实力奠定坚实基础。中邮科技 IPO 成功过会，在推进资产证券化、深化混改上取得突破性进展。政企联动成效倍增，与 7 个国家部委、29 个地方政府开展战略合作，与农业农村部联合召开助力新型农业经营主体高质量发展会议，与交通运输部共同推进农村寄递物流体系建设，与商务部携手推进县域商业体系建设，邮政已成为服务乡村振兴的重要力量。

寄递六大改革系统发力。邮区中心规范化改革卓有成效，大力推进运营和流程规范化、标准化、定额化，人均处理效率由 1088 件 / 日提升至 1559 件 / 日，最高的可达 6308 件 / 日；摆轮矩阵收容率从 15.1% 压降到 4.3%，处理效能、生产效率大幅提升。市趟改革成效突出，统一管控车辆，推行汇集串行、综合套跑邮路、复合使用车辆，全网激活 3388 辆闲置车辆，日均里程、车辆装载率比上年提升 39.2% 和 34.7%，市趟运输单位成本降幅 17.5%。运输改革步伐加快，持续推进“四改一扩”、甩点直投，拓展航空、高铁、陆运多式联运，一级干线车辆日均单车行驶里程提高 11.4%，全网单边邮路压降至 15.5%，集中化、精细化管控水平不断提升。陆运网改革深入推进，全面推行打破行政区划组网，942 个市县实现顺向集散，1591 条够量市场线路完成全面提速，骨干网能力得到增强。揽投网改革效果明显，全面优化特快重点区域揽投部布局，特快当频及时妥投率提升至 90.4%；揽投网经营机制改革在 10 个地市试点，有效激发了经营活力。两集中改革扎实推进，细化目标任务及具体举措，逐省制定“任务书”、绘出“路线图”、扣紧“责任链”，夯实两级主体责任，推动“一竿子到底，一揽子统筹”初见成效。

分业经营改革积极稳妥推进。坚持顶层设计与基层试点相结合，制定改革整体方案，明确改革目标是让速递物流公司成为独立运营、自负盈亏、自我发展的市场主体，明确“四个有利于”“十个必须”的原则，明确按照组织架构、产品、运营环节 3 个维度全面梳理要素资源配置，明确分业是结果、实现全面改革才是根本目的。江苏、浙江分公司积极探索、反复推演、精细测算，完善改革试点方案，为全网蹄疾步稳推进分业经营改革出经验、蹚路子。

市场化经营机制建立健全。全面实施任期制和契约化管理，党组管理干部及各级邮政企业 3.4 万领导人员全面签订岗位聘任协议和经营业绩责任书，实现应推尽推、应签尽签，通过一人一岗、一岗一表、一岗一考核、一岗一薪酬，助推领导干部知责履责尽责，彻底打破终身制、铁交椅、铁工资；坚持市场化导向，健全选人用人、考核评价、薪酬激励等机制，加大竞争上岗力度，强化刚性考核兑现，推动形成“能者上、优者奖、庸者下、劣者汰”的正确导向。

## 三、坚持创新驱动，打造数字邮政，业技融合持续深化、科技引领作用凸显、发展势能全面积蓄

坚持上下联动、推拉结合、业技融合，通过建体系、搭平台、夯基础，有效赋能企业生产、运营、管理。

加强统筹规划，数字邮政建设提速发力。明确数字邮政建设的总体思路、实施路径、重点任务，启动实施数字邮政规划、信息化规划、数据规划，建立数字邮政治理体系和工作推进机制，为打造数字邮政奠定了坚实基础。六大平台建设按下“加速键”，技术中台、数据中台一期建成投产，形成共享共用的智能识别、物联网服务能力，切实推动了 IT 架构向中台化转型，为数字邮政建设提供了能力保障。

紧扣重点任务，数据要素价值有效发挥。聚焦赋能寄递业务发展，围绕重点场景研发 67 个模型，四大数据库、干线和市趟网络智能规划、够量直达等数智化工具深化应用，有力助推了时限提速、效率提升、流程优化；数字化处理中心在合肥试点取得良好成效，大幅提升了效率效能和规范化水平；新一代寄递平台敏捷迭代，全面支撑了“五大体系”建设和“六大改革”。聚焦推进分类核算，开展产品、机构、客户等数据治理，数据质量得以提升；业财一体化平台覆盖寄递、邮务主要业务场景，初步实现“业务完成即核算完成”和业财全流程闭环管理。聚焦服务乡

村振兴，建成“村社户企店”五大客群数据库，有效赋能客户信用管理和数字化营销。聚焦支撑协同战略落地，建成多方安全计算平台，切实推动了邮银数据合规共享。数字技术真正成为高质量发展的“助推器”。

## 四、构建高标准市场化体系，推进治理体系和治理能力现代化，对标对表深入人心、管理能力有效提升、制度建设全面增强

构建规范化、流程化的管理体系，初步建立分层分类对标体系，为高质量发展提供了机制和制度保障。

规范化、流程化管理全面推进。全面诊断集团公司成立以来印发的746项规范性文件，系统梳理288项管理提升重点任务，查隐患、堵漏洞、促提升。聚焦审计、巡视巡察、检查中发现的主要问题，针对管理断点多、潜在风险大的突出问题，开展业务外包专项整治、强化营收资金归集等专项治理，重拳整治典型经营违规行为，特别是邮区中心规范化管理成为示范样本，相继制定揽收、运输、投递环节的管理、流程、操作制度规范，优化了寄递端到端生产流程。

高标准市场化体系加速构建。从发展质效、运营服务、改革创新、市场地位、风险管控等维度，初步构建总部、省级、运营层面的全面对标体系，开展80项对标提升行动，按月通报省分公司42项关键对标指标完成情况，推动补短板、强弱项、固优势；建立“总体统筹、分层推进”的工作机制，强化过程管控，以“四个到人”确保工作成效。全系统对标对表的理念明显增强、对标对表的行动更加自觉，实现了从“只关注自身发展”向“与行业先进看齐”转变。

总部引领发展能力不断强化。为各板块明晰发展定位、确定发展思路、制定体系化发展战略，战略引领作用充分发挥；对业务发展、生产运营、经营管理实施全过程穿透式管理，推进管理下沉，压缩管理链条，打通卡点堵点，运营管理水平有效提升；横向加强总部各部门间的合作协同，纵向做好各业务条线的指导支撑，快速响应基层诉求，增强了“马上就办”的时限意识、服务意识，工作作风切实转变。

## 五、心怀“国之大者”，服务国家大局，央企责任充分践行、社会影响前所未有、“国家队”作用全面彰显

坚持“放眼全局谋一域”，在全力服务国家重大战略、服务经济社会民生中找准坐标、选准方位、发挥作用。

一是服务乡村振兴成效显著。立足“五大定位”，落实“六大抓手”，加快三级物流体系建设，聚焦农业特色产业，以商流为牵引、以物流为支撑、以金融为保障、以数据为驱动，初步形成产前、产中、产后“全环节协同联动”，金融、电商、寄递“全要素系统集成”，“村社户企店”全方位精准服务的惠农新生态，系统性服务乡村振兴的工作体系全面建立，以邮政“四流”解农村“三难”的综合服务能力大幅提升，实现农产品交易额比上年增长43.5%、新增涉农贷款比上年增长16.4%、农产品寄递收入比上年增长67.1%。农民获利、消费者获益、邮政获客、政府获赞的多赢局面基本形成，巩固增强了农村市场竞争优势。二是保供保通保畅彰显担当。全力服务疫情防控大局，探索出政府集采、社区团购、医药接力配送3种模式，主动兜底民生物资配送，得到政府部门的高度评价和社会各界的广泛好评。三是国家重大活动服务保障任务圆满完成。作为党的二十大唯一批准上会服务单位，以最高标准、最强举措、最优服务获得高度肯定和广泛赞誉；圆满完成北京冬奥会和冬残奥会用邮服务、十九届中央第九轮巡视专用信箱寄递等保障任务，有力彰显了品牌形象。

此外，积极服务国家重大区域战略，大力推进绿色包装、绿色运输、绿色金融，全面完成行业生态环保“9917”重点工程，牢牢守住了不发生重大风险的底线。

## 六、落实新时代党的建设总要求，深入推进全面从严治党，政治生态根本好转、工作作风明显改进、党建质量全面提升

深入学习贯彻党的二十大精神，弘扬伟大建党精神，以党的政治建设为统领，推动党建工作全面过硬、全面提升。

坚定不移加强政治建设，坚定拥护“两个确立”、坚决做到“两个维护”的思想自觉、政治自觉和行动自觉全面增强。教育引导党员干部深刻领悟“两个确立”的决定性意义，不断增强“四个意识”、坚定“四个自信”、做到“两个维护”，确保党中央决策部署不折不扣落到实处。

坚定不移强化思想理论武装，持续推动学习践行习近平新时代中国特色社会主义思想走深走实。完整、准确、全面学习贯彻落实党的二十大精神，发挥集团党组理论学习中心组领学促学作用，以上率下开展高标准高质量学习，及时跟进学习习近平总书记最新重要讲话精神在全集团形成常态，广大党员干部在常学常新中加强了理论修养、坚定了理想信念、增强了能力本领。

坚定不移夯实党的基层组织，基层党组织的组织力、凝聚力和战斗力不断提高。大力开展基层党组织建设“664”达标工程和创先争优活动，深入开展党支部“领题

破题”和党员“三亮三比三评”活动，推动党建与生产经营深度融合，基层党组织干事创业的积极性有效激发。

坚定不移树立鲜明用人导向，干部队伍结构切实优化。以“20字”要求为根本遵循，坚持干部使用“十大原则”，牢牢把控政治关、廉洁关、能力关，彻底铲除滋生跑官要官、买官卖官歪风邪气的土壤，“员工不服气、干部没底气、责任担不起”的政治生态根本好转；选优配强领导班子，加大年轻干部选拔培养使用力度，领导班子的年龄、专业和能力结构持续优化，整体功能明显增强，选人用人工作好评率较2018年度（77.4%）提升12.5%；初步形成以专业化、职业化、数字化为方向的人才工作体系，人才强邮加快推进。

坚定不移深化政治巡视，“利剑”作用有效彰显。开展中央巡视整改落实情况专项巡视“回头看”，持续巩固深化中央巡视整改成果。坚持政治巡视定位，开展“规范外包管理，推动高质量发展”专项巡视，推动外包专项整治，以巡促改、以巡促建、以巡促治作用有效发挥。主动运用中央第八轮巡视成果，在金融板块开展对照整改，取得积极成效。加强指导督导，内部巡察实现五年全覆盖。

坚定不移正风肃纪反腐，政治生态持续净化。严肃查处违反中央八项规定精神问题，持续整治形式主义官僚主义，深入开展“靠邮吃邮”问题专项整治，一体推进不敢腐、不能腐、不想腐，全系统立案805件，给予纪律处分860人，党风廉政建设和反腐败工作纵深推进。（集团公司综合部）

# 大事记

## 1月

**4日** 习近平总书记在北京冬奥村（冬残奥村）考察北京2022年冬奥会、冬残奥会筹办备赛工作期间，察看邮政提供运营服务的冬奥村书报亭。

**5日** 《壬寅年》特种邮票首发仪式在中国国家博物馆举行，《壬寅年》特种邮票是中国生肖邮票第四轮中的第7套，一套2枚，图案名称分别为“国运昌隆”和“虎蕴吉祥”。

**同日** 由集团公司主办、北京邮票厂有限公司承办的中国“邮”礼——中国邮政文创第二届文创产品设计大赛颁奖典礼暨中国邮政文创生肖联名新品发布会在中国国家博物馆举办。

**6日** 集团公司寄递事业部召开2022年春节旺季启动电视电话会议，解读生产运行组织方案，布置旺季服务质量保障工作，全力以赴做好2022年春节旺季全网生产运行组织工作。

**7—8日** 集团公司2022年工作会议暨第一届第三次职工代表大会在北京召开。交通运输部部长李小鹏，交通运输部党组成员、国家邮政局局长马军胜出席会议并讲话。财政部、人力资源和社会保障部、审计署等有关部门领导出席会议。

**8日** 集团公司以电视电话会议形式，面向全系统举办党的十九届六中全会精神宣讲报告会。中央党史和文献研究院院长、中央宣讲团成员曲青山应邀作辅导解读。

**13日** 集团公司党组书记、董事长刘爱力到北京冬奥组委和冬奥邮政服务网点——北京2022邮局，调研检查2022年冬奥会、冬残奥会邮政服务准备工作，看望慰问一线服务员工和派驻冬奥组委的邮政工作人员。

**14日** 邮储银行完成300亿元规模无固定期限资本债券发行，发行票面利率3.46%。

**18日** 集团公司召开北京2022年冬奥会、冬残奥会期间邮政安全与服务保障工作动员部署电视电话会。

**19日** 邮储银行被纳入LPR场内报价行，在LPR报价资质上取得重大进展。

**25日** 集团公司召开2022年党的建设暨党风廉政建设和反腐败工作会议，总结2021年中国邮政党的建设以及党风廉政建设和反腐败工作，部署2022年主要工作。

**同日** 驻中国邮政纪检监察组通报近期查处的邮政企业违纪违法典型案例，并播放警示教育片《彻底赌输的人生——纪成严重违纪违法案件警示录》。

**同日** 集团公司召开党史学习教育总结大会，全面总结中国邮政党史学习教育成效和经验，对建立长效机制巩固拓展党史学习教育成果进行部署。

**31日** 邮储银行普惠型小微企业贷款规模突破1万亿元。

**同月** 《中国邮政集团有限公司关于落实碳达峰碳中和工作的意见》印发，结合邮政绿色转型发展需要，明确中国邮政落实碳达峰、碳中和工作的指导思想、工作原则、主要目标以及4个主要任务和20项具体举措。

**同月** 中国邮政报新媒体与电视新闻部获评“中央和国家机关青年文明号”。

**同月** 云南省怒江傈僳族自治州分公司泸水市称杆乡邮政所所长桑南才当选2021年“诚信之星”。

**同月** 集团公司命名“山东战邮革命传统和企业文化教育基地”为“中国邮政革命传统教育基地”。

## 2月

**2—4日** 北京冬奥会火炬在北京、延庆、张家口3个赛区进行传递，约有1200名来自各行各业的火炬手参与。其中，有5名火炬手来自中国邮政，他们是郭恩娟、王晓辉、康智、刘佳、其美多吉。

**17日** 中邮理财鸿运一年定期开放系列产品成功在兴业银行上架代销，实现理财产品行外代销零的突破。

**17—18日** 2022年全国邮政寄递业务工作会议在北京召开。

**19日** 集团公司党组召开扩大会议，第一时间传达中央对李国华进行纪律审查和监察调查的决定。

**21日** 中央广播电视总台举办第二届“中国品牌强国盛典”，中国邮政入选十大“国之重器”品牌。

**同日** 集团公司发布《关于2021年中国邮政服务乡村振兴战略完成情况的通报》，2021年中国邮政全力服务乡村振兴战略，系统推动《中国邮政服务乡村振兴战略行动方案（2021—2022）》各项工作落地见效。截至2021年12月31日，五大类13项指标全部完成，服务乡村振兴战略六大主要任务取得积极成效。

**24日** 国家邮政局与集团公司召开2022年全国邮政普遍服务工作会议，2021年中国邮政普遍服务各项目标任务全面完成，普遍服务用户满意度持续提升，取得了“一年一小步，三年一大步”的显著成绩。

**同日** 集团公司直属机关党委通报表彰2018—2021年度集团公司直属机关先进集体、先进个人。30个集体获“2018—2021年度中国邮政集团有限公司直属机关先进集体”称号，60名个人获“2018—2021年度中国邮政集团有限公司直属机关先进个人”称号。

**25日** 2022年全国邮政经营服务工作会议召开。

## 3月

**2日** 集团公司召开安全生产工作电视电话会议，强调要树牢“人民至上、生命至上”理念，统筹发展与安全，强化红线意识，坚守底线思维，紧绷安全弦、把好安全关。

**同日** 集团公司发出通知，要求切实做好2022年全国两会期间邮政安全服务保障工作。

**同日** 通信行业企业管理现代化创新成果推进大会在北京召开，集团公司应邀出席，并分享创新经验，推介创新成果。

**同日** 邮储银行、中邮理财有限责任公司、德意志交易所集团及旗下指数公司Qontigo在北京联合举办邮储银行绿色金融论坛暨“STOXX邮银ESG指数”发布会，发布“STOXX中国邮政储蓄银行A股ESG指数”。

**3日** 中宣部命名第七批全国学雷锋活动示范点和岗位学雷锋标兵，湖北省武汉市江夏区邮政分公司舒安支局乡村投递员熊桂林被命名为“全国岗位学雷锋标兵”。

**4日** 全国人大代表、中国邮政集团有限公司江苏省泰兴市江平路邮政支局局长何健忠连续第十次当选全国人大会议主席团成员。

**同日** 邮储银行在全国银行间债券市场成功发行400亿元二级资本债券。

**7日** 集团公司印发《中国邮政集团有限公司国土绿化工作方案》，推进国土绿化工作。

**13日** 集团公司发出疫情防控紧急通知，要求各级邮政企业提高政治站位，筑牢最严防线，严防疫情通过邮政企业传播。

**14日** 集团公司印发《2022年中国邮政服务乡村振兴工作要点》，部署服务乡村振兴重点任务，推广综合服务解决方案，构建邮政惠农协同生态。

**18日** 集团公司召开2022年采购管理工作会议，强调要加强规范化管理，持续推进降本增效。

**21日** 集团公司发布县域商业体系建设2022年工作要点，要求全系统提高政治站位，扎实做好在县域商业体系建设中分工负责的具体工作，主动融入县域经济社会发展新格局。

**23日** 集团公司召开2022年计划建设工作会议，强调要强化规范管理，优化资源配置，提升发展能力。

**同日** 邮储银行小额贷款规模突破1万亿元。

**24日** 集团公司召开中国邮政会员服务体系建设推进工作电视电话会议，要求全集团进一步统一思想、提高认识，以邮政会员服务体系建设为抓手，全面提升邮政会员运营管理能力，加快构建会员协同生态，助力中国邮政高质量发展。

**同日** 邮储银行建立垂直管理的内部审计组织体系。

**28日** 集团公司发布2021年度创建“平安邮政”工作考评情况的通报，邮储银行、中邮信息科技（北京）有限公司、邮政科学研究规划院、新闻宣传中心和山东、重庆、安徽等10家省级分公司获评“平安邮政”优秀单位，66人获评“安全卫士”（优秀安全保卫管理人员），92人获评“平安之星”（企业安全标兵）。

**同日** 邮储银行公布新市民综合金融服务方案，并发布新市民专属借记卡——“U+卡”，该卡叠加多项权益，为新市民群体提供高质量的综合金融服务。

**31日** 集团公司召开2022年审计工作会，强调要深化审计转型，推动企业规范管理高质量发展。

**31日—4月1日** 集团公司召开2022年全国邮政网运工作会，提出要真抓实干，善作善成，推动网运改革取得实效。

**同月** 中国邮政EMS提供2022艺考试卷寄递服务。

## 4月

**6日** 集团公司召开安全生产专项工作电视电话会议，要求深入学习贯彻习近平总书记重要指示精神，迅速开展邮政企业安全隐患大排查、大整治。

**12日** 集团公司召开2022年财务工作会议，强调要以高质量发展为主题，主动适应新时代和新发展格局对财务工作的要求，助力企业高质量发展。

**13日** 集团公司印发紧急通知，要求各级邮政企业吃透、学透国务院联防联控机制《关于切实做好货运物流保通保畅工作的通知》精神，服从服务国家疫情防控大局，做好保通保畅工作。

**同日** 共青团中央对全国“两红两优”（全国五四红旗团委、五四红旗团支部、优秀共青团员、优秀共青团干部）作出表彰决定。中国邮政的1个集体、3名个人登上光荣榜。

**15日** 集团公司印发通知，部署开展2022年回收复用瓦楞纸箱专项行动，计划到2022年年底全网完成回收复用瓦楞纸箱7000万个。

**19日** 2022年全国邮政农村电商发展推进会召开，强调要坚定不移加快推进农村电商发展，在争当乡村电子商务发展主渠道上取得新突破。

**23日** 邮储银行新一代个人业务核心系统全面投产上线。

**25日** 集团公司召开2022年全国人大代表建议交办会，传达学习2022年全国人大建议交办会精神，通报2021年中国邮政办理全国两会建议的情况，部署2022年全国人大代表建议办理工作。

**28日** 中华全国总工会在北京召开2022年庆祝“五一”国际劳动节暨全国五一劳动奖和全国工人先锋号表彰大会。全国邮政系统有1个集体获“全国五一劳动奖状”，11名个人获“全国五一劳动奖章”，7个集体获“全国工人先锋号”。

**同月** “五一”、端午假期临近，为加固中央八项规定堤坝，锲而不舍纠“四风”、树新风，驻中国邮政纪检监察组通报6起违反中央八项规定精神问题。

**同月** 集团公司、集团工会发出通报，对 2021 年劳动竞赛评出的 7067 个先进集体和 14008 名先进个人进行表彰。

## 5 月

**7 日** 集团公司召开抓紧抓实新冠疫情防控和保供保通保畅重点工作电视电话会议，强调把抓紧抓实疫情防控重点工作落到实处，把进一步做好保供保通保畅工作落到实处，切实做到关键时刻听指挥、拉得出，危急关头冲得上、打得赢。

**9 日** 集团公司对圆满完成北京 2022 年冬奥会、冬残奥会邮政服务工作的北京市分公司、河北省分公司等相关单位进行通报表扬。

**13 日** 集团公司召开直属机关学习贯彻习近平总书记在庆祝中国共产主义青年团成立 100 周年大会上的重要讲话精神座谈会，要求广大青年员工坚定理想信念，为实现中国邮政高质量发展贡献青春智慧和力量。

**19 日** 集团公司召开全国邮政社区团购工作部署电视电话会议，要求加快构建邮政特色社区团购发展新模式。

**24 日** 集团公司党组学习贯彻中共中央办公厅、国务院办公厅印发的《乡村建设行动实施方案》，强调要全面推进中国邮政服务乡村振兴落地见效。

**26 日** 中国（郑州）重要国际邮件枢纽口岸业务正式开通，郑州成为继北京、上海、广州之后第 4 个全国重要国际邮件枢纽口岸。

**同日** 邮储银行首款为高质量科技小微企业量身制定的线上信贷产品“科创 e 贷”投产落地。

**30 日** 交通运输部召开 2021 年感动交通十大年度人物线上视频报告会并揭晓榜单，四川省若尔盖县分公司网运班组长哈弄夺机荣获“2021 年感动交通特别致敬人物”称号。

**同日** 邮储银行召开专题会议，贯彻党中央、国务院决策部署，传达全国稳住经济大盘电视电话会议精神，研究部署全行助力经济稳增长的落实措施。

**同月** 中宣部、中国记协表彰 2022 年“新春走基层”活动中央新闻单位先进集体、先进个人和优秀作品。由中国邮政报策划采写的新闻作品《“洞”见未来》获评中央新闻单位优秀作品。

## 6 月

**1 日** 集团公司发出通知，要求全系统广大青年深入学习宣传贯彻习近平总书记在庆祝中国共产主义青年团成立 100 周年大会上的重要讲话精神，并为企业高质量发展拼搏奋斗。

**6—11 日** 集团公司以现场和线上相结合的形式，针对全系统党组管理干部举办学习贯彻党的十九届六中全会精神专题培训班。

**8 日** 中国邮政宣布将调动时限、服务、成本等优势资源，聚焦重点客户、重点区域和重点线路，对 1591 条寄递业务线路进行精准提速。

**10 日** 邮储银行云柜系统投产上线，建成集语音、视频、运营管理于一体的全行集中云柜作业平台，实现柜面、ITM、移动展业渠道业务的远程“面对面”集中办理。

**13 日** 集团公司党组召开巡视工作动员部署会议，正式启动对中邮人寿保险股份有限公司等 18 个单位（部门）党组织开展中央巡视整改落实情况专项巡视“回头看”；对北京市分公司等 10 个单位党委开展“规范外包管理，推动高质量发展”专项巡视。

**同日** 集团公司在北京召开 2022 年全国邮政自提点建设应用推进电视电话会议，部署加快推进自提点建设应用。

**27 日** 集团公司印发《邮政普遍服务行政处罚企业内控管理办法》，要求全系统各单位坚持法治思维，增强合规意识，加强内控管理 。

**同日** 集团公司召开“2018—2021 年度全国邮政系统先进集体、先进个人表彰大会”，对 142 个先进集体和 203 名先进个人进行表彰。

**同月** 集团公司党组以“深化以案促改以案治本，推进邮政廉洁文化建设”为主题，部署 7 月至 8 月在全系统开展“党风廉政警示教育月”活动。

**同月** 邮储银行客户存款总额突破 12 万亿元。

**同月** 河南省分公司被河南省政府评为 2021 年度服务河南经济社会发展优秀中央驻豫单位，成为全省 15 家获评优秀中央驻豫单位之一。

**同月** 共青团中央公布 2022 年“全国向上向善好青年”名单，辽宁省盘锦市寄递事业部双台子普邮投递部经理张东洋、重庆市渝北片区寄递事业部鸳鸯营业部员工石全和中欧班列（渝新欧）国际铁路运邮项目组两个人一集体获“全国向上向善好青年”称号。

**同月** 中国行业报协会表彰 2022 年“新春走基层”活动全国性行业类媒体先进集体、先进个人和优秀作品，中国邮政报策划采访部获评全国性行业类媒体先进集体，由中国邮政报策划组织的“新春走基层”特刊《喜迎幸福年 同奔富裕路》获评全国性行业类媒体优秀作品。

## 7 月

**2 日** 中国邮政作为《习近平谈治国理政》第四卷的发行主渠道，发挥邮政服务和网络资源等优势，在线上、线下全方位做好宣传、发行工作。

**4 日** 在英国《银行家》杂志（*The Banker*）2022 年“全球银行 1000 强排名”榜单中，邮储银行按一级资本位居第 13 位，比上年度上升 2 个位次。

**6 日** 集团公司召开寄递业务三季度“秋收再旺”营销活动启动暨高考录取通知书、学生档案寄递服务保障专题电视电话会，强调要把各项工作抓实、抓细、抓落地，确保完成各项经营目标任务，以最高标准、最强保障、最严举措确保高考录取通知书寄递万无一失。

**7 日** 集团公司召开专题会议，就《习近平谈治国理政》第四卷图书的发行工作进行安排部署。

**18 日** 邮政系统有 16 个集体获得 2020—2021 年度全国“安康杯”竞赛活动优胜单位和优胜班组称号。

**19 日** 中国共产党中央和国家机关代表会议选举产生出席党的二十大代表 293 名。其中，集团公司党组书记、董事长刘爱力当选。另有 4 名优秀邮政员工在当地当选党的二十大代表。

**20 日** 中国国防邮电工会赴北京市分公司中南海支局开展送清凉和授牌活动。

**23 日** 中国邮政文创数字藏品平台上线试运行。

**25—26 日** 集团公司召开工作座谈会。

**27 日** 邮储银行“农业产业链金融”模式入选农业农村部发布的 2021 年金融支农八大创新模式与十大典型案例。

**28 日** 邮储银行代理中央财政预算管理一体化系统上线。

**30 日** 中国国家版本馆中央总馆开馆，“中国邮票展”同时展出，展览占地面积约 300 平方米，展出邮票近 7000 枚。

**同月** 中国邮政开展高考录取通知书寄递工作。

## 8 月

**3 日** 《财富》杂志发布 2022 年世界 500 强排行榜，在上榜的世界邮政企业中，中国邮政营业收入和利润均排名世界邮政第 1 位。

**4 日** 集团公司召开 2022 年全国邮政进销存转型推广电视电话会议，重点部署进销存推广使用和数字化转型工作。

**同日** 中国邮政承办北京国际摄影周大众手机摄影展。

**同日** 邮储银行“专精特新”企业专属票据贴现产品“专新贴”正式上线。

**5 日** 集团公司召开中国邮政智能客服平台上线动员会议，要求贯彻落实建立统一的中国邮政智能客服平台的部署安排，按计划推进各条线、各省（区、市）邮政机构批次上线工作。

**10 日** 中国邮政 2022 年大众创新首批优秀创意和优秀创新项目揭晓。

**16 日** 福建省委书记、省长在福州会见集团公司党组书记、董事长刘爱力一行，双方围绕贯彻落实习近平总书记重要讲话重要指示精神，在金融信贷、现代物流、农村电商等方面深化合作进行深入交流，并达成广泛共识。

**17 日** “我是新时代交通人——喜迎党的二十大、加快建设交通强国好故事”宣讲比赛全国总决赛举办。“时代楷模”“最美奋斗者”“全国优秀共产党员”等荣誉称号获得者，四川省甘孜县分公司长途邮运驾驶员、驾押组组长其美多吉获得“交通故事致敬奖”。

**19 日** 集团公司召开 2022 年邮政“919 电商节”电视电话动员会议，强调要深入贯彻国家乡村振兴战略，以“九大联动”为主线，加强活动组织、宣传推广和板块协同，按照集团确定的 7 个点爆日将“919”各项工作抓实、抓细、抓落地，确保邮政“919 电商节”目标圆满实现。

**20 日** 中国邮政向西藏阿里紧急运送核酸检测仪、口罩和防护服等 17.5 吨医疗抗疫物资。

**25 日** 邮储银行与国家公共信用信息中心集中签署《关于加强“信易贷”+ 助力中小微企业融资支持实体经济发展的战略合作协议》。

**26 日** 集团公司组织召开党组理论学习中心组学习（扩大）会议暨“一月一讲”专题讲座，邀请中共中央党校（国家行政学院）经济学教研部主任韩保江教授围绕习近平经济思想进行辅导授课。

**26—29 日** 第 2 届粤港澳大湾区集邮展览在广东省东莞市举行，中国邮政于邮展开幕当天发行《东莞虎门 2022 第 2 届粤港澳大湾区集邮展览》纪念邮资明信片一套 1 枚。

**8 月 29 日至 9 月 2 日** 第十三届亚洲—太平洋邮政联盟代表大会在泰国曼谷召开，中国邮政获得区域奖多个奖项。

## 9 月

**2 日** 集团工会二届六次全委会（扩大）会议召开，选举产生新一任集团工会常务副主席，为集团工会换届工作做好组织准备。

**5 日** 12 时 52 分，四川甘孜藏族自治州泸定县发生 6.8 级地震。集团公司党组书记、董事长刘爱力第一时间向身处地震灾区或受地震影响的干部职工及其亲人表示深切的慰问，并就做好抗震救灾工作提出要求。

**5—6 日** 集团公司召开全国邮政代理金融风控合规“雷霆行动”动员会。

**6 日** 2022 中国邮政 EMS 校园创客大赛启动。

**7 日** 集团公司直属机关党委召开“学习研讨、查摆问题、改进提高”专项工作总结会议。

**8日** 中国邮政《癸卯年》特种邮票图稿发布仪式在新华社新立方演播厅举行。

**9日** 中国人民银行、中国银保监会联合发布2022年系统重要性银行名单，邮储银行经评估认定位于系统重要性银行第二组。

**14日** 国家邮政局党组书记赵冲久到集团公司调研并召开座谈会，集团公司党组书记、董事长刘爱力和领导班子成员出席会议。

**16日** 邮储银行成功开展国有大行首笔绿色担保品质押式同业存款业务。

**19日** 集团公司部署做好党的二十大期间邮政安全服务保障工作。

**同日** 邮储银行制定印发《中国邮政储蓄银行清廉金融文化建设行动方案（2022—2024年）》。

**20日** 集团公司党组书记、董事长刘爱力到中国邮政航空公司首都机场办公区调研，详细了解中国邮政自主航空网运行控制管理和安全生产情况，慰问邮航广大干部职工。

**同日** 集团公司召开2023年度全国邮政报刊发行会，强调要以习近平新时代中国特色社会主义思想为指引，坚持客户为本，主攻“七大市场”，加快渠道升级，强化组织推进，打造高质量、专业化邮政报刊发行体系，举全网之力打赢2023年度报刊大收订战役。

**同日** 集团公司与新华社联合召开2023年度新华社重点报刊发行会议。

**23日** 集团公司党组理论学习中心组学习（扩大）会议提出坚持以党的创新理论引领中国邮政高质量发展，以实干实绩实效迎接党的二十大胜利召开。

**27日** 集团公司召开人才工作会议，深入学习领会习近平总书记关于新时代人才工作的新理念新战略新举措，纵深推进新时代邮政人才发展战略，全面加强人才队伍建设。

**同日** 集团公司召开党组管理领导人员任期制和契约化管理签约会议。

**同月** 集团公司召开党组会议，专题研究部署全系统党建工作和意识形态工作。

**同月** 集团公司党组会议要求学习贯彻《纪检监察机关派驻机构工作规则》，坚定不移推进党风廉政建设和反腐败斗争。

**同月** 集团公司直属机关36个党支部被命名为中央和国家机关“四强”党支部。

**同月** 邮储银行“农业产业链金融”模式入选农业农村部金融支农八大创新模式。

**同月** 驻中国邮政纪检监察组通报7起违反中央八项规定精神问题。

**同月** 邮储银行客户贷款总额突破7万亿元。

## 10月

**7日（中部欧洲时间）** 万国邮联（UPU）发布2022年邮政发展综合指数（2IPD）报告，中国、奥地利、法国、德国、日本和瑞士脱颖而出，成为2IPD指数的PDL 10级国家。

**11日** 邮储银行落地首笔对公黄金租赁业务，填补了邮储银行法人贵金属产品体系的空白。

**16日** 中国共产党第二十次全国代表大会在北京隆重开幕。集团公司高度重视、精心组织全系统广大党员干部职工收看开幕会，认真聆听习近平总书记代表第十九届中央委员会向大会作的报告。

**17日** 中国邮政EMS年业务量突破百亿件，比上年提前62天。

**18日** 集团公司召开邮政系统党建工作与生产经营深度融合推进会，深入学习贯彻党的二十大精神，总结交流“三亮三比三评”和党支部（党小组）“领题破题”活动实施的成效经验。

**同日** 4名邮政人获评交通运输青年科技英才。

**24日** 集团公司党组书记、董事长刘爱力主持召开党组（扩大）会议，认真传达学习党的二十大和党的二十届一中全会精神、习近平总书记在二十届中共中央政治局常委同中外记者见面时的重要讲话精神，研究贯彻落实意见。

**26日** 邮储银行开展首笔自贸区债券业务，实现自营人民币资金直接参与境外人民币债券投资的“零的突破”。

**同月** 集团公司转发《关于进一步提升旅游景区邮政服务水平的通知》并要求系统性提升邮政服务文化旅游市场的能力。

**同月** 集团公司部署开展外包专项整治和15项管理提升重点工作。

**同月** 摩根士丹利资本国际公司（简称“明晟”，英文简称“MSCI”）公布2022年环境、社会及治理（英文简称“ESG”）最新评级结果，中国邮政储蓄银行获得MSCI ESG评级“A”级。

## 11月

**1—7日** 集团公司组织开展主题为“绿色邮政，绿动未来”的“绿色邮政宣传周”活动。

**7—8日** 党的二十大代表，集团公司党组书记、董事长刘爱力赴山东邮政基层一线，紧密结合邮政实际宣讲党的二十大精神，对邮政认真抓好党的二十大精神学习宣传贯彻工作进行调研指导。

**9日** 集团公司开展2022年“消防宣传月”活动。

**11 日** 集团公司举办学习贯彻党的二十大精神专题讲座，中央宣讲团成员、中央党史和文献研究院院长曲青山应邀作宣讲报告。

**同日** 中华全国总工会领导慰问四川邮政员工，肯定邮政便民惠民服务工作。

**12 日** 集团公司党组召开学习党的二十大精神专题会议，专题学习党的二十大报告，并传达学习中央有关文件精神，强调要深学细悟笃信笃行，推动党的二十大精神在中国邮政落地落实。

**17 日** 邮储银行落地首笔标准债券远期业务，填补了参与国债期货业务的空白。

**18 日** 集团公司党组召开学习党的二十大精神第二次专题会议，强调要以党的二十大确立的中心任务为方向，推动中国邮政实现高质量发展。

**同日** 邮储银行成为首批获准开办个人养老金业务的商业银行，列入首批个人养老金基金销售机构名录。

**21—23 日** 邮储银行在“2022 金融街论坛年会”上以“打造金融科技赋能新模式 助力乡村振兴战略实施”为主题，介绍邮储银行通过金融科技赋能乡村振兴的实践。

**23 日** 中邮理财发行并管理的“财富鑫鑫向荣”人民币理财产品、“邮银财富·鸿运一年定开 4 号”人民币理财产品获“银行理财产品金牛奖”。

**24 日** 集团公司召开科学精准做好企业疫情防控和安全生产工作电视电话会，强调要科学精准做好疫情防控、安全生产和保通保畅工作。

**25 日** 邮储银行作为首批银行在全国 36 个个人养老金制度先行城市或地区，正式上线个人养老金资金账户和基金交易业务。

**30 日** 云南省 2207 个抵边自然村全部实现通邮，有效解决了农村邮政服务“最后一公里”的问题。

## 12 月

**1 日** 中邮证券获“中国证券业创新资管计划君鼎奖”。

**2 日** 集团公司党组召开学习党的二十大精神第三次专题会议，强调不断提升企业民主管理水平，建立完善规范化管理体系，全面加强企业文化建设，提升服务人民群众能力水平。

**9 日** 集团公司党组召开学习党的二十大精神第四次专题会议，通过读原著、学原文、悟原理，进一步加深对党的二十大精神的学习和理解。

**同日** 中邮证券凭借课题“基于 MS-VaR 模型的债券市场风险预警监测体系构建与实证研究”获 2022 年中国债券市场课题研究二等奖。

**13 日** 集团公司召开专题会议，部署推进函件业务发展，强调要清醒认识函件发展取得的成绩和面临的形势，充分认识函件发展的重要性和必要性，坚持回归函件本质进行创新，坚持不懈推动函件业务高质量发展。

**同日** 第二届“中国邮政·文化季”启动仪式暨函件新年贺岁项目推进会举行。

**14 日** 全国邮政代理金融新增储蓄存款 10014.2 亿元，比上年多增 2674.3 亿元，储蓄存款规模 8.6 万亿元，348 天实现储蓄存款当年新增万亿元的历史性突破。

**15 日** 北京市分公司康智劳模创新工作室等 50 个工作室被评为集团公司劳模创新工作室。

**17 日** 邮储银行新一代公司核心业务系统首批次功能投产。

**23 日** 驻中国邮政纪检监察组通报 6 起违反中央八项规定精神问题。

**26 日** 由中央广播电视总台、中国邮政集团有限公司、国家统计局联合发起的“中国美好生活大调查（2022—2023）”启动。

**同月** 邮政 7 家单位获评“2022 年全国市场质量信用 AA 级企业”。

**同月** 邮储银行资产总额突破 14 万亿元。

**同月** 国际三大评级机构——穆迪、惠誉、标普先后发布对邮储银行 2022 年的评级结果，邮储银行保持中国银行业领先水平。

# 网路运营

◇ 邮路建设

◇ 处理中心

◇ 运行管理

【概述】

**一、时限水平实现新提升**

持续优化时限“四库”，建立动态优化机制。建成时限四库，明确各环节应该达到且必须达到的时限标准。结合竞品时限情况，持续优化标准时限库，提升时限标准水平；用好现实时限库，查找时限不达标的问题邮路、问题环节、关键控制点，有的放矢整改提升，确保时限有标必达；完善行业时限库，实施“四象限”工作法，建立头部客户、重点项目时限画像，为够量市场提速提供依据。

建立“路长制”管控体系。明确各级路长对线路全程时限管理责任，对各省进出口线路，实行省总路长、省副总路长和省级路长分级管理，明确省总路长负责15条重点线路，省副总路长负责30条重点线路，省级路长负责本省全部线路的时限管控任务。建立路长制履职评价KPI考评体系，明确各级路长履职评价指标和考核办法，压实各级路长责任。特快、快包与竞品时限差距分别缩短3.9小时和6.7小时，整体时限达成率分别为93%和89%，比上年分别提升6.9%和8.1%，普遍服务指标达到国家监管要求，省会城市间普邮全程时限降至2.4天。

推行“够量市场提速”。充分应用“四象限”工作法，瞄准够量市场，打出“608提速”、重点区域提速、省内网提速的组合拳，1591条够量线路时限全程时限缩短19.74小时；长三角、珠三角、川渝等重点区域内互寄线路，363条时限标准加快一个频次，456条线路时限标准加快1天；特快省内次日上午递率达到71.5%，比提速前提升16%。

**二、六大改革取得新进展**

“两集中”改革全面启动。围绕“一竿子到底，一揽子统筹”管控目标，初步厘清“集团管省际、各省管省内”两级管理责任，明确了施工图，推动落实77项任务；采取典型引路、以点带面的推进策略，江苏、山东、广东、山西、河南、海南等省先行先试。

邮区中心改革成效显著。全网聚焦8项改革内容，紧盯85项具体任务，以行业对标为主要手段，以标准化落地为抓手，实现“效率提升”“定员达标”两大阶段性目标。全网省际中心人均处理效率从1088件/日提升至1559件/日，自动化设备平均效能由61.0%提升至72.6%，摆轮矩阵收容率由15.1%降至4.3%。浙江、安徽、河北、江苏、福建、广东、广西7个省（区）人均处理效率超过1500件/日。合肥中心通过强化定额应用，确保全流程效率达标；加强现场管理，将网格效率、质量与网格长绩效挂钩，推行生产车间经济责任制，以经济杠杆促进包件车间效率提升；实施集中均衡作业，根据业务量和处理能力倒排邮件接发计划，日均作业时长压降2.9小时，人均处理效率由1108件/日跃升至2182件/日。湖南、山西、湖北、贵州、重庆、广西6个省（区、市）设备效能超过90%。设备收容率明显压降，全网日均收容量减少114.3万件，节省用工1428人。

新版分拣码全面推广。对标行业，重构分拣码编码规则，推广应用以数字为主的四段分拣码，基本取消人工编码，对降低各环节操作难度、提升作业效率质量发挥关键作用，处理环节实现减员2482人，投递下段效率提升30%，“小编码、大作用”凸显，为数智化生产奠定了坚实的基础。

市趟改革初见成效。全网聚焦5项改革内容，紧盯64项具体任务，在集中管理车辆、统一管控人员、优化网络组织、清晰成本归集等方面取得初步成效。逐地市明确了市趟唯一运营主体，实现资源的集中统一管控；加强车辆集中调配，盘活闲置车辆3388辆；强化人员工时管理，人日均驾驶里程81公里，比改革前增加11公里；优化市趟运输网络，3.9万个机构收寄的邮件实行了汇集或串行发运，日均减少发车约2800台次。节约市趟成本6.8亿元，降幅17.5%，其中湖北、河南、湖南、重庆、安徽等11个省（区、市）的成本降幅超过20%。

“四改一扩”成效明显。逐车次制定邮路优化调整方案，持续推进邮路“单改双”“小改大”，一级干线邮路往返发班占比由36%提升至45%，基本接近行业水平，一级干线大车发车占比由31.1%提升至37.9%，江苏、浙江、福建、山东、吉林、甘肃等省往返、大车发班数量比上年大幅提升。集中管控自有车辆，减少外包运输，一级干线自办发班增加166车次/日，山西、广西、福建、湖北等省（区）利用自有运能，一级干线车辆日均行驶里程超过750公里；推进“一装两卸”“两装一卸”组织模式，新组开83条一级干线串行邮路；持续扩大高铁运邮，新增62条省际高铁邮路，高铁运输量比上年提升100%。一级干线运输在油价上涨25%的情况下，吨公里成本由0.83元下降至0.78元。

跨区组网全面推行。以“全程运距最短、时限最优”为原则，初步构建打破行政区划入网规划模型，提高跨区就近入网的精准度，大同、亳州、攀枝花、那曲等地市实施分产品跨行政区入网；探索分路向实施跨行政区入网，新增23个城市跨省顺向入网，合计实现942个市县打破地市行政区划顺向集散，全程时限缩短约4小时。

揽投网改革全面启动。城市邮政自提点12.4万个，比年初增加8.7万个；自提率71.5%，比上年提高16%。件均投递成本压降至1.88元/件，比上年降低0.27元/件，相当于释放2.9万人投递能力。安徽、江苏、重庆、山西等省（市）快递包裹自提率达80%以上，山东、河南、湖南、浙江等省邮政自提点数量超过8000个。

**三、规范管理迈上新台阶**

按照优流程、定标准、明定额、建制度要求，集中制定端到端、全流程、各环节、全要素的标准，制定了揽收、处理、运输、投递4个环节的《管理规范》《流程规范》《操作规范》等11本标准手册和《指挥调度规范》《时限管控规范》2本管控手册，形成了完整的寄递网规范化标准体系。各省（区、市）落实规范要求，依据手册规范了35类流程标准，以及操作人员的166个动作标准，实现了端到端、全流程的管理标准化、生产标准化、流程标准化，为寄递网数字化、数智化进而实现数治化转型打下了坚实的基础。（集团公司寄递事业部）

## 邮路建设

**【“温州—东京”国际货运航线开通】** 1月2日，中国邮政“温州—东京”国际货邮航线正式开通。该航线为中国邮政航空公司货机首次在温州龙湾国际机场执飞国际货运航线，计划每周3班，航班去程为温州龙湾机场至东京成田机场，返程为东京成田机场至浙江省义乌机场，具有往返直飞、时限稳定、次日投递等优势。（《中国邮政报》1月6日）

**【中日海上邮路合作落地青岛】** RCEP生效落地青岛启动暨“中国·山东·青岛—日本·关东·京滨”启航仪式在青岛市市北区邮轮母港客运中心举行，中国北方地区至日本首条快捷物流通道——RCEP中日高端物流暨中日海上邮路合作项目签约落地。该邮路作为对日本货物贸易运输的快速通道，在平衡时效性与经济性、为出口企业节省物流运输成本的同时，将大幅缩短出口企业资金回笼周期。（《中国邮政报》1月13日）

**【安徽省分公司9610美国商业专线首发成功】** 2月11日，安徽省分公司推出的9610美国商业专线首发成功。在安徽省邮政管理局、海关等部门的大力支持下，该批跨境电商小包搭载合肥—洛杉矶全货机飞抵美国，如期完成境外清关并在抵美第四日送达客户。（《中国邮政报》2月17日）

**【湖北省分公司发运首个跨境电商中欧班列货柜】** 3月21日，从湖北武汉出发的X8015次中欧班列（武汉）列车在新疆阿拉山口口岸顺利出境。该次列车载有湖北省分公司国际客户黄石艺真电子商务有限公司跨境电商货物的货柜。该货柜是湖北省首个通过跨境电商9710清单模式申报的中欧班列货柜，是湖北省分公司代理发运的第一个中欧班列商业货柜，也是该分公司第一单跨境电商模式商业报关业务。（《中国邮政报》4月1日）

**【郑州至莫斯科专线包机开通】** 3月25日，中国邮政郑州至莫斯科航空专线正式开通。此专线每班可提供约23吨稳定出口运力，在中国至俄罗斯航空运能普遍不足的情况下，为出口俄罗斯国际邮件提供了时限稳定、舱位有保障的直飞航空邮路，标志着中国邮政向构建自主可控的国际运输网路又迈进了一步。截至12月31日，累计飞行79班，发运邮件1314吨，普货283吨，共1597吨。（集团公司寄递事业部）

**【济南邮区中心首次开通省际邮政特品专线汽车邮路】** 4月15日，济南邮区中心首次开通省际邮政特品专线汽车邮路。济南邮区中心按照上级指示，积极服务疫情防控，克服人员、车辆紧张困难，抽调精干力量，严格筛选邮运车辆，从其他邮路紧急调配两辆车况好、年限短的12吨3轴重型分体式厢货，组建省际邮政特品专线邮路。此次省际邮政特品专线汽车邮路的开通，是济南邮区中心积极践行央企政治责任、社会责任，服从服务国家疫情防控大局，确保“一断三不断”（坚决阻断病毒传播渠道，确保交通网络不断、应急运输绿色通道不断、必要的群众生产生活物资运输通道不断），充分彰显了中国邮政国家队的责任担当。（山东省分公司）

**【西安—宝鸡首条中邮快运专线开通】** 5月11日，陕西省宝鸡市邮政物流配送中心配合省物流分公司完成西安—宝鸡首条中邮快运专线试点开通。该专线开通首日配送货物321件，重量2651公斤，妥投率100%。（《中国邮政报》5月25日）

**【山东省分公司首条海运快件专线上线运营】** 5月25日，山东省分公司首条海运快件专线威海——韩国仁川鲁韩海运快线上线运营。鲁韩海运快线采用商业通关，邮政自主装柜，通过威海口岸利用海运整柜运输，可通达韩国全境，每周6个班次。鲁韩海运快线以海运的价格、空运的时限，为客户提供包括信息系统API（应用程序接口）对接、在线制单打单、全程信息追踪、主动客服等增值服务，与运能充足、夕发朝至的中韩海上高速邮路——中韩海运EMS业务邮路形成优势互补，进一步丰富了对韩寄递业务的产品体系，为山东跨境电商客户提供了又一种对韩寄递综合解决方案。（山东省分公司）

**【“南宁—南京”荔枝专机航线开通】** 6月1日，中国邮政“南宁—南京”荔枝专机航线开通，该航线每周运行7班，每日一班。广西荔枝、芒果等特色水果迎来上市高峰后，寄递需求旺盛。中国邮政航空有限责任公司和广西分公司为此协调开通该专机航线，为广西荔枝等生鲜果品走向全国提供支撑，助力解决农产品寄递难题，为农民增收致富加“邮”。（《中国邮政报》6月9日）

**【东北地区开通首条中欧班列运邮专线】** 6月16日，辽宁省分公司开通东北地区首条中欧班列运邮专线。装载了辽宁省内各地商品的140袋总包、约2.4吨国际邮件列车在沈阳东站驶出，列车在满洲里口岸出境，16天后到达波兰马拉舍维奇，再分拨到英国、西班牙、德国等欧洲国家。此次中欧班列（沈阳）运邮专线的开通，是继中欧班列运输B2C跨境电商货物后的又一次全新尝试，改变了过去东北地区欧洲路向国际水陆路邮件“绕道”上海、广州等地发运境外的传统模式，实现了东北地区中欧班列运邮“零的突破”，也标志着国际寄递服务能力进一步提升。（辽宁省分公司）

**【“乌鲁木齐—阿拉木图”邮货包机正式启航】** 6月18日，新疆邮政首次自行组织的“乌鲁木齐—阿拉木图”邮货包机航线正式开通。该航线开通后，新疆及国内其他省份寄往中亚国家的国际邮件，从乌鲁木齐国际互换局发出当日即可运抵哈萨克斯坦邮政阿拉木图国际邮件处理中心，跨境电商货物转运至指定场站。（新疆分公司）

**【内蒙古兴安盟第一条边防邮路开通】** 6月30日，内蒙古兴安盟第一条边防邮路开通，正式宣告三角山边防哨所过往收件难、邮寄难等用邮问题成为历史。内蒙古分公司严格按照“自有人员、自主车辆、自办邮路”的要求，不计代价、不讲条件，克服自然条件恶劣、通邮难度大、通邮基础薄弱、运营成本高等诸多实际困难，使该条边防邮路顺利开通。（《中国邮政报》7月22日）

**【“巫山—南京”巫山脆李专机航线开通】** 7月3日，中国邮政开通“巫山—南京”巫山脆李专机航线。这是重庆市首条专门为原产地优质农产品外销保驾护航的全货机运输航线，也是继海南荔枝、烟台樱桃、广西荔枝和大连樱桃后，开通的第五条夏令“极速鲜”专机航线。该航线辐射华北、华东、华南地区，对更多一、二线城市实现夕发朝至，且运载量提升1倍。2018年以来，巫山脆李由当地邮政企业驳运至重庆江北机场后，搭载中国邮政“重庆—南京”航线外运，运量逐渐增大。2022年，巫山县政府联合邮政企业共促乡村振兴，打造“巫山脆李＋航空”模式，进一步加快脆李运输行销的速度。

“巫山—南京”巫山脆李专机航线使用波音737-800飞机运行，计划运行15班，覆盖脆李成熟期。重庆邮政还同步开通巫山至重庆、成都、武汉3条陆运冷链直达专线，辐射华中及川渝地区，日均运能超40吨。在脆李产地，巫山邮政扩大收寄范围，除所有邮政网点外，在全县增加布放50个收寄点。专人专车上门服务，从采摘、选果、打包、装车直至运输，在主产区实现“一公里寄递”，进一步缩短运输时限，提升收寄效率。（《中国邮政报》7月6日）

**【“哈尔滨—黑河—叶卡捷琳堡”陆运邮路正式开通】** 7月12日，“哈尔滨—黑河—叶卡捷琳堡”国际陆运邮路实现常态化运行。这是继“哈尔滨—绥芬河—叶卡捷琳堡”陆运邮路开通后，黑龙江省开通的第二条对俄陆运邮路。

按照集团公司“为构建双循环新发展格局贡献邮政寄递力量”的要求，黑龙江省分公司认真开展对俄跨境多口岸物流体系搭建相关工作，先后两次对哈尔滨经黑河口岸至叶卡捷琳堡集装箱运输进行测试，结果显示全程无纰漏，各环节配合密切，时限稳定。6月10日，黑龙江大桥正式建成通车后，黑龙江省分公司与哈尔滨海关沟通协调，对发运全流程进行梳理，着手“哈尔滨—黑河—叶卡捷琳堡”陆运邮路常态化运行开通。

该邮路全程运输时限为10天左右，可承运3公斤以下跨境电商轻小型包裹、20公斤以下跨境电商大包，未来有望承运大宗贸易货物。该邮路将与“哈尔滨—绥芬河—叶卡捷琳堡”陆运邮路形成互补，两条邮路最大通邮量每周可达100吨，极大地提升了黑龙江对俄陆运通道的运力和时限水平，可有效发挥黑龙江对俄口岸优势，为对俄跨境贸易企业提供高质量服务保障，支持黑龙江对俄贸易实现跨越式发展。（《中国邮政报》7月19日）

“巫山—南京”巫山脆李专机（《中国邮政报》7月6日）

**【中欧班列运邮启动白俄罗斯新线路测试】** 7月17日，中欧班列去程出口运邮首个重庆至白俄罗斯邮包测试集装箱顺利启运。但是，重庆至波兰运邮线路时效不稳定且成本较高。为解决这一问题，重庆市分公司在集团公司寄递事业部的支持下，拓宽运邮入欧渠道，与白俄罗

斯邮政开展合作，通过中欧班列将邮件运至白俄罗斯，再分拨至欧洲 11 个国家。(《中国邮政报》7 月 27 日)

**【"深圳—大阪"国际货运航线开通】** 7 月 18 日，"深圳—大阪"国际货运航线开通。该航线是 2022 年中国邮政自主开通的首条国际航线，由邮航 B757-200F 全货机执飞，每周 4 班，周一至周四运行。中国邮政通达日本的自主货运航线有 9 条，分别是"深圳—大阪""南京—大阪""上海浦东—大阪""义乌—大阪""大连—大阪"和"上海浦东—东京""郑州—东京""广州—东京""温州—东京"。上述航线形成的叠加优势，可有效稳定全国主要城市发往日本邮件的时限，并通过聚焦优势线路发力重点市场，有力支撑中国邮政国际寄递业务的发展。(《中国邮政报》7 月 20 日)

**【太原邮区中心开通太原至南宁往返邮路】** 7 月 19 日，山西太原至广西南宁往返一级干线汽车邮路正式开通。新一代寄递平台数据显示，2021 年 6 月至 2022 年 6 月，山西发往广西各类陆运邮件日均 4258 件，装载重量日均 12.7 吨以上；广西发往山西各类陆运邮件日均 8756 件，装载重量日均 8.3 吨以上，满足够量直发条件。此前，山西太原发往广西各类陆运邮件须由太原至长沙经转发运。邮路开通后，减轻了湖南省长沙邮区中心的经转压力，时限较原计划更加稳定、快捷。该邮路单程行驶里程为 2100 余公里，车辆运行时间约为 38 小时，每日一班，双人驾驶。(《中国邮政报》7 月 23 日)

**【山东省分公司首条日本向航空快件专线开通】** 7 月 22 日，山东省分公司首条日本向航空快件专线开通运营。该专线是山东省分公司整合国内国际优势资源而开通运营的一条时效快、价格优、运力稳的快件通道，每周 6 班，通达日本全境。该专线与日本向航空邮件、海运邮件、货运专线一道，共同为山东的跨境企业客户提供对日邮快货海空一体化综合物流解决方案。(《中国邮政报》7 月 26 日)

**【中欧班列"江苏号"首发莫斯科】** 7 月 28 日，中欧班列"江苏号"邮政班列首发开行仪式在南京举行。自 2020 年新冠疫情发生以来，国际物流运输面临重重挑战，在航空舱位不足、海运一柜难求的背景下，中欧班列时效稳定、运价低廉的优势凸显，尤其化妆品、3C 等航空渠道无法运输的物品，通过铁路运输更加便利。2021 年 11 月，江苏省分公司与省班列公司签署了战略合作协议。上半年，江苏邮政组织对全省有欧洲方向出口需求的企业进行摸排，并根据这些企业的需求，构架了海、陆、空国际多式联运体系，中欧班列"江苏号"邮政班列的开行就是其中的重要一环。该线路的开通，不仅可以帮助外贸企业运输更多品类的货物，而且可以帮助企业降低运输成本和通关风险，确保运输过程稳定。(《中国邮政报》8 月 3 日)

**【辽宁至澳大利亚海运邮路开通】** 7 月 28 日，辽宁至澳大利亚海运邮路开通，实现了辽宁发往澳大利亚的海运邮件在省内直发，国内转运时间节省 3 ~ 5 天。同时，辽宁邮政依托国际邮件快件监管中心，为客户提供自主选择申报模式、提柜频次等服务，能够有效提升客户体验。为实现出口澳大利亚的海运邮件直发，辽宁省分公司协调承运商，研究制定发运计划，调配邮件处理力量，细致梳理邮件发运流程。沈阳海关把保障国际邮路畅通作为落实促进外贸保稳提质的重要举措，主动对接邮政企业需求，对辽宁至澳大利亚海运邮路的开通给予重点支持，迅速制定监管办法和转关操作指引，明确通过启运地海关一次施封，避免在港口码头再次装卸。大连海关与港务部门联动，开辟绿色通道和临时邮路接驳场所，对不改变施封状态的邮件直接放行，做到零延时验封，在确保国际邮件有效监管的同时，实现快速验放。(《中国邮政报》8 月 24 日)

**【河南省分公司和新疆分公司分别开通卡航国际运输业务】** 7 月 30 日，河南省分公司继空运、海运、铁运专线之后，首次开通河南至中亚各国的卡航运输业务。卡航（卡班）运输是指以大型卡车作为运输工具，把货物装车外运的一种高端快运业务，具有速度快、价格低、专线运达等特点，既弥补了空运价格较高的局限，又破解了超大件货物铁路运输受限的问题。为进一步畅通国际物流通道，加快推动河南开放型经济发展，河南邮政统筹谋划卡航业务，经过多方协调努力，最终成功打通了这条河南至中亚各国的物流运输新渠道，将进一步提升邮政企业在跨境国际物流领域的竞争力。

8 月 4 日，新疆阿勒泰地区分公司开通了吉木乃至英国的卡班（卡航）运输业务，首车发货为当地的跨境电商产品。吉木乃国家级边境经济合作区是阿勒泰地区唯一的国家级产业园区。吉木乃至英国卡班运输可带运带电产品、化妆品等不符合航空发运要求的产品，在一定程度上完善了国际寄递业务运输体系，拓宽了业务范围，助力阿勒泰邮政国际业务转型升级。阿勒泰邮政开通卡班运输业务，还有利于带动邮政及相关企业深度融入"一带一路"建设，在畅通国内大循环、国内国际双循环中发挥了积极作用。(《中国邮政报》8 月 13 日)

**【"乌鲁木齐—莫斯科"全货机航线开通】** 8 月 14 日，新疆分公司自主运营的"乌鲁木齐—莫斯科"全货机航线正式开通。该航线是继 6 月"乌鲁木齐—阿拉木图"邮货包机航线后，新疆分公司自行组织的俄罗斯路向航空货运专线。该航线的开通，将进一步拓宽邮政国际运输网路渠道，助推乌鲁木齐综合保税区与机场联动发展，对疆内企业开

展国际航空货运业务起到重要的支撑作用。(《中国邮政报》8月17日)

**【广西分公司开通两条一级干线高铁邮路】** 9月15日，南宁至广州、南宁至昆明两条一级干线高铁邮路正式开通。为缩短和稳定省际出口特快邮件时限，促进业务发展，经过前期积极协商沟通，广西分公司与广西中铁快运分公司达成合作，利用南宁铁路局组开的DJ5437次、DJ5435次高铁动检车运送特快邮件。两条高铁邮路的开通，将广州、昆明本口特快邮件时限提升至“T+1”(次日达)，进一步优化了客户用邮体验，有助于提升广西邮政寄递业务的市场竞争力。(《中国邮政报》9月20日)

**【中欧班列“长安号”运邮专线首发】** 9月16日，由陕西西安国际港务区管委会和西安市分公司联合运营的中欧班列“长安号”运邮专线成功首发。此趟班列从西安国际港出发，历时12天抵达波兰的马拉舍维奇，搭载的国际邮件、商业快件由波兰邮政按封发路向转运至欧洲各国，再行派送，全程时限较原发运渠道压缩了15天左右。西安邮政以此次中欧班列运邮为契机，拓展和尝试跨境电商、海外仓头程、空铁联运等国际新业务，不断推进中欧班列运邮工作规模化和常态化，打造中欧班列“长安号”运邮的国际寄递服务的新名片。(《中国邮政报》9月21日)

**【河北省分公司开通7条集群市场直达专线】** 9月27日，河北省分公司正式开通“石家庄—中山”“石家庄—济南”“石家庄—郑州”“保定—济南”“沧州—济南”“沧州—郑州”“邢台—济南”7条集群市场直达专线，开启河北省分公司重点集群市场省定专线规模化常态化开行模式。

河北省分公司聚焦石家庄东部县域、保定满城造纸产业集群、邢台清河汽车配件及羊绒制品市场、沧州明珠商贸市场等重点集群市场，对重点客户、市场采用单一路向邮件聚单直发模式，提升优质客户、优质路向的寄递份额。打破原有运营、结算、报价模式，按照专线运营思路“轻件增量填仓、重件配比补仓”设计资费报价，优化邮路配载，全面对标行业营销、运营规则，实现单车利润最大化，提升整体运营效益。同时，河北邮政组建集群市场开发和运营保障两个团队，分析市场产品类型、寄达流向、配载重量、运营车型、损益核算等因素确定专线运行方案，保证对前端集群市场开发、专线运输、处理投递、主动客服进行全环节跟踪服务，进一步提升客户体验。(《中国邮政报》10月1日)

**【中欧班列(渝新欧)回程运邮海铁多式联运测试成功】** 10月28日，来自德国杜伊斯堡的中欧班列(渝新欧)回程运邮测试邮包集装箱，抵达重庆铁路口岸邮件处理中心，这既是全国首个中欧班列回程运邮的满箱测试邮包集装箱，也是全国首个采用“跨两海”(里海、黑海)线路成功实现中欧班列回程运邮的邮包集装箱。此批国际进口邮件210件，总重量1674.1公斤，包括各类食品、服装、小家电等物品。回程路线途经奥地利、匈牙利、罗马尼亚、格鲁吉亚、阿塞拜疆、哈萨克斯坦，穿越了黑海和里海，全程约1.1万公里。此次测试实现了海铁多式联运，对助推重庆邮政建设国际铁路货邮枢纽具有积极的促进意义。(《中国邮政报》11月2日)

**【邮航“双11”加班专机班次数量创历史新高】** 11月21日，中国邮政2022年度“双11”加班专机计划正式结束。“双11”加班专机计划截止日期从原计划的11月19日延至21日，中国邮政航空公司在正班执行1433班次的基础上，执行加班专机152班次，承运邮件1500吨，加班专机班次数比上年翻倍，创下历史新高，航班正常率100%。

中国邮政航空公司全面准确落实集团公司和集团公司寄递事业部关于2022年“双11”旺季生产组织工作的各项要求，结合往年“作战”经验，制定详细的运力保障方案，飞行、机务、运行控制、地面保障和邮件安检等各专业提前做好、做足准备工作。对全体员工总动员，全部自有运力全力以赴；公司各级领导在生产一线参加作业，值守生产岗位，全面保障寄递自主航空网安全、平稳、有序运行。

邮航南京分公司与南京集散中心召开旺季生产协调会，制定专机航班保障方案、天气不正常情况下航班保障预案；与禄口机场加强沟通、协调，尽量避免滑行道关闭对航班运行产生的影响。

“双11”期间正是民航航班换季时间段，民航局原则上不受理新增航权、航班时刻申请。确定“双11”加班航班方案后，邮航运行标准部对所增航线和所飞机场进行分析研究，协调民航局和各管理局并报送增班计划，在规定时限内完成向北京监管局的备案申请，在10月31日最终确定加班专机的航班航权、航班时刻。

飞行专业按照11月正班航线安排及增开的专机航班，制定详细的机组排班计划，取消人员请休假，调整训练安排，确保正班与专机航班的正常执行。机务维修专业紧盯飞机的定检计划，航线定检维修分部派出10余名维修人员到南京基地执行大项维修工作，完成了737CL系列飞机4A和2A级别定检及两架飞机共2台次发动机拆装串发和排故工作。

地面保障专业与寄递事业部运营管理部、各省分公司、各机场保障单位沟通协调，全面做好专机运行、航线调整、机型调整等各项准备工作，确保航班正常、有序地运行。(《中国邮政报》11月25日)

航班从青海省西宁市曹家堡国际机场起飞（《中国邮政报》12 月 23 日）

**【邮航继续开通冬令“极速鲜”航线】** 12 月 20 日，中国邮政 2022—2023 年度首条冬令“极速鲜”专机航线投入运行。该航线由波音 737—800 执行，每周 7 班，每日一班，计划运行 30 天。这是中国邮政航空公司第三次执飞青海冷鲜牛羊肉运输季航线，邮航飞行、机务和地面保障等各专业对这座高原机场和这条高原航线的保障工作已趋于成熟。12 月 11 日，由邮航地面商务和机务人员组成的尖刀小组克服疫情影响提前抵达西宁，开展航班保障的准备工作，完成与青海省分公司、机场的对接流程。该条季节性“极速鲜”航线曾先后于 2021 年 1 月 7 日和 12 月 19 日投入运行，在有效提升青海出口冷鲜肉项目特快邮件时限水平的同时，带动和支撑了青海邮政特快业务的经营发展。（《中国邮政报》12 月 23 日）

## 处理中心

**【大连邮区中心获评 2021 年度全国最佳处理中心】** 5 月，在全国邮政“五星闪耀”最佳处理中心评比中，辽宁省大连邮区中心在时限质量、降本增效等方面成绩优秀，从全国 58 个非省会二级邮区中心中脱颖而出，获评 2021 年度“五星闪耀”最佳处理中心称号。（《中国邮政报》5 月 31 日）

**【青岛中邮海外仓中转仓上线】** 5 月 5 日，山东省分公司自主建设运营的中邮海外仓中转仓——青岛中邮海外仓中转仓在青岛国际邮件处理中心正式上线运行。首批 404 个种类、5287 个 SKU 通过海运方式启航发往中邮海外仓美国仓库。（《中国邮政报》6 月 1 日）

**【中国（郑州）重要国际邮件枢纽口岸业务正式开通】** 5 月 26 日，中国（郑州）重要国际邮件枢纽口岸业务开通仪式在郑州国际邮件互换局举行，郑州成为继北京、上海、广州之后第四个全国重要国际邮件枢纽口岸。郑州建设重要国际邮件枢纽口岸于 3 月正式获批，4 月完成首批韩国直封郑州的 575 个进境邮件总包分拨实单测试，成功从郑州分拨到青岛、长春、烟台等 7 个互换局，打通了常态化开展境外直封郑州总包开拆分拨业务的“最后一公里”。（《中国邮政报》6 月 2 日）

**【辽宁省分公司国际邮快件监管中心通过海关验收】** 6 月 24 日，位于辽宁省沈阳市苏家屯区的辽宁邮政国际邮快件监管中心顺利通过沈阳海关的验收。该监管中心占地 8000 平方米，是东北地区唯一具备“三关合一”功能的海关监管场所，设有 4 条自动查验分拣线，具备邮件、快件、跨境电商 3 种业务处理功能，可实现多模式同场同时作业。新场地投入使用后，日均处理能力最高可达 5 万件，业务涵盖国际邮件、商业快件、跨境电商等多种进出口模式，有利于打造以邮政为主体的“清关配送一体化”跨境电商综合服务平台，助力辽宁省外向型经济高水平发展。（《中国邮政报》7 月 1 日）

**【新疆邮政航空货邮枢纽正式运营】** 7月1日，新疆邮政国际国内航空货邮枢纽投产运营仪式在乌鲁木齐邮区中心举行，这是全国邮政唯一生产场区与机坪紧密相连的航空货邮枢纽，也是中国邮政唯一自主运营的货邮交运窗口，打通了新疆邮政货邮直通绿色通道。

航空货邮枢纽邮件处理中心占地面积3.3万平方米，配置有“自动矩阵＋小件分拣机”系统等，可实现邮件在处理中心互转，处理流程和环节进一步优化、精简，处理能力大幅提升，邮件日处理能力最高可达74万袋（件）、吞吐能力最高达98万袋（件），工艺设备处理能力每小时3.7万袋（件）。该航空货邮枢纽投产运营后，预计将以年均20%的增速带动全疆机场货邮业务量持续增长。（《中国邮政报》7月5日）

**【沈阳（苏家屯）仓储中心工程正式开工建设】** 7月11日，沈阳（苏家屯）仓储中心工程正式开工建设。建设周期15个月，园区总用地面积14.4万平方米，新建仓储中心建设项目总建筑面积为3.29万平方米，投资估算约1.2亿元。该项目是集团公司“十四五”规划建设的重点项目，并将作为集团公司《邮政物流仓储能力建设规划》的重点电商场地。同时，该项目也是近年来辽宁邮政土建投资规模最大的工程。对提高邮政的“蓄水”能力、加速物品的周转效率、增加商品销售的时间效用、促进区域经济发展、推进现代速递物流业及电子商务快速发展具有重要意义。（辽宁省分公司）

**【新疆分公司启动霍尔果斯国际邮件交换站】** 7月29日，由新疆分公司主办，霍尔果斯经济开发区管委会协办的“一带一路 互联互通”新疆霍尔果斯国际邮件交换站（互换局）运营启动仪式在霍尔果斯市综合保税区隆重举行。霍尔果斯国际邮件交换站的设立，标志着霍尔果斯成为新疆首个陆路通道国际邮件枢纽口岸；减少了在乌鲁木齐互换局“集散拼箱”的流通环节；使国际邮件进出境时间缩短了3天，提高了通关效率。（新疆分公司）

**【中国邮政邮件处理中心屋顶光伏发电厦门试点项目建成并网运行】** 集团公司启动屋顶光伏发电建设工作，通过引入光伏能源头部企业，商定合作模式，试点先行、逐步推广，以闲置屋顶资源规模化利用为载体，创新能耗绿色转型，建成邮政全网性分布式光伏发电站，力争到“十四五”期末实现生产经营场地、办公场所低碳化用电全覆盖。厦门试点项目于4月启动，7月19日建成并网，分布式光伏发电站正式进入运行阶段。该项目位于福建厦门邮件处理中心，利用厦门邮件处理中心闲置屋顶建设分布式光伏发电站，使用屋顶面积2.38万平方米，装机规模1.58Mw。该电站采用“自发自用，余电上网”模式，所发电力主要供厦门邮件处理中心使用，年均发电量171万kWh，每年可节约标准煤约617吨，可减少二氧化碳排放量约1710吨、二氧化硫排放量约51吨、氮氧化物排放量约26吨。

上海王港、广州江高、江苏徐州3个试点项目也在建设中，建成后年均发电量约960万kWh。这些试点项目的建成投产，将为中国邮政全面推进能耗低碳转型提供实践引领和示范样板。（《中国邮政报》8月2日）

**【安徽省安庆邮区中心正式乔迁新场地运营】** 8月2日，安徽省安庆邮区中心正式乔迁新场地运营。该中心配备一套自动矩阵分拣机和3套自动分拣机，做到邮件、物流进出功能分开。在生产过程中，通过单件分离、六面扫、自动摆轮等智能设备，做到全场自动分拣封发，工作人员进场刷脸，管理者场内监控无死角，确保生产可视化。场地设备性能高效，每小时能够处理邮件7.5万件，日处理量能够达到150万件，是原处理场地效率的5倍，实现邮件处理从“矩阵、人工、粗分、发运”到“自动化、智能化、信息化”的质效飞跃。新场地投产运行后，安庆邮区中心会结合三级物流体系完善落地及市趟改革工作，做好市趟、本地网、县乡邮路组织优化与管理。持续加大进口集包力度，实现重点乡镇和段道直封，推行“直封直投”“委办改自办”“小车换大车”工作，通过甩点、延伸、一装两卸、带车加盟等措施，缩短委办里程，并建立良性循环改善的成本管控模式，预计年成本可压降502万元。（《中国邮政报》8月13日）

**【新疆分公司在吉木乃口岸国际物流运输业务正式运营】** 8月4日，新疆分公司在吉木乃口岸国际物流运输业务正式运营。吉木乃国家级边境经济合作区是阿勒泰地区唯一的国家级产业园区，为外向型经济发展主体，建立了面向中亚和中欧的国际中转物流基地，重点覆盖哈萨克斯坦东北部和俄罗斯中南部，辐射中亚和东欧、北欧地区。此次欧洲路向国际卡班顺利通关，为新疆邮政吉木乃口岸的国际业务发展打开了通道。（新疆分公司）

**【中国邮政（郑州）逆向海淘重要基地启动】** 8月8日，中国邮政（郑州）逆向海淘重要基地启动，拟与全球共享物美价廉的河南商品，这是河南省首个逆向海淘基地。同日，与逆向海淘基地同时启动的还有全国重要国际邮件枢纽口岸合作论坛。该论坛吸引了众多跨境电商业内的领军人物参加，亚马逊全球开店、阿里巴巴速卖通、Wayfair、美客多、沃尔玛、Shopee等6家跨境电商平台，通过论坛分享了他们在跨境电商变革中的探索和尝试。

上半年，河南省跨境电商交易额1112亿元，郑州邮政口岸货邮吞吐量1.13万吨。5月26日，郑州重要国际邮件枢纽口岸业务正式开通，日本、韩国及德国路向的进口运邮基本实现常态化，集散范围覆盖北京、上海、广东、浙江、江苏、福建等全国21个省（区、市）32个国际邮件互换局。河南邮政渠道的逆向海淘包裹量日均超过20吨。（《中国邮政报》8月13日）

**【西安国际邮件互换局暨中国（西安）邮政跨境电商产业园揭牌】** 8月12日，西安国际邮件互换局暨中国（西安）邮政跨境电商产业园揭牌，标志着陕西省首个国际邮件、商业快件、跨境电商“三关合一”的海关监管场地正式建成启用。

西安国际邮件互换局暨中国（西安）邮政跨境电商产业园位于空港新城中国邮政速递物流西北（西安）航空电商物流中心内，一期场地面积2.48万平方米，集邮件通关、仓储物流、产业孵化、空铁联运等多种功能于一体，实现“三关合一”和“空侧安检前置”，预计年均通关业务量超过2000万件。（《中国邮政报》8月27日）

**【杭州处理中心大江东新场地顺利投产】** 8月18日，杭州邮件处理中心（大江东场地）正式投入使用。项目总投资1.45亿元，创新采用带设备外包模式，实现建设工期明显缩短、投资成本大幅降低、工艺流程全面优化、机器换人降本增效。投产及场地搬迁后，大江东场地业务处理能力可达700万件/日，处于全国领先水平；生产处理人员从搬迁前的1171人减少到672人；件均处理成本从原来的0.1968元下降到0.1121元；快包内部处理及时率从91.23%提升至97.51%，进出口时限达成率分别从87.3%、87.65%提升至94.75%、98.12%。（浙江省分公司）

**【上海市桃浦邮件处理中心投入试生产】** 10月12日，上海市邮区中心桃浦邮件处理中心投入试生产，负责全市特快省际出口处理及上海西近100个营业部（直投中心）省际进口处理作业。桃浦邮件处理中心每小时处理能力达8.6万件，每日总处理量可达160万～180万件，其中2台小件机设计能力为4.5万件/小时、扁平件2万件/小时、矩阵2.1万件/小时。试生产当日处理扁平件12万件，峰值小时效率达到设计效率的110%，小件处理3.2万件，矩阵散件处理5.1万件，生产流程顺畅，邮件处理有序平稳。桃浦邮件处理中心投产后处理能力位居上海三大邮件处理中心之首，邮件无须落地，10～15分钟完成从卸车到装车全流程。通过中邮科技整合，设备核心部件实现全部国产化，并拥有总包识别、全自动控件系统等人工智能设备，用工较其他处理中心减少近30%。（上海市分公司）

**【粤西（湛江）邮件处理中心启动建设】** 10月21日，广东省分公司与吴川市政府签订粤西（湛江）邮件处理中心项目投资协议，标志着粤西（湛江）邮件处理中心项目正式进入建设实施阶段。3月，广东省分公司、邮储银行广东省分行与湛江市政府签署重大战略合作框架协议，围绕湛江市“三化三大”发展战略实施，把建设粤西（湛江）邮件处理中心列为战略合作重点内容之一。湛江是全国邮政寄递环北部湾交换网路布局中的重要节点，粤西（湛江）邮件处理中心建成后，预计生产处理能力达200万件/日。该中心负责湛江、茂名的国内国际邮件进出口处理，以及海南、广西邮件的周转，兼具中国邮政粤西冷库、国际仓储、国内电商仓储、国际邮件互换局兼交换站等功能，是集邮件处理、仓储、海关保税、冷链、国际交换等功能于一体的邮政服务综合体。在国内业务方面，航空网通过自主邮航专线及民航货运线路与全国相连；陆运网连通湛江、茂名城区及下属县（市、区），并覆盖海南、广西“一带一路”城市。同时，与粤港澳大湾区城市互联互通，助力湛江做强陆运物流体系，提升湛江物流的枢纽地位。通过高质量电商、物流、销售等综合性仓配一体化服务，为湛江农业、渔业产品走向全国提供了有力支撑。在国际业务方面，建设国际互换局，充分利用中国邮政的国际渠道优势，融入“一带一路”建设，通过邮航及民航客机连接东南亚等地区，开展国际邮件跨国运输服务。此次签约项目总投资不低于5亿元，首期项目用地面积约200亩。（《中国邮政报》11月16日）

**【江西省上饶市分公司综合处理中心正式投入使用】** 11月2日，江西省上饶市分公司综合处理中心正式投入使用。综合处理中心将“仓储、上门取件、收寄、集包、发运”5个环节整合在一起，以集包处理集约化实现收寄能力最大化。配有收寄一体机12台，每台平均每小时处理邮件1300件，日收寄处理可达15.6万件。集包格口348个，集包广度覆盖全国大多数的地级市（州）。总包在经转的各省级处理中心无须开拆，可直接分拣转运至末端寄达市，甚至到县。启动当日，该中心全量集包率95.21%。2019年5月，江西省分公司学习先进单位经验，推广“混合收寄+集包封发”的作业模式，以前置集包为主，南昌、赣州和鹰潭三大邮区中心为辅。到当年“双11”前，全省邮政建成了南昌、九江、新余、上饶、鹰潭和吉安6个“混合收寄+集包封发”集中收寄点，其他单位以县为单位，采用“单层胶带分拣线+集包笼”进行集包封发作业，工艺简单、投入少，快速形成了生产能力。

“混合收寄+集包封发”作业模式，以总包形式经转，平均分拣次数较散件明显减少，不断加强前端能力，释放邮区中心能力，均衡全省邮政生产压力。针对县、区机构规模小且分散、集包作业难度大的情况，江西邮政试用新一代寄递平台的“跨机构混合收寄+集包封发”功能。在集团公司的指导下，先后在南昌、九江等地设立多个“跨

机构混合收寄 + 集包封发”的集中收寄点。其中，南昌集包点负责全市三县、六区全部机构快递包裹邮件的“混合收寄 + 前置集包封发”，日均处理量 10 万件，峰值可达 27 万件。（《中国邮政报》11 月 16 日）

江西省上饶市分公司综合处理中心（《中国邮政报》11 月 16 日）

**【南昌邮区中心以大客户为先 保畅通、提时限】** 11 月 1—20 日，南昌邮区中心处理包裹邮件 2215.67 万件，日均处理 110.78 万件。其中，处理特快邮件 342.52 万件，日均处理 17.13 万件；11 月 14 日，处理峰值 134.34 万件，比上年增长 7.08%。10 月，南昌邮区中心召开旺季生产预备会，明确“运行畅通，时限提升”的生产目标，并着重对旺季总体安排、能力建设、够量直发、集包封发、运能储备、人员组织等方面进行逐一把关，将省内互寄次日递率、省际出口达成率、省际进口达成率等 8 个重点指标细化为分项目标，下达至各生产环节，全力以赴打好旺季生产攻坚战。针对“双 11”期间的作业组织，南昌邮区中心提出，优先保障菜鸟、得物、百草味、小米等总部重点项目及仓配一体客户的邮件处理，针对重点标快客户按照专场专线进行组织，第一时间保障重点项目处理及发运，为抢占大客户市场提供强有力支撑。

南昌邮区中心在处理环节，针对小兰处理中心存在能力缺口的情况，及时开辟外场作业场地 5200 平方米，新增 5 个卸车位、27 个装车位；对生产设备进行了全面维护保养，按照邮件量决定设备的运行时间，使设备利用率达到最优状态，并通过业务外包自带自动分拣机等高效设备的方式，提升内部处理能力。“双 11”期间，该邮区中心自动化设备综合效能为 76%。在运能环节，在合理优化线路排班、落实车辆专项维护，充分做好自有运力运能储备的基础上，结合邮件预测量及流量流向，逐条线路储备运能，提前做好省际、省内干线运能的招标采购工作。于 9 月底前落实好运能储备工作，并做好应急预案，确保每条邮路至少有 1 家备选外包运输公司。在人员组织环节，从 10 月中开始，根据预测业务量提前做好作业人员的储备工作，并开展新进人员业务及安全培训。在管理环节，该邮区中心每日对生产情况进行复盘，不断针对出现的问题及薄弱节点进行查漏补缺，确保作业组织高效、现场运行有序、邮件快进快出。（《中国邮政报》11 月 26 日）

**【石家庄国际邮件互换局（兼交换站）获批设立】** 12 月，石家庄国际邮件互换局（兼交换站）获批设立。石家庄国际邮件互换局（兼交换站）位于河北自贸试验区正定片区内的石家庄综合保税区主卡口围网北侧，占地面积 24.32 亩，建筑面积 6756 平方米，项目总投资接近 1 亿元。应用环形交叉带分拣机、摆轮自动剔除线等一批现代化、智能化的物流分拣设备，邮件日处理能力将达 3 万件。项目运营后，河北的国际进出口邮件就可直接落地石家庄通关、报关，将改变河北国际邮件绕道外省口岸通关的现状，有效缩短国际邮件运输时限，提高通关效率，降低物流企业的运营成本，提升石家庄的对外开放水平。（河北省分公司）

**【上海市分公司推进邮区中心规范化改革】** 根据《中国邮政集团有限公司关于推进处理中心规范化管理的通知》精神，上海市分公司结合实际情况，调研分析，5 月，制定《上海市分公司处理中心规范化管理工作实施方案》；同时确定上海市邮区中心王港、洞泾包件处理车间和中春路航空中心处理车间作为规范化管理实施机构，并制定《上海市邮区中心处理场地规范化管理实施方案》。以《处理中心规范化管理手册 2.0 版》的 3 本手册推广落地为抓手，在标准化管理上取得突破，持续推动处理中心生产管理、生产流程和生产操作标准化，努力向标准化要效率、向规范化要效益。截至 12 月 31 日，85 项邮区中心规范化改革全部完成，全流程人均处理效率 1457 件，比改革前提升了 505 件。（上海市分公司）

**【邮政处理中心规范化系列研究完成】** 6 月，邮科院邮政设计院项目团队完成邮政处理中心规范化系列研究，在处理中心规范化管理方面，完整定义“流程标准 + 效率定额 + 制度规范”三位一体的规范化管理工作内涵，形成基于全流程、全环节、全要素的流程优化、流程标准、定岗定编、定额定员、效率效益的表单化、信息化工作方法论，提供持续可借鉴的开展管理规范化的“样板”和“教科书”，为集团公司规范化改革取得里程碑式的成就打下坚实的基础。以该项研究成果为基础的邮区中心规范化改革推行以来，截至 12 月 31 日，全网省际中心减少用工 1.8 万人，设备效能提升 11.6%，人均分拣效率提升 105%。（邮政科学研究规划院）

# 运行管理

【西藏拉林铁路代运党报试运行成功】 7月5—7日，西藏分公司与青藏铁路公司合作完成拉林铁路代运党报试运行，拉萨至林芝的党报运输时限从原来的8小时缩短至4小时。由于西藏地域的特殊性，党报运输一直以邮政自办汽车邮路运输为主。此次拉林铁路代运党报试运行成功，标志着西藏邮政普遍服务工作实现了新的突破。下一步，西藏邮政还将与铁路部门继续协商相关事宜，以实现拉林铁路代运党报常态化运行。(《中国邮政报》7月9日)

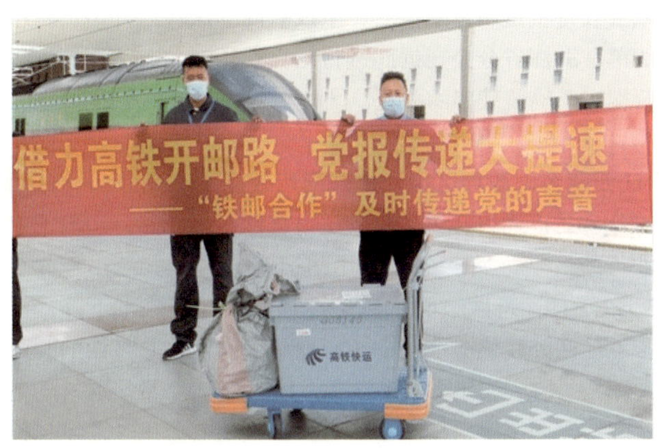

拉萨邮区中心工作人员与铁路工作人员交接党报(《中国邮政报》7月9日)

【内蒙古分公司市趟运输改革】 为加快推进、持续深化市趟运输改革工作，内蒙古分公司进一步明确优化目标，明确专责部门，强化工作推进和督导考核，做到"四个到人"。截至6月25日，全区负责市趟运输人员由238人优化调整至190人，负责市趟运输车辆由221辆优化调整至177辆；市趟车辆单车日均行驶里程从81公里提升至111公里，达到目标值。全区12个盟（市）统一明确由各盟（市）分公司负责市趟运营，实现对时限和成本的统一管控。实行市趟车辆统一管理、统一调配，市趟驾驶员统一排班，实现车辆、人员综合复用，提高自有运力资源利用率，减少市趟外包费用。结合揽投网改革，内蒙古分公司加快自提直投中心、自提点、网格的建设，强化市趟运输与上下环节联动，6个月计划压降投递环节成本380万元。截至6月25日，全区12个盟（市）实施市区支局出口邮件全部归集到揽投部，衔接揽投部上行市趟邮路的发运计划。全区市趟运输已全部执行"驾押合一"作业，通过强化IT赋能应用，灵活调度，全面推行人休车不休，提高车辆利用率。(《中国邮政报》7月13日)

【安徽省分公司深化三级物流体系建设】 安徽省分公司以53个重点示范县共配中心建设为引领，深化县乡村三级物流体系建设，优化县域网路，提升仓储服务能力。聚焦邮快合作的堵点和痛点，开展交邮联运，打造邮政农村寄递共配平台。全省99.04%的县（区）开展邮快合作，代投快递8000余万件；入驻96处乡镇运输服务站，开通交邮联运合作线路100条。在三级物流体系建设过程中，安徽省分公司"建、管、用"相结合，保障普遍服务、寄递、金融、电商业务的发展，畅通城乡物流、商流、信息流、资金流上下行双向流通渠道，构建邮政县域新发展格局。县级中心以邮件处理、配送为基本核心功能，按需叠加仓储、批销配货、冷藏、邮快合作等可选功能。乡镇中心建设整合乡镇运输服务站场地资源和自有网点资源，升级打造乡镇寄递共配中心，整合社会快递配送业务。另外，因地制宜叠加仓储功能，对于出口量大的乡镇中心，以"邮件处理＋电商仓"为主建设；对于进口量大的乡镇中心，以"邮件处理＋邮快合作接入＋落地配送"为主建设。村级站点建设整合邮乐购站点、"三农"服务站、便民服务站、邮件自提点等渠道资源，加快渠道复用，打造"一点多能"站点，实现建制村"一村一站"。结合陆运网改革，安徽省分公司持续优化网路体系架构。综合考虑县域邮件量和本地中心、县级中心分拣能力，各级节点覆盖范围等因素，进一步提升本地中心、县级中心分拣深度，构建"本地中心—乡镇中心""县级中心—村级站点"的扁平化架构。以私车公助、租赁等方式为主，以自有、交邮合作联运为补充，推进全省农村投递汽车化改革，全省农村投递汽车化段道占比80%。优先建设8个全国级邮政农产品基地仓，其他区域级基地采取"联、租"相结合的方式建设农产品仓储。(《中国邮政报》7月19日)

【甘肃邮政抓实"路长制"提升网运质量】 6月，甘肃省分公司特快省际出口时限达成率比1月提升14.4%，全网排名提升至第3位；快包省际出口时限达成率比1月提升18.6%，全网排名提升至第2位；快包省际进口时限达成率比1月提升27.5%，全网排名提升至第1位。甘肃省分公司以"补短板、建优势、优标准、促发展"为目标，以深化"时限四库"应用为抓手，由收、分、运、投、客服等部门骨干组成时限管控队伍，形成全线路、全环节、全过程、全方位协同管控模式。甘肃省分公司总经理担任总路长，分管寄递业务的副总经理担任副总路长，在日常时限管控工作中发挥总领作用，实时关注各项指标完成情况，对发现的问题立即督导整改。根据每日时限指标情况对相关单位进行专项分析通报，推送"路长制"督办信息，每周一发布时限管控周报，每月召开时限质量分析调度会。细化"路长制"KPI考核指标，并对各单位路长和副路长进行考核，构建起"责任明确、系统治理、上下联动、部门协同”的长效机制。甘肃邮政还开展寄递时限质量“保达标促提升”劳动竞赛活动，激励各单位争先进位，推动全省邮政寄递网持续优化。(《中国邮政报》7月20日)

**【西藏那曲进出口邮件寄递时限缩短24小时】** 7月17日，青海省西宁市至西藏拉萨市省际一级干线汽车邮路的首辆邮运汽车抵达西藏那曲市分公司邮件处理中心。至此，长期困扰西藏邮政的那曲邮件倒流700公里的问题得以解决，那曲市及下辖各县（区）分公司进出口邮件时限缩短24小时；盘活驾驶员2人、邮运车1辆，预计年节约成本125.5万元。西藏分公司在集团公司寄递事业部的指导下，按照“运距最短、时限最优、不走回头路”的原则，加大跨行政区域组网力度，提升网路布局合理性。自7月15日起，那曲市及下辖各县（区）分公司进口快递包裹邮件经转关系由拉萨调整至西宁，同步调整西宁至拉萨省际一级干线汽车往返邮路邮运计划，西宁至拉萨往返均增加那曲中心站序，带运那曲市陆运进出口各类邮件；撤销拉萨—那曲往返邮路，从而真正实现了那曲市邮件跨省域顺向入网。(《中国邮政报》8月6日)

**【成都邮区中心筑牢安全防线】** 成都邮区中心连续多年被集团公司评为全国邮政“五星闪耀”最佳处理中心。面对安全风险叠加的严峻形势，从“小”处入手，筑牢安全生产防线。

该中心不仅将安全操作规范张贴上墙，还印发给员工，确保人手一张，用于大家在班组会上集中学习；随时提醒和常态化学习，让大家很快养成了规范操作的好习惯，事故率大大降低。同时，该中心还结合不同生产环节的安全风险，制定了相关安全操作规范，要求员工遵照实施，使不同岗位、不同工种的员工熟知并掌握在具体操作中的安全行为规范。此外，该中心还结合当前邮政生产业务流程和环节不断调整变化的情况，及时修订完善了安全管理制度，为夯实安全管理工作基础提供了制度保障。成都邮区中心组建检查组，每月深入生产现场进行安全检查。对于在排查中发现的安全隐患，检查组会第一时间拍照、记录，整理汇总形成台账，并进行情况通报，要求责任单位限期整改。之后，责任单位立即采取技术、管理措施及时消除事故隐患，并将整改后的图片、资料、报告书等发送给成都邮区中心安全管理人员。该中心对整改情况严格检查后，依据情况对各单位进行考核。从发现隐患到整改完成，形成了一个完整的管理闭环。(《中国邮政报》8月9日)

**【浙江省分公司提升车辆装载率】** 浙江省分公司通过推行大平板计重发运和轻泡件二次结算两个办法，提前实现车辆装载率提升的预期目标。各邮区中心全部完成计重模式的切换，实施“正班邮路计重+大平板装发、尾量小车型按趟计价”的模式，相较传统模式，预计全年降低成本近1850万元。在大平板计重发运工作中，浙江省分公司对标行业，开展一级干线运能集中采购，对省内出口流量较大的邮路进行计重邮路采购，统筹时效与成本，分步推行邮路切换，计重招标邮路30条。同时，承运商负责派人装发邮件，以“装运一体化”的经济杠杆提升承运商多装多运的内在动力，并减少了内部处理的用工成本。在轻泡件二次结算工作中，浙江省分公司向经营端积极传导邮运成本的概念，从而优化快递包裹产品的体积与重量结构，提升快递包裹的效益。该分公司出台了轻泡快递包裹出口邮件容积成本二次结算办法，即经各邮件处理中心发运的批量快递包裹，如认定为散件，需按容积结算。符合二次结算的轻泡快递包裹邮件，由相关系统计算该部分邮件干线邮运容积成本，减去收寄重量结算单价后，生成省内二次轻泡件结算费用清单，浙江省分公司据此进行结算费用清分，从而促进经营端对车辆装载率的关注。(《中国邮政报》8月24日)

**【江西萍乡邮政跨区组网提升网运效能】** 7月1日，江西省分公司正式组开3条萍乡往返长沙正班邮路，迈出了打破行政区划组网、全面深化网运改革的坚实一步。截至8月31日，跨区组网传递速度加快，运行成本下降，提升了江西邮政优势线路的核心竞争力。萍乡是江西的“西大门”，距省会南昌270公里。其西部、北部分别与湖南株洲、浏阳接壤，距湖南省会长沙仅140公里。萍乡与长沙的地缘相近，为探索跨区组网提供了可能。2020年7月，江西省分公司立足“运距更短、入网更快、时限更优”的效能原则，在湖南省分公司的支持下，由萍乡市分公司先行先试，出口中西部省份邮件由长沙经转，成效显著，得到集团公司的高度肯定。跨区组网后，萍乡市分公司省际进出口特快专递邮件全部接入长沙邮区中心经转，18个省份的进出口快递包裹邮件也如期接入。

根据长沙大集散作业及进出口邮件量，萍乡市分公司按照“三进三出”作业方式，组开3条自办邮路，其中两条为快包邮路、一条为标快邮路。7月运行数据显示，萍乡—长沙邮路日均出口邮件1.8万件，长沙—萍乡日均进口邮件1.1万件。萍乡出口长沙的特快、快包全程时长分别为53.88小时和57.83小时，比6月分别缩短了5.43小时和4.32小时，比全省平均时长分别缩短了2.42小时和3.17小时。

跨区入网长沙后，萍乡邮政网路运营成本大幅下降。一方面，新组开3条至长沙的邮路，但同步撤销了3条至南昌的邮路，每条邮路运输里程缩短140公里，且一并解决了湖南、湖北、广东、广西等10省（区）邮件从萍乡经转南昌后再从南昌回流的问题，每年可有效节约邮路组开费用、运输费用327万元；另一方面，结算支出有效压降，原南昌经转全程2000公里，现长沙经转1460公里，按件均1公斤计算，件均减少结算运费支出0.43元。萍乡至湖南全省邮件“T+1”日可寄达，至中南、西南地区省份邮件“T+2”日寄达，比南昌邮区中心经转快了7～20小时。其中，发往四川成都的跨网邮件经转长沙后，邮件隔日凌晨就能到达成都，成都市区邮件实现隔日上午递，其余送达四川各地的邮件实现隔日递，时限足足缩短了一天。（《中国邮政报》9月20日）

**【揽投网改革试点工作推进】** 在对全国9922个揽投机构基本情况进行摸底分析的基础上，集团公司研究制定揽投部经营机制改革工作指导意见，在辽宁、江苏等5个省（区、市）的10家地市分公司开展试点工作。截至9月30日，试点省增加特快揽投部130个、快包直投中心110个，揽投网格化率平均为94%。（集团公司人力资源部）

**【各地邮政做好“双11”生产支撑保障】** 11月1—3日，浙江省分公司收寄国内邮件3228万件，占全国邮政总收寄量的23.4%，收寄量居全国邮政第一。这一成绩的取得源于浙江省分公司围绕集团公司的工作要求，聚焦“服务能力提升”，针对各环节、各要素采取针对性举措，确保做好生产经营和服务保障工作。

进入生产旺季，杭州邮区中心新建成的邮件处理中心发挥出重要作用。该处理中心占地面积263.6亩，建筑面积超过9.3万平方米，是中国邮政现代社区型物流基地之一，处理能力在全国邮政处于领先水平。“双11”期间，杭州邮件处理中心的自动矩阵智能分拣峰值效率每小时6万件，双层分拣机峰值效率每小时9万件，日均邮件处理吞吐量可超1000万件，能够承担省内60%进口邮件处理任务。

在客户服务方面，浙江省分公司结合平台规则新变化，开展多轮次客户走访，提前掌握客户业务量，并综合往年数据进行数据预测，为后续工作安排提供数据参考。同时，综合客户规模、忠诚度、效益贡献等因素，制定针对重点客户与重点项目的保障预案，保证重点客户服务到位。杭州市分公司针对重点项目新建南、北两大集包中心，配置双层分拣设备，前置集包处理能力从10万件/小时提升至20万件/小时，集包场地上层规划仓储面积约为3万平方米，提升重点电商客户发件时效。在运输环节，浙江省分公司按去年“双11”期间40%的车辆增幅测算，与委办承运商做好对接，逐条线路与承运商确认运能。各市分公司细化对接，确保运能充足。在投递环节，各单位用好用足各类代投、自提渠道，走访大自提点，确保自提点及时做好客户领取邮件工作，缓解上门投递的压力。

天津市分公司针对EMS“极速前进”项目，高效调整网运计划，实时进行邮件出库、运输、处理、仓储、投递的全流程监控，并实施专线专运，灵活配置仓储场地，确保邮件安全。全市17个区分公司的138个揽投部密切配合，将提早接卸的预付货品在投递道段完成分拣工作，进一步缩短邮件处理时限，保证“极速前进”项目的顺利推进。

辽宁省分公司各级处理中心结合预估邮件进出量和本地生产的实际情况，逐情景、逐环节地对网路运行生产全流程进行梳理准备，确保全网各环节无堵点、无积压、无爆仓。投产的6个本地中心处理能力由原日均5万件提升至15万～20万件。新增能力的本地中心可承担起本地区进口邮件分拣至揽投部、自提点、乡镇支局和出口邮件集包、直发的任务，以有效缓解省际中心的生产压力。

上海市分公司全面开展“双11”前营销排摸和服务对接工作，在市场营销中主动出击，守住客户存量、扩大客户增量。开展项目制运作，对56个重点项目制定个性化服务方案并实施重点保障，多个项目落地开花。持续梳理重点客户名单，实施“绿色通道”，专人对接、专班保障，保质上量、增收增效。优势线路强营销，在“双11”期间实行干线直发，减少中转环节、提升整体时效、降低破损概率，切实有效提升客户体验。

广东省分公司新增613名客服储备人员，扩充能力做好主动客服，保障客服运营质量。为应对“双11”旺季生产，广东邮政还新增48条干线出口直达邮路，并加强民航和铁路的运能储备，经与铁路方面协调，开通深圳、东莞至全国大部分省（市）行李车线路。截至11月3日，广东邮政国内特快收寄量593.9万件，排名全国邮政第一；快包业务累计收寄844万件。

广西南宁邮区中心投入使用省际出口仓处理场地，并配备环形交叉带分拣机、人工矩阵各一套，形成“进口仓+省际出口仓”的内部处理格局，实现进出口邮件分开处理，新增处理能力约50万袋（件）/日。玉林邮件处理中心配备环形交叉带分拣机一套，处理能力约25万袋（件）/日，比之前增加约10万袋（件）/日。南宁邮政玉洞分拨中心以及百色、贺州、灵山、浦北、横州、武鸣、合浦等地邮件处理中心实现了场地搬迁或新增邮件分拣设备，进一步提升了邮件分拣效率。

四川省分公司提前组建专班，结合全省大宗收寄机构和邮件处理中心、直投中心、仓储中心分布情况，分区施策提升集中收寄能力，在成都双中心建设收寄集包场地、上线供包台集中收寄工艺，在7个市（州）处理中心上线“收寄一体机+小件分拣机”或“集中收寄+智能分拣搁架”收寄集包工艺。在成都等8个寄递“主产区”完成集中收寄能力建设工作，单日收寄能力比上年“双11”均值增加了30万件。

10月31日，甘肃省分公司开通兰州至南京集散中心的冷链专线邮路，为“双11”旺季生产提供支撑保障，提高在生鲜寄递市场的竞争力。

新疆分公司寄递事业部开展多频次培训，并组织参加

四川自贡邮件处理中心上线“集中收寄＋智能分拣搁架”收寄集包工艺（《中国邮政报》11月5日）

桃浦处理中心6层立体型工艺设备中的混合扁平件分拣机（《中国邮政报》11月16日）

培训的人员进行测试。培训主要针对当前经营工作中存在的短板弱项，制定覆盖各项业务的经营管理培训计划，对准基础管理、收寄规范、系统操作、客户开发、项目营销等多方面、逐层次开展培训。培训采用线上方式，由各业务经营部门负责人或业务骨干负责授课，各地（州、市）分公司还组织相关揽投和营销人员进行二次培训。（《中国邮政报》11月5日）

**【上海邮政提升邮件自动化处理能力】** 11月1—14日，上海邮政邮件进出口业务量3000万件。其中，桃浦处理中心进出口处理量近900万件，补充了上海邮区中心枢纽能力，衔接航空、陆运、投递各作业环节。桃浦处理中心于10月13日投入试生产，主要负责全市邮政特快省际出口处理及上海西部近100个营业部（直投中心）省际进口处理作业。该中心设计处理能力最高可达170万袋（件）/天，工作人员采取轮班倒的工作模式，及时对邮件进行分拣及转运。桃浦处理中心占地1.4万平方米，配置6层立体型工艺设备以及全自动小件机、总包AI视觉识别系统、高速全自动安检系统、六面扫描系统等自动化设备，全流水化的工艺设计实现所有类型的邮件从卸车到装车不落地，设备自动化能力在全国邮政处于先进水平。为了更好地应对旺季生产高峰，上海邮政提前做好各项资源的储备，民航航班计划增至460个，汽车陆运峰值日运能储备近3000吨，并利用铁路行李车补充运能，强化支撑保障，以更加精准的准备、更加有力的执行、更加良好的状态迎战“双11”旺季生产。同时，上海邮政严把车辆进口关、人员入口关、疫情防控关，确保员工人身和邮件的安全。（《中国邮政报》11月16日）

**【湖北省分公司实现省会城市间普邮全程时限达标领先】** 湖北省分公司狠抓普邮寄递时限管控，全力提升省会城市间普邮时限水平。1—10月，在全国直辖市、省会城市间普邮全程时限提升达标专项活动中，该分公司普邮时限指标全部达标，省会城市间普邮全程时限累计平均时长1.84天，位居全国邮政第一。

湖北省分公司一方面根据集团公司普邮提速工作安排，线路一条一条地捋、环节一环一节地掰，按照邮航发运、民航直达发运和陆运汽车发运时间，科学制定出口省会城市普邮发运计划；进口环节按照邮航进口、民航进口和陆运进口时间，制定武汉市趟衔接计划，确保紧密衔接、时限可控；另一方面，按照“上一环节为下一环节服务，下一环节为上一环节把关”的工作要求，分别针对武汉市分公司网点收寄封发、出口普邮装发上行市趟邮车等收寄环节，以及武汉邮区中心卸车、分拣封发、发运赶发等处理环节，制定环节操作规范，快速推进普邮时限管控工作，确保全程时限最优。同时，依托普遍服务看板，加强每日监控分析，及时掌握短板环节，对异常情况迅速响应、处置，确保普邮时限。（《中国邮政报》11月16日）

**【南京集散中心战旺季稳时限】** 11月1—13日，南京集散中心处理邮件880万件，其中散件745万件，日均处理57万件，比常量期增长约14%；经转总包24万袋，日均处理1.9万袋，比常量期增长约20%。“双11”期间，南京集散中心生产指挥调度中心指挥大屏上实时显示空侧、陆侧、扁平件作业区等生产场地的邮件处理情况。带班领导和各部门值班人员坚守岗位，认真安排班次邮运生产，及时解决上一班次遗留的问题，科学有序地调度各个生产环节，全力保障旺季生产的平稳运行。邮航开通了至广州、长春、成都、武汉、西安的加班航班，运能显著增加。同时，空侧作业区利用看板管理系统，将责任分解落实到各个责任区乃至每个工位。以交邮时间作为倒计时，各环节紧密衔接，赶发每一袋总包、每一件邮件。陆侧作业区，根据每日加班车预告情况，动态调整接卸门洞和过检通道，全力保障干线车及时过检。同时，抽调人员，组建“双11”

白班分流专班，确保邮件全程时限水平不降低，努力提升客户用邮体验。在保障物品型邮件及时赶发的同时，南京集散中心还重点聚焦文件型邮件的处理时限。扁平件作业区针对因物品型邮件量增大而造成文件型邮件上楼迟的情况，延迟小件分拣机关机时间，确保当频次文件型邮件及时处理。安排专人对早航班带运来的文件型邮件提前处理，充分利用时间差提高邮件处理效率，争分夺秒稳时限。（《中国邮政报》11 月 19 日）

**【湖南省临澧县分公司三级物流体系建设通过实地验收考评】** 11 月 9 日，湖南省常德市临澧县分公司三级物流体系建设以高分、全票通过湖南省发展和改革委员会、湖南省交通运输厅、湖南省邮政管理局、湖南省分公司及第三方验收小组实地验收考评。

作为湖南省首批“5+2”农村客货邮融合发展示范县之一，临澧县分公司在 2021 年 12 月成为临澧县农村客货邮发展项目主导单位后，成功构筑起“县有中心、镇有站、村有点”的三级物流体系。常德市委、市政府领导对此给予充分肯定，称赞“邮政站点建设做得很好”。该分公司通过客货邮融合发展，并结合电商直播活动，积极整合多方资源，解决农民取件和产销两大难题，拓宽了农产品的销售渠道，在助力乡村振兴方面迈出了坚实的步伐。（《中国邮政报》11 月 22 日）

临澧县分公司设在客货邮农特产品展示中心的电商助农直播平台（《中国邮政报》11 月 22 日）

**【中国邮政和海关总署联合发起“关邮行邮税缴税信息联网项目”】** 中国邮政和海关总署联合发起“关邮行邮税缴税信息联网项目”，旨在为客户建立进口邮件快速清关、缴税渠道，推动税款直达国库、邮件秒放行，实现更优、更快的邮政进口邮件服务，提升客户用邮体验。截至 12 月 31 日，32 个互换局口岸上线工作完成。“关邮行邮税缴税信息联网项目”上线后实现了对邮件的自动化和可视化管理，提升了进口邮件的清关速度。（集团公司寄递事业部）

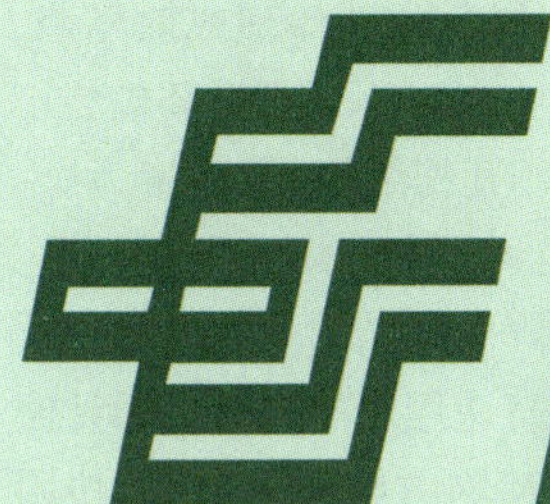

# 邮政服务

◇ 网点建设

◇ 普遍服务

◇ 重大活动和重大事件服务

◇ 服务质量

【概述】

一、提升邮政普遍服务能力

营业网点规模增加，服务水平提高。邮政普遍服务营业网点比上年有所增加，达到5.43万处。完成6700余处邮政营业网点的形象改造工作，网点的整体形象得到进一步提升。经过北京、河北、上海及全国各省（区、市）分公司的努力，完成了党的二十大、冬奥会、冬残奥会、进博会和十九届中央第九轮巡视专用信箱等国家重大活动的服务保障工作。完成《邮政营业系列标准》的修订工作，进一步完善了邮政营业管理的相关制度、操作要求、服务规范。持续压降代办网点及农村营投合一单人网点，使网点普遍服务水平不断提高。

服务质量提升。通过开展全国直辖市、省会城市间普邮全程时限的专题提升活动，全程时限从最慢时的4.76天提速至2.4天，其中武汉、广州和郑州等市在进口、出口时长管控方面成绩突出。西部地区建制村投递频次达标率达到99.86%，连续两年保持99%以上，内蒙古、青海、新疆和甘肃等省（区）有明显提升。县级城市党政机关《人民日报》当日见报率提至85.66%；机要通信连续15年保持万无一失；全国普服给据邮件信息断点率比2019年压降了100倍，条码平信信息断点率管控到千分之一以下。

服务能力进一步提升。农村投递汽车增加1.9万辆，全国累计达到3.8万辆，全国99.96%的建制村投递频次达到周三班及以上，新增1761个抵边自然村稳定通邮，“乡乡设所、村村通邮”的邮政网络延伸至抵边自然村。

网点形象焕然一新。连续3年累计完成1.8万处老旧营业网点改造，累计压降5641个委代办局所和4769个单人局所，全面提升普服网点形象。（集团公司邮政业务部）

二、服务国家重大战略部署

服务乡村振兴取得新提升。系统推进乡村振兴工作，健全完善服务乡村振兴的工作体系、目标任务、责任及考核机制，服务乡村振兴行动五大类12项指标全部完成目标。其中，涉农贷款增加2062.7亿元、农产品寄递收入62.44亿元、农产品交易额92.6亿元。主动承接政府政策落地，完成与农业农村部《战略合作协议》六大领域9项任务的落实，获得农业农村部的肯定。第一时间对财政部、商务部、国家乡村振兴局三部委开展的县域商业建设行动进行安排部署，1035个邮政项目纳入各地县域商业体系项目库，项目覆盖27省。打造“千县万品好物产”“激活乡村振兴最后一公里”两个专属IP，播出47期专属节目。

绿色邮政建设达到新水平。绿色包装治理成效显著，全面完成行业生态环保“9917”重点工程，可循环包装箱累计应用超132.35万个，回收复用瓦楞纸箱8103.56万个。北京、上海、江苏、浙江、福建、广东、海南7省（市）邮政快递网点全面禁止使用不可降解的塑料包装袋、一次性塑料编织袋。践行绿色运输，寄递用新能源车辆累计使用13928辆，一级干线邮路甩挂运输占比为85.5%。协同推进绿色金融，邮储银行绿色贷款余额4824亿元，比上年末增长29.6%。

三、支撑企业经营发展

协同发展。一是完善制度体系，支撑项目发展。出台协同项目运营管理规范，完善“融资E”发展的激励机制，强化协同项目收益分配制度应用。以符合国家战略导向、市场行业前景广阔、巩固延展普服优势、发挥国企政治担当为原则，推进六大重点协同项目落地。各重点协同项目实现收入342.4亿元，比上年增幅33.7%，增幅超目标23.7%。二是惠农合作项目建立了农村市场五大客群系统性服务体系，以村、社、户、企、店为抓手，培育典型模式，加强重点客群的规范化管理。培育打造中邮惠农示范社1104个、中邮惠农示范龙头企业100个。“融资E”累计放款293.39亿元，比上年增长218%。政务服务项目实现收入64.6亿元，比上年增长9.6%。与人社部实现社保卡跨省通办业务总对总系统对接，警邮网点活跃度从75%提升至94%。汽车产业链项目实现收入89.3亿元，比上年增长21.6%。形成千万级重点客户36家、十万级和百万级重点客户500余家。涉车信贷规模1256亿元，累计发展车主会员284万户，实现会员收入4.2亿元。医药市场项目实现收入16.76亿元，比上年增长53.5%。培育

打造“千县万品好物产”专属IP（集团公司市场部）

百万级客户 638 个；医药产业链客户信贷余额 391.75 亿元，比上年增长 19.8%；28 个省 255 个网点建设了邮医联盟双向引流场景。

客户运营。一是规范治理客户数据。依托 CRM 系统，夯实客户主数据治理基础。完成 6 个生产系统客户主数据应用强管控改造，清理 129.8 万条不规范数据，26 个生产管理系统全部应用客户主数据，实现了客户主数据的贯通应用。推进客户信用体系建设，制定客户信用管理办法，完成 259 万协议客户信用等级评估，建立信用额度占用强管控机制，强化客户风险管控。二是持续深化战略客户合作。集团公司与 87 家客户建立了“总对总”合作关系，其中 2022 年增加了 8 家。20 个重点总部战略客户实现收入 64.7 亿元，比上年增长 35.6%。三是会员生态赋能企业发展。正式上线“邮生活”会员服务平台，构建邮政会员生态。累计发展会员 2.5 亿人，“邮生活”平台新增用户 5084 万人，平均月活用户数 496.7 万。全面推广应用集团统一积分体系，形成“线上邮生活 + 线下邮掌柜”的会员积分兑换体系，积分会员数 3557 万。会员协同运营的数字化能力显著提升，“会员、积分、活动、营销、管理、数据”六大能力中心建设基本成型，组织开展集团级会员营销活动 11 场，实现新用户增长 4102 万人，会员金融资产增加 316 亿元，邮务、寄递收入分别增长 5026 万元和 7678 万元。

**四、改善客户用邮体验**

提升智能客服平台能力。以共建共享的理念，打造中国邮政智能客服平台，全面提升邮政客服整体运营管理能力。12 月，智能客服平台全面上线，实现了邮务、寄递、保险、证券客服的语音互转，统一语音平台、统一话务接入、统一智能处理。运营质量稳步提升，客服平台的智能独立接待率接近 80%，人工接通率 91.3%，客服满意率 98.8%。运营成本显著压降，邮务条线客服话务人员数量下降超 30%，职场面积减少超 50%，节约中继线路费用约 2000 万 / 年。客户体验感知持续优化，实现了邮务、寄递条线间话务呼转，解决了原先需要客户挂机后二次致电另一条线客服的痛点。

全面推动客户体验工作。专项体验全面推进，聚焦重点业务、重点市场、重点客群，深入发掘客户需求和痛点。开展寄递资费、邮储银行信用卡等专项体验 12 个，组织各板块和各省分公司开展 102 个体验项目。闭环机制持续优化，将信用卡产品体系等方面的 105 项体验问题纳入闭环管理体系，问题整改计划完成率 97.14%。体验效果逐步显现，持续驱动流程优化和服务提升。寄递时限优势路向占比有所提高，揽收服务得到改善；各板块线上渠道功能不断迭代升级；邮储银行信用卡客户权益更加丰富。

做好质量监督工作。组织开展党的二十大、冬奥会、冬残奥会、十九届中央第九轮巡视专用信箱等专项检查，保障国家重大活动期间邮政服务和安全收寄验视合格率 82.4%。强化督导通报和问题整改，全国视察检查履职率 95%，专业检查履职率 90.3%。全国履职质量综合评价得分 76%，比年初提升 14 个点。加强非现场检查，抽查 31 个省各板块网点 1.1 万个，按照日检查、周整改、月总结、季通报的机制，督促问题整改，问题整改率比年初提升 15%，复查网点得分提升 4.9 分。

扩大邮政影响。中国邮政及邮乐品牌获得“央视农业农村频道乡村振兴合作伙伴”称号，成为央视“网络丰收节晚会”独家冠名企业。通过新春主题宣传、“中国品牌日”、高考通知书寄递和开学季推广活动，传递中国邮政多元化、现代化、年轻化的品牌形象；组织“冬奥来敲门”主题营销及亚运相关宣传，借力体育营销提升邮政品牌影响。

**五、激发基层创新活力**

完善“创意管理、项目培育、成果选树、推广应用”的管理创新工作流程。开展大众创新工作，规范管理流程、明确激励机制。择优征集基层创意 208 个、创新项目 159 个。推广重点领域的创新模式。组织 8 个创新项目的全国推广复制，以模式创新助力经营发展。（集团公司市场部）

# 网点建设

**【“开往冬奥的邮政专列”快闪活动在北京启动】** 1 月 16 日，由中国邮政主办的“开往冬奥的邮政专列”快闪活动在北京市朝阳区大悦城启动。此次快闪活动以“冬奥加邮”为主题，快闪店外观以“冬奥蓝”为主基调，配以高饱和度的粉红色，既体现了奥林匹克运动的奋勇拼搏，又象征着逐梦的年轻美好。快闪店内部以“邮”为媒，打造巨型邮票册、“邮问必答”、冰壶体验区、虚拟滑雪体验区、梦幻冰雪屋等互动展区，将文化与运动相结合，在冰雪游乐中讲好北京冬奥会故事，让观众和游客体验冰雪运动的魅力，一起为北京冬奥会加油。（《中国邮政报》1 月 18 日）

“开往冬奥的邮政专列”快闪活动在北京启动（《中国邮政报》1 月 18 日）

**【中国国家博物馆主题邮局开业】** 9月26日，由中国国家博物馆和中国邮政共同开办的中国国家博物馆主题邮局正式对外营业。该主题邮局位于中国国家博物馆“古代中国”基本陈列展厅，以正方形为格局，寓意方寸天地，以中国国家博物馆馆藏珍品“四羊方尊”为元素打造的邮筒凸显博物馆特色。邮局中所陈列的邮品多以中国国家博物馆馆藏为设计灵感，包含纪特邮票、邮册、邮折、纪念封、系列明信片、专用邮资图明信片等不同产品类型。观众可在邮局中拍摄个性化“邮票照片”，经现场打印服务，制成颇具特色的纪念品。此外，邮政特有的邮戳文化也在这里得到了丰富，不同文物主题的邮戳与邮品相配合，在满足到馆观众用邮需求的同时，使中华优秀传统文化、革命文化、社会主义先进文化得到继承与传播。(《中国邮政报》9月28日)

**【“PlayStation‘宇宙漫游局’”快闪主题邮局亮相上海】** 1月14日，中国邮政携手索尼互动娱乐（上海）有限公司共同打造的“PlayStation‘宇宙漫游局’”快闪主题邮局在上海黄浦区卢湾邮政支局亮相。该主题邮局增添了深受玩家喜爱的PlayStation元素及游戏视觉内容，带来耳目一新的线下体验。该主题邮局集中打造集游戏、科技、互动于一体的快闪体验，玩家在这里可以试玩、互动、拍照打卡，还可以通过智能投递邮筒、互动小游戏获得定制明信片、邮折等礼品。

11月1日，“PlayStation‘宇宙漫游局’”快闪主题邮局在卢湾邮政支局再次开业。此次二度开张的快闪主题邮局营业时间为一个月，不仅在传统邮政支局原有功能基础上增添了深受玩家喜爱的PlayStation元素及游戏视觉内容，还开启了“父子驿站”潮流快闪活动。(《中国邮政报》1月20日、11月8日)

“PlayStation‘宇宙漫游局’”快闪主题邮局（《中国邮政报》1月20日）

**【北京首家邮局咖啡店开业】** 7月24日，北京首家邮局咖啡店——望京小街店正式对外营业。除了咖啡，邮局咖啡店还经营多种饮品和甜点，杯子上贴有被设计成邮票样式的标签。邮局咖啡店门口设有一个展现北京邮政历史和记忆的时光盒子，展示老邮局物件。顾客可以在这里参观，购买明信片、纪念封和邮局老物件模型等文创产品，还能盖上“望京小街”纪念戳。店门前的个性化明信片打印机还可以将照片打印到明信片上。如果顾客想要邮寄，咖啡店能提供代收代寄服务。(《中国邮政报》8月2日)

**【小度智能体验店落地京城邮局】** 3月23日，北京市朝阳区分公司携手百度公司旗下小度品牌在工体北路邮政所举办小度智能体验店揭牌仪式。小度智能体验店设置了多种场景的智能设备体验区，用户可以体验旋转智能屏、降噪耳机、智能健身镜等产品，还可在店内选购“小度在家的故事”系列漫画明信片。(《中国邮政报》3月30日)

**【“生命接力”主题邮局成立】** 6月11日，在中国器官捐献主题活动日到来之际，由北京市朝阳区分公司和中国器官移植发展基金会共同发起并创立的“生命接力”主题邮局正式对外营业。为配合中国器官捐献主题活动日，“生命接力”主题邮局专门设计了个性化邮票纪念封、首日封、6款明信片以及6种不同风格、不同寓意的纪念戳。在这6款明信片中，有两款是依据著名画家韩美林先生的作品设计的。该主题邮局设在中国器官移植发展基金会院内，以“新文创产品＋服务”的模式宣传器官捐献理念，向活动参与者、志愿者、爱心人士等科普器官捐献相关知识，促进器官捐献理念传播。(《中国邮政报》6月23日)

**【天津市分公司开展网点进校园活动】** 8月23日，由天津市邮政管理局主办，天津市分公司与天津海运职业学院联手协办的天津市邮政快递业产教融合高峰论坛暨天津海运职业学院邮政网点揭牌仪式，在天津海运职业学院举行。此举旨在进一步提升邮政快递业进校园的质量，有效加快邮政与职业教育的融合发展，落实天津市邮政业发展“十四五”规划。此次合作是天津市分公司落实邮快合作的重要举措，也是邮政校园网点转型与邮快合作结合的一次新尝试。天津海运职业学院邮政网点除提供邮政普遍服务外，还叠加了集邮文创、报刊图书、特色农产品及金融等多项服务，通过整合企业内、外部资源，融入校园生活，全力为高校师生提供综合、优质的邮政服务，也为高校学子提供勤工助学、实践锻炼的机会。(天津市分公司)

**【内蒙古分公司启动青少年主题邮局建设】** 9月，内蒙古分公司与共青团内蒙古自治区委、少工委联合启动了青少年主题邮局和青少年维权岗建设工作，计划在全区邮政网点建设青少年主题邮局12个、青少年维权岗100个，各盟（市）分公司与地方团委每年至少联合开展两次青少年主题活动。(《中国邮政报》9月27日)

**【清水河邮政老牛湾主题邮局开业】** 7月23日，位于内蒙古自治区呼和浩特市清水河县的老牛湾主题邮局正式开业。开业当日，邮政主播在主题邮局进行现场直播，观看直播的人数达到3000余人，点赞量突破3万次。该主题邮局建在老牛湾黄河大峡谷旅游区，邮局内除销售精美邮册、特色文创产品外，还有琳琅满目的当地特色农产品，满足了游客的购买需求。老牛湾主题邮局的建设与运营结合了山水地域、自然资源、文化历史等优势，清水河县分公司为此精心打造了“自然风光名片、古老文化传承、沿黄生态文明、服务乡村振兴、重温红色经典”等系列产品，通过多元化的邮政文创产品和富有主题特色的场景，丰富了邮政服务内涵，提升了邮政为民服务的能力。(《中国邮政报》8月9日)

**【长春邮政“邮味灵感追梦空天”主题邮局亮相航空展】** 8月26—30日，2022年空军航空开放活动·长春航空展举行。吉林省长春市分公司推出《长春航空展》纪念邮折及明信片，并在航空展现场设置“邮味灵感追梦空天”主题邮局，提供用邮服务。长春市分公司还开展了“邮你相伴”拍照打卡活动，由工作人员使用拍立得相机提供拍照服务，照片可贴在明信片上，明信片还可加盖长春航空展文化日戳和纪念戳。(《中国邮政报》9月3日)

“邮味灵感追梦空天”主题邮局(《中国邮政报》9月3日)

**【“长江11号”主题邮局开业】** 10月31日为“世界城市日”。当日，“长江11号”主题邮局在上海国际邮轮旅游度假区吴淞炮台湾湿地公园正式落成。该主题邮局是以河流流域命名的主题邮局，从青海长江源的“长江1号”到上海长江口的“长江11号”，在长江流经的11个省(区、市)各设立一个主题邮局。

活动现场，由知名演员胡歌拍摄的长江主题邮局公益宣传片首次发布。上海市分公司也同步发行了“长江11号”主题邮局纪念日戳，以及长江主题纪念封、纪念明信片、纪念邮册等产品，客户还可根据需求自行打印制作明信片。上海市分公司将以“长江11号”主题邮局为平台，围绕江河文化、环境保护、绿色和谐发展等主题，与政府部门、协作单位一同为旅游爱好者、集邮爱好者等群体带来更多的文化体验。(《中国邮政报》11月5日)

**【《中国共产党章程》诞生地主题邮局开业】** 7月16日，由上海市委宣传部指导，静安区委、上海市分公司主办的纪念中国共产党首部党章诞生100周年暨《中国共产党章程》诞生地主题邮局开设活动在中共二大会址纪念馆举行。上海市分公司设计制作了相关邮品和纪念邮戳，旨在通过集邮文化活动讲好首部党章诞生地的红色故事。(《中国邮政报》7月20日)

《中国共产党章程》诞生地主题邮局(《中国邮政报》7月20日)

**【宋庆龄故居纪念馆主题邮局开业】** 11月，由上海邮政与上海宋庆龄故居纪念馆共同开办的上海宋庆龄故居纪念馆主题邮局正式开业。该主题邮局位于纪念馆游客服务中心内，向广大市民和游客提供主题邮品、特色文创产品及多种文化体验等服务。上海邮政与上海宋庆龄故居纪念馆深入合作，将文化创意与革命传统、爱国主义教育深度融合，共同打造一系列富有故居特色，集政治性、思想性、艺术性于一体的文创产品。(《中国邮政报》11月29日)

**【航空主题邮局开业】** 9月1日，由江苏省盐城市分公司和南洋国际机场联合打造的航空主题邮局正式开业，标志着全省首家航空主题邮局在盐城落地。该邮局由邮品展示销售区、明信片书写邮寄区和行李打包区3部分组成，包括纪念封、明信片、邮册、纪念戳、航空文创等68款文创产品。盐城市分公司还为其定制“启航”邮折和明信片，邮折内含5种航空题材邮票。(《中国邮政报》9月7日)

航空主题邮局（《中国邮政报》9月7日）

【杭州市分公司搭建“声音邮局”】1月7日，浙江美术馆开年大展“静谧的凝视：意大利当代雕塑艺术展”正式亮相。展览配套的互动体验区——用红、黄、蓝、绿4色搭建起来的“声音邮局”，同样吸引了观展人的眼球。杭州市分公司联合当地媒体及浙江美术馆，邀请2022名来自各行各业的新杭州人到“声音邮局”，通过扫描声波二维码，制作一枚“会说话的照片明信片”，同时生成电子版链接，将这份私人定制版祝福转发给亲朋好友。（《中国邮政报》2月10日）

声音邮局，为爱留声（《中国邮政报》2月10日）

【“人民邮电所”打造邮电一站式服务】1月27日，由浙江省温州市分公司和温州市电信分公司联合打造的全国首家“人民邮电所”旗舰店正式开业。“人民邮电所”作为全新IP，为广大用户复刻重现老温州的邮电通信记忆，穿越到旧时光，体验“从前车马慢”。“人民邮电所”旗舰店位于温州市鹿城五马商圈府前街的核心位置，以“复古+潮流网红风”为主题风格，打造“红色精神+温州风情+邮电通信特色服务”营业厅，为广大用户提供涵盖邮政和电信业务的一站式服务。旗舰店内设有业务受理区、邮政文创产品营销区、网红打卡区、智慧家庭体验区、用户休息区5个服务专区，提供包括便民缴费、寄递服务、报刊订阅、文创产品和电信宽带、通信缴费、全屋智能、品牌手机等8项基础服务，同时创新开展时空邮局、集邮沙龙、网红打卡、幸福学堂、宽带义诊、智家体验等6项特色服务。（《中国邮政报》2月10日）

“人民邮电所”开业现场（《中国邮政报》2月10日）

【金华首个邮政网点“共享法庭”揭牌】3月29日，浙江省金华市首个邮政网点“共享法庭”在孝顺镇邮政网点揭牌。“共享法庭”通过法律咨询引导台、移动微法庭平台与金东区法院实现线上连接，为乡镇居民提供在线诉讼咨询、诉前调解和法律宣传等服务，是金东区法院和金华邮政携手推出的一项便民利民新举措。（《中国邮政报》4月8日）

【武夷山主题邮局落地景区宋街】1月5日，福建省武夷山主题邮局在景区宋街开业，成为武夷山市对外宣传推广武夷山茶、旅游、文化的一个新平台。这是福建邮政第一个获得地方政府对主题邮局和文创进行补贴的项目。邮局门口专门设立了特色邮筒，将邮政便民服务延伸进景区，成为武夷山景区一道亮丽的风景线。（《中国邮政报》1月13日）

游客在武夷山主题邮局特色邮筒前拍照留念（《中国邮政报》1月13日）

**【江西邮政自提点建设提前收官】** 截至10月25日，江西省分公司建设活跃自提点1.53万个，提前完成年度建设计划。全省邮件代投率由65%提升至75%。

江西省分公司成立了以“一把手”为组长的自提点建设领导小组，各市分公司也由“一把手”挂帅推进，全省邮政上下锚定目标，全力推进自提点建设。省分公司还成立自提点建设应用工作组，市、县分公司均配备专兼职管理人员，省市县三级联动，形成工作联系网，对自提点建设进度、代投模式改革推进、代投质量检查等工作进行督促管控，定期对自提点的质量、资费收取、合规经营等进行现场检查，全年检查覆盖率不低于50%。各地邮政通过对原有邮乐站点、自提站点改造融合和重新选点建点等多种方式，加快建设进度，对建成的站点统一店招标识，给予设备及政策的支持。通过建设自提点，江西全省邮政代投邮件量比上年增加了491万件。（《中国邮政报》11月8日）

**【江西省泰和县工业园区邮政所昌盛便民药店开业】** 7月，江西省泰和县工业园区邮政所昌盛便民药店正式开业。该药店由原有邮政营业网点改造而成，服务对象主要为社区居民和园区企业的员工，经营范围包括邮政基础业务、邮政增值业务等。昌盛便民药店进驻后，增加了药品、日用品等零售和邮政配送业务，为网点周边居民、园区企业员工提供多元化的综合服务。该药店经营处方药、OTC药品1000余种，坚持普惠价格，惠及广大顾客。顾客到店可免费测量血压，若使用邮政储蓄借记卡、信用卡购买药品，还可享受会员8.5折优惠。（《中国邮政报》7月13日）

泰和县工业园区邮政所昌盛便民药店（《中国邮政报》7月13日）

**【河南周口共配中心助力“快递进村”】** 6月30日，由河南省周口市分公司建设的鹿邑县生铁冢镇、西华县红花镇、太康县大许寨乡、项城市孙店镇、沈丘县刘庄店镇和淮阳区刘振屯乡6个乡镇寄递物流共配中心正式启用，助力“快递进村”。（《中国邮政报》7月6日）

生铁冢镇寄递物流共配中心工作人员与客户交接邮件（《中国邮政报》7月6日）

**【广东首家邮局咖啡店开业】** 12月1日，广东首家邮局咖啡POSTCOFFEE（桂城店）在佛山市南海区正式营业，开业当天销售500多单、1000多杯咖啡，并在大众点评、抖音、小红书等网络社交媒体上被刷屏。该店是佛山市南海区分公司与集团公司授权合作方上海中域咖烨公司跨界合作的新尝试，是一次邮政元素与咖啡文化的融合。该店通过绿色金属板结合暖色木纹饰面设计，利用空间与灯光，营造出邮政绿与现代感融合、舒适惬意的休憩空间氛围，吸引了众多市民前来打卡留念。（《中国邮政报》12月13日）

广东首家邮局咖啡POSTCOFFEE（桂城店）外景（《中国邮政报》12月13日）

**【广州首家服务乡村振兴主题邮局启用】** 10月，广东省广州市从化区邮鲤主题邮局举行揭牌仪式。邮鲤主题邮局命名的灵感来源于汉乐府诗《饮马长城窟行》中的“客从远方来，遗我双鲤鱼。呼儿烹鲤鱼，中有尺素书”。主题邮局地处海塱商圈，其中的“邮局咖啡”“邮局文创”“从化旅游资讯”等服务模式都结合了从化区的地方特色，在吸引年轻人的同时，助力宣传乡村特色和旅游文化。(《中国邮政报》10月15日)

邮鲤主题邮局外景(《中国邮政报》10月15日)

**【“圳兴乡村”主题邮局开业】** 7月19日，广东省深圳市分公司与深圳报业集团、深圳关爱基金联合举行圳兴乡村共富行动暨“圳兴乡村”主题邮局揭牌仪式，三方协同项目“圳兴乡村·邮我出力”正式启动。

“圳兴乡村”主题邮局一站式汇集了邮政明信片、集邮品、文创产品等，并以具体慈善项目为抓手，参与到深圳本地的乡村振兴和消费帮扶事业中，彰显出“邮政+报业+关爱”强强联合、合作共赢的力量。

为纪念圳兴乡村共富行动暨“圳兴乡村主题邮局”揭牌，深圳市分公司当日推出一套“圳兴乡村·邮我出力”特色产品，包括集邮政、报业、关爱3种元素于一身的纪念明信片、纪念戳等。(《中国邮政报》7月22日)

“圳兴乡村”主题邮局(《中国邮政报》7月22日)

**【“熊猫邮局”再添网红打卡地】** 8月9日，成都文创代表品牌“熊猫邮局”全新旗舰店在暑袜北一街开业。此次投入运营的“熊猫邮局”旗舰店较其他门店面积增加5倍以上，新增“潮流饮品”“休闲图书”“时光邮局”等多个创意空间。四川省成都市分公司以“熊猫造趣、从新出发”为主题，将老成都的烟火气、百年老邮局的传承与时尚潮流元素交织在一起，为本地居民、外地游客再添一个“有温度的”网红打卡交流休闲平台。(《中国邮政报》8月12日)

“熊猫邮局”全新旗舰店开业(《中国邮政报》8月12日)

**【张掖甘州首个“政务邮局”开业】** 11月22日，甘肃省张掖市首个“政务邮局”在张掖市甘州区政务大厅开业，启动“邮寄办”模块、试点推进“政务+邮政”的服务新模式。“政务邮局”是甘州区分公司通过与区政务服务局的系统对接，实现“全程网办”全面落地，为企业和群众提供社保卡激活、医保代缴费、代办城乡居民养老保险、代缴交通违法罚款等服务；同时开展政策宣传服务，现场宣传政务服务、创新创业、助企纾困等便民惠企政策。(《中国邮政报》12月21日)

**【邮储银行北京市分行首家“邮储驿站”开业】** 3月15日，邮储银行北京市分行首家“邮储驿站”在广安门支行揭牌亮相。“邮储驿站”内配有饮水机、便民医药箱、手机充电器、便民轮椅、书刊报纸、复印机、雨伞等，可为群众免费提供临时休息、加水充电、应急处置、取暖乘凉等便民惠民护民服务。(《中国邮政报》3月18日)

3月15日，邮储银行北京市分行首家“邮储驿站”在广安门支行揭牌亮相(《中国邮政报》3月18日)

【邮储银行苏州市分行打造“金融书屋”】 邮储银行苏州市分行“金融书屋”设立在邮储银行苏州市古城区干将支行营业厅内。该“金融书屋”由邮储银行苏州市分行和凤凰新华苏州分公司合作建设。首批上架图书1300余册，覆盖党政、历史、亲子、健康、理财等多个类别。“金融书屋”配有自助售书机和沙发、茶几，还提供茶水，方便客户在办理银行业务之际现场阅读、自助购书，提升阅读体验。（《中国邮政报》4月7日）

邮储银行苏州市分行打造“金融书屋”（《中国邮政报》4月7日）

## 普遍服务

【普邮全程时限提升达标专项活动】 邮件全程时限是非常重要的质量指标。集团公司加强对普邮全程时限的管控力度，7—9月组织开展全国直辖市、省会城市间普邮全程时限提升达标专项活动，坚持问题导向，精构活动方案，组成工作专班，高频定位督导，聚焦“三个重点”，实施三个结合，实现对重点省、重点环节、重点业务和全国各省会城市的统筹推进。各省分公司积极响应，细化方案，认真自查，立行立改，通过加大投入、增开邮路、优化作业组织，强化日常管控等措施，为时近2个月的专项活动取得显著成效。9月，全国直辖市、省会城市间普邮全程时限从二季度的3.99天缩减至2.12天，时长缩短1.87天。出口平均时长15.5小时，比二季度缩短6.01小时；进口平均时长19.05小时，比二季度缩短5.48小时。各省会城市累计增加投入资金近4300余万元，增开邮路、市趟145条，增加人员129人，新增车辆518辆，新增作业设备17台；全国27个省增加、优化普邮作业频次，其中，8个省增加收寄频次，18个省增加、优化市趟频次，17个省增加分拣频次，12个省增加投递频次。（集团公司邮政业务部）

【集团公司印发《邮政普遍服务行政处罚企业内控管理办法》】 6月27日，集团公司印发《邮政普遍服务行政处罚企业内控管理办法》（下称《办法》），并发出通知，要求全系统各单位坚持法治思维，增强合规意识，加强内控管理，依照集团公司要求做好行政处罚的整改、追责、考核等工作，强化邮政普遍服务保障能力，不断提升邮政普遍服务质量和水平，有效防范法律风险。

《办法》根据《中华人民共和国邮政法》《中国邮政集团有限公司邮政普遍服务管理办法（试行）》等有关法规制定，明确要加强邮政普遍服务行政处罚的企业内控管理，依法、及时处理邮政普遍服务所涉行政处罚，促进邮政普遍服务高质量发展。《办法》确立了依法合规、闭环管理、协同履责、责任追究管理原则。

《办法》共五章32条，全面覆盖了邮政普遍服务行政处罚企业内控管理的总任务、总原则以及处置整改、督导检查、考核追责等各方面，为强化企业内部管控提供了制度依据，对各级邮政企业做好普遍服务行政处罚相关处理工作具有指导意义。（《中国邮政报》7月1日）

【集团公司召开2023年度全国邮政报刊发行会议】 9月20日，集团公司召开2023年度全国邮政报刊发行会，强调要以习近平新时代中国特色社会主义思想为指引，凝心聚力、主动作为、开拓创新，在存量中拓增量，在规模中求效益，坚持客户为本，主攻“七大市场”，加快渠道升级，强化组织推进，打造高质量、专业化邮政报刊发行体系，举全网之力打赢2023年度报刊大收订战役。

会议期间，集团公司对在2022年度全国报刊大收订“比学赶帮超”专项营销中取得优异成绩的10个省级分公司、21个市级分公司、248个支局、232个投递部进行了表彰。集团公司邮政业务部对2023年度报刊大收订工作进行了部署，江苏、安徽、重庆、甘肃等省（市）分公司作了经验交流。（《中国邮政报》9月23日）

【广东邮政确保疫情防控期间党报党刊不断档】 3—4月，广东省东莞、深圳、广州等地相继出现新冠疫情反复的情况，多地实施疫情管控措施。为确保人民群众和党政机关用邮、看报需求，广东省分公司党委切实提高政治站位，多措并举保障党报党刊投递服务畅通。广东省报刊发行中心党支部第一时间商议修订省内党报党刊发行应急服务预案，明确全省疫情管控期间党报党刊投递服务标准“不下降、不中断”的要求，提前与《人民日报》《光明日报》《经济日报》等驻穗党报党刊单位做好沟通汇报工作，及时报备深圳、东莞的封控应急处置情况，密切跟踪地市疫情防控区域的党报党刊投递运行工作，并定期向省分公司报告，努力协调发行整体运作事宜。广州邮区中心报纸、期刊分发班党支部提前做好应急准备，遇到员工因疫情管控无法上班时，安排党员及时顶上，确保党报党刊投递不受影响。疫情管控期间，广州、深圳、东莞党报党刊当日见报率稳定在100%。(《中国邮政报》4月29日)

【四川省达州市分公司参与“出生一件事”惠民服务项目】

6月20日，达州市启动“出生一件事”项目。“出生一件事”是达州市卫生健康委员会、公安局、人力资源和社会保障局、医疗保障局、税务局5个部门为实现新生儿出生医学证明、儿童预防接种、户口登记、医保参保、社保卡申领等资料一次性提交、一次性办完集成服务，实施的助民惠民利民项目。达州市分公司为该项目提供邮政“金融”社保卡申领和寄递配送服务。新生儿在获取户籍信息后，由人力资源和社会保障局把新生儿及监护人信息推送至达州邮政制作社保卡，制作好的社保卡连同新生儿其他证件一同寄达监护人手中，解决新生儿办证“耗时长、多处跑、来回跑”的难题，实现百姓办事一站受理、只跑一次。(四川省分公司)

【《习近平谈治国理政》第四卷送到抵边村】《习近平谈治国理政》第四卷7月初出版以来，云南省分公司积极组织员工深入党政机关、企事业单位、社区和偏远地区的抵边村，打通该书发行服务的“最后一公里”，安排人员上门投递，及时满足党员干部群众的学习用书需要。(《中国邮政报》10月14日)

全国优秀共产党员、云南省泸水市称杆乡邮政所所长桑南才将《习近平谈治国理政》第四卷交给称杆乡自把村村委会负责人。该乡13个抵边村分散在高黎贡山和碧罗雪山山腰(《中国邮政报》10月14日)

【云南2207个抵边自然村全部通邮】 截至11月30日，云南省2207个抵边自然村全部实现通邮，有效解决了农村邮政服务“最后一公里”的问题。云南省有抵边州(市)8个、抵边县25个、抵边乡镇108个、抵边自然村2207个，占全国抵边自然村总数的64%。2022年，在云南抵边自然村中，待通邮的有2148个，占全国待通邮抵边自然村总数的90%。经测算，未通邮的2148个抵边自然村，相距所属乡镇邮政局所单程距离为4.1万公里。3月，云南省邮政管理局和云南省分公司对抵边州(市)开展抵边自然村邮政服务覆盖数据全面调查核实工作。7月，双方联合制定并下发《云南省抵边自然村邮政普遍覆盖三年行动方案(2022—2024年)》，从工作目标、工作标准、实施步骤、相关要求4个部分进行详细部署。云南省分公司成立抵边自然村通邮工作推进小组及工作专班，强化统筹协调，压实工作责任。在推进过程中，云南邮政分别以怒江傈僳族自治州泸水市48个村和西双版纳傣族自治州勐腊县264个村作为试点单位推进。10月，试点单位抵边自然村实现通邮，每周3个投递频次。其余抵边自然村自11月起陆续实现通邮。(《中国邮政报》12月14日)

【呼伦贝尔市、保山市抵边自然村全部通邮】 截至11月1日，内蒙古自治区呼伦贝尔市28个抵边自然村、云南省保山市39个抵边自然村全部通邮。呼伦贝尔市毗邻俄罗斯和蒙古国，边境线1700余公里，最远的抵边自然村邮路单程285公里。其中，额尔古纳市的抵边自然村大多处在地广人稀、位置偏远、交通不便的地方，村民在通邮前邮寄包裹要到100多公里外的拉布大林镇或让人捎带，十分不便。2021年边防邮路全面通邮后，呼伦贝尔市分公司把抵边自然村“村邮站”开通工作列为2022年普遍服务重点工作，深入推进抵边自然村全面通邮，先后在28处抵边自然村“村邮站”安装了牌匾、信箱、包裹柜等，打通了服务群众的“最后一公里”。

保山市的39个抵边自然村也大多处在地广人稀、位置偏远、交通不便的地方。通邮前，村民邮寄包裹要到镇上，单程平均40多公里，用邮十分不便。2022年以来，保山市分公司将抵边自然村通邮工作作为普遍服务重点工作，制定了开通实施计划，明确任务目标，确保全部通邮。此次抵边自然村全部通邮后，腾冲市分公司与其中3个抵边乡镇邮政所签订了抵边村直接通邮“三定”投递协议，即定乡邮员、定到达村的时间、定通邮频次，确保服务质量。(《中国邮政报》11月8日)

【中国邮政定点帮扶工作】 集团公司贯彻中央部署，帮扶力度不减，在陕西省商州区、洛南县开展特色产业发展、技术人才培育、基础设施改善、文明新风培育、乡村治理完善5类帮扶项目，累计投入直接帮扶资金1370万元，引进帮扶资金86.38万元，投放各类贷款11.99亿元。同时，在全国范围内深化消费帮扶，全系统直接采购脱贫地区农产品总价值8605.52万元，帮助销售脱贫地区农产品2亿元。中国邮政高度重视定点帮扶工作，党组书记、董事长刘爱力同志多次主持召开服务乡村振兴战略工作领导小组会议，深入学习习近平总书记和党中央关于巩固拓展脱贫攻坚成果同乡村振兴有效衔接系列重要讲话精神。集团公司分管领导克服疫情影响，深入商洛调研帮扶工作、慰问挂职干部，对定点帮扶工作给予协调和指导。派出4名挂职干部任驻村第一书记、商州区副区长和洛南县副县长，在项目帮扶、抗洪救灾、疫情防控等急难险重工作中发挥了骨干作用。为贯彻落实帮扶工作的新要求，集团公司制定了《中国邮政集团有限公司定点帮扶项目管理办法》，建立了总部和地方两级管控、逐级推动的管理架构，建立“项目跟着规划走，资金跟着项目走，监管跟着资金走”的管理体系。（集团公司计划建设部）

**【集团公司部署服务乡村振兴重点任务】** 3月14日，集团公司印发《2022年中国邮政服务乡村振兴工作要点》，强调以习近平新时代中国特色社会主义思想为指导，落实中央农村工作会议精神和“十四五”期间推进农业农村现代化规划相关要求，统筹部署农业农村部、中国人民银行、商务部等国家部委关于推进乡村振兴的重点工作任务，在农业农村发展新的历史方位中找准定位、发挥优势，聚焦新型农业经营主体“三难”痛点难题，持续增强中国邮政服务乡村振兴的核心能力，推广邮政融普惠金融、农村电商、寄递物流等于一体的综合服务解决方案，打造农村市场新的竞争优势，着力构建农民获利、消费者获益、邮政获客、政府获赞的邮政惠农协同生态，助力实现农业农村现代化。（《中国邮政报》3月17日）

**【集团公司党组学习贯彻《乡村建设行动实施方案》】** 5月24日，集团公司党组学习贯彻中共中央办公厅、国务院办公厅印发的《乡村建设行动实施方案》，深刻领会习近平总书记关于全面推进乡村振兴的重要讲话重要指示精神，强调要重点打造中国邮政服务乡村振兴工作体系，加快推进金融科技赋能乡村振兴项目落实落地，着力构建邮政惠农协同生态，满足农民群众对美好生活的向往，为实现乡村建设行动目标贡献邮政力量，全面推进中国邮政服务乡村振兴落地见效。集团公司党组指出，要深刻认识《乡村建设行动实施方案》出台的重要意义。习近平总书记指出，民族要复兴，乡村必振兴。乡村建设是实施乡村振兴战略的重要任务，也是国家现代化建设的重要内容。“十四五”时期是农村实现全面小康后，向全面实施乡村振兴战略转变的关键期，2021年、2022年中央一号文件对实施乡村建设行动都作出了部署。《乡村建设行动实施方案》的出台，为乡村建设行动的具体实施绘就了“路线图”、展示了“施工表”、亮明了“责任书”，对扎实推进乡村建设行动、进一步提升乡村宜居宜业水平具有重要的指导意义。（《中国邮政报》6月1日）

**【集团公司召开邮银协同服务乡村振兴重点工作推进会】** 6月1日，集团公司召开邮银协同服务乡村振兴重点工作推进会，强调要全面贯彻中共中央、国务院关于实施乡村振兴战略的系列重要部署，认真落实集团公司关于服务乡村振兴的具体安排，坚持问题导向，聚焦重点任务，做“行动的巨人”，坚决不做“躺平式干部”，凝心聚力、真抓实干，加快推进邮银协同服务乡村振兴等重点工作落地见效。（《中国邮政报》6月7日）

**【集团公司推进服务乡村振兴重点工作】** 9月19日，集团公司召开服务乡村振兴重点工作推进会议，结合年度重点目标落实情况，剖析邮政服务乡村振兴重点工作现状，部署下阶段重点工作，要求进一步提高思想认识，强化组织体系，聚焦四大重点任务，推动全国邮政服务乡村振兴工作再上新台阶。

按照集团公司党组关于服务乡村振兴的决策部署，全国邮政系统围绕“五大定位”，聚焦“五大客群”，全力推进“六大抓手”，聚焦重点客群拓展、重点业务发展以及基础能力建设三大关键任务，各项工作扎实稳步推进，重点目标均达到序时进度要求。其中，14个邮储银行一级分行提前超额达成信用村目标。农产品交易额、批销交易额以及“极速鲜”业务均实现高速增长，邮快合作建制村覆盖率提前达到年度目标。截至9月18日，第六届邮政“919电商节”重点业务实现高速增长，农产品交易额15.3亿元，比上年增长73.2%，其中邮乐平台农产品交易额7.4亿元，比上年增长132.5%。（《中国邮政报》9月21日）

**【中国邮政与中国中化开展惠农合作服务春耕】** 3月，为落实农业农村部、集团公司、中国中化控股有限责任公司联合召开的深化社企对接助力新型农业经营主体高质量发展视频会议精神，各地邮政与中化公司紧密配合，向县域下沉，积极对接新型农业经营主体，深入农业产业链，统一开展农业生产资料供应、农业技术指导、农事生产托管、农资分销配送、金融信贷等社会化服务，努力营造农民获利、农业增效、企业获客的惠农服务协同生态，共同描绘出一幅生机盎然的春光图，为乡村振兴加“邮”助力。（《中国邮政报》3月30日）

**【邮储银行科技赋能新模式　助力乡村振兴】** 11月21—23日，“2022金融街论坛年会”举办。邮储银行代表受邀参加数字经济与金融科技平行论坛，并以“打造金融科技赋能新模式 助力乡村振兴战略实施”为主题，介绍邮储银行通过金融科技赋能乡村振兴的实践。实施乡村振兴战略是关系全面建设社会主义现代化国家的全局性、历史性任务。邮储银行作为乡村振兴主力军，认真贯彻落实党中央、国务院决策部署，充分发挥自身资源禀赋优势，以“科技＋数据＋场景”新模式，积极推进落实金融科技赋能乡村振兴战略。（《中国邮政报》12月13日）

【新闻宣传中心组织开展“乡村振兴行”大型全媒体行进式采访活动】 7月起，新闻宣传中心组织开展“乡村振兴行”大型全媒体采访活动，聚焦邮政服务乡村振兴战略，以反映邮政助农惠农的实际成效这个小切口彰显新时代十年党和国家事业取得的历史性成就、发生的历史性变革这一大主题，深入基层进行体验式采访。

该活动有百余人参与，各采访组相继赴四川、宁夏、陕西、湖南、广东、浙江、山西、吉林、安徽、重庆、福建、河南共12个省（区、市）开展历时3个月的行进式报道，报纸刊发行进体报道24篇、篇幅13万字，新媒体各平台编发图、文、视频报道37篇，多篇精彩报道被新华网、人民日报客户端、澎湃新闻、学习强国等多家社会主流媒体转载，提升了邮政的品牌影响力。（新闻宣传中心）

【浙江省分公司当选浙江省农民专业合作社联合会副会长单位】 6月30日，浙江省农业农村厅召开全省示范性农民专业合作社第四届联合会第一次代表大会，浙江省分公司当选为副会长单位，浙江省速递物流分公司、邮储银行浙江省分行为理事单位。9月16日，第四届浙江省农民专业合作社联合会第2次常务理事会审议并通过《第四届浙江省农民专业合作社联合会关于组建专家委员会的办法（征求意见稿）》，由浙江邮政负责组建综合服务专家委员会，并将与省农业农村厅联合发文，为农民合作社联合会会员单位提供销售、金融、寄递、保险等全方位的综合服务。（浙江省分公司）

【浙江省常山县众柚胡柚专业合作社成为首批“全国级中邮惠农综合服务示范社”】 6月20日，经集团公司认定，浙江省常山县众柚胡柚专业合作社成为首批“全国级中邮惠农综合服务示范社”。浙江省分公司落实集团公司惠农合作项目战略部署，以“常山胡柚”全国基地项目为抓手，加强板块协同，发挥政策牵引、信贷牵引、销售牵引和寄递牵引“四大牵引”作用，助农解决“三难”问题。截至12月31日，与常山县众柚胡柚专业合作社达成7项业务合作，通过政策牵引，成功争取县政府1650万元补贴以及仓储物流场地；通过销售牵引，助力合作社完成胡柚产品销售1085万斤，销售额815万元；通过寄递牵引，总寄递胡柚包裹32万件，在常山胡柚寄递市场占有率85%；通过信贷牵引，邮银协同开发“胡柚贷”产品，全年发放惠农贷款340万元，同时产生对公户存款20余万元，并开办储蓄开户、代发工资、中邮保险业务。（浙江省分公司）

【安徽省分公司定点帮扶村灵璧县河北村被评定为“省级乡村振兴示范村”】 12月21日，安徽省分公司定点帮扶村——灵璧县河北村荣获“省级乡村振兴示范村”称号，成为安徽乡村振兴“样板村”。安徽省分公司党委认真贯彻落实巩固拓展脱贫攻坚成果同乡村振兴有效衔接决策部署，提高政治站位，压实工作责任，落实帮扶任务。年村集体经济收入105万元，比上年增长56.56%。通过邮乐线上销售4款万单农产品，线上销售额168万余元，带动241户农户户均增收800余元。（安徽省分公司）

【河南邮政帮助农户销售滞销菜】 12月6日，河南省西平县分公司开展“情满冬日邮春意 邮爱白菜送万家”爱心助农活动，首期采购3500斤优质白菜，借助邮政线下平台，助力本地滞销农产品销售。该分公司将采购的白菜运到各乡镇网点，赠送给前来办理业务的客户。（《中国邮政报》12月14日）

助销滞销菜（《中国邮政报》12月14日）

【湖南省分公司与湖南省妇联战略合作助乡村振兴】 9月15日，湖南省分公司与湖南省妇女联合会签订了战略合作协议，共同为乡村治理、乡村振兴有效赋能，为妇女发展赋能，为乡村治理增效，为美好生活助力，为数字湖南添彩，让邮政“绿”和妇联“红”在三湘大地共同谱写乡村振兴的新篇章。4月以来，双方开展各类活动257场，服务群众近13万人；8月联合策划组织“出手吧姐姐，湘女带香货”惠民助农活动，为全面深化战略合作奠定了坚实基础。（《中国邮政报》9月20日）

由湖南省妇女联合会与湖南省分公司联合举办的“出手吧姐姐，湘女带香货”消费助农妇邮系列活动（《中国邮政报》8月5日）

**【广西分公司启动专项营销活动】** 7月7日，广西分公司为助力广西农特产品销售，促进邮政寄递业务发展，正式启动“山货上头条，抖邮您选”专项营销活动。“山货上头条”是集团公司寄递事业部和抖音总部共同策划的“服务乡村振兴，助力共同富裕”重要活动。广西分公司以此为契机，利用各板块优势资源联动推进，针对重点客户进行销号式走访，提高客户转化率；同时，为抖音平台流量商家制定个性化运营方案，梳理项目运营和客户服务流程，特别是100%做好运营管控，提升客户的满意度。（《中国邮政报》7月16日）

**【海口三门坡惠农服务中心正式开业】** 5月26日，海口三门坡惠农服务中心正式开业运营。这是服务中央乡村振兴战略，落实农业农村部、中国邮政、中国中化联合召开的深化社企对接助力新型农业经营主体高质量发展视频会议精神的一项重要举措。该中心通过渠道复用和服务叠加方式，围绕农业种植、田间管理、仓储物流、产销对接四大环节，聚焦“合作社期盼、种植户需要”，为农民合作社、家庭农场及上下游相关主题提供“7+7”全产业链服务，有效贯穿供应链金融赋能和产业链大数据采集的全环节。（海南省分公司）

**【重庆市分公司深化惠农合作助力乡村振兴】** 重庆市分公司与重庆市商务委、乡村振兴局签署了战略合作协议，与各级政府部门、社会机构共建服务平台。为巫山脆李首次开通“巫山—南京”产地直飞极速鲜专机航线，是重庆市首条专门为原产地优质农产品外销保驾护航的全货机运输航线。推动农产品进城，实现交易额5.45亿元；构建“5+35+X”三大基地体系，实现全国基地农产品交易额5350万元；助力工业品下乡，打造农村新零售平台，实现批销交易额5.08亿元；推出乡村振兴特色产品包，有力支撑预制菜、小面等产业链式服务需要。实施定点帮扶，向城口县咸宜镇捐款30万元，完成消费帮扶595.11万元，通过助农增收帮扶地方产业发展。（重庆市分公司）

**【集团公司与退役军人事务部签署拥军优抚合作协议】** 2月28日上午，退役军人事务部与集团公司签署拥军优抚合作协议。这次拥军优抚合作是优待证“朋友圈”的第一次扩容，拓展优待证的使用场景，进一步提升优待证持证人的获得感、荣誉感，也将在全社会树立拥军优抚的良好示范效应。（《中国邮政报》3月3日）

**【江苏全面启动退役军人及其他优抚对象优待证申领制发工作】** 4月，江苏全面启动退役军人及其他优抚对象优待证申领制发试点工作。作为江苏省退役军人事务厅的长期战略合作伙伴，江苏邮政积极参与各项拥军优抚工作，截至6月8日已受理退役军人及其他优抚对象申领优待证51.1万人，其中选择到邮储银行领取优待证的有27.3万人。

6月15日，江苏省分公司与江苏省退役军人事务厅签署拥军优抚合作协议。根据协议，江苏邮政积极整合内外部资源，充分发挥邮政点多面广的优势，围绕“优化服务”和“丰富权益”，为各级退役军人服务站提供驻点志愿服务，提升退役军人及其他优抚对象办卡体验；同时，联合战略合作伙伴，为退役军人及其他优抚对象提供邮政寄递、专属优惠等服务。（《中国邮政报》6月23日）

**【浙江省分公司协同推进退役军人优待证寄递服务】** 截至9月30日，浙江省有9个市的38个县（区、市）邮政企业开展退役军人优待证寄递服务，其中21个县（区、市）实现了政府财政统一支付模式。

3月，浙江省分公司与省退役军人事务厅签订战略合作协议，制定优待证快递送达全省标准化服务方案，明确邮寄送达为浙江省退役军人优待证官方发放渠道之一。

浙江邮政省、市、县三级同步开展营销攻坚工作，明确各层级营销目标，避免一级等一级错过营销窗口期。浙江邮政充分发挥协同优势，整合邮政产品、服务、网点资源，在集团公司总对总协议权益包的基础上，叠加针对浙江省优抚对象的个性化权益包。优待证持有人在浙江全省范围内可享受邮储银行的专属理财、邮乐网专属优惠券、报刊优惠订阅、个性化邮票优惠定制等权益。（《中国邮政报》10月29日）

**【广西贵港邮政为驻地各部队提供军队喜报专递业务】** 广西贵港市分公司为驻地各部队提供军队喜报专递业务，指派专人负责，与驻地各部队细致对接。同时，对窗口营业人员进行相关培训，明确军队喜报的收寄流程和操作规范。针对军队喜报邮件，贵港邮政按照业务规范实行统一收寄，并进行单独处理、单独存放、单独封装，确保喜报能够及时、安全、准确地寄到每一名受表彰的官兵家中。截至9月22日，贵港邮政收寄军队喜报1196份。（《中国邮政报》9月24日）

贵港市分公司广场营业所营业员在对收寄的军队喜报进行信息核录（《中国邮政报》9月24日）

**【新疆昭苏邮政开展“为退伍老兵办实事”活动】** 12月16日，新疆昭苏县分公司开展“为退伍老兵办实事”活动，将流动邮局开进边防连，为退伍老兵提供“上门邮寄”“优惠价格”服务。该分公司选派经验丰富的老邮车司机，将加装防滑链的流动服务车停靠在边防连门口，现场收寄、封装，完成了212件军包的收寄工作。（《中国邮政报》12月23日）

邮政人员现场收寄并封装（《中国邮政报》12月23日）

**【绿色邮政建设完成行业生态环保目标】** 4月起，集团公司开展回收复用瓦楞纸箱行动，并在微博发起“快递箱的最好归宿是哪里”话题，阅读量超1.7亿，提升了社会公众对寄递行业生态环保工作的参与度、感知度。

2022年，绿色邮政建设拓展新内涵，在绿色包装、绿色运输、绿色金融三大工程基础上，积极推动绿色办公创建。绿色包装治理取得新进展，全面完成行业生态环保“9917”重点工程，印发《中国邮政国内邮件包装管理办法（2022年版）》，提升包装管理规范化水平。塑料污染治理取得新成效，大力推广可降解包装袋与生物降解胶带的使用，严格执行限禁塑标准规范，及时优化下单平台规则。截至12月31日，全国采购使用符合标准的包装材料比例为98.5%，规范包装操作比例为98.56%，可循环包装箱累计应用规模超132.35万个，回收复用瓦楞纸箱8103.56万个；全网邮政寄递用新能源车辆累计使用量13928辆；邮储银行绿色贷款余额4965.29亿元。（集团公司市场部）

## 重大活动和重大事件服务

**【集团公司完成党的二十大邮政通信服务保障任务】** 中国共产党第二十次全国代表大会是在全党全国各族人民迈上全面建设社会主义现代化国家新征程、向第二个百年奋斗目标进军的关键时刻召开的一次十分重要的大会，是党和国家政治生活中的一件大事。党的二十大期间，北京市分公司作为唯一的进场服务单位，严格按照集团公司下发的《关于印发中国共产党第二十次全国代表大会邮政服务保障工作实施方案的通知》和《关于做好中国共产党第二十次全国代表大会期间邮政安全和服务保障工作的通知》的相关要求，以最高站位、最高标准、最靓风采、最美声音和最佳服务，诠释“人民邮政为人民”的服务宗旨和“连接美好，无处不在”的品牌口号，赢得了大会总务组、北京市委市政府的高度肯定以及与会代表的高度赞扬，收到各代表团、各驻地工作组感谢信、表扬信38封，题词感谢26件，锦旗1面。（集团公司邮政业务部）

**【集团公司部署北京冬奥会期间邮政安全与服务保障工作】** 1月18日，集团公司召开北京2022年冬奥会、冬残奥会期间邮政安全与服务保障工作动员部署电视电话会。会议认真学习贯彻党的十九届六中全会精神以及习近平总书记视察2022年冬奥会、冬残奥会（以下简称“北京冬奥会”）筹办备赛工作时的重要指示精神，解读《北京2022年冬奥会和冬残奥会期间邮政安全和服务保障工作实施方案》，就全系统做好北京冬奥会邮政安全和服务保障各项工作进行动员部署，为保障北京冬奥会顺利举办营造安全稳定的邮政服务环境。同时，就做好疫情防控和春节期间邮政安全服务工作进行再部署、再落实。（《中国邮政报》1月13日）

国际奥委会北京冬奥会协调委员会主席胡安·安东尼奥·小萨马兰奇（左三）对邮政寄递服务十分满意，到北辰洲际酒店临时邮局向工作人员致谢并送上“大美冬奥”主题剪纸艺术品（《中国邮政报》3月1日）

**【北京市分公司完成全国两会服务任务】** 为保证全国两会胜利召开，北京邮政提出，要以“争当表率、争做示范、向前一步”的使命意识，以“始终走在最前列”的领跑姿态，确保各项工作、全部环节不留死角、不出问题，力争在以首善标准提供全国两会服务中体现出邮政担当、发挥出邮政作用、展现出邮政力量。北京市分公司成立全国两会邮政通信服务工作领导小组，进一步加强督导协调、明确责任。自3月1日起，各相关单位建立临时沟通协调机制，确保信息沟通渠道24小时畅通。严格落实疫情防控相关要求，所有全国两会办证车辆出车前进行安全检查，确保所有上会服务车辆邮政标志明显、规范，车容整洁，无安全隐患。结合全国两会总务组对线上平台服务提出的时限、服务等要求，北京邮政积极组织适销对路的邮品，做好线上购买渠道24小时系统支撑及邮件配送工作，同时，加强涉密信息管理，确保各项安全服务工作万无一失。在全国两会期间，北京市分公司圆满完成各项服务保障任务，未发生各类服务、质量和安全问题。截至3月14日，北京邮政累计为全国两会驻地投递报纸27.87万份，累计收到各类感谢信、表扬信38封，锦旗4面。(《中国邮政报》3月2日、3月16日)

**【北京市分公司服务党的二十大】** 10月16—22日，党的二十大在北京隆重召开。北京市分公司是上会提供现场服务的唯一企业。会议期间，北京市分公司完成了会议用报、邮件投递和邮政文创产品的现场服务，涵盖8种会议用报、累计分发18万余份、封包1600余件，做到服务零差错，全面满足了代表和工作人员的用邮需求，完成了各项服务保障工作，集中展示了中国邮政的服务水平和品牌形象。

为确保党的二十大邮政服务保障工作顺利开展，北京市分公司组织筹划，实现现场邮政服务、寄递服务和疫情防控等工作的万无一失。在人员选派方面，北京市分公司以政治素质高、业务能力强、形象气质佳、服务意识优为标准，选派骨干参与大会邮政服务工作。在车辆配置方面，选用车况良好、配备消杀设备、具有规范邮政标识的生产车辆，作为专用车为大会服务。在邮件收寄投递方面，严守保密纪律，严格执行专人、专区、专台、专车、专段的“五专”标准；设立党的二十大专区、专格、专台进行作业，邮件交由专人处理、安排专车运输，并全面落实逐件消杀、收寄验视、过机安检制度，重点部位邮件做到“应检尽检”，确保邮件100%安全。严格执行报刊交接验视，严把安全关，确保订阅数据安全及报刊投送时效。从严从紧落实各项防疫措施，确保参与服务的人、物、车、场全部实现全封闭、无接触作业；报刊投送前，全部通过“紫外线+臭氧”专区消杀，全部封闭包装，确保邮政服务绝对安全。

在驻地服务网点，此次上会的产品78种，其中有20种是与大会主题相关的新开发的邮政文创产品。北京市分公司还为代表和工作人员提供了两种方案的纪念邮品定制服务，在15个服务网点布放自创型明信片打印机，每天超过12小时提供打印服务，整个会议期间，自创型明信片打印数3.28万枚。(《中国邮政报》10月28日)

在北京会议中心临时邮局，邮政员工为《中国共产党第二十次全国代表大会》纪念邮票首日封加盖邮戳(《中国邮政报》10月28日)

**【上海市分公司服务第五届进博会】** 11月5—10日，第五届中国国际进口博览会在上海举行，中国邮政继续承担寄递任务。上海市分公司于9月28日提前启动证件寄递服务工作，抽调58名员工组成进博会寄递服务团队，平均日出件量1万件。为保障寄递品质，上海市分公司全面启动第五届进博会证件寄递项目绿色通道保障机制，落实主动客服、汇总每日服务质量清单，及时反馈问题邮件，确保每一份进博会证件优先处理、优先投送。进博会主题邮局、进博会临时邮局、BCD点与综合服务区均提供产品销售、邮件收寄、上门投递及布撤展过程中的物流配送等服务，全面满足馆内外各类机构和参展商的用邮需求，集中展示中国邮政的服务水平和品牌形象。依托上海市委组织部的展示平台，进驻位于中心广场的“党群服务站”，宣传推广主题明信片、主题邮筒、纪念邮册和系列政务图书，借助进博会平台合力掀起学习宣传贯彻落实党的二十大精神的热潮。(《中国邮政报》11月8日)

**【浙江省分公司建设嘉兴平湖汇集点 助力全国邮政保供上海物资发运】** 4月，根据集团公司部署，浙江省分公司成立保供上海项目组，在浙江嘉兴平湖设立中国邮政保供上海物资汇集点，投入作业场地近5000平方米、自动打包机4台，自4月24日起连续作业，承担保供上海物资的仓储、分拣、发运及多个货源地套餐产品的拼货工作，并与上海市分公司分批完成无接触式交接供货，确保上海防疫和民生物资供应运输畅通。累计发运保供物资超过2000吨。4月28日，浙江省副省长对浙江邮政疫情防控及保通保畅工作汇报作出批示，肯定浙江省分公司“大局意识强，防疫工作规范到位，克服各种困难，积极主动服务，为物流畅通和经济社会发展作出了积极贡献”。(浙江省分公司)

**【杭州市分公司打造亚运城市名片】** 3月25日，作为杭州2022年第19届亚运会重要服务保障体系，中国邮政、浙茶集团、万事利丝绸等官方供应商联合举行主题为“为亚运添彩”的项目合作启动仪式。浙江省杭州市分公司与浙茶集团、万事利丝绸以跨界合作为契机，充分发挥各自在品牌、产品、文化、渠道等领域的独特优势，精心组织，持续创新，在为杭州亚运会提供最优质服务保障的同时，以更具内涵的文化创意产品为媒介，在杭州亚运会的舞台上向全世界讲好中国故事、杭州故事、亚运故事。(《中国邮政报》3月31日)

**【福州市分公司驻点服务2022国际渔博会】** 6月12日，为期3天的2022中国（福州）国际渔业博览会顺利闭幕，共吸引全国300余家企业参展。福建省福州市分公司紧抓社会热点，在发挥传统邮务业务优势的基础上，叠加金融、寄递业务，首次为渔博会提供驻点邮局服务。为贴合渔博会主题，驻点邮局提供渔博会专属纪念封、金鱼异型明信片等特色产品，并结合地方特色，推出各类纪念邮册、有声明信片等文化主题产品。会展期间，福州市分公司直播团队开展现场直播，得到1.8万人次的点赞。驻点邮局实现业务收入近2万元，发展邮生活会员553户、数字人民币客户161户，收集参展商户信息24条、个人客户信息214条。(《中国邮政报》6月21日)

**【珠海市分公司服务第十四届中国航展】** 11月8—13日，第十四届中国航展在广东珠海举行。珠海市分公司在航展现场设置3个邮政服务点，提供航展纪念邮品寄递、纪念戳加盖等专属服务。珠海市分公司还专门设计制作了航展明信片护照套装和以航展标识为图案的邮资机宣传戳（自贴型），向观众科普航空航天知识、宣传珠海文化。(《中国邮政报》11月12日)

珠海市分公司服务第十四届中国航展(《中国邮政报》11月12日)

**【广西分公司争分夺秒保障救援】** 3月21日，东航客机在广西藤县境内发生坠毁事故后，藤县分公司党支部迅速成立党员先锋应急支援小组，分别奔赴埌南镇莫埌村、塘步镇律村、高速公路沿线值守点，全力以赴为“3·21”应急指挥部和一线救援人员提供物资配送服务，做好一日三餐后勤保障。梧州市分公司党委紧急增派运输车辆和人员加入党员先锋应急支援小组。(《中国邮政报》3月25日)

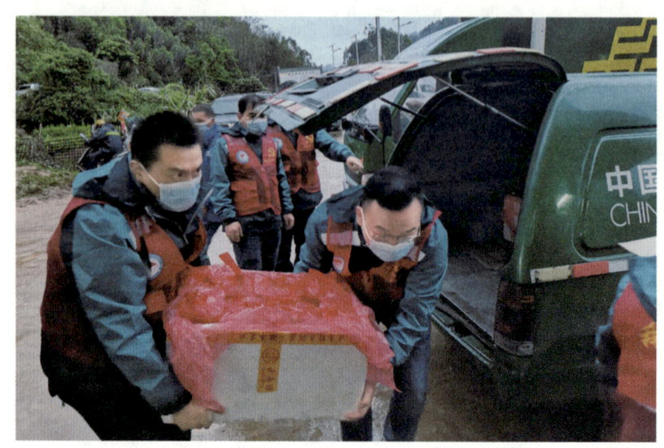

东航客机在广西壮族自治区藤县境内发生坠毁事故后，广西邮政积极组织参与救援(《中国邮政报》3月25日)

**【广西分公司服务中国—东盟博览会】** 9月19日，为期4天的第十九届中国—东盟博览会、中国—东盟商务与投资峰会在广西壮族自治区南宁市落幕。广西分公司派出邮政员工，为此次博览会提供优质的邮政服务。为纪念第十九届中国—东盟博览会举办，广西分公司特别设计制作第十九届中国—东盟博览会纪念戳1枚、中国和东盟10国纪念章11枚，免费为参会嘉宾和集邮爱好者加盖。博览会期间，广西分公司在南宁国际会展中心设置2处服务点，还举办了东盟博览会纪念封、建党一百周年系列邮品及“山水广西”特色文创产品展销活动。(《中国邮政报》9月23日)

**【粤桂邮政抗洪救灾保安全保通畅】** 6月，粤桂多地出现连续大到暴雨。受暴雨影响，多地邮政网点出现被水浸的险情，邮政营业和邮件投递遇到困难。灾情发生后，广西分公司立即启动应急预案，组织做好生产自救和次生灾害防范，解决邮路受阻问题，尽快恢复生产。广东省分公司迅速启动突发事件应急预案，组织工作专班，统一调度指挥全省125个网点做好防汛应急处置，全力保障通信畅通。广东省分公司加强与相关部门沟通，第一时间掌握汛情预警；落实汛期24小时双人值班值守，执行汛期报告制度。各市分公司在受灾网点附近设立临时服务点，保障邮政服务不中断；党员、入党积极分子带头组成突击队，有条不紊地做好企业财产、现金、金融凭证、邮件等安全转移工作，并对积压邮件进行投递。(《中国邮政报》6月23日、6月24日)

广西梧州市分公司组织力量转移受灾网点设备、邮件和物资（《中国邮政报》6 月 23 日）

**【海南省分公司高标准完成博鳌论坛年会服务保障】** 4 月 20—22 日，博鳌亚洲论坛 2022 年年会在海南博鳌举行。海南省分公司突出寄递安全和企业稳定两个重点，在严格做好各项疫情防控工作的前提下，以最高标准、最严措施、最佳状态全力确保了论坛年会期间寄递渠道安全畅通。

海南邮政为与会嘉宾提供离岛免税品邮寄送达服务，有效解决了携带大件物品登机不方便等问题，大幅提高了购物便利度。为应对论坛年会期间离岛免税品邮寄送达高峰，海南邮政从人力、物力、运力等方面做足储备。在业务量增长的情况下，打包、分拣、收寄等环节人员储备充足，保证及时发运；增加作业场地，根据需要作为应急处理场地使用；增加作业频次，结合收寄量的增长增加收寄频次，动态安排人员、车辆做到多频次交接；保证充足运力，增加车辆发运频次，确保转运时限；强化主动客服，加大对离岛免税品邮寄主动客服保障和技术支撑力度，提升用邮体验。（《中国邮政报》4 月 28 日）

**【海南省分公司服务消博会】** 7 月 30 日，第二届中国国际消费品博览会在海南海口闭幕。此次有 2800 多个国际国内品牌参展，600 多个全球新品首发。海南省分公司首次作为消博会证件寄递指定服务商，在展会期间全力打造消博会主题邮局并推出网红邮局咖啡，得到央视、人民网和《海南日报》等多家主流媒体的广泛报道。海南省分公司推出的消博会主题邮局分别设在会展中心 3 号馆和消博会注册及证件中心，并在 8 个馆区设置 8 处寄递服务点，为观众提供邮寄服务；同时推出消博会纪念封免费领取、数字人民币 1 元购咖啡或限量版咖啡杯、“消博护照”打卡集戳有礼、“时光不老，消博有约”明信片寄语等主题活动，为观众带来别具一格的服务体验。（《中国邮政报》8 月 2 日）

观众凭“消博护照”打卡邮戳领取礼品（《中国邮政报》8 月 2 日）

**【海南邮银协同服务“冬交会”】** 12 月 15 日，2022 年中国（海南）国际热带农产品冬季交易会在海南国际会展中心开幕。海南省分公司、邮储银行海南省分行协同服务“冬交会”，现场开设 5 家临时邮局，为参展商及观众提供寄递、金融等服务。

海南邮政当日特别发行 1 万枚“冬交会”纪念封，临时邮局提供加盖纪念邮戳和邮寄服务，还制作了《冬交会成功举办 25 周年特别纪念》手绘明信片作为海南省政府官方纪念礼品，丰富“冬交会”宣传载体。（《中国邮政报》12 月 20 日）

观众在纪念封拍照墙前留影（《中国邮政报》12 月 20 日）

**【四川邮银保全力做好地震灾后应急救援工作】** 受9月5日四川省甘孜藏族自治州泸定县6.8级地震影响，四川省部分地区邮路受阻，泸定县及邻近的雅安市石棉县19个邮政网点、1个邮储银行网点暂停营业。四川省分公司、邮储银行四川省分行和中邮保险四川分公司全力以赴展开震后应急抢险救援工作。

地震发生后，四川省分公司迅速启动应急机制，主要负责人第一时间致电了解员工、网点和邮路受灾受损情况，迅速部署开展抗震救灾，要求各单位立即启动抗震救灾应急预案，做好受灾情况统计和余震预防工作，确保员工人身安全，确保生产经营正常运转。

甘孜州分公司紧急调配4辆邮车、抽调8名员工承运政府救灾物资，前往震中泸定县磨西镇。泸定县分公司成立应急处置工作组，安排3名员工、2辆邮车向受灾乡镇赠送矿泉水、方便面等物资。

9月5日12时56分，雅安市石棉县发生4.2级地震，地震造成石棉县分公司个别支局和代办点受损，部分县下邮路因山体滑坡、道路塌方暂时阻断。石棉邮政各支局应政府要求暂停业务办理，乡镇邮路进入管控状态。汉源县分公司各营业所也不同程度受损。

甘孜邮政、雅安邮政和受灾县邮政开展抗震救灾和恢复生产经营工作。

四川省分公司主动担当起央企责任，一手抓抗疫保供保产，一手抓震后恢复生产，全力以赴确保员工安全和全年改革发展目标任务完成。

邮储银行总行第一时间了解相关情况，要求四川省分行切实保障员工生命安全，确保金融服务畅通，关爱受灾员工家庭，做好余震防范工作。四川省分行迅速行动，全面启动地震灾害应急预案，组织做好受灾情况摸排和金融服务保障工作；指导甘孜州分行第一时间召开地震金融服务部署会，安排流动服务车服务、资金调拨、受灾信贷客户延期和展期还款，以及受灾客户贷款优先审批等金融服务保障工作。

甘孜邮政派出4辆邮车和8名员工，赶赴震中泸定县磨西镇运送救灾物资（《中国邮政报》9月6日）

中邮保险四川省分公司按照中邮保险总部突发事件应急处理委员会统一安排部署，紧急成立应急小组，第一时间了解地震详情，开通理赔“绿色通道”，出台5项理赔应急措施，为客户提供切实的保险保障。（《中国邮政报》9月6日）

**【成都市分公司服务第56届国际乒联世界乒乓球团体锦标赛（决赛）】** 9月30日—10月9日，2022年第56届国际乒联世界乒乓球团体锦标赛（决赛）在成都举行。成都市分公司独家承接赛期运动员、工作人员核酸检测样本转运任务；发挥文创资源优势，将世乒赛logo、场馆、成都元素、熊猫邮局吉祥物YOYO有机结合，打造4款特许邮品（纪念邮折、套装明信片、异形明信片、纪念封）和纪念章，受到市场欢迎。（四川省分公司）

**【西藏分公司疫情防控期间全力保障服务】** 西藏发生新冠疫情以后，各地（市）陆续实施静态管理，给邮政生产作业带来较大挑战。为切实保障考生切身利益，承担起邮政保驾护航的重任，从高考录取通知书到达西藏起，西藏分公司严格执行邮件消杀、“一对一”交接、专人专区处理、预约投递等措施，确保高考录取通知书安全、及时、准确投递到考生手中。截至8月31日，西藏分公司进口高考录取通知书邮件16849件，妥投16815件，妥投率99.8%。为保障疫情防控期间百姓购药需求，西藏分公司于8月17日在拉萨市开辟药品配送绿色通道，办理重点物资运输车辆通行证，组成重点物资配送队伍，通过拉萨市内保障药店，实现东、南、西、北、中5个区域药品的精准配送。如有跨地（市）配送药品的需求，西藏邮政安排人员上门揽收，经转到其他地（市）。截至8月31日，完成拉萨同城药品配送2612单，完成异地接单39单。（《中国邮政报》9月7日）

**【各地邮政全力保障用邮需求】** 12月，受疫情影响，全国各地电商平台线上订单数量激增，部分区域、时段运力紧张。为全力保障群众用邮需求，各地邮政贯彻落实集团公司部署安排，主动克服人力短缺、人员生病带来的寄递和服务压力，补运力保配送，党员干部带头坚守岗位。

上海市分公司发挥托底保供保通保畅“主力军”作用，统筹抓好疫情防控和生产经营，全力以赴保障窗口运行和邮政服务安全稳定，为城市的正常运转加“邮”助力，广大员工坚持冒疫投递。

江苏省南京市分公司在“南京—大阪”包机原邮关产

品基础上，运用邮航普货舱位开展普货带运，有效减少了境内驳转成本。无锡邮政针对长三角邮件处理中心人手不足等问题，组织各职能、经营支撑部门的党员志愿者和各营业单位志愿者驰援一线，两天处理邮件1.3万多件。宿迁市泗洪县分公司坚持“人休车不休”，提前做好车辆、人员的排班工作，确保当日邮件当日赶发；重新整合投递段道，扩大直投范围，配置机动车甩点投递，提高邮件投递效率。

湖南省衡阳邮区中心部分员工因发烧不能上班。为保障邮件时限，该中心负责运营管理工作的党员干部、负责报刊信函等普邮分拣的人员和邮运车队员工全部加入邮件处理队伍，加班加点做好分拣、扫描、装车发运等工作，确保中心生产平稳有序。

安徽省安庆邮区中心为应对邮件积压，该中心主动延长作业时间，实行轮流倒班。自12月20日起，安庆市分公司组建党员先锋队前往该中心进行帮扶。该分公司参加帮扶的党员40余人，2天累计卸车43辆，极大地缓解了邮区中心邮件处理的压力。

山西邮政在全力做好疫情防控各项工作的基础上，始终将保障药品及防疫物资运递畅通作为己任，抽调业务强、素质高的员工，成立两支专职队伍，承担起配送任务，为全省近500家医院和市、县级医药公司配送各类急需药品以及医用口罩、防护服、消毒液、采样器、抗原试剂等防疫物资近30万箱。

12月22日，湖北省武汉市分公司组织的首批287名党员及工会会员突击队奔赴全市39个民生保供任务最为艰巨的揽投部，深入一线开展帮扶，全力以赴保畅通、保民生、保运转。

衡阳邮区中心（《中国邮政报》12月27日）

面对“‘双12’生产旺季+疫情”的双重考验，贵州省分公司克服困难，做好保供保通保畅工作。该分公司在认真做好疫情防控工作的基础上，通过邮政电商平台、邮政寄递等综合服务，开通中药抗疫包、温暖拥军春节慰问礼包、农特产品和民生物资等绿色通道，主动开展防疫物资、食品药品、生活必需品等民生物资配送，全力保障邮政通信生产安全运行，确保必要的群众生产生活物资运输通道畅通。

随着新疆维吾尔自治区各行各业加快复工复产，乌鲁木齐邮区中心全面恢复网路运行生产，业务量逐日递增。该中心采取加派人力、人员停休、恢复24小时双班制等措施，全力应对邮件高峰，加快邮件疏运速度；建立灵活的外包车辆价格机制，旺季适当调整价格，保证运力，打通全疆运输主渠道；提高设备运行效率，实行双人接卸；压降人工线邮件量，降低人工成本，搞活薪酬分配机制，按量计酬，提高了员工的积极性。（《中国邮政报》12月27日）

## 服务质量

**【服务质量及管理水平统计资料】** 客户满意度方面，普遍服务85.5分，寄递84.8分，邮储银行82.7分，中邮保险83.8分，中邮证券84.9分，邮政大客户90.3分；客户体验问题整改计划完成率97.14%；全国视察检查履职率97.02%，专业检查履职率90.42%。（集团公司市场部）

**【军队喜报项目服务质量持续向好】** 集团公司持续推进军队喜报业务质量提升工作。实现业务量40.05万件，妥投率近100%。为更好地服务基层部队，确保军队喜报及时、准确、安全寄送，充分展现军人荣誉，鼓舞官兵斗志，激发社会拥军优属氛围，2020年8月，中央军委政治工作部与中国邮政合作开发了“军队喜报专递”业务，为部队提供军队喜报解决方案。自开通以来，各单位精心组织业务培训、客户营销、收寄、投递、售后服务以及相关环节工作。对内强化组织实施，狠抓运行质量和售后服务，确保服务品质；对外以军队喜报业务为切入，认真研究军队寄递市场实际情况，加大对源头客户的梳理和走访力度，全面提升军队寄递服务体验，擦亮邮政为军服务的品牌。（集团公司市场部）

**【多家基层邮政企业荣获用户满意荣誉】** 4—9月，集团公司市场部组织完成全国邮政用户满意申报企业审定及对外推荐工作。其中，安徽六安市、内蒙古乌兰察布市、甘肃武威市、广东佛山市、重庆市大足区分公司，及福建南平市、江苏南京市分行等7家基层邮政企业获得“2022年全国市场质量信用 AA 等级企业”称号（国家级）；上海市普陀区分公司等 9 家基层邮政企业荣获“2022 年信息通信行业用户满意企业”称号（行业 / 省部级）。（集团公司市场部）

**【集团公司部署推进邮政会员服务体系建设】** 3 月 24 日，集团公司召开中国邮政会员服务体系建设推进工作电视电话会议，要求全集团进一步统一思想、提高认识，以邮政会员服务体系建设为抓手，全面提升邮政会员运营管理能力，加快构建会员协同生态，助力中国邮政高质量发展。2022 年是全面推进邮政会员服务体系建设的开局之年。会议要求，各省（区、市）分公司、集团各板块要按照刘爱力董事长“蹄疾步稳推进中国邮政会员服务体系构建”的要求，统一思想、主动作为、攻坚克难，聚力落实会员服务体系建设五项重点工作任务：高度重视，强化体系建设的组织领导；突出重点，强化积分兑换的全面推广；双线融合，强化全网流量的整合汇聚；打造场景，强化会员资源的协同经营；规范管理，强化会员体系的稳健运行，助力企业高质量发展。（《中国邮政报》3 月 29 日）

**【各地邮政、直属单位紧抓安全生产不放松】** 自“安全生产月”活动深入推进以来，各地邮政坚持思想不松、标准不减、力度不降，持之以恒抓好安全生产工作，严守安全红线，落实安全生产责任。

江西省分公司在全省范围内开展“一把手查隐患”活动，省分公司指导各级单位将汛期安全生产工作作为“安全生产月”的重要工作之一，省分公司领导第一时间前往汛情较重的上饶、景德镇了解受灾情况，指导协调防汛救灾和恢复经营生产工作。

四川省分公司创新开展“主播说安全，隐患大家查”直播培训，邀请消防专家在生产作业现场开展“隐患查找”和“知识讲解”活动，内容包括落实企业安全主体责任、隐患排查技巧、常用消防设备使用、仓储安防知识等多个方面。

黑龙江省分公司举办安全生产公开课、大家谈、班组会等学习活动 997 场，并组织了 133 场答题活动；同时，开展“我是安全吹哨人”活动，鼓励员工积极举报安全生产重大隐患和违法行为。

吉林省分公司发出《致全省邮政员工倡议书》，并在当月经营分析与安全生产会上，要求全省对安全生产工作层层压实安全生产责任，形成齐抓共管的局面；加强安全生产规范化管理，提升治理能力；加强过程管控，建立长效机制。

河南省分公司渠道平台部结合“每周一训”“每月一课”培训活动，将安全生产和防疫安全知识传达至基层营业人员；新乡、信阳、许昌等地邮政组织开展了“安全万里行”活动，每天上班前对投递人员、邮运司机、公务用车司机进行酒精测试和安全行驶提示，保障驾驶安全。

中邮电子商务有限公司组织员工学习新《安全生产法》，通过公司 LED 屏播放警示教育片、《一图读懂新安法》及安全公益广告；结合“美好生活从安全开始话题征集”活动，组织全体员工开展“新安法知多少”问卷调查，有效地提升了学习教育效果。（《中国邮政报》7 月 1 日）

**【太原邮区中心邮件处理强管控提质量】** 9 月，太原邮区中心以问题为导向，对内狠抓监督检查，对外强化沟通交流，多举措提升邮件处理质量，取得了明显成效。

太原邮区中心制定邮件丢失、破损、投诉、分拣质量等指标管控方案，切实做到责任、任务、目标、考核“四个到人”。在内部处理环节，以指标管控为导向，重点强化“一车一清”制度的落实。该邮区中心按网格确定班结场清时间、频次，明确网格长管理职责，推行“定期 + 动态”清场的模式。同时，太原邮区中心开展减少进口邮件错分转退的专项整治，成立整治工作小组，下发整改报告书 115 份。太原邮区中心还邀请山西省邮政客服中心人员对邮件处理中心客服人员进行培训，提升其专业水平。（《中国邮政报》9 月 14 日）

**【内蒙古邮政持续推进“管理提升年”工作】** 12 月 8 日，内蒙古分公司在落实“管理提升年”工作推进汇报会上总结了取得的成绩，提出“管理提升年”工作要持续推进。

该分公司从年初查找的 129 个问题点进行全面整改，进一步扩展到 155 项，其中新增 26 项、优化完善 13 项，涉及金融风险防控、资金风险防范、合规风险破除、外包风险化解、安全生产风险杜绝等各个环节。在资金归集方面，个人向企业缴款的风险条数由 3 月的 800 余条下降至个位数。在“小金库”整治方面，发现违规事项 5 个，问责处理 9 人，对其中 5 人给予免职处理。在规范经营行为方面，优化提升高毛利率农产品占比，农产品毛利率提升 1.73%；分销产品综合毛利率 15.61%，排名全国邮政第 4 位。（《中国邮政报》12 月 13 日）

**【江苏省分公司以互寄测试推动市趟改革提能增效】** 6 月开始，江苏省分公司认真贯彻集团公司董事长调研市趟改革优化工作讲话精神，充分借鉴集团公司特快寄递服务体验实测的工作经验，在摸排调研基础上，构建充分竞争体验场景，以预体验和正式体验方式组织 13 个市级分公司开展省内互寄测试工作，收集分析样本信息 8000 余条。在互寄测试中，每个市级分公司选取 4 个不同区域，即城区、城郊、县城、乡镇，在下午同时段针对特快、快包和竞品共 7 个产品，开展“一对多”和“多对一”点对点互寄。在测试体验环节中，体验人员重点关注预约下单、包装规范、预约投递、投诉理赔等环节，全方位感知邮政产品、服务的薄弱环节。江苏省分公司对测试结果完成梳理分析后，采取针对性措施补强竞争短板，推动客户体验优化提升，全力打造寄递竞争优势。(《中国邮政报》8月30日)

**【合肥邮区中心色彩管理推动生产精细化】** 自“管理提升年”活动开展以来，合肥邮区中心推行色彩化管理，以视觉信号为手段，迅速快捷地传递生产管理信息，促进生产现场的精细化管理。根据生产现场的管理分工，合肥邮区中心将现场人员分为安全员、质量检查员、网格长等，并穿着不同颜色的马甲，一方面可提高人员的辨识率，另一方面有利于现场监管人员迅速掌握工人的配置情况，以实现人员的高效管理。合肥邮区中心根据邮件的类别和重要性开辟专门的处理区域，并针对特安邮件、录取通知书等重点邮件处理区域使用彩色围栏与其他区域分隔。为规范车间容器管理，合肥邮区中心要求现场作业人员严格按照笼车颜色码放对应邮件，各个专属区域存放的笼车不得随意挪作他用。对现场笼车按照红黄、红、黄、蓝、绿5种颜色进行区分，并对使用范围作出了明确规定。针对车间管控的重点目标，合肥邮区中心在作业区域的垛口液晶屏设置提醒装置。液晶屏平常使用绿色字体显示邮件发运路向，在发车前的半小时会自动变成红色，提醒现场人员即将发车，防止出现邮件逾限。(《中国邮政报》12月10日)

**【广西邮政信息网改造实现降本增效】** 截至5月，广西邮政信息网线路运营成本总支出较上年下降50%。与此同时，全区邮政网络故障总时长大幅降低，实现降本增效。广西邮政将信息网线路运营由“省—市—网点”三级组网模式改为“省—网点”二级组网模式，完成全部2638条专线的割接。网络改造完成后，全区邮政网点线路全部由广西邮政中心机房直接管理，实现网络管理扁平化。经过改造，广西邮政信息网线路运营成本大幅降低，改造前每月支出约160万元的线路成本，改造后为79.8万元。经过对网管监控系统近年的历史监控数据以及近几个月的故障数据分析，改造完成后全区邮政网络故障总时长大幅降低。其中，下降比较明显的是超过24小时的故障出现的数量和时长，既缓解了市、县分公司技术人员的维护压力，也有利于充分发挥广西邮政中心机房的技术力量及24小时值班优势，加强对网点网络的监控和管理，使广西邮政信息网安全性更高、可靠性更强、维护更便捷。(《中国邮政报》6月22日)

# 业务发展

◇ 邮政业务

◇ 金融业务

◇ 速递物流业务

◇ 农村电商

# 邮政业务

【概况】

**一、邮政综合服务平台建设实现新突破**

渠道平台转型百分百全覆盖，经营效能提升。全国邮政网点叠加 13 个大类 61 个业务项。覆盖率较高的业务有邮快合作、简易险、农品销售、代缴水电煤费、云放号等。其中，累计叠加警邮服务的网点 11714 个，叠加警医邮服务的网点 3047 个，叠加税邮服务的网点 17209 个，叠加电动车上牌业务的网点 2789 个，叠加社保服务的网点 9419 个，叠加医保服务的网点 8229 个，全国爱心驿站类公益服务的网点 4626 个。全国 28 个省（区、市）分公司累计开业 264 家医药零售门店，794 家叠加医事服务。全国累计 6931 个网点叠加烟草零售业务，累计实现收入 11.4 亿元。全国累计建设高校服务点 2329 所，累计进驻高校校区 2456 所，累计进驻网点 2457 个，高校校区进驻率 84.6%。2022 年进驻校区 515 所。全国累计建成主题邮局 633 所，实现收入 5.2 亿元，完成年初计划的 104%。全国叠加社区团购的网（站）点 5.6 万个，平台交易额 2.1 亿元。

三级物流体系建设。制定三级物流体系节点形象标识规范、县乡共配中心管理规范和邮政企业“邮快合作”作业规范，强化节点建设和规范化管理。全国重点示范县建成 731 个，累计建设乡镇中心近 6000 个，村级站点 19 万个，支撑农产品进城和工业品下乡超百亿元，助力解决农村地区“物流难”“销售难”的问题。集团公司制定并下发《关于做好农村投递汽车化工作的通知》，确定以私车公助、租赁等方式为主，以自有、交邮合作联运为补充，全面推进农村邮路汽车化建设的工作要求。截至 12 月 31 日，全国农村投递汽车 3.8 万辆，其中 2022 年增加 1.9 万辆，建制村汽车化投递率提升至 45%。集团公司完成三级物流体系智能规划模型工具的上线，并在广东、山西等部分市县进行试点应用。通过三级物流体系建设进一步巩固邮政县乡村网络优势，县乡邮路得到优化，截至 12 月 31 日，全国建制村周三班及以上投递频次占比提升至 99.96%，周五班及以上投递频次占比提升至 58%。集团公司联合国家邮政局下发《推进“十四五”时期抵边自然村邮政普遍覆盖三年行动方案（2022—2024 年）》，持续提升抵边自然村通邮覆盖率和服务水平，截至 12 月 31 日，全国 3461 个抵边自然村实现直接通邮。

客货邮融合发展实现突破。以县乡村三级物流为基础，整合共享交邮资源，推动“客货邮”融合发展，全国邮政进驻县级客运中心 367 处，进驻乡镇交通运输服务站 1198 个。累计开通交邮联运邮路 2497 条，覆盖 3136 个乡镇、29380 个建制村。25 个省（区、市）分公司与该省交通主管部门建立政企协调机制，并争取到扶持政策。

自提点建设全面布局。邮政自有自提点加快布局，全国累计建成邮政自有自提点 46.4 万个，比上年实现翻番。代收代投业务量 25.4 亿件，是上年的 2 倍，其中城市地区业务量 8.2 亿件，增长 173%，农村地区业务量 17.2 亿件，增长 79%。助力“快递进村”工程，邮快合作建制村覆盖率 70%，比年初提升 13%；快递进村业务量 21.8 亿件，是上年的 2.18 倍，代投社会快递 4.8 亿件，比上年增长 120%。

**二、邮政传统业务转型发展**

实现收入 355.7 亿元，比上年增长 8.8%。一是函件传媒业务实现稳定发展。函件传媒收入 45.5 亿元。函件业务顺应新时代文化消费、个性化需求，将文化元素与互联网技术、工业创新融为一体，研发北京冬奥会、党的二十大等题材项目的 130 余种函件产品，创新明信片线上场景营销，线下为党的二十大 15 个驻会服务临时邮局提供明信片打印机和电动日戳机设备互动服务，实现收入 5000 余万元，毛利率 40%；新媒体业务实现全国网点视频联网运营，指导各省组建专业化运营团队，提升服务能力，推进线上线下媒体整合营销，实现新媒体收入 15.2 亿元，收入净增 1.1 亿元，比上年增长 8%。其中，互联网广告业务实现收入 8.43 亿元，比上年增长 15%；线下媒体实现收入 6.7 亿元，比上年增长 0.3%。二是报刊发行业务持续稳步增长。实现收入 95.9 亿元，比上年增长 2.97%。2023 年度报刊大收订克服极大困难，实现流转额 251.9 亿元，比上年增长 3.3%。安徽、河南、上海等省（市）提前完成收订目标。山西、青海、宁夏等省（区）流转额增幅超过 8%。《习近平谈治国理政》第四卷发行近 1000 万册，广东、浙江、山东、江苏、北京等省（市）发行超 50 万册。新接办报刊 248 种，《宁夏日报》《烟台日报》等 7 家省、地市党报回归。三是集邮文创转型成效逐步显现。集邮业务实现收入 83.3 亿元，比上年增长 10%，毛利率 29.6%，山西、吉林、河南、重庆、陕西等省（市）分公司增收显著，生肖项目收入 55.6 亿元，冬奥会项目 5 年累计收入 7 亿元；全面保障党的二十大邮票发行；邮票精品工程提质增效，巩固邮票印制领先优势；实施邮票邮品条码化应用，加快集邮数字化转型；完成专项邮票销毁工作；完成全国邮资票品库房安全大检查，消除安全风险隐患；文创业务创新运营“中邮文创”品牌，山东、重庆、陕西等省（市）分公司发展成效明显。（集团公司邮政业务部）

【2023 年全国邮政经营服务工作会议召开】 2 月 13—14 日，2023 年全国邮政经营服务工作会议暨普遍服务工作会议在北京召开。会议全面深入学习贯彻党的二十大精神，

认真落实中央经济工作会议精神和集团公司工作会议要求，总结2022年工作，部署2023年邮政经营服务工作。集团公司党组书记、董事长刘爱力对会议作出批示，集团公司副总经理康宁出席会议并讲话。刘爱力在批示中对2022年全国邮政经营服务战线干部职工付出的努力表示衷心感谢。他强调，2023年是全面贯彻落实党的二十大精神的开局之年，要深入贯彻落实集团公司工作会议提出的“打造三大核心优势，推进十大战略任务”的要求，以“起跑就是冲刺、开局就要争先”的昂扬斗志，重点在5个方面下功夫。康宁在讲话中对2022年普遍服务履职情况和邮政经营发展工作取得的成效进行了全面回顾和充分肯定，深刻剖析了当前工作存在的问题和根源，强调要坚持问题导向，以解决突出问题为抓手，科学谋划、精准施策，开创高质量发展新局面。（集团公司邮政业务部）

**【集团公司部署加快推进自提点建设应用】** 6月13日，集团公司在京召开2022年全国邮政自提点建设应用推进电视电话会议，强调要坚持“三个视角”，遵循“三大规律”，科学合理规划、统一制定标准、优化作业流程、强化科技赋能，坚持“充分利用自有资源、共享用好社会资源、统筹规划新建布局”的原则，全面推进“自有+社会”“城市+农村”“网点+站点”自提点建设和运营管理，实现增点扩量、降本增效，促进寄递业务发展，打造行业引领者地位。从邮政自身发展来看，迫切需要改变传统的组网模式和投递模式，提升寄递业务效率和能力；从行业竞争来看，快递自取是大势所趋，自提点建设是中国邮政立足行业、拓展市场的必然选择；从降本增效来看，自提点建设是寄递业务实现扭亏的现实需要，也是发挥邮政资源禀赋优势、激活渠道沉没成本、降低投递成本的有效途径；从战略发展来看，自提点建设是构建寄递物流体系的重要“节点”，是贴近客户营销体验的重要“触点”，是构建业务协同发展场景的重要“基点”，也将有利于构建中国邮政的协同生态。（《中国邮政报》6月16日）

**【集团公司专题会议部署函件业务发展】** 12月13日，集团公司召开专题会议，部署推进函件业务发展。会议指出，函件的普遍服务法定义务和专营特质，决定了函件具有鲜明的政治性和人民性。函件业务发展要坚持问题导向，清醒认识函件发展面临的严峻形势和挑战。要适应市场和满足需求，坚持不断创新、不断突破，用新思维、新观念、新模式来改变老做法、老套路、老定式，推进产品端创新、营销端强化、市场端突破，推动函件业务向市场要规模、要效益。（《中国邮政报》12月17日）

**【国家邮政局发文支持浙江邮政高质量发展 助力建设共同富裕示范区】** 9月8日，国家邮政局印发《关于支持浙江邮政快递业高质量发展 助力建设共同富裕示范区的实施意见》，贯彻落实《中共中央 国务院关于支持浙江高质量发展建设共同富裕示范区的意见》，支持浙江邮政快递业形成行业高质量发展促进共同富裕的示范样板，率先全面建成邮政强省。该实施意见中多处强调邮政作用并明确相应支持，如支持邮政提供更高水平的普遍服务，支持邮政企业承接政务类服务项目，拓展警邮、税邮、政邮等合作；实现建制村直投到户，积极拓展邮政乡镇网点、村级站点服务功能，提供邮件快件收投、电商及农产品代销代购、普惠金融、便民缴费等服务，打造公共服务平台；深化邮快合作及客货邮融合发展，增加农村物流、配送等公共服务有效供给；推动国际邮件互换局功能拓展和区域延伸布局，叠加商业快件、跨境电商通关功能，提升国际邮件快件的集散能力等。（浙江省分公司）

**【党建服务和函包业务融合发展】** 9月26日，由中华人民共和国国史学会、中共中央党校出版社、中国上市公司协会共同发起，中国邮政提供服务支持的“学国史、感党恩，向党说句心里话”寄语征稿活动在北京市正式启动。活动以信函为载体，为党员群众构建抒发爱党爱国情感的表达通道，同时搭载党史学习视频二维码，创造性地将线下实寄与线上学习相结合，活动形式得到中央国家机关工委、中央第23党史学习督导组的高度评价。为配合活动开展，中国邮政还特别发行一枚钢制明信片，采用“蝉翼钢”材质，由首钢集团生产，彰显出工业制造与文化产业相融合的创新价值。（集团公司邮政业务部）

**【公益包裹项目】** 中国邮政发挥网络遍布城乡、通达全国，特别是能够深入农村偏远地区的优势，参与公益事业，助力乡村振兴。2009年与中国乡村发展基金会共同发起“爱心包裹”项目，致力于改善农村地区小学生生活和学习条件；2012年与中国妇女发展基金会共同发起“母亲邮包”项目，为困境母亲提供生活必需品。中国邮政持续推进公益包裹项目，为社会搭建了小额、透明、精准、便捷、互动的一对一公益服务平台，同时做好服务支撑，依托信息化手段，做好公益包裹的信息处理、仓储运输、投递签收等工作，组织各级邮政单位积极参与“绘彩童年”“99公益日”和“善行100”等公益活动，成为汇聚爱心、传递温暖的公益平台，得到了社会各界的高度评价和认可，爱心包裹项目还被评为2022年度支付宝公益平台最受用户喜爱的项目。项目开办以来，累计募集金额10亿元，惠及724万名学生、111万名困境妇女。（集团公司邮政业务部）

**【发挥国有主渠道作用 完成收订任务目标】** 中国邮政克服疫情等不利因素的影响，实现邮政发行持续稳定增长。1—12月报刊发行累计完成收入96.28亿元，比上年增长

3.36%，超预算收入 2.1 亿元。2023 年度大收订报刊流转额实现 252.1 亿元，完成计划进度的 100.36%，比上年增幅 3.32%，完成大收订任务目标。各级邮政企业主动作为，在重点市场开发、机构客户大走访、渠道赋能方面亮点纷呈。其中，江苏省分公司举办“书报刊悦读节”及具有特色的六大主题活动，组织进行全省机构客户开发走访，主动上门对接，一户一策，落实“四个到人”，确保 100% 销号、存量客户不降低、“颗粒归仓”，实现客户规模和价值双提升。浙江省分公司策划开展“助力共富”主题商务期刊营销活动，安排各单位走访政府部门、协会机构、企业客户，开发主题商务期刊，为畅销报刊收订提供新的增长抓手。河南省分公司切实发挥支局（所）聚客获客的渠道作用和外包揽投人员的营销作用，下发支局（所）、外包揽投人员报刊收订专项文件，为支局（所）设置一对一的揽投号，明确支局（所）报刊收订职能，明确揽投人员报刊收订义务，鼓励外包揽投人员参与报刊收订工作，落实“一员一码”，激发外包揽投人员及支局（所）的营销动能。（集团公司邮政业务部）

**【图书业务快速发展】** 中国邮政报刊发行通过持续深化与出版社合作，狠抓主题图书重点项目，收入突破 12 亿元，比上年增长 7.6%，5 年年均复合增长率达到 28.6%，图书业务发展成为报刊专业的重要增长来源。销售《习近平谈治国理政》第四卷近 1000 万册，销售额实现 8 亿元；实现党的二十大系列主题图书销售 1.2 亿元。广东、浙江、山东、江苏、北京等省市发行超 50 万册。为响应中央智慧党建、数字阅读、乡村数字化的号召，邮政积极打造党建有声图书墙服务项目，支撑了基层党建、文化建设，建成党建有声图书墙 21502 面，形成流转额 1.2 亿元。（集团公司邮政业务部）

**【供给端服务开发加强】** 重点推动地方党报、行业报刊和学术期刊交邮发行，全国范围和省内发行新接办报刊品计 248 种。山东省分公司贯彻“应接尽接”要求，建立新接办台账，切实做到制定“一刊一策”，密切联系，逐一联系，逐一销号，实现《烟台日报》《淄博日报》等 4 家地市党报的回归。宁夏、湖北省（区）分公司从代投合作切入，把握报社合作契机建立互信，实现接办发行签约供货，并由点带面扩大邮政发行范围，于 2022 年正式回归。通过扎实推进报刊“应接尽接”，增加报刊产品供给能力，不断开辟发行服务新领域，实现从传统报刊到图书、数字媒体，从国内出版物到国外出版物的融合发展。开创外版图书报刊发行服务，代理征订外版报刊 1190 种、图书 102 种。（集团公司邮政业务部）

**【全力做好党报党刊发行服务】** 通过推进分印点建设、借助高铁等社会运力等方法，巩固提升县及县以上城市党政机关《人民日报》当日见报的服务水平。增加四川马尔康市、云南景洪市、勐海县 3 个市县当日见报，当日见报率 85.66%，报刊发行服务质量得到进一步提升。高标准做好党的二十大报刊发行服务工作，北京市报刊发行局严格执行“专人、专区、专台、专车、专段”的“五专”标准，组织会议报分发服务工作；严格执行报刊交接验视，严把意识形态关，确保订阅数据安全及报刊投送时效；从严从紧落实各项防疫措施，确保“二十大”服务“人、物、车、场”全部实现“全封闭、无接触”作业。32 天、8 种会议用报、累计分发 181129 万份、封包 1693 件、平均见报时间为上午 9 点、服务零差错……“全局一盘棋、上下一条心”，全力确保全国党的二十大服务保障工作万无一失。（集团公司邮政业务部）

**【中国邮政宣传发行《习近平谈治国理政》第四卷】** 7 月 2 日，《习近平谈治国理政》第四卷由外文出版社以中英文版出版，面向海内外发行。中国邮政作为该套图书的发行主渠道，发挥邮政服务和网络资源等优势，在线上、线下全方位做好宣传、发行工作，满足广大党员、干部和群众的学习和阅读需求。发行当天，北京市西城区分公司中南海支局上架该套图书。《习近平谈治国理政》第四卷出版后，中南海支局专门组建新书发行工作小组，细化职责和分工，在宣传征订、物流配送、后勤保障等方面协同配合，确保将新书及时配送到位。（《中国邮政报》7 月 5 日）

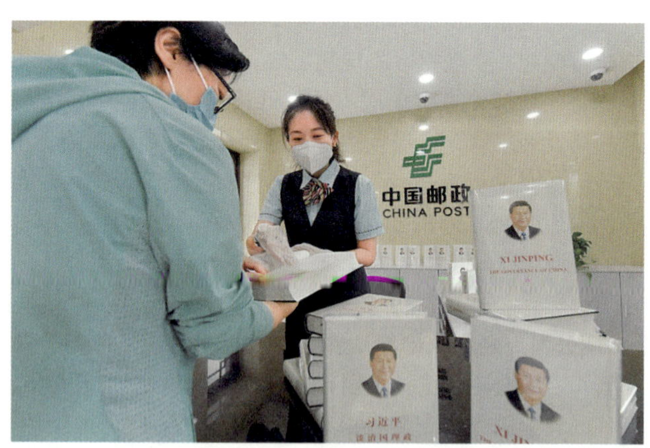

北京市西城区分公司中南海支局员工向读者介绍《习近平谈治国理政》第四卷（《中国邮政报》7 月 5 日）

**【集团公司部署安排《习近平谈治国理政》第四卷发行工作】** 7 月 7 日，集团公司召开专题会议，就《习近平谈治国理政》第四卷图书的发行工作进行安排部署。该书是深入学习领会习近平新时代中国特色社会主义思想的权威读本，集中展现了马克思主义中国化时代化的最新成果，充分体现了我们党对构建人类命运共同体、共建美好世界的最新贡献，是全面系统反映习近平新时代中国特色社会主义思想开辟新境界、实现新飞跃的权威著作。

各省（区、市）邮政要深刻认识到做好《习近平谈治国理政》第四卷图书发行工作是一项重大的政治任务，是“讲政治”真正落到实践中的具体举措，是国有企业责任担当的体现，也是提升邮政政务图书发行服务水平和发行影响力的重要契机。要将完成好《习近平谈治国理政》第四卷图书发行工作，与深入领会习近平总书记重要讲话精神和党的十九届六中全会精神结合起来，在思想上、政治上、行动上同以习近平同志为核心的党中央保持高度一致，提高站位，凝聚共识，将这项重要的政治任务高标准、高质量地安排好、落实好。（《中国邮政报》7月9日）

**【全力保障党的二十大期间《人民日报》及时发行到位】** 统筹保障党的二十大期间党报党刊的发行工作，是中国邮政对党的二十大整体服务保障工作的重点之一，具体体现在保障好党的二十大会议和会议代表用报发行服务、党的二十大期间报纸转运和投递工作，以及党的二十大期间报纸零售工作3个方面。为保障党的二十大期间《人民日报》发行工作顺利开展，集团公司下发通知，进行专门部署。集团公司强化生产组织，安排专人与人民日报社分社对接，提前做好党的二十大期间生产作业安排，做好接报、分发、运输、投递等各环节的有效衔接，确保报纸投递时限和质量。同时，针对可能出现的各种情况制定应急预案，做好服务保障工作。（《中国邮政报》10月19日）

10月18日，广西河池市南丹县分公司投递员将《人民日报》投递到里湖瑶族乡朵努社区，及时把党的二十大精神传递给少数民族群众（《中国邮政报》10月19日）

**【中国“邮”礼中国邮政文创第二届文创产品设计大赛颁奖暨中国邮政文创新品发布会举办】** 1月5日，由集团公司主办，北京邮票厂有限公司承办的中国“邮”礼中国邮政文创第二届文创产品设计大赛颁奖典礼暨中国邮政文创新品发布会在中国国家博物馆举办。此次文创大赛自启动以来，历时近3个月，覆盖全国31个省市，借助5.4万个邮政网点、1000余家校园网点和主题邮局渠道传播，获得近100万大众的关注，超20万人参与投票，2880名优秀设计师参赛，多位著名专家评委联合上百家媒体和权威机构鼎力支持。最终评议出最佳“中国节日、传统文化、生肖文化、祖国风光”文创产品设计奖等四大类别20个奖项，综合评选出6个组织奖。在颁奖仪式现场，贵州省分公司、集团公司邮政业务部、北京邮票厂有限公司代表，与贵州茅台酒厂习酒有限责任公司、中国移动通信集团有限公司政企事业部、德化县人民政府代表签订了合作协议。（集团公司邮政业务部）

**【线上线下媒体整合营销】** 新媒体业务实现全国网点视频联网运营，指导各省组建专业化运营团队，提升服务能力，推进线上线下媒体整合营销。中国邮政媒体资源服务平台归集线下媒体资源超5万个，实地匹配率98%，全国邮政实现网点视频从0到1.4万个联网终端的跨越式发展，宣传邮政各业务板块和区域客户广告累计1.2万条。推动各省新媒体团队建设，多元化运营互联网广告项目，多省启动线下媒体运营与客户开发工作，开展政务宣传、疫情防控、惠农、金融保险、通信服务、健康与生活服务等主题类宣传活动，拓展行业客户市场，其中安徽、重庆、四川等省（市）分公司建设运营橱窗屏拉动线下媒体创收近2亿元；31省（区、市）全部完成新媒体团队初步组建，其中湖南、山东、广东、江苏等省分公司以专业化团队为抓手、推进线上线下媒体整合营销，平均增幅84%。举办第二届中国邮政新媒体主播大赛，以赛促训、以赛促销、网聚主播，全方位宣传推介地方优质特色产品，体现中国邮政助力乡村振兴的责任担当；加强重点行业开发，为超1.6万家客户提供品牌宣传和获客引流服务，全国合作规模8.5亿元，比增16.4%。以市场和需求为导向，推进新媒体业务创新发展，实现收入15.2亿元，比上年增长9%。（集团公司邮政业务部）

**【“冰雪邮我”冬奥直播宣传活动】** 2—4月，中国邮政广告有限责任公司承办的2022年“冰雪邮我”冬奥直播宣传活动在“在线业务平台”进行直播。宣传活动完成直播85场，直播总观看量超447.1万次，官方账号发布短视频47条，曝光量超244万次，评论点赞数454.4万次，支撑全国各省制作衍生短视频187条。策划热门话题“冰雪邮我”“冬奥加邮”等，微博话题曝光量3770万次，抖音话题曝光量2亿次。其中3场总部直播主题与冬奥会高度契合，直播过程中邀请到冬奥会冠军，北京冬奥组委、中国奥委会、中国残联等单位相关领导及集邮专家走进邮政直播间参与“冬奥邮我直播”。活动紧跟时事热点，为冬奥会特许邮品引流，创下单品销售额突破85万元、多款产品上架秒空的业绩，为全网带货创收617.75万元。（中邮传媒）

【中国邮政中秋数字藏品首发】 7月23日，中国邮政文创数字藏品平台上线试运行。该平台依托中邮文创官方旗舰店建立，由腾讯至信链提供区块链技术支持。同日，“中邮文创 × 哈根达斯月饼冰激凌礼盒暨中秋数字藏品首发仪式”在北京西单邮政支局举行，中国邮政文创首款限量《中秋》主题数字藏品（限量1万份）正式发行，“拍联名月饼送数字藏品”活动启动上线。此次文创以“中秋祝福”为主题，与腾讯合作试点发行首款限量数字藏品，以《千里江山图》为创意灵感，与哈根达斯联名发布月饼冰激凌礼盒产品；在中国邮政微邮局推出“购买实物产品 + 赠送数字藏品”的营销新模式。（《中国邮政报》7月19日、7月26日）

【天津实现全国关邮缴税信息互联互通】 8月19日，集团公司新建的《进境邮件代理报关系统》在天津正式上线，天津市分公司是全国首个上线运行该系统的省级分公司。该系统的上线标志着由国家邮政局、海关总署联合推进的进境邮件税款信息联网项目在天津落地。该系统具备关邮缴税信息互联互通、对账汇缴智能化等功能，实现了海关、邮政部门之间横向联网，改变了以往进境邮件缴税凭证的人工对账、手工汇总、线下支付的作业模式，满足了关邮电子对账、税款自动汇缴、用户网上支付等需求。客户可选择使用“EMS 国际邮件代理报关”小程序、“掌上海关”App 的方式完成税款支付。系统将根据客户申请的税款信息，24小时不间断地下达放行指令，完成当日落地天津的国际邮件，当日缴税。天津市分公司接到信息后，会立即启动邮件派送服务。系统上线后，落地天津的国际邮件处理时限普遍缩短50%以上，进一步提升了客户用邮体验。（天津市分公司）

【天津市分公司首批启用四位条形码】 9月，集团公司实施分拣码改革，天津市分公司作为首批试点单位率先落实，解决了投递末端处理这一影响寄递业务发展的痛点和难点问题。在项目运行伊始，滨海新区大面积突发疫情，按照疫情防控要求，进口邮件需集中封控消杀。消杀后，滞留多日的40万件包裹全部涌入滨海新区的9个揽投部。因为启用了新版分拣码，仅用3天时间，40万件邮件全部投递完毕，实现疫情防控期间零投诉。各揽投部四段码匹配准确率达91%，分拣时长普遍缩短近一个小时，新版四段码去汉字化、分辨率强、准确度高，被广泛应用，取得了显著效果。（天津市分公司）

【山西省太原市税邮合作中心推出纳税人发票免费寄递服务】 自8月22日起，国家税务总局太原市税务局与山西省太原市分公司推出纳税人发票免费寄递服务，全市区域24小时内送达。此项发票寄递服务由山西全省首家税邮合作中心——太原市税邮合作中心负责。纳税人通过电子税务局、“晋税通”App 等线上渠道提交发票代开或领用申请，然后由后台系统进行数据处理，最后由税邮合作中心工作人员进行匹配、核对、封装、寄递，可真正实现“发票网上申领，免费邮寄到家”，充分满足了疫情防控形势下纳税人的用票需求，确保纳税人能够方便、快捷、安全地领用发票。（《中国邮政报》8月30日）

发票网上申领，免费邮寄到家（《中国邮政报》8月30日）

【内蒙古自治区实现关邮缴税信息联网】 9月，关邮缴税信息联网项目在内蒙古自治区呼和浩特市成功落地，标志着内蒙古自治区首次实现关邮缴税信息联网，成为继北京、天津后全国第三个实现海关与邮政系统互联互通的省份。信息联网前，呼和浩特市分公司国际邮件处理中心开展了多次培训，与相关单位做好数据对接与整理、机构设置、邮路调试等准备工作。信息联网项目上线后，国际邮件收件人通过“掌上海关”App、小程序、支付宝等渠道，实现在线直接缴纳税款。邮政接到海关系统发送的放行通知后，立即启动邮件派送流程。该项目实现了海关与邮政征缴税款信息互传、放行信息传输、对账汇缴智能化等功能，全面实现了关邮电子对账、税款自动汇缴、缴税网上支付，并进一步优化操作流程，提升了客户体验。（《中国邮政报》9月23日）

【辽宁邮政和贵州邮政共同助力丹东草莓销售】 1月12日，辽宁邮政2022年跨省合作中国邮政基地农产品项目正式拉开帷幕。此次合作是辽宁省分公司、贵州省分公司贯彻落实集团公司协同发展战略、助力乡村振兴和惠农合作、打造“邮政农品”基地农产品项目的具体实践。两省邮政联手共同保障渠道供货品质，提升了客户体验和满意度。（《中国邮政报》1月14日）

【吉林省扶余市分公司“返箱行动”进校园】 6月16日，吉林省扶余市分公司在榆树沟中心小学开展“返箱行动”，广大师生将家中不用的纸箱交给邮政工作人员进行回收再

利用。此次活动回收纸箱 1020 个，使学生们增强了环保与可持续发展的意识。（《中国邮政报》6 月 24 日）

6 月 16 日，吉林省扶余市分公司在榆树沟中心小学开展“返箱行动”（《中国邮政报》6 月 24 日）

**【黑龙江省分公司与黑龙江省信访局联合开展“免费信访邮政”服务】** 黑龙江省分公司与黑龙江省信访局联合下发《关于在全省广泛开展“免费信访邮政”的通知》，自 5 月 1 日起在全省范围内广泛开展“免费信访邮政”服务。届时，省内行政区域内的人民群众通过书信方式邮寄给省、市（地）、县（市、区）三级党委、人大、政府、政协及各级党委、政府职能部门、群团组织及其领导同志的重量在 20 克以下的信件，通过关注省信访局公众号下单可完成免费特快专递或平常信函邮寄送达服务。（黑龙江省分公司）

**【上海市分公司推出文创雪糕】** 进入夏季，上海市分公司推出邮局里的雪糕——上海邮政博物馆文创雪糕。文创雪糕的造型以邮票的外形融合苏州河畔的邮筒、上海邮政总局大楼、天空中飘荡的云朵，勾勒出一幅美丽的风景画。借鉴生肖邮票票图，还在雪糕签上设计了十二生肖图案，消费者集齐十二生肖的雪糕签后，可以前往上海邮政博物馆兑换一个手工制作的文创玩偶。（《中国邮政报》8 月 19 日）

文创雪糕（《中国邮政报》8 月 19 日）

**【江苏邮政支撑线上诊疗药品配送服务】** 12 月，南京市分公司主动对接全市 32 家拥有互联网医院资格证的合作医院，通过同城多频次当日递、省内“次晨达”，同时，增加驻点服务，加密揽收频次，升级“线上问诊 + 邮政寄药”服务模式，提升百姓就医购药的便捷度和满意度。12 月 9—15 日，该分公司收寄各类药品邮件近万件。无锡市分公司 EMS 寄递系统全面对接市人民医院、市二院等 6 家首批推出线上诊疗服务的医院，患者在填完收件地址并确认后，系统随即生成邮件订单号，使患者不出户即可享受送药上门的服务。常州市分公司与当地医院沟通，为多家医院提供药品配送到家服务，最大限度地满足广大患者诊治和买药的需求。12 月 11—17 日，配送药品邮件 5500 余件。（《中国邮政报》12 月 21 日）

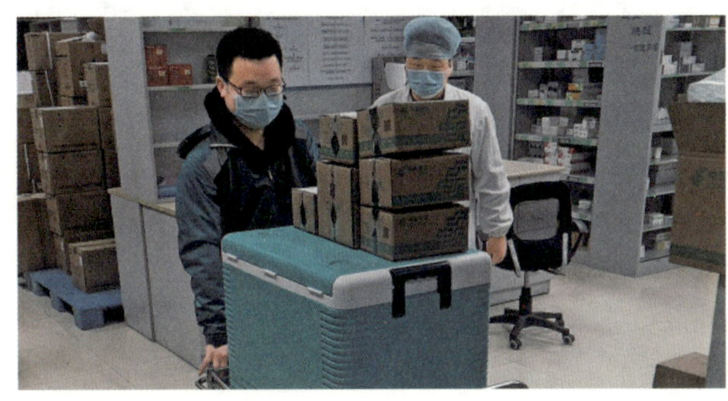

常州邮政配送人员来到医院药房取药（《中国邮政报》12 月 21 日）

**【浙江省温州市分公司推出“爱心陪办”业务】** 为解决温州社保服务大厅工伤鉴定窗口人满为患和市民因不了解流程办理而进度缓慢等问题，温州市分公司紧扣民生需求，结合驻点优势，创新服务模式，推出延伸服务——“爱心陪办”业务，为前来办理工伤鉴定的市民提供业务咨询、流程引导及辅助填表等一系列服务，成功分流原来聚集在工伤鉴定窗口的市民，提高了工伤鉴定的办理效率，获得广大市民和社保大厅工作人员的一致好评。（《中国邮政报》11 月 25 日）

邮政员工为市民提供帮助（《中国邮政报》11 月 25 日）

**【安徽省分公司完成首单“9710”自主报关业务】** 6月21日，20件发往美国的货物从安徽庐州海关通关放行，这是安徽省分公司完成的首单“9710”自主报关业务。“9710”是跨境电商B2B直接出口的海关监管代码，该模式适用于境内企业通过跨境电商平台与境外企业达成交易后，利用跨境物流直接将货物出口送达境外企业。此单跨境电商业务首创“0110+9710”混报模式，将外贸与跨境监管合二为一进行申报，是在空、海运整舱、拼柜等一般贸易方式出口自主报关的基础上，对跨境电商业务自主报关方式的又一次创新。(《中国邮政报》7月12日)

**【“赣服通”政务平台“邮政专区”上线】** 6月10日，江西省政府“赣服通”政务服务平台“邮政专区”成功上线。江西省分公司通过与“赣服通”平台无缝嵌入对接，实现政务服务“线上邮政专区可办、线下邮政网点能办”，达到“让群众少出门、数据多跑路、邮政帮跑腿”的效果。“邮政专区”涵盖邮政帮办政务、邮政寄递、邮政金融、邮政农村电商、邮政文化传媒5个板块，可为“赣服通”平台超过3800万用户以及政府部门、企事业单位提供一站式邮政服务和政务帮办代办服务。(《中国邮政报》6月17日)

**【山东省分公司服务“线上文化惠民”工作获央视新闻联播报道】** 5月16日，央视《新闻联播》以“开展线上文化活动，把文化惠民落到实处”为标题，对山东省分公司服务“线上文化惠民”活动、解决公共阅读“最后一公里”难题工作情况进行了报道。山东省分公司发挥寄递服务优势，为全省“线上文化惠民”活动提供“双向寄递”服务，市民线上借阅图书后，邮政揽投员到图书馆上门取书并按时配送到市民手中；市民线上还书时，由邮政揽投员上门收取并送回图书馆，实现市民“足不出户、上午借书、下午看书”的愿望。(山东省分公司)

**【河南省分公司推广快递包裹客户预付费管理】** 河南省分公司以寄递业务为突破口，开展包括账期外欠费在内的专项治理活动。面对欠费金额大、占比高这一顽疾，以强化预付费管理为抓手，采取全额预付、预售面单两种模式加快资金回笼，防范化解欠费资金风险。同时，明确阶段目标，强化过程管控，要求各市、县分公司有专人负责，做好技术指导、数据通报、督促跟进、预付余额监控等相关工作。截至11月30日，河南邮政快递包裹欠费规模比年初压降9000余万元，9—11月欠费率连续3个月为全国邮政最低；6400余家电商客户使用预付费，预付费比例达88%；平均账期天数13.1天。1—11月，河南邮政快递包裹收入和效益达到近3年最好水平，收入规模、收入增幅、预算进度、边际贡献率等多项指标位居全国邮政前列。(《中国邮政报》12月30日)

**【湖北省十堰市分公司在疫情管控下保证高考录取通知书投递】** 自湖北省十堰市城区8月13日实施临时性疫情管控措施以来，十堰市分公司专门成立高考录取通知书投递“突击队”，对高考录取通知书邮件按照优先处理、单独封袋的原则组织投递。在保障车辆、人员、邮件防疫安全的基础上，采取专人处理、专人专车投递等方式，为高考录取通知书投递开启“一路绿灯”。(《中国邮政报》8月20日)

十堰市分公司专门成立高考录取通知书投递“突击队”(《中国邮政报》8月20日)

**【首个“邮乐直播基地”在湖南开建】** 湖南省分公司开始建设首个“邮乐直播基地”。“邮乐直播基地”旨在通过打造“多元化的直播服务+标准化的主播培训+特色化的产品体系+数字化的技术支撑+纵深化的产业生态”的电商营销新生态，丰富邮乐日常活动，提升品牌知名度。计划打造专业化的综合直播间2个、小型直播间3个，设立商品展示区、文化宣传区、数字化分析展示平台及培训办公区域。湖南省分公司还将积极促进与社会媒介资源的整合，培养直播人才，助推邮政业务转型发展。(《中国邮政报》3月16日)

**【广东省分公司推动传统业务转型】** 广东省分公司按照“专业向产业转变、产品向创意转变”的思路，通过提升能力水平、强化产品创新和新媒体队伍建设，推动传统业务转型发展。1—7月，函件媒体业务创收1.57亿元，比上年增长84.8%。电商直播方面，广东邮政利用品牌优势开展抖音电商和视频号直播，激发“公域流量”销售活力，打造邮政线上销售渠道。结合大数据应用、广东电商特色与自身优势，省、市两级邮政从主播、运营、拍摄、剪辑到售后服务，在重要岗位均配置相应的负责人员，组成专业直播团队。产品创新方面，以“1+5+*N*”模式提升产品研发创意能力，提高方案策划水平。由广东省分公司集邮文化传媒部牵头，广州、深圳、东莞、佛山4个市分公司和信源文化公司协同，并与社会公司合作，定期收集梳理各市政务、企业、展会、文旅活动等热点，及早策划创意项目，支撑各市分公司实现营销转化。同时，组建全省新媒体团队，强化专业人才队伍建设，提升邮政新媒体市场的竞争力。（《中国邮政报》8 月 30 日）

**【广东省分公司启动全国首个跨境电商嵌入式监管】** 8 月 1 日，全国首个跨境电商出口“嵌入式”监管试点启动仪式在广东省东莞市国际邮件互换局举行。这是广东省分公司与东莞海关联合推出的监管新模式，旨在解决跨境电商出口通关过程中海关监管与企业生产的难点、堵点，将海关监管前置嵌入企业物流生产环节，让物流企业在完成生产作业的同时完成海关申报监管，服务链条大幅缩短。（《中国邮政报》8 月 16 日）

**【打造“渝快递·愉快递”大同城品牌】** 2022 年，重庆市分公司按照“业务牵头、网络支撑、市场管控”原则，强化网业联动，打造“渝快递·愉快递”品牌，推进大同城业务跨越式发展，打造出巫山脆李、南岸万和等 9 个标杆项目，实现收入 3.42 亿元，占特快业务总收入比重 69.65%；比上年增收 9316 万元，增量贡献达 89.64%。其中政务市场实现收入 14825.7 万元，比上年增幅 29.4%，农产品寄递实现收入 4576.79 万元，比上年增幅 159.73%。（重庆市分公司）

**【四川省分公司身份证“邮政直通车”服务提速】** 7 月 20 日，四川省分公司与四川省公安厅合作推出身份证“邮政直通车”服务升级版，办证居民通过线上扫码即可实现身份证 EMS 邮寄到户，全程办理时间较以往缩短 5 个工作日。截至 7 月 25 日，全省 21 个市（州）、184 个县（区）全部产生寄递服务申请，身份证寄递量 1.5 万张。（《中国邮政报》7 月 30 日）

**【贵州邮政开启“集邮 6.18”“双十二购物狂欢，佳酿相伴”直播带货零售新模式】** 贵州邮政首次开启“集邮 6.18 好物节—不可没有你”“双十二购物狂欢，佳酿相伴”线上主题营销直播带货销售模式。通过联动集团公司总部平台资源，利用全国 BSC 渠道及潜客营销等措施，协同省市场营销部带动全省营销员开展线上销售。通过与社会直播团队进行深度合作，借助集团平台传播迅速、全面、高效等优势，面向全国举办了首场专题线上直播带货活动。其中“集邮 6.18 好物节”当日全省销售额共计 94 万元，单场首创销售全国第一，在全国业绩排行榜上，贵州共有 7 名营销精英入选全国 10 强；在“双十二购物狂欢，佳酿相伴”直播活动中，“双 12”当天形成收入 18 余万元，直播间点击人次共计 9464 次，在线观看人数共计 3759 人。（贵州省分公司）

**【云南省分公司多样化手段提高政务图书发行】** 7 月，全国邮政开始宣传征订《习近平谈治国理政》第四卷图书。云南省分公司把做好该项工作作为重大政治任务，提高政治站位，切实抓好落实，发挥邮政全程全网、点多面广、服务城乡基层的优势。前期，云南省分公司在全省 466 个重点邮政网点、28 个报刊亭，通过悬挂布标、投放 LED 显示屏、设置图书展示销售柜进行宣传，并建立“店铺展示 + 流动宣传 + 线上投放”的立体化宣发体系，提升图书的宣传影响力。在征订发行中，云南省分公司为社会各界提供多样化的图书订阅服务：安排专人为各基层单位提供送书上门订阅服务，为广大读者提供 11185 电话预约订阅，开通线上“中国邮政微商城”微信订阅渠道，各市（县、区）分公司以及全省 1823 个邮政网点均提供图书预约零售。同时，还组织员工深入农村、社区、学校、机关、企业、军营等开展宣传征订，实现县及县以下地区征订 100% 全覆盖，更好地提升了客户订阅体验。（《中国邮政报》8 月 17 日）

**【西藏分公司抗疫保供保通保畅】** 8 月 7 日以来，西藏自治区阿里、日喀则、拉萨等 7 个地（市）相继出现新冠病毒感染者，西藏分公司第一时间扛起“国家队”的责任担当，发挥党员先锋模范带头作用，组建起 300 多人的邮政志愿突击队赶赴“疫线”，抽调 60 台邮车供政府调配；帮助运输防疫物资、生活物品 497 吨，运输里程 3.06 万公里。同时，优先保障机要文件、高考录取通知书投递，为全区保供保通保畅贡献力量，确保邮政服务安全畅通。截至 8 月 12 日，处理邮件 30.29 万袋（件）。（《中国邮政报》8 月 16 日）

**【陕西省分公司“极速鲜”樱桃项目获丰收】** 截至 6 月 16 日，陕西省分公司收寄樱桃邮件近 48 万件，收入 1001.07 万元，比上年增收四成多，项目整体市场占有率提升 15%。陕西省分公司在线上依托“邮乐网”“AI 邮”“邮乐小店”“极速鲜商城”等平台销售，在线下利用市、县（区）级仓配处理中心、镇级周转运营中心（支局所）、村级收投服务站（邮乐购站）三级快递物流体系节点，全面实现宣传推广和代办销售。陕西省分公司注重樱桃原产地采购品质保证，全省邮政合作农户 3000 余户，果品品质抗挤压、适宜寄递。同时，陕西邮政通过增设省内邮路，组开省际高铁、冷链专线，联合三方物流推出“航空货代、整车直运”服务等多种方式，保障樱桃邮件发运畅通快捷。（《中国邮政报》6 月 22 日）

**【新疆博州分公司疫情下服务不中断】** 为防控疫情，新疆博尔塔拉蒙古自治州处于静态封控状态。博州分公司主动落实防疫部门的相关要求，在做好员工个人防护的前提下，确保服务网络不中断。该分公司开辟“绿色通道”，第一时间将高考录取通知书送到学子手中；积极履行央企的责任与担当，为广大农户、居民、商户等群体提供生活物资和抗疫物资配送服务。截至8月11日，博州分公司管控区域有125名员工坚守在岗，投入配送车辆44辆，社区团购接单945单，妥投高考录取通知书638件，实现保供保通保畅。(《中国邮政报》8月17日)

邮政人员搬运物资(《中国邮政报》8月17日)

# 金融业务

**【邮储银行零售金融业务】** 个人银行业务收入比上年增长6.10%，占营业收入70.28%，比上年提升0.68%。服务个人客户6.52亿户，管理个人客户资产(AUM)13.89万亿元，比上年增加1.36万亿元。个人存款11.28万亿元，比上年增加1.24万亿元；个人贷款40461.05亿元，比上年增加2899.52亿元。

聚焦客户综合金融服务需求，深化科技赋能、强化数据驱动，优化全渠道服务体验，提升客户享受金融服务的获得感和幸福感。升级客户分层服务体系，提升专业资产配置能力。截至年末，VIP客户4735.00万户，比上年增长11.07%，富嘉及以上客户425.04万户，比上年增长19.32%；配置理财、基金、资管信托产品的客户数显著提升。财富管理中间业务收入实现40%以上的快速增长。加大消费信贷支持实体经济发展力度，个人消费贷款结余2.73万亿元；小额贷款业务坚持邮银协同、城乡联动，个人小额贷款结余1.14万亿元，比上年增加2198.40亿元。持续完善信用卡业务体制机制，新增发卡636.17万张，结存卡量4282.33万张，比上年增长3.04%；信用卡消费金额11626.02亿元，比上年增长3.21%；信用卡业务收入比上年增长16.11%。(邮储银行)

**【邮储银行公司金融业务】** 公司客户137.88万户，年新增31.21万户，总量比上年增长19.75%。公司客户融资总量(FPA)3.69万亿元；公司贷款26693.62亿元，比上年增加4154.26亿元，增长18.43%；公司存款14295.66亿元，比上年增加1241.30亿元，增长9.51%，活期存款占比64.65%，公司存款付息率1.33%；公司金融业务收入501.28亿元。

公司客户经营服务质效持续提升。一是坚持以客户为中心，优化产品体系、强化团组服务、推动数字化转型，高价值客户和户均持有产品数显著增加。二是组建“1+*N*”综合服务团组，提高金融服务与客户需求的匹配度。三是完善智慧营销体系，结合市场营销需要，推出系列化线上营销管理工具。

服务国家战略支持实体经济发展。一是支持国家重点区域发展战略，重点区域公司贷款余额11272.65亿元，增加2008.51亿元。二是支持“专精特新”等先进制造业领域，制造业中长期贷款比上年增长50.06%。三是贯彻落实国家“双碳”目标，绿色批发贷款余额4381.71亿元，比上年增长32.33%。四是强化专业金融服务能力，民营企业贷款客户比上年增长8.51%，新发放企业贷款中民营企业贷款占比超过70%。五是全面落实乡村振兴战略，涉农公司贷款比上年增长27.35%。

科技赋能构建多元金融服务场景。一是聚焦重点客群，科技赋能强化场景获客。持续落地省级医保电子凭证清算行系统项目；推出烟草零售商户线上签约平台；与全国200余家省市级公积金中心建立业务合作关系；累计推进智慧农村平台合作243个；为百余所学校提供“场景+金融”综合服务；为多家省、市级法院搭建智慧法院系统，协同邮政物流集约送达服务。二是建立资金“精准导航”穿透式管理体系，助力公司存款高质量发展。以信贷、债券、第三方资金为重点，强化知识图谱、数据库与数据建模技术应用，打造精准导航平台。持续提升地方债资金监管服务质效，提供全流程金融支持。

创新财富管理体系升级服务能力。创新落地代理公司保险业务，丰富公司保险产品体系。强化公司理财联动营销，公司理财规模比上年增长67.99%。创新建立公司理财非信贷资产协同体系，探索资产推荐服务联动发展新曲线。公司金融中间业务收入比上年增长38.21%。

交易银行业务。一是现金管理及银企直联，现金管理业务签约客户64.48万户，比上年增加18.18万户，增长39.27%。不断拓展结算渠道，单位结算卡发卡3.98万张，交易金额88.43亿元。银企直联业务优化“免前置+互联网”接入方式，服务客群向中小企业延伸；累计服务集团客户1909家，比上年增长60.29%；交易金额8.81万亿元，比上年增长47.21%。二是供应链金融、贸易融资供应链金融业务，培育产业链新动能，实现多场景、多行业、多渠道和快流程的供应链金融业务服务。围绕交通、高端制造等产业链核心企业，为上下游供应商、经销商提供融资服务累计突破1万家，供应链融资业务余额突破千亿元。通过线上平台发放融资金额比上年增长189%。推出工程保理产品。上线电子保函2.0版本，完成自动化零售授信上线。落地首笔黄金租赁业务。三是跨境金融，发放“一带一路”相关表内外融资超过230亿元；实现海关“单一窗口”结算及融资模块上线，实现外汇远期衍生品线上化全流程办理；加大跨境人民币服务实体经济力度，跨境人民币业务结算量比上年增长158.80%。

投资银行业务。实现中间业务收入16.71亿元，比上年增长22.33%。一是围绕“专精特新”、交通基础设施、清洁能源、生态环保等重点领域，实现各类债券承销规模3118.11亿元；并购贷款余额增长80.42%，新增主牵头行银团笔数比上年增长25.47%。二是发力聚焦政策导向，承销4笔能源保供特别债；支持地产企业发行债券192亿元；承销市场第二单货运物流主体金融债。三是大力推进绿色金融，承销7笔绿色债券；积极开展绿色并购贷款业务。承销市场首批科创票据，全年承销科创票据7只，规模累计超过36亿元。（邮储银行）

**【邮储银行资金资管业务】** 邮储银行资金资管业务坚持“投研引领、创新赋能、风控先行”，深耕“六大能力”建设，不断加强市场研判，持续深化同业生态圈建设，进一步提升业务经营和综合服务能力。一是深化业务创新。积极探索落地资产证券化产品新业务模式，推出线上化票据贴现新产品“专新贴”，首次托管同业存单指数基金、ESG主题基金等产品，成功落地首笔债券南向通、自贸债等离岸人民币债券投资业务。二是紧抓交易转型。开展首笔标准债券远期业务，全年利率互换交易规模超1800亿元，比上年增长36.17%。推动票据资产快速流转，票据业务系统外交易规模比上年提升55.80%。三是巩固客户基础。同业生态圈客户总数2828户，客户覆盖率超过50%，合作涵盖各类型同业机构。四是加快数字化转型。“邮你同赢”同业生态平台、电子化交易系统上线运营。金融投资4.96万亿元，比上年增长14.03%；托管资产规模4.44万亿元，其中，公募基金托管规模6714.99亿元，比上年增长7.79%；理财产品规模8300.62亿元。（邮储银行）

**【邮储银行普惠金融】** 邮储银行普惠型小微企业贷款余额1.18万亿元，有贷款余额户数193.44万户，涉农贷款余额1.81万亿元，占贷款总额比重均居国有大行前列。

积极贯彻落实中共中央、国务院关于乡村振兴各项决策部署，涉农贷款结余1.81万亿元，涉农贷款服务客户数超440万。新发放涉农贷款加权平均利率5.03%，比上年下降36BPs。个人小额贷款结余1.14万亿元，比上年增加2198.40亿元，增速24.02%。

积极落实党中央、国务院稳经济大盘决策部署，普惠型小微企业贷款余额1.18万亿元，在客户贷款总额中占比超过16%，居国有大行前列。有贷款余额户数193.44万户，净增22.38万户。新发放普惠型小微企业贷款平均利率4.85%，比上年下降34BPs，并对小微企业和个体工商户支付手续费实施减免优惠。（邮储银行）

**【邮储银行“农业产业链金融”模式入选农业农村部金融支农八大创新模式】** 9月，农业农村部公布2021年金融支农八大创新模式与十大典型案例，邮储银行“农业产业链金融”模式入选金融支农八大创新模式。

为解决涉农产业链长尾客户融资难题，邮储银行着力建设“邮e链”涉农产业链金融服务平台，形成“数据层+风控层+产品层+场景层”四维“农业产业链金融”模式。该模式以“邮e链”涉农产业链金融服务平台为“数据层”支撑，解决农户等产业链长尾客户信息收集难题；以数字化驱动的涉农行业精准风控为“风控层”支撑，突破传统担保限制；以面向涉农产业链长尾客户的系列经营贷款产品为“产品层”支撑，为乡村振兴产业重点场景提供更精准高效的个人产业链金融服务；以“行内+合作方”提供的线上、线下交易场景为“场景层”支撑，实现场景化批量获客和精准服务，客户线上化办理融资比例100%，客户体验全面升级。截至8月31日，邮储银行“农业产业链金融”模式在30个省（区、市）应用，各分行先后推出“水产饲料贷”“粮食收购贷”“肉牛养殖贷”等近百种特色产业贷款金融服务方案，服务上万个农业经营主体，融资落地近百亿元。（《中国邮政报》9月27日）

**【“普惠服务全川行”活动启动】** 11月7日，以“工会普惠·为民而生”为主题的“普惠服务全川行”活动在蜀道集团高速公路成都东服务区正式启动。“普惠服务全川行”活动由四川省各级总工会主导，四川各级邮政企业和邮储银行参与，依托邮储工会会员卡，将提升职工生活品质与助力拼经济促消费、推进乡村振兴有机融合，整合合作伙伴5000余个、线上商户近50万家，搭建覆盖工会职能、社会服务、商业优惠等公共服务资源和社会资源的普惠服务平台，打造“公交地铁出行”“加油满减”“川工带川货”“普惠保险”等品牌项目，累计发卡315万张，服务工会会员2.1亿人次。（四川省分公司）

**【代理金融业务】** 围绕集团公司三大核心竞争优势和八大战略任务，加快推进从“做储蓄”向“生态金融”和“财富金融”转型，以“八个聚焦”扎实推进代理金融“七精工程”落实落细，转型发展成效超预期，实现代理金融收入1401.4亿元，增幅12.6%（超预算目标4.7%），规模和增幅均创近5年新高。

强化客户分层分群经营，VIP、财富、私行客户分别新增364.9万户、51.8万户、1628户，增幅分别为11.7%、21%、18.6%；精准盘活存量客户，构建低资产客户盘活、VIP临界客户提升模型，成功触达并实现资产提升客户1700万户（含零资产客户479.5万户），引流AUM（资产管理规模）1123.4亿元，存量客户盘活成效创历史最优。

储蓄存款新增1.06万亿元，比上年多增2626.9亿元，创历史新高；价值存款新增9681.4亿元，比上年多增2640.9亿元，新增占比91.4%，比上年提升3%；三年期存款占比比上年压降1%，高成本存款压降成效渐显。

克服债市和股市波动的不利影响，实现财富管理收入303.9亿元，比上年增长14.4%，分别高于中国建设银行、招商银行、平安银行14.7%、28.7%、35.9%。

以多元化资产配置为抓手，持有理财产品的客户较年初新增43.7万户，增幅11.5%；新增资管信托销量409亿元，增幅141%；配备专职理财经理3.8万人，比上年多增5917人，点均配备首次突破1人（1.2人）。

以"网点+站点"延伸代理金融服务触角，走访代理金融营销空白乡村2.4万个，走访覆盖率98.6%；网点产能持续提升，连续3年收入负增长网点较年初减少54.2%；VIP、代发、理财、基金重点客群手机银行渗透率68.76%，比年初提升1.2%；月活客户峰值达2999万户，创历史新高；快捷支付绑卡账户规模2.3亿户，农村地区绑卡率较年初提升1.8%。

加速推进生态金融转型，加快"智慧校园""智慧食堂""智慧商超""智慧餐饮"等"智慧+"场景打造，落地"智慧+"场景1.2万个，覆盖31省（区、市）、全国82%的地市；加快推进营销模式转型，开展代理保险数智化营销活动，活动实现长期期交客户新增112.2万户、长期期交收入比上年增长22.5%。

建立健全代理金融"风控合规进党委""非接触式风控"机制及邮银协同风控合规案防三项机制；修订完善代理金融从业人员违规行为处理办法；端到端、全流程、全环节、全要素梳理代理金融历史案件及风险事件，构建"同一网点不同客户资金频繁流向同一交易对手"等13类常态化数字风控模型；启动代理金融风控雷霆行动，排查各级机构超3万家、机构覆盖面95.9%，排查代理金融从业人员11万名、发现3.8万个风险隐患，问责3.7万人；加强消费者权益保护工作，监管转办保险类投诉比上年降幅43%。

邮银协同对公存款比上年增幅130%，对公客户比上年增幅31%；信用卡新客比上年增幅46.8%，信用卡引荐收入比上年翻番；第三代社保卡新增发卡706.9万张，比上年增幅69%，卡均余额1387元，比年初增长42%，新增发卡和卡均余额均创历史新高。（集团公司金融业务部）

**【代理金融储蓄存款增规模、调结构成效显著】** 代理金融契合资金规律稳存增存，分季度重点抓好务工返乡客群资金、年终奖代发资金、春节消费高峰期商户资金、夏秋粮与特色农业经济资金、开学季资金、旺季营销蓄客资金，新增储蓄存款1.06万亿，同比多增2626.9亿，新增史上首次突破万亿元大关；余额3年连上3个万亿元台阶，达到8.7万亿元；开展"活期存款专项提升"行动，聚焦活期存款快捷支付、代收代付、商户收单和非存款AUM"四驾马车"，着力破题活期存款新增难题，代理金融快捷支付多增1696亿元，增幅72%；商户收单多增488亿元，增幅8%；代收代付客户活期存款多增303亿元，增幅13%。（集团公司金融业务部）

**【代理金融个人有效客户经营质效提升】** 代理金融以"数字邮政"为引领，聚焦客户分层分群经营，依托XGboost算法构建低资产客户盘活、5—10VIP临界客户提升模型。新增个人有效客户1265.5万户，新增VIP客户364.9万户。（集团公司金融业务部）

**【代理保险数智化转型营销活动】** 为顺应客户对保险保障认知逐步提升的趋势，积极应对监管新规下保险市场新变化，加快推进代理保险数字化转型，集团公司组织开展了2022年代理保险数智化转型营销活动。各级机构充分利用总部下发的客户营销线索和客群挖潜课程深入研客，全国代理机构新增持有长期期交客户112.2万户，其中成功转化白名单客户7.7万户；形成长期期交收入72.1亿元，同比增长22.5%，代理保险呈现长期期交业务客户与收入"双增长"发展态势。各省分公司加强员工培训，提升理财经理专业能力；组织客户沙龙，落实各项客户投教活动，全国观看"四库全书"能力提升系列课程超25.6万次、举办沙龙5230场，从如何选择投保人、如何使用保险产品满足客户财富管理需求等多个维度进行了全面投资者教育。参加活动的145个地市，通过20天高端论坛实现长期期交新单保费18.6亿元，苏州、阜阳、昆明、石家庄等优秀地市通过论坛实现保费超5000万元；活动期间参加活动的地市形成收入47亿元，占同期全国所有地市收入的59.4%。（集团公司金融业务部）

**【代理金融打造重点行业智慧+场景】** 为加快从"做储蓄"向"生态金融"转型，以生态金融思维搭场景、拓生态，代理金融以"智慧+"场景为敲门砖，加快智慧校园、智慧商超、智慧餐饮等优质行业推广力度。截至12月31日，全国落地12104个"智慧+"场景，拓展智慧商超5155个、智慧餐饮1604个、智慧医疗835个、智慧校园656个、智慧菜市场668个、智慧食堂194个、智慧酒店180个、其他智慧场景2812个，覆盖31省（区、市）和82%的地市。（集团公司金融业务部）

**【全国邮政代理金融专业工作会在北京召开】** 4月27日，全国邮政代理金融专业工作会在北京召开，会议在认真研判代理金融面临的内外部经营环境的基础上，强调要围绕集团公司工作部署，统一思想、坚定信心、稳中求进，以坐不住的紧迫感、慢不得的危机感、等不起的责任感，扎实开展代理金融转型发展，以优异成绩和实际行动迎接党的二十大胜利召开。

会议强调，代理金融要完整、准确、全面贯彻新发展理念，围绕集团公司“三大核心竞争优势”“八大战略任务”，重点做好8个方面的工作：一是以“管理提升年”为契机，全面推动代理金融规范化管理水平提升。二是以“对标对表”为方法论，深化代理金融高标准市场化体系。三是以主动协同为轴，充分发挥协同的规模经济和范围经济效应。四是以乡村振兴为依托，构建代理金融农村竞争新优势。五是以数智化转型为新引擎，助推代理金融实现高质量发展。六是以“行家里手”为标尺，打造高素质的代理金融专业人才队伍。七是以“强总部”为支撑，加快推进代理金融从职能管理向生产运营转变。八是以党建为引领，筑牢代理金融高质量发展的自信之基、力量之源。（《中国邮政报》5月12日）

**【全国邮政代理金融启动风控合规“雷霆行动”】** 9月5—6日，集团公司召开全国邮政代理金融风控合规“雷霆行动”动员会，强调要正视当前代理金融风控合规案防面临的严峻形势，以“七个聚焦”为引领，以“雷霆行动”为抓手，以刮骨疗毒的勇气彻治风控合规顽瘴痼疾，为代理金融高质量发展保驾护航。

会议指出，要以历史唯物主义的视角回顾邮政金融风险沿革，科学研判当前代理金融面临的风控案防形势。要理性看待代理金融风控合规面临的严峻形势，从风控合规的既有实践中汲取解决矛盾的自信。要正视代理金融风控合规存在的问题，以刀刃向内的勇气分析问题、解决问题，对违规“零容忍、下狠手、出重拳”。以雷霆万钧之势将风险合规及案防工作抓实、抓细、抓落地。要以置之死地而后生的案防高压态势构建风险合规新格局。合规是代理金融的生命线，各级领导干部要切实承担起风险防控的主体责任，真正做到统筹发展和安全，把代理金融风控合规纳入党委审议研究事项，切实加大风控合规各类资源的配置力度。要聚焦当前案防工作的重点，彻治员工屡查屡犯，做实员工行为排查，丰富员工行为排查手段，将网点监控录像作为风险排查的重要依据，定期走访客户。聚焦数字风控与传统风控的有效结合，抓实抓细疑点数据核查。聚焦违规成本大于违规收益的问责标准，聚焦体制机制建设，建立非接触式风控合规管理机制，建立中高端客户双人营销维护机制，将每年的三季度作为全国代理金融条线的“雷霆行动合规季”。聚焦代理金融专业专注，以专业化运营提升代理金融风险防控能力。聚焦监管发现问题整改，以问题整改促代理金融风控合规上新台阶。聚焦邮银协同，以银行的专业指导逐步提升代理金融的风控案防能力。

根据“雷霆行动”的工作安排，各省（区、市）分公司按照集团公司要求，在9月30日前完成自查。自10月8日起，集团公司牵头组织对31个省（区、市）分公司开展交叉检查。（《中国邮政报》9月10日）

**【全国邮政代理金融本年新增储蓄存款破万亿元】** 12月14日，全国邮政代理金融年度新增储蓄存款10014.2亿元，比上年多增2674.3亿元，储蓄存款规模8.6万亿元，348天实现储蓄存款当年新增万亿元的历史性突破。（《中国邮政报》12月16日）

**【中邮保险增资扩股引战项目完成】** 1月12日，中国银保监会批复同意中邮人寿保险股份有限公司注册资本从215亿元增加至286.63亿元，新增注册资本由友邦保险有限公司认购。此次交易引资金额120.33亿元，是中国保险业截至目前最大的增资扩股引战项目。（《中国邮政报》1月13日）

**【中邮保险获评“中国金融年度十佳社会责任机构”】** 5月10日，《中国银行保险报》发布“2022金诺·第六届中国金融品牌影响力典范”名单。该榜单由《中国银行保险报》联合国际知名金融品牌咨询机构BrandFinance、BrandZ和中国社会科学院旗下社会责任百人论坛、中国传媒大学BBI商务品牌战略研究所等专业研究机构，从多个维度对参选案例进行评价。中邮人寿保险股份有限公司获评“中国金融年度十佳社会责任机构”。（《中国邮政报》5月13日）

**【普惠保险探索业务协办新模式】** 中邮保险联合中邮电子商务有限公司，在银保监政策支持下，探索普惠保险业务协办新模式。自9月业务开办以来，当月实现邮务网点、人员100%全覆盖，新拓中邮车务、邮乐小店线上销售渠道，覆盖网点超15000处，准入营销员8万人。全国22个省实现中邮普惠保险协办规模5079万元。（中邮电子商务有限公司）

**【中邮保险与招商银行开展银保业务合作】** 7月15日，中邮保险与招商银行签署全面合作框架协议，开启多领域、全方位业务合作。10月11日，中邮保险与招商银行签署保险代销合作协议，建立保险业务合作关系，并于11月10日，由江西、辽宁、广东、四川4省率先完成业务对接。11月11日，中邮尊赢一生终身寿险产品在招商银行正式上线销售。(《中国邮政报》11月23日)

**【辽宁邮保共同举办保险期交大单训练营】** 为提升邮政代理金融网点综合营销能力，3月，辽宁省分公司与中邮保险辽宁分公司共同组织全省保险期交大单训练营活动。此次训练营将“CRM系统应用通关培训”作为重点培训内容，辽宁省分公司巡讲团围绕CRM(客户关系管理)系统应用进行详细授课、现场指导，手把手教会网点员工通过系统大数据的分析功能，快速查找目标客户，深挖客户需求，有针对性地制定客户资产配置方案。(《中国邮政报》3月15日)

**【宁夏邮保协同推进健康险业务发展】** 宁夏分公司、中邮保险宁夏分公司贯彻集团公司加快打造中邮保险新增长极战略，发挥协同优势、数智化优势，以“三个视角”“三大规律”全面对标为抓手，中邮健康险业务发展取得显著成效。截至11月，中邮保险宁夏分公司实现健康险保费近500万元，实现年度目标的91%，列全国邮政第4位。其中，银川市分公司实现年度目标的111%。

在业务发展中，宁夏邮保各级领导深入一线，实时跟踪网点业绩，及时协调解决各类问题；立足专业培训支撑，总结提炼产品功能特点；推广中邮健康险数字化营销模式，深入分析、筛选目标客户，提高客户到访率及产品切入成功率；在网点晨会上，明确当日营销目标，确定客群筛选；每日于5个时间节点通报全区健康险发展进度，并通过“呐喊助威”的形式营造“比学赶帮超”的竞赛氛围；在网点夕会上，进行当日工作复盘，对存在的问题由邮保金融专家及专职、兼职讲师进行分析解答。(《中国邮政报》11月25日)

**【中邮证券财富管理业务】** 财富管理业务增加客户账户32.7万户，比上年增长69.8%，累计客户数212.7万户，新增客户资产59.37亿元。持续完善金融产品体系，上架公募、私募等金融产品近2000支，代销金融产品年化销量34.5亿元，比上年增长11%，其中，代销资管产品年化销量8.32亿，增长93%，收益凭证年化销量19.51亿，增长31%。年末公司信用账户客户数3326户，融资融券业务日均余额11.01亿元；以自有资金出资的股票质押式回购交易业务出资余额9.81亿元，平均履约保障比279.25%。信用业务部优化两融审批等多项业务流程，新增上线建行信用三方，推动其他信用三方存管银行建设；顺应监管导向及公司发展战略，对优质项目进行主动投放。加大财富管理领域信息技术投入，进行手机App全面改版和升级，实现了私募线上化、融券转融通、信用大宗交易、专项融资融券、两融预约开户、信用额度变更、新债券平台等18项重点业务和功能的首次线上办理，并通过全新的视觉和交互设计提升客户使用体验。完成新CRM系统、新投顾平台、H5开户功能、国密改造等多个系统或重点项目的建设。(中邮证券)

**【中邮证券资管业务】** 资管业务持续研发新策略、新产品，打造风险收益特征从低到高的全谱系产品线，产品类型由纯债类产品扩充至多类型产品齐头并进。持续提升市场营销能力，积极拓展机构客户，成功发行机构客户专属产品。持续提升产品的管理能力，实施精细化管理；加强金融工具估值管理，优化调整产品估值方法，投资运作灵活度显著提升。S基金荣获“君鼎奖”，鸿利来3号和鸿利来17号两只固收产品荣获“金牛奖”、1项研究课题荣获中国债券市场课题研究二等奖(《基于MS-VaR模型的债券市场风险预警监测体系构建与实证研究》)。(中邮证券)

**【中邮证券投行业务】** 持续推进固收及股权业务的全面发展，承销保荐总规模291.50亿元，比上年增长67%。固收业务方面，公司继续巩固债券及资产证券化业务优势，债券承销规模排名稳步提升，担任邮储银行2022年300亿元无固定期限资本债券、邮储银行2022年400亿二级资本债券、集团公司2022年60亿面向专业投资者公开发行公司债券、曹妃甸国控投资集团有限公司公司债券、铜陵大江投资控股有限公司公司债券等重大项目的主承销商；担任中建2号11期绿色工程尾款资产证券化项目、中建2号8期、13期、19期，中建3号2期工程尾款资产证券化项目以及安徽郎川控股集团有限公司保障房信托受益权资产证券化项目的计划管理人和主承销商。股权业务行业排名迅速提升，担任北京声迅电子股份有限公司公开发行可转债项目、康达新材料(集团)股份有限公司非公开发行股票项目的保荐机构和主承销商、中信证券股份有限公司A股配股公开发行项目及联合保荐机构和联席主承销商。探索公募REITs、北交所等新业务机会，在推进传统债券业务及股权业务发展的基础之上，寻求新的业务增长点。(中邮证券)

**【中邮证券自营业务】** 自营业务继续拓宽投资渠道，取得深交所的报价回购业务资格，实现完成收入1.14亿元。持续夯实固收业务基础。控制权益类资产规模和风险底线，有效应对年内两次极端市场行情，纯债投资收益率6.1%。拓展投资新领域。在股票和债券投资的基础上，开展REITs、ABS次级、中资美元债、高收益债投资及利率互换操作；有序开展销售交易业务，首个季度即创收1200多万元。(中邮证券)

**【中邮证券卖方研究所】** 研究所实现由职能部门向营收业务单元的转型。建立研究体系，研究领域覆盖大消费、高端制造、科技等 20 个行业；发布研究报告 844 篇，比上年增长近 1 倍，其中行业研究报告数量增长近 5 倍；建立功能完备的卖方服务管理平台，实现研报管理、合规管理、客户管理等多项功能。搭建销售体系，覆盖京沪广深 4 地的近百家机构客户，与市场主流的公募基金、保险公司、阳光私募等机构投资者均实现对接，完成近 20 家主流机构的机构席位开设。内部赋能有序推进，为集团业务板块提供有效的研究支持，由点到面服务公司投行项目研究、资管渠道培训、分支机构展业等。（中邮证券）

**【中邮证券获评中债指数“创新引领先锋机构”】** 1 月 26 日，中债金融估值中心有限公司公布 2021 年度中债指数用户综合评价结果，中邮证券有限责任公司凭借在指数投资创新方面的突出表现，获评 2021 年度中债指数用户综合评价“创新引领先锋机构”。（《中国邮政报》3 月 17 日）

**【中邮证券获“十佳优秀投教会员单位”等荣誉】** 4 月 29 日，在陕西证券期货业协会发布的 2021 年度投资者教育保护工作优秀会员单位、优秀投教产品、优秀投教人员表彰决定中，中邮证券有限责任公司一举获得“十佳优秀投教会员单位”“十佳优秀投教产品”“十佳优秀投教人员”3 项荣誉。（《中国邮政报》5 月 12 日）

**【中邮证券成功发行首单绿色 ABS 产品】** 7 月 28 日，由中邮证券担任计划管理人和销售机构的“中建 2 号 11 期工程尾款绿色资产支持专项计划”成功发行，规模 4.78 亿元，期限 2 年，优先级评级为 AAA，票面利率 2.86%，创同级央企同期限工程尾款 ABS 产品发行利率历史最低。该产品既是全国首单绿色工程尾款资产支持专项计划，也是中邮证券发行的首单绿色产品。

该期专项计划获得绿色评估最高等级 G1，是中邮证券落实碳达峰碳中和等国家重大决策部署、履行社会责任担当的重要体现。该专项计划入池基础资产包括 2 个清洁能源产业类项目、7 个基础设施绿色升级类项目，基础资产现金流 70% 以上来源于绿色产业领域的收入。（《中国邮政报》8 月 5 日）

## 速递物流业务

**【1591 条寄递业务重点线路精准提速】** 6 月 8 日，中国邮政宣布将调动时限、服务、成本等优势资源，聚焦重点客户、重点区域和重点线路，对 1591 条寄递业务线路进行精准提速。

此次“6·8”大提速特点是突出精准、抓住关键、网业联动。提速范围覆盖了中国邮政 97 个集团重点客户涉及的 148 条线路，长三角、珠三角、环渤海三大重点区域市场的 341 条线路和通过直达模型推演出的 1102 条直达线路。在此基础上，对标行业先进时限标准，确定提速目标，锁定 437 条时限不具优势的线路，“一线一策”制定具体提速方案，开展精准提速。另外，此次提速以市场端提出的头部客户提速线路清单为基础，结合三大重点区域市场提速诉求以及中邮信科分析的够量直达提速线路，分批次、分步骤进行。（《中国邮政报》6 月 8 日）

**【中国邮政 EMS 年业务量突破百亿件】** 截至 10 月 17 日，中国邮政 EMS 年业务量突破 100 亿件，比上年提前 62 天。全国邮政寄递战线按照集团公司党组的统一部署，一手抓改革，一手抓发展。全网上下聚焦高质量发展，全面深化“六大改革”，推动寄递网系统性重塑、整体性重构，使网路运行的效率、效益有了显著提升。8 月份，特快、快包时限达成率均创历史新高；省际中心人均处理效率、设备效能、市趟车辆件数装载率、自有车辆日均行驶里程均有提升。通过推进“五客”工作法，1—8 月，寄递业务和特快业务均实现稳步增长，国际业务连续 3 个月超过行业发展水平，电商特快、退换货、极速鲜等重点领域实现高增长。同时，开发平安汽融仓配一体、退役军人优待证、茅台酒配送等一批有影响力的重点项目。（《中国邮政报》10 月 21 日）

**【国内特快业务“双 11”首日突破 1200 万件】** 11 月 1 日，邮政 EMS 国内特快专递收寄量首次突破 1200 万件，创造历史新纪录，实现跨越式新发展。

10 月，全国邮政寄递战线秉承“以客户为中心，以市场为导向”的经营理念，提升对客户的精细化管理水平。“双 11”期间，为重点客户提供“绿色通道”，确保发货质量，将全网资源和能力配置优先向特快业务倾斜，提升邮件时限。同时，集团公司寄递事业部还加强组织培训，提升混合收寄比例，挖掘市、县处理中心和仓储中心资源，因地制宜设置、升级集中收寄点，实现“一体机混合收寄 + 前置集包”一体化作业，实现多频次揽收、多客户邮件混装，混合无差别收寄，收寄效率从 1000 件 / 小时提升至 2000 件 / 小时。

自 11 月 1 日起，寄递事业部总部、各省（区、市）两级的业务、网运、服务质量人员在指调中心集中办公，每日部署、每日复盘，实时应对异常情况，做到全链路实施精细化过程管控，确保网路运行通畅无堵点。（《中国邮政报》11 月 4 日）

【农产品寄递突破 22 亿件】寄递业务贯彻落实党中央决策部署和集团公司要求，聚焦“村社户企店”五大客群，发挥中国邮政在农村地区的资源禀赋优势，畅通双向农村物流通道，深化协同服务模式，健全县乡村三级物流体系，打造“农村市场”寄递服务优势。农产品寄递业务量 22.72 亿件，比上年增长 67%，收入 76.24 亿元，比上年增长 51%，提前 2 个月完成收入目标。极速鲜以重点区域、重点项目为抓手，运作上线全网型项目 546 个，区域型项目 691 个，规模项目不断涌现，其中冷鲜肉、大闸蟹项目收入规模突破亿元。极速鲜业务量 1.77 亿件，比上年增长 110%；收入 17.25 亿元，比上年增长 69%，目标完成率 126%。快包农产品聚力发展农业集群市场，锚定 693 个国家地理标志市场、150 个国家级农产品基地、100 个现代农业金牌项目，实现 100% 合作、开发进驻，快包农产品业务量 20.9 亿件，增幅 60%。（集团公司寄递事业部）

【“双 11”旺季产生揽投任务完成】11 月 20 日，“双 11”旺季产生的邮件已基本完成投递。国家邮政局监测数据显示，11 月 1—11 日，全国邮政快递企业处理快递包裹 42.72 亿件，日均处理量是日常业务量的 1.3 倍。

“双 11”旺季，中国邮政“六大改革”成效得到有效验证，EMS 质效实现全面提升，全网时限明显提升，客户服务满意度继续保持行业领先。11 月 1—15 日，中国邮政寄递总业务量超过 6 亿件、特快业务量超过 1.3 亿件，均创历史新高。全网时限明显提升，特快专递全程时限提升 15.2%，快递包裹全程时限提升 9.3%。

在收寄环节，揽收速度进一步加快。内蒙古、吉林、新疆等 19 省（区、市）的特快业务收寄比例和西藏、辽宁、天津等 20 省（区、市）的快包业务收寄比例均有提升。

在处理环节，11 月 13 日峰值日处理量 8970 万袋（件），南昌中心、银川中心、侯马中心等 6 个处理中心均超过峰值量，其中特快邮件日均处理量为 1691 万袋（件），比上年提升 38.5%。全网自动化设备效能 75.3%，全量集包比例 83%。

在运输环节，各省（区、市）邮政持续推进干线邮路车次管理工作，通过合理量能匹配、狠抓装载质量，运输效能有效提升。全网干线日均发班超过 1.1 万车次，黑龙江、青海、贵州、山东、陕西、云南、吉林一级干线大车发车占比 50% 以上。

在投递环节，重点保障特快邮件投递质量，灵活组织生产作业、合理安排投递时间、实行中转接力投递、采用驻点投递方式，全网投递快递包裹邮件 6.06 亿件，全国快递包裹自提率达到 73.29%，比上年提高 6.73%。在服务质量方面，工单处理效率提升加快，11 月 1—15 日，全网“紧急邮件网运协同单”处理及时率 93%，比上年提升 7.8%；主动客服保障更加到位，为 8443 个协议客户提供主动客服，客户投诉量、率比上年双降。（《中国邮政报》11 月 22 日）

【高考录取通知书寄递服务保障工作】6 月，集团公司寄递事业部启动 2023 年录取通知书、寄递服务专项保障工作，升级“十七个确保、十六个严禁”服务标准，并制定疫情常态化下应急保障措施，全面保通保畅保时限。7 月 6 日召开全国专项会议，组织全网以高度的责任意识，抓好寄递服务保障工作，业务、运管、服务质量部门逐日跟踪、监控收寄、运输、投递、客服质量等关键指标，高质、高效完成 1060 万件高考录取通知书的寄递服务。（集团公司寄递事业部）

【EMS“行李到家”服务上线】3 月 28 日，由中国邮政 EMS、中国航信、海南航空三方联合推出的“行李到家”服务正式上线。

旅客办理该业务后，航空公司工作人员会依据订单信息代为提取旅客行李，EMS 工作人员对信息进行二次核对，按照旅客需求将行李送至指定地点。中国邮政 EMS“行李到家”服务范围是同城当日递，对旅客 18 点前交寄的行李可实现同城当天送到。旅客可通过 EMS 官网、EMS 公众号、EMS 手机端等多个渠道跟踪查询行李位置。（《中国邮政报》4 月 7 日）

【丰巢快递柜寄件业务开通】为进一步拓宽国内个人用户寄递市场，丰富用户下单渠道，集团公司寄递事业部国内业务部与丰巢网络技术有限公司开展快递柜寄件合作。7 月 1 日起，柜机寄件业务在 24 个省 70 个重点城市上线，首月业务量突破 8 万件。快递柜寄件客群以社区为主，交寄产品以轻小件退换货为主，柜机寄件业务的开通有效弥补了上班族不便使用上门取件服务的业务短板，使邮政服务更加全面化、多元化。（集团公司寄递事业部）

【中速快运业务开办】3 月，集团公司寄递事业部开办中速快运业务，整合国际空海铁陆等多种运输资源，打造自主商业渠道货运类产品，服务制造业、外贸和跨境电商进出口多样化物流需求。中速快运借力制造业山海大势，扩大国际业务经营外延，为马钢、长城汽车、宇视科技等知名制造业企业提供综合物流服务，实现业务收入 18 亿元。（集团公司寄递事业部）

【江苏省分公司上线全国邮政首家特快邮件混合收寄】为深入推进寄递降本增效工作，江苏省分公司积极探索特快邮件混合收寄模式，经与总部业务、技术部门持续对接，9 月 27 日在镇江成功上线特快邮件混合收寄，为全国邮政首家。该模式使收寄效率提升近 1 倍，每小时邮件处理量 800 件，减少邮件在客户现场滞留时间，每件邮件收寄成本压降约 0.08 元。以江苏省当前业务量预测，在全省全面推广后，每年约可节省 600 万元收寄成本。（江苏省分公司）

**【全国邮政首个进口冷链仓储项目落地江西】** 9月24日，从西班牙瓦伦西亚进口，由深圳福田海关清关的首批10个冷冻橙汁海柜运抵赣州信丰冷库，这是江西省分公司继2021年成功运作农夫山泉国内冷链仓储业务后，在冷链行业取得的又一重要突破，成为全国邮政首个进口冷链仓储项目。（江西省分公司）

**【湖北省寄递事业部制定《湖北邮政国际寄递业务服务RCEP区域经济实施方案》】** 7月18日，湖北省寄递事业部印发《湖北邮政国际寄递业务服务RCEP区域经济实施方案》。RCEP为全球规模最大的自由贸易协定，省分公司抢抓RCEP发展机遇，通过“邮商并举、进出并重”，畅通国际寄递物流通道，构建自主可控的国际寄递物流网络。积极参与区域产业链重构，广泛对接消费需求、产业需求，提高源头获客能力，以B2C业务为基础，向产业链上下游延伸，逐步开拓B2B市场，将RCEP区域打造成为国际业务新的增长极。（湖北省分公司）

## 农村电商

**【2022年全国邮政农村电商发展推进会召开】** 4月19日，2022年全国邮政农村电商发展推进会召开，强调要坚决贯彻落实党中央关于全面推进乡村振兴的战略部署，强化责任担当，主动服务大局，坚定不移地加快推进农村电商发展，以实现上下行“双百亿”商流规模为目标，坚持平台理念、数字驱动，整合线上线下渠道平台资源，强化邮乐平台支撑赋能，加快推进三级物流体系建设，紧紧抓牢“大单品、进销存管理、业务叠加”三大核心要素，以商流带动物流和资金流，在争当乡村电子商务发展主渠道上取得新突破。（《中国邮政报》4月21日）

**【集团公司召开2022年全国邮政进销存转型推广电视电话会议】** 8月4日，集团公司召开2022年全国邮政进销存转型推广电视电话会议，重点部署进销存推广使用和数字化转型工作，提出到2024年常态化使用进销存的优质邮乐购站点达到24万个，农村电商下行商流规模达到200亿元，实现规模和效益同步提升，代收代投自提业务量达到56亿件，通过站点引荐，网点新增AUM达到300亿元。（《中国邮政报》8月6日）

**【第六届中国邮政“919电商节”启动】** 9月1日，第六届中国邮政“919电商节”正式启动。作为农业农村部主办的第五届“中国农民丰收节金秋消费季”系列活动之一，中国邮政进一步强化“邮政919，丰收欢乐购”主题，推出乡村振兴“万单计划”、“百大品牌”特惠活动、社区团购“万团齐发”等十大活动，助力农民创利增收、农村消费提质、农业兴旺发达，全面构建邮政农村电商新生态，为乡村振兴注入新活力。国家邮政局、农业农村部农村合作经济指导司、国家乡村振兴局社会帮扶司、商务部流通发展司以及集团公司相关领导出席。

启动仪式现场，相关领导为“全国邮乐小店十大金牌导师”代表和“全国邮政十大王牌地推”代表颁发奖杯和证书。（《中国邮政报》9月2日）

**【“邮乐购电商服务生态圈项目”入选天津乡村振兴典型案例】** 11月11日，天津邮政“邮乐购电商服务生态圈”项目成功入选天津乡村振兴典型案例。此次天津市委农办推介的典型案例，涵盖来自全市各涉农区委、市委农村工作市级成员单位，以及部分重点企事业单位在推进乡村帮扶、农业重点项目融合发展、示范村创建、城乡一体化建设、农村精神文明建设等工作中的典型做法，体现了新阶段天津乡村振兴工作的实践成果，展示了天津市深入学习贯彻党的十八大、特别是党的十九大以来习近平总书记关于“三农”工作的重要论述的实践成果。

近年来，天津市分公司认真落实市委、市政府、集团公司党组乡村振兴工作要求，依托邮乐平台和邮乐购店优势资源，助推农产品进城，努力叠加多类型服务，努力打造邮政农村电商影响力。同时，为进一步发挥典型示范带动作用，营造全社会参与的良好氛围，以点带面推进社会帮扶整体工作，积极参与“邮乐919电商节”“全国邮政基地农产品项目”等活动，为推进乡村振兴工作奠定了坚实的基础。（天津市分公司）

**【江苏省分公司联合举办大闸蟹直播助农活动】** 9月19日，江苏邮政13个市分公司分别深入螃蟹养殖源头基地开展直播带货。直播由江苏省分公司主办，中国石油天然气股份有限公司江苏非油品销售分公司、新华日报社全媒体运营部协办。全省13个市分公司和中石油的主播共同

直播间内主播分享邮政助农惠农故事（《中国邮政报》9月23日）

出镜，与当地政府领导、螃蟹养殖行业领头人一起，共同分享邮政助农惠农故事，讲解大闸蟹生长环境、喂养过程、捕捞时间、品种鉴别、烹饪方式等小知识。直播期间，全网观看近22万人次，订单数22105单，成交额221.6万元。截至9月19日，江苏邮政助农销售大闸蟹突破1000万元。（《中国邮政报》9月23日）

**【安徽省分公司举办2022年“振兴邮我”项目表彰会暨直播大赛启动仪式】** 9月1日，安徽省分公司联合省交通运输厅、省农业农村厅、省商务厅、省乡村振兴局、省总工会、省邮政管理局举办2022年“振兴邮我”项目表彰会暨直播大赛启动仪式，表彰2021年“振兴邮我”优秀团队和助农达人代表，公布直播大赛竞赛规则，并开展现场直播带货。多年来，通过邮政“919电商节”带动70万人开展带货销售，累计实现农产品、工业品销售额58亿元，其中农产品销售额20亿元；建成8个全国级、100个区域级邮政农产品基地，打造了300个万单农产品，运作了47个超千万元级的一线快销品品牌。（安徽省分公司）

**【“老俵情”获“2022最受欢迎的江西十大网货品牌”】** 10月31日，2022最受欢迎的江西消费品牌发布会在南昌举办。“老俵情”获“2022最受欢迎的江西十大网货品牌”。“老俵情”是江西省分公司深入贯彻落实省委省政府决策部署，以农村电商助力脱贫攻坚和服务乡村振兴战略注册打造的农品品牌。“老俵情”品牌旗下现涵盖水果、生鲜、粮油等7个品类商品，初步构建了以赣南脐橙、井冈茶油、广昌白莲等近百款精品农品为代表的“老俵情”品牌供应链体系，累计销售农品超过6亿元。（江西省分公司）

**【江西省金溪县分公司“蜜梨＋文旅”惠农助销】** 7月15日，为期3天的第三届“蜜梨采摘季”在江西省抚州市金溪县秀谷镇唐泗村举办。这是邮政助力金溪蜜梨销售的第3年。除在邮乐老俵情馆、邮乐抚州振兴馆、金溪邮政淘宝店铺、邮乐优鲜社区团购等线上平台开展蜜梨销售外，金溪县分公司为拓宽蜜梨销售渠道，将蜜梨采摘、销售和文旅紧密结合，开展“品蜜梨，游古村”活动，累计引流金融大客户300人次，吸引100余名游客参观游玩、现场采摘。截至7月17日，金溪县分公司销售蜜梨1.2万公斤，销售额突破17万元。（《中国邮政报》7月26日）

**【山东省分公司参与主办“山东省第四届双品网购节暨非洲好物网购节”】** 4月28日—5月12日，山东省分公司和山东省商务厅以及山东广播电视台、中国银联山东分公司联合主办“山东省第四届双品网购节暨非洲好物网购节”专题电商促消费活动启动。活动以“品牌品质·惠享生活”为主题，围绕“好品山东”及非洲好物，整合知名电商平台资源、重点电商企业、MCN机构、电商主播以及银联补贴、快递资费优惠等资源和政策，引导品牌消费、品质消费，推动消费体质升级。活动期间，举办“好品山东及非洲好物选品会”、电商直播主题系列活动、全国重点电商平台搭建“山东双品网购节”专题营销页面等。同时山东省分公司推出寄递优惠政策，为参与活动的电商企业提供仓储、包装等一体化服务，并发放优惠券、满减券、折扣券，为活动提供全方位的寄递支撑保障。（山东省分公司）

**【河南省邮保协同创新惠农】** 9月7日，中邮保险河南省分公司第六届客户服务季活动之直播讲座开播。河南分公司此次与河南邮政豫邮优选直播间合作，以“观点话题输出＋助农产品推介”为主题，用直播带货的形式吸引客户，加大邮政、保险、电商板块的惠农协同力度，创造中邮保险客服活动的新形式。直播中，中邮保险河南省分公司微信直播间与河南邮政豫邮优选抖音直播间联合开播，特邀

金溪县分公司金融VIP客户参加蜜梨采摘活动（《中国邮政报》7月26日）

中邮保险河南省分公司第六届客户服务季活动之直播讲座（《中国邮政报》9月16日）

嘉宾通过分享读书心得的形式推广助农产品。主持人和专家采用谈话式观点输出模式，受到客户和渠道的一致好评。此次 2 小时的直播新增粉丝 468 人，成交订单 526 单，带货转化率 3%，高于行业水平 1.05%；为寄递板块创造业务 500 余单。(《中国邮政报》9 月 16 日)

**【广东省分公司“好心惠农”小程序上线】** 由广东省分公司开发的茂名乡村振兴服务平台——“好心惠农”小程序正式上线。该平台整合金融、邮寄、农业生产和农商融合等功能，可帮助农户解决“销售难”“贷款难”“生产难”等问题。自 2021 年 9 月起，广东省分公司多次前往茂名市开展“沉浸式”调研。针对农户提出的卖货渠道少、平台操作复杂等问题，该分公司在“好心惠农”小程序内搭建“供求信息免费发布平台”，让客户能够浏览、咨询和发布货品信息，为农产品增加曝光度。此外，“好心惠农”小程序还提供“农业托管”“农业天气”“农资农具”等多项服务，为农户提供更多有价值的信息。针对调研反馈的“农户缺乏高价值抵押物，缺乏小额贷款渠道”的问题，广东邮政在小程序内叠加小额贷款线上申请入口——“我要贷款”，客户在线填写贷款申请，网点客户经理线上受理、线下跟进。小程序还推出“我要寄递”“我要理财”等功能，着力打造“资金保障—种植支撑—物流运输—资产管理”的全链条式服务平台。(《中国邮政报》7 月 12 日)

**【四川省分公司联合举行“川工带川货助力乡村振兴——喜迎农民丰收节”直播活动】** 8 月 15 日，四川省分公司联合省总工会在阿坝藏族羌族自治州若尔盖县举行“川工带川货助力乡村振兴——喜迎农民丰收节”直播活动。“长征邮路”美好信者、“全国五一劳动奖章”获得者、交通运输部“2021 年感动交通特别致敬人物”、若尔盖县分公司网运班组长和乡邮投递员哈弄夺机作为“第一主播”，向全国观众推介雪域索当茶、茂县清脆李等阿坝州优质农特产品，助力当地特色农产品走出草原。此次直播历时 3 小时，产品一度售罄，数次补货，销售农特产品 4466 件、金额 21.5 万元，吸引 8600 余人观看，点赞数突破 8 万人次。(《中国邮政报》8 月 19 日)

“川工带川货助力乡村振兴——喜迎农民丰收节”直播活动（《中国邮政报》8 月 19 日）

**【贵州邮政线上开展“双品网购节”活动助力乡村振兴】** 为贯彻落实党中央、国务院扩大内需的重要战略部署，促进贵州本地农产品销售，根据贵州省商务厅的相关工作要求，在坚决做好疫情防控的前提下，贵州邮政积极利用自有资源优势，围绕“品牌品质 惠享生活”主题，于 4 月 28 日—5 月 12 日在本省“黔邮乡情”微信公众号上组织开展了双品网购节活动。贵州邮政结合省商务厅下发的第一批地理标识指导名录，主动招商，活动期间有 20 多户商家主动对接邮政，黔邮乡情及邮乐网双品网购节活动共计销售 36 款地方特色产品，产生订单 4000 余单，实现销售额 13.44 万余元。(贵州省分公司)

**【云南省分公司启动“山货上头条”活动】** 云南省分公司联合抖音平台启动“山货上头条”活动。此次活动以云南邮政“服务乡村振兴，助力共同富裕”为主题，以抖音平台流量为支撑，通过邮政及政府相关网络平台宣传助力，将云南优质农产品销往全国，从销售、寄递、金融服务等方面全方位服务云南乡村振兴。云南省分公司成立活动实施领导小组，负责活动整体组织领导工作。领导小组下设工作专班，负责活动组织策划、业务协同发展、服务支撑保障等工作。在活动中，云南省分公司以邮政农产品基地项目产品为主，策划邮政直播团队的抖音“山货上头条”活动。各市（州）分公司采取基地直播与室内直播相结合的方式，围绕“振兴乡村”主题以及基地实景、产品展示，着力打造“一市一品”。同时，各市（州）分公司以项目为单位组建主动客服团队，服务对象为抖音平台客户、邮政直播团队。在网运环节，各作业岗位紧密衔接，及时接卸、处理，确保运输全程可控。(《中国邮政报》9 月 9 日)

**【陕西省富平县分公司助力柿饼销售】** 11 月 25 日，2022 年中国富平柿饼节暨首届富平柿饼全球经销商大会在陕西省富平县举行，富平县分公司作为区域公用品牌授权企业受邀参会，并被富平县政府授予“富平柿饼品牌建设贡献奖”。富平县分公司制定协同走访方案，从 10 月中旬开始走访柿子主产区种植户 1000 余户，了解农户需求，进行业务宣传，及时收集信息，为后续合作打下基础。从 11 月中旬起，富平县分公司每日组织职工转发当地柿饼的宣传短视频，并开设抖音号，进入柿饼制作现场拍摄视频，对当地柿饼进行宣传。对接集团公司中邮文创平台，将富平柿饼设计为文创产品，借助邮政的网络优势宣传、销售。

富平县分公司依托邮乐网进行全网销售，还在柿饼主产区开展驻村服务，让种植户足不出村即可享受到寄递服务。（《中国邮政报》12月9日）

**【宁夏邮政积极推进特色农产品电商合作】** 6月16日，第五届枸杞产业博览会“枸杞鲜果采摘直销节”活动在中宁县玺赞生态枸杞庄园开幕。宁夏邮政积极参与，全区5个市分公司的直播团队共同进行线上直播带货。位于中宁县的玺赞生态枸杞庄园是中国邮政百家农产品基地之一，2020年以来，宁夏邮政与玺赞生态枸杞庄园加大电商、寄递、金融和精准扶贫等方面的合作力度，助力中宁枸杞上线邮政邮乐网、“学习强国—扶贫助农”平台等，累计实现枸杞销售4.8万单、销售额133万元。（宁夏分公司）

**【新疆伊犁州分公司助力樱桃销售】** 为进一步打响天山大樱桃的品牌，新疆伊犁哈萨克自治州分公司开展天山大樱桃的销售寄递工作，帮助农特企业拓宽销售渠道。截至6月28日，该分公司销售天山大樱桃3438公斤，实现销售额17.19万元。为切实解决樱桃种植户销售难、增收难等问题，伊犁州分公司延伸服务触角，制定天山大樱桃专项营销方案，利用邮乐小店“伊犁振兴馆”进行线上推广。同时，依靠当地邮政社区微信群开展团购接龙。伊犁州特克斯县分公司在樱桃采摘园内设置邮政收寄点，为前来采摘樱桃的游客提供现场收寄服务。此外，该分公司还融入夜市经济，在太极坛、离街等地标性打卡处设点摆摊，开展天山大樱桃推广、品尝活动，有效提高了天山大樱桃的销量和知名度。（《中国邮政报》7月5日）

# 邮票发行及集邮

【概述】 2022年发行纪特邮票27套，其中纪念邮票11套，特种邮票16套，92图（含小型张4图），面值127.9元，另发行小本票1本，总售价143.9元。

发行个性化专用邮票主图2套2枚，2023年贺年专用邮票1套2枚，小全张1枚；发行纪念邮资封片13套13枚，普通邮资封片5枚；发行中国邮政贺年有奖封片卡及卡函专送邮资信封产品8款17枚，邮资图8图。

邮票发行工作围绕党和国家重点工作部署和重大纪念事件展开，提前谋划《中国共产党第二十次全国代表大会》纪念邮票，以高度政治敏锐性和责任心完成服务工作。邮票画面元素及组合紧扣党的二十大胜利召开，通过巧妙的设计排布表现了人民的幸福生活、党员的坚定信仰、新时代的建设成就以及新征程的美好愿望，向党的二十大召开献礼。以高度责任意识在保密条件下完成《第24届冬季奥林匹克运动会开幕纪念》邮票发行，邮票画面将冬奥会开幕式丰富、动感的视听语言转化为平面语言，在方寸间呈现冬奥会开幕式的经典元素，整体画面简约、精致，呈现出空灵、雅致、现代的设计感，契合本届冬奥会开幕式理念。实现自2015年申办冬奥会以来，以邮票发行的形式全程记录我国筹办奥运会进程的规划，实现对国际奥组委承诺，圆满完成向全民宣传冬奥会任务，得到冬奥组委和社会各界认可。

发行《〈区域全面经济伙伴关系协定〉生效》《中国共产主义青年团成立一百周年》《第一部〈中国共产党章程〉通过一百周年》《中国国家版本馆》《水电建设》《国家公园》《中国空间站》等邮票，记录了中国人民共同经历的不凡历程，全景展现国家一年的热点脉络，其中《中国空间站》纪念邮票采用连票设计形式，画面以深蓝色为主色调，体现太空的神秘、浩瀚，分别通过“天地往返、空间科学、出舱活动、太空家园”4个主题，展现中国载人航天工程30年来从地球家园走向浩瀚宇宙，不断圆梦的辉煌历程。同时，也通过安排发行《中国古典文学名著——〈红楼梦〉（五）》《姑苏繁华图》《洞庭湖》《中国篆刻》《秦腔》《虎（文物）》等文学、绘画、文化、艺术题材邮票，展现中华传统文化精华，彰显文化魅力，坚定文化自信，赓续中华文脉，记录文化经典。（集团公司邮政业务部）

【集邮业务】

完成收入83.45亿元，增幅10.01%。

**一、业务经营**

重点营销工作。一是生肖贺岁季逆境发力，收入再创佳绩。通过继续压降生肖邮票发行量，提振市场信心。推进“一让利、三统筹”政策，全网协同市场开发，项目实现收入55.6亿元，完成目标计划107%。二是集邮文化季活动拉动收入。集邮文化季围绕8—10月期间新邮发行，组织开展集邮线上双日、2022集邮周、年册合集项目、校园市场开发、政企市场开发5个主题营销活动，项目实现收入3.59亿元，完成目标计划120%。三是冬奥项目超预期发展。高品质完成近230款冬奥特许邮品研发和销售工作，冬奥项目实现收入2.94亿元，完成目标计划196%。四是深耕校园政企市场，拓展集邮客群。围绕青少年客群，使用大学建校新邮、个性化邮票及纪念封片资源，全面支撑各省（区、市）邮政进校园工作，项目实现收入0.75亿元，完成目标计划150%。围绕政企客户，使用《中国共产党第二十次全国代表大会》等新邮资源，开发政企客群定制产品，项目实现收入2.7亿元，完成目标计划135%。

拓展渠道引流创收。集邮业务以数字化营销为引领，进一步强化以上新日为抓手的线上营销品牌，全新开展以优选日为每月亮点的节日营销项目，以“618购物节”“双11”为制高点的网厅购物节活动，重磅打造集邮“上新日+优选日+购物节”三线运营模式。集邮业务线上收入27.3亿元，比上年增幅8.4%；31个省（区、市）集邮线上微营销收入17.9亿元，比上年提升19.1%。

**二、重大工作完成**

完成冬奥开幕纪念邮票发行工作。通过方寸邮票，向世界宣传北京2022年冬奥会。一是开幕纪念邮票展现了冬奥精神。在这套邮票的策划过程中，特别邀请了冬奥组委和张艺谋导演参与指导，精准展现了北京冬奥会的风采。二是邮票发行做到全网全程保密。中国邮政以高度的政治责任感，全环节、全流程、全人员不漏一处，确保邮票发行全程全网全流程保密。三是邮票销售全网协同保障服务。满足了广大人民群众对冬奥会相关邮票邮品购买需求。四是全力保障赛时服务。北京、河北省（市）分公司以“精益求精，万无一失”的标准，确保16个场馆现场赛事服务，为北京冬奥会和冬残奥会举办贡献了集邮力量。完成党的二十大邮票发行保障工作。对于党的二十大邮票，做到提前谋划、科学部署，精心遴选设计团队；依托权威单位，做好邮票主题内涵论证；带领编设团队昼夜奋战，合力攻坚，及时、准确地完成图稿修改，完成邮票图稿设计任务。北京邮票厂有限公司围绕邮票生产环节制定全员全机时生产方案，做到24小时高效运转。图稿审批后仅26小时即发运第一批邮票产品，以最快速度确保了邮品和现场服务用票需求。相关单位无缝衔接邮票发运，做到邮票成品即出即发运，为全国首发日到货赢得时间。该套邮票从图稿下厂到邮票发行仅5天时间，集团公司统一协调部署，通过EMS专项保障邮票和邮品的发运，选用最快速邮路，做到收寄、出口、发运、进口、投递各环节有效衔接，各省分公司第一时间派车辆前往邮航站点进行邮票和邮品的交接，节约在途及分转派送时间，有力保障了党的二十大邮票邮品的及时快速发运，确保发行日当天全国2300多个邮政网点正常销售该套邮票及首日封、纪念封。（集团公司邮政业务部）

【2022年集邮文化季活动举办】 8月1日至10月31日，2022年中国集邮文化季活动举办。活动围绕8—10月期间新邮发行，结合七夕节、教师节、中秋节、国庆节、重阳节等节庆时点，以集邮客群、集藏客群、文化消费客群、青少年客群、政企客群为主要目标客群，以优质服务为手段，以提质增效为目标，组织开展集邮线上双日、2022集邮周、年册合集项目、校园市场开发、政企市场开发五个主题营销活动，做好做实集邮活动，营造集邮文化氛围，提升集邮服务质量，项目预计收入3.59亿元，以120%的完成率完成了3亿元的目标。（集团公司邮政业务部）

【2022集邮周活动举办】 9月3—8日，集邮周活动举办。“2022集邮周”围绕“天天有活动、处处有看点、人人有收获”，通过“文化与互动”结合、“内容与营销”结合、“线上与线下”结合等多种形式，实现集邮文化破圈。活动期间，集邮网厅四端访问PV2831.15万人次，UV408.8万人，邮票百科小程序访问PV601.91万人次，UV21.06万人。交易金额818.42万元；各省（区、市）分公司组织线下活动约440余场，累计销售额约500万元。9月8日，《癸卯年》特种邮票图稿发布仪式直播观看数24万，点赞数387.7万，评论数5.1万；各省（区、市）分公司开展直播活动51场，观看数28.2万，点赞数119.3万，评论数18万。活动通过内外部渠道宣传引流，其中，员工通过中国邮政数字化营销（BSC）平台转发13.4万次，微信公众号文章21万余人阅读，小红书博主发表分享笔记1277篇，相关话题10万余人浏览，微博联合15家媒体以集邮与少年之《动画——黑猫警长》邮票发行为切入点开展宣传，话题阅读1126.6万次。（集团公司邮政业务部）

【《癸卯年》生肖邮票图稿发布】 9月8日，《癸卯年》生肖邮票图稿发布仪式在新华社新立方演播厅举办。活动打破传统宣传模式，首次同新华社联手创新举办生肖邮票图稿数字化发布仪式，通过“5G+裸眼3D”技术打造沉浸式场景，增强仪式的科技感、互动性、文化味，实现活动形式创新；同时依托新华社客户端及新华社官方新媒体平台矩阵资源，实现邮票宣传的提升，持续曝光超3亿人次。（集团公司邮政业务部）

《癸卯年》特种邮票

【壬寅年生肖贺岁季活动举办】 2021年11月1日至2022年3月31日，全国范围开展以“新岁虎佑 壬寅福有”为主题的壬寅年中国集邮生肖贺岁季活动。项目克服疫情反复的影响，结合春节、冬奥会等社会热点，加大线上宣传，组织直播活动，传播生肖文化，激发客户需求，促进产品销售；线下网点积极布局，营造生肖节庆氛围，组织产品地推活动，拉动集邮客群消费，邀请高端客户参加生肖贺岁主题品鉴、精品沙龙、高端回馈等集邮文化活动；首次推出项目统一logo和视觉体系用于活动组织和视觉传播，下发各场景应用的宣传物料；组织中国集邮有限公司、各省（区、市）、地市分公司推进“五个一”活动，实现全网协同市场开发。生肖贺岁季项目实现收入55.6亿元，完成目标107%。（集团公司邮政业务部）

【邮票条码化推广应用】 通过规范邮票邮品在生产、仓储、物流、销售等各环节扫码，实现邮票邮品全流程、全环节流转数字化、动态化监控，实现邮票邮品监管、溯源、防伪、营销、传播一码解决。邮票条码化先后通过《水电建设》《中国国家版本馆》《张仲景》邮票开展全流程应用试点，初步实现从印制、入库、出库到扫码销售全流程闭环管理。邮品条码化初步实现邮册粘贴册码、按号段下发、扫码销售等环节条码化管理。（集团公司邮政业务部）

【《〈区域全面经济伙伴关系协定〉生效》纪念邮票发行】 1月1日，中国邮政发行《〈区域全面经济伙伴关系协定〉生效》纪念邮票一套1枚，全套邮票面值1.20元，邮票计划发行数量为680万套。该套邮票画面以《区域全面经济伙伴关系协定》的英文缩写“RCEP”为主体元素，字母由多彩色块组成，背景采用简约、向上的动感线条，辅以城市楼群、地球等元素，代表经济增长、城市繁荣，寓意协定的生效将对成员国产生积极影响，画面设计简洁、主题表现突出。北京邮票厂有限公司采用影写工艺印制。(《中国邮政报》1月1日）

《〈区域全面经济伙伴关系协定〉生效》纪念邮票

【《壬寅年》特种邮票在中国国家博物馆首发】 1月5日，《壬寅年》特种邮票首发仪式在中国国家博物馆隆重举行。《壬寅年》特种邮票是中国生肖邮票第四轮中的第七套，一套2枚，图案名称分别为“国运昌隆”和“虎蕴吉祥”。“国运昌隆”描绘了一只气宇轩昂的上山虎形象，矗立远眺、志存高远，传达出国家蒸蒸日上、雄心壮志的含义；“虎蕴吉祥”描绘了虎妈妈带着两只小虎的温馨场景，寓意儿孙兴旺、家庭美满。

当天，中国邮政文创第二届文创产品设计大赛颁奖典礼暨中国邮政文创生肖联名新品发布会同时举办。主办方从1755件参赛作品中评议出最佳“中国节日、传统文化、生肖文化、祖国风光”文创产品设计奖等四大类别20个奖项，综合评选出6个组织奖。（《中国邮政报》1月6日）

《壬寅年》特种邮票

**【《第24届冬季奥林匹克运动会开幕纪念》邮票发行】** 2月4日，北京冬奥会盛大开幕后，中国邮政正式发行《第24届冬季奥林匹克运动会开幕纪念》邮票一套2枚，邮票面值2.40元，计划发行数量为1150万套。该套邮票主要采用白、蓝两色，突出冰雪盛会概念。邮票画面将冬奥会开幕式丰富、动感的视听语言转化为平面语言，通过对三维空间及时间跨度的解构与重组，在二维平面中呈现冬奥会开幕式的经典元素，体现了“瞬间即永恒”的设计理念。第1枚“共向未来”采用全息猫眼加激光浮雕工艺，转动邮票时可以看到冬奥会会徽和中国结的七彩变化；第2枚“希望之光”采用定位全息冷烫组合多种工艺，重点体现立体的雪花台和跳动的火苗，在光源的照射下，邮票画面丰富灵动、七彩流光，现代感、科技感跃然方寸之上。为更加丰富地展现邮票内容，中国邮政还通过“中国集邮邮票百科”微信小程序发布数字化内容，集邮爱好者可使用AR功能观看。（《中国邮政报》2月8日）

《第24届冬季奥林匹克运动会开幕纪念》邮票

**【北京冬奥会闭幕纪念封发行】** 2月20日晚，第24届冬季奥林匹克运动会闭幕式在国家体育场隆重举行。为纪念本届冬奥会的成功举办，服务广大集邮爱好者的收藏需求，中国集邮有限公司特别策划发行《第24届冬季奥林匹克运动会闭幕》纪念封一套15枚，于闭幕日当天面世。纪念封贴《北京2022年冬奥会会徽》个性化主图一枚，附票为“冰墩墩”的运动造型。该纪念封发行采用“盲盒”收集的玩法，单枚购买者可随机获得一款“冰墩墩”造型的纪念封，购买15枚可一次集齐所有“冰墩墩”运动造型的纪念封。（《中国邮政报》2月22日）

《第24届冬季奥林匹克运动会闭幕》纪念封

**【《杭州2022年第19届亚运会》个性化邮票双连张发布】** 2月21日，杭州亚运会进入倒计时200天，杭州亚运会组委会在浙江省杭州市湖滨步行街举办“接棒冬奥冲刺亚运”主题活动。活动现场发布了《杭州2022年第19届亚运会》特殊版式个性化邮票双连张与志愿者纪念物资“小青盒”等纪念品。该套邮票是由杭州亚组委、中国集邮有限公司、浙江省和杭州市分公司共同匠心打造的首款GPZ编号体育题材邮票，由青年设计师赵郁竹担纲设计，限量发行。（《中国邮政报》2月23日）

2月21日，《杭州2022年第19届亚运会》个性化邮票双连张发布现场（《中国邮政报》2月23日）

**【《中国古典文学名著——〈红楼梦〉》系列邮票收官】** 4月23日，中国邮政发行《中国古典文学名著——〈红楼梦〉（五）》特种邮票一套4枚、小型张1枚。邮票图案名称分别为“黛玉焚稿”“金玉联姻”“探春远嫁”“宝玉却尘”，小型张图案名称为“寒塘鹤影”。全套邮票面值11.10元。该套邮票是中国邮政自2014年发行的《中国古典文学名著——〈红楼梦〉》系列邮票的第五组，描绘了小说第七十六回至第一百二十回的五段故事场景。该套邮票由著名画家、国家一级美术师萧玉田创作。画家运用传统中国画工笔重彩的创作方法，构图饱满，色彩古朴细腻，人物刻画生动，精彩描绘了小说原著的故事场景。该套邮票由北京邮票厂有限公司采用影写工艺印制。（《中国邮政报》5月24日）

《中国古典文学名著——〈红楼梦〉（五）》特种邮票

**【《中国共产主义青年团成立一百周年》纪念邮票发行】** 5月5日，《中国共产主义青年团成立一百周年》纪念邮票发行。该套邮票一套2枚，图案名称分别为“永远跟党走”和“请党放心 强国有我”。该套邮票由常沙娜、张磊设计。“永远跟党走”以党徽与团旗为主体，团旗紧紧跟随着党徽，辅以数字“100”及奋斗在各行各业的青年群像剪影，突出共青团紧跟党走的政治定位。“请党放心 强国有我”以共青团团徽为主体，辅以数字“100”、高铁、火箭、楼宇等画面内容，寓意广大共青团员为建设繁荣祖国、实现中华民族伟大复兴贡献青春力量的壮志豪情。（《中国邮政报》5月6日）

《中国共产主义青年团成立一百周年》纪念邮票

**【《姑苏繁华图》特种邮票发行】** 5月18日，《姑苏繁华图》特种邮票发行。邮票首发活动分别在江苏苏州山塘街景区阊门寻根地和木渎举行。活动同步在“中国集邮邮票百科”小程序上开展线上直播，线上线下同步发售《姑苏繁华图》版票册、《华夏丹青姑苏繁华》纪念邮册、首日封、纪念封等产品，并启用阊门、万年桥、木渎古镇等6枚彩色邮资机宣传戳，配套首发纪念戳、姑苏六景文化戳等。《姑苏繁华图》特种邮票一套6枚，按照《姑苏繁华图》画卷中景点的路线与所绘内容，重点表现了灵岩山、木渎镇、狮何二山、万年桥、阊门、虎丘6段画面内容。该套邮票由邢文伟设计，由河南省邮电科技有限公司采用六色胶印工艺印制。（《中国邮政报》5月20日）

《姑苏繁华图》特种邮票

【中国古镇邮票发行第四组】 5月19日，中国邮政将发行《中国古镇（四）》特种邮票。该套邮票全套4枚，名称分别为“江西浮梁瑶里镇”“浙江富阳龙门镇”“福建晋江安海镇”“山东微山南阳镇”。该套邮票为中国古镇系列邮票第四组。中国古镇系列邮票表现了中国众多各具特色的古镇，记录了中国传统建筑风貌、优秀建筑艺术、传统民俗民风和原始空间形态。《中国古镇（四）》特种邮票是由杨志英设计并与徐喆共同雕刻完成的。邮票采用雕刻布线配合淡彩的表现形式，整体色彩淡雅秀丽、构图疏密有致，突出古镇古朴诗意的独特韵味，其中点缀人物、小船等元素，使画面更加灵动活泼。该套邮票延续古镇系列邮票胶雕套印工艺，通过雕刻线条使古镇风貌更加立体生动。邮票还特别采用橘红色荧光油墨，在紫光灯下可呈现古镇夜景照明效果，增添了古镇邮票的科技感。（《中国邮政报》5月18日）

【《洞庭湖》特种邮票发行】 5月28日，中国邮政将发行《洞庭湖》特种邮票一套4枚、小型张1枚。邮票图案名称分别为“君山叠翠”“凌云鹤影”“城头稻源”“通江达海”，小型张图案名称为“洞庭天下水”。该套邮票由现任中国美术家协会副主席徐里设计，采用油画艺术表现手法，画面内容围绕洞庭湖代表性景观绘画设计。该套邮票由北京邮票厂有限公司印制。邮票采用胶印工艺，整体色彩饱和鲜亮，并辅以无色白荧光油墨工艺，紫光灯下湖水更加清澈光亮。小型张采用影写工艺，票面层次丰富、色彩鲜艳，珠光蓝专色印刷提升质感，也有助于防伪，可以较好地映衬出水面和建筑的风采。（《中国邮政报》5月27日）

《洞庭湖》特种邮票

【《我和祖国一起成长》邮票“六一”发行】 6月1日，《我和祖国一起成长》特种邮票发行。该邮票一套5枚，邮票图案名称分别为“热爱祖国”“刻苦学习”“崇尚科学”“强健体魄”“尊重劳动”。该套邮票由中国宋庆龄基金会参与策划，中央美术学院艺术家康蕾、王子锟、冯旭、孔亮、柳青共同创作，杭海设计。5枚邮票分别采用油画、国画、数字绘画、版画、雕塑5种艺术表现手法，通过点缀装饰花卉元素，设置五图五色等画面背景，既体现了多元艺术风格，又实现了整体协调统一。该套邮票由北京邮票厂有限公司采用影写版工艺印制。（《中国邮政报》6月1日）

《我和祖国一起成长》特种邮票第1枚——热爱祖国

【《东南大学建校一百二十周年》纪念邮票发行】 6月6日，《东南大学建校一百二十周年》纪念邮票在东南大学校庆日当天发行。该邮票一套1枚，由于秋艳设计。邮票画面以东南大学早期大礼堂的手绘建筑图为核心元素，下方以展开的书本、建校时间等为烘托，寓意“百廿名校、教书育人”；背景为东南大学标志，与校徽、“120”校庆标志、校训等元素协调搭配，整体画面结构严谨、色调沉稳厚重，衬托出百廿名校的悠久历史与深厚底蕴。该套邮票由徐喆雕刻，采用胶雕套印工艺，由北京邮票厂有限公司印制。为更加丰富地展现邮票内容，中国邮政将通过“中国集邮邮票百科”微信小程序发布数字化内容，邮票收藏爱好者可使用AR功能观看。（《中国邮政报》6月3日）

《东南大学建校一百二十周年》纪念邮票

【“致敬先贤——千年周敦颐司马光”个性化邮票发行】 6月27日，“致敬先贤——千年周敦颐、司马光个性化邮票首发仪式”在北京举行。为延续先贤千年文脉、传承中华优秀传统文化，中国邮政特别发行了《学达性天——周敦颐诞辰一〇〇五周年》及《忠清粹德——司马光诞辰一〇〇三周年》丝绢个性化邮票。此次发行新邮的一大亮点是特色油墨。两版票在印制中选取先贤故地：周敦颐——湖南道县、江西九江，司马光——山西夏县、河南洛阳和光山，取水取土，融入油墨。雕塑采用珠光油墨，凸显质感、光泽。荷花主图、先贤著作、遗迹采用高亮荧光油墨，一图双景叠加文化内涵。

周敦颐个性化邮票选择“荷花”和“竹”双主图。邮票名称源自康熙颁赐的“学达性天”匾额。邮票主体目视效果为周敦颐塑像，左右分别为《通书》纲目和《太极图》。紫外线灯下呈现主体为书法《爱莲说》全文，左右分别为《拙赋》和《太极图说》全篇。邮票上的三处地点分别是“周濂溪夫子墓”“濂溪书堂”“濂溪故里”。其中，“濂溪故里”在紫外线灯下呈现宋刻本《濂溪先生元公家谱》。

司马光个性化邮票选用“竹”和“诚信”双主图。邮票主体目视效果为司马光雕塑和《资治通鉴》手稿。邮票背景采用明代仇英所绘《独乐园图》，司马光曾在此潜心修史十二载。紫外线灯下呈现司马光《家范》《训俭示康》名句。除主图之外的齿孔采用隐形荧光油墨印刷。6 处异形齿孔出自司马温公祠神道碑亭形状，这是先贤系列个性化邮票首次采用异形齿孔。（《中国邮政报》6 月 29 日）

**【《水电建设》特种邮票发行】** 6 月 28 日，中国邮政发行了《水电建设》特种邮票。该套邮票由中国三峡集团共同参与策划，全套 2 枚，图案名称分别为“乌东德水电站”“白鹤滩水电站”。《水电建设》特种邮票采用横、竖两种票幅，以独特的水彩表现方式，描绘了两座水电站大坝开闸泄水时的雄伟壮观景象；通过展现大坝上游碧波粼粼的水面及下游出水时的云雾缭绕、磅礴气势，一静一动对比形成强烈的视觉冲击力。在该套邮票中，中国邮政首次在整版邮票上印制了可追溯信息的二维码，通过二维码实现信息共享，方便集邮爱好者查询了解邮票的丰富信息。集邮爱好者可通过中国邮政 App、中国邮政微邮局集邮微信商城、中国邮政商城微信小程序、中国集邮邮票百科微信小程序等渠道的“扫一扫”功能，扫描二维码查询邮票印厂、详情介绍、邮票编号、扫描次数等信息。（《中国邮政报》6 月 30 日）

**【《第一部〈中国共产党章程〉通过一百周年》纪念邮票发行】** 7 月 23 日，中国邮政计划发行《第一部〈中国共产党章程〉通过一百周年》纪念邮票。该套邮票一套 1 枚，全套面值为 1.20 元，计划发行 680 万套。该套邮票采用平面设计结合素描手绘方式表现，以党徽、第一部《中国共产党章程》部分章节及中国共产党第二次全国代表大会会址为画面主体，以飘扬的旗帜为背景，并采用象征“日出东方”的渐变色彩，寓意革命曙光照耀中华大地、照亮未来之路，生动折射出中国共产党团结带领全国人民不懈奋斗的光辉历程和伟大成就。该套邮票由张帆设计，北京邮票厂有限公司采用胶印工艺印制，在全国指定邮政网点、集邮网厅、中国邮政手机客户端、中国邮政微邮局集邮微信商城和中国邮政商城微信小程序出售。中国邮政通过“中国集邮邮票百科”微信小程序发布该邮票数字化内容。（《中国邮政报》7 月 22 日）

《第一部〈中国共产党章程〉通过一百周年》纪念邮票

**【《中国国家版本馆》特种邮票发行】** 7 月 30 日，《中国国家版本馆》特种邮票发行。该套邮票全套 1 枚，面值为 1.20 元，计划发行 790 万套。邮票画面采用中轴对称构图形式，以国家版本馆中央总馆核心建筑——文瀚阁为主体内容，采用青绿山水画视觉元素。邮票过桥位置展现了国家版本馆西安分馆——文济阁、杭州分馆——文润阁、广州分馆——文沁阁的外观风貌，体现“一总三分”的总体布局。该套邮票由史渊设计，北京邮票厂有限公司采用影写版工艺印制。（《中国邮政报》7 月 30 日）

《中国国家版本馆》特种邮票

**【《中国共产党第二十次全国代表大会》纪念邮票发行】** 10 月 16 日，中国邮政将发行《中国共产党第二十次全国代表大会》纪念邮票一套 2 枚、小型张 1 枚。邮票图案名称分别为“奋进新征程”“建功新时代”，小型张图案名称为“庆祝中国共产党第二十次全国代表大会胜利召开”。

全套邮票面值为8.40元。邮票计划发行1390万套，小型张计划发行790万枚。该套邮票由中央美术学院集体设计（执笔：高洪、范迪安、吕品晶、强勇、郝凝辉、柳青、贾璐遥、罗允泽、吕游），由北京邮票厂有限公司采用影写版工艺印制。（《中国邮政报》10月15日）

《中国共产党第二十次全国代表大会》纪念邮票一套2枚、小型张1枚

**【《中国空间站》邮票发行】** 12月25日，中国邮政将发行《中国空间站》纪念邮票。该套邮票一套4枚，采用连票设计形式，画面以深蓝色为主色调，展现中国载人航天工程30年来的辉煌历程。该套邮票由王虎鸣、董琪、夏竞秋设计，由河南省邮电科技有限公司印制，全套邮票面值为5.40元。《中国空间站》纪念邮票4枚图稿表现的内容分别为“天地往返”“空间科学”“出舱活动”“太空家园”。“天地往返”画面以长征五号B运载火箭为前景，背景展现中国空间站建造过程中发射载人飞船、货运飞船、核心舱等舱段使用的三型火箭，以及测控船、测控雷达、测控卫星返回舱等丰富内容。“空间科学”画面以图标形式展现空间生命科学、微重力燃烧科学、微重力流体科学、空间天文与天体物理等不同的空间科学实验类型。“出舱活动”画面描绘两位中国航天员进入太空开展出舱活动，分别在机械臂上和舱壁上执行舱外作业任务的场景。“太空家园”画面以环绕地球的中国空间站为主体，体现出建设航天强国、营造太空家园、探索未知宇宙的寓意，寄托着和平利用宇宙空间、开放共享造福人类的美好愿望。邮票采用多色胶印结合专色油墨、冷烫、全真彩等多种印刷技术，将其艺术之美以及科技感、氛围感、趣味性于方寸间细微处精妙呈现。（《中国邮政报》12月24日）

《中国空间站》邮票的荧光效果

**【《邮票上的中国共产党百年历程》新书发布会在中国邮政邮票博物馆举行】** 4月22日，《邮票上的中国共产党百年历程》新书发布会在中国邮政邮票博物馆举行。《邮票上的中国共产党百年历程》入选中宣部2021年主题出版重点出版物，由中华全国集邮联合会编著，中共党史出版社出版。该书展示了中国共产党的百年光辉历程，彰显了中国共产党人不忘初心担使命、砥砺前行启新程的奋楫争先，宣传了党领导全国各族人民取得的伟大成就，是一部用邮票讲党史、学党史的特色读物。（中国邮政文史中心）

**【第二届粤港澳大湾区邮展举行】** 8月26—29日，东莞虎门2022第2届粤港澳大湾区集邮展览在广东省东莞市举行。此次邮展由中华全国集邮联合会、东莞市政府共同主办，主会场设在虎门会展中心，展出面积1万平方米，汇集全国32个省级和港澳集邮协会选送的展品1200框，邮票邮品超过20万枚。

中国邮政于邮展开幕当天发行《东莞虎门2022第2届粤港澳大湾区集邮展览》JP纪念邮资明信片。JP明信片由2022年虎年生肖邮票的雕刻者原艺珊和知名画家刘中设计，邮展纪念封由澳门设计师林子恩设计，邮展纪念邮折由著名邮票设计师王虎鸣设计，邮展吉祥物由香港著名设计师靳埭强设计，体现了粤港澳大湾区文化融合的理念。

此次邮展首次引入“元宇宙”概念，通过多种科技手段让观众实现远程观展，为观众提供沉浸式体验、实时互动、线上线下同步的虚拟现实展览形态。邮展期间，还举行了集邮高峰论坛、集邮学术讲座、邮品拍卖会、专家鉴宝会、新书发布会等系列活动及非遗文化展演。东莞市分公司在邮展主会场设立“大湾区主题邮局”，设有服务区、展销区、文化展示区及互动打卡区等功能区。（《中国邮政报》8月31日）

**【“中国集邮生肖邮票”首获2021十大年度国家IP文创设计赛道金奖】** 9月3日，“2021十大年度国家IP”颁奖典礼在陕西延安红街举行。“中国集邮生肖邮票”获得

网络票选1497910票，首次荣获“2021十大年度国家IP文创设计赛道金奖”。由中宣部版权管理局指导，新浪财经与国家版权交易中心联盟联合发起的“2021中国年度IP评选”活动，旨在“讲好中国故事，奏响国民IP最强音”，作为中国IP行业最权威评选活动，中国年度IP评选从文学、文博、影视、动漫、游戏、文旅、原创设计、非物质文化遗产衍生、品牌文化等主题赛道出发，以“创新性、传播性、引领性、民族性、艺术性、商业性”六大维度，寻找中国各领域的文化版权优秀代表。（中国集邮有限公司）

**【《张仲景》特种邮票在南阳市首发】** 10月22日是世界传统医药日，《张仲景》特种邮票首发式在中医祖庭——河南省南阳市医圣祠举行。《张仲景》特种邮票全套2枚，小型张1枚，采用中药味油墨印制。邮票第1枚名为“坐堂行医”，画面表现了张仲景任长沙太守时，开放公堂为百姓治病的场景；第2枚名为“撰书立著”，画面表现了张仲景编撰《伤寒杂病论》、著书研医的场景；小型张名为“张仲景像”。南阳市分公司向医圣祠赠送《张仲景》特种邮票印制第一版（版号010000001），医圣祠回赠《中医祖庭》图书。首发仪式现场还举办了“致敬张仲景，献礼二十大”世界医学集邮展览。（河南省分公司）

**【中国集邮生肖贺岁季启动】** 11月15日，由集团公司主办，中国集邮有限公司承办，中国邮政新闻宣传中心、中国邮政广告传媒公司协办的“癸卯寄福 同圆共生——中国邮政·中国集邮《癸卯年》生肖贺岁新品发布会”在北京举行，中国集邮生肖贺岁季正式启动。中国邮政贺年有奖明信片，中国集邮传统生肖文化产品、贵金属和文创产品以及中国集邮“集藏四十年”年册合集产品等亮相，故宫博物院首次以生肖贺岁为主题推出的《癸卯太和》个性化生肖邮票也在发布会上亮相。中国邮政集团有限公司、故宫博物院、北京冬奥组委、北京时尚控股有限责任公司、中国黄金集团黄金珠宝有限公司、中国印钞造币总公司相关单位的负责同志出席发布会，并启动中国集邮生肖贺岁季。《癸卯太和——故宫生肖贺岁》个性化邮票有两个版式，成品尺寸均为265mm×400mm。邮票以“癸卯太和”为主题，采用“五福临门”和“贺”双主图，蕴含在传统佳节里传递“祝福”与“贺岁”的寓意。（《中国邮政报》11月16日）

**【中国集邮文化香港校园展举行】** 12月19日，“庆祝香港特别行政区成立25周年集邮展暨2022年中国集邮文化香港校园展”在香港中华基金中学举行。这是中国邮政自香港回归祖国以来首次走进香港校园开展大型邮票展示活动，旨在向香港中小学校广大师生宣传中国文化，助力讲好中国故事、传播好中国声音，努力塑造可信、可爱、可敬的中国形象，增强香港青少年的国家认同感和民族自豪感，为香港文化教育和经济社会发展作出重要贡献。

活动现场举行了隆重的升旗仪式，中华基金中学的学生演奏了传统民乐，同步举行了邮展首日封揭幕和签名仪式。此次集邮展览展出的邮票重点展现青少年喜爱的中国航空航天、军事科技、文化体育和祖国秀美山河等主题，涉及香港特别行政区成立25周年等社会类别、十二生肖趣语等生肖类别、辛亥革命等专题类别和北京饭店普通邮票等传统类展品共计30部。配合集邮展览，由国际邮展

集邮展览现场（《中国邮政报》12月21日）

评审员孙海平讲授的“云邮课堂”集邮课堂于12月20日举行。(《中国邮政报》12月21日)

【北京邮票厂有限公司获得全国最佳邮票评选5个奖项】7月27日，第42届全国最佳邮票评选结果揭晓，北京邮票厂有限公司获得5个奖项——《国家重点保护野生动物(Ⅰ级)(三)》特种邮票获得最佳印刷奖，《中国共产党成立100周年》纪念邮票获得最佳邮票奖，《〈生物多样性公约〉第十五次缔约方大会》纪念邮票(夏静秋设计)获得最佳设计奖，《江山如此多娇》特种邮票和《五牛图》特种邮票(王虎鸣设计)获得优秀邮票奖。(北京邮票厂有限公司)

【山西省运城市分公司联合运城市集邮协会、运城市妇女联合会举办“邮票里的女性”主题展览】3月7日，山西省运城市分公司、运城市集邮协会、运城市妇女联合会联合举办“邮票里的女性”主题展览。邮展征集42框邮集、672张贴片，采用“实物邮集+图文展板”的形式展现“大寨铁姑娘”“各行各业中的女性”“艺术中的女性”“中华传统女性服饰”等主题内容。在邮展现场，运城市分公司设立妇女节主题邮局，供参观者书写纪念封、加盖纪念戳、寄发节日贺卡。(《中国邮政报》3月29日)

山西省运城市分公司联合运城市集邮协会、运城市妇女联合会举办“邮票里的女性”主题展览(《中国邮政报》3月29日)

【辽宁省丹东市分公司开展“童心向党 邮我相伴”主题活动】 辽宁省丹东市分公司联合丹东抗美援朝纪念馆开展“童心向党 邮我相伴”主题活动。55名博雅文馨幼儿园的小朋友受邀参加。邮局工作人员为小朋友介绍邮票知识、书信历史，向每位小朋友赠送了“抗美援朝之三炸水门桥”明信片，明信片上有写给小朋友的祝福，还附上2023年新邮预订二维码，方便家长们线上预订集邮产品。(《中国邮政报》11月4日)

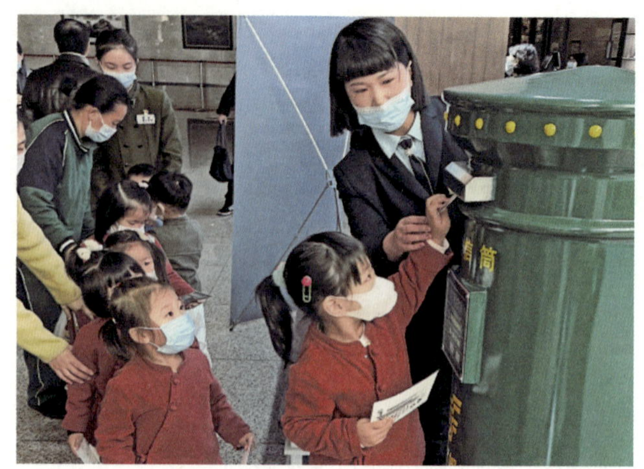


“童心向党 邮我相伴”主题活动(《中国邮政报》11月4日)

【江苏省金陵马庄小学青少年集邮协会成立】 11月17日，江苏省丰县金陵马庄小学青少年集邮协会挂牌成立，丰县分公司集邮讲师团队走进学校，为集邮协会小会员们举办集邮文化讲座。此次讲座以讲解历史、文化等题材的邮票内容为主线，通过图片、视频展示及与学生互动等多种形式向学生讲述集邮文化。(《中国邮政报》11月23日)

集邮文化走进校园(《中国邮政报》11月23日)

【安徽省安庆市集邮协会获“先进基层集邮组织”荣誉称号】 安徽省安庆市集邮协会被中华全国集邮联合会授予全国“先进基层集邮组织”荣誉称号。自2011年起，安庆市集邮协会将每月的2个周六分别设为“集邮会员藏品交流日”和“集邮活动日”，集中开展集邮文化活动。从2007年起，安庆市分公司每年与市教育局、团市委联合举办中小学生邮票设计大赛。全市4所学校成为全国青少年集邮活动示范基地。安庆市分公司坚持“请进来”与“走出去”相结合，与社会各界联合开展丰富多彩的集邮文化普及活动，进一步发挥集邮协会的组织功能、宣传功能。(《中国邮政报》9月17日)

**【洛阳集邮助力文旅融合发展】** 3月24日,《洛阳》邮票珍藏册线上首发式在河南省洛阳市分公司举办。首发式在中国集邮邮票百科和中国邮政商城两个线上平台同步直播。此次发行的《洛阳》邮票珍藏册精选了自新中国成立以来发行的洛阳元素特种邮票7套28枚,以邮票这一特殊艺术形式,记录时代变迁,见证洛阳经济文化发展。(《中国邮政报》5月24日)

线上直播活动推动洛阳集邮文化发展(《中国邮政报》5月24日)

**【重庆市分公司举办第42届佳邮评选活动】** 7月27日,重庆市分公司承办的第42届全国最佳邮票评选颁奖活动在重庆市举办。活动以"传邮万里 渝见未来"为主题,突出集邮文化、展现邮政风貌、彰显重庆特色,同步举办《邮票上的重庆》《"铭刻时代的印记"全国历届佳邮回顾》两个特色邮展,让集邮文化的魅力与活力再一次在山水之城绽放光彩。《中国共产党成立100周年》邮票获得最佳邮票奖,重庆市集邮协会等9个省级集邮协会荣获第42届全国最佳邮票评选活动组织奖。(重庆市分公司)

**【2022年纪特邮票发行目录】**

| 邮票志号 | 邮票名称 | 类别 | 发行日期 | 枚数 | 面值 | 备注 |
|---|---|---|---|---|---|---|
| 2022-1 | 壬寅年 | T | 0105 | 2 | 1.20元、1.20元 | 另发行小本票,售价16元 |
| 2022-2 | 《区域全面经济伙伴关系协定》生效 | J | 0101 | 1 | 1.20元 | |
| 2022-3 | 中国古典文学名著——《红楼梦》(五) | T | 0423 | 4+1 | 1.20元、1.20元、1.20元、1.50元、6元 | |
| 2022-4 | 第24届冬季奥林匹克运动会开幕纪念 | J | 0204 | 2 | 1.20元、1.20元 | |
| 2022-5 | 中墨建交五十周年 | J | 0214 | 2 | 1.20元、1.20元 | 中国—墨西哥联合发行 |
| 2022-6 | 世界自然遗产——中国南方喀斯特 | T | 0428 | 7 | 1.20元、1.20元、1.20元、1.20元、1.20元、1.20元、1.20元 | |
| 2022-7 | 中国共产主义青年团成立一百周年 | J | 0505 | 2 | 80分、1.20元 | |
| 2022-8 | 姑苏繁华图 | T | 0518 | 6 | 80分、1.20元、1.20元、1.20元、1.50元、1.50元 | |

续表

| 邮票志号 | 邮票名称 | 类别 | 发行日期 | 枚数 | 面值 | 备注 |
|---|---|---|---|---|---|---|
| 2022-9 | 中国古镇（四） | T | 0519 | 4 | 1.20 元、1.20 元、1.20 元、1.20 元 | |
| 2022-10 | 洞庭湖 | T | 0528 | 4+1 | 80 分、80 分、1.20 元、1.20 元、6 元 | |
| 2022-11 | 我和祖国一起成长 | T | 0601 | 5 | 80 分、80 分、1.20 元、1.20 元、1.20 元 | |
| 2022-12 | 东南大学建校一百二十周年 | J | 0606 | 1 | 1.20 元 | |
| 2022-13 | 水电建设 | T | 0628 | 2 | 1.20 元、1.20 元 | |
| 2022-14 | 第一部《中国共产党章程》通过一百周年 | J | 0723 | 1 | 1.20 元 | |
| 2022-15 | 中国国家版本馆 | T | 0730 | 1 | 1.20 元 | |
| 2022-16 | 中国篆刻 | T | 0805 | 4 | 1.20 元、1.20 元、1.20 元、1.20 元 | |
| 2022-17 | 秦腔 | T | 0813 | 3 | 1.20 元、1.20 元、1.20 元 | |
| 2022-18 | 动画——黑猫警长 | T | 0903 | 5 | 80 分、80 分、1.20 元、1.20 元、1.20 元 | |
| 2022-19 | 虎（文物） | T | 0905 | 6 | 1.20 元、1.20 元、1.20 元、1.20 元、1.20 元、1.20 元 | |
| 2022-20 | 中国现代科学家（九） | J | 0907 | 4 | 1.20 元、1.20 元、1.20 元、1.20 元 | |
| 2022-21 | 北京师范大学建校一百二十周年 | J | 0908 | 1 | 1.20 元 | |

续表

| 邮票志号 | 邮票名称 | 类别 | 发行日期 | 枚数 | 面值 | 备注 |
| --- | --- | --- | --- | --- | --- | --- |
| 2022-22 | 中国名亭（二） | T | 1003 | 4 | 1.20 元、1.20 元、1.20 元、1.20 元 | |
| 2022-23 | 中国共产党第二十次全国代表大会 | J | 1016 | 2+1 | 1.20 元、1.20 元、6 元 | |
| 2022-24 | 张仲景 | T | 1022 | 2+1 | 1.20 元、1.20 元、6 元 | |
| 2022-25 | 鸽 | T | 1105 | 4 | 1.20 元、1.20 元、1.20 元、1.20 元 | |
| 2022-26 | 国家公园 | J | 1105 | 5 | 1.20 元、1.20 元、1.20 元、1.20 元、1.20 元 | |
| 2022-27 | 中国空间站 | J | 1225 | 4 | 1.20 元、1.20 元、1.50 元、1.50 元 | |

（集团公司邮政业务部）

# 纪检监察

【概述】 聚焦“国之大者”强化政治监督。一是加强党的路线方针政策和中央决策部署落实情况监督。督促跟进学习习近平总书记的重要讲话、中央有关会议和文件精神，结合实际抓好落实。紧扣“三新一高”要求，实地调研检查部分邮政单位服务乡村振兴、金融风险防控工作，巡视监督10个省（区、市）邮政单位服务乡村振兴、三级物流体系建设工作，发现问题36个并推动整改；推动制定集团公司“十四五”规划、寄递业务高质量服务“一带一路”建设实施方案，跟踪国企改革三年行动实施方案推进情况。督促协助全面肃清李国华不良影响。紧盯重点任务和关键环节加强监督，为邮政企业服务北京冬奥会（冬残奥会）筹备提供坚强纪律保障。强化防疫监督，推动邮政企业统筹抓好疫情防控、保通保畅和经营发展。督促深入开展邮政安全生产大检查、大整治。二是紧盯“关键少数”强化监督。推动落实全面从严治党的政治责任，协助党组召开会议，部署全系统党风廉政建设和反腐败工作。督促党组成员运用第一种形态批评、教育、帮助有关领导人员12人次，督促42名受到约谈函询的党组管理领导人员在民主生活会上作说明，开展党组管理领导人员任前廉政谈话38人次。各级纪委推动、协助本单位“一把手”对下级“一把手”监督谈话5882人次。全系统立案查处各级“一把手”277人。督促对全系统落实《中共中央关于加强对“一把手”和领导班子监督的意见》情况开展监督检查，纠正5个方面12个典型问题。三是推动深化中央巡视整改、审计整改和监管检查整改。通过党组巡视开展中央巡视整改“回头看”，发现问题307个，提出意见和建议94条。推动金融板块主动运用十九届中央第八轮巡视成果对照整改，查摆问题1741个，完成整改1448个。对审计署经济责任审计发现“小金库”、违规经商办企业或在外兼职问题线索开展问责，处理处分2241人。四是着力纠正选人用人不正之风。严把选人用人的政治关、廉洁关，各级纪检机构回复党风廉政意见14082人次，提出暂缓或否定性意见141人。推动深化内部竞聘、社会招聘等突出问题的专项治理，对2021年专项治理整改情况开展自查、抽查，发现问题37个，办结有关问题线索128件，处理处分57人。

一体推进不敢腐、不能腐、不想腐。一是强化不敢腐的震慑效应。运用第三种形态查处刘绍权、付晓林、韩雅平等严重违纪违法案，联合地方监委对李革平涉嫌严重违纪违法问题进行审查调查。积极配合李国华案的审查调查，组织开展该案移交问题线索核查。制定处分决定执行工作办法，开展执纪审查安全检查。二是完善不能腐的约束机制。牵头修订集团公司领导人员失职渎职行为责任追究办法，与党组联合印发构建党组管理领导人员与合作商亲清关系的若干规定；推动印发领导人员插手干预重大事项记录报告规定、合作商黑名单的管理办法。各级纪检机构发出纪律检查建议书1402份，查改治同时发力。开展领导人员违犯党纪专题民主生活会（组织生活会）制度落实情况检查，纠正应召开未召开等问题。三是增强不想腐的思想自觉。编印《有关党纪法规禁止性条款节选》，推动党纪法规进课堂进头脑。通过专题授课，对全系统三级副以上领导人员进行廉洁教育。2次召开警示教育大会，剖析李国华案暴露的突出问题，通报邮政企业59起涉及140人的典型案例，播放纪成、马志强案警示录。各级纪检机构共开展廉洁教育5077次，37万余名党员、干部受到教育。

锲而不舍地落实中央八项规定精神、纠治“四风”。一是纠治形式主义、官僚主义。督促印发《关于进一步整治形式主义、官僚主义问题为基层减负的通知》，细化并实施19项措施。结合开展“管理提升年”活动，推动解决领导人员不作为、乱作为等问题。督促深化理论学习和发展党员材料抄袭造假问题专项治理，开展自查检查，推动整改问题，建立常态化治理机制。严肃追责问责，完成中邮电商公司李琦职务犯罪案相关领导人员失职失责问题的核查。二是整治享乐主义、奢靡之风。纪检监察组在重要时间节点通报曝光了3批19起违反中央八项规定精神问题，督促廉洁过节。巩固异地交流任职领导人员违规报销“两费”问题复查成果，推动就有关问题出台答复意见。督促开展业务招待费使用情况监督检查，发现问题2858个，处理处分1701人。全系统查处违反中央八项规定精神问题122件，处分138人。三是推动解决员工身边不正之风。督促开展薪酬二次分配问题的专项治理，全系统发现问题433个，涉及1607万元，已查处354个，问责368人次。开展基层摊派营销任务问题调研督导，起底问题线索767件，发现并推动整改问题624个，查实问题138个，问责345人次。推动制定司务公开工作指导意见。

巩固拓展巡视巡察成果。一是协助开展巡视工作。协助党组对18个部门（单位）党组织开展中央巡视整改落实情况专项巡视“回头看”，对10个单位党组织开展“规范外包管理，推动高质量发展”专项巡视，发现问题527个，提出意见建议153条。协助召开巡视集中反馈会议，压实整改责任。针对巡视发现的外包10个方面问题，推动开展专项整治。组织对2018年以来党组巡视整改情况全面自查，现场检查24家单位的整改情况，对发现的88个问题督促限期整改。与党组联合印发《关于加强巡视整改和成果运用的实施办法》。二是推动实现巡察全覆盖。全系统累计巡察各级党组织7153个，实现五年巡察全覆盖的目标。有关单位结合实际巡察“回头看”党组织45个。

持续提升日常监督质效。一是增强监督治理效能。通过参加会议、调研督导、线索处置等方式精准开展日常监督。督促开展营收资金系统施治，推动修订违反财经纪律责任追究办法等制度。与集团公司党组会商并印发《关于贯通协同有关监督工作的意见》，聚合监督力量。印发《关于对邮政企业境外机构加强监督执纪问责的意见（试行）》，防控境外腐败风险。二级单位向同级纪委抄送职能部门发现涉嫌重大违规问题 784 个。各级纪检机构针对问题线索处置中发现的突出问题，向相关部门提出意见和建议 766 条。注重抓早抓小，全系统运用第一种形态批评教育帮助 3970 人次。二是狠抓重点领域治理。推动“靠邮吃邮”问题专项整治、票品库安全管理专项检查、代理金融营销激励政策专项审计，开展驻外地办事机构摸底清理，推动深化“小金库”问题、招标采购问题专项治理，督促巩固使用员工个人账户归集营收或结算业务资金问题专项治理成果。

打造政治过硬、本领高强的纪检监察队伍。一是坚持政治引领。深学细悟习近平新时代中国特色社会主义思想，常态化开展党史学习教育；严明政治纪律和政治规矩，制定二级单位纪委向纪检监察组请示报告重大事项清单。二是锤炼过硬本领。组织纪检干部学习贯彻纪委工作条例、纪检监察机关派驻机构工作规则、问题线索管理办法等，举办执纪审查业务培训班。三是严格自我约束。考核二级单位纪委书记 2021 年度履职情况，制定二级单位纪委书记业绩考核办法、综合考评办法。（驻中国邮政纪检监察组）

**【聚焦党的二十大强化政治监督】** 对集团公司党组学习宣传贯彻党的二十大精神工作方案提出意见建议，推动党组全面梳理党的二十大报告中涉及邮政职责范围的决策部署、工作要求，列出任务清单，明确责任分工和完成时限。（驻中国邮政纪检监察组）

**【为邮政企业服务北京冬奥会（冬残奥会）筹备提供坚强的纪律保障】** 践行“廉洁办奥”理念，对集团公司涉及冬奥会服务费用支出的主责部门进行提醒，对北京市、河北省分公司 16 处邮政服务场所建设、冬奥会赞助费拨付及使用等开展精准监督。组成检查组赴国家体育馆临时邮局开展督导检查；责成北京市、河北省分公司纪委履行属地责任，紧盯筹办重点任务和关键环节加强监督，为邮政企业服务奥运盛会提供坚强有力的纪律保障。（驻中国邮政纪检监察组）

**【开展疫情防控监督】** 3 月 18 日，认真贯彻落实习近平总书记在 3 月 17 日中共中央政治局常务委员会会议上关于从严抓好疫情防控工作的重要讲话精神，向二级单位纪检机构下发电话通知稿，督促压实疫情防控主体责任，狠抓疫情防控监督检查，强化执纪问责。先后多次与集团公司直属机关纪委、集团公司综合部、邮政业务部、人力资源部、邮储银行、寄递事业部等部门（单位）组成检查组，对集团公司总部、邮储银行、中邮保险、寄递事业部、北京邮票厂有限公司、中国邮政文史中心、北京航空邮件交换站、北京邮件综合处理中心、新闻宣传中心、中国邮政广告传媒公司、中邮信通实业投资有限公司、中邮供应链公司等开展疫情防控现场监督检查，针对检查发现的问题，督促相关单位立行立改，并提出下一步工作建议。11 月 23—30 日，先后 2 次直接派出检查组，实地和远程相结合，对寄递事业部等 7 家在京邮政单位、福建省分公司、重庆市分公司、江西省南昌市分公司部分营业所、邮储银行江西省分行等 20 家京外邮政单位落实疫情防控和保通保畅各项措施要求情况开展检查，针对发现问题督促做好整改。（驻中国邮政纪检监察组）

**【协助集团公司党组召开 2022 年党风廉政建设和反腐败工作会议】** 1 月 25 日，集团公司召开 2022 年党的建设暨党风廉政建设和反腐败工作会议。会议以习近平新时代中国特色社会主义思想为指导，深入学习贯彻党的十九大、十九届历次全会和十九届中央纪委六次全会精神，总结 2021 年中国邮政党的建设以及党风廉政建设和反腐败工作，部署 2022 年主要工作。会议期间，通报邮政企业查处的 7 大类 24 小类、43 起 97 名不同职级领导人员典型案例，并播放警示教育片《彻底赌输的人生——纪成严重违纪违法案件警示录》，警示教育邮政企业各级党组织和领导人员深刻汲取教训，切实引以为戒。（驻中国邮政纪检监察组）

**【健全与集团公司党组定期会商机制】** 4 月 28 日，驻中国邮政纪检监察组与集团公司党组召开会商会，专题研究《关于贯通协同有关监督工作的意见（送审稿）》，推动审计监督、财会监督、巡视监督等各类监督与纪律监督、监察监督有机贯通、相互协调，建立健全集团公司财务、审计等职能部门与驻中国邮政纪检监察组信息沟通、线索移交、协作配合、成果共享机制，增强监督合力和实效。5 月 30 日，与集团公司党组联合印发《关于贯通协同有关监督工作的意见》。7 月 28 日，驻中国邮政纪检监察组与集团公司党组召开会商会，会同集团公司党组听取主责部门（单位）关于 2022 年党风廉政建设有关重点工作进展情况的汇报，共同分析存在的困难和问题，对下一步工作作出安排，要求相关部门（单位）进一步提高政治站位、分析研究问题、加快工作进度、抓出工作实效、推动系统施治。8 月 15 日，驻中国邮政纪检监察组与集团公司党组召开会商会，专题研究《关于构建中国邮政集团有限公司党组管理领导人员与合作商亲清关系的若干规定（送审稿）》。8 月 17 日，与集团公司党组联合印发《关于构建中国邮政集团有限公司党组管理领导人员与合作商亲清关系的若干规定》，就构建邮政集团公司党组管理领导人员与合作商亲清关系作出制度性安排。（驻中国邮政纪检监察组）

**【建立与集团公司各部门定期召开贯通协同监督工作沟通会机制】** 9月29日，驻中国邮政纪检监察组与集团公司各部门召开贯通协同监督工作2022年第1次沟通会，专题座谈交流驻中国邮政纪检监察组与集团公司党组联合印发的《关于贯通协同有关监督工作的意见》落实情况，就有关工作交换意见，对下一步工作提出意见和建议。12月27日，驻中国邮政纪检监察组与集团公司各部门召开贯通协同监督工作2022年第2次沟通会，就驻中国邮政纪检监察组组长盛遒文同志在2023年集团公司党的建设暨党风廉政建设和反腐败工作会议上的讲话（征求意见稿）征求集团公司各部门意见建议，为科学谋划2023年集团公司党风廉政建设和反腐败工作提供有益参考。（驻中国邮政纪检监察组）

**【推动开展重点领域专项治理】** 一是推动专项整治“靠企吃企”问题。督促集团公司聚焦利益输送、设租寻租、化公为私、境外腐败4个方面问题，具体对资产处置、重点成本支出真实性等10个方面开展专项排查，督促有关单位进行整改。二是推动开展邮资票品库房安全管理专项检查，检查36个单位97处库房，发现邮资票品账实不符等问题232个，制定6个方面整改举措。三是推动开展代理金融营销激励政策专项审计，发现营销费用管理和使用不合规等方面的问题308个，督促有关单位抓紧整改。四是推动深化“小金库”问题的专项治理，督促开展治理效果“回头看”，重点抽查有关单位。五是推动巩固使用员工个人账户归集营收或结算业务资金问题专项治理成果，持续开展自查整改，推动集团公司印发《关于进一步强化营收资金管理杜绝个人账户归集企业资金有关事项的通知》，全面推广电子渠道收款、严肃实施违规处罚和考核问责，切实防范企业资金风险。六是推动深化招标采购问题的专项治理，各单位对干线运输外包服务、安防设备、招标代理服务等3类重大采购项目实施情况开展自查抽查，自查发现存在应公开招标未公开招标等问题的项目355个，完成整改319个，对20家单位215个项目开展抽查并推动问题的整改；会同审计部对集团公司总部78个采购项目进行抽查，就发现的问题提出整改意见。（驻中国邮政纪检监察组）

**【协助集团公司党组召开领导人员警示教育大会】** 12月30日，协助集团公司党组召开领导人员警示教育大会。会上通报邮政企业16起涉及43人违纪违法典型案例，播放《移花接木的“马老板”——马志强严重违纪违法案件警示录》，督促邮政企业各级党组织和广大党员、干部切实从中吸取深刻教训，督促各级党组织切实担负起全面从严治党的政治责任，以零容忍的警醒、零容忍的力度正风肃纪反腐；督促各级纪检机构要发扬斗争精神、增强斗争本领，事不避难、义不逃责，敢于扛起、坚决扛住；各级领导人员要严于律己，模范遵守党章党规党纪，始终做到自重自省自警自励、慎独慎微慎始慎终。集团公司党组书记刘爱力就持续净化企业政治生态作出4个方面安排部署；督促邮政企业各级领导人员认真学习贯彻党的二十大精神，增强全面从严治党永远在路上的政治自觉；发扬党的自我革命精神，坚持“三不腐”一体推进，坚定不移地推动全面从严治党向纵深发展。（驻中国邮政纪检监察组）

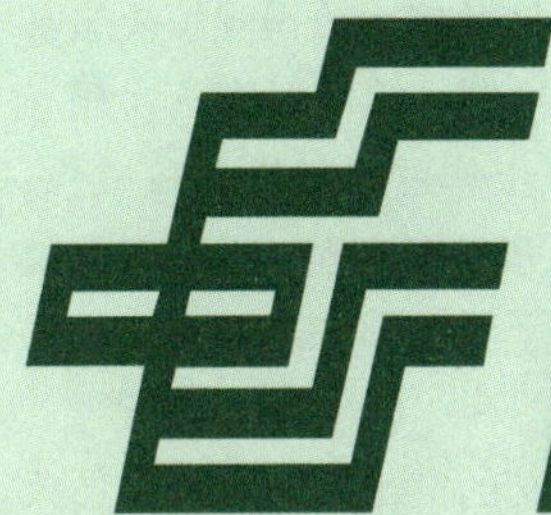

# 企业管理

◇ 综合管理

◇ 战略规划与风控合规

◇ 财务管理

◇ 人力资源管理

◇ 采购管理

◇ 审计监督

# 综合管理

【概况】 集团公司综合部（党组办、董办）坚持绝对忠诚、极端负责、高效服务，落实“管理提升年”工作部署，深入践行“五个坚持”，努力发挥“五种作用”，全面加强党的建设，完成了疫情防控、制度建设、对外联络、会议组织、要事督办、文稿写作、新闻宣传、公文管理、保密管理、舆情管控、信访管理、档案管理、国际及港澳台合作交流、外事管理、安全生产、机关服务等各项工作任务，充分发挥了“坚强前哨”和“巩固后院”作用，不断推动中央精神和集团公司党组决策落地见效，为中国邮政高质量发展提供了坚强保障。

深入学习贯彻习近平新时代中国特色社会主义思想和党的二十大精神。认真执行“三个第一时间”学习机制，坚持读原著、学原文、悟原理，及时跟进学习习近平总书记最新重要讲话精神，把学习党的二十大精神与习近平新时代中国特色社会主义思想相结合，完整、准确、全面领会党的二十大精神。深刻领会习近平新时代中国特色社会主义思想的丰富内涵，坚定不移地在思想上政治上行动上同以习近平同志为核心的党中央保持高度一致，做到党中央提倡的坚决响应，党中央决定的坚决照办，党中央禁止的坚决不做。下发了《关于不折不扣抓好党的二十大精神贯彻落实的通知》，督促各部门（单位）对照党组“十项战略任务”、立足工作职责，有针对性地提出201项落实的具体举措，制定明确的时间表、施工图，扎扎实实推动党的二十大精神在中国邮政贯彻落实。

持续推动理论学习常态化。制定12期理论学习清单和理论学习汇编，将习近平总书记重要讲话精神、中央重要会议和文件精神，集团公司党组重要决策部署和领导讲话内容纳入其中，作为党总支学习的依据和指南，从党总支、党支部、党小组、党员4个层面组织学习，研读重点书目、权威读本，扩大学习覆盖面，增强学习的实效性，教育引导全体党员真正学深悟透、学懂弄通，推动习近平新时代中国特色社会主义思想入脑入心。

扎实推进党支部标准化规范化建设。认真开展基层党组织建设达标工程和创先争优活动，对照达标标准，做好对标达标、巩固提升工作。综合部第二党支部获得中央和国家机关“四强”党支部、集团公司“党支部建设示范点”。严格落实“三会一课”制度，开展主题党日活动。2022年度综合部党总支召开25次总支委会（含扩大），2次党员大会，举办主题党日活动1次、党课2次。认真开展“领题破题”活动，综合部两支部完成7个课题结题，做到点题有重点、领题有台账、破题有实招、结题有报告。

提升督办工作质效。发挥督办职能，围绕“三个聚焦”（聚焦目标、聚焦任务、聚焦效果）抓落实，提高督办工作实效。围绕集团公司战略目标科学分解任务，建立督办工作台账。主动对接审计署、交通运输部等中央部委办公厅，对标对表，寻找差距，补齐短板。通过建立督办周报机制，每周跟进重点工作进展，推动集团公司党组决策部署落实落地；通过建立即督即报机制，第一时间落实领导要求、回应领导关切，增强督办工作的时效性和权威性；通过升级督办系统功能，改进督办工作流程，提高督办效率。督办事项719项，推动解决了一些影响改革发展的深层次问题。

持续整治形式主义和官僚主义的突出问题。开展形式主义、官僚主义专项检查，多措并举精文减会，坚决防止文山会海反弹回潮。发文3290件，比上年减少94件；召开会议多为电视电话会议，现场会议因疫情原因大幅减少，文件会议数量均得到有效控制。陪同集团公司领导赴福建、山东及北京等地相关单位调研，调研前制定计划、收集情况，调研中深入一线、摸清实情，调研后总结提炼、督促落实，为集团公司党组决策提供参考。深入开展“‘一月一事’，消灭最差”活动，引导各级单位坚持问题导向开展调查研究。编发《信息专报》提交集团公司领导，切实推动解决经营发展的实际问题。

从严抓实常态化疫情防控工作。坚决贯彻习近平总书记关于疫情防控工作的重要指示批示精神，牵头抓紧、抓实、抓细常态化疫情防控各项工作。牵头落实平急结合的疫情防控体系，因时因势动态调整疫情防控政策，制定指导性文件28个、手册2版、应急响应预案4份，做好全系统疫情防控的指导工作。应对处置突发涉疫事件，特别是针对10月内蒙古分公司多人感染，综合部联合寄递事业部成立集团公司疫情应对处置专班，每日实施24小时值班值守和统筹调度，实现感染人员9日内无新增，确保了企业疫情防控形势稳定。

高质高效办文办会。承办各类重大会议，组织召开集团公司工作会、工作座谈会、务虚会，全年共承办党组会62次、董事会7次、碰头会11次、生产经营分析会7次，并印发相关会议纪要。组织好中纪委、国家邮政局来集团公司调研等重要活动，完成各项会议活动的组织安排工作。高质量完成公文收发流转，提高公文办理效率，通过国务院交换站收文件3021件、发文件1289件；扫描外来文880件；处理中办、国办等外来文纸质文件835件，确保上传下达高效顺畅。集团公司获评国务院秘书一局“2022年度表扬单位”。

加强以文辅政工作。提升文稿撰写质量和完成效率，组织撰写工作报告、领导讲话、汇报材料、会议材料、调研材料等各类文稿300余篇、近400万字，对上建言献策、对内凝心聚力、对外争取支持。高质量完成向党中央、国务院以及中组部、财政部等汇报材料，在助力集团公司争取上级理解、关心、支持等方面发挥了积极作用；高标准撰写 2023 年工作会等重要会议讲话材料，为集团公司党组出谋划策、贡献智慧；高效率做好集团公司碰头会、调研信息等材料整理工作，准确把握领导意图，切实推动工作落实。

提高信息参谋能力。注重发挥“信息中心”作用，围绕各单位发生的重要情况，每日以微信形式向全系统二级以上领导推送《每日邮政要闻》；聚焦各基层单位在经营、管理等方面的创造性工作举措和成功做法，全年编发《中国邮政信息》《中国邮政信息专报》24 期、“比学赶帮超”典型案例 46 篇，为调动全网积极性、主动性、创造性，营造创先争优的良好发展氛围提供了抓手。

提升新闻宣传工作水平。巩固拓展主流舆论阵地，开展抗击疫情、保供保通保畅、乡村振兴等重大主题宣传，充分彰显了中国邮政行业“国家队”的责任担当。统筹全系统在中央级媒体刊发新闻报道 24038 篇次（含转载），其中在《人民日报》、新华社、《光明日报》、《经济日报》等主要中央媒体刊发报道 685 篇次，中央广播电视总台播发相关报道 198 条，为企业高质量发展营造了良好的舆论环境。邮政各级官方网站、微信公众号、官微等新媒体平台，广泛开展“党的二十大代表风采”“沿着邮路看中国”“邮政榜样墙”等大型主题宣传活动，讲好邮政改革发展故事。其中，“沿着邮路看中国”获相关报道 10891 篇次（含转载），抖音、快手播放次数 1.73 亿人次，充分展示了中国邮政的良好企业形象。

加强意识形态阵地管理。坚决拥护党中央决定，全面彻底肃清李国华不良影响，坚决落实党组扩大会议决定，采用线上排查、现场抽查、员工自查等方式，持续清理各类新媒体平台有关李国华的正面报道。把全面彻底肃清违纪违法人员信息作为常抓不懈的政治任务，组织力量密切关注中央纪委监委网站，及时排查清除相关信息。做好日常舆情监测预警、分办处置。针对社会上与邮政相关信息进行 7×24 小时全时段监测，全年共监测舆情信息 2445 万余篇次；针对重点舆情事件开展专项监测，分办并处置 33 起负面舆情事件，及时有效化解企业声誉风险，全年未发生重大负面舆情；编发各项舆情报告 258 份，为领导决策提供参考。

防范化解重大风险。按照“应查尽查”原则，围绕航空、枪弹守押、消防、交通、作业、网络信息、外包 7 个方面开展安全大检查大整治，实现生产场所、生产环节、检查内容全覆盖，累计检查 63 万个部位 / 项，发现安全隐患 10.5 万项，完成整改 10.4 万项，整改率达到 99.03%；实现安全生产专项整治三年行动收官；完成党的二十大等系列重大活动的邮政安全与服务保障工作。全系统未发生重大生产安全事故和金融安保类案件，未发生场地亡人事故，未发生自有人员交通责任事故。畅通职工群众诉求表达渠道，加强初信初访办理质量，夯实信访工作主体责任，在各级邮政企业之间形成了协同联动、整合资源、解决信访突出问题的工作合力，共办理来信 1904 件，接待来访 77 批 127 人次，分办网上投诉 1762 件，全系统未发生异常访情，信访形势平稳可控。全力做好党的二十大等党和国家重大活动期间信访稳定工作，全系统未发生涉访个人极端行为、人员大规模聚集、因信访问题引发的负面炒作。压紧压实保密工作主体责任，将保密工作纳入集团公司党组巡视巡察范畴，严厉查处泄密案件及违规行为。印发涉密人员保密管理办法及管理指南（试行）、工作秘密管理暂行办法及事项清单，走在央企前列，得到国家保密局的认可。举办中国邮政首次“保密宣传教育月”活动，《梅园新村的秘密》与《“邮二代”保密记》分获国家保密局“保密故事优秀讲述人”和“保密故事新锐讲述人”荣誉。完成 OA 商业秘密管理系统建设和上线运行，实现商业秘密文件、事项线上安全高效办理并存档。开展保密专项检查，发现问题隐患 40 余处，指导完成整改。

抓实抓细做好董办工作。一是建立健全董事会制度和决策体系。厘清党组、董事会和经理层权责边界，全面落实党组对企业重大经营管理事项前置研究程序，发挥好“党组全面领导、董事会战略决策、经理层授权经营”的公司治理机制优势，持续提升企业运行质效。印发实施《董事会授权管理办法》，推动建立董事会授权事项常态跟踪和动态管理机制，确保董事会授权放得下、接得住、管得好。二是不断提升董事会的运行质量。支持保障召开董事会会议 7 次，董事会前沟通会 6 次，外部董事例会 32 次，审议议案 21 项。落实董事会决议专报制度，组织编报 2022 年董事会决议执行情况专报 8 期，使董事会真正成为企业改革发展的决策中心和推动主体。三是持续做好董事履职服务保障。支撑服务董事调研，形成调研材料 4 篇，为财政部加强出资人管理及集团公司深化改革发展建言献策。及时向董事报送政策性文件、行业发展信息、企业经营管理资料等重要信息，有效地满足了董事履职需要。

统筹推进国际及台港澳的合作交流。一是全面推进多边合作。紧紧围绕服务国家总体外交和企业对外发展大局，持续做好万国邮联、亚太邮联、卡哈拉邮政组织工作，不断提升中国邮政在邮联各项工作的参与度和影响力，首次获评万国邮联“邮政发展综合指数”十级。二是积极开展双边合作。切实加强与“一带一路”沿线国家和地区的合作，与吉尔吉斯邮政签署合作备忘录，组织参加中俄通信与信息技术分委会会议，协调处理与俄罗斯邮政、巴勒斯坦邮政的业务问题，协同推进与波兰、白俄罗斯签署中欧班列运邮转运协议等，有效助力业务发展。三是稳妥开展与台港澳邮政业务的合作。组织召开海邮协会第二届理事会第三次会议暨成立十周年座谈会，参加第五届内地与港澳邮政高峰会，积极开拓两岸商业新渠道。四是扎实推进外事工作。开展外事工作调研，针对性指导寄递事业部、邮政航空公司做好海外分公司人员外派、B777 飞机运营准备工作。高质量完成集团公司领导对外往来信函、重大活动发言致辞及宣传品的翻译和审校。加强线上外事活动管理，全年参加或组织举办线上外事活动共计 310 次，集团公司整体外事工作水平持续提升。

开展部门巡视整改工作。第一时间学习传达党组第一巡视组反馈意见，对反馈的问题全面认领、照单全收，逐项逐条研究整改意见，制定 35 项整改任务、60 条具体措施。召开专题民主生活会，深入查找问题，深刻剖析原因，认真制定整改措施，推动整改任务落实。集中整改开展以来，对巡视整改工作“逢会必讲”，推动部门全体党员干部持续统一思想，不断提升做好巡视整改的能力水平。

做好服务支撑保障工作。一是统筹机关值班工作。修订《中国邮政集团有限公司值班工作暂行办法》，确保党中央政令畅通、及时准确传递重要信息、果断高效处置突发事件，第一时间报送突发事件报告，全年共办理 600 件。二是认真做好总部机关的服务保障工作。以“时时放心不下”的责任感，全面做好金鼎大厦的安全工作，组织完成金鼎大厦消防安全大排查，抓好消防安全整改，确保总部大厦消防安全万无一失；首次将总部 35 套 76 间周转房全部公开面向员工选房，得到入住职工的好评；制定印发总部公务用车管理办法，完善公务用车审批流程，规范了公务用车管理；积极推进餐饮服务商、交流干部公寓服务商等采购工作，及时跟进北京市“服务包”项目进度，切实为职工办实事、办好事。（集团公司综合部）

**【集团公司召开 2022 年工作会议暨第一届第三次职工代表大会】** 1 月 7 日，集团公司 2022 年工作会议暨第一届第三次职工代表大会在北京开幕。此次会议以习近平新时代中国特色社会主义思想为指导，全面贯彻落实党的十九大和十九届历次全会及中央经济工作会议精神，传达学习中共中央政治局委员、国务院副总理刘鹤批示要求，总结 2021 年工作，部署 2022 年战略任务，强调要汲取思想伟力，坚定不移地用习近平新时代中国特色社会主义思想武装头脑、指导实践、推动工作，弘扬伟大建党精神，全面准确把握新发展阶段、新发展理念、新发展格局的核心要义，坚持稳中求进，深化改革创新，加快转型升级，着力提质增效，纵深推进中国邮政高质量发展，以优异成绩迎接党的二十大胜利召开。

交通运输部部长李小鹏，交通运输部党组成员、国家邮政局局长马军胜出席会议并讲话。财政部、人力资源和社会保障部、审计署等有关部门领导出席会议。集团公司党组书记、董事长刘爱力作了题为《汲取思想伟力打造核心优势锚定战略任务在服务新发展格局中纵深推进中国邮政高质量发展》的讲话。（《中国邮政报》1 月 8 日）

**【全国邮政“安全生产月”活动收官】** 6 月，集团公司深入贯彻落实习近平总书记关于安全生产的重要指示批示精神，部署开展以“遵守安全生产法，当好第一责任人”为主题的“安全生产月”活动，推动国务院安委会安全生产“十五条硬措施”在全系统贯彻执行，推进邮政安全生产大检查大整治、专项整治三年行动巩固提升系列工作走深走实。其间，全系统深入学习贯彻习近平总书记关于安全生产重要论述，组织开展各类专题研讨、集中宣讲、培训辅导 11173 场，参与 35.92 万人次；开展安全生产“公开课”“大家谈”“班组会”等学习活动 26628 场，参与 42.1 万人次。集团公司党组书记、董事长刘爱力签发“安全生产月”活动第一责任人倡议书，推动全系统深入开展“安全生产月”活动。各级邮政企业不断树牢安全发展理念，落实安全生产责任，对照《2022 年邮政安全生产责任清单》要求，以“安全生产月”活动为契机，推动年度安全生产工作落地见效。开展安全生产宣传教育与培训，开展“主播讲安全”“专家远程会诊”“美好生活从安全开始话题征集”“新安全生产法知多少”“救援技能趣味测试”等活动，《中国邮政报》、中国邮政官微开设专栏全程跟踪报道，宣传推广各省份邮政典型经验。同时，各单位通过“我是安全吹哨人”“查找身边的隐患”等活动开展安全生产问题隐患排查，开展各类应急演练活动 8272 场。（《中国邮政报》7 月 12 日）

**【集团公司召开安全生产委员会办公室会议】** 7 月 13 日，集团公司安全生产委员会办公室召开会议，总结上半年安全生产工作，分析研判当前形势，研究部署下半年重点任务，强调要认真贯彻习近平总书记关于安全生产重要指示精神，落实李克强总理批示要求，落实国务院安委会 7 月 11 日全国安全生产电视电话会议精神，紧紧围绕“防风险、保安全、迎二十大”这条主线，紧紧锚定遏制重特大事故这个目标，全力维护邮政企业安全平稳运行，为党的二十大营造良好的安全环境。（《中国邮政报》7 月 15 日）

**【集团公司召开 2022 年工作座谈会】** 7 月 25—26 日，集团公司召开工作座谈会，总结工作成绩，分析当前形势，部署重点任务，强调要坚持以习近平新时代中国特色社会主义思想为指引，立足新发展阶段，坚持新发展理念，融入新发展格局，深入落实集团公司年初工作会议精神，坚持总体思路不变、目标任务不变、狠抓落实不变，以高质量发展为主题，以核心竞争优势打造为关键，以“管理提升年”为抓手，以高标准市场化体系构建为路径，求是求实、用心用情、扛责担责，有效推动中国邮政实现持续健康发展，以实际行动迎接党的二十大胜利召开。集团公司党组全体成员及外部董事出席。(《中国邮政报》7 月 27 日)

**【集团公司部署做好党的二十大期间邮政安全服务保障工作】** 9 月 19 日，集团公司召开党的二十大期间邮政安全和服务保障工作部署会。会议深入贯彻落实党中央、国务院以及监管部门相关工作要求，突出寄递安全和企业稳定两个重点，统筹做好安全和服务两项保障，安排部署邮政企业安全和服务保障工作，强调要提高政治站位，充分认识做好党的二十大期间邮政安全和服务保障工作的极端重要性，确保机要通信万无一失，确保寄递渠道安全畅通，确保邮政企业平稳运行。集团公司党组高度重视党的二十大期间邮政安全和服务保障工作，成立了以刘爱力任组长，集团公司各分管领导任副组长的领导小组，统筹负责会议期间邮政安全服务保障工作。(《中国邮政报》9 月 21 日)

**【集团公司总部运维费用定额标准规范体系首次建立】** 为推进高质量市场体系建设对标对表工作落实落地，全面推进运维管理规范化水平提升，集团公司计划建设部按照“优流程、定标准、明定额、建制度”的工作要求，组织开展《邮政企业信息化运维费用测算方法研究》科技项目研究。该项目按照行业通用惯例，聚焦运维对象规模及资产价值，根据不同软硬件设备类型、不同资产价值，按“资产原值 × 费率”的定额方式科学合理测算运维费用。项目研究历时近两年，于 2022 年完成全部研究内容，并成功应用于集团公司 2022 年和 2023 年运维总承包运维费用实际测算中。经定额测算，2022 年、2023 年信息网总部运维成本压降率分别达到 14.8%、10.62%，运维费用预算审核周期由往年的 2 个月左右缩短至 1 个月以内。该项目研究首次建立起一套适合邮政企业的运维费用定额标准体系和运维成本费用零基预算体系，为运维费用测算提供了可量化、可执行、可对标的依据。同时，规范了运维总承包管理流程、实现了邮政企业总部信息网运维成本的有效管控，提升了运维费用预算编制效率，建立了对标行业的运维费用评价机制，是推动运维总承包项目管理向市场化运营方式转变的重要手段。(集团公司计划建设部)

**【集团公司部署开展“消防宣传月”活动】** 11 月 9 日是第 31 个全国消防日，主题是“抓消防安全，保高质量发展”。集团公司深刻领会习近平总书记关于安全生产的重要论述精神，贯彻落实党的二十大报告关于“推进安全生产风险专项整治，加强重点行业、重点领域安全监管”的相关要求，扎实推进邮政安全大检查大整治活动，着力做好安全生产专项整治三年行动收官工作，在 11 月集中开展“消防宣传月”活动，组织各单位集中开展消防安全宣传教育和专项整治，实现消防安全宣传、消防安全培训、消防设施设备配备、消防巡查检查履职、消控室人员持证上岗、消防应急预案制定和消防应急演练“七个 100%”。集团公司要求各级邮政企业深入学习贯彻党的二十大精神，践行“人民至上、生命至上”的安全发展理念，统筹抓好业务发展和安全生产各项工作，确保旺季生产安全平稳有序。集团公司根据国务院安委会文件要求，结合邮政企业实际，确定此次“消防宣传月”活动的五大工作重点。一是压实消防安全责任，完善消防安全管理体系。健全消防安全责任体系，明确各级人员消防安全管理责任，确保消防安全管理任务到人、责任到人、目标到人、考核到人。二是聚焦消防安全宣传教育，提升员工消防安全意识。创新开展员工喜闻乐见、形式多样、线上线下相结合的消防宣传教育活动。广泛宣传消防安全知识，开展消防安全“公开课”“班组会”“线上学”等活动。三是加强消防安全基础建设，规范消防设备设施配备。加强消防设备设施的配备，定期检验维修，加强各类电动车辆充电管理，加强“多合一”场所的安全管理，落实用电用气、逃生疏散、火源控制、可燃材料使用等防范措施。四是聚焦消防安全巡查检查，强化管理人员的履职能力。加强防火巡查检查工作，对巡查检查发现的隐患和监管部门责令限期整改的火灾隐患要建立清单，实现闭环管理。五是完善消防应急预案，加强消防应急演练。消防安全重点单位要结合生产实际制定灭火和应急疏散预案，其他单位要制定相应的应急方案。(《中国邮政报》11 月 5 日)

**【中国邮政跃升世界邮政第一】** 8 月 3 日，《财富》杂志发布 2022 年世界 500 强排行榜，在上榜的世界邮政企业中，中国邮政排名第 1 位。其中，营业收入和利润均排名世界邮政第 1 位。榜单显示，中国邮政排名世界 500 强第 81 位，连续 3 年进入百强行列，并首次超越日本邮政。(《中国邮政报》8 月 5 日)

**【中国获评万国邮联 PDL10 级国家】** 10 月 7 日(中部欧洲时间)，在瑞士伯尔尼举行的世界邮政日仪式上，万国邮联(UPU)发布 2022 年邮政发展综合指数(2IPD)报告。中国、奥地利、法国、德国、日本和瑞士成为 2IPD 指数的 PDL10 级国家。万国邮联国际局总局长目时正彦向 PDL10 级的国家颁发“表彰函”。万国邮联表示，PDL10 级代表顶级邮政业绩的同行群体，上述 6 个国家利用其邮政商业模式的力量，在邮政服务方面取得最高水平的成功，提供了世界级的邮政服务，并为其国家的社会经济增长作出了重大贡献。(《中国邮政报》10 月 12 日)

**【中国邮政获第三届亚太邮联区域奖多个奖项】** 8 月 29 日—9 月 2 日，第十三届亚洲—太平洋邮政联盟代表大会在泰国曼谷召开。来自亚太邮联32个成员国、万国邮联等国际组织的200余名代表和观察员出席大会。大会审议通过了亚太邮联新一周期工作架构，修订亚太邮联法规，举办亚太邮联成立六十周年庆祝活动，选举产生新一届亚太邮联秘书长和新一届亚太邮联执行理事会主席国、副主席国。印度通信部邮政副总局长维纳亚·普拉卡什·辛格当选新一届亚太邮联秘书长，泰国和中国分别当选新一届亚太邮联执行理事会主席国和副主席国。大会还审议通过了中国当选供应链工作组联合主席国。

9月5—6日，第9届亚太邮联邮政产业论坛举行。此届论坛聚焦“推动数字化转型”，探讨邮政行业的战略方向、未来趋势与可持续发展等议题。中国邮政在主题发言中分享了RCEP给亚太地区邮政带来的新机遇，并提出有关深化区域合作互赢、共促邮政业发展的建议。论坛期间，亚太邮联举行了第三届亚太邮联区域奖颁奖仪式。中国邮政报送参评并获4类奖项中的3个奖项，分别是武汉市江岸区分公司上海路揽投站投递员徐龙抗疫事迹获“先进个人奖”金奖，中国邮政全力做好抗疫期间保供保通保畅工作获“最佳贡献／举措奖”银奖，石家庄邮电职业技术学院疫情防控下“云端”伴学培训创新实践获“最佳创新／实践奖”银奖。(《中国邮政报》9月9日)

**【中国邮政两项目获评服贸会服务示范案例】** 9月3日，2022年中国国际服务贸易交易会服务示范案例发布。“中国邮政国土绿化行动”案例获评“中国服务实践案例”，邮储银行“打造结算‘高速路’，建立支付‘生态圈’”案例获评“全球服务实践案例”。“中国邮政国土绿化行动”案例全面展示了中国邮政坚持绿色发展理念，以绿色邮政建设行动为抓手，持续推进国土绿化，为建设美丽中国贡献邮政力量。突出表现在开展义务植树、建设绿色邮政、传播绿色理念等方面。2019年3月至2022年5月，中国邮政线上、线下植树122万余株（棵），各渠道相关捐资366万余元。此外，结合自身业务，中国邮政发行了首套以中国植树节命名的纪念邮票，并深入推进绿色包装治理、加快推动绿色运输转型、促进绿色金融发展，跻身行业绿色发展的“第一方阵”。

“打造结算‘高速路’，建立支付‘生态圈’”案例，体现了邮储银行在推动跨境人民币服务实体经济和促进贸易投资便利化，提升人民币跨境清算效率和推进跨境人民币业务创新方面进行的探索。人民币跨境支付系统（CIPS）标准收发器接入行内分布式架构的新一代国际结算系统，可实现跨境支付标准化、一体化处理，支持跨境资金收付、账务核对、业务查询等业务场景，以提效率、防风险、降成本三大优势，助力用户足不出户完成业务，打通跨境人民币清算“最后一公里”。邮储银行还打造以CIPS为核心的人民币直贷、离岸结算融资的跨境支付产品“生态圈”，通过与中国国际贸易单一窗口平台、邮储银行“U链”福费廷等平台整合，打造物流、支付、通关、汇兑、融资等全流程跨境生态服务体系，实现人民币跨境业务与传统清算业务的深度融合。(《中国邮政报》9月10日)

**【7家邮政单位获评“2022年全国市场质量信用AA级企业”】** 12月，中国质量协会公布2022年第二批全国市场质量信用A等企业名单，7家邮政单位榜上有名。其中，安徽省六安市分公司、内蒙古乌兰察布市分公司、甘肃省武威市分公司和邮储银行福建省南平市分行4家单位被初次认定为“2022年全国市场质量信用AA（用户满意）级企业”，广东省佛山市分公司、重庆市大足区分公司和邮储银行江苏省南京市分行3家单位通过“2022年全国市场质量信用AA（用户满意）级企业”的复评。(《中国邮政报》12月24日)

**【策划迎接党的二十大主题宣传活动】** 策划开展《沿着邮路看中国》大型主题宣传活动，利用中央及社会媒体、中国邮政报全媒体、邮政企业新媒体矩阵宣传，形成“国家强势媒体深度参与、主流新媒体平台全程互动、邮政自有媒体全力支撑”的立体式宣传，生动讲好新时代新邮政故事。各类媒体发布“沿着邮路看中国”相关报道10891篇次（含转载），微博话题阅读量9758万人次，抖音、快手播放次数1.73亿人次。在集团公司总部大厅推出《喜迎二十大 奋进新征程 建功新时代——中国邮政发展成就图片展》，通过图片、图表、视频等形式，全面展现党的十八大以来，特别是2018年以来，在新一届集团公司党组的带领下，中国邮政全面深化改革创新、打造“六维共生”新邮政、全力构筑“四梁八柱”战略框架，实现“二次崛起”征程上取得的显著成就。与央视财经频道共同策划完成《非凡十年看名企——走进中国邮政》主题报道，围绕“邮快合作”开启消费新通道，“物流＋金融＋电商”一揽子服务助力乡村振兴，“数智化”转型提质增效等角度，展现中国邮政的非凡十年。制作推出《领航》歌曲MV，通过唱响奋进新时代的昂扬主旋律，展现邮政干部职工坚定理想信念，锚定奋斗目标，不怕苦、不畏难，用臂膀扛起责任的新时代风采，营造邮政系统喜迎二十大的浓厚氛围。(集团公司综合部)

**【中国邮政创新高端传播品牌传播模式】** 中国邮政发挥中央广播电视总台品牌和资源效能，组织开展乡村振兴大型主题系列宣传活动，创新“高端传播、内容共创”的品牌传播模式，打造“千县万品好物产”“激活乡村振兴最后一公里”两个专属IP，制作47期专属节目，通过主题广告片、宣传片的配合推广，触达约1.6亿人次；以2022总台首届网络丰收晚会为契机，利用总台主持人为邮政农品基地、极速鲜业务等进行植入推广；通过总台融媒体平台和在抖音、快手、微博等三方平台账号进行专题专栏、图文、视频等矩阵式传播近1100条，总阅读量超8100万，同时策划《新闻联播》《经济半小时》《经济信息联播》等名牌栏目以及新华社、《人民日报》等权威媒体进行深入报道，多角度、多维度展现中国邮政服务乡村振兴的创新举措。（集团公司市场部）

【中国邮政服务乡村振兴宣传活动】 协调策划在《人民日报》头版发布通讯《中国邮政集团——发挥资源优势 服务乡村振兴》，报道中国邮政在满足新型农业经营主体多元化金融需求的同时，不断创新农村电商与服务乡村振兴的新举措，用新金融、新电商助力乡村振兴的工作成绩。同时在《人民日报》海外版、《新华每日电讯》等中央媒体发布相关新闻。协调策划在央视《新闻联播》头条播出“奋进新征程 建功新时代·非凡十年”《农村物流提速 畅通城乡循环》专题新闻，报道中国邮政整合村邮站、三农服务站、村里小商超等，布局42万个“邮乐购”电商服务站点等内容。在央视新闻频道《朝闻天下》《新闻直播间》、财经频道《经济半小时》等节目，报道中国邮政打通乡村物流最后一公里、多措并举助农惠农、以“四流”解“三难”方面的作为。（集团公司综合部）

【保供保通保畅主题系列宣传】 围绕保供保通保畅，开展“为美好生活加速”系列宣传，协调中央主流媒体及时发布权威信息，联动寄递事业部和各省（区、市）分公司开展宣传报道。中央主要媒体及社会媒体共发布中国邮政抗击疫情的相关报道9748条（含转载）。其中央视新闻频道《新闻联播》《新闻直播间》节目、财经频道《正点财经》《第一时间》节目共播出8篇新闻报道，财经频道《经济半小时》播出《疫情之下 我来守护你！》《疫情下的物流突围》等3期专题节目，中国交通广播联合央视财经播出1期融媒体直播节目；策划邀请国家乒乓球女队主教练马琳开展第三方发声。（集团公司综合部）

【聚焦冬奥传播邮政形象】 围绕中国邮政全力服务保障冬奥会、发行冬奥会纪念邮票、中国邮政冬奥会火炬手等内容，协调媒体，集中宣传展示中国邮政服务“国之大者”的责任担当和邮政的精彩故事。特别邀请核心媒体采访北京冬奥会和冬残奥会开闭幕式总导演张艺谋、冬奥会邮票设计者等，宣传报道引发社会热议，冬奥会期间，新华社、央视新闻客户端、央视财经频道新媒体、《经济日报》、《光明日报》等播发相关新闻2000余条。（集团公司综合部）

【围绕代表履职做好全国两会宣传】 在全国两会宣传中，围绕6位代表履行职责以及邮政服务全国两会开展全方位新闻报道。央视新闻频道《2022聚焦两会》推出《全国人大代表柴闪闪 基层一线代表用青春谱写梦想》专题，直播柴闪闪走上首场“代表通道”；中央广播电视总台《新闻直播间》“中国之声”等节目推出专题新闻及访谈节目等。全国两会期间，中央主流媒体及其新媒体平台，行业媒体、地方主流媒体、资讯门户网站共刊发相关新闻报道12500余篇（含转载）；中国邮政新媒体矩阵发布全国两会相关报道100余篇，阅读量近百万。（集团公司综合部）

【推进董事会规范建设】 董事会依法召开会议7次，审议重大议案22项，召开专门委员会会议6次、会前沟通会6次。董事会落实集体审议制度，鼓励各位董事平等充分发表意见，重点从战略方向、产业资源配置、行业责任担当、企业实力提升、风险与收益平衡等方面审议议案，议事程序规范、会议组织专业、协调沟通高效、决策过程民主，在公司战略决策、内部管理、风险防范、深化改革等方面发挥了重要积极作用。董事会完善决议长效管理机制，审慎开展对经理层的授权管理监督，持续加强董事会决议、授权及董事意见落实情况的常态化跟踪监督及检查，强化对重大决策的全生命周期管理，积极培育审慎合规、开放透明的公司治理文化，有效维护出资人和企业利益，开创了董事会建设规范、高效、协同的良好局面，为做强、做优、做大中国邮政提供了坚强领导和科学决策机制保证。（集团公司综合部）

【建立全流程督办机制】 集团公司综合部建立起较为规范的督办工作机制和督办业务流程图，对集团公司重要会议部署事项、领导批示、领导调研工作要求、领导交办事项等开展督办。针对上述不同类型的工作部署分别制定具体的交办和督办流程。按照集团公司领导要求，综合部对2022年党中央重大决策部署、集团公司党组重点工作安排、各类会议决定事项的贯彻落实和集团公司领导调研及批示要求的重点工作采用督办工作台账方式进行督办。下发21份重点工作分工方案表，203项目标任务701项具体工作安排，确保重要工作不断点、不漏项。同时，对于进展缓慢的、集团公司领导着重关注的重点工作下发纸质督办单，一事一督，限期完成，下发18份督办通知单。（集团公司综合部）

【档案工作信息化水平提升】 按照“存量数字化、增量电子化、利用网络化”原则，持续做好邮政数字档案管理系统应用推广，系统累计登录用户6700余人次，全面实现总部及二级单位系统应用全覆盖；召开系统运维例会近30次，执行日常巡检480次，例行维护45次，升级变更14次，处理用户问题300余个，系统整体运行平稳；迁移及归档各全宗管理类电子档案44万余件（总部全宗4万余件），著录合同档案电子条目1万余条，在线接收数码照片档案2000余张、音像档案近400GB，数字档案资源共建共享成效显著；按时完成商密系统与数字档案管理系统集成项目需求分析与概要设计评审、接口开发、UAT测试案例评审、联调测试、试点上线、全国推广等工作，为提高增量文件的电子化率，开展无纸化办公环境下电子档案单套管理创造了必要条件。（集团公司综合部）

**【推进档案工作规范管理】** 推进二级单位档案工作管理办法全覆盖，持续完善与新修订档案法实施相适应的管理体制和工作机制。修订完善邮政工程档案管理办法，压实各方档案工作责任，填补工程电子文件归档和电子档案管理制度空白，建立工程档案工作长效机制。以“监督”为要，在检查中抓质量。对照国家档案局《中央企业档案检查评价标准》，制定检查评价清单，赴北京直属单位开展现场检查，增强依法依规管档意识，提高档案工作规范化水平。围绕档案检查工作、科研及建设项目档案规范管理、数字档案馆系统归档实操等内容，组织开展培训10余次，培训相关人员2000余人次。按照“三纳入”“四参加”工作要求，严把工程档案验收审核关口，参加邮政固定资产投资建设项目验收70余次，审查建设项目档案1000余卷，确保档案资料达到完整、准确、系统、规范和安全的规定要求，实现工程建设与档案管理有效衔接、同步并行。（集团公司综合部）

**【建立健全疫情防控平急结合的标准化体系建设】** 因时因势动态调整疫情防控政策，动态调整并下发指导性文件35份，全系统未发生一起因疫死亡病例，未发生一起聚集性疫情。集团公司总部获评2020年度、2021年度金融街疫情防控及综合保障性工作先进单位。及时修订防疫指导手册或防控指南，制定手册2版、应急响应预案4份、演练方案1份，建立健全集团公司平急结合的疫情防控体系。及时做好常态化疫情防控工作，坚持每日疫情零报告，坚持向国家邮政局的每周疫情零报告。完成11次防疫物资调拨工作。推动一线人员疫苗接种率100%。组织在京单位完成疫情防控检查12次，发布非正式通知160余次。动态调整金鼎大厦防疫措施85次，组织大厦人员核酸检测135次、27万人次。（集团公司综合部）

**【中国邮政2022年首批优秀创意和优秀创新项目揭晓】** 8月10日，中国邮政2022年大众创新首批优秀创意和优秀创新项目揭晓，创意风云榜和创新项目先锋榜同时发布。经集团公司评审，广东、江西省分公司，中邮证券、寄递事业部、集团公司金融业务部提出的6个创意获评“优秀创意奖”；安徽、辽宁、江苏、河南、湖北、山东等省分公司，邮储银行、中邮保险、中邮证券等提出的10个创新项目获评“优秀创新项目奖”。（《中国邮政报》8月12日）

**【第十八届全国邮政企业管理现代化创新成果评选完成】** 河南、湖南、四川等省分公司和集团公司市场部等单位4项成果获得国家级创新成果二等奖；江苏省泰州市分公司等单位4项成果荣获行业（省部）级创新成果一等奖，安徽省分公司等单位9项成果获得行业（省部）级创新成果二等奖。（集团公司市场部）

**【石家庄邮电职业技术学院在国家“双高计划”建设中期绩效评价获评优秀等级】** 2019年，石家庄邮电职业技术学院入选“中国特色高水平高职学校和专业建设计划”建设单位。2022年6月28日，省级评价专家组到校进行中期绩效评价实地复核，对石家庄邮电职业技术学院“双高计划”建设成果给予高度认可。2023年1月30日，教育部公布中期绩效评价结果，石家庄邮电职业技术学院以优秀等级通过验收。（石家庄邮电职业技术学院）

## 战略规划与风控合规

**【概况】**

**一、推动集团公司战略任务落实落地**

全面推进规范化、流程化管理。全面梳理集团公司成立以来印发的746项规范性文件，系统制定288项管理提升重点任务；梳理集团公司总部现行736项制度，推进各单位完成176项制度文件的立改废；推进各控股子公司、寄递事业部对3936项现行制度进行梳理，完成916项制度的修订。推进规范体系建设，中心局规范化改革卓有成效，处理效能、生产效率大幅提升；制定邮政营业等标准、定额、规范41项。

构建高标准市场化体系。从发展质效、运营服务、改革创新、市场地位、风险管控等维度，初步构建总部、省级、运营层面的全面对标体系，开展80项对标提升行动，按月通报省分公司42项关键对标指标完成情况，推动补短板、强弱项、固优势；建立“总体统筹、分层推进”工作机制，以“四个到人”确保工作成效。全系统对标对表的理念明显增强、对标对表的行动更加自觉，实现了从“只关注自身发展”向“与行业先进看齐”转变。

推进分业经营改革。按照集团公司党组确定的“四个有利于”“十个必须”原则和整体改革思路，制定分业经营改革整体方案并报送财政部、国家邮政局。从组织架构、产品、运营环节3个维度全面梳理寄递业务的要素资源配置，厘清寄递业务现状，开展行业对标，明确分业是结果、实现全面改革才是根本目的。坚持顶层设计与基层试点相结合，江苏、浙江省分公司完善改革试点方案。

**二、推动部门重点工作取得成效**

推进集团公司改革三年行动实施方案落实。对集团公司各项改革工作按月督导调度，主动与上级主管部门沟通，定期汇报改革进展成效，及时传达上级主管部门改革精神及其他央企经验做法；严格落实中央“可衡量、可考核、可检验、要办事”的工作标准及做好高质量收官的工作要求，截至 2022 年 12 月 31 日，集团公司改革三年行动既定目标任务全部完成，实现胜利收官。

建立健全风控合规体系。制定合规管理、制度管理两个基本办法；落实重大决策和规章制度法律合规审查，对 84 项重大决策和 78 项制度提出法律合规审查意见。

推进中长期规划规范管理。形成“总体规划 + 业务规划 + 职能规划 + 分公司规划”的“十四五”规划编制体系；制定印发集团公司战略规划管理办法，明确重点任务分工开展规划解码培训；启动 2022 年度“十四五”发展规划年度评估，构建中长期发展规划闭环管理体系。

优化提升各项股权管理工作。完善股权管理制度体系，制定印发控参股公司董事会建设指引、相对控股混合所有制企业管理指导意见、股权投资清理退出工作指引，修订外派董事监事履职评价办法；强化日常股权管理工作，组织编制股权投资年度预算及管理情况年度报告，审议“三会”议案 600 项，清理股权投资单位 65 家，积极推进控参股公司股权优化调整、外派董监事年度履职评价、境外投资绩效评价；稳步推进资本运营工作，完成中邮保险引战混改、中邮科技上市过会、速递物流公司海外仓境外项目及购置大飞机注资、邮乐增资，组织开展邮储银行稳定股价、中邮创业基金股权划转、中邮广市场化改革方案研究、中邮信通股权划转等相关工作。

优化战略绩效考核体系。承接财政部考核重点，聚焦年度重点工作，加大对标考核权重，实行考核结果强制分布，切实发挥“指挥棒”作用；构建覆盖全部集团公司党组管理领导人员的经营业绩考核体系，制定 197 名党组管理领导干部经营业绩责任书，助力推进任期制和契约化管理；向财政部沟通汇报，集团公司战略绩效考核持续为优秀等级。

推进依法治企。组织制定揽分运投 4 个环节 7 个寄递外包标准合同文本；主动开展打假维权，邮政制服、邮车打假全部胜诉，对 217 家名称侵权企业开展维权；强化合同法律审查，全年审查 547 份合同，标的额 417 亿元。

主动服务雄安新区建设。对接雄安新区管委会改革发展局，咨询论证集团公司征地事宜。调整集团公司服务雄安新区建设工作领导小组办公室成员和驻雄安工作组组成方式，建立定期通报机制，推动年度服务新区建设工作落地实施。组织编制集团公司“十四五”期间服务雄安新区建设发展规划和 2035 年远景目标。

推进战略研究。编发中央 1 号文件解读、1 季度常态化跟踪、数字经济、制造强国、雄安新区建设、海南自贸区建设等 11 期服务国家重大战略动态研报。做好“比学赶帮超”典型案例推荐发布，从 31 个省（区、市）分公司报送的 342 篇中选出 42 篇典型案例，通过 12 期《中国邮政信息专报》予以发布。（集团公司战略规划部）

**【集团公司部署开展外包专项整治和 15 项管理提升重点工作】** 10 月，集团公司召开外包专项整治暨管理提升重点工作部署会议，强调要深入推进中国邮政治理体系和治理能力现代化，全面规范业务外包管理，系统化推进管理提升工作，为企业高质量发展提供有力支撑，为中国邮政行稳致远打牢根基，以实际行动迎接党的二十大胜利召开。集团公司党组书记、董事长刘爱力出席会议并讲话。集团公司副总经理康宁主持。集团公司党组成员、总会计师郭成林通报外包专项巡视发现的问题并进行专项整治工作部署。集团公司党组成员出席。集团公司战略规划部部署 15 项管理提升重点工作。（《中国邮政报》10 月 12 日）

**【集团公司改革三年行动收官】** 一是全力加强政治建设，坚持把学习贯彻习近平总书记关于国有企业改革发展和党的建设的重要论述作为首要任务，建立第一议题长效机制，把学习贯彻习近平总书记重要讲话和重要指示精神作为第一议题，推进党建工作与生产经营深度融合，组织 23 万名党员开展“三亮三比三评”活动，组织 1.4 万个党支部开展“领题破题”活动，制修订《邮政企业党委（党组）落实党风廉政建设主体责任的实施意见》《邮政企业纪检机构落实党风廉政建设监督责任的实施意见》等文件，推动全面从严治党不断走向深入，开展做强寄递主责主业、规范业务外包专项巡视，将中邮香港纳入常规巡视范围，强化对关键岗位、关键领域的巡视巡查监督，修订印发《党组织书记抓党建工作述职考核办法》，完善党建考核机制。

二是主责主业快速发展。普遍服务质量全面提升，寄递业务竞争优势加快重塑，金融业务持续推进转型发展，农村电商平台生态初步构建，惠农合作项目协同发展。

三是建立健全中国特色现代企业制度。党的领导融入公司治理各环节实现制度化、规范化、程序化，制定印发《董事会议事规则》《董事会专门委员会议事规则》等制度文件，不断加强董事会建设，邮储银行、中邮保险等重要控股子公司实现董事会应建尽建、配齐建强。

四是进一步健全市场化经营机制。任期制和契约化管理全面实施，各级邮政领导人员 3.4 万人签订《岗位聘任协议》《经营业绩责任书》，集团公司党组管理领导人员以及各二级单位所属机构（部门）管理人员全面完成签订工作，做到应推尽推、应签尽签。

五是推进混合所有制改革。中邮保险成功引入友邦保险作为战略投资者、成为中国保险业最大规模的引战交易事项，中邮科技IPO成功过会、科创板上市取得突破性进展。

六是自主创新能力持续提升。组建成立邮惠万家直销银行，加快推动数字邮政建设，完成建设信创云平台，数字人民币研发在部分领域达到国有大行领先水平。

七是国有经济布局优化和结构调整持续推进。资产重组与盘活取得实效，2020—2022年清理退出“两非”“两资”（非主业、非优势业务，低效资产、无效资产）198家，厂办大集体改革、医疗机构改革基本完成，严格落实国家关于剥离国有企业办社会职能和解决历史遗留问题相关要求。（集团公司战略规划部）

【完善战略规划管理体系】 为推进战略规划管理规范化、体系化、制度化，促进战略规划科学制订和有效实施，集团公司以“十四五”规划实施为契机，不断健全战略规划闭环管理体系，切实提升战略引领能力。3月印发《中国邮政集团有限公司战略规划管理办法》，明确战略规划管理职责分工，以及战略研究和发展规划的制订、执行、评估与调整的全过程管控要点。组织制定集团公司“十四五”发展规划重点任务分工方案，明确责任部门（单位），细化了分工措施，确保规划举措落地。组织德勤公司、中邮证券、石邮学院及集团公司相关部门，对战略规划管理相关人员进行规划解码培训。启动集团公司“十四五”规划2022年执行情况评估，客观评价规划实施取得的进展成效，总结提炼推进规划实施的经验做法，深入剖析实施中出现的问题及原因，提出下一步工作对策建议。（集团公司战略规划部）

【推进分业经营改革】 按照集团公司党组确定的“四个有利于”“十个必须”原则和整体改革思路，组织召开24次专题会议，并向党组汇报6次，制定分业经营改革整体方案并报送财政部、国家邮政局。组织起草分业经营改革整体方案，拟订产品划分、自营和代理区域划分、网络资源划分、机构设置和人员配置、结算价格体系、支撑和保障措施等内容。按照组织架构、产品和运营环节3个维度，梳理寄递业务的人、财、物要素资源配置，摸清寄递业务现状，开展行业对标，明确分业是结果、实现全面改革才是根本目的。推进成本写实，测算了普遍服务业务和快递物流业务各产品、各环节的现实成本，初步制订结算价格体系，提出财务测算模型；开展全国寄递事业部从业人员工作情况摸底调查，初步摸清自有人员的年龄结构、岗位分布和实际从事工作内容，测算了自有人员由于历史和制度因素高于行业水平的成本差异。坚持顶层设计与基层试点相结合，通过江苏、浙江省分公司积极探索、精细测算，制订并修改完善试点方案，为全网推进分业经营改革出经验、蹚路子。（集团公司战略规划部）

【优化绩效考核体系】 实现绩效考核对象全覆盖。绩效考核对象涵盖集团公司所有二级单位和部门47个，31个省（区、市）分公司、3个控股子公司、寄递事业部、9个直属单位、13个总部部门。实行分类考核体现差异化。省分公司、控股子公司和经营型直属单位以KPI考核为主，非经营型直属单位和集团公司总部部门采取KPI+重点任务的考核方式。强制分布提升考核结果区分度。根据考核得分在同类单位中的排名，尤其是省分公司由分组排名调整为全国排名，考核结果实行强制正态分布，有效提升考核区分度。按月通报强化绩效执行管控。按月通报省分公司绩效执行情况和关键对标指标完成情况，对执行偏差较大的单位进行预警，在降本增效质询会议上提出帮扶督导建议，助力找准问题持续改进，确保完成年度经营目标和党组部署的各项重点任务。强化效益考核引领高质量发展。对于未完成利润预算目标，年度考核结果原则上不得进入B级及以上等级。加大对违反财经纪律的考核力度，将监督检查责任纳入考核。领导人员经营业绩考核责任落地。印发《2022年度省（区、市）分公司党组管理领导人员经营业绩指标库的通知》，制定包含领导人员正职、分管代理金融业务、分管寄递业务、分管邮务业务和分管职能条线的经营业绩考核指标，并结合各单位实际差异化设置重点任务指标，考核精准度提升，推进党组管理领导人员任期制和契约化工作的实施落地。（集团公司战略规划部）

【建立健全全面风险管理体系】 为建立健全邮政企业全面风险管理体系，提高防范化解重大风险能力，集团公司印发《关于调整邮政企业风险管理及内控合规机构设置和人员编制的通知》，组建风险内控合规机构，法律事务部更名为法律与风控合规部，统筹集团公司各业务板块风险管理、内控、合规、法务等工作，新设风险与内控合规处并赋予非金融板块风险、内控、合规管理职能；各省（区、市）分公司法律事务室更名为法律与风控合规室，承担本省法律事务、非金融风险管理、内部控制、合规管理相关工作。集团公司党组深入贯彻习近平法治思想，落实全面依法治国战略，把全面依法依规治企摆在更加突出位置，推动风险、合规、内控、法律等全面风险管理工作迅速开展，不断筑牢“三道防线”，保障邮政高质量发展。（集团公司战略规划部）

【提升法律服务支撑水平】 一是推进集团公司合同规范化标准化管理。制定下发集团公司《标准合同管理规范》和17个标准合同文本，推进寄递业务外包、采购等业务领域合同规范化标准化管理。二是深度参与行业法律法规制定修订工作。组织起草《邮政普遍服务条例》建议草案，对《交通运输法》《邮票发行监督管理办法》等近10部过路法规，提出140余条修改意见和建议，争取支持保障邮政发展的政策法规落地、落细。三是强化法律审查的风险把关作用。邮政企业各单位审查经济合同 47 万余份（不含邮储银行），金额 1806 亿元。严格依法依规决策，将重要决策和规章制度的合法合规性审查嵌入集团公司党组会、董事会和总办会议题申报流程，对不合规事项“一票否决”，确保企业内规与国家外规相衔接。四是开展法律合规教育增强法律意识。利用“小邮说法”微信公众号整合企业内外普法资源，提高推文频次和质量，关注和阅读数量明显提升。在“中邮网院”开展“法律合规典型案例培训”，参训人数超过 27 万人，学习合格率 89%。（集团公司战略规划部）

【处理法律纠纷化解风险】 一是紧盯诉讼案件，维护企业合法权益。组织处理 60 起集团本部诉讼案件，督导下属单位处理 17 起涉案金额在 5000 万元以上和有其他重大风险的案件，依法维护企业权益。二是组织开展诉讼案件监测分析。加强典型诉讼案件研究，制订仓配业务法律风险防控指导意见，对重要领域法律风险进行预警，指导相关单位妥善处置。监测全国邮政企业处理法律纠纷案件 3279 件（不含邮储银行），涉案总金额 27 余亿元，各单位积极维权，全年累计为企业挽回或避免损失 1.68 亿元。三是持续开展系列专项打假维权活动。对侵犯邮政商标权的企业提起诉讼，5 起案件全部胜诉。四是持续督导通过司法行政手段维权。清理 217 家涉嫌侵犯邮政企业名称权的企业。（集团公司战略规划部）

【中邮科技 IPO 成功过会】 中邮资本聚焦科创板上市申报、审核各阶段重点工作，从财务、法律、业务等多角度统筹跟进，对关联交易、同业竞争等监管重点关注的问题组织开展多轮请示、沟通。定期组织召开中邮科技上市工作领导小组会议，先后完成中邮科技上市方案、国有股权设置方案及出具上市兜底承诺函等重要工作的集团公司决策程序。中邮科技于 6 月 30 日取得辅导验收证书，完成申报文件报送并获得上交所受理。下半年，协调中邮科技、集团公司相关部门完成问询问题调研、核查及重要文件补充工作，完成首轮及第二轮问询答复工作。11 月 26 日，成功通过科创板上市委审议会议并于 12 月 30 日提交证监会注册。（中邮资本）

【开展仓储项目布局】 中邮资本通过定期协调会等形式推动中国邮政与普洛斯共同出资设立的合资公司——北京中邮鸿运管理咨询有限公司不断规范、有序运行，包括优化工作目标节奏、明确一期基金策略、基金项目池以及确定保险机构等意向投资人。推动南京江宁项目实施盘活，按期完成南京江宁 123 亩种子项目盘活方案的决策，按期完成项目竣工验收、审计以及 SPV 公司设立，拟定项目转让和场地返租协议。协调土地出让金补缴、资产评估和 SPV 公司资产注入等事宜。（中邮资本）

【完成邮乐公司增资控股】 7 月 29 日，上海邮乐公司正式完成股权交割，集团公司实现对邮乐公司 70% 控股。控股之后，邮乐公司成立邮乐金服子公司，市场化引入总经理等专业人才 20 人，健全商品供应链、技术支撑、平台运营等团队，于 12 月 12 日搬入陆家嘴新办公场地。2022 年，邮乐平台实现 GMV129.8 亿元，增幅 60%，日均 UV120 万，增幅 43%。（中邮电子商务有限公司）

## 财务管理

【概况】 财务管理工作紧紧围绕集团公司重大决策部署、发展战略和经营管理目标，以增加企业价值为核心，强化预算管理，助力集团公司战略管控；强化资金管控，服务和规范集团公司运营；深化分类核算，全力支撑寄递改革；统筹推进降本增效，推动寄递业务高质量发展；完善资产管理体系，提高资产运行效率；完成业财一体化主要功能开发上线，实现从业务源头到财务的打通；聚焦数据治理体系建设，开创数据治理新篇章；全面推进财务基础管理，完善制度体系，开展会计信息虚假专项整治，常态化开展财务检查、严肃财经纪律，加强欠费管理，规范工程财务管理，坚持问题导向开展经营分析，锐意进取、奋发作为，为助推中国邮政高质量发展贡献财务力量。（集团公司财务部）

【资源管控】 预算管理。以预算驱动全年经营目标的完成，包括优化资源配置，基于零基预算的预算管理体系基本成型。坚持对标对表和业务驱动，优化零基预算模型，强化经营源头预算及成本要素驱动；调整超额利润资金上缴等政策，鼓励省分公司增收增效；建立滚动预测机制，动态调整资源配置策略，推动全年成本费用更加均衡合理开支，促进年度预算目标实现；集团公司实现利润 855.6 亿元，增长 16.6%（按会计准则比上年口径），31 个省（区、市）分公司总体超额利润 23.7 亿元；做好财政预算项目管理，强化国家政策传导，提高财政资金绩效。

资金管控。通过资金预算强化投资规模管控，适当控制各省投资节奏，促进固定资产投资效益提升。会同寄递事业部开展营收资金专项整治，在此基础上，推动收款电子化。建设独立电子收款系统，实现电子收款渠道全覆盖；上线业财一体化平台寄递协议客户收款功能，实现各级单位资金自动清分；构建风控预警模型，组织各业务条线明确营收资金管理规则，系统防范经营风险。通过专项整治和日常监控分析，易发生个人账户归集资金风险的现金收款比例由16%下降到2.6%，湖北、河北、江西等7省分公司现金收款比例低于1%，系统预警的个人账户归集资金疑似数量持续下降。丰富融资渠道，降低融资成本，集团公司荣获上海证券交易所2022年度“公司债券优秀发行人”奖项，融资余额下降约80亿元。（集团公司财务部）

**【分类核算】** 深化分类核算方案，按新的专业维度出具寄递、邮务主要产品营利性测算分析报表。组织开展分类核算相关结算政策成本写实工作，提出分业经营结算价格体系建议。持续对分业经营试点方案进行动态财务测算，为分业经营改革提供决策支持。开发并试点上线寄递单票盈利能力分析模块，为构建基于单票成本的多维度盈利能力分析体系打下基础。深入推进揽投部损益核算，支撑揽投部经营机制改革。（集团公司财务部）

**【成本管控】** 统筹推进降本增效。坚持运用好“三把尺子”，确定全年总体成本压降目标和“一省一策”各省目标，围绕“三大重点成本”，抓细“十项重点任务”，制定56项细化任务台账，实现“四个专题突破”。强化过程管控，按季度召开降本增效专题推进会，建立月度降本增效质询调度会，实现31省质询全覆盖。组织开展市趟运输写实和试点优化，市趟运输成本压降至2.36元/吨公里，比改革初下降17.5%。促进揽投成本优化，通过跟班写实、流程梳理等方式，提出自提点建设等全国揽投端成本优化建议。组织推进外包专项整治，从需求、预算、价格等10个环节优化外包管理流程和管理标准，建立完善外包规范化管理长效机制。在受疫情影响和油料持续上涨的情况下，2022年寄递件均总成本比上年下降0.47元/件，降幅13.5%，收寄、投递、处理、运输、管理环节单位成本分别比上年下降8.5%、9.8%、12.1%、1.7%和14.4%。

完善资产管理体系。组织实施资产盘活两年规划，通过重点项目督导检查、推进会等方式加快房屋土地资产盘活，广东、湖北、重庆等6省（市）分公司全面完成盘活任务。依托中邮资产，发挥协同优势，制定加快推进资产盘活方案，开展不动产运营机构选聘，促进提升资产盘活的专业支撑。面对疫情影响、市场需求萎靡和退租潮冲击，盘活房屋土地面积139万平方米，闲置率由年初的2.8%降至2%，降幅28.6%。按照国务院部署开展防范和化解拖欠中小企业账款专项行动，履行好央企的社会责任。（集团公司财务部）

**【业财一体化平台建设和数据治理】** 完成业财一体化平台主要功能开发上线。在收入侧规范业财流程节点，完善销售到收款闭环，在成本侧初步落实合同源头管理，构建采购到付款闭环，集中化实时接入寄递、邮务业务交易级数据，通过明确账务处理规则，自动快速完成业财处理，并利用信息技术将控制节点和合规要求嵌入流程，提升核算时效性、规范性和精细化水平。通过业财一体化平台衔接财务各专业条线、统一实时对接业务并进行规则转换，推进业财数据质量提升。

数据治理体系建设。建立数据治理组织体系，定期召开数据治理委员会及办公室会议，实施“双办公室”模式；推进数据认责，以数据规划为指引，确定17大数据主题归口部门，明确数据质量、安全、标准、共享等重点领域数据认责；聚焦源头数据，围绕分类核算、分业经营等重点业务场景，对揽投、资产、客户等开展专项数据治理，有效提升企业数据基础，解决业务痛点；完成数据治理平台建设，围绕数据质量、数据标准、数据分类定级等领域开展数据规范化管理，形成三级数据治理制度体系框架。（集团公司财务部）

**【财务基础管理】** 完善制度体系。在前期修订26项制度的基础上，修订制定《财会机构负责人管理办法》《全面预算管理办法（2022年修订版）》《集中资金办法》等7项管理制度。

开展会计信息虚假专项整治。深入落实国家审计移交问题整改，配合财政部山西监管局对集团公司会计信息质量的监督检查，各级单位问责3069人次。同时专题部署会计信息专项整治，提升收入质量、防范财务风险，夯实会计信息质量基础。

常态化开展财务检查，严肃财经纪律。围绕高质量发展和收支真实性等主题，完成对吉林、海南、甘肃、陕西等10个省（区、市）公司的财务检查，发现各类问题108个，其中收支不实和多列成本费用金额1.7亿元；6个省基本完成责任追究，处理处分109人，相关典型问题在全系统通报。

加强欠费管理。协同各业务条线完善业务系统信用额度控制功能，促进从源头管控欠费，与寄递事业部一起开展寄递业务账期外欠费整治，截至12月31日，账期外欠费12.75亿元，占比13.88%，比上年下降2.29%。

规范工程财务管理。推动各单位全面梳理未及时转固及财务竣工决算工程项目情况，涉及在建项目2688个，账面金额约223亿元；2806个项目工程尾款未完成清算，涉及金额7.62亿元。

开展经营分析。落实集团公司生产经营分析会牵头职能，搭建生产经营分析指标体系，建立经营分析通报问题闭环管理，研究改进经营分析会质量。此外，做好月度核算、结算、统计、税务、年度决算等方面工作，持续优化流程，提升规范化管理水平。（集团公司财务部）

# 人力资源管理

【概况】

**一、干部人才队伍建设**

持续优化领导人员队伍结构。牢固树立鲜明用人导向，将习近平总书记对国有企业领导人员提出的20字要求细化为具体标准，并贯彻到选人用人工作各环节全过程。严格落实选人用人原则、标准、程序和纪律要求，坚持事业为上、出于公心，集团公司党组选人用人工作好评率比2018年提升12.5%。坚持个体强整体优原则，优化班子的专业结构，每个省分公司班子配备2名及以上业务骨干型管理人员，保证金融、寄递等重点专业的工作有效开展。构建年轻干部育选管用全链条体系化工作机制，加大年轻干部选拔培养使用力度，各级领导班子年龄梯次结构持续改善，省、市、县公司班子年轻干部占比比2018年分别提升8.7%、7.8%、11.1%。

全面加强干部监督管理。突出“关键少数”监督，加强对“一把手”和领导班子的监督，督促“一把手”认真履职、审慎用权；严格领导干部个人有关事项报告和领导干部配偶、子女及其配偶经商办企业行为，建立领导人员插手干预重大事项记录报告机制。深化选人用人监督，持续开展选人用人和干部担当作为情况检查，发现问题督促整改；扎实做好“一报告两评议”工作，对二级单位新提任人员实现评议全覆盖，强化结果分析运用。做实做细日常监督，坚持抓早抓小、防微杜渐，运用“一报告两评议”、信访举报核查等工作成果，对领导人员苗头性倾向性问题开展教育提醒，防止小毛病演变成大问题，营造风清气正的选人用人环境。

推进实施人才强邮战略。认真贯彻落实中央人才工作会议精神，组织召开集团公司首次人才工作会议，完善邮政企业人才工作体制机制，明晰人才工作方向和重点任务，构建新时代邮政人才工作新格局。突出战略重点强化高层次人才队伍建设，通过评审、考核等自主培养方式产生高级专业技术人才170人，5人获得国家行业主管部委评选的“全国技术能手”“交通运输青年科技英才”等称号；对企业亟须且内部一时难以培养产生的数字化、电商等高层次专业人才，面向系统内外公开招聘，市场化引进10名优秀专业人才。

持续提升干部能力素质。加强政治训练，把习近平新时代中国特色社会主义思想、党的二十大精神作为教育培训“必修课”，组织举办“党的二十大精神”专题讲座，覆盖全系统三级副及以上领导干部；开展十九届六中全会精神专题培训，选派15人参加中组部调训；通过采取“线下集中”+“线上直播”方式，实施地市级邮政企业主要负责人、地市副职党性修养专题培训，地市正职、地市副职、县级负责人、三级以下年轻干部等“鸿雁计划”年轻干部系列培训，组织人事干部、基层党支部书记、邮政企业劳动模范等专题培训。加强实践锻炼，持续推进岗位锻炼、轮岗交流，遴选27名优秀年轻干部援藏，组织总部和基层102名业务骨干上下交流，选派干部到陕西省商洛市挂职副市长，加快干部的历练成长。

**二、建立健全市场化经营机制**

完善干部能上能下机制。创新选人用人方式，指导各单位分类开展竞争上岗工作，部分单位探索实施全体起立竞聘，为优秀人才脱颖而出提供平台，强化岗位意识、竞争意识，激发内生动力。落实中央《推进领导干部能上能下规定》，制定出台邮政企业领导人员能上能下实施细则，将不适宜担任现职情形细化为“政治素养、能力作为、从严治党、考核评价、其他方面”五大类25项具体情形，指导各单位建立能上能下制度。

完善市场化用工机制。深化用工制度改革，推进建立以岗位管理为基础的市场化用工制度，制定印发《关于开展岗位合同管理制度试点工作的通知》，在湖南、甘肃等省分公司开展岗位合同管理制度试点工作。修订并印发邮政企业寄递业务生产机构定额定员指导标准。截至12月31日，全网省际中心日人均处理效率比上年末提升471件，增幅43.3%，通过劳动工效提升，促进企业降本增效。

完善薪酬能增能减机制。制定印发集团公司工资总额管理办法，传导国家相关分配政策，健全与企业经济效益挂钩，与行业投入产出效率对标，与劳动力市场价格基本适应的工资决定和正常增长机制，工资总额配置更加突出效益导向和市场化导向。推行计件工资制，制定印发《关于进一步加强寄递事业部主要操作类岗位计件工资制落实工作的通知》，各地市包裹快递揽投环节计件工资推行率100%，压降固定薪酬占比工作取得明显成效。

**三、提升人力资源管理效能**

建立健全管理制度体系。出台13项人力资源管理制度文件。落实全面从严治党要求，制定集团公司党组管理领导人员插手干预重大事项记录报告规定、领导人员因私出国（境）管理办法。深化人事制度建设，制定集团公司党组管理领导人员经营业绩考核实施办法、领导人员综合考评办法、推行职业经理人制度操作指引。夯实人力资源基础管理，制定寄递业务生产机构定额定员指导标准、工资总额管理办法、人才工作领导小组工作规则、邮政营业员等7个职业技能等级认定考核大纲。

优化人力资源配置。压降用工总量及劳务用工占比，从业人员总量比2018年末压减3.3万人，劳动生产率79.4万元/人，比2018年增长34.3%，劳务用工占比压降2.75个百分点。人员配置结构不断优化，寄递揽投人员占比提

升 6.9%，代理金融个人客户经理比 2018 年增加 3.23 万人，占比提高 14.4%。（集团公司人力资源部）

**【优化领导班子结构】** 深入贯彻新时代党的建设总要求和新时代党的组织路线，牢固树立鲜明用人导向，大力营造风清气正的政治生态。坚持个体强整体优的原则，加强选人用人工作统筹，在规范省分公司班子分工的基础上，从业绩表现、年龄梯次、专业结构、分工协作、工作作风 5 个方面对各单位班子进行分析研判，推动针对性调整优化，每个省分公司班子配备 2 名及以上业务骨干型管理人员，班子结构明显优化、活力显著增强。（集团公司人力资源部）

**【加强年轻干部队伍建设】** 按照“五位一体”优秀年轻干部培养选拔模式（党委推荐、党校培训、座谈了解、分析比较、综合研判），选调 55 名优秀年轻干部参加党校专题培训；健全常态工作举措，加强对各单位年轻干部工作的统筹指导，各级领导班子年龄梯次结构持续改善，省市县公司班子年轻干部占比 20.0%、13.1%、21.0%，比 2018 年分别提升 8.7%、7.8%、11.1%。（集团公司人力资源部）

**【全面实施任期制和契约化管理】** 落实国企改革三年行动部署，党组管理干部及各级邮政企业 3.4 万领导人员全面签订岗位聘任协议和经营业绩责任书，实现应推尽推、应签尽签，通过一人一岗、一岗一表、一岗一考核、一岗一薪酬，助推领导干部知责履责尽责，彻底打破终身制、铁交椅、铁工资，“四个到人”责任机制全面建立。根据中央《推进领导干部能上能下规定》，结合邮政企业实际，制定出台领导人员能上能下实施细则，将不适宜担任现职情形细化为五大类 25 项具体情形，规范工作程序和纪实要求，为有效解决不担当、不作为、乱作为以及能岗不匹配等问题奠定了制度基础。（集团公司人力资源部）

**【健全落实重点业务配员标准】** 印发关于做好代理金融营业网点人员优化配置工作的指导意见、邮政企业寄递业务生产机构定额定员指导标准。代理金融网点人员结构持续优化，个人客户经理比 2018 年增加 2.98 万人，全网省际中心日人均处理效率比上年末提升 363 件，增幅 33.4%。（集团公司人力资源部）

**【集团公司召开人才工作会议】** 9 月 27 日，集团公司召开人才工作会议，深入学习领会习近平总书记关于新时代人才工作的新理念新战略新举措，贯彻落实新时代党的组织路线和中央人才工作会议精神，提高认识、明确方向、部署任务，纵深推进新时代邮政人才发展战略，全面加强人才队伍建设，奋力开创人才工作新局面，为推进中国邮政高质量发展提供坚强的组织保证。

会议强调，要加强顶层设计，健全工作机制，奋力开创新时代邮政人才工作的新局面。当前和今后一个时期，集团公司人才工作的总体要求是：以习近平新时代中国特色社会主义思想为指导，全面贯彻习近平总书记关于做好新时代人才工作的重要思想，贯彻落实新时代党的组织路线和中央人才工作会议精神，坚持党对人才工作的全面领导，紧紧围绕企业战略重点，以“专业化、职业化、数字化”转型为方向，着力打造寄递、金融、电商、科技人才高地，强化高层和基层“两端”人才队伍，实施专项人才工程，加快构建人才工作新格局，持续深化市场化经营机制改革，全方位培养引进用好人才，不断提升企业人才活力、创新力、竞争力，为推动中国邮政高质量发展、长远发展提供坚强的人才支撑。重点抓好五个方面工作：一是围绕企业发展战略，构建新时代邮政人才工作新格局；二是打造高素质专业化领导人员队伍，选优配强高质量发展“领头雁”；三是加强青年人才队伍建设，锻造数量充足素质优良的“后备军”；四是进一步深化市场机制改革，充分激发人才活力；五是全方位做好工作保障，切实提高人才工作质效。（《中国邮政报》9 月 30 日）

**【浙江省邮政培训中心项目获国际人才发展协会“卓越实践奖”】** 6 月，浙江省邮政培训中心“金融网点产能提升培训辅导实践”项目获得国际人才发展协会（ATD，Association for Talent Development）颁发的 2022 年度 ATD“卓越实践奖”。“金融网点产能提升培训辅导实践”项目自 2018 年开展以来，以金融网点产能提升为实践目标，以赋能员工成长为实践对象，通过实施培训辅导“四步法”，产能提升“十要素”和“八大能力”模型，实现员工与企业共成长。历时 4 年，完成对省内 19 个市县分公司近 350 个网点的培训辅导，受训员工 1000 余人。接受辅导的 19 个市县分公司，金融业务年度收入增幅在全省的排名比上年平均提升 13 名，间接创造经济效益（利润）7500 万元。（浙江省分公司）

## 采购管理

**【概况】** 采购管理工作以落实“管理提升年”要求为主线，完善两级集采体系强管理，应用“三把尺子”促降本，实施集采项目 9264 个，比上年增长 32.47%；集采总金额跃升至 730 亿元，比上年增幅 42.88%；集采率 94.34%、公开率 96.56%、上网率 88.24%、预算节资率 11.97%，采购效果和主要指标全面提升，关键指标达到央企先进水平。

两级集采管理，完善采购规范化管理体系。以制度规范管实施，组织修订、制定11项制度文件，重点完善采购方式选择情形，制定授权委托等办法填补空白，形成了以采购管理办法为基础的三级架构。梳理端到端流程，构建“三图一表十模板”的流程化框架统一视图，为规范化管理提供了基础和指引。以“目录+限额”管集采范围，全集团采购集中度明显提升。以平台控流程，推动电子采购与供应平台二期工程建设，初步构建含物资数据管理、采购管理、电子化采购和电商化供应等4项功能的信息化工作平台。

应用“三把尺子”方法论促降本。贯彻落实“中国邮政要过紧日子”的要求，以业务外包等重点项目为抓手，细化采购方案，组织落实，在市场成本普遍上涨、预算管控更趋严格情况下，实现连续5年预算节资率均超过10%。

供应商与履约管理工作。通过供应商在线注册与前置审核，建立包含2.6万家潜在供应商的信息库，减轻评审工作量，提高评审效率，为业务协同奠定基础。加强后评估与履约工作，组织对一级干线运输外包等13个项目的121家供应商进行后评估，重新设定一级干线运输项目后评估核心指标，提高客观分值和权重。向6家重金属超标邮袋供应商追回赔偿金284万元。

教育培训提能力。组织开展制度与实操宣传贯彻培训，参训范围扩大到相关部门与市县计参训人次1.44万。强化评审专家管理，增加合格专家445人，在库专家3054人，培训考试合格专家2315人。

业务监督检查促合规。在2021年专项治理基础上，围绕“5个是否”，组织开展重大项目专项检查。采取自查、抽查、互查及资料调审等方式，省分公司自查问题项目263个，集团公司抽查问题项目91个，推进整改取得阶段性成效。组织开展规范采购程序专项行动，制定印发《采购实施程序规范指引》，推进长效机制建立。

全面从严治党。深入学习习近平新时代中国特色社会主义思想，贯彻落实党的二十大精神，强化理论武装。与寄递事业部邮航公司建立联系帮扶机制，编制印发《采购案例汇编》，举一反三推进巡视整改，多措并举促进党建与业务工作相融合，促进转作风、提能力、知敬畏、守底线。（集团公司采购管理部）

**【构建“三图一表十模板”采购流程化管理框架】** 针对集中采购运行机制中的不完善、不规范等问题，按照流程衔接清晰、执行标准明确、责任落实到位、内控贯穿始终的设计思路，组织专班以采购实施过程为切入点进行作业写实，梳理端到端流程，构建“三图一表十模板”的流程化管理框架，形成采购流程化管理的统一视图，为各单位全面提升采购规范化管理提供了指引。通过业务流程图、过程控制图、责任矩阵图、风险内控表组成的“三图一表”，确定了从采购目录至后评估管理的9个环节、45个流程（活动）及5项重点要素，明确了采购程序的标准规范，为加强采购行为标准化规范化提供了索引。通过采购方案、会议纪要、采购结果签报及7个采购文件模板组成的“十模板”，明确了采购实施的标准化文件。“三图一表十模板”在集团公司层面关联过程、部门（岗位）、风险等流程要素，采购方案模板下发到各省（区、市）分公司推广使用。（集团公司采购管理部）

**【中国邮政电子采购与物资供应平台二期工程建设与应用工作推进】** 6月，集团公司完成电子采购与物资供应平台二期系统功能上线，10月进入全国推广阶段。截至12月31日，各省（区、市）分公司均实施全流程线上采购项目。通过两期工程建设，构建了全网统一的物资数据管理体系，实现了从采购目录计划、项目实施到后评估管理等9个业务环节的数据流程贯通，初步建成包含物资数据管理、采购管理、电子采购实施和物资电商化供应的四大功能模块和较为完善的采购信息化工作平台。

平台应用工作方面，制定了电子采购与物资供应平台操作规范，明确了各单位操作的具体要求与注意事项。采购管理部、中邮信科与各省分公司建立定期例会与联络群等机制，及时了解、协调解决各类业务与技术问题，保障平台稳定运行，支撑应用推广工作。应用电子采购平台实施的项目数量3420个，是上年的2.4倍，占项目总数量的36.91%。邮政、寄递、金融等各板块各单位全面使用物资供应平台，作为采购模式创新举措引入大单议价功能，规定采购金额10万元以上的订单必须进行大单议价。平台订单金额64.97亿元，比上年增长28.22亿元、增幅76.8%，实现了“小散杂”物资与营销用品采购集中度的进一步提升。开展大单议价3185单，交易金额7.95亿元，在平台物资现有折扣率的基础上，进一步实现平均降本16.35%。（集团公司采购管理部）

**【采购工作“三把尺子”方法论指导项目实施】** 集团公司采购管理部按照用好“三把尺子”的要求，应用定价模型开展实际成本测算、行业价格调研，对标同类企业和同类省分公司价格，锚定降本目标，完善采购方案和采购流程，科学设定采购限价，精心组织项目实施。在市场成本普遍上涨、预算管控更趋严格的情况下，实现采购价格进一步压降，预算节资率11.97%，连续5年均超过10%。在公务用车采购中，调研分析维修保养成本和整车行业采购价格，合理测算免费保修保养评审分值，预算节资率29.81%，对比同期部分政府及央企采购，核心零部件免费维修服务期限及免费基础保养服务次数大幅提高。（集团公司采购管理部）

# 审计监督

【概况】 全国邮政实施审计项目7839项，其中工程审计5913项，发现问题4.3万个，提出审计意见及建议8727条，促进整章建制2326项，给予行政处分244人，向纪检监察机构移送问题线索等50件，工程结算审减额3.53亿元，审减率12.47%。

围绕“六大方面”，组织开展各类审计监督。围绕集团公司党组工作重心，完成审计署经济责任审计整改、“靠邮吃邮”专项整治等14项专项工作；围绕集团公司重大决策部署，组织开展寄递业务外包费、国内特快发展质量、陕西商洛扶贫3项专项审计；围绕重点费用、重点单位和重点系统开展专项审计，组织开展代理金融营销激励政策、市趟运输管理、南京集散中心成本管控专项审计和新一代寄递系统审计“回头看”4项审计；围绕代理金融业务，推动各省分公司开展离岗审计工作，推动建立代理金融风险防控审计协调联动机制；围绕权力运行和责任落实，开展经济责任审计24项；围绕建设项目管理和资金使用，组织开展集团公司直管项目工程结决算审计112项，全过程跟踪审计3项。

多措并举深化成果运用。报送审计要情10篇。推动解决一批体制机制问题，例如推动处置代理机票业务、陕西信德及类似投资公司等长期亏损、管理问题突出的非主营业务；填补国内仓储业务管理机制、代理金融营销激励政策等顶层设计机制缺陷；完善快递面单显示及支付方式等信息系统控制流程，推动集团公司治理体系和治理能力现代化。

加强审计信息化建设。试点并全国上线审计分析子系统，实现基础数据表、数据集、模型建设、指标管理及模型应用等功能；完善审计管理子系统功能，新增非现场审计监测流程等3个作业流程和4个分析性程序；开展远程审计监测，形成2074条补录收入相关疑点问题，结合现场调研，发现110个存在利用过桥业务做大收入规模、补录虚假收入、跨专业调整收入等苗头性问题；支撑现场审计，向经济责任审计项目组、专项审计组、派驻组输出问题线索及全量数据4799条。

构建统一高效的审计监督体系。制定印发《中国邮政集团有限公司关于进一步加强内部审计工作的指导意见》，优化顶层设计；印发《兼职审计专家管理办法》《境外机构审计管理办法》《经责审计作业指南（2022版）》《经责审计发现典型问题案例及审计方法（2022版）》《代理金融风险防控审计作业指南》5项审计管理制度，规范审计行为；完成总部及分部的6个岗位24人的招聘，强化审计力量配备；进一步加强计划统筹、项目联动、信息报送、质量管理、考核评价及培训研究。（集团公司审计部）

【围绕集团公司改革发展开展审计监督】 围绕集团公司重大决策部署，组织开展寄递业务外包费、国内特快发展质量、陕西商洛扶贫3项专项审计，揭示外包管理制度贯彻落实不到位、特快客户管理薄弱、扶贫项目管理不规范等问题。围绕重点费用、重点单位和重点系统，组织开展代理金融营销激励政策、市趟运输管理、南京集散中心成本管控专项审计和新一代寄递系统审计“回头看”4项审计，揭示代理金融营销费经济效益分析评价体系不健全、市趟改革措施贯彻落实不到位、南集外包推动进展慢、审计发现问题整改不到位等问题。围绕集团公司党组工作重心，组织全系统开展审计署经济责任审计整改、“靠邮吃邮”专项整治、快包散件邮件交寄、快包代理和特快拼户、循环交易虚增收入、总部集中采购、机票代理业务、邮航办事处、云南虚列收支、陕西信德投资公司、北京投递外包费及资费、北京备案员工个人账户归集资金、北京多付邮件资费、河南邮政与鸿福公司交易专项等开展14项专项审计或调查，揭示一系列重大问题，完成了集团公司党组交办的专项任务。（集团公司审计部）

市趟运输专项审计项目赴石家庄调研夜间跟班写实（集团公司审计部）

【代理金融业务审计监督】 推动开展代理金融营业机构负责人离岗审计，全国开展离岗审计14746次，完成率89.04%，比上年增长2.15%。推动建立代理金融风险防控审计协调联动机制，通过与邮储银行建立协同联席会，在代理金融审计信息共享、联合审计、沟通协调、联动整改等方面加强协同。（集团公司审计部）

【经济责任审计】 集团公司审计部对山东、陕西等6个省分公司，邮航、中邮证券等4个单位原任领导人员开展离任经济责任审计；对安徽六安、河北石家庄等14个市分公司领导人员开展任期经济责任审计。围绕经济责任 7 个方面审计内容，从深化审计重点内容、优化审计模板、明确责任认定标准 3 个方面，修订《集团总部对二级领导人员经济责任审计作业指南（2022 版）》，编写《集团公司经济责任审计发现典型问题案例及审计方法（2022 版）》，对各级单位开展经济责任审计起到较好的规范和指导作用。建立全国经济责任审计重点问题台账。了解掌握各单位经济责任审计开展情况和发现问题情况，对审计发现的重要典型问题建立经济责任审计重点问题关注台账，并进行持续更新，进一步强化审计成果的综合运用。（集团公司审计部）

**【工程审计】** 集团公司审计部开展集团公司直管工程项目财务决算审计 73 个，组织开展结算委托审计 39 个、中央预算内资金建设项目审计 422 个、集团公司直管大型项目全过程跟踪审计 3 个，审减金额 1.53 亿元，工程结算审减率 18.22%。

首次由集团审计部协调江苏、山东内部审计力量完成 2 项工程结算审计，送审 1.74 亿元，审减 0.22 亿元，节约审计费 98.6 万元。首次引入中介机构试点对中国邮政大数据平台 2021 年扩容改造工程和中国邮政 CRM 系统 2020 年新增功能工程信息系统开展造价审计。开展固定资产项目投资效能审计调查，针对 2017—2021 年全国省际中心生产场地、工艺配备、征地等 441 个、120.07 亿元项目，调取 399 份邮政规划设计院可行性研究报告，借助审计分析子系统远程筛选问题数据，核实设计处理量等可研信息。（集团公司审计部）

**【组织全系统落实审计署经济责任审计整改】** 3 月，审计署正式发来《中国邮政集团有限公司董事长、党组书记刘爱力同志经济责任审计报告》，在集团公司党组的领导下，组织对审计查出问题逐项明确整改责任部门，制定整改措施、整改标准和整改时限，开展整改。整改期间，按照“双周”督办，定期跟进各单位整改进展，针对整改的重点难点问题沟通汇报。期间，向集团公司党组汇报 5 次，向审计整改领导小组办公室汇报 5 次，向董事会审计和风险管理委员会汇报 1 次，向中组部、审计署、财政部上报进展情况报告、重点问题整改情况报告 10 余次。截至 12 月 31 日，完成整改 58 项，整改完成率 91%。中组部、审计署、财政部对集团公司审计整改进行督导调研时，肯定集团公司审计的整改成效。（集团公司审计部）

**【增强审计实效】** 聚焦审计监督中发现的典型性、普遍性问题，及时形成审计要情 10 期，党组书记刘爱力均作出批示或召开专题会议研究，责成相关部门分析问题根源，切实采取整改措施，要求对严重违规问题从严从重处理，对典型经验要求学习推广。

通过不断深化审计成果运用，推动集团公司治理体系和治理能力现代化建设。一是推动处置长期亏损、管理问题突出的非主营业务。在代理机票业务方面，审计发现业务发展和管理问题突出，推动停办该业务；在投资公司方面，发现陕西信德实业存在效益低下、员工违规代持公司股份等问题，推动清理关停陕西信德及类似投资公司。二是推动填补顶层设计机制缺陷。在国内仓储业务方面，审计发现归口管理机构不明确、机制不清晰等问题，推动总部、省层面明确责任部门，制定完善《寄递总分类业务“双考核”实施方案（试行）》等制度 6 项；在代理金融业务方面，审计发现集团公司营销激励政策、经济效益评价体系不健全等问题，推动完善机制。三是推动完善信息系统控制流程。在寄递业务方面，推动完善面单显示资费信息，增加小程序包裹资费查询，设置 PDA 支付方式限制等系统控制；推动加强市趟运输的系统管控力度，加强对派车环节的系统约束等。四是通过移送问题线索推动追责问责。2022 年，全国邮政通过审计发现移送问题线索 50 条，涉及虚列收支、围标串标、虚高工程造价、收受返点、违规发放薪酬、违反中央八项规定精神、挪用资金、设立“小金库”等方面；通过组织靠邮吃邮专项整治收集问题线索 242 条，全部移送纪检部门。（集团公司审计部）

**【审计监督体系建设】** 进一步优化集团公司审计中长期发展的顶层设计，制定印发《中国邮政集团有限公司关于进一步加强内部审计工作的指导意见》。加快审计分部建设，有序统筹安排实施审计项目，首次制定《2022 年度审计分部绩效考核办法》，采取增强总分部人员交流协作、以审代训、经验丰富的老审计员对新人“手把手”传帮带等举措，快速提升审计人员能力水平。南京、西安分部完成 14 项经济责任审计、4 项专项审计，报送审计要情 4 篇，配合集团公司开展审计 4 项。加强质量管理，采用“1+*N*”人的组织方式，多频次对送审报告、专报、要情结构的逻辑性和完整性、问题定性定责的准确等进行审理；对浙江省开展审计项目质量试点检查，总结经验，确定检查重点、方式、流程、方案和模板，为下一步做好项目质量检查打好基础。加强评价监督，印发《2022 年度审计工作评价办法》，强调问题导向和结果导向，比往年明显提高对审计发现重大问题、形成审计要情和专报、审计处理处罚、向纪检部门移送问题线索等审计成果运用的评价分值。（集团公司审计部）

**【审计人才队伍建设】** 首次创新采用线上线下结合、总部分部同步开展的方式，面向系统内外，完成对总部及分部的 6 个岗位 24 人招聘，以审计评价为抓手推动的各省分公司配齐审计人员，集团公司及省分公司审计部满编率由

83%提升至89%，补充IT、金融等专业人员，进一步优化审计队伍结构。同时，出台集团公司《兼职审计专家管理办法》，建立兼职审计专家队伍。分别针对全国审计条线审计处长、审计骨干和新员工开展审计业务培训，选调93人次审计人员参加审计署审计项目、集团公司审计项目、集团公司党组巡视工作，通过多层次培训交流、多类型项目历练和多维度评价考核，审计队伍整体能力素质得到有效提升，在中国内部审计协会组织的系列活动中，全国邮政审计条线选送的3篇论文获优秀论文奖；1篇经验介绍材料获“典型实践案例”奖。（集团公司审计部）

【审计工作数字化转型】 试点并全国上线审计分析子系统，实现基础数据表、数据集、模型建设、指标管理及模型应用等功能，接入新一代寄递平台等36个系统，汇集数据表300多张，数据字段1万多个；建设分析模型31个、查询指标22个。完善审计管理子系统功能，新增非现场审计监测流程、工程审计简易流程、代理金融营业机构负责人离岗审计流程等3个作业流程和供应商、对外支付等4个分析性程序。同时，在邮我行App中新建“邮政审计”微应用，支持审计底稿、报告和整改的审批和审计项目进场、离场会议的签到、请假和管理。开展远程审计监测，通过调取新一代系统补录收入明细数据并进行非现场监测，分析全国31个省市补录环节，形成2074条疑点问题，结合现场调研，发现110个存在利用过桥业务做大收入规模、补录虚假收入、跨专业调整收入等苗头性问题。支撑现场审计，根据人为增加购销环节虚增收入风险模型结果，向经济责任审计项目组提供问题线索1549条；采用OCR识别报销凭证影像技术，向专项审计组提供2021年1月—2022年4月北京16个区分公司2414条投递外包费报销凭证全量数据及疑点线索；分析邮政人员差旅费报销数据，建立超标准乘坐交通工具模型，向派驻组移交领导人员超标准乘坐交通工具线索836条。（集团公司审计部）

【推动党建与审计工作深度融合】 深入学习宣传贯彻党的二十大精神，紧密结合邮政审计工作，开展“领题破题”“三亮三比三评”“一月一事 消灭最差”活动，以党建工作推动审计质量提升。继续开展审计业务“夺旗摘星”评比，结合上一年度审计发现问题情况，评选表彰“优秀共产党员”12名。同时，深入总结活动经验，形成并报送《“典型引路”带队伍，“夺旗摘星”促实干》。在全国审计条线推广“利用审计项目所在地红色教育资源，开展党员教育、党日活动”的经验做法。审计部融合审计项目，组织党员到中共山东早期历史纪念馆、湖南毛泽东故居开展学习教育，并印制支部主题活动手册。审计部党支部被命名为中央和国家机关“四强”党支部，3名同志获得“党员先锋岗”，支部荣获“建设示范点”称号。（集团公司审计部）

# 科技创新

【概述】

**一、做好投资建设安排**

科学谋划投资预算，争取中央预算资金项目。2022年集团公司重点支持数字邮政建设、寄递能力、县乡村三级物流体系投入，保障普遍服务、一级支行生产用房等能力投入，实际安排投资246.6亿元，预算完成率99%。其中，信息化、工艺设备等技术改造投入170.4亿元，超过2/3，争取到中央预算资金8.7亿元。

贯彻乡村振兴战略。重点安排县级邮件处理场地、批销库、农产品常温库和冷库建设，705个重点示范县邮件处理中心场地面积由66.3万平方米提升至162.7万平方米；日均邮件处理量由1167万件提升至2418万件；新增仓储面积48.2万平方米，总规模136万平方米。

落实定点帮扶政策，做好与乡村振兴的有效衔接。围绕集团公司定点帮扶"固基础、抓衔接、促振兴"工作重点，投入定点帮扶资金1370万元。依托"邮乐购"销售平台开展农副产品消费帮扶，累计帮销全国脱贫地区农产品超过1亿元。出台《中国邮政集团有限公司定点帮扶项目管理办法》，提高帮扶项目管理成效。

践行绿色发展理念。统筹推进《中国邮政集团有限公司关于落实碳达峰碳中和的指导意见》重点任务和关键举措落地。建设完成屋顶光伏面积13.3万平方米，每年节省电费120万元，节约标准煤1760吨，减少二氧化碳排放量4925吨。

**二、加大寄递能力投入**

提升长三角、珠三角、成渝等重点区域的处理能力，新增能力1491万袋(件)/日，新增生产面积16.1万平方米，促进全网日处理能力提升至1.2亿件，比上年增幅13.4%。安排新增寄递能力建设，新建规模18.8万平方米。布局重点市场土地资源，安排征地规模628亩。

**三、推进数字邮政落地**

加强寄递数字化。推进新一代寄递平台新增功能工程等5个重点工程建设。构建76个模型，全面赋能寄递五大体系，助力六大改革。其中，够量直达模型助力组开437条邮路，全程时限平均缩短8.26小时。

分类核算等数字化有序推进。实现业财数据、流程的贯通，支持全面预算管理和智能财务风险管控，实现"业务完成即核算完成"。

赋能协同共享取得初步成效。研究建立标签共享、多方安全计算、业务协同支撑3种数据共享模式，在会员体系、邮银价值共享、获客活客、代金协同、农村市场开拓等方面得到应用。

**四、推进数字化处理中心建设**

以合肥蜀山处理中心为试点，聚焦邮件处理中心全流程各环节，识别41个应用场景，从处理中心全局视角，建立"人、车、邮件、场、设备"五要素的数据实时感知、多维汇聚、系统分析、仿真验证、辅助决策的完整体系，增强全过程赋能能力，为全网建设数字处理中心打造"样板间"。合肥邮区中心包件车间人均效率由每人日均1108件提高至2138件，班次作业时长缩短1.5小时，内部处理及时率提升至99.45%，全国省会处理中心排名位列第一。

**五、推进标准实施**

邮政网点更换34258个，银行自营网点店招更换7332个。网点店招新形象的更新，展现了新邮政形象。推进农产品包装标准在20个农产品基地的示范应用。(集团公司计划建设部)

【《中国邮政科技创新体系建设行动方案》印发】 集团公司深入贯彻中共中央、国务院关于企业创新的重大决策，全面细化落实《关于进一步加强中国邮政科技创新体系建设的指导意见》，根据企业创新发展面临的新形势、新需求，制定并发布了《中国邮政科技创新体系建设行动方案(2022—2025)》。该方案提出了中国邮政科技创新体系建设行动(2022—2025)的总体目标，即贯彻实施创新驱动发展战略，以科技赋能推动高质量发展为主线，立足体系建设，通过实施"强体""筑基""开源""活力"4个转型行动计划，推进建立组织架构清晰、职责定位明确、科技支撑有力、机制运行高效、创新活力迸发的科技创新体系，全面提升科技创新能力，优化配置创新资源，强化邮政战略科技力量，加速创新成果产出，到2025年基本形成需求导向明确、原创特征明显、科技产出高效、跨领域协同的科技发展新格局，在若干重要领域形成竞争优势、赢得战略主动，实现创新主体能力得到显著增强、科技创新基础设施布局合理、科技创新资源供给持续扩大、科技创新活力得到进一步激发。(集团公司计划建设部)

【推进数字邮政落地】 集团公司深入贯彻中共中央、国务院关于数字中国建设的战略规划，分别于8月成立中国邮政数字邮政领导小组和办公室、9月成立中国邮政数据治理委员会和办公室，全面布局数字邮政建设。数字邮政建设以数字邮政规划、信息化规划、数据规划为遵循，加强顶层设计，制定以"1336"即一个治理机制、三个运营体系、三项重点任务、六大平台建设为核心的整体落地实施方案，初步构建数字邮政办公室例会和沟通机制，制定数字邮政87项工作任务清单、项目卡、进度安排和责任人，实现"四个到人"。

三项重点任务赋能核心业务。一是加强寄递数字化，持续赋能寄递能力提升。推进新一代寄递平台新增功能工程、寄递数字孪生平台工程、国际寄递业务IT能力提升工程、寄递平台架构演进工程、新一代物流平台工程5个重点工程建设。构建76个模型，全面赋能寄递五大体系，助力六大改革。其中，够量直达模型助力组开437条邮路，全程时限平均缩短 8.26 小时；构建打破行政区划组网模型，涉及线路 1.04 万条，优化后线路全程时限缩短 4.99 小时，752 条线路从够量线路变为优势线路；优化干线运营模型，深化“小车改大车”“单边改往返”“经转改串行”，省际干线大车发车占比从 12% 提升至 37%，往返邮路占比从 55% 提升至 85%。时限四库持续优化，1591 条重点线路精准提速；分拣码推广使用效果明显，下段率提高 19%~37%，全网节约标码贴签人员 2482 人。二是分类核算等数字化有序推进。完成业财一体化平台主体功能上线并推广，实现业财数据、流程的贯通，支持全面预算管理和智能财务风险管控，实现“业务完成即核算完成”，支持邮政业务分类核算，为分业经营打下基础，全面提升财务精细化、数字化水平。三是赋能协同共享取得初步成效。研究建立标签共享、多方安全计算、业务协同支撑 3 种数据共享模式，在会员体系、邮银价值共享、获客活客、代金协同、农村市场开拓等方面得到应用。支撑获客活客协同营销活动，下发客户名单 1639 万，助力代理金融资产提升 115.1 亿元、新增邮务收入 5.6 亿元、新增寄递业务收入 15.5 亿元。依托数据中台构建了乡村振兴五大客群数据库，完成农民合作社、龙头企业相关 139 个模型开发。累计引荐融资 E 客户 9.4 万户，放贷 253.1 亿元。邮银建立多方安全计算平台，试点开展万家贷、财经报刊潜在客户挖掘项目。开展了机构、员工、客户等主数据的治理和寄递数据专项治理。支撑代理金融推进风控合规“雷霆行动”，组织各省分公司扎实做好“8+5”类风控模型 312 万条风险数据的排查。

“六大平台”的年度建设目标基本完成。一是数据中台等重点数字化项目实现主体功能上线，实现集团全量业务数据汇聚。技术中台“1 个底座 +3 个中心”平台能力初具规模，建成自主可控信创云。二是智能客服平台实现主体功能上线，实现邮务、寄递、保险、证券及集团投诉等多个业务条线话务的统一接入、专业受理和专业运营，促进邮政客服资源的整合，推进实现线上和线下全渠道、全触点、多场景的客户服务质量提升。三是核心业务平台有序推进。寄递业务智能 + 项目群上线支撑寄递业务发展，启动数智邮务平台建设。（集团公司计划建设部）

**【中国邮政数字化处理中心研发项目】**

中国邮政数字化处理中心研发项目以安徽合肥邮件处理中心为试点，研究建设数字化处理中心，聚焦处理中心端到端、全流程、各环节，利用云计算、大数据、物联网、AI、5G、北斗等技术，通过对人员、车辆、邮件、场地、设备等生产要素实时感知和建模分析，构建处理中心“智慧大脑”，赋能处理中心生产运营和经营决策，为全网打造数字化处理中心“样板间”。4 月开始在试点场地试运行。在感知层，利用北斗、AI、RFID 技术，实现各类资源要素、生产活动的精准感知。通过对装卸垛口的实时监控，以及邮件量与车型的科学匹配，现场垛口利用率由 74% 提升至 89%。在数据层，完成人员、车辆、邮件、场地、设备五大主题域模型建立，全面掌握处理中心运行状态；定义处理能力、分拣设备、人工作业、场院调度、运行质量、压力评估六大维度指标，研发处理能力、处理压力、生产方案建议、分拣方案优化处理等算法模型，对处理中心进行综合性评价并给出生产优化建议。支撑智能调度、智能排班，提高处理中心运营效率、提升资源配置效率。开机均衡方案可有效减少总体开机时长 1 小时，人均处理效率提升将近翻番。在应用层，完成了基于 AI 异形件识别、车辆装载率等 10 个自研算法研发并与新一代寄递平台实现对接；基于开源技术构建了物联网应用，实现了分拣设备数据、邮件数据、AI 事件数据的接入和管理。项目强化智能化模型算法等课题成果的应用与优化，围绕集团公司“六大改革”和“邮区中心规范化改革”，有效提升了处理中心各环节协作联动能力、精准调度掌控能力、突发情况全局应变能力。利用数字孪生技术，通过对处理中心端到端、全流程各类生产要素的感知和建模，实现人均处理效率提升近 100%。（集团公司计划建设部）

**【中国邮政光伏建设试点项目并网发电】** 2 月，处理中心屋顶光伏试点工作启动。4 月，根据招标确定的光伏合作厂商，选取厦门、徐州、上海等处理中心开展试点，随着试点项目建成并网发电，实现能耗绿色转型，以闲置屋顶资源开展邮政光伏发电，推进邮政节能减排和降本增效。厦门光伏占地 2.3 万平方米，装机容量 1580kW，日发电

光伏建设试点项目（集团公司计划建设部）

量7393kWh，年发电量208万kWh，电价优惠32%，年节省电费38.8万元，节约屋顶维修费用5万。每年可节约标准煤约617吨，减少二氧化碳排放量约1770吨。上海光伏占地2.33万平方米，装机容量2280kW，日发电量6095kWh，年发电量222万kWh，电价优惠40%，年节省电费62万元，节约处理中心屋面筑漏投资100万元，每年可节约标准煤约673.13吨，减少二氧化碳排放量约1851吨。徐州光伏占地1.26万平方米，日均发电量130.8万kWh，年发电量130万kWh，电价优惠25%，年节省电费19万元，每年可节约标准煤约470吨，减少二氧化碳排放量约1304吨。（集团公司计划建设部）

**【集团公司建设统一的智能客服平台】** 3月29日，集团公司召开中国邮政智能客服平台建设专题会议，听取平台建设启动1个月来的推进情况介绍，明确下一阶段工作重点，强调要统一思想、提高认识，求真务实、攻坚克难，确保系统如期上线、高质量运营，助力邮政客服工作打开新局面、进入新阶段，为中国邮政高质量发展筑牢根基。

8月5日，集团公司召开中国邮政智能客服平台上线动员会议，要求贯彻落实建立统一的中国邮政智能客服平台的部署安排，按计划推进各条线、各省（区、市）邮政分机构批次上线工作，确保12月底前邮务、寄递、保险、证券4个条线全面上线运营。

12月9日，中国邮政智能客服平台全面上线。该平台解决了邮政企业原有各业务条线客户服务系统间话务不能跨条线互转的痛点，最终实现跨板块统一接入、统一路由、专业受理和统一运营管理，促进中国邮政客户服务资源的全面整合，是"一个中国邮政"协同战略的最佳实践。(《中国邮政报》4月1日、8月9日，中邮信科）

**【"中国邮政技术中台v2.0"通过首批云原生安全成熟度3级评估】** 6月15日，由中国信息通信研究院（简称信通院）、中国通信标准协会主办的第四届"云原生产业大会"开幕。会上发布了国内首批云原生能力成熟度评估结果，中邮信科公司自主研发的"中国邮政技术中台v2.0"通过首评获得L3级认证，公司还受邀加入由信通院联合腾讯云、清华大学发起的云原生安全实验室。云原生作为新一代云计算关键技术，能显著提升云计算使用效能，推动云数智深层次融合发展，从而成为邮政企业数字化转型的新动能。

中国邮政技术中台是中国邮政"十四五"时期IT建设的重点任务，是支撑中国邮政数字化转型的关键平台。中邮信科积极参加信通院云原生安全成熟度评估，历经环境准备、自我检查、专项测试、专家评审等2个多月的评估工作，顺利通过云原生基础架构、开发运营和运维3个安全域的评测，成为首批通过评估的5家企业之一，同时也是一次性通过3个域评估的3家企业之一，相关能力处于国内领先水平。（中邮信科）

**【中国邮政大数据平台邮务数据湖集群升级工作顺利完成】** 6月26日，中国邮政大数据平台邮务数据湖集群升级操作圆满完成，邮务数据湖恢复全部业务服务。

邮务数据湖承载下游21套业务系统、31个省份租户及18个专业租户的数据服务，此次升级实施集群规模大、时间窗口短。中邮信科公司高度重视，公司领导多次亲临现场指导。公司与相关第三方厂商共同组建联合项目组，精心准备、周密计划，建立升级沟通机制。同时，制定详细的升级方案，现场安排3组人员24小时轮班值守，详细记录升级过程。

此次升级后，邮务数据湖突破原来单集群管理两亿文件数的上限，使集群具备更大规模、更高处理性能的横向扩展能力，为未来提升海量数据的汇聚、批量数据的处理能力打下坚实基础。（中邮信科）

**【第一届中国邮政数据创新实践劳动竞赛成功举办】** 以"拥抱数据，共创未来"为主题的数据分析竞赛，是中国邮政首届数据创新实践劳动竞赛。竞赛活动自7月正式启动以来，来自集团公司、控股子公司、直属单位及各省分公司等各级机构的152支参赛队伍参加比赛，最终32支团队脱颖而出，获得奖项。

此次竞赛通过比拼大数据分析技术在实际业务场景的数据赋能效果，激发邮政各级数据团队的大数据工作热情，涌现出一批能够反映业务经营实际、具有创新价值的研究课题。以竞赛为契机，各级参赛队伍开展跨专业、跨单位、跨板块合作，促进数据技术与邮政业务的融合创新。通过竞赛活动，各级数据竞赛团队在比拼中相互学习，为中国邮政数字化建设贡献数据力量。（中邮信科）

**【2022年度中国邮政科学技术奖评选结果揭晓】** 12月，2022年度集团公司科学技术奖评选结果揭晓。邮储银行申报的新一代个人业务核心系统等两项成果荣获一等奖，邮政研究中心申报的寄递业务分拣流程各环节全要素作业标准等10项成果荣获二等奖，广东省分公司申报的基于数智化的邮政寄递司法公共服务平台等33项成果荣获三等奖。

在评选活动中，各邮政企业积极参与，创新能力不断增强，有力推动了企业高质量发展。集团公司要求全国邮政企业科技工作者深入学习贯彻党的二十大精神，向受到表彰的获奖者学习，继续发扬求真务实、勇于创新的科学精神和自力更生、艰苦奋斗的优良传统，不断提高自主创新能力，促进科学技术和业务发展融合，加速科技成果的转化，为数字邮政建设和企业转型发展赋智赋能作出新的更大贡献。(《中国邮政报》12月30日）

**【邮储银行新一代个人业务核心系统全面投产上线】** 4月23日，邮储银行新一代个人业务核心系统全面投产上线。该系统是大型银行中率先同时采用企业级业务建模和分布式微服务架构，基于国产硬件与国产操作系统、国产数据库打造的全新个人业务核心系统，是中国银行业金融科技关键技术自主可控的重大实践。(《中国邮政报》4月26日)

**【中邮信科编制发布发展规划(2022—2025)】** 为有效承接《中国邮政集团有限公司数字邮政规划》《中国邮政集团有限公司信息化规划》《中国邮政数据规划》等，中邮信科公司启动编制《中邮信科公司发展规划(2022—2025)》。该文件以推动中邮信科公司高质量发展为主题，以改革创新为根本动力，以完善现代企业治理、增强科技赋能实效、提高科技创新能力为重点，明确2022—2025年中邮信科公司的发展目标和主要任务，作为"十四五"时期中邮信科公司统筹推进完善公司治理体系和提升科技赋能质效的重要依据，是中邮信科公司推进高质量发展的纲领性文件。(中邮信科)

**【石家庄邮区中心"智能机械手"升级】** 3月初，河北省石家庄邮区中心第二代特快分拣"智能机械手"投入使用。第二代"智能机械手"改进了机架结构，处理效率达1500件/小时；增加了机械手旋转臂的覆盖面，由10个格口变为两排20个格口，实现邮件直接分拣到投递站；增加了格口平台，变控制箱立装为吊装，中空机构使前后格口均能取件；吸盘由一个增加到两个，抓取邮件更加稳定，重件不易掉落；将邮件靠重力下落改为正向吹气，提高了落格准确率；分拣方案可预设置4个，根据分拣需求随时转换。(《中国邮政报》3月24日)

**【内蒙古分公司自主研发代理金融业务数据分析系统】** 3月上旬，内蒙古分公司信息技术中心自主研发的代理金融业务数据分析系统正式投入使用。该系统采用C/S(Client/Server，客户机/服务器)和B/S(Browser/Server，浏览器/服务器)两种服务架构，与先前研发的"报表机器人"联合使用，由"报表机器人"自动从后台抓取代理金融日常各项业务数据及经营数据，数据分析系统对抓取出的数据进行自动整理、运算和分析，以报表和图表的形式在内网上展现。数据范围包括资产类、收入类、渠道类、客户类、卡类、转型类六大类型，满足区、盟(市)、旗(县)分公司和基层网点4个层级逐级查询统计的工作需求。(《中国邮政报》3月25日)

**【芜湖邮政邮车接卸智能管控系统助力降本增效】** 安徽省芜湖市分公司自主研发的邮车接卸智能管控系统正式投入使用。该系统具有可对所有进出口邮车实现信息登记、实时监测、动态调度等功能。操作人员根据系统显示的邮车路向、带运量、邮件规格等信息，结合邮件处理中心各个接卸垛口实际情况，合理安排邮车完成接卸作业，从而实现邮运车辆从进局、停靠到离开等各环节的高效运转，真正做到科学有序。(《中国邮政报》3月3日)

**【武汉邮区中心"科技信息携手促进设备效能达标"案例获集团最佳实践】** 5月以来，武汉邮区中心双层分拣机效能达到2.9万件/小时，稳居集团公司"快鹿榜"第1位，日处理能力由设计初的30万件提升至83.7万件。多套分拣机收容率达到指标要求，小件分拣机最低收容率达到0.43%，创立全网标杆。(湖北省分公司)

**【11183广州中心完成智能客服平台全量切换】** 根据集团公司安排，自12月9日起，11183广州中心及其负责的14个省份客服中心同步切换到中国邮政智能客服平台。此前，北京、福州中心采取分批切换形式完成切换。此次，广州中心采用全量切换。

集团公司从12月8日20点开始组织测试，广州中心安排30名客服人员接听电话测试；12月9日零点37分，在广东省各市邮政客服人员的努力下，全省邮政完成线路切换；12月9日3点40分，全国14个省份所有地级市邮政均能拨进11183广州中心。其间，广州中心接听全国测试电话约1500通，完成集团公司交办的测试任务。(《中国邮政报》12月17日)

**【深圳邮政首台智能无人驾驶配送车投入试运行】** 3月17日，广东省深圳市分公司首台智能无人驾驶配送车在龙岗赛格ECO园区投入试运行，主要负责园区内点对点的邮件配送，用户凭邮件取件码自行在车厢内对应的堆位领取邮件，实现无接触配送。(《中国邮政报》3月22日)

3月17日，广东省深圳市分公司首台智能无人驾驶配送车在龙岗赛格ECO园区投入试运行(《中国邮政报》3月22日)

**【南宁邮区中心启用进局接卸车辆驾驶员自助登记系统】** 4月27日，广西南宁邮区中心正式推广应用进局接卸车辆驾驶员自助登记系统，进一步优化进局接卸车辆登记流程。使用该系统后，该中心车辆趟均录入时长从1分钟压缩至35秒内，有效提升了信息录入的质量和效率。(《中国邮政报》5月19日)

**【重庆邮政推进“数智化邮政”建设】** 4月，重庆市分公司领导班子带队赴马上消费金融股份有限公司开展实地考察和交流，就推进“数智化邮政”建设取经问道。

重庆市分公司一行实地参观了“马上消费”在乡村振兴、金融风控等方面的应用成果，了解了该公司在AI人工智能技术上的前沿优势。双方就业务置换、科技领域合作等方面进行交流与探讨，并就共同推进“数智化邮政”建设达成共识。一是系统性探索“数智化邮政”建设，成熟一个实施一个；二是多渠道借力外脑，组建“数智化邮政”建设专班；三是双方就签订战略合作协议进行沟通洽谈，包括在寄递和保险方面开展深度合作等。(《中国邮政报》4月12日)

4月27日，广西南宁邮区中心正式推广应用进局接卸车辆驾驶员自助登记系统(《中国邮政报》5月19日)

# 党的建设

【概述】坚定不移加强政治建设，坚定拥护“两个确立”、坚决做到“两个维护”的思想自觉、政治自觉和行动自觉全面增强。教育引导党员干部深刻领悟“两个确立”的决定性意义，不断增强“四个意识”、坚定“四个自信”、做到“两个维护”，持续巩固拓展党史学习教育成果，不断加强意识形态的工作力度，确保党中央决策部署不折不扣落到实处。

坚定不移强化思想理论武装，持续推动学习践行习近平新时代中国特色社会主义思想走深走实。完整、准确、全面学习贯彻落实党的二十大精神，发挥集团公司党组理论学习中心组领学促学作用，以上率下开展高标准、高质量学习，及时跟进学习习近平总书记最新重要讲话精神在全集团形成常态，广大党员干部在常学常新中加强了理论修养、坚定了理想信念、增强了能力本领。

坚定不移夯实党的基层组织，基层党组织的组织力、凝聚力和战斗力不断提高。大力开展基层党组织建设“664”达标工程和创先争优活动，深入开展党支部“领题破题”和党员“三亮三比三评”活动，推动党建与生产经营深度融合，有效激发基层党组织干事创业的积极性。

坚定不移以作风建设激浊扬清，全集团党风廉政教育和直属机关监督执纪反腐工作进一步深化。认真贯彻落实中共中央《关于加强新时代廉洁文化建设的意见》，组织开展党风廉政警示教育月活动，举办廉洁文化讲堂。持续开展“一季度一主题”专项监督，使党员干部习惯在受监督和约束的环境中工作和生活。严格落实中央八项规定及其实施细则精神，坚持有案必查、有腐必惩，为企业发展营造风清气正的良好氛围。

坚定不移以精神文明建设凝心聚力，企业改革发展的精神力量进一步增强。扎实推进精神文明建设，实现省部级文明单位创建全面覆盖。在总结、提炼部分基层单位好经验、好做法的基础上，全面推广运用“三必知、四必谈、五必访”工作法。广泛开展“寻找身边典型、讲好邮政故事”活动，全方位展现典型人物风采。

坚持以群团工作凝聚人心，进一步充分调动干部职工群众的积极性。深入实施青年理论学习提升工程，制定印发青年理论学习小组年度学习计划，推动全集团1.4万个青年理论学习小组以多种方式认真开展学习，深化直属机关职工互助保障机制，开展多种形式的文体活动，为员工生活送温暖、添活力。开展老同志“建言二十大”和“我看中国特色社会主义新时代”主题活动，认真做好亲情服务工作。（集团公司党建工作部）

【巡视工作概况】坚守政治巡视定位，提高巡视工作质量。持续深化政治巡视。在实现巡视全覆盖的基础上，派出8个巡视组，对集团公司总部的18个部门、单位党组织开展中央巡视整改落实情况巡视“回头看”，对10个省级邮政企业单位党委开展“规范外包管理、推动高质量发展”专项巡视。巡视发现主要问题527个，提出意见建议153条。优化巡视汇报安排。向巡视工作领导小组汇报期间，在原有汇报巡视发现问题和反映重点人问题线索的基础上，增加巡视“活情况”汇报，由巡视组根据巡视掌握和综合研判情况，多维度、全方位、立体式汇报被巡视党组织苗头性、倾向性问题，以及潜在风险隐患。汇报采取分组汇报和按单位类型汇报相结合的方式，衔接更加合理，汇报效率更高。提升巡视反馈效果。参照中央巡视工作做法，通过集中反馈和“一对一”反馈相结合的方式反馈巡视情况。组织召开2022年巡视集中反馈会议，党组各相关领导出席会议，党组书记通报巡视发现的共性问题和突出问题，对抓好巡视整改作总体部署。分别向28个被巡视的党组织主要负责人反馈巡视情况，召开向被巡视的党组织领导班子反馈会议，驻中国邮政纪检监察组、党组组织部、党组巡视办相关人员列席会议，从反馈阶段起压实整改监督责任。

扎实做好巡视“后半篇文章”。中央巡视整改成果持续巩固，集团公司党组坚持不懈履行中央巡视整改政治责任，全面系统总结2018年以来中央巡视整改情况，2022年两次向中央巡视办、中央纪委国家监委相关室书面报告整改情况，确保121项整改措施“条条要整改、件件有着落”。以高度的政治自觉运用中央第八轮巡视成果在金融板块开展对照整改，聚焦服务实体经济、防控金融风险、深化金融改革三大任务，解决了一批突出问题。内部巡视整改更加扎实有效，组织前7批内部巡视的144家党组织认真开展全面自查，对24家党组织开展整改现场检查，对2021年第二批26家被巡视党组织整改方案、整改报告进行认真审核。改进2022年28家被巡视党组织整改方案的审核方式，组织巡视工作领导小组成员单位、相关业务部门和党组巡视组参与审核，采取分头预审、集中会审方式对2366条整改措施的有效性严格审核，提出审核意见394条。加强巡视成果运用，将2022年外包专项巡视发现的10个环节的共性问题和突出问题移交相关职能部门，推动全系统全面开展外包专项整治工作，促进形成外包规范化管理长效机制。

持续加强指导督导，实现巡察全覆盖任务目标。统筹推进巡察全覆盖，紧盯全系统巡察工作情况，督促各单位增加巡察批次、合理安排时间、紧密衔接相关环节，实现5年巡察全覆盖目标。全系统有巡察职能的71家邮政单位共对7153个党组织开展巡察，累计发现问题57345个并扎实推动解决问题。加强巡察工作指导督导，对标中央巡视及整改工作做法指导基层巡察工作，督导各二级单位落实巡察报备制度，严格审核反馈各单位报备材料。采取电话访谈和报送书面材料等方式，重点就巡察工作质量、巡察全覆盖进度、巡察人员配备等对各二级单位开展调研，有

针对性地加强指导，制发制式工作模板，持续提升巡察规范化水平。（集团公司党组巡视办）

【集团公司举办十九届六中全会精神宣讲报告会】1月8日，集团公司以电视电话会议形式，面向全系统举办党的十九届六中全会精神宣讲报告会。中央党史和文献研究院院长、中央宣讲团成员应邀作辅导解读。集团公司党组书记、董事长刘爱力主持报告会。集团公司党组成员及外部董事出席。全系统三级及以上领导干部在各分会场参会。

会议强调，全系统各级干部要结合宣讲解读内容对六中全会精神进行再学习、再领会，真正做到入心入脑、学深悟透，并将所学内容与实际工作结合起来，切实将学习成果转化为推动邮政高质量发展的强大动力和具体举措。

会议就持续推动全系统学习宣传贯彻党的十九届六中全会精神提出三个方面的要求。一要坚决捍卫“两个确立”，切实增强做到“两个维护”的自觉性和坚定性。坚持不懈用习近平新时代中国特色社会主义思想武装头脑、指导实践、推动工作，真正做到学而思、学而信、学而行，确保邮政事业沿着正确的方向前进。二要传承发扬党的历史经验，不断汲取开启新局开创未来的智慧和力量。要在实践中深刻领会长期坚持，要以党的百年成功经验和习近平新时代中国特色社会主义思想为指导，看清楚弄明白中国邮政打造行业“国家队”的使命责任，看清楚弄明白中国邮政改革创新的战略路径，看清楚弄明白中国邮政如何在服务新发展格局、落实乡村振兴等国家战略部署中作出新的更大的贡献。三要把学习宣传贯彻全会精神引向深入，推动学习成果转化为中国邮政高质量发展的新成效。广大党员干部要增强学习的自觉性、主动性，融会贯通，并落实到工作实践中，推动学习贯彻往深里走、往心里走、往实里走。（《中国邮政报》1月12日）

【集团公司党组书记、董事长刘爱力在学习贯彻党的十九届六中全会精神专题培训班上讲授党课】6月6—11日，集团公司以现场和线上相结合的形式，针对全系统党组管理干部举办学习贯彻党的十九届六中全会精神专题培训班。6日上午，集团公司党组书记、董事长刘爱力以《深入学习贯彻十九届六中全会决议　看清楚过去我们为什么能够成功　弄明白未来我们怎样才能继续成功　推动中国邮政“二次崛起”　以实际行动迎接党的二十大胜利召开》为题讲授专题党课。集团公司党组成员出席，培训班全体学员以及全系统三级领导干部共7000余人分别在主会场和各省（区、市）分会场聆听党课。（《中国邮政报》6月14日）

【中国邮政五人当选党的二十大代表】7月19日，中国共产党中央和国家机关代表会议选举产生出席党的二十大代表293名。其中，集团公司党组书记、董事长刘爱力当选。同时，有4名优秀邮政员工在当地当选党的二十大代表。他们分别是天津市和平区分公司寄递事业部贵州路速递营业部揽投员刘婷，广东省中山市分公司服务质量部管理员韦艳梅，四川省甘孜县分公司长途邮运驾驶员、驾押组组长其美多吉，青海省格尔木市分公司投递员葛军。出席党的第二十次全国代表大会代表资格，届时还需经党的第二十次全国代表大会代表资格审查委员会确认。（《中国邮政报》7月30日）

【邮政全系统认真组织收看党的二十大开幕会】10月16日，中国共产党第二十次全国代表大会在北京开幕。集团公司组织全系统广大党员干部职工收看开幕会，认真聆听习近平总书记代表第十九届中央委员会向大会作的报告。

集团公司直属机关党委组织党员干部职工集中收看了党的二十大开幕会的现场直播。集团公司党组成员和外部董事，各控股子公司、寄递事业部、总部各部门三级及以上人员在各会场认真收听收看大会直播、聆听报告。大家一致认为，习近平总书记所作的报告，系统总结了中国共产党在过去5年的工作和新时代10年的伟大变革，深刻阐述坚持和发展中国特色社会主义的一系列重大理论和实践问题，明确提出新时代新征程中国共产党的使命任务，科学谋划未来5年乃至更长时期党和国家事业发展的目标任务和大政方针，是马克思主义中国化时代化的最新成果，是新时代新征程全面建设社会主义现代化国家、全面推进中华民族伟大复兴的政治宣言和行动纲领。

邮储银行组织党员干部，通过多种形式收听收看党的二十大开幕会盛况。北京市分公司党委第一时间组织广大党员通过电视、互联网等多种途径认真收听收看党的二十大开幕会直播。天津市分公司领导班子全体成员与机关部室党员干部一起，集中收看了党的二十大开幕会直播。各二级单位、支局、班组分别通过电视、广播、网络以及移动终端，采用多种形式组织员工收听收看。山西省分公司各级党组织组织党员收听收看党的二十大开幕会。各基层网点也组织当班员工收听收看。部分基层网点还邀请周边社区的部分老党员到网点集中收看开幕会盛况。辽宁省分公司党委组织各级党员干部认真收听收看大会直播，各级党组织第一时间进行专题学习研讨，迅速在全省邮政掀起学习热潮。上海市分公司认真组织全体党员收看大会直播。上海市分公司领导、各职能部室负责人、先进劳模代表在一起集中收看了开幕会盛况。浙江省分公司组织四级副及以上党员、入党积极分子、青年理论学习小组代表集中收看了开幕会盛况，全省邮政员工通过电视、网络等媒体收听收看了大会直播。湖北省分公司各级党组织组织本单位广大员工收看党的二十大开幕会电视直播、网络直播，据不完全统计，全省邮政利用各种形式收听收看开幕会的有5700人。四川省分公司党委组织全省邮政干部职工通过电视、手机等收看开幕会盛况。云南省分公司组织全省邮政员工通过多种方式收看大会直播。陕西省分公司机关三级副及以上领导干部集中收看了大会直播。陕西省分公司广大员工以集中收看、线上观看等方式，收看党的二十大开幕会直播，第一时间见证这一重大历史时刻。(《中国邮政报》10月17日)

浙江省湖州市分公司织里快包揽投部员工认真收看党的二十大开幕会直播(《中国邮政报》10月17日)

**【集团公司党组认真传达学习贯彻党的二十大精神】** 10月24日，集团公司党组书记、董事长刘爱力主持召开党组(扩大)会议，认真传达学习党的二十大和党的二十届一中全会精神、习近平总书记在二十届中共中央政治局常委同中外记者见面时的重要讲话精神，研究贯彻落实意见，强调要全面贯彻习近平新时代中国特色社会主义思想，深刻领悟“两个确立”的决定性意义，增强“四个意识”、坚定“四个自信”、做到“两个维护”，弘扬伟大建党精神，迅速兴起学习宣传贯彻党的二十大精神热潮，切实把习近平总书记重要讲话精神和党中央重大决策部署贯彻落实到邮政工作各方面全过程，将中国邮政打造成平常时候看得出来、关键时刻站得出来、危难关头豁得出来的“国家队”，更好为全面建设社会主义现代化国家、全面推进中华民族伟大复兴作出积极贡献。集团公司党组全体成员出席会议。集团公司相关部门、单位负责同志参加。(《中国邮政报》10月26日)

**【集团公司举办学习贯彻党的二十大精神专题讲座】** 11月11日，集团公司以电视电话会议形式举办学习贯彻党的二十大精神专题讲座。中央宣讲团成员、中央党史和文献研究院院长曲青山应邀作宣讲报告，重点围绕深入学习领会党的二十大的重大意义，党的二十大的主题，过去5年工作和新时代10年伟大变革的重大意义，开辟马克思主义中国化时代化新境界的历史责任，以中国式现代化全面推进中华民族伟大复兴的使命任务，未来5年党和国家各项事业发展的战略部署，以党的伟大自我革命引领伟大社会革命的重要要求，发扬斗争精神、增强斗争本领、坚持团结奋斗的时代要求等8个方面，对党的二十大精神作了系统全面、深入浅出的宣讲解读。集团公司党组书记、董事长刘爱力主持。集团公司党组成员出席。全系统三级及以上党员干部分别在主会场和各分会场参会。(《中国邮政报》11月19日)

**【集团公司召开党史学习教育专题民主生活会】** 按照中央统一部署，1月21日，集团公司党组召开党史学习教育专题民主生活会。集团公司党组深入学习贯彻习近平新时代中国特色社会主义思想和党的十九届六中全会精神，认真贯彻落实习近平总书记在中央政治局党史学习教育专题民主生活会上的重要讲话精神，紧扣这次专题民主生活会主题，认真查摆突出问题，深刻进行党性分析，严肃开展批评和自我批评，进一步提高了思想认识，提升了政治能力，强化了宗旨意识，对“两个确立”的决定性意义感悟更加深刻，筑牢了践行“两个维护”的政治忠诚，激发了履职尽责的担当精神。

集团公司党组对开好这次民主生活会高度重视，严格按照有关要求，认真做好会前准备工作。研究制定民主生活会方案，以党组理论学习中心组学习、党组会、邀请专家学者作辅导报告等形式深入学习习近平新时代中国特色社会主义思想和党的十九届六中全会精神，为开好民主生活会打牢思想基础。面向全集团广泛征求党员、干部、群众的意见建议，召开党组会专题研究，制定整改清单，明确整改责任。按照“四必谈”的要求，认真进行了谈心谈话，沟通思想、交换意见。刘爱力主持起草了党组班子对照检查材料，反复讨论，并在中央指导组指导下进行了修改完善。(《中国邮政报》1月28日)

**【集团公司召开党史学习教育总结大会】** 1月25日，集团公司召开党史学习教育总结大会，深入学习贯彻习近平总书记在中央党史学习教育总结会议上的重要指示精神，认真落实党史学习教育领导小组部署要求，全面总结中国邮政党史学习教育成效和经验，对建立长效机制巩固拓展党史学习教育成果进行部署。(《中国邮政报》1月28日)

**【集团公司召开2022年党的建设暨党风廉政建设和反腐败工作会议】** 1月25日，集团公司召开2022年党的建设暨党风廉政建设和反腐败工作会议。会议以习近平新时代中国特色社会主义思想为指导，深入学习贯彻党的十九大、十九届历次全会和十九届中央纪委六次全会精神，总结2021年中国邮政党的建设以及党风廉政建设和反腐败工作，部署2022年主要工作，强调要巩固拓展党史学习教育成果，弘扬伟大建党精神，以党的政治建设为统领，坚定捍卫“两个确立”，坚决做到“两个维护”，把坚持党的领导、加强党的建设融入和贯穿于集团公司“管理提升年”工作的各方面、全过程，以自我革命永葆生机和活力，以高质量党建引领和保障中国邮政高质量发展，以实际行动迎接党的二十大胜利召开。会议以视频形式召开，集团公司党组全体成员及外部董事出席会议。（《中国邮政报》1月28日）

**【集团公司部署在全系统开展“党风廉政警示教育月”活动】** 集团公司党组以“深化以案促改以案治本，推进邮政廉洁文化建设”为主题，部署7—8月在全系统开展“党风廉政警示教育月”活动，主要有3项内容。第一项内容是夯实清正廉洁思想根基。通过认真学习习近平总书记关于党风廉政建设、廉洁文化建设的重要论述，学习习近平总书记在中共中央政治局第四十次集体学习时的重要讲话精神，以理论上的坚定保证行动上的坚定，以思想上的清醒保证履职用权上的清醒。第二项内容是强化警示震慑，把治本寓于治标之中。通过传达学习集团公司警示教育大会和典型案例通报、组织观看警示教育片、参观警示教育基地等形式，推动敬法畏纪。第三项内容是积极开展廉洁文化创建活动。组织职工开展廉洁主题漫画、文化墙设计图、宣传画（册）、短视频、微电影、文创产品等廉洁文化作品创作宣传活动。

集团公司要求各单位加强组织领导，做好警示教育月活动的部署安排、组织分工和推进落实。活动要求还要传达到有关境外机构，并结合实际开展遵纪守法教育。各单位要及时总结经验做法和工作成果，做好宣传引导，加强信息交流，营造活动氛围，传播廉洁文化。（《中国邮政报》7月6日）

**【集团公司召开会议研究部署全系统党建工作和意识形态工作】** 9月，集团公司召开党组会议，专题研究部署全系统党建工作和意识形态工作。会议听取了党建工作领导小组办公室和意识形态工作领导小组办公室关于上半年工作情况的汇报，全面总结上半年工作成效，分析了存在的突出问题，对下一步工作进行了研究部署。集团公司党组书记、董事长刘爱力主持会议并讲话，党组成员出席会议，党建工作领导小组和意识形态工作领导小组办公室成员单位参加会议。（《中国邮政报》9月14日）

**【集团公司党组会议要求学习贯彻《纪检监察机关派驻机构工作规则》】** 9月，集团公司召开党组会议，深入学习贯彻《纪检监察机关派驻机构工作规则》，强调要把学好《纪检监察机关派驻机构工作规则》作为深入贯彻落实习近平总书记重要讲话精神和中央决策部署的重要政治任务，作为推进企业治理体系和治理能力现代化的重要契机，切实推动各项工作再上新台阶，持续推动全面从严治党向纵深推进，加快推动中国邮政高质量发展，以实际行动迎接党的二十大胜利召开。集团公司党组书记、董事长刘爱力主持并讲话，集团公司党组全体成员出席。（《中国邮政报》9月10日）

**【集团公司党组启动2022年巡视工作】** 6月13日，集团公司党组召开巡视工作动员部署会议，正式启动对中邮保险、集团公司寄递事业部、中国集邮有限公司、邮政科学研究规划院、北京邮票厂有限公司、新闻宣传中心，集团公司综合部（党组办公室、董事会办公室）、战略规划部（法律与风控合规部）、市场部、邮政业务部、财务部、人力资源部（党组组织部）、计划建设部、采购管理部、审计部、党建工作部、党组巡视办、邮政工会等18个单位（部门）党组织开展中央巡视整改落实情况专项巡视“回头看”；对北京市分公司、河北省分公司、江苏省分公司、浙江省分公司、安徽省分公司、山东省分公司、河南省分公司、湖北省分公司、广西分公司、四川省分公司等10个单位党委开展“规范外包管理，推动高质量发展”专项巡视。

截至6月17日，集团公司党组2022年巡视的8个巡视组完成巡视进驻工作。根据集团公司党组部署，此次巡视对18家单位（部门）开展的中央巡视整改落实情况专项巡视“回头看”，由集团公司党组统一召开动员会，对巡视“回头看”工作作出安排、提出要求。开展“规范外包管理，推动高质量发展”专项巡视的10家被巡视单位分别召开巡视工作动员会，党组第四至第八巡视组向被巡视单位党委书记、纪委书记通报巡视工作任务和工作安排，巡视组组长作动员讲话，对做好巡视工作提出要求。（《中国邮政报》6月17日、6月22日）

**【集团公司党组2022年巡视完成反馈】** 9月22日，集团公司党组以现场会议和电视电话会议相结合的方式，召开2022年巡视工作集中反馈会议。会议深入学习贯彻习近平总书记关于巡视整改的重要论述，通报2022年巡视发现的共性问题和突出问题，对巡视整改工作作出总体部署。集团公司党组书记、董事长、巡视工作领导小组组长刘爱力出席并讲话，集团公司相关领导出席会议；党组巡视工作领导小组成员单位负责人、各巡视组组长、副组长、联络员及28家被巡视单位的党组织主要负责人、纪委书记（纪检委员）参加会议。

9月23—28日，8个党组巡视组分别向此批巡视的28家单位、部门进行“一对一”反馈。各党组巡视组向被巡视单位的党组织主要负责人通报巡视发现的重要问题，并向领导班子反馈巡视情况。（《中国邮政报》9月30日）

**【集团公司推进全系统党建工作与生产经营深度融合】** 10月18日，集团公司召开邮政系统党建工作与生产经营深度融合推进会，深入学习贯彻党的二十大精神，总结交流“三亮三比三评”和党支部（党小组）“领题破题”活动实施的成效经验，进一步指导工作实践，推动党建工作与生产经营深度融合，以高质量党建引领保障中国邮政高质量发展。集团公司党组成员、副总经理康宁出席会议并讲话。

集团公司党组高度重视党建工作与生产经营深度融合，作出了一系列部署要求。2021年以来，集团公司聚焦推动企业高质量发展要求，紧扣改革发展和生产经营中急需解决的重点难点问题，推动1.4万个党支部开展“领题破题”活动，面向23万名党员开展“三亮三比三评”主题实践活动。创新构建起党组织“点题—领题—破题—结题”的攻坚克难机制和党员“亮身份、亮标准、亮承诺，比技能、比作风、比业绩，领导点评、党员互评、群众评议”的作用发挥机制，初步探索出一条行之有效的党建工作与生产经营深度融合途径。（《中国邮政报》10月21日）

**【集团公司要求全系统广大青年为企业高质量发展拼搏奋斗】** 6月1日，集团公司发出通知，要求全系统广大青年深入学习宣传贯彻习近平总书记在庆祝中国共产主义青年团成立100周年大会上的重要讲话精神，深刻领悟以习近平同志为核心的党中央对共青团的重视关怀和对青年一代的关心关爱，将学习宣贯好习近平总书记重要讲话精神作为全集团各级团组织当前和今后一个时期的首要政治任务。（《中国邮政报》6月9日）

**【开展基层党组织建设达标工程和创先争优活动】** 为进一步提升基层党组织建设的质量和水平，在全系统印发《关于深入开展基层党组织建设达标工程和创先争优活动的通知》，完善提升基层党组织建设“664”达标标准，组织各级党组织对标达标、复核评估，不断提升基层党建标准化规范化水平。深入开展创先争优活动，制定集团公司党内荣誉表彰管理办法，新评选出一批党建工作示范单位、党支部建设示范点、党员先锋岗，营造“比学赶帮超”的浓厚氛围。（集团公司党建工作部）

**【持续开展“领题破题”和“三亮三比三评”活动，助推党建与生产经营深度融合】** 为推动党建与生产经营深度融合，面向全系统1.4万个党支部深入开展“领题破题”活动，创新构建起党组织“点题—领题—破题—结题”的攻坚克难机制，各级党组织聚焦“急难险重新”问题，主动认领1.44万个课题，成立攻关组、突击队，拿出解决问题的实招硬招。面向23万名党员深入开展“三亮三比三评”主题实践活动，突出“比”的方法、规范“评”的机制，明确了比什么、怎么比，评什么、怎么评等问题，推动广大党员平常时候看得出来、关键时刻站得出来、危急关头豁得出来。“三亮三比三评”的做法在中组部《央企情况》专题刊载，“领题破题”的做法在《工委简报》专题刊载。（集团公司党建工作部）

**【做好青年理论学习工作带动青年学思践悟】** 为贯彻落实党中央决策部署，深入实施青年理论学习提升工程，党建工作部制定印发青年理论学习小组年度学习计划，推动全集团1.4万个青年理论学习小组以集体个人同步学、线上线下联动学、研讨宣讲深入学、现场参观感悟学、联系实际融合学等形式认真开展学习，举办6期“青年学习汇”线上学习和6期“邮政青年大讲堂”活动，组织青年认真学习习近平总书记重要讲话精神、党中央相关决策部署以及集团公司重要会议精神，以身边榜样引导激励青年，实现以讲促学、以讲促思、以讲促干，多方位辅导青年学习成长，推动年度青年理论学习有计划、有落实。（集团公司党建工作部）

**【开展“喜迎二十大、永远跟党走、奋进新征程”主题教育实践系列活动】** 结合庆祝中国共青团成立100周年，在全系统组织开展“喜迎二十大、永远跟党走、奋进新征程”主题教育实践系列活动，与《中国青年》杂志合作推

《中国青年》杂志“邮政青年”专刊（集团公司党建工作部）

出“邮政青年”专刊（全刊共80面，10万字，印制4万册），以邮政先进团组织、优秀青年员工、红色英雄、劳动模范的故事鼓舞青年，以绘画、书法、诗歌等作品抒发浓浓邮政情；开展“团徽闪耀庆百年”作品征集活动，与中国邮政报合作推出“邮政青年有力量”等专栏文章90余篇，营造了学习榜样、青春建功的良好氛围；组织青年（集体）代表参加交通运输部举办的“强国有我 开路先锋——庆祝建团100周年交通大联播”活动，并获表扬函；举办“奋进新征程 青春正当时”直属机关青年座谈会，并受到集团公司领导高度重视，集团公司党组成员、副总经理康宁出席，与青年员工进行了面对面的交流，青年代表结合工作经历分享学习习近平总书记重要讲话精神的心得体会，主题教育实践活动取得阶段性成效。（集团公司党建工作部）

**【安徽省分公司思想政治工作“三四五”工作法在全系统复制推广】** 3月31日，集团公司举办“三必知”“四必谈”“五必访”经验总结沟通会，安徽省分公司在会上进行交流发言。7月23日，《中国邮政报》刊发《多措并举先试先行“三四五”工作法》。安徽省分公司聚焦“怎么知”，通过开展职工思想状况调研、关注职工请销假情况、用好线上线下沟通平台等，拓展“三必知”信息渠道。聚焦“怎么谈”，通过固定时间谈、第一时间谈，丰富“四必谈”方式方法。聚焦“怎么访”，通过实地“访”、电话“访”、书信“访”“访”“帮”结合等方式，提高“五必访”成效实效。建立“定时+随时”“传统+现代”“网上+网下”相结合的工作机制，有效发挥思想政治工作理顺情绪、化解矛盾、解疑释惑作用，为企业高质量发展凝心聚力。（安徽省分公司）

**【中央和国家机关工委两个党支部在中国邮政邮票博物馆联合开展主题党日活动】** 3月17日，中央和国家机关工委党建督查室党支部、机关党建研究杂志社党支部在中国邮政邮票博物馆联合开展“感悟人民邮政事业 锤炼对党忠诚品格”主题党日活动。两个党支部的全体党员参观了“牢记初心使命，奋进新的征程”庆祝建党百年邮票展、“迎建党百年，展邮政风采”全国邮政职工随手拍邮票照片设计大赛获奖作品展等专题展，以及邮票历史展，邮政历史展，观看了《邮路上的红色血脉》宣传片。两个党支部的党员通过一枚枚邮票，回望中国共产党一百年来，不忘初心、牢记使命，从胜利走向胜利的光辉历程；了解党领导下的人民邮政事业，传承红色基因，秉承“人民邮政为人民”的服务宗旨不断发展壮大的奋斗征程，进而从红色历史中汲取智慧和力量，锤炼了对党忠诚的品格。（中国邮政文史中心）

**【最高人民检察院政治部党总支在中国邮政邮票博物馆开展主题党日活动】** 4月2日，最高人民检察院政治部党总支全体党员在中国邮政邮票博物馆开展“重温红色邮路 感悟百年辉煌”主题党日活动。最高人民检察院政治部一行40余人先后参观了“牢记初心使命，奋进新的征程”邮票展、“中国人民革命战争时期交通邮政”专题展览、“邮票讲述‘一带一路’故事”邮展，以及馆内邮票常设展和邮政历史展。通过参观，最高人民检察院政治部的党员干部了解了红色邮政诞生、发展、壮大的历程，在方寸之间感受党的百年历史成就，进一步巩固深化了党史学习教育成果，更加坚定了理想信念。（中国邮政文史中心）

**【中国记协国内部、机关服务中心两党支部与新闻宣传中心党总支开展主题党日活动】** 9月14日，中国记协国内部党支部、机关服务中心党支部与新闻宣传中心党总支在中国邮政邮票博物馆共同开展“喜迎二十大”联学联建主题党日活动。全体党员参观了庆祝建党百年主题邮展、邮票馆、邮政馆和珍宝馆，观看了中国邮政形象宣传片。全体党员通过一枚枚方寸重温百年党史，从邮票这一“国家名片”的记录中感受中华民族从站起来、富起来到强起来的伟大飞跃，同时也透过邮政的巨大发展变化，深刻体会党的十八大以来党和国家事业取得的历史性成就、发生的历史性变革，从历史的视角进一步理解“人民邮政为人民”的初心使命和“连接美好 无处不在”的邮政情怀。全体党员还围绕坚定理想信念、不忘初心、牢记使命，喜迎党的二十大，做好党的新闻舆论工作进行了座谈交流。（中国邮政文史中心）

**【巡视工作呈现新特点】** 从巡视组织开展看，巡视组及巡视人员数量达到新高度（8组，161人）；从监督内容看，首次对某项具体领域工作开展专项巡视，“小切口”看“大问题”；从广泛参与看，是集团公司有关部门、单位参与巡视工作数量最多的一次；从巡视汇报看，这是首次增加巡视“活情况”汇报，有利于集团公司党组更加全面掌握被巡视党组织有关情况；从巡视反馈看，这是首次组织集中反馈，有力压实了巡视整改责任，推动全面整改、系统施治；从协调配合看，内部巡视工作协作配合更加顺畅，协同联动更加高效，驻中国邮政纪检监察组、集团公司有关部门、单位在巡前、巡中、巡后各环节密切配合，发挥出了监督合力。（集团公司党组巡视办）

**【精准确定巡视监督内容】** 集团公司党组高度重视巡视工作方案的制定，对精准确定巡视监督内容多次提出明确要求。党组巡视办针对外包管理、邮区中心规范化改革、市趟运输改革和乡村振兴工作监督内容开展多轮征求意见，充分与寄递事业部、财务部、人力资源部、审计部、市场部等部门、单位沟通，确保监督内容准确全面、有针对性。巡视“回头看”重点检查上轮巡视反馈问题整改落实情况以及上次巡视以来落实党的理论路线方针政策和党中央重大决策部署、落实全面从严治党战略部署、落实新时代党的组织路线等情况；专项巡视重点聚焦邮政企业在揽投、内部处理、干线运输、信息系统维护等业务外包领域、两项改革和乡村振兴管理中的短板和风险，以及领导干部履行责任中的政治偏差等内容。巡视期间，各巡视组严格执行巡视工作方案，开展个别谈话1094人次，接受信访举报651件次，形成巡视报告28份、个别谈话报告28份，以及多份专题报告、径送件，有效发现了被巡视党组织落实党的领导职能责任方面的问题和不足。（集团公司党组巡视办）

【加强巡视工作规范化建设】 加强巡视队伍建设。开展2022年巡视巡察骨干人员推荐工作，结合2021年骨干人员“以干代训”情况，将“以干代训”未满两批人员和新推荐人员一并纳入巡视组人员范围统筹安排使用。2022年巡视选调人员161名，其中骨干人员23名。扎实组织开展培训，根据巡视工作需要合理安排培训内容、时间，根据实际情况采取现场、视频等多种培训方式，在保障授课内容饱满的前提下，尽可能多安排碰头时间，便于巡视干部消化吸收、深入掌握培训内容。全面梳理巡视工作流程。按照集团公司“管理提升年”有关要求，结合实际推进2022年规范化管理提升工作，进一步梳理巡视工作流程，有力地提升了巡视工作的规范化水平。巡视管理工作流程方面，围绕巡视办统筹、协调、指导、督导、服务、保障职责，系统梳理巡前、巡中、巡后管理工作流程，不断提高内部巡视工作质量；巡视业务工作流程方面，按照巡视准备、了解、报告、反馈、移交5个主要流程，规范细化巡视组工作内容。此外，细化巡视工作方案制定流程和巡视启动工作流程，形成了工作流程图。（集团公司党组巡视办）

【金融板块高质量开展对照整改工作】 集团公司党组充分认识运用十九届中央第八轮巡视成果在金融板块开展对照整改工作的重要意义，积极向中央巡视办请示汇报，将对照整改纳入深化中央巡视整改的重要内容。召开5次会议，分别学习传达中央第八轮巡视集中反馈会议精神、研究对照整改总体方案、召开动员部署会、审议4家金融单位（部门）整改方案、听取集中整改进展情况汇报。党组书记刘爱力出席动员部署会时提出4点意见，听取集中整改进展情况汇报时提出3点意见，多次作出指示批示、提出具体要求。党组分管领导分头负责4家金融单位（部门）对照整改工作，及时研究解决问题。驻中国邮政纪检监察组将对照整改监督纳入《关于2022年对中央巡视整改情况开展监督检查的工作方案》。4家金融单位（部门）均成立对照整改工作领导小组或工作专班，建立双周例会、月例会、中期评估等工作机制，深入贯彻落实习近平总书记关于“五个强化”的整改要求，在全面整改的基础上，邮储银行聚焦服务实体经济、防控金融风险、深化金融改革，中邮保险聚焦加快人才队伍建设、回归保险本源加快转型发展、打造风险管控长效机制，中邮证券聚焦合规风控建设及市场竞争力不强的问题，代理金融聚焦风控合规管理不到位、消费者权益保护存在较大差距的问题，共完成12项重点整改任务，推动对照整改取得实效，为切实走好中国特色金融业高质量发展之路提供了政治保障。（集团公司党组巡视办）

【144家党组织完成全面自查整改工作】 根据集团公司党组关于巡视整改工作统一部署，全系统144家被巡视党组织对2018年以来党组内部巡视整改情况认真开展全面自查，按照巡视整改“四个标准”，对照整改台账逐项检视整改措施是否落实、巡视反馈问题是否解决、同类问题是否反弹、制度机制是否健全，对尚未彻底解决的问题剖析症结、强化措施，推动举一反三、彻底整改。截至7月31日，144家被巡视党组织全部完成全面自查整改工作，按要求报送了整改报告和台账。党组巡视办牵头组织驻中国邮政纪检监察组相关室、党建工作部、金融业务部及控股子公司总部，于8月对山西、辽宁、吉林、浙江、福建、广东、重庆、四川、云南等9个省（市）24家邮政企业单位开展整改现场检查，对发现的问题建立台账、督促解决。在全面自查整改的基础上，党组巡视工作领导小组认真总结2018年以来党组前7批内部巡视整改和成果运用工作，并向党组汇报综合情况。（集团公司党组巡视办）

【全面系统总结5年来的巡视巡察工作】 认真总结党的十九大以来集团公司党组巡视工作取得的成果和经验：一是坚守政治巡视巡察定位，提前一年实现巡视高质量全覆盖，如期实现巡察全覆盖，巡视巡察穿透力、震慑力显著增强；二是坚持巡视巡察“一盘棋”，着力构建上下联动工作机制，推动巡视监督与其他监督贯通融合，在全系统初步形成了上下联动的工作格局；三是建立整改工作机制，明确各方整改责任，加强整改监督检查和成果运用，充分发挥了巡视标本兼治战略作用；四是建立巡视制度体系，加强对制度执行情况的监督检查，督促被巡视党组织完善制度机制，助力邮政企业治理体系治理能力现代化水平不断提升；五是建立健全巡视巡察组织机构，着力锻造巡视巡察监督铁军，不断提升巡视巡察队伍的政治素质、理论水平和业务能力。（集团公司党组巡视办）

【持续加强党风廉政建设】 为进一步加强党风廉政教育，纵深推进全面从严治党，认真贯彻落实中共中央《关于加强新时代廉洁文化建设的意见》，直属机关纪委牵头制定实施方案，一体推进警示教育、作风教育、纪律教育，组织开展党风廉政警示教育月活动，举办廉洁文化讲堂，编发《邮政企业廉洁微党课选编》，开展廉洁文化作品征集活动等。直属机关连续6年举办廉洁文化讲堂，持续打造党风廉政教育特色品牌的典型做法得到中央和国家机关纪检监察工委充分肯定，专刊编发信息供中央和国家机关各部门学习借鉴。（集团公司党建工作部）

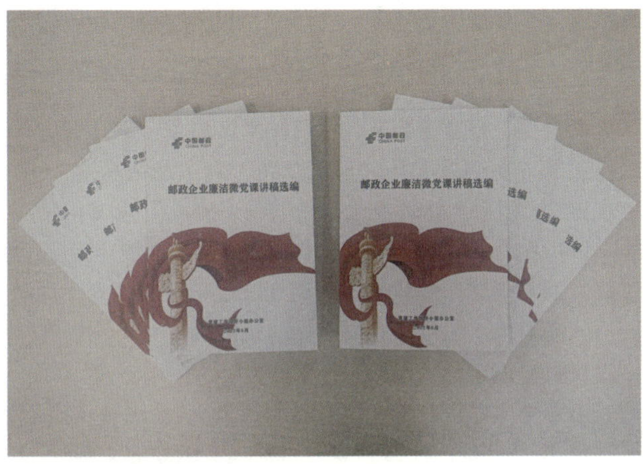


《邮政企业廉洁微党课讲稿选编》（集团公司党建工作部）

**【集团公司直属机关36个党支部被命名为中央和国家机关“四强”党支部】** 9月，中央和国家机关工委印发《中央和国家机关工委关于命名中央和国家机关“四强”党支部的决定》，命名一批党支部为“中央和国家机关‘四强’党支部”。其中，集团公司直属机关党委所属36个党支部获此殊荣。

党的十九大以来，集团公司党组全面贯彻习近平新时代中国特色社会主义思想，特别是习近平总书记关于党的建设和组织工作重要思想，高度重视基层党组织建设，压实党建主体责任，持续开展基层党组织建设达标工程和创先争优活动，通过先进示范引领作用，推进基层党组织建设全面进步、全面过硬。直属机关党委认真按照集团公司党组部署，深入推进模范机关创建，着力推进党支部标准化规范化建设。在对标达标的基础上，优中选优向工委推报了36个“政治功能强、支部班子强、党员队伍强、作用发挥强”的“四强”党支部，推动形成了先进更前进的良好局面。

集团公司要求，被命名的党支部要珍惜荣誉、再接再厉，在新的起点上再创佳绩。直属机关各党支部要向被命名的“四强”党支部学习，为中国邮政党的建设高质量发展作出新贡献。（《中国邮政报》9月30日）

**【中国邮政1集体3个人获全国“两红两优”表彰】** 4月13日，共青团中央对全国“两红两优”（全国五四红旗团委、五四红旗团支部、优秀共青团员、优秀共青团干部）作出表彰的决定。邮储银行贵州省贵阳市中华北路支行团支部荣获“全国五四红旗团支部”称号，长春市分公司劳资管理专员张子豪、湖州市分公司客户经理施权辉荣获“全国优秀共青团员”称号，甘肃省分公司直属机关团委副书记孙瑞荣获“全国优秀共青团干部”称号。（《中国邮政报》4月20日）

**【中国邮政1集体2个人获“全国向上向善好青年”】** 6月8日，共青团中央公布2022年“全国向上向善好青年”名单，142名优秀青年和23个青年群体获得殊荣。辽宁省盘锦市寄递事业部双台子普邮投递部经理张东洋、重庆市渝北片区寄递事业部鸳鸯营业部员工石全和中欧班列（渝新欧）国际铁路运邮项目组1集体2个人获“全国向上向善好青年”称号。（《中国邮政报》6月14日）

**【中国邮政2个人获评“全国青年岗位能手（标兵）”】** 共青团中央、人力资源和社会保障部联合印发表彰决定，授予王欣等50名同志“全国青年岗位能手标兵”称号，授予崔嫚等850名同志“全国青年岗位能手”称号。浙江省绍兴市分公司揽投员阮海良获评“全国青年岗位能手标兵”，安徽省宣城市分公司鳌峰营业部经理胡毅获评“全国青年岗位能手”。（《中国邮政报》9月24日）

**【2018—2021年度全国邮政系统“双先”表彰大会召开】** 6月27日，2018—2021年度全国邮政系统先进集体、先进个人表彰大会召开。4年一次的表彰大会，是全国邮政系统规模最大、影响最广泛的表彰活动，此次大会对142个先进集体和203名先进个人进行隆重表彰。中国邮政集团有限公司党组全体成员出席，党组书记、董事长刘爱力发表讲话，代表集团公司党组向受到表彰的先进集体和先进个人致以诚挚祝贺，向长期以来奋斗在各个岗位上的广大邮政干部职工致以亲切慰问，强调要大力弘扬劳模精神、劳动精神、工匠精神，用榜样的精神力量，激荡起广大邮政干部职工强邮争先锋的强劲音符，谱写出广大邮政干部职工建功新时代的华彩篇章。（《中国邮政报》6月28日）

**【集团公司表彰2021年度新闻宣传先进集体和个人】** 7月，集团公司对2021年度中国邮政新闻宣传工作先进集体和个人进行评选表彰。北京市分公司等10个单位获得中国邮政新闻宣传工作组织奖，邮储银行策划的大型乡村振兴专题报道《色彩中国》等5个案例获得中国邮政新闻宣传融合创新奖，上海市分公司等5个单位获得中国邮政新闻宣传新媒体影响力奖，海南省分公司选送的报道“投递30年，今日终于给儿子亲手递上北大录取通知书”等10件作品获得中国邮政新闻宣传新媒体最佳作品奖，江苏省分公司

柏滨丰等10名个人获得中国邮政新闻宣传优秀工作者奖。(《中国邮政报》7月19日)

**【集团公司表彰百名青年学习标兵】** 12月，集团公司发出通知，对北京市朝阳区分公司水碓子邮政支局营销主管魏巍等100名集团公司青年学习标兵进行表彰，以激励他们带动广大邮政青年认真学习贯彻党的二十大精神，自觉做习近平新时代中国特色社会主义思想的坚定信仰者和忠实实践者，立志做有理想、敢担当、能吃苦、肯奋斗的新时代好青年。

集团公司广大青年认真学习习近平新时代中国特色社会主义思想，参与“根在基层”调研、“青春建功”行动、志愿服务、旺季帮扶等活动；努力破解工作难题，在各种急难险重任务中积极发挥突击队作用，争当学习模范、实践先锋、实干闯将，展现了新时代邮政青年风采；涌现出一批政治立场坚定、学习态度积极、工作成效优异、骨干带动作用明显的先进典型。经逐级推荐、严格审核，集团公司评定100名个人为青年学习标兵。(《中国邮政报》12月13日)

**【4名邮政人获评交通运输青年科技英才】** 10月18日，交通运输部办公厅印发《关于公布2022年度交通运输青年科技英才名单的通知》，确定140名同志入选2022年度交通运输青年科技英才。其中，邮政科学研究规划院余艳、云南省分公司方鹏、河南省分公司刘亚伟、石家庄邮电职业技术学院谭宇硕入选。近年来，中国邮政深入学习领会习近平总书记关于新时代人才工作的新理念新战略新举措，贯彻落实新时代党的组织路线和中央人才工作会议精神，纵深推进新时代邮政人才发展战略。强化科技创新人才“主力军”建设，培养和用好科技人才，创新科研激励保障机制，有效发挥领军人才的关键支撑和引领作用，激发人才创新创造活力，着力打造构建邮政核心竞争优势的科技人才高地。推动先进信息技术与邮政业务的深度融合，助力企业高质量发展，满足人民群众对美好用邮的需求。(《中国邮政报》11月9日)

**【《人民日报》报道王顺友、尼玛拉木事迹】** 5月1日，人民日报第6版刊发《从“马班邮路”到“网络高速”(奇迹在这里诞生)》整版报道，以“马班邮路”忠诚信使王顺友跋山涉水为民服务、忠实传递党的声音等先进事迹为主线，通过邮路、邮政服务和交通、通信设施变迁，反映四川从蜀道难、蜀道通到蜀道畅的筑梦故事。

5月12日，《人民日报》海外版05版刊登文章《第一位登上万国邮联讲台的中国乡村邮递员、“全国劳动模范”尼玛拉木：“一旦信件背到肩上，就成了生命的一部分”》，点赞云南迪庆藏族自治州德钦县云岭乡邮政所的藏族邮递员尼玛拉木，这位“溜索邮路信者”再次成为人们关注的热点。(四川省分公司、云南省分公司)

全国邮政系统先进集体、先进个人表彰大会(集团公司党建工作部)

"寻找身边典型、讲好邮政故事"活动（集团公司党建工作部）

**【中国邮政承办北京国际摄影周大众手机摄影展】** 8月4日，由北京国际摄影周2022组委会和中国通信摄影协会联合主办，中国邮政轮值承办，中国电信、中国移动、中国联通、中国铁塔等单位协办的北京国际摄影周2022"云影像"大众手机摄影展在北京中华世纪坛开幕。这次展览的主题为"新视界——同心向未来"，3月开始征稿，收到作品2万余件，经专家评选，274人的361件作品入展。活动启动以来，中国邮政面向广大员工征集手机摄影作品，并向展览组织机构推荐近千幅优秀作品，展示全国邮政员工喜迎党的二十大，以手机影像的独特魅力，发挥"为时代画像、为时代立传、为时代明德"的作用。这些摄影作品定格了时间，记录了历史，充分展现了中国邮政人坚守初心使命、传承红色基因、高扬党的旗帜、凝聚奋斗精神的时代风采，彰显了邮政企业和员工的精神风貌，谱写了中国邮政行业"国家队"和谐奋进的崭新篇章。（《中国邮政报》8月6日）

**【邮政故事获交通好故事宣讲全国总决赛两项大奖】** 8月17日，"我是新时代交通人——喜迎党的二十大、加快建设交通强国好故事"宣讲比赛全国总决赛举办。"时代楷模""最美奋斗者""全国优秀共产党员"等荣誉称号获得者——四川省甘孜县分公司长途邮运驾驶员、驾押组组长其美多吉，作为特邀选手出席现场决赛，获得"交通故事致敬奖"。西藏分公司张东硕从1000余名初赛选手中脱颖而出，成为15组决赛选手之一，其宣讲的故事获评"十佳交通故事"。此次宣讲比赛由中国交通报社、北京市交通委员会、广西交通运输厅联合主办，有1000余名宣讲人报名参加，征集到700多个故事，涉及邮政、公路、铁路、水运、民航等领域。中国邮政18个作品入选初赛，其中7个作品获评"百强好故事"、8个作品获评"优秀交通故事"。（《中国邮政报》8月19日）

**【企业文化建设优秀成果推荐评选及表彰活动】** 为推动企业文化建设，党建工作部在全系统开展企业文化建设优秀成果推荐评选及表彰，全系统60家单位获得交通运输文化建设优秀成果表彰，其中保留卓越单位称号2个，全国交通运输文化建设综合优秀成果19个，全国交通运输文化建设专项优秀成果39个，总结各单位企业文化建设经验，并在中国邮政报连续刊发宣传。邮政企业省部级文明单位增加129家，比上年增长20%，实现省分公司100%覆盖。（集团公司党建工作部）

**【"寻找身边典型、讲好邮政故事"活动】** 为做好邮政先进典型事迹宣传，激发员工干事创业的奋斗激情，党建工作部以"传承红色基因、厚植为民情怀、弘扬奋斗精神"为主题，在全系统组织开展"讲好邮政故事"活动，通过中国邮政官网、中国邮政报等媒体平台开设"寻找身边典型、讲好邮政故事"宣传专区，创建"邮政榜样墙""邮政典型库"，持续更新榜样月榜，全方位、多角度展现邮政系统省级以上典型人物的风采。发布典型榜样50期，在各媒体平台分享邮政好故事500余篇，其中，"大湖鸿雁"唐真亚在平凡工作岗位上创先争优的先进典型事迹被中组部编入《榜样》专题栏目，并在全社会广泛播放宣传。（集团公司党建工作部）

**【石家庄邮电职业技术学院获得"交通运输文化建设优秀单位"】** 12月21日，2022年度交通运输文化建设优秀成果正式发布，石家庄邮电职业技术学院获评"交通运输文化建设优秀单位"称号，成为获此殊荣的全国邮政系统10家单位之一；党校党支部"多弦共鸣支部工作法"获评"交通运输优秀党建文化品牌"。（石家庄邮电职业技术学院）

**【2022中国邮政网络春晚登上热榜】** 1月25日，由新闻

宣传中心和中国邮政集团工会联合主办的2022中国邮政网络春晚通过中国邮政快手号、新华社现场云、中国邮政B站号、中国邮政报视频号、中国邮政融媒体平台5个新媒体平台进行直播，总观看量900万人次，创邮政网络春晚举办以来新高。其中，中国邮政快手号直播总观看量872万人次，登上热榜第20位；新华社在客户端首页进行置顶宣传，观看量17.05万人次。（新闻宣传中心）

**【《中国邮政报》乡村振兴报道获中宣部中国记协表彰】** 5月20日，中宣部、中国记协表彰2022年“新春走基层”活动中央新闻单位先进集体、先进个人和优秀作品。由《中国邮政报》策划采写、反映中国邮政在习近平总书记首次提出“精准扶贫”重要思想的湖南省花垣县十八洞村助力乡村振兴工作成效的新闻作品《“洞”见未来》获评中央新闻单位优秀作品，全国性行业类媒体仅有20件作品入选。（《中国邮政报》5月24日）

**【中国邮政报3项目获评行业媒体融合发展创新案例】** 由中国行业报协会主办的首届中国行业媒体融合发展创新案例征集活动结果于12月15日正式揭晓。此次活动多维度、全渠道广泛征集行业媒体融合发展创新案例，经过专家评委结合网络数据的严谨评议，来自全国各级各行业媒体的102件案例获选。“2022中国邮政网络春晚”和“‘这里是中国邮政’抖音挑战赛”获评内容作品类创新案例，“中国邮政官方微博”获评新媒体账号类创新案例。（《中国邮政报》12月17日）

**【“中国邮票展”在中国国家版本馆展出】** 7月30日，中国国家版本馆开馆暨展览开幕式在中国国家版本馆中央总馆举行，由中国邮政与中国国家版本馆联合举办的“中国邮票展”正式亮相。“中国邮票展”位于国家版本馆文兴楼，占地面积约300平方米，展出邮票近7000枚。展览全面反映了中国邮票的发展历程，精选各时期代表性邮票，包括中国古代邮政源流、清代邮票、中华民国（1912—1949）邮票、中国人民革命战争时期邮票、中华人民共和国邮票共5个单元，以及两个专题邮展：“比格拉展柜”中的“中华人民共和国邮票”“第一轮生肖邮票手绘原稿”。“中国邮票展”充分展示邮票作为有价票证类特殊版本，以方寸邮票展示中华优秀传统文化、革命文化和社会主义先进文化，激励人们坚定文化自信，为实现中华民族伟大复兴的中国梦而努力奋斗。仪式开始前，交通运输部党组成员、国家邮政局党组书记、局长马军胜，中国邮政集团有限公司党组书记、董事长刘爱力观看了“中国邮票展”，对展览成功举办给予充分肯定。（中国邮政文史中心）

**【中国邮政邮票博物馆入选2021—2025年度第一批“全国科普教育基地”】** 4月2日，中国科学技术协会正式发布《关于命名2021—2025年第一批全国科普教育基地的决定》，决定命名800个单位为2021—2025年度第一批全国科普教育基地，中国邮政文史中心（中国邮政邮票博物馆）成功入选。全国科普教育基地评选于2021年10月启动，在集团公司、中国通信学会的悉心指导下，中国邮政文史中心（中国邮政邮票博物馆）贯彻落实《全民科学素质行动规划纲要（2021—2035年）》，提高公众科学文化素质，提升博物馆社会教育功能，推进全国科普教育基地申报创建工作，历经申报、初评、终评、公示和命名等多个环节，最终入选。在全国800家单位中，入选的博物馆、纪念馆166家，其中北京入选的博物馆、纪念馆仅有24家。（中国邮政文史中心）

**【集团公司召开清代驿站文化资料收集工作专题培训电视电话会议】** 8月10日，集团公司召开清代驿站文化资料收集工作专题培训电视电话会议，进一步部署清代驿站文化资料收集工作。中国邮政文史中心（中国邮政邮票博物馆）党委书记、主任（馆长）张力扬出席会议并讲话，中国人民大学清史研究所副所长、国家社科基金重大课题“清代驿站史研究”首席专家刘文鹏教授作业务培训，浙江省分公司、新疆分公司、河南省分公司作经验交流。

会议指出，集团公司与中国人民大学开展校企合作，参与国家社科基金重大课题“清代驿站史研究”子课题“清代驿站文化图录”的编纂工作，是贯彻落实习近平总书记重要讲话精神、赓续中华文脉、坚定文化自信的具体举措。收集好、整理好清代驿站文化资料是摸清邮驿遗产现状、丰富邮政历史资料、为后人留下珍贵史料的一项抢救性工程。（中国邮政文史中心）

**【EMS与中国青年品牌联名活动成功举办】** 9月6日，“青春百年 红色传递”——《中国青年》IP发布暨《中国青年》杂志与中国邮政速递物流IP战略合作签约仪式在北京举行。会上，《中国青年》杂志与中国邮政速递物流就IP联名签署战略合作协议，2022中国邮政EMS校园创客大赛同时启动。大赛面向全国高校大学生开展，以“时尚新生活 创意抖出来”为主题，设置服装与服饰、视觉传达、文创设计、数字媒体、自由主题5个类别。征集来自387家参赛单位，5670位作者的4336件有效作品，最终评选出金奖3件、银奖10件、铜奖20件、优秀奖170件。EMS与中国青年品牌联名活动是“喜迎二十大、永远跟党走、奋进新征程”主题教育实践活动的重要组成部分，由共青团中央宣传部指导，中国青年出版总社与中国邮政速递物流股份有限公司联合主办，中国青年杂志社、中国邮政广告传媒公司承办。（中邮传媒）

话剧《其美多吉》演出现场（《中国邮政报》8月26日）

**【大型原创话剧《其美多吉》在北京演出】** 8月24—25日，根据“时代楷模”“雪线邮路幸福使者”——四川省甘孜县分公司邮车驾驶员其美多吉先进事迹创作的大型原创话剧《其美多吉》，在北京二七剧场连演5场。话剧《其美多吉》是按照中宣部广泛深入宣传“时代楷模”先进事迹的要求，为充分发挥典型人物示范引领作用，在国家邮政局精神文明办、集团公司、四川省委宣传部、四川省总工会的指导下推出的四川省主题文艺精品创作生产重点项目，根据“时代楷模”“全国优秀共产党员”“全国民族团结进步模范个人”“全国劳动模范”“全国道德模范”其美多吉的先进事迹创作而成，彰显了其美多吉及其团队“不畏艰险、为民奉献、忠诚担当、团结友善”的精神特质和高尚情操。（《中国邮政报》8月26日）

武汉邮政艺术团获奖作品（《中国邮政报》9月30日）

**【武汉邮政艺术团获群星奖】** 9月，湖北省武汉邮政艺术团与武汉市群众艺术馆联袂打造的湖北小曲《鹤归来》获得第十九届群星奖。群星奖是全国群众文艺领域的政府最高奖，每3年评选一次，包括音乐、舞蹈、戏剧、曲艺、广场舞、群众合唱六大门类。《鹤归来》先后历经3次改版，生动地展现了武汉人民同心抗疫的坚定信念和奔向幸福未来的美好情怀，成为此届群星奖曲艺门类中获奖的5个作品之一。（《中国邮政报》9月30日）

**【天津邮政博物馆被授予“天津市少先队校外实践教育基地”】** 12月8日，由中国少年先锋队天津市工作委员会授予的“天津市少先队校外实践教育营地（基地）”落户天津邮政博物馆。天津邮政博物馆作为爱国主义教育基地，积极探索与各中小学及社会教育机构合作新模式，先后与和平区昆明路小学、苗苗义工等签订共建协议。天津邮政博物馆以此次授牌为契机，立足基地建设，优化自身管理，发挥“教育”功能和“引导”作用，精心设计和组织开展少先队活动，积极发挥基地实践育人的作用。（天津市分公司）

**【河北省分公司召开北京2022年冬奥会、冬残奥会张家口赛区邮政服务工作总结表彰会】** 4月22日，河北省分公司召开北京2022年冬奥会、冬残奥会张家口赛区邮政服务工作总结表彰会，对6个先进集体、9名先进个人进行表彰。在北京2022年冬奥会张家口赛区，高标准设计、高质量建设了4处邮政服务网点，并选拔派驻39名青年员工执行网点服务任务。全面落实“安全办奥”要求，构筑起疫情防控和邮件安检“三道防线”，圆满完成服务保障工作。（河北省分公司）

**【江苏省连云港市分公司开展“探寻红色记忆传承红色基因”系列活动】** 1月21日，江苏省连云港市分公司联合市革命纪念馆开展“我们一直记得您——向革命前辈送新春祝福”活动。此次活动是连云港邮政·城市书房“探寻红色记忆传承红色基因”系列活动之一，15名学生通过线上报名等方式参加此次活动。孩子们以手写祝福信等方式，为曾在连云港战斗、工作过的革命前辈及其家人送上新春祝福。（《中国邮政报》1月27日）

**【《浙江通志·邮政业志》正式出版】** 2月，《浙江通志》第七十卷《邮政业志》正式出版。该志由浙江省人民政府地方志办公室组织编纂，浙江省分公司具体承编，浙江省邮政管理局、邮储银行浙江省分行和宁波分行、浙江省内各主要快递企业共同参与，全志9章91.2万字，图片与表格各200余幅（张），印量约1800册。《浙江通志·邮政业志》在介绍邮政在浙江的历史沿革与改革发展的同时，还客观记叙了浙江民信局及其近代快递实践、信客活动、全民族抗日战争期间前后方邮政运作、抗战驿运、在浙军邮、改革开放初期浙江民营快递企业萌芽发展情况等，完整勾勒还原了浙江邮政业态的历史发展脉络。（浙江省分公司）

**【山东战邮基地被命名为“中国邮政革命传统教育基地”】** 在山东战时邮政成立80周年之际，集团公司决定命名“山东战邮革命传统和企业文化教育基地”为“中国邮政革命传统教育基地”。“中国邮政革命传统教育基地”由山东省分公司在沂南建立，系统保留了当时的珍贵史料，展现了战邮先辈听党话、跟党走，与人民同呼吸、共命运的政治品质，记录了战邮先辈“忠贞不渝、使命必达”的感人事迹，是继承革命传统、开展红色教育的生动教材。（《中国邮政报》1月27日）

**【山东战邮成立80周年纪念大会召开】** 2月14日，山东战邮成立80周年纪念大会在山东临沂召开，集团公司党组副书记代表集团公司党组以视频会议形式出席会议并讲话，临沂市委书记、副市长及战邮后人代表出席并为“山东战邮革命传统与企业文化基地”揭幕。集团公司授牌“中国邮政革命传统教育基地”，山东省政府把战时邮务总局成立旧址列为第六批省级文物保护单位。（《中国邮政报》2月15日）

**【山西省运城市分公司团委联合举办“传承红色基因献礼建团百年”主题研学活动】** 5月20日，山西省运城市分公司团委联合共青团运城市委、运城市少工委共同举办的“传承红色基因献礼建团百年”主题研学活动在夏县红色文化基地——堆云洞举行启动仪式。该分公司在运城市9处红色研学教育基地搭建临时主题邮局，运城市中小学生可以前往红色研学教育基地参加活动，聆听红色故事，领略红色文化，感悟红色精神。参与者携带“红色记忆研学传承”明信片到各研学地主题邮局章戳加盖区打卡，收集风景日戳与纪念戳，待集齐9处红色研学教育基地的风景日戳后，前往全市任一邮政网点，由邮政工作人员在明信片上加盖集齐戳印，即可获得团市委颁发的“红色传人”纪念证书。（《中国邮政报》5月31日）

**【云南邮政桑南才当选2021年“诚信之星”】** 1月15日，中央宣传部、国家发展改革委向社会发布2021年“诚信之星”，包括2个集体和8名个人。其中，云南省怒江傈僳族自治州分公司泸水市称杆乡邮政所所长桑南才光荣当选。（云南省分公司）

**【宁夏分公司2单位3个人荣获“自治区三八红旗集体”“自治区三八红旗手”称号】** 9月，宁夏回族自治区妇女联合会向全区颁发“自治区三八红旗集体”“自治区三八红旗手”奖牌及奖状。银川市东城分公司兰亭苑揽投部、石嘴山市分公司前进南路营业所两个单位获得“自治区三八红旗集体”称号；银川市永宁县望远镇营业所叶慧云、石嘴山市大武口区游艺街揽投部来金霞、固原市三营镇营业所刘海鑫获得“自治区三八红旗手”称号。（宁夏分公司）

# 工会工作

【概述】

**一、深入学习宣传贯彻党的二十大精神**

引领广大职工坚定不移听党话，矢志不渝跟党走。以党的政治建设为统领，学习贯彻党的二十大精神，学习习近平总书记关于工人阶级和工会工作的重要论述，下发《关于在全国邮政工会系统学习宣传贯彻党的二十大精神的通知》，在全面学习、全面把握、全面落实上下功夫，教育引导工会干部和广大职工把思想和行动统一到党的二十大精神上来，把力量凝聚到贯彻落实大会提出的各项重大部署上来。

落实意识形态责任制，加强总部机关支部规范化建设。在工会系统开展余毒排查工作，下发《关于认真做好全国邮政工会系统全面彻底肃清李国华不良影响的紧急通知》，将2795条平面载体及新媒体有关信息全部清除。扎实开展“学查改”工作，深入开展基层党组织达标工程和创先争优活动，建成直属机关第二批党支部建设示范点。

**二、投身疫情防控保供保通保畅**

发挥邮政各级工会组织作用，加大疫情防控期间服务社会保供保通保畅保障人员、疫情严重地区员工的关心慰问，面向全国邮政职工开办心理健康系列活动，持续做好职工关心关爱工作，集团工会根据各省（区、市）疫情情况，向上海、北京、石家庄邮校等疫情严重地区拨付慰问金255万元。全国各级邮政工会组织投入2754.75万元用于购买防疫物资、慰问一线职工等。

**三、履行工会职能，发挥工会作用**

开展形势任务教育，围绕中心，服务大局，凝聚力量。贯彻集团公司党组和上级工会要求，围绕推动中国邮政高质量发展，发挥党联系群众的桥梁纽带作用，加强产业工人队伍建设，完成全国邮政职工队伍和工会工作状况调查；推进“管理提升年”活动，夯实工会管理基础，完成工会条线文件制度立改废工作，建立“立改废”工作清单，保留文件15个，立改废文件15个；举办2022中国邮政网络春晚，总观看量900万人次；以迎冬奥和党的二十大为主题，开展主题鲜明、形式多样、内容丰富、效果明显的群众性文体活动，组织参加全国总工会举办的迎冬奥冰雪主题绘画展，199幅作品参展；“中国梦•劳动美 喜迎二十大 建功新时代”全国职工摄影展活动，488名职工参赛；承办北京国际摄影周2022“云影像”大众手机摄影展，960幅作品参展，受到中国通信摄影协会特别表彰，获得“优秀承办组织奖”；组织开展“建功新时代 喜迎二十大”全国邮政职工摄影作品巡展活动，评出优秀照片120幅，14.41万人浏览观看，投票量超过57万。

开展劳动竞赛和建功立业活动，调动广大职工干事创业的积极性、主动性、创造性。以推动中国邮政高质量发展为主线，围绕集团公司总体目标开展劳动竞赛，评选“对标先进最佳实践奖”项目35个；在中邮网院开辟学习专区，放置19个优秀案例视频，宣传最佳实践经验，供广大基层干部员工学习交流借鉴，营造“比学赶帮超”的浓厚氛围，推动企业经营发展，涌现出7056个先进集体和14008名先进个人。组织邮政企业劳动模范专题研讨班。召开2018—2021年度全国邮政系统“双先”表彰大会，142个先进集体、203名先进个人受到表彰。全国邮政1个集体获得“全国五一劳动奖状”，11名个人获得“全国五一劳动奖章”，7个集体获得“全国工人先锋号”；1人获评“第十七届全国职工职业道德建设标兵个人”，3人获评先进个人，1个集体获评先进单位；1人获评“2021年感动交通年度特别致敬人物”；8个劳模创新工作室被授予“国防邮电产业示范性劳模和工匠人才（职工）创新工作室”。

做好职工维权和关心关爱工作。组织召开集团公司一届三次职代会，审议通过企业年金企业缴费比例，由6%提高到7%，征集一届三次职代会提案50件，立案2件，建议4件，不立案44件。把邮政基层网点的职工小家建设，当成实现好、维护好、发展好职工利益的重大举措，印制《中国邮政职工小家规范化建设与管理指导手册》，结合国防邮电工会“会、站、家”一体化建设专项补贴工作，申报末端网站（点）等一线基层单位项目建设60家，分拨中心等省区级单位项目建设14家，申请建设补助资金58万元，持续推进小家标准化、规范化、系统化建设，满足职工多样化需求。组织开展走访慰问活动，下发暑期、汛期、新冠疫情防控期间送关爱和两节送温暖工作通知，指导各级工会组织深入基层，靠前指挥，慰问奋战在生产一线的广大邮政职工，全国邮政系统慰问困难职工、受灾职工和劳模2.4万人、基层集体2.4万个，发放慰问资金1.9亿元。

适应互联网+趋势，抓好智慧工会建设。完成智慧工会一期建设和上线试运行，打造中国邮政智慧工会公众号，建成全国邮政职工电子书屋。（中国邮政集团工会）

【集团工会召开二届六次全委会（扩大）会】 9月2日，集团工会二届六次全委会（扩大）会议召开。会议以习近平新时代中国特色社会主义思想为指导，全面贯彻党的十九大和十九届历次全会精神，落实集团公司党组和上级工会要求，履行民主程序，选举产生新一任集团工会常务副主席，为集团工会换届工作做好组织准备。集团公司副总经理王俭出席会议并讲话。会议选举刘斌为集团工会常务副主席，审议通过集团工会二届委员增替补名单。集团工会全体委员和省级邮政工会负责人、副主席在各分会场参会。

会议指出，各级邮政工会要深入学习领会“两个确立”的决定性意义，不断增强“四个意识”，坚定“四个自信”，坚决做到“两个维护”，始终坚持工会正确政治方向，自觉在思想上政治上行动上同以习近平同志为核心的党中央保持高度一致；要把学习贯彻习近平新时代中国特色社会主义思想作为首要政治任务，坚持不懈加强理论武装，团结引导广大邮政职工坚定不移听党话、矢志不渝跟党走；认真履行工会的政治责任，用好职工小家、职工书屋等平台，推动党的创新理论走进基层班组、走进职工心里，打牢广大职工共同奋斗的思想基础，不断增强对党的创新理论的政治认同、思想认同、情感认同；强化互联网思维，推动工会系统互联网内容和舆论阵地建设，牢牢掌握意识形态工作主动权。要深入学习贯彻习近平总书记关于工人运动时代主题的重要指示精神，团结动员广大职工建功立业；牢记“国之大者”，牢牢把握新发展阶段、新发展理念、新发展格局的核心要义，团结带领广大职工在推进邮政高质量发展上更好地发挥主力军作用；做好职工形势任务教育，教育和引导广大职工清醒认识中国邮政面临的机遇和挑战、问题与困难，教育和引导广大职工将个人进步与企业发展有机结合，围绕年初集团公司工作会提出的“八项战略任务”，广泛深入持久开展劳动和技能竞赛，大力弘扬劳模精神、劳动精神、工匠精神，唱响劳动最光荣、劳动最崇高、劳动最伟大、劳动最美丽的主旋律。要深入学习贯彻习近平总书记关于加大维权服务力度的重要指示精神，着力提升工会服务职工水平；认真履行维权服务基本职责，使各级工会组织都成为名副其实的职工之家，所有工会干部都成为职工群众的娘家人、贴心人；要创新工会服务职工方式和手段，加快推进“智慧工会”建设，把互联网建成工会工作的坚强阵地；切实维护职工合法权益，加强司务公开制度落实，协助做好改革过程中职工思想引导、劳动关系处置等工作；积极推动构建和谐的劳动关系，充分调动企业和职工参与构建和谐劳动关系的积极性，推动企业主动履行社会责任，教育引导职工以企业发展为己任。要深入学习贯彻习近平总书记关于深化工会改革创新的重要指示精神，加强工会系统自身建设；要勇于开拓创新、深化改革，典型引路，以点带面，不断推动工会工作迈上新台阶；扎实推进产业工人队伍建设改革，努力建设一支宏大的知识型、技能型、创新型高素质邮政产业工人大军；努力提高工会的工作实效，使工会真正建起来、转起来、活起来；学好用好新修改的《工会法》，全面提升工会工作的法治化水平。(《中国邮政报》9 月 7 日)

**【邮政系统先进获中华全国总工会表彰】** 4 月 28 日，中华全国总工会在北京召开 2022 年庆祝“五一”国际劳动节暨全国五一劳动奖和全国工人先锋号表彰大会。全国邮政系统有 1 个集体获“全国五一劳动奖状”，11 名个人获“全国五一劳动奖章”，7 个集体获“全国工人先锋号”。

河南省周口市分公司获得全国五一劳动奖状。北京市西城区地安门邮政支局局长门桂菊、天津市和平区分公司贵州路速递营业部商企中心揽投员刘婷、河北省沧州市分公司揽投一站揽投员张永基、上海市机要通信局交通室接发组组长段长俊、江苏省响水县分公司新区支局理财经理任婷婷、浙江省绍兴市分公司揽投员阮海良、安徽省黄山区分公司投递员谢非俊、湖南红海人力资源有限公司外派长沙邮政政务中心驻点投递员李姣、广西邮政速递物流公司梧州市分公司揽投员朱哲、云南省昆明市五华区分公司人民路营业部揽投站站长严作海、新疆塔城地区分公司快递员常亚斋等 11 名个人获得全国五一劳动奖章。北京市西城区中南海邮政支局、邮储银行吉林省松原市分行江南支行、黑龙江省哈尔滨市分公司寄递事业部同城配送中心、江苏省泰兴市分公司江平路支局、邮储银行福建省南平市分行政和县支行、湖北省武汉市江岸区分公司上海路揽投站、新疆乌鲁木齐市分公司沙依巴克区营业部等 7 个集体获得全国工人先锋号。(《中国邮政报》4 月 29 日)

**【中国邮政 14 名快递员获得“交通技术能手”称号】** 1 月，交通运输部印发关于表彰全国交通技术能手称号的决定，为获奖者颁发全国交通技术能手证书。中国邮政 14 名快递小哥榜上有名，他们分别是湖北石首邮政裴地、广州邮政原家伟、山东邮政聊城速递杨乐欣、河南郑州邮区中心陈峥、北京西城三里河邮局徐丽娜、山西太原邮区中心张军民、重庆渝北片区邮政陈渝、天津河北区邮政夏广斌、江苏徐州邮政张权、浙江杭州邮政赵金、湖北武汉邮政刘磊、湖南长沙邮政董卫红、海南海口邮政韩永畴、福建南平邮政蔡华辉。(中国邮政集团工会)

**【中国邮政 7 个职工书屋示范点获全国总工会命名】** 1 月，中华全国总工会公布“2022 年全国工会职工书屋建设典型成果名单”，包括全国工会品牌职工书屋示范点 37 个，其中，山西省分公司工会职工书屋榜上有名；全国总工会命名全国职工书屋示范点 800 个，其中，中国邮政 6 个职工书屋示范点榜上有名，分别是北京朝阳区分公司垡头邮局、安徽省分公司机关工会委员会、山东威海市分公司、山东德州市分公司、湖北荆州市分公司、储蓄银行宣城市分行工会委员会。中国邮政 31 个便利型职工阅读站点、43 个劳模书架同获全总职工书屋配书。(中国邮政集团工会)

**【全国“安康杯”竞赛 16 个邮政集体获表彰】** 7 月 18 日，中华全国总工会、应急管理部和国家卫生健康委员会联合发文，对 2020—2021 年度全国“安康杯”竞赛活动优胜单位和优胜班组进行表彰，邮政系统有 16 个集体获得殊荣。其中，湖北省黄冈市分公司、吉林省白城市分公司、黑龙江省双鸭山市分公司、江苏省南通市分公司、安徽省蚌埠市分公司和安庆市分公司、广西南宁市分公司等 7 家单位获评优胜单位，河北省秦皇岛市北戴河区分公司、邮储银行山西省分行零售信贷作业中心、辽宁省分公司信息技术中心、河南省商丘市分公司市区揽投部、成都邮区中心邮件运输中心干线驾驶组、贵州省贵阳市乌当区分公司东风镇营业所、陕西省分公司西安航空邮件处理中心、宁夏分公司机要局投递班、新疆和田地区城区分公司投递班等 9 个班组被授予优胜班组称号。(《中国邮政报》8 月 30 日)

**【中国邮政 4 员工 1 集体获全国职工职业道德建设先进表彰】** 11 月，中华全国总工会、中央宣传部、中央文明办、工业和信息化部、商务部、国务院国资委印发《关于表彰第十七届全国职工职业道德建设标兵单位、标兵个人和先进单位、先进个人的决定》，对一批先进单位和个人予以表彰。中国邮政 4 名员工和 1 个集体榜上有名。其中，四川省若尔盖县分公司网运投递组组长兼乡邮投递员哈弄夺机被授予“第十七届全国职工职业道德建设标兵个人”称号，云南省永胜县分公司被授予“第十七届全国职工职业道德建设先进单位”称号，内蒙古呼和浩特市分公司快递揽投员胡振国、黑龙江省哈尔滨市平房投递支局揽收员郭庆、甘肃省平凉市崆峒区分公司投递员买全友被授予“第十七届全国职工职业道德建设先进个人”称号。(《中国邮政报》11 月 22 日)

**【湖北省恩施州邮政工会获评全国工会财会工作先进】** 7 月，中华全国总工会通报 2021 年度工会财务会计工作情况，表彰了 2021 年度全国工会财务会计工作先进单位，湖北省恩施土家族苗族自治州分公司工会光荣上榜，是全国邮政系统唯一获此殊荣的地市级邮政工会组织。恩施州邮政工会认真加强工会财务管理，对工会经费在“收”上严标准、“管”上严制度、“用”上严范围，取得了较好的成效。(《中国邮政报》9 月 2 日)

**【四川邮政业务员马永强获“全国技术能手”称号】** 12 月 12 日，由人力资源社会保障部组织开展的“第十六届高技能人才评选表彰活动”公示 295 名全国技术能手人选名单，四川邮政宜宾分公司邮政业务（营销）员、技师马永强入选。(四川省分公司)

**【中国国防邮电工会慰问北京中南海支局员工】** 为落实全国总工会“转作风、解难题、促发展、保稳定”专项行动部署要求，加强对基层员工的关心关爱，深入一线开展调研慰问工作，7 月 20 日，中国国防邮电工会赴北京市分公司中南海支局开展送清凉和授牌活动，并拨付专项慰问资金，向一线员工表达敬意和问候。中国国防邮电工会一行人参观了中南海支局营业厅、投递部、劳模创新工作室和职工小家，了解该支局的服务对象、内容和特色，现场观摩了“全国五一劳动奖章”获得者、北京市劳动模范付永伟数报纸、盖邮戳等业务技能展示。中国国防邮电工会向中南海支局颁发“全国工人先锋号”荣誉牌匾，并向劳模和一线投递员代表发放慰问金和慰问品，并进行工作座谈。(《中国邮政报》7 月 22 日)

**【邮政多篇论文入选国防邮电工会典型案例】** 11 月，中国国防邮电工会公布“学习科学理论、推进实践创新典型案例”征集活动结果，集团工会获“优秀组织奖”，集团工会推荐的论文有 2 篇获一等奖、4 篇获二等奖、7 篇获三等奖。其中，《推行“邮爱五心”工作法做好服务职工大文章》(作者：姚欢欢)、《紧密结合党的创新理论黑龙江省邮政工会“进万家办实事筑和谐促发展”》(作者：黄天玉)获一等奖，《营造新时代邮政家文化建设“五家融合”职工小家》(作者：刘振东、杨海波)、《学习党史汲取力量创新工作》(作者：何军)、《切实发挥职业技能竞赛平台作用持续全面推进员工业务素质建设工程》(作者：陈静)、《聚焦邮政高质量发展实现劳动竞赛与党史学习教育同向发力》(作者：兰齐)获二等奖，《以“三问三聚力”加强思想政治建设不断开创无锡邮政工会工作新局面》(作者：张晶晶、吴烈)、《以党的创新理论塑造新时代邮政职工案例》(作者：孔欢欢)、《发挥劳模工作室示范引领作用打造新时代高素质邮政职工队伍》(作者：江滨)、《办实事开新局建立员工关爱体系》(作者：姚江)、《弘扬时代主题认真学习党的创新理论强化担当作为推动工会工作创新发展》(作者：周淑琴)、《强本固基激发活力展现新时代工会工作新作为》(作者：李佳丽)、《工会小组“唱大戏”邮政职工当“主角”》(作者：刘超)获三等奖。(《中国邮政报》11 月 29 日)

**【2022 年全国邮政劳动竞赛启动】** 5 月，集团公司与集团工会联合印发 2022 年劳动竞赛方案，正式启动 2022 年全国邮政劳动竞赛，以进一步激发广大干部职工干事创业的热情，营造“比学赶帮超”的浓厚氛围，增强争当“行家里手”的积极性和主动性，推动员工队伍整体素质不断提升，实现员工与企业的共同发展。此次全国邮政劳动竞赛聚焦各板块、各业务的重点难点，设立 20 项劳动竞赛项目，分别是新一代个人业务核心系统投产上线劳动竞赛，邮惠万家银行开业推广劳动竞赛，全国邮政代理金融“乘风驭势”财富管理转型劳动竞赛，邮银协同劳动竞赛，代理金融“乘胜追击”数字人民币劳动竞赛，全国邮政代理金融“虎啸金来”代发业务劳动竞赛，代理金融风控合规争先创优劳动竞赛，中邮保险长期期交高价值业务转型发展劳动竞赛，中国邮政证券业务协同发展劳动竞赛，全国寄递业务“虎虎生威”营销劳动竞赛，全国邮政网路运营劳动竞赛，全国邮政寄递“服务质量明星”劳动竞赛，全国邮政“营销争先”劳动竞赛，全国邮政服务乡村振兴“担

当作为助力振兴”劳动竞赛，全国农村电商能力提升劳动竞赛，邮政企业信息网“构建数字化能力、推动高质量发展”劳动竞赛，全国渠道平台转型及三级物流体系“争优创先树标杆”劳动竞赛，全国邮政数据创新实践劳动竞赛，第三届数据建模大赛，同时设立“对标先进最佳实践奖”。（《中国邮政报》5月12日）

**【集团工会部署暑期汛期疫情防控期送关爱工作】** 7月，集团工会发出通知，部署做好2022年暑期、汛期、新冠疫情防控期间送关爱工作，要求各级邮政工会组织提高站位，切实将关爱送到基层一线。通知指出，各级邮政工会组织要开展暑期送清凉活动，了解掌握职工防暑降温要求，围绕职工生产生活环境、用餐饮水等基本生活需求及高温劳动防护等服务内容，开展多种形式的“夏送清凉”活动，深入基层一线、班组，慰问坚守在一线工作岗位的职工群体，特别是做好对户外劳动职工的关心关爱、生活保障工作。要做好汛期灾害救助工作，充分发挥工会组织“第一联系人、第一报告人、第一帮扶人”的作用，及时将符合条件的职工纳入地方政府帮扶范围。同时，做好汛期职工个人家庭财产等受灾损失统计，对因汛期灾害导致生活困难的职工开展帮扶救助。要开展疫情防控专项慰问，加强对逆行而上、勇于担当、参与保供保通保畅职工的关心关爱工作，加强对疫情严重区域一线职工及家属的关心慰问，及时了解职工身体状况、思想动态，做好职工的心理疏导工作，帮助职工切实解决实际困难，确保职工身体健康、生命安全。（《中国邮政报》7月15日）

**【全国邮政工会开展夏日慰问送关爱活动】** 7—8月，中央气象台连续发布高温红色预警，全国出现大范围高温天气，广大邮政职工仍坚守岗位。各级邮政工会根据集团工会《关于做好2022年暑期、汛期、新冠疫情防控期间送关爱工作的通知》要求，持续组织开展送清凉、送帮扶、送慰问活动，切实把集团公司党组的关心关怀送到广大职工心坎上。

北京市分公司深入24个最小经营单元慰问一线职工，各基层单位针对职工暑期需求，及时推送防暑降温常识，并开展形式多样的慰问活动。天津邮政通过送慰问物资、送政策宣传、送健康咨询、送职工体检，面向基层、面向普通、面向一线、面向困难的“四送、四面向”方式，深入开展送凉爽安全度夏活动。河北邮政各级工会走访支局、投递站点等基层单位，慰问一线职工，发放慰问物资，还组织职工开展毽子操、棋类比赛、摄影比赛等文体活动。江苏邮政工会拨付专项经费，慰问和感谢职工在高温酷暑下的坚守和付出。安徽省分公司在开展“夏送清凉”走访慰问活动的同时，加强预防高温常识宣传，开展心理健康沙龙服务。福建省分公司切实解决高温天气下一线职工的实际困难，拓展全省邮政“职工小家”和户外劳动者休息服务站点功能，普及高温防护、中暑急救等职业安全卫生基础知识。江西邮政为一线职工发放了防暑降温物品，新建和改造“职工小家”，做好一线网点防暑降温工作。河南省分公司为高温下坚守的一线职工送去各类防暑降温物资、食品。贵州省分公司建成150多个户外劳动者服务站，为邮政一线职工和社会户外劳动者提供高温避暑场所。西藏邮政各基层单位也开展了“送清凉”活动，为一线职工送去企业关爱。

多地邮政还结合当地的防疫、防汛工作，组织开展帮扶、慰问活动，助力地方疫情防控，有力保障职工生活，确保企业安全平稳运行。（《中国邮政报》8月20日）

**【集团工会举办“建功新时代 喜迎二十大”全国邮政职工摄影作品展】** 8—10月，集团工会举办“建功新时代 喜迎二十大”全国邮政职工摄影作品展。活动采用线上巡展方式开展，通过“中国邮政智慧工会”微信公众号，发布12期600幅摄影作品，展示党的十八大以来中国邮政职工的精神风貌，凸显广大职工凝心聚力推动中国邮政高质量发展的磅礴力量。活动开通网络投票通道，收到57万余张选票。江西、广东、安徽、浙江、重庆、湖北、北京、西藏、吉林等9省（区、市）邮政工会和邮储银行工会获得优秀组织奖。每期网络投票评出的10幅优秀摄影作品作者获得优秀个人奖，120人获此奖项。（中国邮政集团工会）

**【集团工会组织开展“职工心理健康大讲堂”】** 10月19日，天津市、吉林省邮政工会同时开启由集团工会为全国邮政系统职工筹备的“职工心理健康大讲堂”线上直播课程。这是集团工会深入贯彻落实党中央、中华全国总工会关于加强社会心理服务体系建设要求，扎实推进集团公司提出的“打造核心优势，纵深推进邮政高质量发展”工作要求，开展职工心理健康服务工作的一项内容。课程上，心理专家结合职工需求，讲述个体应对压力常用的方式、常用的身心链接模式对个体的影响、提升对新冠疫情的心理适应能力等，引导大家关注身体反应，有意识地放松身心，进而改善心理体验、调整情绪。19日的两场心理健康课程收到近50万个点赞。（《中国邮政报》11月1日）

**【集团工会为“双11”旺季生产前线的投递员送温暖】** 10月29日，在“双11”旺季生产到来之际，中国邮政集团工会联合北京市大兴区瀛海镇团委、瀛海志愿服务协会、南海家园社区青年汇，组织瀛海地区的志愿家庭，将量身定做的“暖冬”礼物送到投递员的手中。金茂悦社区的志愿者小朋友拿着编织好的30条围巾、瀛海家园二里社区和永旭嘉园社区的志愿者家庭代表拿着写好祝福卡片的暖

贴，来到瀛海邮政 EMS 投递站，赶在投递员出发之前，送上大家的爱心礼物。(《中国邮政报》11 月 2 日)

集团工会为投递员送温暖(《中国邮政报》11 月 2 日)

【集团工会开展关爱揽投员“暖蜂行动”】 11 月 1 日至 12 月 31 日，中国邮政集团工会以“践行使命，温暖同行”为主题，在快递业务旺季期间开展“暖蜂行动”，推动解决揽投员群体急难愁盼问题，努力让广大揽投员感受到企业和工会组织的温暖，央视进行了采访报道。“暖蜂行动”主要措施有开展交通安全和健康生活教育、暖心关爱活动、组织推动各项生产劳动竞赛等，关注职工身体保健、心理健康，激发劳动热情，助力生产经营。(中国邮政集团工会)

揽投员佩戴工会发放的护膝(《中国邮政报》12 月 17 日)

【集团公司劳模创新工作室评出】 12 月 15 日，由集团公司和集团工会联合举办的中国邮政劳模创新工作室选树评比活动结果出炉，北京市分公司康智劳模创新工作室等 50 个工作室被评为集团公司劳模创新工作室。领衔劳模所属岗位分为管理、综合职能、技术、投递、营销、营业、内部处理、运输等，基本涵盖了邮政系统管理、专业和操作序列岗位。领衔劳模拥有较强的技术能力和业务能力，依托自身专业优势、社会影响力，充分发挥各自专长和特色，促使工作室类型多样化。其中，技能传授型 19 个、技术攻关型 13 个(信息技术方面 9 个、生产维护方面 4 个)、公益惠民型 7 个、项目开发型 6 个、窗口服务型 5 个。此次获评劳模创新工作室的负责人既有年长劳模，又有中青年劳模，充分体现了劳模梯队建设的可持续性。同时，本科及以上学历领衔劳模占比约 64%，有 16 名领衔劳模走上了三级、四级管理岗位。(《中国邮政报》12 月 20 日)

【集团公司直属机关工会开展员工心理健康系列服务工作】 5 月 31 日，集团公司直属机关工会举办“走进心理奥秘，科学调适心态”专题讲座，重点围绕心理测评及疫情防控常态化下员工心理健康情况，通过互动体验、视频图片、案例分析讲解等，帮助员工有效应对工作生活中的压力、问题和挑战，提高相应认识、掌握相关技巧、提升心理素质。这是直属机关工会开展的员工心理健康系列服务工作之一。(《中国邮政报》6 月 3 日)

【山西省分公司“工会为员工办实事”实践活动】 为深入推进“工会为员工办实事”实践活动，提升全员的应急救援和自救互救能力，9 月 29 日，山西省分公司侯马邮件处理中心开展应急救护知识和实操技能培训。培训老师教授如何判断病人病情、救助注意事项等内容，并现场演示了黄金时间进行心肺复苏术和人工呼吸法的基本操作步骤。大家仔细听讲、认真观察，参与模拟练习，基本掌握了心肺复苏、人工呼吸等急救技能的要领和操作流程。(《中国邮政报》10 月 15 日)

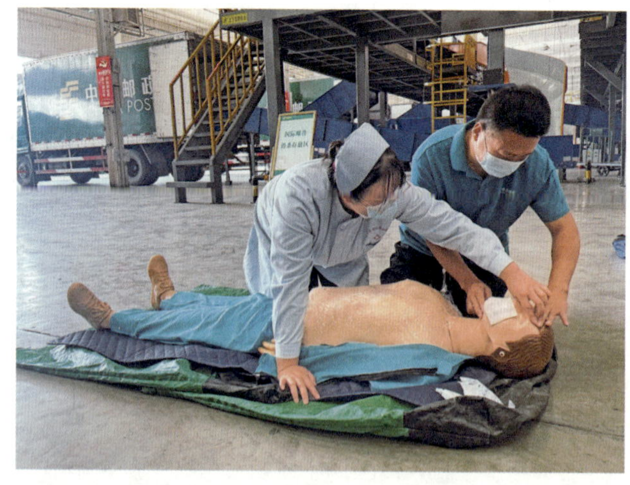
应急救护知识和实操技能培训现场(《中国邮政报》10 月 15 日)

【吉林省分公司举办“巧手匠心邮政人”主题摄影画艺展览】 2 月，吉林省分公司举办“巧手匠心邮政人”主题摄影画艺展览，以丰富职工业余文化生活，抒发广大职工对中国共产党和邮政事业的深厚情感，凝聚团结奋进力量，促进企业和谐发展。展览分为“瑰丽秀雅”“幸福美满”“和谐奋进”3个篇章，展出机关职工创作的70件艺术作品。（《中国邮政报》3月1日）

**【江苏省昆山市分公司连续5年捐助爱心包裹】** 自2018年以来，江苏省昆山市分公司持续开展“爱邮梦想”爱心包裹捐助活动，一部分发往新疆、西藏、贵州、陕西等地乡村学校，另一部分配发至昆山当地的民工子弟学校与爱心学校，为他们送去学习用品。截至2022年12月，募集爱心包裹超12万件。爱心包裹项目被评为昆山市最佳志愿服务项目。（《中国邮政报》12月13日）

**【江苏交警为揽投员开展道路交通安全宣传教育】** 为强化揽投员行车安全意识、确保旺季生产安全有序，江苏省海安市分公司邀请市公安局交警来到各个营业投递部，为120多名揽投员开展道路交通安全宣传教育。在投递部现场，交警通过展板、宣传单、短视频等方式，从多角度宣传驾驶摩托车或电动三轮车不戴安全头盔、闯红灯、驾车打电话等违法行为的危险性，提醒揽投员在日常出行中，培养谨慎驾驶安全出行的良好习惯，自觉遵守交通安全法规。揽投员们表示，此次培训非常有教育警示意义，在今后的工作中要及时学习掌握各类交通安全知识，学法、懂法、遵法，做到守法规、知礼让，安全驾驶、文明出行。（《中国邮政报》12月10日）

交警为揽投员开展道路交通安全宣传教育（《中国邮政报》12月10日）

**【浙江省杭州邮政员工技能竞赛获佳绩】** 9月24日，2022年浙江省快递员职业技能竞赛在杭州萧山广电学院举行，10支代表队的50名选手同场竞技。杭州市分公司的5名选手分别获得第一名、第二名、第三名、第六名、第八名。杭州市分公司提前组织选手进行封闭集训，并邀请第三届全国邮政行业职业技能竞赛总决赛一等奖获得者等优秀员工做特训教练，收到良好效果。（《中国邮政报》9月28日）

邮政员工参加比赛（《中国邮政报》9月28日）

**【安徽省明光市分公司开展第十三届“爱心报刊”现场捐赠（订）活动】** 12月初，安徽省明光市分公司组织开展第十三届“爱心报刊”现场捐赠（订）活动，走进各乡镇和城区校园，为留守儿童们送去爱心单位捐赠的报刊和图书。该活动得到全市各级机关、企事业单位、社会团体和社会各界爱心人士的响应，全市72家单位参与爱心捐赠。在明光市总工会、市妇联、市教体局、市民政局、市双拥办等单位的支持下，明光市“爱心报刊”捐赠活动的社会影响力和社会认知度不断扩大。全市累计280余家单位参与，累计筹集善款80余万元，捐赠各类优秀青少年读物上万份。（《中国邮政报》12月13日）

“爱心报刊”进校园（《中国邮政报》12月13日）

**【江西省9个站点获2022年全省邮政“户外劳动者服务站点·最美邮爱驿站”称号】** 江西省邮政工会于6月通过组织推荐、评议、公示、确认等工作，最终授予全省9个站点2022年“户外劳动者服务站点·最美邮爱驿站”称号。全省邮政共建成90个站点，其中与地方总工会共建站点12个，自建站点78个，累积投入建设资金77.94万元，覆盖服务人数17393人次。（江西省分公司）

岗位技能大赛现场（《中国邮政报》7月12日）

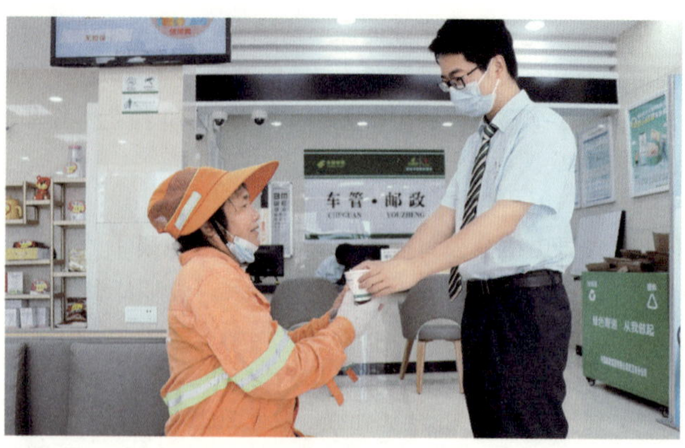

"免费纳凉公益邮我"活动（《中国邮政报》7月16日）

**【山东省东营市分公司联合举办年度岗位技能大赛】** 6月25日，山东省东营市分公司联合东营市总工会举办2022年度邮政营业员、投递员岗位技能大赛，最终评出个人奖12名。东营区分公司员工耿青、城区营业部员工张涛涛分别获得营业员、投递员比赛第一名。（《中国邮政报》7月12日）

**【湖北省武汉市分公司启动"免费纳凉公益邮我"活动】** 自7月10日起，湖北省武汉市分公司在全市范围内启动"免费纳凉公益邮我"活动。177个邮政综合网点陆续变身为"清凉驿站"，主动敞开"爱心之门"，在营业时间内为户外高温工作者提供避暑纳凉服务，用实际行动助力全国文明典范城市创建。（《中国邮政报》7月16日）

**【青海省海东市循化县分公司街子镇邮政所荣获青海高原"工人先锋号"荣誉称号】** 6月21日，青海省总工会授予海东市循化县分公司街子镇邮政营业所青海高原"工人先锋号"荣誉称号。海东市循化县分公司践行"人民邮政为人民"的初心和使命，疫情防控期间扎实践行初心使命，全力以赴保障了医疗物资、居民生活物资配送畅通。同时，依托邮政资源优势，大力发展农村电商、三级物流体系建设等助力乡村振兴，为服务地方经济社会发展作出了积极贡献。（青海省分公司）

**【青海省总工会举办葛军先进事迹宣讲会】** 7月15日，由青海省总工会主办、青海省分公司承办的"中国梦·劳动美——喜迎二十大　建功新时代""鸿雁天路"投递员葛军同志先进事迹宣讲会在青海省委党校报告厅举行，来自全省各行各业的一线职工代表300余人参加宣讲会。在高寒、缺氧的严酷环境，平均海拔超过4500米的雪域高原，一条世界上海拔最高、里程最长的乡镇邮路，格尔木市分公司投递员葛军10多年不惧风雪保障物资供给、不辞辛劳服务沿线军民。葛军在宣讲会上讲述了自己穿梭在雪域高原、服务沿线部队和群众的故事。宣讲团成员分别从不同角度、不同经历、不同视角介绍了葛军10余年来立足本职、爱岗敬业、锐意进取、任劳任怨、无私奉献的典型事迹。此次宣讲会还通过网络直播的方式组织全省工会干部和广大职工观看，网络点击量6万。（《中国邮政报》7月22日）

**【新疆阿勒泰地区分公司获"开发建设新疆奖状"】** 4月28日，新疆维吾尔自治区总工会召开庆祝"五一"国际劳动节暨表彰大会，阿勒泰地区分公司获得"开发建设新疆奖状"，该奖状是新疆维吾尔自治区总工会的最高奖项。（《中国邮政报》5月25日）

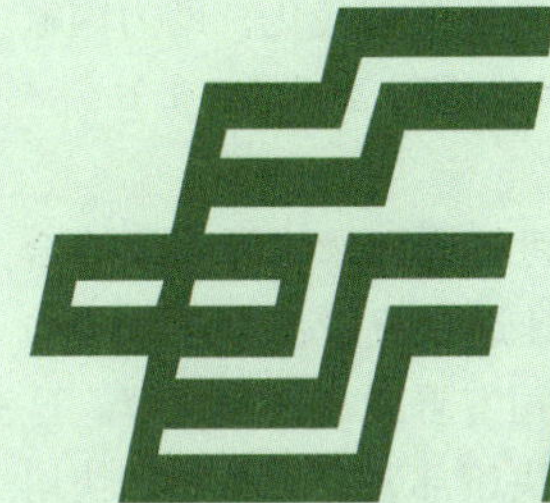

# 交流与合作

◇ 国内交流合作
◇ 国际交流合作

# 国内交流合作

**【集团公司与中国石化开展战略合作】** 3月3日，集团公司与中国石油化工集团有限公司在北京签署战略合作协议，在产品供应、资本合作、金融业务、物流配送、会员权益、新能源业务等方面，开展全方位、多领域、深层次的战略合作。双方一致同意建立协调沟通机制，指定对口联络部门，组建联合工作团队，加强常态化沟通交流，共同推动协议落实见效。(《中国邮政报》3月8日)

**【集团公司与中信集团开展战略合作】** 4月12日，集团公司与中国中信集团有限公司在京签署战略合作协议，在金融和实业方面开展全方位、多领域、深层次的战略合作，共同推动双方企业高质量发展。双方一致同意建立协商交流机制，指定对口联络部门，组建联合工作团队，加强日常沟通交流，加快合作项目落地实施。(《中国邮政报》4月14日)

**【集团公司与内蒙古自治区政府签署推进乡村振兴战略合作协议】** 4月6日，在呼和浩特召开的内蒙古自治区服务业高质量发展促进大会上，集团公司与内蒙古自治区人民政府签署推进乡村振兴战略合作协议，共同为推动经济高质量发展拓宽领域、创新融合、优势互补、携手双赢。这是双方深入贯彻习近平新时代中国特色社会主义思想、践行新发展理念、深化农牧业供给侧结构性改革、促进农牧业农村牧区高质量发展、推进乡村全面振兴的一项重要举措。(《中国邮政报》4月8日)

**【集团公司与吉林省政府签署合作框架协议】** 6月28日，吉林省政府与集团公司签署合作框架协议。双方围绕贯彻落实习近平总书记重要讲话重要指示精神，就持续深化邮政金融、电子商务、物流快递、网点建设、便民服务等方面合作共赢进行了深入交流，并就推动地方经济高质量发展、全面推进乡村振兴、持续增进民生福祉及邮政实施“双千工程”(千户家庭农场、千户合作社对接服务)等达成广泛共识。根据协议，双方在金融服务、电商快递、便民公共服务、文化产业建设等方面开展合作。双方一致同意组成联合工作组，建立长效工作机制，加快合作落地实施。(《中国邮政报》6月30日)

**【邮储银行与科技部火炬中心战略合作】** 2月18日，邮储银行与科学技术部火炬高技术产业开发中心签署了战略合作协议，将加大对国家级高新区、高新技术企业、高新技术产业发展的金融支持力度，促进科技、产业、金融良性循环。根据战略合作协议，双方将进一步加强沟通交流，在完善科技金融体系、围绕科技企业生命周期创新金融工具、设立“企业创新积分贷”专属金融产品、客群研究与创新能力评价体系建设、科技金融人才培养、联合展业等方面密切合作，携手构建高效的科技金融服务体系，增强企业主体创新能力，共同促进技术创新与转化，助力国家创新驱动发展战略实施。(《中国邮政报》2月22日)

**【中国邮政速递物流股份有限公司与华贸物流签署战略合作协议】** 2月23日，中国邮政速递物流股份有限公司与港中旅华贸国际物流股份有限公司签署战略合作协议。这是双方积极落实党中央、国务院决策部署，着眼于加快培育壮大具有国际竞争力的现代物流企业，推动中国物流业高质量发展，更好地服务于实体经济，履行物流“国家队”使命和担当的又一实际行动。(《中国邮政报》2月24日)

**【中国邮政速递物流股份有限公司与抖音电商签署合作框架协议】** 9月19日，中国邮政速递物流股份有限公司与抖音电商“山货上头条”助农项目在北京签署合作框架协议。双方计划进一步整合、利用多项资源，在强化商家物流保障、搭建邮政电商直播间、联合举办助农专项活动等方面展开深入合作，共同助力品质山货产销对接、高效出村进城，共同助力乡村产业发展和农户增收。5月以来，中国邮政速递物流股份有限公司先后参与抖音电商“山货上头条”项目在贵州、湖北、广西、四川、重庆、云南等省(区、市)的落地运营。双方通过快递和云仓补贴，帮助商家降低物流履约成本；优化揽签时长、超长单占比等指标，整体提升订单履约质量。5—8月，“山货上头条”项目通过中国邮政发件2100余万件，比上年增长超过240%。(《中国邮政报》9月24日)

**【中国邮政速递物流股份有限公司与海航航空集团全面战略合作】** 12月5日，中国邮政速递物流股份有限公司与海航航空集团有限公司在北京举行战略合作签约仪式，标志着双方开展多方位、深层次合作，携手实现共赢，共同服务社会进入新的发展阶段。双方将在运力需求、产品体系建设、运能保障、数字化赋能、航力联动等方面，开展全方位、宽领域、多层次的战略合作；通过复用海航航空集团近800架飞机、国内外近1800条航线、业务覆盖国内外300余个城市和地区的优势，实现国内国际邮(快)件运输业务直接合作，实现境外回程舱位合作；制定境内干线、支线联程航班计划，打造国内国际高效空空中转模式，在相同的国际航线实现舱位互换互补，开展境外地面操作、清关、卡转、联程运输延伸服务，设计打造全链条产品。(《中国邮政报》12月9日)

**【黑龙江省分公司与黑龙江省营商环境建设监督局签署战略合作协议】** 1月，黑龙江省分公司与黑龙江省营商环境建设监督局签署“互联网+政务服务”战略合作协议。通过采取基层邮政投递人员作为村屯政务服务代办专员形式，方便偏远村屯群众办事，提升政务服务效能。推动了黑龙江省一体化在线政务服务平台与邮政信息处理平台对接，实现数据互联互通，把一批高频服务事项引入邮政营业网点，拓宽便民服务渠道。（黑龙江省分公司）

**【黑龙江省分公司与黑龙江省供销合作社联合社举行战略合作签约仪式】** 3月11日，黑龙江省分公司与黑龙江省供销合作社联合社战略合作签约仪式在哈尔滨市举行。双方遵循“优势互补、强强联合”的合作理念，依托省供销社产业优势、资源优势、系统优势和邮政网点优势、物流优势、资金优势，以“小康龙江”电商平台为着力点，在营销渠道、物流配送、金融服务等方面展开务实合作，助力黑龙江省农产品实现高质量发展。（黑龙江省分公司）

**【上海邮银与中化现代农业合作助推乡村振兴】** 3月7日，上海市分公司、邮储银行上海市分行与中化现代农业签订了三方合作协议。三方就如何充分发挥各自优势，在建立长期战略合作伙伴关系的基础上，为社会提供更加优质、便捷的产品和服务，助力乡村振兴和农业高质量发展进行交流，并成立工作专班和定期工作沟通机制，强化合作推进和工作落地。（《中国邮政报》3月16日）

**【浙江省分公司法院辅助服务模式被最高人民法院作为优秀示范案例推广】** 9月22日，在最高人民法院2022年“人民法院大讲堂”专题辅导报告会上，浙江省分公司建立的“浙江邮政法院辅助服务模式”作为法院“智慧服务”优秀示范案例，通过现场连线视频展示的形式，向最高院各部门、全国各级地方法院、内设机构及干警代表做了全面介绍，其中法律文书“集约化编目”服务被选为标杆模板，并在包括最高院在内的全国四级法院复制推广。浙江邮政法院辅助服务模式以“一体化智能平台+省市县三级服务中心+邮政服务网”为整体架构，叠加了包含法律文书集约化编目、集约送达、“诉讼E站”共享法庭在内的审判8个核心环节17项辅助事务服务，为信息时代“数字法治”建设贡献了邮政智慧和邮政方案。（浙江省分公司）

**【浙江邮银与浙江国寿寿险及财险公司签署战略合作协议】** 10月18日，浙江省分公司、邮储银行浙江省分行、浙江国寿、浙江国寿财险举行战略合作协议签约仪式。根据协议，四方将基于各自核心竞争力，在原有业务合作基础上，建立起长期的战略合作伙伴关系，各方承诺在同等条件下相互作为对方的主要合作机构。通过多方优势互补、资源共享，打造邮保银一体化生态平台。（浙江省分公司）

**【安徽省分公司联合省司法厅开办“行政复议专递”服务】** 7月1日，安徽省分公司联合省司法厅正式启动“行政复议专递”业务，在全国首创以专递形式邮寄法律文书。“行政复议专递”便民服务，依托邮政专业化快递运行网络，为全省各级行政复议局提供合法、公开、及时、便民的快递服务。“行政复议专递”便民服务开办后，实现行政复议文书“安全、快捷、精准”投送，为行政复议与行政应诉准确计算办案与起诉期限提供重要证据，进一步提升了安徽省行政复议文书送达服务水平和工作效能。截至12月31日，全省16个市司法局全部完成签约和业务开办，县域中有29个县成功开办此项业务。（安徽省分公司）

**【江西省分公司与江西省粮食和物资储备局签署战略合作协议】** 10月14日，江西省分公司与江西省粮食和物资储备局在南昌签署战略合作协议。此举既是深入贯彻落实江西省委省政府与集团公司签署的战略合作框架协议的具体行动，也是双方网络、资源、技术等优势的有效融合。双方将在粮食应急保障和应急救灾物资保障、服务乡村振兴战略、金融、证券、党建联建与文化传媒等领域开展深入合作。（江西省分公司）

**【江西省分公司携手江西吉利新能源推进“绿色配送”】** 12月22日，江西省分公司与江西吉利新能源商用车有限公司在南昌举行战略合作签约暨绿色慧联415台新能源物流车交车仪式。此次江西省分公司采购租赁的415台吉利远程V6E绿色新能源汽车，将全部投入江西农村地区，有利于进一步优化全省农村快递网络布局，打通农产品进城、工业品下乡的双向物流，提升农村邮政公共服务能力。双方合力创造新的发展机遇，共同参与构建绿色生态和产业新业态，将在市场拓展、汽车采购租赁、寄递物流、金融业务、文化传媒业务等领域开展深层次合作。（江西省分公司）

绿色配送 服务乡村（《中国邮政报》12月30日）

**【河南省分公司与河南省退役军人事务厅签署优待合作协议】** 6月8日，河南省分公司与河南省退役军人事务厅签署优待合作协议，为退役军人提供专属的寄递、小额贷款、保险等综合服务，为退役军人、烈士遗属等提供国内特快专递、国际及港澳台EMS产品专属优惠资费政策，为退役军人提供创业帮扶等全方位服务。同日，中邮保险河南分公司向河南省退役军人事务厅市、县、乡三级退役军人服务中心捐赠2万份意外伤害和意外伤害医疗保险，总保额19.8亿元，传递对退役军人群体的关爱。（河南省分公司）

**【湖北省分公司联办儿童友好城市主题活动】** 11月22日，由湖北省妇儿工委办公室、湖北省教育厅、湖北省妇联、湖北省分公司联合主办的“美好生活共同缔造我的城市我作主”湖北省儿童友好城市主题活动在武汉市启动。主题活动邀请全省中小学生给城市管理者写一封信，用书信的形式参与儿童友好城市的建设。邮政部门印制了20万枚主题信封下发各地，还专门制作了盲文信封、信纸。（《中国邮政报》11月30日）

**【湖南省分公司与湖南日报举办“邮政杯”《湖南日报》朗读者主题活动】** 9月，2021“邮政杯”《湖南日报》朗读者大赛颁奖典礼暨2022“邮政杯”《湖南日报》朗读者主题活动启动仪式在长沙市举行。此举既是传统发行向有声发行、有形发行的大胆突破，更是寻求新媒体时代党报发行新路径的创新尝试。2021年朗读者活动就覆盖全省120个县（市、区）的300多所学校及企事业单位，组织200余场线下活动，超过100万人直接参与，作品投票超过8000万张。2022“邮政杯”《湖南日报》朗读者主题活动向社会“零门槛”开放报名渠道。活动分为“思政课堂”“薪火相传”“城市窗口”“乡村振兴”“我的青春我的团”“火焰蓝伴成长”六大板块，通过党报精品文章朗读大赛的形式，将党的声音以新媒体业态全新呈现，引领更多人热爱阅读、崇尚阅读，激发向上向善、建设现代化新湖南的正能量。（《中国邮政报》9月23日）

**【海南邮银协同开立中国移动募集资金监管账户】** 4月，海南省分公司、邮储银行海南省分行发挥邮银协同优势，成功为中国移动海南分公司开立3亿元募集资金监管账户。这是海南邮银打造协同服务典范写下的最新一笔。为贯彻落实集团公司“关于做好中国移动募集资金监管账户开立工作”的指示精神，海南邮银自觉加大协同力度，联合成立项目谈判团队，积极发挥邮银协同优势，共同制定谈判方案，做好前期充分准备，最终以优秀的服务方案、完善的服务标准和合理的应答条件，在众多竞争对手中脱颖而出，成功中标中国移动海南分公司3亿元募集资金监管账户开立项目。（《中国邮政报》5月12日）

**【海南省分公司服务消博会 助力海南自贸港建设】** 7月，海南省分公司践行国有企业经济责任、政治责任、社会责任，在全力做好第二届中国国际消费品博览会寄递服务保障工作基础上，围绕“六维共生”新邮政发展格局，充分整合组委会、赞助商等单位给予的禀赋资源，开展一系列主题鲜明、特点突出、形式丰富的活动，进一步提升了参展商及专业观众游展体验，既有效借助会展盛事展示中国邮政“连接美好生活”的行业“国家队”形象，同时助力提升“消博会”品牌美誉度，助推海南自贸港建设。人民网、新华社、海南日报等超30家国内主流媒体发布“消博邮局”有关报道，显著提升了中国邮政品牌影响力。（海南省分公司）

**【四川省分公司与四川省大数据中心签署战略合作协议】** 11月22日，四川省分公司与四川省大数据中心签署战略合作协议，双方在建设数字四川中发挥各自优势，深化“放管服”改革，不断推动政务服务提质增效，让群众体验到“足不出户，轻松办事”的便捷服务。根据协议，双方依托省一体化政务服务平台提供“一网通办，邮政送达”服务，携手对接省级部门提供寄递服务。在邮政网点叠加政务服务，搭建“政务服务专区”，探索政务服务事项“帮办代办”。在镇、村便民服务中心叠加邮政便民服务，提供优待证、社保卡、便民缴费等服务，同时扩大便民服务中心覆盖范围。在“天府通办”App叠加邮政普惠金融服务功能。通过政邮合作，有效提升四川省政务“一件事一次办”的服务水平，并带动形成四川邮政新的收入增长极。（《中国邮政报》11月26日）

**【四川省德阳市分公司探索“校企共育”邮教联合教育实践活动】** 四川省德阳市分公司坚持创新转型发展，探索“校企共育”邮政劳动实践教育合作，努力构建长远可持续的邮政校园生态圈。11月，四川省首个以邮政行业为主体、邮教联合研发的劳动实践教程——“德阳市中小学劳动实践教程（邮政行业）”发布。该教程由德阳市教育局与德阳邮政采取“校企共育”协同模式，抽调13名劳动教育教研员、一线教师和18名邮政工作人员组建专班共同开发，分为劳动岗前教程和劳动实践教程两大部分。其中，劳动岗前教程包括中国邮政历史沿革、邮政主要劳动服务（书信、集邮、金融、邮寄）和邮政生产服务流程3个章节；劳动实践教程以“动手、出汗、用脑、协作”为主线，设计了邮政营业员、集邮工作者、金融营业员、投递员、网运中心业务员5个邮政岗位、11个可独立实践的劳动环节；同时，配套了教学视频和劳动实践教程指导清单。该教程计划逐步走进德阳近500所中小学校，覆盖50余万名学生。（《中国邮政报》11月30日）

德阳市分公司在广汉市第四小学开展劳动实践教育（《中国邮政报》11 月 30 日）

**【云南省分公司政企深化交流共促发展】** 3 月 2 日，云南省分公司与省邮政管理局围绕普遍服务、三级物流体系建设、“两进一出”、常态化沟通机制等内容进行座谈交流。云南邮政表示要积极承担普遍服务职责，主动融入乡村振兴，助力高原特色现代农业基地建设和高原特色农副产品销售，在普遍服务方面作出更大的特色。在三级物流体系建设方面，云南省分公司希望得到地方政府支持。在“两进一出”方面，云南邮政要在国际大通道大物流建设中发挥作用，商请省邮政管理局一起推动相关工作。在常态化沟通机制的基础上，双方不局限于普遍服务工作的沟通，还要共同推进全省邮政行业规范。双方做好数据对接工作，云南省邮政管理局运用云南邮政业大数据中心数字化平台建设成果，在数据研究分析上做好对邮政企业的服务与指导。（《中国邮政报》3 月 15 日）

**【新疆湖南邮政联手开启“疆品入湘”春节通道】** 1 月 10 日，在新疆维吾尔自治区吐鲁番市葡萄沟景区举办“红石榴·疆品入湘”春节行主题活动，活动由吐鲁番市人民政府、湖南援疆前方指挥部主办，吐鲁番市分公司承办。此次“红石榴·疆品入湘”首批 5.5 万箱、价值 302.6 万元的干果经过 56 小时长途运输抵达湖南。之后由湖南各市（州）邮政对接各政企单位、工会，采取集中采购、网络直播、入驻各大商超等方式进行销售，让吐鲁番的甜蜜直达湖南人民的餐桌。（《中国邮政报》1 月 14 日）

**【新疆分公司与乌鲁木齐综合保税区管委会签订《战略合作框架协议》】** 4 月 20 日，乌鲁木齐综合保税区管委会与新疆分公司建立全面合作伙伴关系，签订《战略合作框架协议》。双方进行政策叠加、优势互补、资源共享，合作打造“中国邮政中亚—中欧海外仓枢纽站”，搭建智慧数字国际多式联运物流平台，成立新疆跨境电商协会，创新设立“跨境电商实验室”等，共同推进“中国邮政海外仓枢纽站”建设以及快通道经济向口岸经济转型发展。（新疆分公司）

**【邮储银行重庆市分行联合苏宁易购服务实体经济】** 5 月 18 日，邮储银行重庆市分行与重庆苏宁易购销售有限公司签署战略合作协议，双方将在公司金融、个人金融、数字人民币、信用卡、电商等领域进行多方位合作，共同服务于重庆实体经济发展。（《中国邮政报》6 月 8 日）

**【邮储银行广西分行与中交平昭投资有限公司战略合作】** 1 月 5 日，邮储银行广西分行与广西中交平昭投资有限公司签订了战略合作协议，广西分行将向中交平昭投资有限公司全州—容县公路（平乐至昭平段）PPP 项目提供总额不低于 30 亿元的项目融资。根据协议，广西分行充分发挥自身的资金、产品及专业等优势，围绕自治区政府建设发展规划，重点支持区域内重大项目建设，加强与中交平昭高速公路项目合作。（《中国邮政报》3 月 3 日）

**【中国邮政推进两岸邮件海关电子预报关信息交换事宜】** 按照主管部门要求，推进与中华邮政开展海关电子预报信息交换。实现海关预报关信息交换，将提升海关查验通关效率，压缩邮件全程时限，提升客户体验，促进两岸邮政业务高质量发展。（集团公司综合部）

## 国际交流合作

**【中国邮政参加万国邮联春秋季年会】** 5 月 9—20 日，万国邮联春季年会召开。10 月 17—28 日，秋季年会召开。中国邮政完成了万国邮联春秋季年会和各工作组会议等各项参会任务，不断提升邮政在邮联各项工作的参与度和影响力。中国获评万国邮联 2022“邮政发展综合指数”十级，成为邮政服务发展水平最高等级国家。参与邮联开放研究，跟进邮联重点议题，及时掌握研究动态，坚持循序渐进、逐步开放的原则，在问卷调查和工作组会议中，就机构改革、产品和服务开放等问题积极反馈和表态，维护邮政企业利益；深入研究碳排放与可持续发展问题，研究中国邮政参与邮联 OSCAR（在线碳排放分析与报告系统）项目的必要性、可行性、安全性，并对后续参与方式做出安排。（集团公司综合部）

**【中国邮政参加 2022 年度卡哈拉 CEO 委员会会议】** 7 月 21 日，2022 年度卡哈拉 CEO 委员会会议召开，中国邮政完成参会任务，并跟进卡哈拉高级经理委员会（BOD）会议、可持续发展研讨会及卡哈拉联合工作组等相关会议，及时跟进卡哈拉在业务量恢复、运营质量监控、海关法规应对、产品竞争力提升以及可持续发展等情况。（集团公司综合部）

**【中国邮政参加第十三届亚太邮联大会】** 第十三届亚太邮联大会于8月29日至9月2日线上召开，中国邮政完成了第十三届亚太邮联大会的参会任务。大会选举产生新一届亚太邮联秘书长和新一届亚太邮联执行理事会主席国、副主席国，中国当选新一届亚太邮联执行理事会副主席国、供应链工作组联合主席国。大会期间，参加第9届亚太邮政业务论坛，在“RCEP背景下亚太区域邮政发展合作分论坛”中主旨发言。组织申报亚太邮联区域奖，获得一个金奖和两个银奖。（集团公司综合部）

**【中国邮政与吉尔吉斯斯坦邮政签署合作备忘录】** 4月28日，中国邮政与吉尔吉斯斯坦邮政举行线上视频会议，刘爱力董事长与吉尔吉斯斯坦邮政总经理马拉特·切里克切耶夫分别代表双方共同签署了合作备忘录。合作备忘录确定了双方在寄递、金融、合作办学等8个方面的合作内容，通过发挥邮政互通互联的桥梁和纽带作用，促进中吉双方深化交流合作，推动双边经贸往来提质升级，为中吉两国建交30周年添砖加瓦。与吉尔吉斯斯坦邮政签署合作备忘录，认真落实了《关于推进邮政业服务“一带一路”建设的指导意见》，切实加强了与“一带一路”沿线国家和地区务实合作。（集团公司综合部）

**【中国邮政参加中俄总理定期会晤委员会通信与信息技术分委会】** 6月28日，中、俄邮政在分委会框架下共同召开邮政工作组会议，双方就加深业务合作、提升产品竞争力、推动优化干线运输、改进账务结算机制等议题进行磋商，签署了工作组会议纪要。8月26日，工业和信息化部副部长张云明与俄罗斯数字发展、通信与大众传媒部副部长切尔克索娃共同主持召开了分委会第二十一次会议，中国邮政完成参会任务。会上，中俄双方深入交换意见，达成广泛共识，签署了会议纪要。（集团公司综合部）

**【邮储银行携手德交所举办绿色金融论坛】** 3月2日，邮储银行、中邮理财、德意志交易所集团及旗下指数公司Qontigo在北京联合举办邮储银行绿色金融论坛暨“STOXX邮银ESG指数”发布会。邮储银行携手德交所发布“STOXX中国邮政储蓄银行A股ESG指数”，助推中国ESG市场高质量发展。此次“STOXX邮银ESG指数”的推出，是中德金融机构强强联合、优势互补，共同助力构建资本市场高质量发展新生态、推动可持续发展的创新举措。“STOXX邮银ESG指数”立足于投资应用，从“STOXX中国A股900指数”中选取成分股，综合考虑股票的换手率、流动性等指标确定成分股的权重。通过对指数过往业绩回测，该指数的长期收益表现和风险特征都显著优于股市的大盘表现。“STOXX邮银ESG指数”在德交所发布，为境内外投资者了解中国A股市场提供了参考。（《中国邮政报》3月8日）

**【中国邮政速递物流股份有限公司云南省分公司与老挝西提集团、云南阳瑞进出口贸易有限公司签订三方协议】** 8月26日，中国邮政速递物流股份有限公司云南省分公司与战略合作伙伴老挝西提集团、云南阳瑞进出口贸易有限公司通过远程连线模式，完成《物流园战略合作框架协议谅解备忘录》的签署。在签约仪式上，3家企业代表分别介绍各自企业概况及发展理念，并针对此次战略合作所带来的发展机遇表达深切期望。为充分发挥签约企业的互补优势，深挖合作潜力，云南邮政此次将万象作为云南邮政与老挝企业经贸融合的首站，希望能够借助老挝的区位、资源优势，充分发挥云南邮政的各方渠道及资源优势，着力打造中老双边经贸合作的新平台，携手共创新机遇、新未来。（云南省分公司）

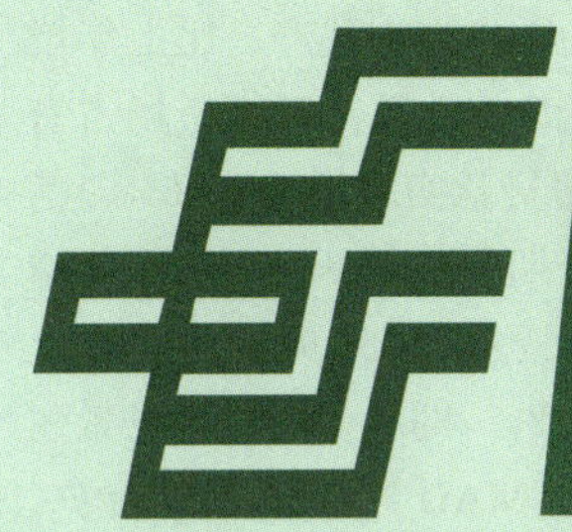

# 控股子公司、寄递事业部及直属单位工作

## 【中国邮政储蓄银行股份有限公司】

### 一、总体发展概况

实现营业收入3349.56亿元，比上年增长5.08%；净利润853.55亿元，比上年增长11.53%；总资产突破14万亿元，加权平均净资产收益率11.89%，不良贷款率0.84%，《银行家》（*The Banker*）“全球银行1000强”排名第13位。

### 二、服务国家重大战略部署情况

提升服务实体经济质效，助力经济社会发展。将主要金融资源投入实体经济，实体贷款增长7053.78亿元，新增客户贷款中投向实体的贷款占比约90%。支持先进制造业、战略性新兴产业、“专精特新”、绿色金融等重点领域，制造业中长期贷款比上年增加555.82亿元，增长50.06%；搭建科创金融服务体系，服务“专精特新”及科创企业客户5.4万户，贷款增速超过40%；绿色贷款余额4965.49亿元，增长33.38%，连续获明晟（MSCI）ESG评级A级。围绕“保交楼、保民生、保稳定”目标，与多家房企签署战略合作协议，提供意向性融资总额2800亿元。

服务乡村振兴战略，助力农业农村现代化。加大乡村振兴重点领域信贷投入，涉农贷款余额1.81万亿元，涉农贷款服务客户数超440万。推进服务乡村振兴“十大核心项目”，邮银协同提升“村社户企店”综合金融服务水平。开展农村信用体系建设，推进信用村普遍授信，建成信用村38.35万个，评定信用户超千万户。接续做好脱贫地区、脱贫人口和国家重点帮扶县的金融服务，完成监管各项任务的要求。

邮储银行湖北省分行围绕荆门市沙洋、京山两个共建县市，深入开展金融服务乡村振兴共建创新示范区建设，总结出推动共建创新示范区建设的“3335”模式，有效服务三农（邮储银行）

帮助小微企业纾难解困，助力民营经济发展。深化“敢贷、愿贷、能贷、会贷”长效机制建设，促进中小微企业融资增量、扩面、降价。普惠型小微企业贷款余额1.18万亿元，增长23.04%，余额占比居国有大行前列。支持民营企业健康发展，民营企业贷款客户比上年增长8.51%，新发放企业贷款中民营企业贷款占比超70%。

### 三、业务发展

零售金融业务转型发展。财富管理坚持以AUM为纲，加快落地财富管理体系建设，加快向“财富管理银行”转变。开展客户分层经营，有序推广紧密管户，试点落地简版私行，富嘉及以上客户425.04万户，比上年增长19.32%。消费信贷积极拼抢市场份额，新增市场占有率上升至行业第4位，个人住房贷款实现增速4.26%。信用卡加强获客能力建设，推动分期业务创新发展，中收增速继续保持同业首位。个人小额贷款11351.94亿元，比上年增加2198.40亿元，增长24.02%。网络金融发力场景建设和移动支付，月活客户规模（MAU）突破4900万户，交易金额14.65万亿元，比上年增长12.35%；优化县域移动支付受理环境，全行县域商户107.71万户，占商户总量54.14%；借记卡快捷支付客户2.82亿户，增长7.22%。数字人民币以特色场景建设为抓手促进获客活客，新增个人钱包数量居同业第1位。中邮消费深挖邮银协同潜力，总资产495.53亿元，净资产53.87亿元，实现营业收入60.48亿元。邮惠万家业务起步良好，依托开放账户打造数字化运营体系，手机银行累计注册用户超365万人。

公司金融“1+*N*”经营与服务新体系建设。公司金融存贷款市场份额稳步提升，公司存款14295.66亿元，比上年增加1241.30亿元，增长9.51%；公司贷款26693.62亿元，比上年增加4154.26亿元，增长18.43%。公司客户拓展量质双升，新增客户31.21万户，总量比上年增长19.75%。普惠金融持续深化数字化、集约化转型，小企业贷款创历史新高。交易银行方面，供应链融资业务余额突破1000亿元；现金管理业务签约客户64.48万户，比上年增加18.18万户，增长39.27%；银企直连业务累计服务集团客户1909家，增长60.29%。投资银行债券承销规模3118.11亿元；并购贷款余额比上年增长80.42%，新增主牵头行银团笔数比上年增长25.47%。

资金资管业务抢抓市场机遇。金融同业创新质押式同业存款，公募基金投资规模位居市场前列；全行票据贴现业务累计服务企业客户数量比上年增长超50%；“邮你同赢”同业生态平台上线，签约客户超1100家。金融市场积极把握市场机遇，债券投资业务3.68万亿元，比上年增加4468.66亿元，增长13.80%；市场交易业务本外币交易规模1.54万亿元，交易笔数3.03万笔。托管资产规模4.44万亿元，年度新发托管基金规模列行业第2位。完成理财业务转型发展任务，理财产品净值化率93.93%，比上年提升10.06%。

### 四、运营管理

体制机制和人力资源驱动效应增强。成立首家国有大行独资直销银行，启动信用卡体制机制改革，试点设立科创金融事业部及科创支行。全面推行任期制和契约化管理，完善人才库建设。优化人才结构，科技人才和销售类人员占比持续提升。抓好领军人才选拔培养和年轻干部队伍建设。严格绩效考核等级强制分布，突出效益和价值导向。

资负管理有效平衡"量价险"。坚持"不唯规模唯质量"导向，深化以 RAROC 为标尺的资源配置体系，健全价值存款发展机制。坚持稳息差导向，建立差异化授权、限额管理、FTP 引导等工具箱。坚持资本约束导向，实施业务与资本计划双线管控，严控低效资本占用，拓展外源资本补充，发行永续债 300 亿元、二级资本债 400 亿元，核心一级资本补充取得重要进展。

财务管理成效持续巩固。财务资源配置更加精准，出台财务激励政策，安排收入补贴和成本补贴，支撑战略重点业务加快发展；精细化管理更加深入，有效节约税负。

集约化转型深入推进。完成全行报账集中，在节约成本的同时报账时长减少 45%。启动内控风险监测核查、零售信贷、小企业贷后管理、托管集中运营等项目。

网点效能和客户体验持续提升。自营网点柜员综合化率提升，7 家分行试点云柜，推广移动展业外拓人员复用模式。完成客户旅程优化三年规划，客户满意度明显提升。

**五、风险管控**

资本管理高级法和智能风控建设应用。启动新一轮高级法 45 项任务建设，优化内部评级体系；全面启动数字化风控建设，夯实风险数据基础，构建企业级智能风控平台。

信用风险识别及化解。"金睛"信用风险监控系统实现授信客户全覆盖；加强零售信贷领域集中性风险评估回溯，动态完善管理策略；提升"三单"客户风险响应速度，未发生非预期大额授信客户风险下迁。首获央行征信考评 A 级。优化审查审批流程，提升信审"看未来"能力，推进信审智能化建设。加大不良资产的处置力度，处置不良贷款表内外本息 533.13 亿元，比上年增长 34.24%。

法律内控管理。建立屡查屡犯问题的闭环治理机制。加大案件风险防控，强化监督检查、违规问责力度。推进新一代反洗钱系统建设，健全机构洗钱风险评估体系。制定依法治行总体规划，健全重要决策事项法律审查机制。客户投诉整治成效明显，投诉处理满意度 96.00%，投诉办结率 99.85%。推进"资金链"治理各项工作，提升全行电信网络诈骗风险整体防控能力。

审计广度深度提升。优化审计管理架构，加强审计资源配置，建立独立垂直、高效运行的内部审计体系。围绕监管要求和全行重点任务，加大高风险领域审计力度。持续跟踪督促审计发现问题的整改落实，提升审计质效，促进经营的健康发展。

疫情防控和安全生产。积极落实"疫情要防住、发展要安全"，疫情防控成效良好。安全生产工作稳步提质，在公安部和银保监会联合组织的安全评估中首次获评优秀单位，全年未发生安全生产责任事故和外部侵害案件，完成安全生产专项整治三年行动收官。开展"保密提升年"活动，全行保密管理水平提升。

**六、科技赋能**

"十四五" IT 规划加快实施。信息化建设加速，330 项工程投产上线。新一代个人业务核心系统全面投产，为银行业核心系统架构转型提供重要借鉴；手机银行 8.0 上线，实现"千人千面"服务；推出企业手机银行，打造全新对公服务抓手。自主研发、敏捷研发、自主平台应用占比持续提升。

科技创新赋能成效显现。完善邮储大脑 AI 平台，建成基于区块链平台的供应链、跨境金融、福费廷、雄安非税电子票据等场景系统。加强云平台建设，大数据平台整合接入行内 146 个业务系统，有效支撑和赋能业务发展。

数据治理和数据赋能成效明显。着力提升核心数据资产质量，重点项目数据贯标、新增工程源头管控、"深水区"数据治理等工作稳中有进。数据服务广度与深度增强，完成 10 万余项数据资产盘点，客户数据集市累计上线 1600 余个零售客户标签和近 400 个对公客户标签。

科技风险管理水平提升。信息科技风险管理提质升级系列活动圆满收官。加强运维自动化、智能化建设，信息系统安全稳定运行，重要信息系统交易成功率保持 99.5% 以上。圆满完成北京冬奥会、党的二十大等重大活动期间的网络安全保障任务。

**七、党的建设**

深入学习宣传贯彻党的二十大精神。坚持把学习宣贯党的二十大精神作为首要政治任务，认真开展学习研讨，制定落实工作方案，在全行迅速掀起学习宣贯党的二十大精神的热潮。

党建与业务深度融合。纵深推进党的领导和公司治理有机统一。开展基层党组织建设达标工程和创先争优、"行长值大堂"等活动，营造"以客户为中心"同心同向氛围。

全面从严治党纵深推进。高质量完成 36 家一级分行巡察全覆盖任务。强化对"一把手"和领导班子的监督，坚定不移地正风肃纪，有力纠治"四风"问题，党风行风持续向好。

文化"软实力"得到提升。深入推进企业文化落地，坚持长期主义、"做难而正确的事"的理念深入人心。《邮储人在政和》荣获"第十六届全国党员教育电视片观摩交流活动"二等奖。"品牌提升年"反响良好，下沉市场影响力明显提升。（邮储银行）

## 【中邮人寿保险股份有限公司】

**一、2022 年度总体发展概况**

总资产 4460 亿元，比年初增长 11%。营业收入 1130 亿元，比上年增长 10%，对集团公司增收贡献率 32%。保费收入 914 亿元，比上年增长 7%。利润总额 7.1 亿元，持续保持盈利。

**二、服务国家重大战略部署情况**

服务实体经济重点项目实现突破，投资国电投—电投融和新能源公司混改、北京环境混改等优质股权项目。服务乡村振兴战略行动方案收官，保险帮扶累计为18.8万脱贫人口、低收入人口和推进乡村振兴有帮扶需求人口赠送73.2亿元风险保额，开展公益帮扶活动33场。推进落实绿色金融工作，践行绿色发展理念，关键指标持续达标，投资绿色产业，开展绿色宣传。探索普惠保险发展新模式。国企改革三年行动圆满收官。

**三、业务发展**

高价值业务增长。长期期交保费314亿元，比上年增长35%，占新单比重79%，比上年提升15%；终身寿险保费286亿元，比上年增长40%；健康险保费10.4亿元，比上年增长82%；续期保费515亿元，占总保费比重56%。新业务价值70.5亿元，逆势增长31%；新业务价值率17.6%，比上年提升2.8%。

续期拉动贡献凸显。续期保费515亿元，比上年增长4%，占总保费比重56%；13月继续率92.8%，25月继续率90.8%，持续保持行业较好水平。

多渠道产品体系完善。产品开发流程及效率显著提速，产品供给从40款增加至55款，比上年增加30%。邮银渠道形成“终身寿+年金+重疾”三大主力产品线。多元渠道实现多款专属产品创新，丰富团险渠道员福短意险和医疗险，开发快递员专属意外险、互联网专属意外险、经代专属少儿教育金等产品。

投资专业化能力提升。全年完成净增配置538亿元，持续优化资产结构，提升投资收益水平；资产负债业务协同进一步增强，推动团险与国电投集团、东航物流、吉利商务、中远海物流等系列公司开展合作；完成投资端市场化改革，资管公司获批筹建。

**四、运营管理**

战略顶层设计逐步确立。在毫不动摇坚持和加强党的全面领导的前提下，中邮保险明确市场化的机制、专业化的队伍、稳健的经营、领先的规模和效益、健康的企业文化、良好的社会形象、较强的行业影响力7个方面的基本要求，确立持续全面加强党的领导和党建工作、持续全面解放思想、持续全面深化改革、持续全面推进人才队伍建设、持续全面推进价值创造、持续全面推进企业文化建设6个方面的战略举措。

市场化改革取得阶段性突破性成果。坚持改革“无禁区”，干事创业的氛围空前高涨。组织机构精简高效，推动竞争上岗、双向选择、内部流动，优化人员配置，激发员工活力。全面实施任期制和契约化管理。落地实施市场化职级薪酬体系，打通管理与专业序列人才发展通道。坚持育引并举，完善员工培育体系，搭建员工成长平台，引进专业人才402人。

核心竞争力增强。强化逆周期管理，压茬推进重点任务落地。“一主多辅、多点发力”渠道建设全面破局，邮银主渠道赋能成效明显，保险规划师队伍720人、专兼职讲师队伍近3000人。银保外拓签约招行实现保费0.4亿元。专业中介渠道实现突破。团险事业部完成组建，实现保费6.82亿元，比上年增长78.4%，“新型个险”实现模式破局。运营服务线上化、智能化，客户体验和服务质效提升，累计服务客户1674万人。提升数字化能力，超常规推动企业级数字化转型初见成效。

运营支撑效能提升。提升网点线上服务能力，推广网点人员综合服务平台“邮e保”，实现地市全覆盖，网点覆盖率92%，减少柜面纸质填单、邮车流转、市县扫描录入等环节，有效解决纸质投保链条长、业务办理手续多等问题。构建数据驱动的智能化服务，上线智能核保、智能理赔系统，引入行业级风控数据，构建自动化分层审核引擎，实现核保理赔风险科学评判；智能服务场景和应用进一步丰富，降本增效成果初步显现。全面梳理运营作业任务，完成集中作业模式论证，启动集中作业试点。

企业文化建设取得新进展。以行业文化高地为目标，确立以“守护人民美好生活”为企业使命、以“最值得信赖的一流保险公司”为企业愿景、以“客户至上、追求卓越”为价值观、以“开放、专业、求实、进取”为企业精神、以“邮保相伴、愿爱无忧”为品牌主张的企业文化体系，加速形成创新、包容、高效的企业文化。

中邮保险优化和升级邮政员工“两项保险”的保障责任和服务方案（《中国邮政报》12月28日）

五、风险管控

坚决落实党中央关于防范化解重大金融风险的决策和部署，将风险防控贯穿于全环节全过程，不断提高合规管理水平和风险防控能力。制度建设一贯到底，制度立改废扎实推进，制度健全性、科学性和执行有效性全面增强。加强资产负债联动管理，重点做好资金运用、偿付能力等领域风险防控，偿付能力充足率持续达标，资产质量优良，各项关键运营指标始终保持良好。圆满完成 SARMRA 现场评估工作，七大风险管理整体有效。

六、党的建设

深入学习贯彻党的十九届六中全会、二十大和二十届一中全会精神，将党中央重大决策部署贯彻落实到改革发展各方面全过程。实现党委与董事会、监事会的双向进入、交叉任职，多元化充实董事会成员，修订完善党委前置研究重大事项清单，建立完善股东大会、董事会相关授权体系，推进党的领导与公司治理深度融合。组织开展运用十九届中央第八轮巡视成果对照自查整改，全力推进集团公司党组巡视“回头看”集中整改。党风廉政建设取得新成效。（中邮保险）

## 【中邮证券有限责任公司】

一、总体发展情况

2022 年，中邮证券实现收入 5.1 亿元，实现净利润 5213 万元，分类评级由 CCC 级升至 BB 级，公司获得转融通、报价式回购 2 项业务资质，另类子公司获批筹建，北京分公司顺利开业。

二、业务发展

财富管理转型基础夯实。金融产品类型不断丰富，客户规模大幅提升，全年为客户提供收益凭证、公募、私募等金融产品近 2000 只，服务客户数量首次突破 200 万人；各类产品流程框架基本规范，上线 PB 交易系统，“机构 + 个人”模式稳步发展。

资管投研和产品创设能力提升。不断创新产品类型，持续加大产品供应力度，搭建 11 个系列产品，设立存量标准化产品 70 只，成功发行首只偏股型股债混合集合产品，推出类现金管理产品和三年期区域定制产品，多支产品获评行业和集团公司荣誉奖项。

投资银行业务部多项业务实现突破。进一步发展壮大专业团队，优化内部组织架构，人员比上年增长 50%；高效服务企业直接融资，承销保荐募集资金规模近 300 亿元，比上年增长 67%；股权业务培育力度显著加大，保代人数 25 人，比上年增加 8 人，开发首单市场化独立股权保荐、可转债、科创板等项目，再融资业务规模跃升至行业第 26 位，储备有培养前景的股权项目超过 10 单。

自营投资能力提升。受 A 股市场下行走势的影响，行业整体受到严重冲击，公司积极主动、稳妥应对，在股票主动投资和债券投资方面跑赢市场平均水平收益率，12 月份外汇交易中心承分销机构分销量排名第 11 位。

中邮证券资管连获两座金牛奖杯（中邮证券）

开启研究所卖方转型。初步建立较为完整的研究和销售服务体系，持续强化协同赋能，着力提升创收能力，积极主动对外发声，成功举办 2023 年度策略会，发布研究报告 800 余篇，举办近百场上市公司交流会，10 余场专业报告会。

三、运营管理

运营支撑水平提高。构建“分支受理、总部办理”的集中运营平台，实现网上业务、柜面业务、开户见证、经纪业务审核等集中办理，在增强业务标准化及规范性的同时，有效释放分支机构人力资源。上线智能客服，接通率 95%，智能语音独立接待率 88%，服务满意度 99%。清算工作全年平稳运行无差错。

做好投资者的权益保护。始终坚守金融为民的理念，在投资者教育领域深耕细作，通过多种渠道、多种方式开展投资者教育活动，依托邮政网点探索特色投教模式，不断创新开发投资者教育产品，投教服务覆盖近 50 万人，荣获陕西证券期货业协会“十佳优秀投教会员单位”称号。

财务管理加强。优化零基预算模型，以业务动因驱动成本费用预算，持续对标、优化定额，促进资源有效配置；初步构建公司资金管理体系，有序实施外部融资，申请并获批 30 亿元公司债券，已发行 10 亿元，在优化负债结构的同时，填补资金管理和融资管理空白点。初步搭建独立财务核算系统，公司收入实现集中核算，从源头上降低公司整体的财务风险。

信息系统建设力度加大。启动 41 个新项目，完成系统升级 248 次。综合 App 迭代升级 27 次，上线业务 18 项，实现需求 68 个。上线邮证协同办公系统；上线合规管理系统，升级净资本动态监控系统，完成信用评级系统一期建设。

**四、风险管控**

加强风险管控。及时发布年度风险政策，优化完善风险控制指标，通过系统进行前端控制，加强人工定期监控；完善风险管理制度体系，全年印发制度28个；组建风险管理委员会，全年审议议案44项；提升内核审批效率，前置风险识别工作，制定风险备忘录6项，修订内核制度2项。

加强合规意识。开展员工证券投资行为专项排查活动，组织首届“力争上邮”合规知识竞赛，强化日常宣传培训和警示教育活动，建立合规文化。

化解存量风险。业务存量风险金额下降1.74亿元，降幅30.96%。

开展反洗钱工作。完成基于新制度的洗钱风险自评估工作，在公司内部形成风险评估识别与分析管理机制；常态化落实反洗钱要求，高质量、多样化开展反洗钱培训宣传。

**五、党的建设**

党建与业务发展深度融合。坚守“金融报国”初心，牢记“国之大者”，切实把对“两个确立”的深刻领悟转化为“两个维护”的行动自觉，积极服务国家重大战略部署，充分发挥券商投研优势，撰写《县域经济发展研究报告》，研究分析帮扶地区经济发展现状并提出建议，落地帮扶项目20余个，扎实服务乡村振兴战略。

巡视整改成果巩固运用。开展运用中央第八轮巡视成果对照整改工作，查摆14个具体问题，制定62项整改措施，整改目标均完成。开展集团内部巡视整改全面自查，全面完成巡视反馈涉及公司各级的328个问题整改，不断加强巡视巡察成果运用。

基层党建工作扎实开展。深入开展“三亮三比三评”和党支部（党小组）“领题破题”活动，37个党支部党小组聚焦急难险重工作，领题破题45项，9个获评党业深度融合优秀课题。扎实开展“学查改”专项工作，查摆问题21个全部完成整改。深化模范机关建设，1个支部获评“中央和国家机关四强党支部”，1个部室和3名党员获评集团直属机关党委2018—2021年度先进集体和个人称号。落实“四同步、四对接”要求，新成立2个支部，完成22个支部换届，13个无党员营业部配备了党建联络员。

企业文化建设积极推进。组建公司文化建设项目组，初步研究搭建“符合行业特质、具有邮政特色、彰显央企风范”的中邮证券文化体系框架。组织年度文化建设实践自评估，明确191项文化建设实践评估指标细化落实措施；开展员工思想动态问卷调查，动态掌握员工心声。

党风廉政建设常抓不懈。保持惩治腐败高压态势，严厉查处各类违纪违法案件，深化“小金库”“靠邮吃邮”的专项治理，持续营造不敢腐的氛围。做好违纪违法案件查办的“后半篇”文章，制定和完善相关制度和机制，扎紧扎牢不能腐的“制度笼子”。深入开展廉洁文化教育和党风廉政警示教育月“六个一”活动，举办“喜迎二十大 倡廉树清风 助力深化创新突破”知识竞赛，常态化制发党规党纪知识微课堂，增强不想腐的思想自觉。（中邮证券）

## 【中国邮政集团有限公司寄递事业部（中国邮政速递物流股份有限公司）】

**一、2022年度经营管理概况**

寄递条线坚持以习近平新时代中国特色社会主义思想为指导，坚决贯彻落实党中央决策部署，按照集团公司党组的工作要求，以“三个视角”找差距补短板，以“三大规律”促改革求创新，系统推进“六大改革”，持续完善“五大体系”，聚焦“八大市场”，落实“三差三力”策略，采取一系列变革性举措，取得一系列阶段性成果。

**二、服务国家重大战略部署情况**

保供保通保畅彰显担当。全力服务疫情防控大局，认真履行央企责任，落实“一断三不断”，打造“异地分拣、专线运输、甩挂交接、接力配送”的标准化解决方案，兜底民生物资配送。

大力服务乡村振兴。创新推出“山货上头条”“邮物中国”等项目，日均服务农村用户500万人次以上，拉动农产品销售额40亿元。

积极服务“一带一路”和RCEP。开通16条航空专线、18条海运专线、10条中欧班列运邮线路，建成15个海外仓，初步形成海陆空铁国际通道，服务制造业、商贸客户3.3万家，带动贸易额突破100亿元。

圆满完成党的二十大、冬（残）奥会等重大会议和活动服务保障。

**三、业务发展情况**

业务发展实现新突破。整体收入增幅超行业，完成收入696.5亿元，增幅6.2%，超行业3.9%；市场占有率有效提升，完成业务量128亿件，增长15.5%，超行业13.4%；活跃客户数稳中有增，活跃客户71.4万户，比上年增加2万户；特快业务提速发展，收入增长24.4%，高于竞品18.7%；退换货业务2倍增长，成为新增长点。快包业务提效发展，重量单价3.58元/kg，比上年提升0.55元/kg；农产品寄递高速增长，实现收入76亿元，增长51%；国际业务逆势突围，收入增幅超行业4.3%；日、俄优势专线份额第一，市场份额分别为50%、35%；物流业务打造制造业融合标杆，形成贺尔碧格汽配、雅戈尔服饰、茅台酒业等一批行业案例，重点行业收入增长12.8%。

时限水平实现新提升。普服指标达到监管要求，省会城市间普邮全程时限降至2.4天；特快、快包整体时限达成率分别为90%、83%，与竞品时限差距分别缩短3.9小时和 6.7 小时。全面开展够量市场提速，长三角、珠三角、川渝等重点区域互寄线路平均时长缩短 3.5 小时，区域内特快、快包省内次日递率分别提升 2.4%、6.1%。建立“路长制”管控体系，明确各级路长对线路全程时限管理责任。

“双 11”旺季生产期间的中国邮政指挥调度中心（集团公司寄递事业部）

服务品质得到新改善。开展丢损邮件专项治理，丢损率压降 41%；提升客服智能化水平，智能客服语音识别率 96%，独立办结率 90%，居行业第 2 位，智能受理量提升 2.3 倍；公众服务满意度 85.8 分，提升 0.4 分，稳居行业前三；高考录取通知书、云艺考、学生档案邮件“万无一失”。

**四、管理运营**

六大改革取得新进展。邮区中心改革取得阶段性突破。狠抓 85 项任务落地，省际中心人均处理效率 1559 件 / 日，比上年提升 471 件 / 日，增幅 43%；自动化设备平均效能 72.6%，提升 11.6%；摆轮矩阵收容率 4.3%，分拣机收容率 1.8%。市趟改革成效初显。落实 64 项具体任务，加强车辆集中管控，盘活闲置车辆 3388 辆，自有车辆日均行驶里程 112 公里，增幅 41.8%，车辆装载率从 31.1% 提升至 71.8%。运输改革步伐加快。深入推进“四改一扩”，组织邮路“一装两卸”，一级干线车辆日均行驶里程 617 公里，比上年提升 11.4%；拓展高铁运输能力，新增省际高铁邮路 62 条，日均运量翻一番；统筹调配邮航运力资源，集散航班载运率 75%。陆运网改革纵深推进。推进柔性组网，系统优化节点布局，942 个市县打破地市行政区划就近入网，基本形成主辅多中心组网模式，全程时限缩短约 4 小时。揽投网改革全面布局。推进自提点建设和运营，进一步优化投递网络，网格化率 92.5%；大力推进自提点建设，全年新增 29.9 万个，自提率 71.5%。在辽宁、江苏、浙江、湖南、广东 5 省试点经营机制改革，推行自主经营模式、外包代办模式，探索特许加盟模式，激发揽投部的内生动力。“两集中”改革全面启动。明确 77 项具体任务，在集中标准制定、集中流程设计、集中资源管理等方面取得初步效果，构建端到端、各环节的管理、流程、操作标准化体系。

数字化水平迈上新台阶。完善协议门户网站功能，加大推广力度，客户激活量新增 10 万户；推广处理中心智能场院系统，车辆自动签到、无感入场、自动排队、智能分配垛口，实现生产环节无纸化交接；全面应用四段码，提升全环节人工处理效率；开发国际邮件代理报关系统，与海关系统“总对总”对接，税款实时入库，国际邮件“秒放行”。

成本压降取得新成效。围绕 5 大环节，聚焦 25 项关键管控要素，持续推动混合收寄，落实定额达标，推进“四改一扩”，强化市趟管控，优化投递作业组织，实现成本有效压降。件均收寄成本下降 8.5%，件均处理成本下降 12.1%，运输吨公里成本下降 1.7%，市趟运输成本下降 20.5%，件均投递成本下降 9.8%。

**五、党的建设**

始终坚持把加强党的政治建设摆在首位，更加自觉坚定捍卫“两个确立”、做到“两个维护”。始终坚持强化思想理论武装，更加自觉用党的创新理论凝心聚魂。始终坚持以提升政治功能和组织功能为重点，构筑坚强有力的基层党组织。始终坚持加强干部人才队伍建设，为改革发展积蓄力量。始终坚持正风肃纪反腐，努力营造风清气正、干事创业的政治生态。始终坚持强化重点领域风险防控，提升专业治理水平。始终坚持共建共享，充分发挥群团组织的桥梁纽带作用。（集团公司寄递事业部）

### 中国邮政航空有限责任公司

**一、2022 年度经营管理概况**

邮航党委团结带领全体干部职工，全面贯彻落实集团公司、寄递事业部各项决策部署，夯实两个基础，提升六大能力，撸起袖子加油干，风雨无阻向前行，努力克服疫情的不利影响，积极应对各种困难挑战，坚持“十个提倡、十个反对”，坚持“八破八立”，边确保安全，边扎实整改；边支撑寄递，边提升能力；边抓大飞机引进，边抓规范管理；各项工作取得明显成效，干部职工展现出良好的精神风貌。

**二、服务国家重大战略部署情况**

全力以赴服务疫情防控大局。全力保供保通保畅，紧急运输防疫物资，彰显“国家队”担当。

大力服务乡村振兴。运输大樱桃、荔枝、大闸蟹、牛羊肉、巫山脆李、草莓等“极速鲜”邮件 5625 吨，继续保持增长态势。

服务“一带一路”和 RCEP。执行昆明—曼谷航线 164 班，促进中国与东南亚地区跨境贸易发展。

圆满完成党的二十大、冬（残）奥运等国家重大会议和活动保障工作。

三、业务发展情况

安全水平行业前列。安全飞行44185小时，比上年增长8.1%，其中国际及地区安全飞行11473小时，比上年增长22.8%。未发生责任征候及以上不安全事件的良好态势，实现第26个安全年。

运输效率不断提升。新增林芝、阿里、银川、西宁、巫山、丹东等6个通航站点，运行23420班，比上年增长1.7%，其中国际及地区航班2099班，比上年增长6.2%。

经营效益持续攀升，邮货运输总量22.1万吨，与上年持平；运输总周转量34333万吨公里，比上年增长1.8%；飞机平均日利用率4.15小时，比上年增长7.1%；航班平均载运率68.4%，比上年提升1.6%。国际邮运收入完成2.99亿元，比上年增长9.7%；货运收入完成2.63亿元，比上年增加9.7%。

四、管理运营

推进首架大型宽体货机投入运行。合理统筹安排，成立邮航大型宽体货机运营准备领导小组和工作机构，明确各专业工作职责，纳入公司重点督办工作。通过集中办公，监控、推动和协调大型宽体货机引进及运营准备各项工作。实行项目管理，根据美国航线开通时间，将整体工作梳理为飞机指标申请、飞机监造、民航局审定、美国准入等22大项、401小项，目前已完成274项，127项在落实中，整体工作按期推进。第一架大型宽体货机于3月22日投入运行。遵循行业规律，借鉴顺丰航空“先国内、后周边、再洲际”的前期运营、最终新开美国航线的行业规律，为邮航开通芝加哥航线提供重要参考。邮航加强与民航部门沟通交流，对开通美国航线安全运行能力、具备条件等情况深入研究分析，细化完善具体准备工作。

网业联动支撑寄递。盘活公司核心资源，提高飞机日利用率。制定航线优化方案，深入挖潜，通过“国内衔接国际、国际多频次”的航线设计，使用9架飞机执飞“国内＋国际”，白天执飞国际，夜间执飞南集；同时单独使用3架飞机，专门执行“多频次的国际往返航线”，在15条国际（地区）航线中，11条白天运行，占比近80%。

增加日本航线频次，打造精品优势线路。7月18日增开深圳—大阪航线，现有国际（地区）航线15条，其中日本往返航线6条，每周40余班，邮航成为日本路向货运航班最多的航空公司。时限水平明显改善，通过自主航班运输对日邮件全程时限可控制在5～6天，达到三大国际快递巨头的服务水平。

统筹运力航线安排，支撑重点业务发展。持续提升苹果、华为等重点项目的全程时限水平，连续6年保持首投日百分百及时投递，零丢损、零投诉的高标运营质量，助力提升寄递业务运输效益。运输锂电池等产品3419吨，比上年增长25.9%。在“双11”业务高峰、春节生产旺季期间，最大限度调动运力资源，增开6条加班专机航线，共执行76班，高效复用运力，航班量、运量均创历史新高。

五、风险管控

践行“三个敬畏”，通过全面动员、提升意识，细化方案、周密部署，五紧五严、压实责任，确保“北京冬（残）奥会、全国两会、党的二十大”等重大活动期间两个绝对安全。强化“三基建设”，飞行专业强训练、抓资质，机务专业抓重点、严把关，运控专业抓环节、严监控。完善“六大机制”，针对大型宽体货机引进，巫山、阿里等新开航线，开展公司级专项风险管理34次，识别危险源48项，制定落实风险管控措施。筑牢安保屏障，构建立体防控格局，荣获首都机场航空安保委2022年度杰出贡献奖。

12月31日，中国邮政航空公司实现第26个安全年接机仪式在首都机场停机坪举行（集团公司寄递事业部）

六、党的建设

提高政治站位，掀起党的二十大精神学习热潮。按照集团公司党组、寄递事业部党委要求，邮航公司各级党组织通过落实“三个第一时间”，组织专题读书会、专题党委会学习研讨，参加专家教授辅导授课等形式，系统学习宣贯党的二十大精神。

强化政治担当，全面从严治党走深走实。26个基层党组织认真落实2022年基层党组织全面从严治党主体责任清单和一岗双责责任清单，全面严紧压实党建工作责任制。

坚持问题导向，巡视巡察整改成效显著。借助集团巡视“回头看”寄递事业部，对涉及邮航的具体问题立行立改，16项主要问题按期100%销号解决。集中整改54项主要问题，提级巡察整改成效明显。

构建长效机制，党史学习教育巩固深化。结合“学查改”加强模范机关建设，紧贴中心任务开展“三亮三比三评”主题实践活动，37项“领题解题”收效明显，35项“我为群众办实事”广受好评。（集团公司寄递事业部）

## 中国邮政速递物流股份有限公司南京集散中心

一、2022年度经营管理概况

截至2022年12月31日，南京集散中心安全稳定运行10年。累计处理邮件约16亿件。南京集散中心占地1200亩，停机位41个，接发邮航航班40架次（进出各20架次），通达26个通航局。接发进口干线邮路48条，出口干线汽车邮路41条，覆盖苏、浙、沪、皖三省一市主要地级城市。

生产作业350天，处理邮件1.99亿件，比上年增长15.1%，日均处理56.7万件。其中，散件1.71亿件，比上年增长24.3%，日均处理48.9万件；总包经转555.3万袋(内件约2741万件)，比上年增长34.5%，日均处理7.8万件。散件邮件中的物品型邮件7031.7万件，日均处理20.1万件；文件型邮件1.008亿件，日均处理28.8万件。物品型邮件与文件型邮件的件数占比为40 ： 60，重量比80 ： 20。

完成结算收入4166.82万元，比上年上升25.89%，预算完成比109.65%；发生支出38693万元，比上年上升1.14%，预算完成比98.96%；实现账面利润–34526.28万元，预算完成率103.3%。人员总数825人（其中A、B类357人，劳务承揽468人）；全年未发生任何重特大生产安全事故、消防安全事故、资金案件、人身伤亡案件和群体性聚集疫情感染事件。

**二、服务国家重大战略部署情况**

主动服从服务疫情防控大局，特别是服务上海保供保通保畅。发挥设备、场地、人员等资源禀赋优势，在全力保障全夜航生产的前提下，主动承担上海本地中心162个投递区分拣任务。中心服务上海保供保通保畅68天（4月28日—7月4日），上海发往中心车辆434车，接卸处理邮件约25.45万袋件、重量2908吨，中心向上海发车205趟次，处理邮件约81.4万件、重量762吨，打造“异地分拣、专线运输、甩挂交接、接力配送”标准化解决方案，兜底民生物资配送。

三省一市邮车在南京集散中心等待装车（集团中心寄递事业部）

**三、业务发展情况**

生产质量稳中向好。强化生产现场全过程全环节管控。优化作业流程，通过OCC全视频可视化监控、智能跟单系统、新一代寄递业务信息平台等信息化手段，提高邮件处理效率。严格落实改革要求，以“三本手册”为遵循，聚焦“六大关键指标”，以“四个到人”推进各项工作落实落地。2022年，重点工作任务均已完成，“六大关键指标”全部达标，荣获“全国优秀单位”称号。

支撑重点项目发展。坚持以“事前预防、事中干预、事后跟踪”全流程过程管控为工作机制，有力保障“云艺考”试卷、各类纪念邮票以及“极速鲜”（覆盖14个省27个项目）等重点项目类邮件的处理时限和质量。全年处理山东“大樱桃”邮件89.6万袋（件），比上年增长28%；处理重量1882吨，比上年增长12.6%。处理“云艺考”试卷2.15万袋（内件9.9万件），均“零丢失、零破损”。跟踪重点项目45.95万袋，比上年增加82.37%，事中跟踪率100%。录取通知书、学生档案问题邮件一次及时解决率100%。高考录取通知书、云艺考、学生档案邮件“万无一失”。

强化服务质量管控。以智能跟单主动跟踪为抓手，畅通对外沟通渠道，做到重点指标“有人看”、关键环节“有人盯”、问题处理“有人管”。支撑保障“上海钜辉”重点项目，处理“上海钜辉”邮件3.5万件，无一投诉、无一丢损。

增强设备处理能力。南京集散中心设备运行情况稳定，包件分拣机设备完好率99.79%，散件输送机设备完好率99.98%，连接输送机设备完好率99.78%，扁平件分拣机设备完好率99.72%，塑封机设备完好率99.18%，信盒传输线设备完好率99.72%，小件分拣机设备完好率99.81%。深挖设备潜能，完成空侧摆轮设备改造、摆臂机改造测试、单向扫描仪改三向扫描仪、小件落格分拣机撑袋架整改、信盒传输线改造等技改创新项目。各类网络信息系统安全稳定运行，扎实开展各类网络安全隐患排查整改活动，人脸识别设备与新一代寄递平台的互联互通正式投入使用。全网处理中心数字化、智能化场院管理功能上线，选择性地启用部分功能，有效解决全网管理系统与中心实际运用场景的差异性问题，实现运输派车无纸化、解封车无接触化等目标。完成西门子分拣机本地信息系统改造项目，实现包分机系统与新一代统版接口的上线运行。推进监控系统升级改造项目，优化升级改造方案，实现与寄递事业部及江苏邮政监控平台的实时对接。

项目建设进度加快。南京集散中心服从大局、克服困难、合理建议，国际过渡期项目如期完成。借鉴国际过渡期建设的成功经验，细化流程、合理分工、责任到人，为国际一期项目招标工作的启动做足功课。通力协作，保障飞机维修机库顺利完工。为支撑“极速鲜”业务的发展，确保大樱桃、杨梅、大闸蟹等极速鲜产品在中心停留期间的保质保鲜，新建160平方米的冷库并投入使用。

四、管理运营

加强财务管控，落实精细化管理，降本增效成效显著，采购管理不断规范。全年完成集中采购项目46项，公开采购率100%，公开招标率90.63%，采购资金节约率10.41%，集中采购率99.98%，完成上级考核目标。

加强用工管控，激发内生动力。加大业务外包管控力度，细化完善生产环节业务外包招标需求，设置阶梯单价，完善管理制度，促进业务外包管理的规范化、标准化和流程化。

推进“暖心工程”项目，不断改善生产生活环境。以人为本，开展慰问活动，提升员工的幸福感、归属感。

五、风险管控

抓实常态化疫情防控，安全生产防线进一步筑牢。不断完善各类疫情防控管理制度；坚持抓好常态化测温、消杀、人员健康管理、防疫物资储备等常态化防控措施。加强安全管控，全面提升安全管理水平。深入开展“安全生产月”活动，扎实推进安全隐患大排查大整治专项活动，安全生产防线更加稳固。

六、党的建设

南京集散中心坚持以习近平新时代中国特色社会主义思想为指导，把深入学习贯彻党的二十大精神作为首要政治任务，坚定拥护“两个确立”、坚决做到“两个维护”。充分发挥“两个作用”，促进党建工作与业务工作深度融合。

严格落实“第一议题”制度、重大事项请示报告制度和“三个第一时间”学习机制。及时同党中央决策部署对标对表，坚定不移向党中央看齐，做到中央有号召、集团有部署、寄递有行动、南集抓落实。

开展中心组学习、党委书记讲党课，发挥领头雁作用。学习宣传贯彻党的二十大精神，组织开展“喜庆二十大，奋进新征程”知识竞赛。通过组织召开党委理论中心组专题读书会、专题学习、全体党员线上培训，切实推动党的二十大精神在中心上下落地生根。

发挥“两个作用”，促进党建工作与业务工作深度融合。以联合党支部为纽带，扎实开展“共建联学互促”活动。深入推进“三亮三比三评”“领题破题”活动，切实推动基层党组织建设标准化、规范化建设。用好思想政治工作“三必知、四必谈、五必访”工作法，切实做到聚合力凝人心。

严抓党风廉政建设，筑牢纪律规矩底线。开创“两个责任”联合监督新模式，切实把好招投标工作的“第一道关口”。以纪委书记基层调研座谈、集体廉政谈话等举措，盯紧“关键少数”，筑牢廉洁思想防线。（集团公司寄递事业部）

【中国集邮有限公司】

一、2022年度总体发展概况

2022年，中国集邮有限公司实现收入19.25亿元，完成集团下达预算的100.80%，实现利润总额2.25亿元，完成集团下达预算的107.98%。

二、业务发展

聚焦文化，把握重点项目，挖掘邮票内涵。围绕新邮题材，讲好邮票故事。与国家图书馆以及多家出版社合作推出“红楼梦”“姑苏繁华图”产品，“癸卯年”项目丰富产品品类，扩大IP合作；2022年年册项目创新使用生肖拓样张、邮票首日戳等元素。“南方喀斯特”“中国古镇（四）”等产品突出地域特色，创新产品设计。定制开发产品支撑北京师范大学、东南大学校庆活动需求，助力基层邮政深化校园业务合作；面向大中小学学生开展个性化邮票和文创组合产品的毕业季主题营销项目。

创新系列产品，丰富集邮内涵。文创产品展现全新主题，开发《方寸天地——邮票上的中国传统书画艺术》集邮日历和首套集邮扑克，逐步形成文创产品+数字化内容互动的产品开发模式及出版模式。先贤个性化邮票提升文化品位，发行周敦颐、司马光、王阳明3套先贤系列个性化邮票，联动题材省份开展首发活动，并增进工艺创新和数字赋能。老票产品延展经典序列，以老票带新票，结合“中国篆刻”等新邮推出专题产品；开发书法、五岳等题材老票合集；为线上线下渠道提供10余款老票系列产品支撑销售，凸显集邮的收藏价值。

着眼破圈跨界，拓宽展示平台。通过“喜马拉雅—集邮电台”探索音频传播新方式，并配套出版了《集邮电台——冬奥盛典方寸铭记》一书。常态化直播活动构筑双向互动新平台，与央视、《人民日报》、《人民周刊》等媒体平台对接，提供内容丰富的集邮主题物料并同步开展直播销售的模式，以及邮票百科+中国邮政微商城+社会电商多平台联动的“2+*N*”直播新模式。文化主题邮局打造功能丰富的新模式，组织“主旋律”“生肖”“航空航天”等专场直播销售活动，与各地主题邮局联动，成功申报全国交通运输行业文明示范窗口；设立金台国际友谊主题邮局，通过北京、福建等地的80余家主题邮局销售“党的二十大”项目邮品，扩大公司在主题邮局领域的影响力。

协同发展，实现优势互补，营造集邮生态。社会跨界实现强强联合，与国家图书馆合作的《红楼忆梦》《鉴古知今》等精品文创，联名中国黄金定制贵金属配件，支撑各省生肖贺岁季个性化需求，为贵金属集中开发政策落地提供支持。让利统筹发挥协同优势，2021年年册项目让利各省调低售价，努力做到统筹产品，统筹品牌，统筹准入。政策激励体现龙头作用，面向各省通报全国集邮业务经营情况，增强公司头部引领和支撑服务力度。

三、运营管理

建设高素质专业化干部人才队伍。干部队伍建设迈向新征程；人才队伍建设彰显新优势。

运用新技术新理念加速数字集邮。方案先行开拓新思路，制定2022年度数字化实施方案，从产品延展、营销推广、品牌宣传、经营管理、模式创新5方面推出16个数字化运营项目，均已完成或取得阶段性重要成果。营销推广释放新活力，增强BSC应用场景，以“集邮上新日”活动为抓手，通过数字化营销平台面向基层营销员和网点推介重点集邮新品并挖掘潜在客户。科技赋能呈现新形式，在邮票百科中开发邮票目录模块，全方位展示邮票图稿、防伪等内容；运用AR等技术挖掘数字邮品内容，升级“一品一码”功能，将邮品二维码内容由PC端迁至邮票百科移动端，延展纸质邮品内涵；注重各平台之间的推送跳转，促进价值转化。

搭建规范化高效化管理运营体系。深化财务管理，重视效益管理，推动库存产品消化及再利用工作，加强采购工作管理。探索工艺创新，在邮品中运用荧光油墨、蓝色珠光油墨以及印金区域局部烫金、逆向UV技术等，使产品呈现出更加契合邮票主题的全新效果。践行绿色邮政理念，要求生产企业具备ISO 14000环境体系认证，所有集邮品全部印制“绿色之星”标识。加强库房管理，坚持月度动态盘点，年度全面盘点，不定期组织进行抽盘，确保账账相符，账实相符；建立库房远程监控系统，票品物理转库、货位信息绑定功能已上线，国内邮品物流信息查询和发货短信推送功能在全国范围内上线。修订完善制度，修订出台产品内容审核管理办法、邮资票品使用管理办法等10余项制度，恢复总编审岗位，规范审核流程。

**四、风险管控**

建立健全财务预警机制，针对风险点持续推进整改工作。

强化安全生产，保障经营工作，中国集邮有限公司荣获“北京市2021年度市级交通安全先进单位”，1名员工荣获“北京市优秀交通安全管理干部”。

**五、党的建设**

政治建设全面加强。落实新时代党的建设总要求，坚定不移加强政治建设，教育引导党员干部深刻领悟“两个确立”的决定性意义，不断增强“四个意识”、坚定“四个自信”、做到“两个维护”，确保党中央和集团公司党组各项决策部署不折不扣落到实处。

理论学习走深走实。组织中心组学习会12次，第一时间学习会20次。党委成员带头讲党课，将理论学习成果融入中心工作。

从严治党纵深推进。履行巡视整改主体责任，做好巡视“后半篇文章”，深入推进33项整改任务和40项整改措施落实落地。深入开展党支部“领题破题”和党员“三亮三比三评”活动，将“学查改”专项工作与巡视整改工作紧密结合，通过问题整改，提升工作质量。组织党风廉政警示教育月9项活动，纪律规矩更加内化于心、外化于行。

中国集邮“方寸邮爱”志愿服务队获中国邮政宝藏青年集体奖（中国集邮有限公司）

群团组织展现风采。工会、共青团持续发挥作用，组织青年员工参加党的二十大产品质检、冬奥志愿服务、区域疫情防控流调专班等，服务奉献社会。

2个党支部获评中央和国家机关“四强”党支部荣誉称号。2个部门获评集团公司直属机关先进集体，2名员工获评直属机关先进个人。（中国集邮有限公司）

**【中邮信息科技（北京）有限公司】**

**一、2022年度总体发展概况**

2022年，中邮信科公司认真贯彻落实集团公司党组的决策部署，坚持学思践悟，完善公司治理，加快科技赋能，在数字邮政建设各领域取得可喜成绩，为打造驱动中国邮政高质量发展的数字化新引擎作出积极贡献。

**二、平台建设**

推动实施“三大规划”。做好规划分解，明确规划落地实施路径，体系化推进数字邮政建设。加强架构管控，制定管控框架与流程，对新立项工程严格实施架构管控。明确重点任务，梳理建设任务，确定2023年重点工程。

提升基础平台能力。提升装机能力，推动相关机房改造，建成交付220个机柜；编制异地机房租赁方案，常态化下线老旧设备、整合机柜资源。提升计算能力，完成2021年硬件资源池建设，新增虚拟机资源1.5万个、数据库资源1550个。提升网络能力，完成亦庄运维楼网络建设，实现无线网络全覆盖、无缝漫游；推进新一代核心网改造，完成全国中心新核心网建设和SDN（软件定义网络）技术的落地应用。提升运维能力，完成新一代IT基础资源智能运维监控平台主体软件开发，完善租赁机房运营规范。

提升架构平台能力。技术中台建成投产，通过国家权威机构云原生安全成熟度首批评估。中台赋能价值初显，支撑商密、微营销等18个统建系统、3个揭榜挂帅项目和2个省级系统建设，代码构建和应用部署效率提升30%以上，资源利用率提高20%以上。“三个中心”建设取得新成效：人工智能服务中心自主研发实现35个AI服务投产；区块链服务中心完成国内主流开源平台及密码算法国产化研究；物联网服务中心基于开源技术完成自主研发并在数字化处理中心应用。数字化转型攻关取得突破，完成数字化处理中心研发并在合肥试点，对人员、车辆、邮件、场地、设备等要素实时感知和建模分析，构建处理中心“智慧大脑”，项目获得第四届中国工业互联网大赛“最具应用价值奖”。

提升数据平台能力。数据治理体系建设取得突破，推进数据认责，明确17大数据主题重点领域责任归属；制定集团公司数据共享规划方案，为实现数据安全合规共享提供支撑。数据治理有效赋能管理提升，有效完成专项数据治理年度目标，实现14万机构命名规范化，3.17万代金网点邮银机构对应，5.4万营业局所关键属性规范，中心局生产机构规范化设置，协议客户关键属性规范性99.9%。初步构建数据中台赋能体系，完成数据中台主体架构建设、租户架构优化和多方安全计算上线，实现实时计算、机器学习计算能力扩充和数据服务线上化；推进数据资产建设，初步建成集团数据仓库，建设客户体验等5项数据主题。推进客户数据价值协同，实现寄递营销平台升级换代，初步建成寄递客户五知体系，全年支撑营销活动893项，累计下发名单1639万，新增邮务寄递收入21亿元；建成乡村振兴五大客群数据库，搭建数据驾驶舱；强化会员积分中心能力建设，支撑积分兑换2.5亿。持续深化地理信息应用，累计完成21省209个地市寄递匹配切换上线，准确率高于竞品2.65%；开展妥投经验库试点应用，完成寄递围栏专项治理，修复围栏80多万处。

**三、科技发展**

邮政应用建设。支撑客户协同服务，完成邮政智能客服平台4个板块上线；完成品牌管理系统、邮生活全部功能上线，整合迁移邮储生活App。支撑普服管理提升；报刊邮件化工程试点，支持客户报刊全流程轨迹查询；推广集邮选题系统、区块链平台邮票溯源和流通应用；启动数智邮务平台建设；上线邮务可视化项目，启动服检三期、普服管理三期等项目。支撑渠道转型，在线业务平台、惠农服务平台，对接内外部流量渠道，丰富对外服务场景；支撑线下网点转型，增加营业系统缴费支付风控、数币支付方式等新功能；网点视频联网播控系统上线，统一运营线下媒体。支撑电商业务，启动中邮车务新增工程、5G消息及短信业务升级工程等建设；支撑“919电商节”，优化农资分销系统对接邮掌柜。支撑金融业务，启动代理金融客群收单管理项目建设，支撑邮储银行新一代个人业务核心系统的推广切换。

寄递应用建设。赋能五大体系建设，推进电子渠道优化，实现扫码寄、分享寄等功能，满足用户多样化寄件需求；拓展电商平台订单定制化接入，产生以多平台多业务为特点的获客获单能力价值；深化四象限应用，加强市场库与时限库联动，支撑优势线路精准营销，促进够量线路靶向提速；实现电子支付全场景、全渠道覆盖；推进RFID通道机收寄应用，每小时收寄3万件；推进关邮信息联网工作，实现客户、生产、财务和海关四端互联互通，税款实时入国库，实现邮件“秒放行”；推进国际验单处理时限管理工作，支撑国际结算准确高效。赋能“六大改革”，推出和深化应用四大数据库、路长制、干线和市趟网络智能规划、智能派揽、智能运力匹配、智能场院等一系列数智化工具，有力推进时限提速、效率提升、流程优化；推广四级分拣码应用，助力全网简化作业流程；推广车管平台和司机帮App，实现车辆、司机的集中可视化管控，市趟日均里程、车辆装载率比上年提升39.2%、34.7%；优化中邮E通，推广OCR应用，支撑邮快合作，快包自提率较年初提高16%。赋能寄递管理提升，建成并深化成本库应用，助力成本管控，赋能靶向降本；深化中邮寄递管理App应用，累计上线90个看板373项关键指标；推进无收寄信息邮件拦截管控工作；推进一体机收寄和分拣机压道稽核功能应用，实现邮件重量与体积自动采集、自动稽核、自动补缴计费，全年稽核异常邮件79.7万件。推进戴帽邮件识别工作，实现订单源头识别、生产环节分剔、管理环节计费补缴。

推广中邮司机帮App等工作软件的应用

管理应用建设。推进业财一体化建设，完成业财一体化平台全国上线，快速支撑财务管理应用与提升；初步实现预算全生命周期闭环管理，全面保障集团预算编制；完成分类核算全部功能应用，为分业经营改革提供数据支撑。助力规范化管理，推进审计分析平台建设推广，支撑寄递资费违规等问题分析；推进电子渠道收款应用，完成寄递统一支付收款清分全覆盖，规范资金管理，降低资金风险；建设完善商密和安保系统，有效管理各类安防设备信息 1600 多处。推进降本增效，强化干线委办运费、投递外包费用全流程管控科技赋能，通过车管平台集成干线委办运费 46.20 亿元，集成占比 79.11%；通过新一代寄递平台集成投递外包费用 25.17 亿，集成占比 51.92%；通过单票盈利能力分析系统，加强标快、快包产品全流程、多视角盈利能力分析。加快集约化管理平台建设，细化 587 个战略绩效指标；梳理数智化人力 558 项需求和 132 个流程，完成蓝图搭建；打通物资采购、供应及管控各环节，采购流程平均缩短 7 ～ 10 天；提高党务工作流程数字化管控，有效支撑党务工作线上化管理。

数据应用分析。围绕集团重点战略工作，累计形成 128 个智能模型，处理量智能预测等 24 个模型固化上线，市趟网络规划等 31 个模型在全国推广落地。数据赋能企业规范管理，围绕经营违规、业务外包等问题，建立智能风控模型，实现风险动态监测、实时预警；研发疑似拼户串户、疑似个人收款识别等模型，提供疑似风险名单 1.8 万个；全网循环交易识别模型精准定位 25 省 361 条疑似虚假资金。数据赋能跨板块协同，挖掘板块间协同场景，支撑 27 项重点营销活动；赋能邮务板块，助力线上线下渠道建立智能营销能力；赋能寄递板块，挖掘重点潜客，助力增收 3.9 亿元；赋能金融板块，实现邮银数据融合应用，精准识别低资产客户 63.1 万。数据赋能寄递“六大改革”，构建智能规划模型，均衡时限、成本，统筹节点布局、线路规划、资源配置，赋能够量直达、市趟运输、揽投网点规划等场景；够量直达线路规划模型，支撑组开 437 条直达邮路，实现 2715 条线路全程时限缩短 8.26 小时。

**四、运营管理**

综合管理。编制发布《中邮信科公司发展规划（2022—2025）》。推进数字化运营，推动线下办公业务线上化，实现印章线上审批、督办线上管理等功能。推进制度建设，印发“三重一大”决策制度办法、党委前置研究重大事项清单，修订总经理工作制度。强化采购管理，组织完成集中采购项目 53 个，节约资金 581.59 万元。加强安全和行政服务保障，严格落实安全生产责任制，全年未发生人身伤亡等安全生产责任事故。

人力资源管理。实施任期制和契约化管理，科学制定年度任期指标，完成部门领导人员重新聘任并如期签约。强化人才队伍建设，着力调结构、提质量，中高级人才占比 56.52%。完善人力资源制度，修订并印发绩效考核、考勤管理等 4 项制度。

财务管理。完善财务制度体系，制定印花税、收入会计确认、资金管理等制度，降低税收风险，规范收入确认。加强全面预算管理，打破预算条块壁垒，实现 2023 年财务预算、项目预算、投资预算、资金预算同步推进。推进财务数字化建设，组织完成线上报销报账的开发、测试、上线和应用。完善产权管理，及时办理国有资产产权登记。

运营管理。完善项目管理体系，发布大项目管理及考核等 12 项制度，组建组织级和部门级项目管理团队，建立大项目月度审计和项目进度双周通报分析机制，开展项目成本效益分析。优化软件过程体系，发布 23 个过程和质量管理文件，推动设计思维深入落地和大规模敏捷方案应用，通过 ISO 9001 再认证和 CMMI 三级再评估。完善运维管理体系，开展 ISO 20000 管理体系建设，推动应用运行监控平台深入应用，强化运维外包服务管控。积极开展科研创新，编制科技创新发展规划，修订知识产权管理办法，组织 24 个科研项目立项，完成 21 个项目验收，推动 8 项创新成果转化应用，开展 9 次学术交流，加强创新实验室管理。获得涉密集成资质，成功获得涉密信息系统集成乙级资质。

**五、风险管控**

加强网络安全防护。加强网络安全管理，开展 ISO 27001 管理体系建设，发布网络安全管理办法、网络安全运营实施细则等，实施专项提升行动方案，开展等级保护备案测评，开展网络攻击、应用开发等专项治理和邮政企业网络安全检查，在北京市内保局现场检查中得分优秀。提升网络安全技防能力，完成 Web 威胁溯源等专项防护系统部署，升级扩容态势感知平台，强化终端安全管控，推进统一漏洞数据库安全运营，提升网络和应用防护能力。加强数据和个人信息保护，发布数据安全和个人信息保护管理办法，建立数据清单报备机制，推动敏感数据识别与数据分类定级，开展个人信息安全专项治理行动。推进关键信息基础设施保护，制定关基保护实施方案和年度计划，完成寄递平台同城双活建设，完成国产关基云建设和云平台兼容性测试，制定异地数据灾备方案，对关基系统实施立体监测、区域隔离和重点防御。做好网络安全重点保障，圆满完成党的二十大、北京冬奥会网络安全保障任务，组织参加网络安全攻防演练并取得较好成绩。强化网络安全意识教育，组织 2 次全系统网络安全意识培训，超 9000 人参训；派出 2 支队伍参加“网鼎杯”网络安全大赛，均成功晋级半决赛。

强化企业风险管控。推进法治建设第一责任人职责，统筹推进公司风险管控，切实履行主要负责人作为法治建设第一责任人职责，贯彻落实全面从严治党、依规治企要求，自觉运用法治思维和法治方式推动公司治理、矛盾化解和舆论引导。建立健全法律合规管理体系，积极落实集团公司“管理提升年”要求，开展制度“废改立”，形成以公司章程为基础，内容涵盖公司基本运行、职能管理等制度百余项，基本建立了具有中邮信科特色的管理制度体系。开展法律合规宣传教育，组织参加2022年邮政企业法律合规典型案例远程培训班，参训人数1107人，基本实现法律宣传教育的目的。

**六、党的建设**

政治建设。坚定不移向党中央看齐，持续落实“三个第一时间”机制，明确党委前置研究重大事项清单，稳步推进落实《集团公司改革三年行动实施方案》工作任务。推动党中央决策部署落地见效，统筹推进科技赋能集团公司改革发展、服务乡村振兴、疫情防控等重点工作。持续涵养良好政治生态，高质量召开党史学习教育专题民主生活会，认真落实意识形态工作责任制。

思想建设。深入学习贯彻党的二十大精神，开展党的二十大精神专题视频辅导、专题读书会，深刻理解把握党的二十大的重大思想理论、重大方针政策、重大工作部署。持续深化党的创新理论武装，制定并严格落实理论学习中心组年度学习计划，强化交流研讨互动。

组织建设。不断提高基层党组织建设质量，细化党建工作流程标准，开展党建培训，提高基层党建标准化规范化水平。推动党建业务深度融合，以“学查改”专项工作、“三亮三比三评”等活动为抓手，在科技赋能中充分发挥党组织作用。

正风肃纪。有效开展专项督查，对外包人力服务管理、运维外包等重点领域开展专项督查，推动修订相关制度。持续整治“文山会海”，严控发文数量，高效召开会议，切实改进会风。持续加强警示教育，重要时节点重申作风要求，通过开展“廉洁教育微课堂”等方式，释放从严信号。

群团建设。充分发挥劳模在高质量发展中的示范引领作用，创建李传波劳模创新工作室，促进邮政科技创新。持续加强党对团青工作的领导，开展建团100周年系列活动，深化青年理论学习小组机制，凝聚广大青年为企业高质量发展贡献青春力量。（中邮信科）

## 【邮政科学研究规划院有限公司（中国邮政集团有限公司邮政研究中心）】

**一、2022年度总体发展概况**

邮政科学研究规划院有限责任公司以党建为引领，认真落实集团公司工作安排，全力支撑集团公司改革发展。全年报送研究专报49份，出版情报专送44期。完成科研项目149项、工程设计101项、标准研究和支撑工作31项、软件造价研究55项、绿色专题研究13项，研发新型农产品包装、循环包装40项，获得知识产权18项、省部级及以上奖励9项、集团科学技术奖6项、管理创新奖1项，发表核心期刊论文18篇。受邀在行业大型会议上作专题演讲9次。

**二、重点科研成果**

专题研究全方位、系统化服务的集团战略决策。体系化开展寄递、金融行业形势分析，研究成果服务于集团年度工作会。开展快递、银行、保险等行业主要上市公司对标，搭建“月、季、年”全周期研究体系，其成果有效服务于集团半年工作会、经营分析会。开展春节旺季邮政特快客户体验实测，梳理22个问题触点，提出8项改进意见，助力邮政特快业务进一步构建高标准市场化体系。

邮务研究深度促进邮政可持续发展。聚焦普遍服务，完成邮政普遍服务新内涵研究、新时代邮政普遍服务企业效能管理研究等课题，成果被财政部采纳。聚焦乡村振兴，完成中国邮政服务乡村振兴2023—2025行动方案、邮政县乡村三级寄递物流体系处理能力提升研究等课题。聚焦农村电商，完成邮政农产品品控标准化研究、邮乐购站点分等分级管理体系研究等课题，成果应用于中邮电商业务管理文件。聚焦标准研究，制修订邮政业5G技术应用指南、物联网技术应用指南、邮政机要通信专用封装用品等7项行业标准，其中机要相关标准获中央办公厅某局的感谢信。聚焦技术创新，园区末端智能投递研究创新研发无人车甩挂技术，实现园区末端全业务流程覆盖；智能信包箱优化改造项目入选工信部物联网示范项目名单。

寄递研究有力推动寄递业务高质量发展。聚焦邮区中心规范化管理，编制完成新版处理中心规范化管理手册，推行6个月实现全网省际中心减少用工1.8万人，设备效能提升11.6%，人均分拣效率提升105%。聚焦数字化转型，提出新一代包裹分拣“四段码”，经测算全网可减少处理人员约3000人；干线运输仿真研究成果应用于集团新一代寄递规划平台；合肥处理中心数字化仿真研究成果可使异形件手工处理减少20人，人均效能提升93%。聚焦战略规划，完成寄递高质量服务“一带一路”建设实施方案研究，成果由集团公司正式发文实施。

金融研究持续增强业务发展动能。聚焦邮储银行“5+1”战略，提出落实方案。聚焦农村金融，完成金融科技赋能邮政惠农生态圈研究，项目论文获农业和农村部领导批示。聚焦风险防控，构建邮储银行反欺诈模型库，成果获邮储年度综合类研究课题一等奖。聚焦管理提升，完成代理金融低效网点治理方案研究，成果用于发布各省指导低效网点治理。

网络规划、工程设计助力实现降本增效。聚焦网络规划，开展邮政第二航空枢纽论证、北京处理场地布局规划等课题研究，为邮政网络能力投资建设提供论证。聚焦处理中心标准化升级，提出自动矩阵+小件分拣系统升级提速方案，在义乌、石家庄、太原等处理中心成功应用，产能整体提升38%。聚焦能力建设标准体系构建，完成国内邮件处理中心工程设计规范、国际邮件处理中心工程设计规范等 5 个标准的制修订，实现 254 个省际中心和本地中心能力建设和工程设计标准全覆盖，为寄递业务全流程、全环节、全要素、端到端规范化管理打下坚实的基础。

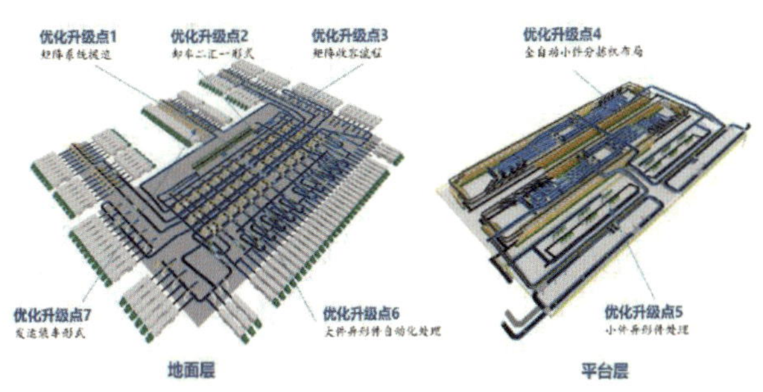


自动矩阵 + 小件分拣系统升级提速方案，实现处理中心产能大幅提升（邮政科学研究规划院）

绿色研究有效支撑绿色邮政建设纵深发展。聚焦绿色标准制定，参与快递包装生态设计原则、要求及指南国际 ISO 标准制定，联合开展绿色包装强制性国家标准快递包装物重金属和特定物质限量研究，起草快递电子运单国家标准，另制定 4 项绿色包装企业标准。聚焦绿色包装研发，开展特色农产品、冷链、通用循环包装等 40 个产品研发及试点工作，在全国 15 个省市应用实现包装降本减量 10% 以上。聚焦绿色发展相关专题，完成绿色产品采购标准化、“双碳”背景下邮储银行绿色信贷业务实践与发展等系列研究。

**三、项目管理**

项目管理机制不断完善。制修订科研项目管理办法、学术论文和知识产权奖励办法等 6 项管理制度，新上线 9 个移动端审批流。

项目计划管理有效改进。明确 99 项重点研究课题，绘制整体项目计划甘特图，同时开通应急项目立项申请通道，实现敏捷立项。

项目质量管控持续强化。加强关键节点“里程碑”式管理，完成 12 次科研项目进展情况通报；全面组织开展项目质量自查和重大项目质量检查。邀请外部专家参与课题评审，提高课题成果评价的客观性。

项目预算执行稳步有序。按季抽查项目预算台账并对异常情况进行通报，预算支出得到有效控制。

**四、风险管控**

安全风险防范机制不断健全。制定院 2022 年安全生产重点任务清单，均按序时进度完成；修订安全生产管理办法、安全事故应急响应预案，组织开展消防、燃气泄漏、抗洪防汛等演习，提高突发安全事故应急反应速度；通过重要节点前安全隐患排查整改、日常巡检，全年查摆消除消防隐患 11 项、网络信息安全隐患 136 项；制定党的二十大期间院安全保障实施方案、应急预案，开展安全生产大检查大整治。实现全年安全生产零事故。

贯通协同监督作用有效发挥。制发贯通协同监督工作办法（暂行），召开 1 次贯通协同工作会，围绕健全党的统一领导、全面覆盖、权威高效的监督体系，推动人事监督、干部监督、财会监督等各类监督与纪律监督有机贯通、相互协调，建立健全信息沟通、线索移交、协作配合、成果共享机制，常态化凝聚监督长效合力。

巡视整改任务扎实有效完成。院党委将巡视整改作为重要政治任务，强化统筹谋划、工作部署，成立巡视整改工作领导小组，严格落实周例会、协调推进、督导通报、定期上报、成效考核机制，召开 6 次党委会、11 次专题会研究部署整改工作，确定 30 项整改任务、80 项整改措施，集中整改阶段任务全部完成，深化整改阶段工作稳步推进。

**五、党的建设**

党的政治建设不断强化，坚决捍卫“两个确立”。加强政治理论学习，把学习贯彻习近平新时代中国特色社会主义思想同学习贯彻党的二十大精神结合起来，深刻领会“两个确立”的决定性意义，树牢“四个意识”、坚定“四个自信”，坚决做到“两个维护”。召开党史学习教育和巡视整改专题民主生活会。认真执行请示报告制度，重要事项报告 5 次。严格落实民主集中制、“三重一大”制度，召开党委会 39 次，有力发挥党委“把方向、管大局、保落实”的领导作用。不折不扣把党中央决策部署落到实处，始终牢记“国之大者”，全力服务集团公司贯彻落实国家重大战略，完成助力乡村振兴、绿色邮政建设等重点科研项目 7 项。严格落实意识形态工作责任，彻底肃清李国华不良影响，开展职工思想动态调研，组织青年职工座谈，改进措施完成率 91%。

党的思想建设不断强化，理论武装实效性显著提升。坚持把学习宣传贯彻党的二十大精神作为首要政治任务，制定学习宣传贯彻方案，开展中心组学习和专题学习 8 次，实施“四学五进”，实现学习全覆盖。坚持线上线下立体宣传，开展支部书记讲党课、“每天学习 6 分钟”、线上答题活动。发挥中心组领学促学作用，开展中心组学习 13 次、“三个第一时间”学习 22 次、党委扩大学习 6 次，研讨 36 人次，注重将“三新一高”、科技自立自强、数字经济等理论融入科研工作。开展“学查改”专项工作，查摆问题 21 项，提出并完成 29 项整改措施。

党的组织建设不断强化，组织力、凝聚力和战斗力不断强化。评选出先进支部 1 个和先进党员 48 名，复核集团支部示范点 1 个和党员先锋岗 6 名；评选出第二批党员先锋岗 3 名。“三亮三比三评”评选出先进党员 360 人次，“领题破题”完成乡村振兴、处理中心工艺优化等项目 7 个，评选出优秀课题 2 个。

党风廉政建设持续深化。常态化、具体化开展政治监督，促进科研支撑集团服务国家战略，督促落实监督意识形态责任制，跟进监督推动巡视整改取得明显成效。锲而不舍落实中央八项规定精神，落实整治形式主义官僚主义问题措施 17 项；坚守重要节点，持续深化纠治"四风"，检查封车、招待费 10 次。做深做实日常监督，常态化开展"一把手"和领导班子成员监督，强化厉行节约反对浪费、文风会风等监督，制发纪检监督建议书 4 份。（邮政科学研究规划院）

## 【石家庄邮电职业技术学院（中国邮政集团有限公司培训中心 中共中国邮政集团有限公司党校）】

### 一、2022 年度学校总体发展概况

石家庄邮电职业技术学院以习近平新时代中国特色社会主义思想为指导，全面学习贯彻党的十九届六中全会和党的二十大精神，在集团公司党组的领导下，紧紧围绕邮政发展大局和职业教育要求，坚决贯彻落实党中央和集团公司党组的决策部署，凝心聚力、共克时艰，聚焦"打造高素质专业化干部人才队伍""强化科技创新战略力量"等部署任务，统筹疫情防控和学院各项事业发展，充分发挥教育培训、人才培养及科研服务的支撑作用，扎实推进邮政领导干部培训、业务技术与专业人才培训、科研服务支撑及技术技能人才培养等各项工作任务。

### 二、高职教育工作

招生 2879 人，邮政企业订单生 2041 人。2022 届毕业生整体就业率 97.54%，邮政企业就业率 55.47%。打造形成全国职业院校技能大赛国赛二等奖、第八届中国国际"互联网 +"大学生创新创业国赛银奖等成果百余项，"中国特色高水平高职学校和专业建设计划"中期绩效评价获优秀格次。深化"订单招生 + 现代学徒制培养"模式，校企协同育人的长效机制进一步优化。入选教育部中德先进职业教育合作项目首批试点院校，持续建设 5 个产业学院，校企共建 5 个省级实训基地，入选省域高水平专业群 3 个，获评国家在线精品课程 3 门，出版教材 9 部。267 人次在 35 个省级以上技能比赛中获得 71 个奖项，其中国家级奖项 9 个。

石家庄邮电职业技术学院参赛队获第八届中国国际"互联网 +"大学生创新创业大赛银奖（石家庄邮电职业技术学院）

### 三、在职教育工作

举办集中培训 1.03 万人次，远程培训 575 万人次，直播培训 2357 场，认证考试 465 场，参考 37.9 万人次。实施了总行"航计划"、寄递事业部"荣耀训练营"、邮政网点负责人、新入职员工训练营、揽投人员 PDA 一体化移动培训等重点项目。与陕西邮政、新疆邮政、山西邮政合作开展绩效改进项目，受邀参加 ATD 会议专题分享。支撑集团构建"三个七天"等培训体系。支撑集团开发 4 个代理金融试点专业能力认证标准、7 个职业操作技能考核大纲，支撑认定 8.57 万人次，支撑开展 4 类总行级领军人才选拔，组织邮政储汇业务员高级技师考评，实施人才测评技术服务项目 48 个。推进邮政学分银行建设，获评国开学分银行成立十周年"行业示范典型案例"。

### 四、党校工作

举办各类党校培训班 25 个，培训学员 1.5 万余人次，培训实践获亚洲太平洋邮政联盟（APPU）"最佳创新实践奖"银奖。把学习党的二十大精神作为党校教育培训的必修课，策划实施集中专题培训；创新党的十九届六中全会精神轮训，实现三级及以上领导干部轮训全覆盖。落实各类培训要求，分层级研究构建经营管理能力提升培训体系，研究年轻干部"鸿雁计划"培训品牌，创新中邮保险"两阶四维递进式"领航工程培养模式。建成分层分类的企业案例库，推进课题成果研究与转化机制，实施课题研究闭环管理，形成课题成果 102 项。提升党校教师教研水平，开发优化 6 门特色课程，开展"世界咖啡"等形式多样的教学活动。

### 五、科研服务支撑工作

获科研立项 177 项，发表学术论文 181 篇；申获专利 17 项，其中发明专利 6 项。聚焦国际人才发展和邮政发展前沿，编译《人才发展全球新视野》《全球邮政及相关行业研究》。获批河北省高校快递智能技术与装备应用技术研发中心，申获中国邮政乡村振兴科技创新基地、中国邮政数字寄递科技创新基地，完成邮政应用技术协同创新中心网站建设上线。承担集团公司委托下达的科技、标准化项目 28 项，起草研究邮政企业邮快合作作业规范、集邮品技术规范等 17 个集团标准化项目，牵头制修订 9 项企业标准顺利发布。高质量完成中国邮政云创平台、"中邮先锋"党建平台、集团公司人力系统等的运维保障，完成集团公司工时系统、银行新一代人力系统升级改造等重点信息化项目。

### 六、行政管理工作

印发《学院"十四五"发展规划》及 6 个子规划，制修订规章制度 28 项，进一步健全以章程为核心的制度体系。实施领导人员任期制和契约化管理改革，建立差异化薪酬分配机制。提升管理规范化水平，编制《内部控制管理手册》，细化法律审查和合同审核工作，强化外包、财务、集采等管

理。完成固定资产投资绩效等5项专项审计，逐项落实整改台账。积极推进新校区建设，持续推进厉行节约反对浪费工作，高效完成信息化建设和大修改造项目，持续实施服务师生十件实事。荣获全省学校安全工作先进集体、“交通运输文化建设优秀单位”，2个劳模创新工作室获集团命名。

**七、党的建设**

深入学习贯彻党的二十大精神，推动党的二十大精神学习贯彻走深走实。贯彻落实中央和集团公司的重大战略部署，实施教育帮扶，选派新一轮驻玉狗梁村工作队，做好北京冬奥会的服务保障工作。落实意识形态工作责任制，全面彻底肃清李国华不良影响。强化基层党组织建设，获评“全国党建工作样板支部”，省“双带头人”教师党支部书记工作室创建单位。开展优秀年轻干部调研，持续优化完善博士引进等配套激励措施，开展“双师”素质教师认定，选聘10名企业大师名匠担任产业导师。深入开展党风廉政警示教育月活动和“靠邮吃邮”专项整治问题排查。常态化抓好中央巡视整改和内部巡视整改。（*石家庄邮电职业技术学院*）

## 【北京邮票厂有限公司】

**一、2022年度总体发展概况**

公司全年实现营业总收入24407万元（差额计收口径），比上年增加1919万元，增幅8.53%；完成预算进度116.76%。

公司蝉联佳邮评选“最佳印刷奖”桂冠；APS打孔雕刻工艺及NFC智能芯片邮票技术获第五届中国防伪科技奖一等奖；《中国飞机（三）》邮票获2022年中国包装印刷与标签作品一等奖；在3月国家邮政局发布的2021年纪特邮票销售发行服务满意度调查中，公司设计和印制质量满意度指标得分最高。作为先进制造行业企业，公司获得北京市高精尖产业发展资金50万元。

**二、邮票印制和发运**

圆满完成党的二十大邮票生产任务。公司全体干部职工以高度的政治责任感，克服一切困难，批样后仅用26小时就开始首批产品出厂，第一时间确保纪念邮票和大会现场服务用票的需求，获得集团公司通报表扬。

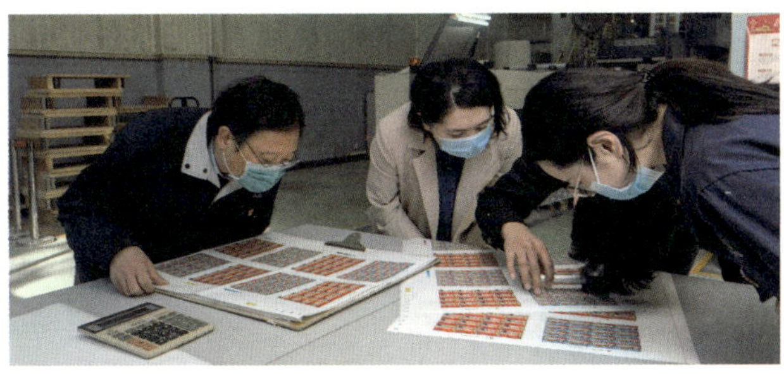

编辑审看党的二十大纪念邮票（北京邮票厂有限公司）

精品工程成绩喜人。在公司承印的18套邮票中，5套邮票采用雕刻印制工艺，占比28%。凹印雕刻潜藏图案、异形齿孔、特种荧光、特种金属油墨等印制技术和材料不断运用到邮票印制中，受到设计者和社会大众的广泛好评。

服务大局彰显担当。在年底疫情防控的艰难时刻，全体一线员工克服重重困难、前赴后继，在因疫情大幅减员的形势下，始终坚持生肖邮票生产，以实际行动做到“保质保量保发行”。

**三、运营管理**

坚持创新发展。按照“出精品、讲故事”的原则，围绕重点邮票，推进胶雕机丝印工艺试制准备、植绒技术研究、特种上光油研发等项目，完成近10种特种纸张的调研测试和10多种特种油墨的调研测试工作，极大地丰富了工艺和原材料创新储备。

加强质量管控。通过加强质量事前事中事后研究，针对每套邮票质量控制重点，制订质量计划，对生产流程实现全流程监管，每月召开质检组总结会，针对当月在线的产品质量情况进行分析，全年全部产品综合合格率88.4%。

加快转型升级。采取措施积极应对疫情对国际供应链的影响，保障影写生产线、激光雕刻生产线产品及雕刻软件到货，配套工程建设如期推进。

**四、风险管控**

加强制度建设。多次梳理现存制度情况，结合工作需要认真开展“立改废”工作，全年共新制定制度12个，修订制度14个，通过加强制度建设和执行力度，促进企业运转合规，为持续健康发展提供制度保障。

加大财务管控力度。以零基预算为基础，对预算指标按部门及收支的具体明细进行层层分解，形成多维度的预算管理体系。强化重点成本费用的对标管理，对于发生偏离度较大的项目及时发现反馈并进行原因分析。完善应收账款管理机制，及时回笼资金，促进业务有效发展，防范企业经营风险。

加强安全管理。开展安全生产大检查大整治工作，制定平安邮政建设实施方案，落实党的二十大期间各项安全保障要求。不断完善企业安全生产责任制。明确各方安全责任，签订各级安全责任书，将安全工作纳入绩效考核，确保企业安全平稳发展。

**五、党的建设**

坚持“三个第一时间”学习机制。组织收听收看党的二十大开幕盛况并“第一时间”开展专题学习研讨，及时跟进学思悟习近平总书记最新讲话精神，深刻把握“两个确立”的决定性意义，不折不扣将党中央决策部署和集团公司党组的要求落实到位。

落实意识形态工作责任制。重点围绕《邮政企业党委（党组）落实意识形态工作责任实施细则》，40项责任分工，

95 个检查点，逐项对照督查检查，肃清余毒影响。

认真开展巡视整改工作。全面贯彻中央《关于加强巡视整改和成果运用的意见》，配合做好集团公司党组巡视“回头看”准备工作和巡视反馈意见整改工作，细化落实措施，巩固整改成果，确保达到“长久立”的效果。

进一步发挥党组织和党员的作用。持续深入开展“三亮三比三评”活动和党支部（党小组）“领题破题”活动，突出问题导向和结果导向，聚焦解决生产经营管理中的重点、难点问题，发挥党建政治的引领作用。（北京邮票厂有限公司）

## 【中国邮政集团有限公司新闻宣传中心（中国邮政报社有限公司）】

### 一、2022 年度总体发展概况

党建引领。深入学习贯彻习近平新时代中国特色社会主义思想和党的二十大精神，深刻领悟“两个确立”的决定性意义，增强“四个意识”，坚定“四个自信”，做到“两个维护”，始终围绕中心、服务大局，推进党建与业务深度融合。

新闻宣传。圆满完成各方面宣传工作任务，进一步提升宣传的传播力、引导力、影响力，涌现出一批有深度、有温度、有筋骨、有力量的媒体融合最佳实践案例，发挥媒体对推进中国邮政高质量发展凝心聚力、营造氛围的保障支撑作用。

综合管理。贯彻落实“管理提升年”活动要求，完善制度、创新机制，落实疫情防控措施，推进“‘一月一事’、消灭最差”活动落实落地，确保全年安全生产无事故，全面落实保密工作责任制，更好地为邮政新闻宣传保驾护航，规范化、流程化管理体系逐步构建。

### 二、媒体深度融合发展情况

加强组织策划全媒体报道。精心策划组织“乡村振兴行”大型行进式全媒体采访活动，以图、文、视频全方位展现中国邮政“国家队”服务乡村振兴的担当作为。党的二十大会前、会中和会后开展全媒体宣传，统筹运用报纸和新媒体阵地平台，全方位、多渠道、立体化宣传党的二十大精神。

“乡村振兴行”采访组赴河南南阳淅川县采访（新闻宣传中心）

探索优化媒体融合机制流程。通过加强自主策划以及加强报纸版面和新媒体平台的协同合作，项目组成员全媒体报道意识和能力不断强化，完成 20 篇（个）融媒体深度报道，精准服务邮政寄递重点业务发展和重要改革工作，新闻采编项目制试点成效凸显。优化月度选题会机制，利用融媒体平台直播系统组织全国记者站召开月度选题会，整合全系统新闻宣传资源，真正做到统一筹划、统一指挥、全网联动、协同运作、形成合力，保障重要主题宣传的顺利实施。

强化全媒体培训。中心围绕加强全媒体传播体系建设、全媒体理念和摄影、视频剪辑等专业技能，创新开展业务培训，扩大培训覆盖面，全年开展社内大讲堂 24 次，切实培养打造专业化的全媒体采编队伍。

### 三、主题宣传情况

深入宣传贯彻党的二十大精神。开展“奋进新征程 建功新时代”迎接宣传贯彻党的二十大主题宣传报道，承办中国邮政发展成就图片展。《中国邮政报》上会记者视频连线采访邮政一线党的二十大代表相关内容总播放量超 1500 万。

精心策划重点报道。全国两会特别报道中的《柴闪闪首登全国两会“代表通道”》，作为案例被写进中国记协简报，宣传视频入选新华社媒资库。捕捉热点快速寄递冬奥会吉祥物“冰墩墩”的微信推文阅读量超 10 万。疫情防控和保供保通保畅专题报道彰显“国家队”形象。

服务集团公司重要部署。推出国企改革三年行动收官主题深度报道 4 篇、主题言论 2 篇。开设“管理提升年”专栏，开展寄递“六大改革”专题报道，围绕打造新邮政新普服撰写多篇综述报道。

不断提升新媒体的影响力。话题“邮政护航高考”全网总播放量超 10 亿，“沿着邮路看中国”系列报道全网阅读总量超 5 亿。与芒果 TV 合作《乐队的海边》节目宣推，首播当天阅读量突破 1000 万。与 B 站联合策划“录取通知书派送计划”活动的 11 部视频，总曝光量超 3 亿。

圆满承办多项大型活动和影视制作项目。2022 年邮政网络春晚总观看量 900 万人次，创历史新高。完成集团公司“双先”表彰 21 部视频的策划制作，中工网等媒体报道点击量超 1000 万。为 28 套纪特邮票制作 45 部数字化产品，总点击量突破 8500 万。

### 四、风险管控

加强新闻宣传质量管控。推进报纸编辑流程表单化跟踪管理，开展“一月一改、消灭一错”活动，组织专业技能业务培训，提升采编人员质量意识和专业素养。

推进制度“立改废”。全年完成需要制定、修订、废止制度的计划任务，中心制度体系建设不断完善。

落实安全生产工作。推进邮政安全大检查大整治工作，开展“安全生产月”“消防宣传月”“保密宣传教育月”

活动，组织全员安全知识问答和保密知识测试，消除安全隐患。

规范采购管理工作。重点项目严格采购程序，加强市场调研，科学合理设置投标最高限价，资金节约率在直属单位中位居前列。

**五、党的建设**

加强政治理论学习。原原本本逐字逐句地学习党的二十大报告和党章，为全面贯彻落实打下基础。党总支全年召开 5 次理论学习（扩大）会、8 次专题学习会，组织 4 次专题党课、4 次主题党日活动，利用读书会研读《中国共产党宣传工作简史》。

落实意识形态责任制。全年召开 2 次专题会，开展 2 次“提高报道质量月”活动，全面彻底肃清不良影响。根据集团公司关于落实意识形态责任的指示要求，制定工作方案，加大对习近平总书记重要讲话指示批示精神、重要活动及党中央决策部署等的宣传报道力度。

扎实推进巡视整改。真心接受监督，严格遵守纪律，保障巡视工作平稳有序进行。召开专题民主生活会，聚焦问题制定 61 项整改措施，召开周例会，开展“未巡先改”工作，真抓狠抓问题整改落实。

强基固本提升党建水平。制定年度党建工作要点，组织党务工作培训，深入开展“领题破题”和“三亮三比三评”活动。全年发展党员 1 名，新增 1 名党员为第二批“党员先锋岗”，第二党支部通过“党支部建设示范点”复评。

开展党风廉政警示教育。认真组织教育月活动，及时通报典型问题案例，常态化开展节前集体廉洁谈话。（新闻宣传中心）

**【中国邮政文史中心（中国邮政邮票博物馆）】**

**一、2022 年度总体发展概况**

中国邮政文史中心（中国邮政邮票博物馆）坚持以习近平新时代中国特色社会主义思想为指导，全面贯彻落实党的十九大、十九届历次全会和党的二十大精神，认真贯彻落实集团公司党组的工作部署，坚持党建引领，贯彻新发展理念，以高质量发展为主题，毫不放松抓好常态化疫情防控和安全生产工作，守护好物质财富，创造好精神财富，充分发挥“两个基地”作用，服务发展大局，传播先进文化，提升中国邮政文化的软实力。中心党的建设取得新成效，安全管理得到新加强，博物馆展览宣传取得新突破，邮政史志编研取得新进展，档案管理服务得到新提升，获评“2021 年度全国交通运输文化建设优秀单位”。

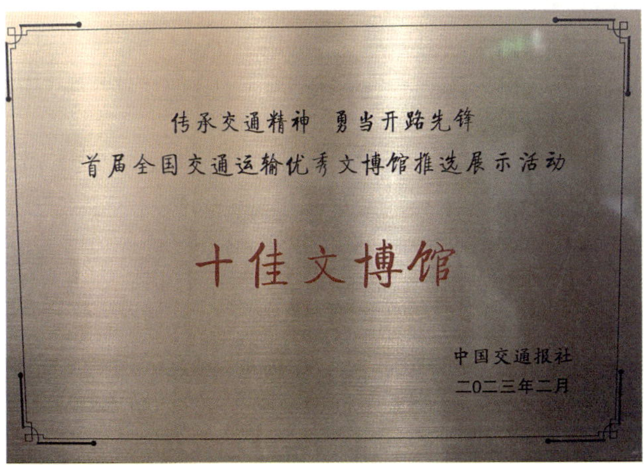


中国邮政文史中心（中国邮政邮票博物馆）获评“2021 年度全国交通运输文化建设优秀单位”（中国邮政文史中心）

**二、博物馆建设**

高质量办好国家版本馆“中国邮票展”。中国邮政文史中心将在国家版本馆举办的“中国邮票展”作为首要任务，先后召开 6 次研讨会，全体参与同志发扬艰苦奋斗的拼搏精神，完成近 7000 枚邮票的布展，确保如期开展。展览受到中宣部部长黄坤明等领导和集团公司党组的充分肯定。12 月 6 日，国家版本馆发来感谢信。

成功创建“全国科普教育基地”。中国邮政文史中心（中国邮政邮票博物馆）积极推进全国科普教育基地申报创建工作。4 月 2 日，中国科学技术协会正式发布《关于命名 2021—2025 年第一批全国科普教育基地的决定》，命名 2021—2025 年度第一批全国科普教育基地，中国邮政文史中心（中国邮政邮票博物馆）成功入选。

围绕共青团百年开展主题宣传活动。中国邮政文史中心联合中央电视台综艺频道《中国文艺报道》栏目推出“方寸之间铭记青春”专题节目。中国邮政邮票博物馆微信公众号联合央视综艺频道、《中国邮政报》、《集邮博览》等行业内外媒体积极宣推，央视频 App 同步上线。

推出线上展览宣传活动，助力北京“博物馆之城”建设。5 月 18 日是第 46 个国际博物馆日，博物馆微信公众号特别策划推出《邮票上的博物馆风采》短视频；参与北京市文物局和北京博物馆协会举办的 2022 年“5·18 国际博物馆日”活动，录制馆长推介视频；参与北京市东城区委宣传部发起的“5·18 我亮宝”—东城区爱国主义教育基地“5·18”国际博物馆日“云端亮宝”活动，录制“中华苏维埃邮政邮票”讲解员视频；参与北京市东城区文化和旅游局策划的“故宫以东‘活历’范儿，解锁博物馆任意门”系列云游攻略。在北京 2022 年冬奥会举办期间，中国邮政邮票博物馆特别推出《邮票上的“双奥之城”》线上展。

中国邮政邮票博物馆媒体宣传取得新成绩。引入第三方公司协助内容运营并提供技术支撑，截至 12 月 31 日，博物馆公众号共推送内容 37 篇，后台上线 45 篇，制作推出 1 个 H5 线上展以及 2 个视频作品，菜单栏更新 46 次。博物馆网站迁移至中国邮政门户网站平台，正式上线后的博物馆网站栏目优化、界面更新，开设手机版，更新稿件 30 余篇。《集邮博览》杂志社积极探索业务发展新模式，杂志发行量稳中有升，完成出版增刊《中国邮票2021年鉴（随行版）》和《壬寅虎年生肖专号》；加强与各省（区、市）邮政分公司合作，为配合佳邮评选、新邮发行等合作出版5期专刊。

有序开展邮票司法鉴定工作。顺利通过司法部司法鉴定机构和鉴定人全面评查工作，完成北京市司法局司法鉴定行业检查工作，引进一批先进的鉴定仪器和专业设备，全年完成中央纪委、上海市邮政管理局、泰州市监委、青岛市公安局市南分局等单位委托鉴定的邮票2万余枚，出具司法鉴定意见书5份，鉴定服务满意度100%。

**三、文史研究和档案管理**

文史研究。配合做好电视剧《国脉》的邮政史料审核工作。完成5集剧本和35集剧情梗概审核。

完成《新编中国邮政通史》编纂工作。在集团公司领导的支持下，经过史学界专家的指导，完成六卷通史的编纂工作，共200多万字。该书入选国家出版基金资助项目。

指导全国邮政文史研究。配合集团公司综合部、党建部在全系统对革命历史类纪念设施、遗址和爱国主义教育基地情况进行摸底，整理汇总相关材料。参与审定“中华苏维埃共和国邮政总局”旧址改造设计方案和“山东战邮云展馆”展陈大纲。对河南省分公司报送的《河南邮政志》稿件进行审核；对安徽省安庆市分公司在建的地方邮政历史展馆大纲提出建议，提供相关资料。

《清代驿站文化图录》编纂工作稳步推进。召开专题电视电话培训会，向各省（区、市）分公司下发工作方案和指导资料，持续推进资料收集、编审工作。

完成《中国邮政集团有限公司年鉴（2021）》的出版。《中国邮政集团有限公司年鉴（2022）》已完成组稿编辑并交付出版社，共56万余字，图片100余张。完成《中国交通年鉴（2022）》邮政集团相关内容的报送工作。

论文《闽浙赣革命根据地邮政工作研究》入选“纪念闽浙赣革命根据地创建暨闽浙赣省苏维埃政府成立90周年理论研讨会”；《邮政工作在中央苏区时期的历史渊源研究》入选“从瑞金开始追根溯源”理论研讨会，并获得三等奖。

档案管理。持续加强档案业务管理。全年接收档案17031卷/件、档案调阅25404卷/件，复印21415页，客户满意度100%。

推进库存档案存址核对工作。完成邮政会计档案9379卷、邮电部文书档案长期卷档案12741卷、集团采购合同档案18868卷/件的实体清点、存址核对和目录的标注挂接工作。

启动数字档案馆的数据挂接工作。整理上传文书档案目录6594条，完成集团公司对文史中心档案业务工作的战略绩效目标。

完成2689盘缩微胶片、505张光盘、数字档案120万个数字文件（共853GB）的比对、检索、修复整理工作。

配合集团公司信访档案处开展的迎接国家档案局检查的自查工作。补充、完善、更新近5年各类档案目录的规范管理，对档案实体、档案信息、档案应急安全管理等方面进行全方位自查。

按照集中核算处通知要求，对万国邮联文书和会计档案进行规范整理。

**四、风险管控**

认真贯彻落实习近平总书记关于疫情防控的重要指示批示精神和党中央、国务院决策部署，认真落实集团公司的抗疫工作部署，因时因势落实各项常态化疫情防控措施。贯彻落实《中国邮政集团有限公司安全生产专项整治三年行动实施方案》，制定《2022年度安全生产月活动实施方案》《2022年度安全生产主体责任清单》《2022年度“平安邮政”实施方案》等。进一步落实安全生产责任制，调整中心安全生产委员会工作机构组成和职责，制定《文史中心安全员管理办法（试行）》。重点聚焦员工、文物、档案、交通、消防、网络、保密、抗疫八大领域安全，开展“安全生产月”活动和安全生产大检查大整治工作，完成中心在冬奥会、冬残奥会、全国两会和党的二十大期间的安全生产和服务保障工作。强化安保力量，加强巡查检查，强化重点场所和车辆、消防、电气设备等安全管理，全面排查治理安全隐患。加强员工安全培训，开展《安全生产法》主题宣传教育活动，组织消防安全培训，开展消防演练。做好后勤保障工作，加强停车场管理。

**五、综合管理**

建立健全制度。以“管理提升年”为抓手，开展规范性文件“立改废”工作，不断健全和完善现有制度，制定印发13项规范性文件，强化对各项工作的管理。

加强督办工作。制定印发2022年工作目标分解表、党建工作要点、纪检工作要点、新闻宣传工作要点等，明确全年工作落实计划措施、完成时限、责任部门及配合部门等，确保各项重点工作按期完成。

加强财务和预算管理。完成预算分配工作，落实固定资产投资年度计划及各批次计划资金，保质保量完成ERP报销报账工作。

加强采购管理。规范采前、采中和采后各环节、各流程。完成采购项目11项，合同金额1040.48万元，节约资金84.21万元，资金节约率7.49%。运用集团公司电子采购平台，全年上网采购率92.89%，集中采购率、公开采购率、公开招标率全面超过集团公司考核指标要求。

提升人力资源管理水平。制定印发《党委推进领导人员能上能下实施细则（试行）》《领导人员因私出国（境）管理办法》等制度文件。加强人力资源管理系统运用，在集团公司组织的人力资源管理系统数据季度抽取评比中，全年4个季度均满分；在集团公司“工时管理系统推广使用情况的通报”中，以 98.4% 的推广率名列直属单位第一。

加强 OA 办公系统管理。提升无纸化办公水平，强化垃圾分类管理，鼓励员工绿色出行，杜绝餐饮浪费行为。

**六、党的建设**

加强政治建设。中心党委始终把政治建设摆在首位，教育引导党员干部深刻领悟“两个确立”的决定性意义，增强“四个意识”，坚定“四个自信”，做到“两个维护”，自觉在思想上政治上行动上同以习近平同志为核心的党中央保持高度一致，确保党中央决策部署不折不扣落到实处。持续加强政治机关建设，推动党建工作与业务工作深度融合。

强化理论武装。围绕学习贯彻习近平新时代中国特色社会主义思想，用好“三个第一时间”学习机制，用党的创新理论指导实践，推动工作。中心党委全面学习贯彻落实党的十九届六中全会和二十大精神，发挥党委理论学习中心组的领学促学作用，组织党支部和青年理论学习小组开展全面学习，紧密联系中心发展研讨贯彻落实举措。深入开展“学查改”专项工作，指导各党支部召开专题组织生活会。推动党史学习教育常态化长效化，召开党史学习教育专题民主生活会，党委书记讲授专题党课，组织党员干部赴党史国史教育基地参观学习。

推进组织建设。充分发挥党支部战斗堡垒和党员先锋模范作用，开展“三亮三比三评”主题实践活动和党支部“领题破题”活动，5 个课题全部完成。推广“三必知”“四必谈”“五必访”工作法；开展基层党组织建设达标工程和创先争优活动。持续发挥好全国爱国主义教育示范基地作用，接待多个机关和单位来馆开展主题党日活动。严格执行“三会一课”等组织生活制度，做好党支部标准化规范化建设，发展 2 名党员，如期转正 3 名预备党员；做好党费收缴、使用和管理，认真开展自查工作，接受集团公司专项检查组检查。

加强干部人才队伍建设。推进任期制和契约化管理工作，研究制定印发任期制和契约化管理实施方案及相关配套文件，按期完成中心全部 8 名任期制契约化管理人员的签约工作。加强干部人才队伍建设，4 名员工晋升科员、副主任科员；新聘任副高级专业技术职务 2 人、中级 2 人、初级 4 人高质量完成干部人事档案专项审核互查工作。

抓好意识形态阵地建设管理。第一时间传达集团党组通知要求，组织各部门进行肃清工作。严格落实意识形态工作责任制，严格执行展览内容、官网官微、出版物的三审制度。做好集团公司 2022 年度意识形态工作专项督查的迎检工作。

深入推进党风廉政建设和反腐败工作。制定中心各党支部 2022 年度落实全面从严治党主体责任清单。常态化开展党性教育、纪律教育、家风教育；锲而不舍落实中央八项规定精神；运用“四种形态”对驻中国邮政纪检监察组反馈的违规违纪问题进行及时处置。加强选人用人工作日常监督，开展廉政回复、廉政谈话等工作。

做好统战、群团和离退工作。召开中心民主党派人士座谈会，听取意见。完成团支部换届选举工作；组织团员青年参加冬奥会城市志愿者、支援一线战“疫”志愿工作。开展“2022 年干部职工思想动态调查问卷”活动，了解职工思想动态。开展义务抚育护绿公益活动和户外健步走活动，及时开展送温暖活动，全年关心关爱“特殊员工”十余人次。开展离退休干部和困难党员慰问工作，组织离休老党员参与集团公司“建言二十大”主题活动。（中国邮政文史中心）

## 【中国邮政广告传媒公司（中国邮政广告有限责任公司）】

**一、2022 年度总体发展概况**

中国邮政广告有限责任公司围绕六项主责主业签订经济合同总额 2921 万元，相较 2021 年公司业务结构发生显著变化。公司干部职工精神面貌、工作状态明显改观，公司市场化意识和行动有效加强。

**二、运营支撑**

图稿审核工作。严把广告图稿审核关，全年无意识形态问题发生。全年审核通过稿件 36670 件，审核通过邮资封片卡产品 13252 件；无资产品通过 4535 稿；邮资机宣传戳审核通过 1338 枚；明信片设计大赛通过 16371 套图稿；大赛宣传短视频通过 173 段；“家乡包”产品审核通过 959 件；线上推广长图 10 件；数字明信片系统审核通过 32 套，退回问题图稿 3078 稿，审核及时率 100%。

提升服务支撑能力，推进日常意识形态平安建设。建立违纪违法人员信息库，切断违纪违法人员余毒通过产品向社会传播通路。新收集中央一级违法违纪人员信息 257 条，省级违法违纪人员 723 条，形成包括 1130 条中管、国管违法违纪人员，2706 条省级违法违纪人员信息库；制作《2022 年中国邮政函件传媒业务审核典型问题分析》工作手册。

中国邮政 MCN 运营服务工作。制定中国邮政网络直播营销管理规范。按照行业规则，协助集团公司制定并发布《中国邮政网络直播营销管理办法》，进一步规范中国邮政直播营销管理。

对系统内主播提供专业化支撑和直播培训服务。建立中国邮政 MCN 沟通机制，答疑基层日常直播需求；组织全网主播参加国家广播电视总局“网络视听主播”培训，取得“网络视听主播”认证证书；每季度组织主播培训，邀请国家广播电视总局、中国传媒大学、巨量大学、知名 MCN 机构孵化手等专家教授授课，提升中国邮政主播的综合能力。

加强与社会公司交流合作。拓展优质 KOL、KOC、网红等资源，与腾讯微视、抖音、小红书、搜狐等媒体开展短视频、直播相关宣传合作。

做好全国邮政直播业务的运营管理工作。将全国业务范围分为4个大区进行管理，为全网备案直播号提供24小时答疑、巡播服务。保障中国邮政网络直播营销活动符合国家和集团公司相关规定，全年巡播714场直播，对289场直播提出整改意见。

**三、服务能力**

整合内外优质资源，形成新业务开辟新市场。代理自有媒体—EMS高录季广告，通过市场化运营，实现EMS高录季查询广告市场销售30万元。开辟系统外宣发渠道，入驻中信银行信用卡商城，为系统内外提供产品宣发推广服务。参与邮乐双面屏广告项目，成为邮乐双面屏广告运营商。完成速递易收尾，开启“丰巢”广告市场代理。配合邮务部启动线下媒体联网后续建设运营筹备，完成安徽省分公司及行业市场调研，初步形成线下媒体后续建设运营方案。

立足多维度为各板块创造价值，开辟内部市场。策划执行EMS校园品牌推广活动，联合团中央首次全案为EMS策划执行品牌宣传活动，服务EMS品牌推广，实现收入175万元。中标邮储银行宣传服务项目，为邮储银行提供宣传品套装、客户手册设计制作及宣传推广服务，中标金额592万元。服务集邮有限公司的生肖产品宣传推广。承揽寄递安全广告宣传片策划制作，收入46万元。为集团设计开发《邮政营业系列标准操作手册》宣传册，项目收入151万元。高水准策划执行3场“冬奥邮我”直播，提升中国邮政服务冬奥的品牌形象，实现收入90万元。高水准策划执行919项目广告投放，项目收入300万元。

围绕新媒体直播业务推进中国邮政广告传媒公司新媒体快速发展。针对全网直播营销业务快速发展中的机遇与风险加强与抖音集团的合作，与集团邮务部共同制订《中国邮政网络直播营销管理办法》。规范建设自有直播间，开展直播业务。探索联合建设品牌消费品类直播间，与格力联合，打造中邮传媒+格力联名直播，形成多元化产品矩阵和直播矩阵。成功举办第二届中国邮政新媒体主播大赛，以赛促训、以赛促销、网聚主播，全方位宣传推介地方优质特色产品。

**四、风险管控**

推进智融平台市场化运营。智融平台是支撑全网广告传媒业务发展的重要技术平台。基本完成平台内部规范工作，实现平台数据（原来与社会公司共建）回迁中邮信科，启动新系统集团立项及现有系统运维保障工作，严把平台上线审核。围绕中国邮政广告有限责任公司主责主业出台《中邮传媒（智融）平台审核管理办法（试行）》，完善平台资源上线审核流程，严把产品上线入口，杜绝系统外非传媒产品上架销售；媒体业务占比74%，支撑全网传媒业务发展。

强化制度建设。坚持以制度建设为抓手、以降本增效为目标，紧紧围绕集团公司战略目标和中心任务，认真贯彻落实集团公司的工作安排，强化管理流程，规范推进项目的实施。坚持按照“三把尺子”加强管控，全年降本268万元。进一步加大采购公开性和规范化力度。

扎实开展“靠邮吃邮”专项整治工作。全面贯彻集团公司“靠邮吃邮”专项整治工作的总体要求和基本原则，对2020年、2021年纳入总经理办公会议决策范围的重大采购项目进行逐一排查，梳理问题，分析原因，制定整改措施。

**五、党的建设**

中国邮政广告传媒公司党支部深入学习贯彻习近平新时代中国特色社会主义思想和党的二十大精神，认真落实新时代党的建设总要求，在集团公司党组和直属机关党委

冬奥直播宣传活动（中国邮政广告传媒公司）

的领导下，党建各项工作有序推进，党建引领作用有效发挥。坚定不移加强政治建设，教育引导党员干部深刻领悟“两个确立”的决定性意义，坚决把“两个维护”落到实处。坚定不移强化思想理论武装，持续推动学习践行习近平新时代中国特色社会主义思想，全面、准确学习贯彻党的二十大精神。坚定不移夯实党组织建设，深入开展基层党组织建设达标工程和创先争优活动。坚定不移深化巡视整改成果，对照集团公司党组巡视反馈的问题开展“回头看”和未巡先改各项工作。坚定不移正风肃纪反腐，持之以恒纠治“四风”，深入开展“靠邮吃邮”问题的专项整治。（中国邮政广告传媒公司）

## 【中邮资本管理有限公司】

### 一、2022 年度总体发展概况

中邮资本管理有限公司实现预算口径收入 24.86 亿元，超预算 3.27 亿元，利润总额完成 2.68 亿元，超预算 4.78 亿元；公司 9 个自主管理的存量项目估值稳健增长，累计综合收益率 75.51%，总体运行良好。

### 二、资本运营

中邮科技上市工作取得突破性进展。6 月 30 日，中邮科技取得辅导验收证书，完成申报文件报送并获得上交所受理。11 月 26 日，通过科创板上市委审议会议并于 12 月 30 日提交证监会注册。这是中国邮政在资产重组、股份制改革和打造资本化平台方面对接资本市场的又一次积极探索。

开展产业基金落地和实施工作。推进物流仓储基金运行，开展仓储项目布局。推动中邮鸿运不断规范、有序运行，推动南京江宁项目实施盘活，协调土地出让金补缴、资产评估和 SPV 公司资产注入等事宜。围绕集团公司主业研究相关产业和细分赛道，形成乡村振兴产业基金投资方向初步分析框架；开展集团公司农村电商、三级物流体系调研，初步明确了基金设立的战略价值、必要性和重点工作方向。开展战略投资和资本运营研究，助推集团公司和下属企业发展。开展百世物流、郑明冷链等战略投资机会的研究，协同集团公司寄递业务发展；跟进集团公司无人机物流业务进展；落实“稳慎开展混合所有制企业骨干员工持股”的要求，开展下属企业股权激励方案可行性研究及根据集团公司专题巡视调研要求开展下属企业资本运营方案研究等工作。推进与集团公司各业务板块协同，如协调德联景泰基金所属投资企业参与邮政军方无人机机型库建设等。

促进重点子公司经营发展。推进中邮资产杭州项目盘活工作。取得车位折减批复，机动车位按现行标准 80% 配建，节约建设成本约 1 亿元。按期组织完成设计方案调整和优化，于 12 月如期开工。中邮科技经营规模稳步提升。截至 2022 年年末，实现营业总收入 22.19 亿元，已签合同及订单额完成 12.17 亿元，其中邮政客户关联交易占比 18.76%。湘邮科技加快转型发展步伐。实现营业收入 5.96 亿元，比上年增加 28.79%，完成全年预算进度 119%；2022 年新增合同 7.59 亿元，比上年增长 33%，其中外部行业市场新增合同额 3321 万元。

黑龙江绥滨县邮政综合便民服务站（《中国邮政报》12 月 23 日）

### 三、运营管理

加强控股子公司运营管控。制定《中邮资本控股子公司 2022 年战略绩效考核办法》及《中邮资本控股子公司领导人员经营业绩考核办法（试行）》。按月编制子公司经营分析报告，按季召开经营分析会，实时跟踪战略绩效考核指标完成情况。出台《中邮资本管理有限公司外派董事监事履职评价办法》。尽责履行出资人职责，编制中邮资本《股权投资年报》和《股权投资管理情况报告》。根据集团公司要求，完成 7 家公司股权划转协议签署及工商变更工作。强化联动，推动丰巢公司和集团公司寄递事业部在寄件业务合作项目上全面落地，做好跟踪和分析工作。

做好项目投后管理工作。定期走访部分所投公司，跟踪所投公司投融资进程及市场估值变动，做好投资项目动态监控；定期编制投后报告。发挥管理基金 GP 职能，年度内北京中邮投资中心收到蚂蚁集团两次派发现金红利，基金管理及基金投资收益可观。跟踪蚂蚁集团整改情况，分析相关策略，提出延期 3 年工作方案。加强与投资人绿地、海尔及蚂蚁集团沟通，开展多轮谈判，实现与绿地正式同意延期 3 年协议，完成与海尔延期协议的签署，延期协议已报基金业协会备案。就滴滴出行从美国退市可能对中邮资本权益影响开展研究与分析，审慎表决同意其美国退市议案，研究形成《滴滴退市暨调整滴滴出行项目为高风险项目的专项风险分析报告》。跟踪资本市场，择机开展越秀金控、长沙银行股票减持工作，提前对退出期投资基金如钟鼎、德联开展价值实现分析工作。

提升基础管理水平。加强财务精细化管理，强化零基预算管理，合理制定公司经营预算目标。组织控股子公司、

“子改分”公司高效完成2021年度财务决算工作。以创新方式开展法律顾问库采购工作，推行邮政电子采购平台应用，全年采购资金节约率23.9%。组织印发《中邮资本管理有限公司采购管理办法（2022修订版）》。推动任期制和契约化管理工作实施落地，研究印发管理实施细则及《中邮资本管理有限公司及部分子公司中层管理人员经营业绩考核管理办法》，细化中层管理人员监督管理和激励约束。公司本部及主要子公司内设部门53名领导人员签订岗位聘任协议和经营业绩责任书，完成率100%。按照5大类、15项内容、34个要点全面实施任期制后评估工作。加强人力资源管理，研究制定岗位、职级、薪酬、绩效的体系化改革方案及六项配套制度。开展中层领导干部选任工作，加强优秀年轻干部后备人员培养。加强干部监督管理，对照“一把手”监督工作任务四大方向、25项任务逐一梳理。落实防控主体责任，加强疫情防控常态化管理。制定公司《2022年安全生产重点工作任务清单》，组织子公司开展安全生产“大检查大整治”活动，发现问题积极整改。

**四、风险管控**

制定《中邮资本管理有限公司内控规范化管理提升工作方案》，聚焦重要业务关键控制点及控制措施梳理，并对各控制点进行风险评级。全面开展制度“立改废”工作，制定《中邮资本管理有限公司制度管理办法》，将23项制度纳入2022年制度“立改废”工作计划，已全部完成。

加大合规管理力度，通过招标建立公司法律顾问库，制定公司法律顾问服务使用细则。

完成审计署经济责任审计及整改工作的总体安排，完成中邮资本审计整改任务，督促湘邮科技完成审计整改任务。按照集团公司要求，开展境外项目内控流程自查及“靠邮吃邮”专项整治和问题排查等工作。

**五、党的建设**

聚焦“两个维护”深化党的政治建设，依据集团公司党组部署，全面开展肃清工作，始终与党中央保持高度一致。

对照2020年内部巡视整改台账，完成全部18项问题的整改工作。落实集团公司党组移交督办的2021年第二批巡视有关事项，对党组领导点人点事涉及的具体问题认真办理落实。

按照“学查改”专项工作查摆问题整改清单逐项整改落实；聚焦集团公司和中邮资本年度重点工作组织“领题破题”活动，党总支共申报课题项目4项，均已完成。

组织学习宣传贯彻党的二十大精神，掀起全体党员干部职工的学习热潮。强化青年员工理论武装，“丰巢公司寄派件业务经营情况调研”被评为2022年邮政青年员工“根在基层”调研实践活动优秀成果。

组织公司2022年度意识形态专项自查工作，开展员工思想动态调研。

推进党员发展工作，经评议研究确定5名同志为重点发展对象，通过积极培养和教育考察已发展为预备党员。

持续开展廉洁自律教育，加强纪律建设，支部书记与公司部门领导开展廉政谈话。（中邮资本管理有限公司）

## 【中邮电子商务有限公司】

**一、2022年度总体发展概况**

中邮电商服务国家乡村振兴战略，落实集团公司相关会议精神，牢牢把握大单品、进销存管理、业务叠加三大核心要素，做大双向商流规模，初步构建“进城＋下乡、线上＋线下、生态＋专业”特色农村电商生态体系。电商分销专业实现收入121.7亿元，比上年增长20%。其中分销业务实现收入112.3亿元，比上年增长24%；增值业务实现收入11.1亿元。

**二、农村电商**

聚焦农产品基地，上行商流规模实现新突破。聚焦四大类农业产业聚集区，实行两级农产品基地的分级创建、分级认定、分级管理，培育150个全国级、850个区域级农产品基地。打造63个过千万农品基地，实现销售额19.6亿元，比上年增长40%。农产品上行商流101.3亿元，比上年增长43.5%，助力打造1112家中邮惠农综合服务示范社。

聚焦工业品大单品，下行商流规模实现新突破。组建“邮乐＋邮政”联合招商团队，按照“站点有需求、动销频次高、价格有优势、运作上规模”的标准，构建以大单品为核心的商品体系。开展扩品扩面专项活动，组织月度促销和“超级品牌日”活动，加强订货、上架、仓配等全过程运营监控，推进大单品落地。实现大单品交易额82.5亿元，比上年增长79%，带动工业品下行商流110.4亿元，比上年增长66%。

高邮咸鸭蛋基地（中邮电子商务有限公司）

推进“网点+站点”双向引流，打造数字化协同生态。加快落实“网点+站点”渠道管理模式，确保每个网点配备一名渠道经理，全国3.4万个网点、3.8万名渠道经理与45万个邮乐购站点形成绑定关系，绑定率99%。初步构建邮乐购站点分等分级管理体系，打造19.5万个优质邮乐购站点，超额完成全年目标。实现寄递业务增点扩量，推动“中邮E通”与“邮乐优鲜”互联互通，推动站点自提业务与社区团购团点电商生态融合发展，发放批销大单品寄递优惠券，引导站点使用代收自提功能，叠加代收自提站点29.3万个，比上年增长167%；站点自提业务量11.1亿件，比上年增长173%。金融协同效益初步显现。持续开展“扫码入会”引流活动，新增会员1182万；通过推广“基于邮掌柜平台的网点站点双向引流模式项目”，带动23万个站点通过“扫码入会”向关联的2.8万个网点引流客户539.2万人，在网点成功转化188.1万人。推进邮乐购站主金融服务全覆盖，匹配“非邮储客户和0元资产客户”数据，助力金融精准营销。

**三、运营管理**

强化公司制度建设。全面梳理并更新各部门工作职责，新立12项、修改4项、废止3项管理办法或规章制度，对60余项在执行的规章制度提交法律审查，开展专项治理。

强化管控提升效益。通过强化分品类对标管控，分销业务毛利率比上年同期提高0.2%。业财配合推动“卡点”结算，亿元级大单品月结率较年初提高16%。

建立“邮政+邮乐”联合工作机制。中邮电商与邮乐公司组建联合项目组，建立“项目日例会+部门周例会+工作月例会”制度，实现联合招商、联合运营、联合管控，提升全网农村电商运营支撑水平。

全力推进农村电商劳动竞赛。开展“对标先进最佳实践奖”评选，为340个单位、1500名员工颁发荣誉奖，挖掘效益明显、可推广的案例，1个项目荣获二等奖，2个项目荣获三等奖。

**四、党的建设**

加强政治建设。以政治建设为统领，坚决做到“两个维护”，把学习贯彻习近平总书记重要讲话精神作为首要政治任务，认真落实“三会一课”制度，全年召开16次支部学习，9次党的二十大专题学习。推动党中央决策部署落地见效，坚决落实国家服务乡村振兴战略，围绕集团公司“三大核心竞争优势”等重点任务，实现上下行“双百亿”商流规模目标。

加强思想建设。纵深推进党史学习教育，扎实开好专题民主生活会，推动党史学习教育常态化和长效化。深入开展“社会主义核心价值观主题实践教育”活动，组织邮政先进人物学习宣传和优良家风主题宣传。意识形态自查工作扎实有效，召开扩大会议专题研究意识形态自查工作。

加强组织建设。努力锻造高素质干部人才队伍，推行任期制与契约化管理，完善绩效考核办法，加强总部和基层人员的双向交流。对标对表党支部建设标准化规范，持续开展“一月一事、消灭最差”和“三亮三比三评”活动，联合邮乐成立“919”党员突击队，确保电商节目标达成。开展党支部“领题破题”活动，针对上下行商流规模不大等问题进行破题，组织青年员工深入基层开展调研，提升破解难题能力。纵深推进“学查改”专项工作，认真开好专题组织生活会。

加强作风建设。严格落实党建工作责任制，制定全面从严治党主体责任清单及年度党建工作要点。全面彻底肃清不良影响，先后3次针对线下载体及员工个人计算机开展应查尽查。切实纠治“四风”，认真开展“党风廉政警示教育月活动”，组织支部理论学习和发展党员材料抄袭造假自查。严肃追责问责，主动及时排查出机票涉案工作，协助集团直属机关纪委和派驻纪检监察组做好案件调查工作，同时举一反三，对各岗位职责和风险点进行再梳理、再确认。按时完成邮政代理机票业务停办工作。（中邮电子商务有限公司）

# 各省、自治区、直辖市分公司工作

# 北京市

## 【中国邮政集团有限公司北京市分公司】

### 一、2022年度总体发展概况

实现收入63.89亿元，利润比上年减亏4.14亿元，完成集团公司预算100.37%，高质量发展迈出坚实步伐。截至2022年年底，全市共设置邮政局所723处，其中农村局所205处，邮政支局所实现了农村乡镇的全覆盖；全市设置邮政信筒信箱3806个，农村村邮站3516个；邮路844条，邮路单程总长度13.9579万公里；全市平均每个邮政支局所服务面积22.70平方公里，服务半径2.69公里；平均每一邮政支局所服务人口达到3.02万人，服务质量用户满意度97.51%。

### 二、党的建设

以习近平新时代中国特色社会主义思想为指导，北京市分公司组织党委理论中心组集中学习、交流研讨，第一时间学习贯彻党的二十大精神；推出“赏邮票 学报告 话成就”主题服务活动，举办主题宣讲活动；深入开展基层党组织建设达标工程和创先争优活动；表彰党建工作示范单位、党支部建设示范点、党员先锋岗；以全面开展党支部（党小组）“领题破题”活动为抓手，以巩固党史学习教育成果全力推进“双百”团队创建工作为载体，以深入推进“三亮三比三评”主题活动为主线，构建系统化党建主题活动的新模式；认真贯彻落实意识形态责任制，确保意识形态安全稳定。监督执纪更加有力，持续提升监督执纪问责工作质效，巩固深化内部竞聘和社会招聘、“小金库”“靠邮吃邮”等问题专项治理成果，推动开展业务招待费使用情况和票品库安全管理专项检查，圆满完成党支部巡察五年全覆盖任务。

### 三、服务国家重大发展战略部署情况

北京市分公司聚力服务大局，彰显政治担当。10月，党的二十大胜利召开。作为唯一进场直接面向代表提供现场服务的单位，北京市分公司以“四个一流”服务标准，服务党的二十大，创造了服务国家最高规格会议的新标准、新模式、新亮点，得到中央办公厅、北京市委、北京市政府的高度肯定和与会代表的高度赞扬；圆满完成北京冬奥会和全国两会服务保障工作，“全国两会”邮政商品订购服务方案得到全国人大和全国政协领导圈批同意；党报党刊和机要通信通畅，实现党报党刊全市区级“四套班子”直封全覆盖；巡视专用信箱寄递服务受表扬；完成疫情下“保供保通保畅”任务，北京市分公司纳入市、区两级应急保供单位，完成各区民生、防疫物资等投递、配送任务；农产品交易和寄递等业务收入、活跃合作社、广覆盖完成数量、中邮惠农示范社数量、融资E业务及贷款余额净增等指标均超额完成全年目标；三级物流体系建设关键性指标均达集团公司要求，全面搭建起农邮（农业—邮政）、商邮（商业—邮政）、交邮（交通—邮政）三大合作机制，服务乡村振兴任务全国领先。

北京市东城区分公司为全区145家药店、社区医院提供药品保供运输服务（《中国邮政报》12月16日）

### 四、业务发展

——金融业务。实现收入28.67亿元，比上年增幅16.69%，高于全国平均水平4.06%，金融收入占总收入比重连续3年快速提升，达到44.88%，比2020年提升11%；非储收入占比、点均金融收入均在集团公司“比学赶帮超”活动中组内排名第一；全市AUM首次突破2000亿元，年累计新增AUM223.81亿元，增速12.4%。

——寄递业务。实现收入12.69亿元，其中，特快业务实现收入7.52亿元，比上年增收1354万元，增幅1.83%；快包业务实现收入3.63亿元，完成集团进度104%，比上年增收1957万元，增幅5.7%；国内业务收入增幅3%，高于行业10.36%。

——邮务业务。集邮业务实现收入5.61亿元，比上年增收5949万元，增幅11.86%，规模列全国第1位；完成利润额1.3亿元，创下近3年最好水平。发行业务实现收入7.9亿元，比上年增收2534万元，增幅3.31%，规模列全国第1位；《习近平谈治国理政》第四卷的征订发行工作超额完成集团公司目标，规模列全国第3位。函件媒体业务实现收入3.04亿元，规模列全国第6位，创新推出“蝉翼钢片”“DIY明信片”等产品深受市场欢迎，实现创收1500万元。

——农村电商。实现收入2.34亿元，完成全年预算105.5%，超额完成集团公司下达的目标；实现上行商流农产品销售额2.53亿元，比上年增幅49.8%；实现下行商流批销额1.8亿元，进度列全国第2位。建设社区团购自提

点 721 个，发展活跃团长 9513 个，产生订单 16.21 万单，实现交易额 2610 万元。

——协同项目。惠农合作、汽车产业链等项目均超额完成全年目标；政务服务项目实现特快收入 2.26 亿元，比上年增收 474.4 万元；医药市场项目成功打造 17 个百万级医药类客户；重点总部客户项目实现收入 2.29 亿元，比上年增长 85%，与北京市农业农村局、北京市平谷区人民政府、北京市公交集团等 5 家单位建立战略合作；校园市场项目累计进驻高校 91 所，完成全年目标，按“BSC（Balanced Score Card，平衡计分卡）”绩效考核方式，高校服务群人数比上年增幅 300%；成功打造 48 个中邮保险数字化营销健康险示范网点，成功率列全国第 1 位，点均 12.6 万元，列全国第 2 位。

**五、运营管理**

——企业管理。北京市分公司聚力改革攻坚，纵深推进寄递专业六大改革；全面实施领导人员任期制和契约化改革，实现经理层全覆盖；开展“管理提升年”活动，推进业务外包专项巡视整改，开展联合检查和“六项禁止类服务问题”专项治理，有效督导重点审计项目；进一步优化人力资源配置，完善薪酬管理机制，逐步细化资金管理，逐步深化降本增效，进一步激发内生动力。

——服务质量管理。北京市分公司开展揽投网点规范管理及压降客户申投诉专项整治活动；持续抓好“接诉即办”工作，工单响应率、满意率、解决率、工单回复及时率均达标，获得“12345”市民热线评定的先进集体称号；运营指标持续改善，快包收寄及时率、特快内部处理及时率、快包及时妥投率进入全国前十；“双 11”旺季生产平稳畅通，部分时限指标进入全国前十，人均投递效率大幅提升。

——能力建设。北京市分公司接收和意向接收统建配套局所面积 1.3 万平方米，继续开展网点改造和形象提升工作，进一步开展生产设备改造，提高生产能力；稳步推进重点工程，邮件处理场地、仓储等重点项目相继投入使用；队伍打造持续增强，组建寄递部级政务团队等营销团队，提升理财经理点均配员、持证率，调整营销队伍结构，提高营销能力；提升员工能力素质，举办各类培训班，持续开展星级员工评定，持续强化技能人才培养；科技赋能持续发力，进一步开发完善金融、寄递、电商等系统，科技赋能成效显著。

——人力资源管理。开展三级、四级领导干部竞争上岗工作，干部年轻化比重持续提高。先进培树效果更加显著，多个单位和个人荣获全国工人先锋号、北京市工人先锋号、全国五一劳动奖章、首都劳动奖章、全国邮政系统先进集体、先进个人等光荣称号。

——企业文化和精神文明建设。组织开展多项劳动竞赛，与郊区工会联手助力乡村振兴，助推职工职业发展、劳模先进创新工作室项目。工会组织作用更加有效，完成为职工办实事项目，开展送关爱慰问活动，关心关爱职工生活，维护职工小家，建设职工电子书屋，组织职工参加各级文化活动，多项活动获得奖项。（北京市分公司）

**【邮储银行北京市分行】**

总资产规模 4805 亿元，实现自营收入 82.6 亿元、利润总额 48.93 亿元，不良贷款率 0.51%，比上年下降 0.72%。

**一、服务国家重大战略部署**

——践行初心使命，政治担当更加突出。坚持“看北京首先要从政治上看”，将中国邮政“国家队”的政治责任、经济责任、社会责任扛在肩上，统筹抓好疫情防控和安全生产，圆满完成北京冬奥会、冬残奥会等金融服务保障任务。

——支持乡村振兴，金融服务质量不断提高。成立乡村振兴及普惠金融管理委员会，全力服务首都粮食安全和重要农产品稳产保供，涉农贷款结余 157.37 亿元，年净增 19.46 亿元。

——推进普惠金融，服务实体经济持续发力。推出助企纾困“十项措施”，对接“融资纾困直通车”，普惠型小微企业贷款余额 166 亿元，高出各项贷款增速 16%。

——融入首都发展，支持“五子联动”和城市副中心建设。服务京津冀协同发展项目 49 个，累计贷款支持 303 亿元，新发放贷款 164.1 亿元。坚决落实北京市委、市政府调度要求，分行存、贷款业务稳定增长。

——落实“双碳”目标，绿色银行建设迈出新步伐。进一步树立绿色发展理念，全力支持绿色产业发展，绿色贷款余额 594.8 亿元。打造邮储银行密云区绿色支行，成为密云区内首家绿色信贷专营机构，朝阳姚家园路支行被评为总行级“绿色支行示范网点”。

——发展“数币”业务，“百姓银行”招牌更加响亮。创新应用数字人民币，拓展数字人民币商户场景 8245 户；完成首张叠加数字人民币硬钱包的“北京民生一卡通”样卡制作，创新推出“新市民”亲情暖心钱包，首创“丽泽数币一卡通”，持续提升邮储银行便民、助老、惠农的品牌形象。

**二、业务发展**

——零售金融业务。加快转型步伐，财富管理转型成效初显，个人客户 AUM 为 1182 亿元，比上年增长 16.72%。理财经理队伍不断壮大，分行理财经理 325 人，点均 2.4 人，列邮储银行第 1 位；理财经理月人均代销产能 192.7 万元，列邮储银行第 3 位。数字金融不断转型升级，深化网点“同心圆”商圈建设，建成商圈 69 个，培育有效商户 11348 户，带动批零商户 AUM 45.5 亿元，收单资产增速列邮储银行第 1 位，商圈建设荣获集团创新项目二等奖、总行科技创新奖优秀项目二等奖。

——公司金融业务。服务能力持续提升，公司金融客户不断深度挖掘。深化客户分层分类，推进“1+*N*”综合营销，公司客户新增6398户，客户数量突破3.5万户大关。公司贷款净增37.5亿元，余额突破1269亿元；公司存款净增76亿元，余额768亿元。交易银行业务量质并举，推动线上线下、表内表外、结算融资3个维度共同发力，实现收入4.1亿元，实现中收1.18亿元，均排名邮储银行前列。

——资金资管业务。新拓客户28户，累计拓客163户，域内拓客率59.49%，列邮储银行第1位。托管自营规模、运营规模、活跃客户数及手续费收入均列邮储银行第1位，公募基金托管规模比上年增加337.65亿元，列邮储银行第1位。

**三、风险管控**

——提升风险管理能力。坚决防范重大系统性风险，有效防范化解海航、紫光等超百亿元风险业务。持续深化数字化风控，升级风险预警模型，对接总行“金睛”系统，风险研判能力不断提升。连续6年在总行机构风险评价中获得A类，人民银行营业管理部2021年度接入机构征信合规与信息安全考评获评A级。

——推进内控合规管理。持续开展内控提质增效活动，分区完成一级支行风险经理派驻工作。加强反洗钱队伍建设，11人获得国际公认反洗钱师证书。不断提升消保工作质效，开展“四个专项”治理，常态化开展消保宣教活动，人民银行营业管理部2021年度消保工作评估为A档，荣获“3·15”消保教育宣传周“优秀组织单位”、“首都金融卫士”等荣誉。

——增强信审赋能成效。不断强化行业研究和信审政策研究，发布覆盖乡村振兴、“专精特新”、新能源等六大行业的研究报告与授信方案指引，印发《信审政策研究》16期，梳理核心目标客户名录3000户。不断前移信审关口，建立会商机制，开展平行作业，主动授信近百亿元。

——疫情防控和安全生产工作。深入贯彻落实“疫情要防住、经济要稳住、发展要安全”的重要要求，抓实抓细疫情防控各项工作，扎实落实安全大检查与专项整治三年行动，压紧压实安全生产责任，安全工作成效明显。

**四、运营管理**

——加强人力资源管理。推进组织机构变革，设立分行营业部和战略客户部（公司金融部二级部）。落实国企改革三年行动方案要求，全面完成分行党委管理的领导干部任期制和契约化签约。推进干部队伍年轻化，40岁以下年轻干部占比提高3.5%，20家一级支行领导班子均配备至少1名“80后”干部。

——推进运营管理改革。促进支行业务轻型化、人员综合化、管理集约化、队伍专业化。深化网点组织作业模式转型，率先完成柜员与大堂经理岗位融合全量网点试点，两岗位双向持证率57%，物理台席降幅42%，参与厅堂营销柜员占54%，202名柜员完成转岗补充营销队伍。推进函证业务集中，完成“从纸质到系统、从分散到集中”两个阶段推广工作。建立“远程视频授权团队”，承接邮储银行全国85个网点的远程柜员服务。推广运营管理扁平化，完成20家支行运营业务指导、厅堂服务、运营检查、稽核督导、银企对账督导等管理职能上收。

——科技赋能业务发展。深入开展敏捷作业，深化业技融合，有序推进系统建设、数据管理、平台对接、模型搭建，迭代开发系统40余个，自研占比超70%。持续深化EAST管控，在国有大行中排名前列。打造数据报送、数据治理、数据应用3支队伍，培养科技复合型人才158人。首批开展科技人员派驻业务部门，承接总行级双录系统建设，为邮储银行全行贡献“北分经验”。

**五、党的建设**

坚持加强党的全面领导，推动党建与业务深度融合、同频共振，以高质量党建引领保障高质量发展。

——强化政治引领，深入学习贯彻党的二十大精神。组织集中收看大会直播，召开党委（扩大）会、中心组理论学习，第一时间传达学习党的二十大精神，制定贯彻落实工作方案，在企业微信平台开辟“学习贯彻党的二十大精神”学习专区，打造六大学习板块，组织开展5期专题知识竞赛，持续营造学习贯彻党的二十大精神浓厚氛围。

——坚持政治建设统领，压紧压实管党治党责任。在“四责联动”管党治党格局的基础上，构建基层党建“三级责任清单”体系，打通履职尽责担当“最后一公里”。强化理论研究，分行4篇党建研究论文获总行奖项，分行党委荣获优秀组织奖。

——扎实推进党风廉政建设。推动政治监督具体化、精准化、常态化，紧密围绕中央重大决策部署开展监督。深化巡察成效，完成对4家单位的巡察“回头看”和2家单位专项巡察。持之以恒纠治“四风”，常态化开展作风建设，特色化推进清廉金融文化建设，构建内外协同、上下贯通的清廉金融文化建设格局，进一步营造了风清气正的干事创业氛围。（邮储银行）

## 【中邮保险北京市分公司】

**一、发展概况**

实现总保费19.91亿元，完成全年目标的108.43%。实现长期期交新单保费7.33亿元，完成全年目标的108%，列全国第6位（其中，5年交终身寿保费4.84亿元，完成全年目标的115%；健康险保费2304万元，完成全年目标的101%）。实现续期保费9.80亿元，完成全年目标的108.75%；实现团险保费3630万元，完成全年目标的127%，列全国第1位。实现新业务价值1.63亿元，完成全年目标的101.4%。数字化营销示范网点健康险点均12.6万元，列全国第2位，其中48个达标，占比74%，列全国第 1 位。长期期交 13 月保费继续率 76.76%，比上年提升 33%；期交新单退保率 1.36%，比上年改善 5.67%。

**二、邮银渠道建设**

——专业支撑系统深入。专职讲师作用充分发挥，开展培训辅导 2232 场，覆盖 5.2 万人次。包联服务提档升级，出台服务承诺，累计包联服务 2389 次。

——保险规划师队伍建设。面试 149 人次，签约在岗 14 人，支撑服务 1000 余次，参与网点营销活动 200 余场，强化网点赋能。

——营销支撑聚力精准。制作营销经典话术手册等营销工具，设计民法典解读、亲子健康等七大营销场景，组织“百场沙龙”活动 159 场，为基层营销提供有力支撑。

——协同发展。联合开展数字化营销项目，助推业务转型。修订北京中邮保险荣誉体系，融入渠道财富管理转型，组织开展 32 期培训赋能项目，聘任 85 名北京邮政中邮保险兼职讲师。借助北京邮政机关大讲堂，开展 5 期健康险投教。

**三、多元渠道拓展**

——新渠道建设。银保渠道外拓实现突破，在全国率先与地方性银行签约，打通北京农商行销售流程，招商银行北分成功出单。中介渠道业务顺利开展，与明亚经济保险公司合作成功出单。参与总部新个险内部验证活动。

——团险业务。自主开发外部客户 21 个，实现员福增量业务 1108 万元，进度 410.3%，列全国第 2 位。开展职域业务福利宣讲活动25场，实现职域业务保费257万元，进度 114.1%。开展普惠保险专项培训 40 场，推动邮政协办普惠保险特色发展模式落地。

**四、改革创新**

推进市场化改革。任期制和契约化全面实施，制定领导人员经营业绩考核、综合考评等系列办法，有效激发经营活力。首次开展领导人员竞争上岗，择优选拔中层副职 1 人。统筹组织团险业务中心及全员双选计 4 人调整岗位。加大优秀年轻干部培养，制定优秀年轻干部人才库建设方案，创新工作室、城市先锋队、企补服务团队，在经营发展、企业文化建设中示范带动作用明显。

**五、专业能力**

——风险合规管控。开展市场乱象治理“回头看”、全面风险排查，健全防范化解风险长效机制。开展健康险销售合规性专项排查，规范销售行为。对 8 个中邮保险中心、28 个网点开展合规检查，发现问题 17 个，下发整改通知 17 份。开展非必要制度清理，废改立制度 12 个。严格履行反洗钱义务，开展审计项目 6 个，问题整改完成率 100%。

——运营质量。保全时效 1.01 天，理赔申请支付时效 1.15 天，理赔出险支付时效 47.02 天，服务时效比上年均有缩短。开展邮 E 保应用轮训，提升线上化率。推进消费者权益保护工作，组织消保培训 6 次，妥善处理客户投诉 390 件。

——续期管理。建立新单退保预警管控机制，加强品质风险评估、退保预警。巩固关键指标分析通报机制，加强指标跟踪管理。

——财务管理。修订全面预算管理实施细则，统筹资源向重点项目倾斜，提高资源投入产出效率。持续提升采购效能，资金节约率 25%。

**六、运营管理**

——激励机制。完成薪酬套改，优化绩效考核，增设岗位管理基金和成长积分，212 人次获得成长积分，数字化营销等 5 个重点项目、4 项集体及个人荣誉等获得总经理基金奖励。

——加大员工培养力度。开展分层分类培训 13 场，赴中宏人寿、360 数科等进行交流，建立“日周月季”学习分享机制，组织“小北说”直播分享 47 期，有效提升岗位胜任素质和专业能力。

——和谐企业建设。参与总部“我的岗位和公司价值”主题征文活动，组织“围炉夜话”青年座谈、吐槽大会、辩论赛等活动，鼓励全员建言献策。开展“五型公司”创建活动，将员工学习成长、岗位建功和企业发展有机结合，实现员工与企业共成长的双赢局面。组织女神节活动、健身比赛、植树团建活动。

**七、党的建设**

——党建重点工作有序推进。旗帜鲜明讲政治，认真学习贯彻习近平新时代中国特色社会主义思想、习近平总书记重要讲话重要指示批示精神、党的二十大精神。组织“三个第一时间”学习 27 次，党委理论中心组学习 11 次，强化思想理论武装。党建工作要点 83 项措施、全面从严治党主体责任清单 57 项措施全部完成。修订“三重一大”决策制度办法、制定党委前置研究重大事项清单，全面落实意识形态责任制，扎实推进巡视整改。

——基层党组织建设不断提升。新成立 3 个党支部，聚焦健康险发展、数字化营销、包联支撑等，深入开展支部“领题破题”和“比学赶帮超”活动，促进党建业务深度融合。

——党风廉政建设持续强化。加强政治监督，推动重大决策部署有效落地。开展招待费、摊派营销任务等监督检查，严防“四风”问题反弹回潮。持续开展警示教育月“五个一”活动，推进清廉金融文化建设。

——落实重大决策部署。服务首都疫情防控大局，做好保险保通保畅工作。扎实做好北京冬奥会、全国两会、党的二十大等重大活动安全服务保障。助力乡村振兴，向 3402 名帮扶人口赠送保险，累计风险保额 7146 万元，开展“邮侠 e 路保”、普惠保险宣传。稳步推进绿色邮政建设，

关键指标持续达标。（中邮保险）

【中邮证券北京市分公司】

一、总体发展概况

9月21日，中邮证券北京市分公司举行开业仪式。经过全体人员的艰苦付出，在各分支机构绩效考核中取得全国第九、小组第一的优异成绩。

二、业务发展

资管业务实现收入56万元，列全公司第8位，比上年增幅103.5%，列全公司第3位。北京市分公司高度重视，强化协同，组织专项营销活动，集北京邮银证三方合力，推动中邮资管业务发展。配备中邮资管的奖励政策，以政策引领优先发展中邮资管。加强培训，持续宣传中邮资管产品品牌，逐步渗透到各网点，树立营销信心。加强督导管控，加大通报力度，强化过程管理，实现中邮资管高效发展。

结合地域特色做大做强机构业务，着重发展机构经纪业务、“专精特新”企业FA业务、北交所股权业务、国央企债权和结构化融资等。建立机构客户储备库和项目管理体系，以协同客户资源为基础、自有客户资源为外延，逐步扩大项目储备规模。依照项目和客户的重要程度、预期收益、成功率等维度建立项目评级和客户管理体系。建成金字塔结构等客户储备库，即建联项目、立项项目、成单项目的比例约为100 ：10 ：1。机构业务部协同投行团队对邮储银行北京市分公司及下属一级支行进行多轮次走访，对邮储银行北京市分公司的300余家授信客户进行逐一梳理，针对重点客户制定协同开发方案，与邮储银行北京市分公司成立协同开发工作小组，参与中能建ABS、北京市地方政府债承销团等项目的投标工作，为分公司开业后机构业务的发展打下了一定的基础。围绕邮储总行金同、金市、理财子的投资偏好，将中建一局、中铁建、中铁等央企客户的工程尾款ABS业务作为下一步业务重点，以国投租赁、华电租赁、中航租赁等租赁类ABS作为业务突破点，以中铁十九局公募REITs项目作为创新点，力争实现项目开发落地。

三、运营管理

通过微信公众号、人才招聘网站、行业人士推荐等多种方式加快引进社会化优秀人才。成功招聘机构经理1名、客户经理1名、经纪人1名、运营服务岗1名，均完成入职手续。北京市分公司现有员工10人。

按照北京市政府、集团公司和中邮证券总部关于疫情防控工作的相关要求，分公司做好疫情防控工作，提前制定疫情防控应急预案。在北京疫情扩散高峰时期，未出现停止现场服务的情况，实现业务发展不停滞。根据疫情发展变化情况，北京分公司始终坚持一手抓防疫，一手抓发展，成立疫情防控工作小组，明确各部门职责分工。执行AB班分组轮换制度，避免出现集体交叉感染的情况。严格落实每日健康监测机制，所有进出办公和营业场地人员都要扫码，确保员工健康状态。提前申请VPN远程访问网络权限，做好人员备班安排，梳理停止现场服务的流程，做好远程居家办公的准备。

北京市分公司党支部筹建中。分公司党支部将认真落实新时代党的建设总要求，落实集团公司与证券总部党的建设的工作要求，推进党建工作与业务工作同向聚合、深度融合，为北京市分公司高质量发展提供政治和组织保证。

四、风险管控

北京市分公司负责人切实履行合规风控第一责任人的职责，通过将合规风控贯穿于经营管理、人才培育、业务发展等全过程，牢固树立全员合规的发展理念。合规风控岗位人员认真履职尽责，向总部合规管理人员请教学习，参加总部组织的各项合规管理培训，提升合规管理专业能力，强化后台支撑保障，为业务发展保驾护航。

五、党的建设

北京市分公司始终坚持以习近平新时代中国特色社会主义思想为指导，深入学习贯彻党的二十大精神，落实“三个第一时间”学习机制，参加所在邮政党支部组织的“三会一课”活动，持续深刻领悟党的二十大提出的新思想新论断、作出的新部署新要求，认真落实集团公司党的建设暨党风廉政建设和反腐败工作会议各项要求，坚持反腐倡廉不动摇。

六、举办开业仪式，实现业务合作签约

集团公司党组成员、总会计师，中邮证券有限责任公司董事长开业前期亲自到北京市分公司现场听取工作汇报，并对分公司的筹建工作给予充分肯定。分公司开业仪式现场邀请到中邮证券总部、北京邮银双方、政府监管部门、地方街道、基金保险公司等合作伙伴单位的主要领导到场支持，同时通过集团视频会议形式对北京市邮银各单位进行了全程转播。新华网、凤凰网、《中国邮政报》等内外部媒体对北京市分公司的开业仪式进行宣传报道。

分公司的开业为北京广大证券投资者提供了新的交易平台和投融资渠道，为企业客户投融资提供了更多的选择。通过开业的有利契机，北京市分公司成功实现与南方基金公司的业务合作签约，为今后双方更加深入的合作打下了良好的基础。（中邮证券）

# 天津市

【中国邮政集团有限公司天津市分公司】

一、2022年度总体发展概况

实现收入20.24亿元，比上年增幅10.7%（同口径增幅1.4%），预算进度94.6%，实现利润–3.26亿元。普服全程时限达标率99%，农村投递道段实现逐日班及以上频次投递。机要通信连续30年无事故。客户满意度92分。

**二、党的建设**

——政治建设。持续加强党的政治建设，教育引导党员干部深刻领悟“两个确立”的决定性意义，坚决做到“两个维护”，确保党中央决策部署不折不扣落到实处。制定持续推进集团公司巡视整改任务32项，细化措施79项。专题研究意识形态工作，压实意识形态管理责任，将意识形态工作纳入党建责任制考核。

——思想建设。公司党委带头学习贯彻党的二十大精神，开展集中研讨2次，专题学习会议5次，组织刘婷同志召开党的二十大精神宣讲会，推动党的二十大精神学习宣传贯彻。加强理论中心组学习制度化、规范化，高质量开展中心组学习，落实巡听旁听工作机制。

——组织建设。制定并推进落实全面从严治党主体责任清单、领导班子成员履行“一岗双责”党建工作责任清单。推动15个基层党支部换届。选树典型，复核认定和创建党支部建设示范点6个、党员先锋岗106个。继续开展党员“三亮三比三评”、党支部（党小组）“领题破题”活动，征集议题103条。

——党风廉政建设。开展欠费专项治理，持续巩固燃油费、通信费等专项治理成果，围绕侵害职工群众利益问题，开展基层摊派营销任务问题调研督导。完成五年巡察规划，实现党委巡察全覆盖，对6个区分公司巡察整改开展现场监督检查。严肃执纪问责，立案8件，处分9人次，运用第一种形态批评教育帮助63人次。持之以恒纠“四风”，严肃查处3起违反中央八项规定精神问题。

**三、服务国家重大发展战略部署情况**

——乡村振兴。打造三级物流体系，完成4个区级仓配中心建设，总面积超7786平方米。推进邮快合作，发展合作网点1906个，建制村覆盖率100%。“邮乐购电商服务生态圈”项目入选天津乡村振兴典型案例。

——绿色邮政。实施绿色邮政“9915”工程，采购符合要求包装占比超过90%，可循环包装使用1万个，特快一联面单使用率稳定在95%以上。

——疫情防控。严格执行疫情防控各项措施，落实基本“三件套”，开展疫情防控督导检查，推动疫苗加强针接种。特别是全力服务疫情防控大局，做好邮政保通保畅，兜底民生物资配送，彰显企业使命担当，中央人民广播电台、津云等主流媒体累计报道60余次。

**四、落实集团公司发展战略部署情况**

——板块协同项目。集团公司六大重点项目实现收入1.4亿元。突出惠农项目，成立两级惠农专班，发展惠农会员7.8万人，完成计划104%，农产品交易额1.1亿元，融资E贷引荐客户138户，贷款净增6784万元，完成集团目标162%。打造综合服务示范社2家。发展邮生活会员32.9万户，完成计划164%。

——任期制和契约化管理。全面推行经理层任期制和契约化管理，完成全部领导人员签约。制定《岗位聘任协议》《经营业绩考核细则》，加强经营业绩考核结果的应用。开展部分三四级领导岗位竞聘工作。完成任期制和契约化管理实施效果专项评估。

——推进寄递“六大改革”。邮区中心规范化改革初显成效，聚焦疏通堵点、连接断点、分类实施、增能赋能，启用进口场地异型环线，开展供件操作培训，恢复摆轮作业，增加直连垛口28个，设备效能和自动化水平有效提升，有力保障了“双11”平稳运行。“双11”期间设备综合效能95.72%，超出日常水平26%，人均处理效率由810件提升至1246件。市趟改革扎实推进，新增5个下行格口，精减18个市趟邮路上行站序，对5个揽投部市趟进行“小改大”，车辆装载率由36.2%提升至79.6%。揽投网改革步伐加快，全市应实行网格化的53个揽投部设立网格321个，累计发展自提点1409个，完成1254条道段的编码，推进四段码应用，为51处揽投部配备皮带机，投递环节作业效率由人均112件/日提高到136件/日。

——创新服务时限管控模式。以“两提升”活动为抓手，发挥网络运行、投递管控、服务管控（含客服）、视察视检“四支队伍”作用，加强运营质量过程管控，组织每周复盘，建立督办机制，开展问题约谈，跟进落实整改，有效改善服务时限水平。12月末特快、快包收寄及时率由活动前的95.9%、96.4%提高到96.1%、97.2%，及时妥投率由83.7%、92.6%提高到85.3%、94.4%，问题一解率由68.4%提高到70.4%，有责丢失率由万分之6.7降低至万分之三。

揽投员按照新版分拣码快速整理邮件（《中国邮政报》11月18日）

**五、业务发展**

——金融业务。通过转型引领、局策点策、活动带动、能力提升等，加速向“财富金融”“生态金融”转型。

实现收入 11.9 亿元，比上年增幅 9.3%，收入增长超亿元。AUM 净增 77.5 亿元，余额净增 70 亿元，带动利差收入增幅 13.3%，创近 5 年最好水平。跨赛期间，理财业务提速发展，保有量新增 3276 万元，邮惠万家开户 3.2 万户，进度列全国第 4 位，丰富场景建设，组织欢乐购、商贸客户抽奖、网点派券等活动。新增价值客户 3273 户、VIP 客户 2 万户。增强金融发展能力，建设财富中心 4 处，改造网点 19 处。

——寄递业务。通过销售化转型、“五进工程”、驻点揽收等，推动了寄递业务效益发展，实现收入 3.86 亿元。特快业务加速发展，四季度各月收入增幅均在 20% 以上，“双 11”期间，特快收入 2028 万元，比上年增幅 38.5%，列全国第 6 位。坚持快包有效益的规模发展，清理低效、亏损客户，开展重量稽核问题整治，快包件均单价稳步提高，下半年单月收入增幅均高于业务量增幅。推进物流质押监管项目下线，通过法律诉讼、购买债权等方式，清退风险项目 2 个，化解风险敞口 2700 万元。开展国际代理类客户规范工作。

——邮务业务。文传实现收入 2.5 亿元，预算进度 97.5%。渠道平台实现收入 1.37 亿元，预算进度 102.7%。对接市商务局、市农委，参与县域商业体系建设，成功入住“天津市消费帮扶服务平台”，推进农产品进城寄递服务，实现收入 1996 万元，完成计划 111%。加强线下站点建设，邮乐购活跃站点达 1811 个，优质站点达 351 个，批销 2620 万元，完成计划 159%。拓展线上运营渠道，日均分享邮乐小店 5000 人次，开展各类直播 200 场，社区团购 788 场。

**六、运营管理**

——财务管控。制定外包管理办法，开展外包专项整治，梳理外包合同 308 份，发现问题合同 256 份，自查整改问题 1097 个。按照全成本核算，组织一级干线邮路、快包项目专题损益分析。推进寄递降本增效，五大环节成本均完成集团既定目标，收寄、投递、内部处理、管理支撑环节成本继续压降，降幅分别为 7%、8.9%、1.4%、22.3%。完成业财一体化平台上线，统一业财对账流程。加强欠费管理，寄递欠费减少 770 万元。开展资产盘活，新增盘活房产 1500 平方米，年租金增收 174 万元。落实疫情房租减免政策，为中小微企业减租 683 万元。

——资源配置。深入实施岗位标杆定额，完成邮区中心生产写实和定员测算，按照双向选择原则，盘活 110 人至保安、后勤、解款、投递等岗位。开展市趟邮路写实，优化押运人员 24 人，在市趟岗位推行与驾驶里程、趟次、运行质量挂钩的薪酬分配模式。

——经营发展。针对跨界揽收、并户串户、低收高录等问题，组织经营规范专项整治。开展重量稽核检查 15 次，突出整治偷逃重量问题，稽核差错率由 9 月份万分之 0.1 下降到万分之 0.04。规范营收资金管理，开展个人账户归集资金检查。

——信息运维。加强运维时限和质量管理，受理网点报障 1.1 万次，故障响应率 100%，重要系统运行完好率 100%，运维考核在全国排名中并列第 1 位。加强系统研发应用，完成集团统建和自建项目 8 个，自主研发项目 10 个。

——企业文化和精神文明建设。和平区分公司刘婷当选党的二十大代表、荣获“全国五一劳动奖章”，红桥区分公司王扬荣获“市五一劳动奖章”，西青区杨柳青营业部荣获“市工人先锋号”。在 2018—2021 年度全国邮政系统评选中，有 2 人荣获“先进个人”称号，3 个单位荣获“先进集体”称号。

**七、风险管控**

——安全风险防控。强化金融风险防控，完善金融内控合规 KPI 评价机制。组织员工行为排查 9199 人次、轮岗 1361 人次。开展“雷霆行动”、客户投诉整治季活动，检查问题 1530 个，经济处罚 78 万元。组织开展安全隐患大排查大整治，以“平安邮政”创建为抓手，持续强化安全生产主体责任，推进安全生产责任制落实，圆满完成党的二十大、北京冬残奥会等重大活动期间安全服务保障工作任务。

——监督督办。加强审计监督，完成经济责任审计 8 个，开展业务外包、寄递欠费、“靠邮吃邮”等专项审计 12 个，实施工程审计 255 个，结算审减率 13.69%，节约预算资金 228 万元。实施重点工作督办，每周跟踪工作落实情况。（天津市分公司）

**【邮储银行天津市分行】**

实现收入 27.17 亿元，增幅 16.69%；利润总额 11.71 亿元，增幅 29.33%。分行资产总额 1408 亿元，比上年增加 130 亿元，各项贷款余额 1098.56 亿元，比上年增长 203.54 亿元；人民币信贷规模净增 215 亿元，增速 24.78%。年末不良贷款率 0.38%，比上年下降 0.7%。

**一、服务国家重大战略部署**

——支持地方经济建设。逐项落实天津稳经济一揽子政策，单位贷款年增 125.71 亿元，增幅 20.15%，列全市国有六大行第 1 位。成功获批天津市首个大型片区类综合性、跨区域的城市更新项目，获批城市更新项目授信金额 120 亿元。助力“轨道上的京津冀”，以成本规制模式落地地铁 4 号线、津静市域铁路等项目。

——维持房地产市场平稳运行。响应“保交楼、保民生、保稳定”，对接房企，实行名单制风险管理。适时调整利率水平，重点支持刚性、自住型住房需求。

——纵深推进“三农”金融。普惠型涉农贷款净增 14.81 亿元。上线分行自主研发的首个农担业务全流程线上化系统，打造 4 条分行特色产业链，放款 1.78 亿元，在城市行中排名第 1 位。加强农村信用体系建设，完成全年建设目标。

——创新服务小微企业。普惠条线贷款净增6.60亿元，增速37.37%，列邮储银行第3位。推动金融科技深度融合，服务科技型企业484户，发放金额13.73亿元。加大线上产品金融支持，线上小微易贷净增9.77亿元，增幅82%。

——落实“双碳”目标。扎实推进碳达峰碳中和行动方案落实，推进绿色金融发展，绿色贷款净增32.04亿元，增速43.81%。

**二、业务发展**

——零售金融业务。个人金融业务方面，个人客户AUM净增48.49亿元；个人价值存款月日均净增65.16亿元，点均净增6649万元，列邮储银行第3位。制定阶梯式保险业务奖励机制，完成新单保费10.26亿元，其中长期期交1.78亿元，形成手续费收入1.01亿元，比上年增幅49%。消费信贷业务方面，个人消费贷款放款100亿元，净增63.7亿元。房贷净增54.6亿元，成为邮储银行首批房贷移动展业试点分行，中标存量房资金监管，监管活期资金14.69亿元。信用卡获客8.9万户，消费规模增幅14%，列邮储银行第3位。网络金融活跃商户4187户，活跃率27.29%，列邮储银行第4位，带动个人活期存款3.21亿元。

——公司金融业务。加强表内外、中间业务联动，先后落地分行首笔债券承销业务、首笔财务顾问业务等，实现公司业务中收1.13亿元。交易银行完成邮储银行首个金融租赁公司核心企业的准入，发放首笔外币委托贷款，创新开展线下再保理业务，金额8.59亿元，开立分行首笔付款保函、首笔分离式保函，拉动中收快速增长。

——资金资管业务。金融同业票据长期回购146亿元，托管规模首次突破600亿元大关。以同业投融资业务切入，与长城滨银深度合作，实现综合收益超4500万元。

**三、风险管控**

——风险管控管理。强化政策引领，规范风委会运行，建全各类风险监测机制。紧盯限额管理指标，科学量化分行风险限额47项，定期监测执行动态。结合区域经济、金融、产业结构特点，细化区域授信政策指引。突出资产质量管控，对新产品、新客户、风险客户及存量资产进行全面评估审视，将稳健经营融入贷前、贷中和贷后各环节。丰富不良资产处置渠道，通过不良资产证券化处置消费类不良4470万元。

——合规管理工作。做实风险经理管理，深入开展合规检查，稳步推进反洗钱工作，紧盯消费者权益保护，强化员工异常行为管理。

——安全生产管理。落实疫情防控要求，动态完善防控举措。持续构筑安全管理体系，突出抓好营业网点、机房、办公楼等重点领域安全和消防工作，确保党的二十大、北京冬奥会等重大活动的安全。严格保密管理，规范保密流程。

**四、运营管理**

——资产负债方面。优先满足“两小”及实体贷款，利用窗口期向总行申请信贷额度，支持重点信贷业务投放。成本收入比40.78%，比上年下降2.82%。

——信用审批方面。前移风险关口，建立预审机制及重点行业研讨会，加速重点授信项目落地。

——科技赋能方面。完成新一代中间业务平台省内迁移，上线公积金贷款功能，投产汽车金融进件系统、积分平台。

——运营管理方面。网点店招更换及室内形象改造100%完成，将3家网点迁址到核心地段；完成17家网点装修改造。

——采购管理方面。实施采购项目66个，金额1.15亿元，公开采购率98%，节约资金1523万元。

——人才管理方面。推动任期制与契约化管理，实行“一人一岗、一岗一表”针对性考核。制定分行经营部门超收增效专项活动方案，鼓励价值创造。优化二级支行行长聘任条件，拓宽选拔范围。启动“领航工程”人才库建设，加强年轻干部培养。完成自贸区分行机构优化调整；成立人员队伍结构优化项目组，制定人员队伍结构优化实施方案。分层分类开展全员培训，全行开展各类培训173期，3.6万人次参训。

**五、党的建设**

——以党的政治建设为统领。深入学习宣传贯彻党的二十大精神，开展党的二十大精神系列专题讲座，营造浓厚学习氛围。严格落实党建工作责任制，组织意识形态自查及专项督查。开展“行长值大堂”主题活动，深入推进党支部（党小组）“领题破题”活动，39项课题落地见效。通过“党建十件实事”“三亮三比三评”推动党建与经营发展深度融合，民园支行荣获“交通运输创新文化建设优秀单位”，分行党委“四个融合”案例被市国资委选为优秀案例。参加金融政研会主题征文，荣获二等奖。

——深入推进党风廉政建设。突出政治监督，保障重大决策部署贯彻落实，围绕疫情防控、意识形态等重点领域开展专项监督检查，推动主体责任落实。彻底肃清余毒不良影响。信访总量比上年下降90%，党纪立案比上年下降50%，呈“双降”态势。打造“廉韵天分”文化品牌，荣获市银协“清廉金融文化建设”征文一等奖。

——发挥工会桥梁纽带作用。组织涵盖各条线的劳动竞赛12项，激发全行干事创业热情。加强员工关爱，完成39个职工小家提质升级，提高节日慰问标准。2个集体、2名个人荣获集团、总行荣誉称号。（邮储银行）

**【中邮保险天津市分公司】**

**一、发展概况**

实现总保费12.07亿元。其中，期交新单保费4.14亿元，完成计划的102%；终身寿险新单保费3.35亿元，完成计划的133%；健康险新单保费1427万元，完成计划的108%。13个月继续率、25个月继续率持续优于天津地区五大上市险企。数字化营销网点全部破零，与招商银行天津分行签订分对分协议，与明亚保险经纪股份有限公司合作起步，全年未发生监管有效投诉。

**二、落实服务国家重大战略**

——保险帮扶方面，联合静海区民政局为静海2071位有帮扶需求的人口提供意外险保障，人均保额2万元。

——公益帮扶方面，为74人次购置捐赠生活物资；为未成年人保护中心添置床垫、夏凉被等物资共32件，为儿童主任及督导员提供辅导培训1场。

——消费帮扶方面，购买察右中旗农牧产品。

——绿色邮政建设稳步推进。成立碳达峰碳中和暨绿色金融领导小组，制定实施方案和年度工作要点。在线出单率99.71%、线上培训覆盖率100%，人均办公用纸金额88.16元，比上年下降0.64%。战略任务贯彻落实。

**三、邮银渠道建设**

深化邮银保三方合作，协同邮银分别制定印发协同发展方案，推动中邮保险数字化营销纳入板块协同项目，中邮保险长期期交（含健康险）纳入自主协同项目，均顺利完成，其中，数字化营销银行渠道线索执行率99.8%，邮政渠道线索执行率89.7%；长期期交完成计划的102%，健康险完成计划的111%。协同天津市分公司创新提出“增效考核、共建共管”的模式深化管理路径，推进“代管人员关爱”项目，以达标普奖的方式解决代管人员长期缺乏有效激励的问题，同时，每年对先进代管机构和人员在普奖基础上再奖励，初步形成“市邮政公司选聘、邮保协同管理、分公司考核评优、市邮政公司激励兑现”的管理模式。成功中标邮储银行天津市分行商用车贷款客户保险激活卡项目。

**四、多元渠道拓展**

构建分级沟通对接模式，全面开展交流合作，制定产品培训和沙龙活动计划。参加招行中邮保险2023年经营发展和一季度旺季营销动员暨合作启动会，成为全国第6家与招行签约并出单的分公司。参与天津银行2023年保险业务开门红见面会并路演，协商准入协议内容。中介渠道拓展方面。多次前往明亚天分拜访沟通，协商制定2023年开门红方案，谋划全国首场客户活动、“海外留学小课堂”“给孩子的压岁钱安个家”等话题分享。互联网渠道方面，联合天津市快递协会召开快递行业普惠保险宣讲会，出单16笔，保额360万元。

**五、改革创新**

——推进人力资源改革管理。推动机构编制改革，精简内设部门数量和人员编制。推进领导人员任期制和契约化管理。实施“创新争优建设项目”，制定专项奖励办法，确定6个项目立项。加强人才队伍建设，实施“全员素质提升项目”“‘上讲台比专业’授课分享项目”，制定员工持证奖励办法，组织干部职工交流分享。

——提高财务管理效能。统筹资源配置向重点项目倾斜，高价值新单业务挂回费用占业务条线挂回费用总量的81.9%。优化组织绩效考核，部门绩效考核紧密衔接总部绩效考核导向，完善考评考核评级规则。优化分析对标工具，构建财务可视化看板，整合绩效考核指标及财务关键指标数据，多维度、立体化反映对标差距，提高经分质效。

**六、专业能力**

——全面深化数字化营销。协同制定天津数字化营销实施方案，创建多层次天津地区客户经营“场景化”生态圈，协助网点搭建25~50岁女性客群、有子女家庭、重点节假日3套数字化营销场景，组织主题营销活动321场，覆盖网点298个，到访客户3939人。数字化示范网点出单总额291.1万元，点均6.9万，列全国第11位，出单率100%。

——统筹搭建特色培训模式。按照“细分渠道定制辅导、常态培训全面铺开”整体思路，针对邮政渠道，开展“虎超龙骧”期交定制辅导项目和“数字化营销提质增效”项目，基于“渠道大金融理财能力提升”理念，聚焦信用卡、基金、财富管理与保险营销相结合课程开展系统性培训。针对银行渠道，开展“酷夏引爆3.0”专项辅导项目，梳理期交与健康险组合营销逻辑，形成健康险“1020”“0540”销售模型，建立“两晒一总结”工作机制。开展常态化培训，集中培训108场，覆盖2652人次；开发有针对性的“线上”空中微课堂39场，覆盖786人次。

——协同搭建“三支队伍”培育体系。建立起“专职讲师+兼职讲师+保险规划师”多层级培训队伍。成立保险规划师队伍建设工作组，制定日常管理规范，引进规划师7人，完成率100%，对驻点区域支撑形成有效补充。组建兼职讲师队伍，在全国建立首个“分公司培养考核、市邮政公司发放课程酬金”的兼职讲师队伍模式，明确角色定位、人员选聘、激励机制、综合管理办法，聘任34名兼职讲师，组织重点产品和营销项目等专项培训。专职讲师配备率100%。

**七、运营管理**

——提高运营效率。全面推动运营服务线上引流，推广“中邮保险”“邮e保”App。加强关键指标管控，保全时效1.01天比总部要求缩短0.14天，列全国第11位。理赔出险支付时效55.08天比总部要求少14.9天，列全国第8位。理赔申请支付时效1.09天比总部要求少0.21天，列全国第9位。

——增强技术支撑能力。推进“数据信息共享项目”，成立数据库专项小组并制定实施方案，收集7大类7200余条经营数据，设计分公司内部发布经营数据流程及样表。

自主开发 IT 项目精准服务一线业务需求，研发构建网点筛客及电话邀约实时信息表单和健康险核保小助手，开设分公司官方微信公众号“产品中心”“运营中心”“客服中心”服务专栏，启用企业微信平台。完成党的二十大维稳保障工作，开展软硬件维护、故障处理及事件单批转等 680 余次。

——创新开展客户服务活动。打造“邮爱工坊”特色品牌，联合多省开展“跟着中邮看天津”直播等客服活动 32 场，惠及银行千万级资产客户等各层级客户群体千余人次。策划“津彩邮你”主题月历及节气推广图 50 次。推进网点适老化改造共建，联合开展“结对共建，标杆先行”项目。

“KPI 管理对标先进‘4+2’工作法”获得 2021 年集团公司“对标先进最佳实践奖”三等奖，1 名员工获评 2018—2021 年度全国邮政系统先进个人，反洗钱短视频荣获人民银行天津分行短视频竞赛二等奖，作为宣传工作组织单位被天津市保险行业协会通报鼓励，1 名员工作为优秀通讯员通报鼓励。

——落实总部企业文化建设工作部署，开展企业文化核心理念调研，发动全体员工参加企业文化征集活动，上报总部“我的岗位和公司价值”主题征文 14 篇，1 篇刊登于总部“七一论坛”首期。同时，打造分公司特色企业文化，围绕爱国三问，推进“学习型、创新型、担当型、服务型、廉洁型”五型分公司建设，明确提升精细化经营管理的“十大重点项目”，按月跟进落实情况。持续扩大中邮保险品牌知名度和影响力，投放腾讯微信朋友圈广告，累计在行业媒体平台刊发稿件 149 篇，其中，《书写为民服务答卷》刊登于《中国银行保险报》普惠版头条。

**八、风险管控**

——合规管理。开展 2021 年度制度自评估，清理非必要制度。推进三方联动管控，参加邮银保三方案防委员会 4 次，提出议题 6 个，对 23 个邮银代理网点及 9 个区中邮保险中心开展现场检查，发现问题 25 个，联合邮政渠道检查 8 次，发现问题 8 个，均整改完毕。推进反洗钱三方进驻检查，联合邮政渠道开展法律法规和职业道德培训，制作《禁止类手册》。组织“合规大讲堂”等各类培训活计 11 场覆盖 937 人次。组织防非反诈反洗钱等宣传活动，覆盖 3500 余人次。

——风险防控。加强重点风险防控，开展巩固治乱象、市场乱象治理“回头看”、SARMRA 自评估等乱象整治排查。强化专项治理排查，开展监管现场检查发现问题“回头看”等专项排查等工作，持续深化“亮剑行动”，专项排查新契约保单 28968 件、保全 235 笔、问题件保单 1619 单、二次回访录音 1100 件。

**九、党的建设**

——学习宣传贯彻党的二十大精神。组织全员观看党的二十大开幕会，第一时间开展交流研讨，制定学习宣传贯彻党的二十大精神工作安排清单，邀请党的二十大代表和专家学者作主题宣讲和专题辅导，通过线上线下宣传阵地营造浓厚学习氛围。

——政治建设全面加强。召开党委班子党史学习教育专题民主生活会和组织生活会，党委班子成员专题党课 4 次。持续落实“三会一课”“三个第一时间”学习机制，各党支部开展集中学习研讨 36 次，举办党的十九届六中全会和党的二十大精神专题讲座。制定推动党史学习教育常态化长效化落实举措责任清单，组织“重走方舟路”、微党课展评、青年分享会等活动。细化意识形态工作责任制落实举措并举办专题培训，开展“社会主义核心价值观主题实践教育月”系列活动。持续推进“三亮三比三评”“领题破题”“党建 +”活动，探索联学共建新模式，打造“3+4+*N*”基层党建工作品牌。

——巡视整改工作从严落实。严格落实公司党委巡视整改工作要点，细化 9 项落实举措，开展 2018 年以来集团公司党组内部巡视整改情况全面自查整改、运用十九届中央第八轮巡视成果对照自查整改、对照集团公司党组 2021 年第二批巡视 24 家邮政企业单位党组织反馈意见和 2022 年集团公司党组巡视“回头看”中邮保险党委反馈意见举一反三自查，形成整改清单台账 4 个，查找问题不足 21 个，细化措施 30 项，开展专项及季度检查 8 次，整改措施均全部完成。

——党风廉政建设持续深化。以政治监督为抓手，将高质量发展内容纳入监督检查，开展政治监督 41 次，督导谈话 10 人次，提醒谈话 2 人次、约谈 3 人次，下发督导提示函 5 份，推动制定整改举措 20 余个。开展常态化日常监督，聚焦选人用人、招标采购等腐败易发问题及重点领域专项整治落实情况开展监督 20 余次。坚持风腐一体纠治，针对重要节点开展教育 7 次，廉政谈话 31 人次。推进廉洁文化建设，经常性开展警示教育，发布“廉洁文化专刊”9 期，廉政、纪检小课堂 10 期。运用“第一种形态”问责 8 人次。（中邮保险）

# 河北省

## 【中国邮政集团有限公司河北省分公司】

**一、2022 年度总体发展概况**

业务收入 84.62 亿元，列全国第 10 位，实现利润 1.75 亿元，超额完成利润预算。全省邮政员工收入增长 7.66%，高于企业收入增幅 6.82%。

**二、党的建设**

以习近平新时代中国特色社会主义思想和党的二十大精神为指导，全面贯彻落实中央及省委经济工作会议、集团公司工作会议精神，坚决贯彻落实集团公司决策部署，把学习宣传贯彻党的二十大精神作为首要政治任务抓实抓好。全面从严治党深入推进，认真开展中央巡视整改和集团巡视整改全面自查，整改完成率达到100%。扎实做好专项巡视整改工作，完成阶段性目标且持续推进24项。各级党组织领题破题385个，代理金融跨赛期间各级党委慰问帮扶网点247个，组织联建活动561次；组织18项劳动竞赛活动，双节期间各级工会走访慰问劳模（先进）78人、困难和受灾职工496人、支局班组266个。加强“职工小家”服务保障，拨付补助近100万元，为网点配备饮水设备832台、用餐设备807台、午休用品1399套并完善其他配套保障。

派送邮件（《中国邮政报》11月19日）

**三、服务国家重大发展战略部署情况**

做好高质量普遍服务供给，保障专项服务任务。建制村投递频次达标率、《人民日报》当日见报率等5项重点监管指标保持100%。机要通信连续25年质量全红；党的二十大召开期间，安全承接全国机要邮件集散工作，集团公司专门发来感谢信。落实服务乡村振兴工作，三级物流体系重点示范县达到49个，列全国第3位，新增农村投递汽车1037辆，农村揽投道段汽车化率达到83.2%；邮快合作运营建制村覆盖率94.21%，“快递进村”业务量2.8亿件，列全国首位；累计代投民营快件5120.66万件；全省乡镇局所覆盖率持续保持100%，乡镇转型网点覆盖率达到100%，建成全国级农产品基地4个，形成农产品交易额5.75亿元，农产品寄递收入1.78亿元。高质量完成北京冬奥会（张家口赛区）邮政服务任务。

**四、落实集团公司发展战略情况**

——网点转型。全省重装开业网点91个。着力加大对100平方米以下网点的优化改造力度，改善网点老旧小面貌。通过异业合作、业务叠加，赋能网点发展。客户品鉴、社区团购、烟草零售等活动和服务为厅堂引流获客、创造效益。全省转型网点覆盖率达到100%，转型网点点均收入193.85万元，比上年增幅40.44%。同时，紧扣金融服务“安全、稳妥”的要点，统一工牌、亮明身份，服务宗旨上墙，推进“适老化”改造，打造最贴心的服务，提升客户信任和依赖。

——寄递改革。以“两集中”为纲，加大集中管控力度，运营质量有效提升。有效发挥“两主一辅”功能，逐步推动打破行政区划组网，实现省际进口分拣次数不超过2次。特快、快包内部处理及时率较改革前提升7%以上，6个省际中心人均处理效率连续3个月达标，快包应集必集比例连续7个月达标。截至2022年年末，大车发车量占比达31.4%，比上年增长13.5%。市趟运输件数载运率、车辆日均行驶里程等重点运营指标均超出集团公司要求，汇集市趟邮路60条，日减少邮路运行2260公里。揽投网网格化率达到95.3%，处理中心直分50%的网格。快包邮件自提率达74.84%，比上年增长5.2%。

——降本增效。推进寄递降本增效，加强五大环节成本管控，收、分、管三大环节件均单价均列全国前3位；推动经营端创新提效，开发快包集群市场专线，3个月开通专线27条，单车盈利201万元，利润率12%。

**五、业务发展**

——金融业务。代理金融实现收入47.5亿元，比上年增长12.01%，收入占比56.13%，比上年提升5.61%；新增AUM402.07亿元，列全国第11位；新增时点余额361.94亿元，创历史新高，比上年多增100.99亿元；新单保费117.9亿元（含窗口期），列全国第10位。

——寄递业务。寄递实现收入21.8亿元，超额完成利润预算。特快收入5.02亿元，占寄递总收入比重23.02%，比上年提升5.01%；快包收入11.97亿元，结算差额率30.8%，比上年提升10%。分销毛利率7.69%，比上年提升1.27%；烟草零售收入突破亿元，列全国第4位，毛利率11.37%。

——邮务业务。集邮收入3.67亿元，提前两个月完成全年预算；函件加强主动营销，建立了灵活的合作商引入和产品研发机制。报刊收入和大收订指标均圆满完成。

——板块协同。邮银保共拓客户、共建队伍、共搭场景；与太平洋保险、河北电信、河北铁塔、河北省文物局等大客户签订战略合作协议，与卓越、冲谷、聚诚等行业客户合作，建立互促共赢新平台。

**六、运营管理**

——规范外包管理。以外包专项巡视为契机，规范外包管理，对内明确部门职责，实现需求论证到项目实施再到效果评估的闭环管理；对外开展外包商恳谈会，建立亲清合作关系。

——人力资源管理。加强青年人才队伍建设，出台代理金融网点支局长职业发展“星辰计划”和揽投部经理职业发展“蔚蓝计划”，为基层骨干人才“搭桥梁”“铺台阶”。

——财务管理。企业资金状况良好，到年末货币资金总计 12.08 亿元，自有经营货币资金（剔除工程建设资金和业务资金）存量 1.44 亿元，比上年增加 1.85 亿元；人均劳动生产率 40.49 万元，比上年增长 3.79%。

——服务质量管理。加大普服投入，改造升级 477 个纯邮政自办网点。推进网点转型，批复 128 个转型网点，累计转型覆盖率 99.8%；优化厅堂布局，对 100 平方米以下综合网点进行重点改造，打造温暖明亮的环境；建立网点差异化服务体系，推行“8+*N* 服务”，塑造安全、稳妥、细致、周到的服务好形象，打造最贴心的服务。

——能力建设。以自动化、智能化、信息化、集约化为方向，推进能力建设。全省固定资产投资 6400 余万元。主动对接雄安新区规划建设，参与编制《中国邮政服务雄安新区建设发展“十四五”规划及 2035 远景目标》；完成安新跨境电商场地以及雄县、容城邮件处理中心等重点工程项目建设；雄东和容东片区 2 个网点启动运营；全面参与容东片区物流共同配送实施工作；明确雄安邮件处理中心意向选址地块。石家庄国际邮件互换局（兼交换站）获批设立，河北雄安跨境电商监管中心达到运营标准。石家庄邮件处理中心新建工程项目列入省重点工程项目清单和全国交通“补链强链”计划，邢台、保定、廊坊邮件处理中心工艺设备优化改造顺利完成。加大省内自主应用系统软件开发力度，完成专线损益系统一阶段开发以及人力资源管理系统、综合服务系统等的开发上线。保障信息网安全运维，截至 2022 年年末，河北省中心机房累计安全运行 1693 天。

——精神文明建设。沧州市分公司张永基荣获“全国五一劳动奖章”称号；2 个集体、1 名个人荣获“2022 年度全国交通运输文化建设优秀集体和先进个人”；12 个青年集体获评“一星级全国青年文明号”荣誉；3 个集体、6 名个人荣获“2018—2021 年度全国邮政系统先进集体和先进个人”；3 名青年荣获集团公司“青年学习标兵”称号。石家庄市分公司长安邮政所被中国乡村发展基金会授予“爱心包裹‘善行 100’活动示范公益体验站”称号，班组长张小红被评为“优秀服务者”。（河北省分公司）

## 【邮储银行河北省分行】

资产规模 5256.85 亿元，比上年增加 604.91 亿元，增幅 13.00%。各项存款 4740.75 亿元，比上年增加 557.14 亿元，增幅 13.32%；各项贷款 2854.45 亿元，比上年增加 273.09 亿元，增幅 10.58%。实现自营收入 95.96 亿元，增幅 14.25%，列邮储银行第 6 位；利润总额 44.74 亿元，增幅 17.47%。经济增加值 13.4 亿元，列邮储银行第 7 位，增幅 21.63%。经济资本回报率 17.03%，列邮储银行第 8 位。不良贷款率 0.71%（考核口径），比上年下降 0.15%。

**一、服务国家重大战略部署**

——全力服务雄安新区建设。向总行争取在额度、授权、网点、人才等方面的专项支持，河北省雄安市分行各项贷款比上年增长 197.85%，成功实现了在国有六大行中“保五”目标。

——全力支持乡村振兴。强化政府合作，推进邮银惠农项目，探索推进“无感授信”，涉农贷款净增 79.25 亿元，监管指标完成率 159.87%。

——全力服务普惠小微。普惠小微企业贷款净增 8871 户、63.5 亿元，监管计划完成率 159%。

——全力支持绿色银行建设。绿色贷款、绿色融资增速超 15%，绿色贷款增速和清洁能源产业贷款增速高于总体贷款增速，完成人民银行“两个不低于”指标。

**二、业务发展**

——零售金融业务。零售板块，聚焦 7 大客群，坚持以 AUM 为纲，持续做大规模、做优结构。个人客户 AUM 新增 186.24 亿元，增幅 17.5%。个人经营性贷款、信用卡等重点业务指标均居邮储银行前列。坚持“抓重点、重点抓”，通过重点业务发展带动中收规模实现突破，成功打造中收跨越的河北实践。个人金融条线实现中间业务收入 5.39 亿元，列邮储银行第 4 位，增幅 88.13%，列邮储银行第 1 位。

——公司金融业务。对公板块，聚焦 7 大客群，形成项目和客户白名单 3619 个，公司信贷净增 74.2 亿元。新增授信客户 2056 户，新增授信 1493.58 亿元。其中，公司授信客户新增 177 户，实现客户数量翻倍。有效规避风险，保持资产质量优良。交易银行条线实现中间业务收入 8277 万元，增幅 280.35%，列邮储银行第 1 位。

**三、风险管控**

——完善风险管理机制。扎实推进风险内控委员会等机制有效运行，聚焦员工行为管理、冀中能源风险化解、资产质量实质性风险分析等 54 项事项进行研究，形成决议 93 项，研判趋势，提出措施，层层压实责任。落实数字化风控管理要求，有效评级余额覆盖率列邮储银行第 1 位。

——加大清收处置力度。开展资产保全“固堤清淤”大行动、司法清收“百日攻坚”专项活动，诉讼率和执行率分别提高 49.14%、43.54%。常态化开展呆账核销，核销金额 4.7 亿元，提前 2 个月完成总行任务目标。参与总行不良资产证券化项目 5 个，处置不良资产 5.2 亿元，处置金额列邮储银行第 1 位。

——夯实内控管理基础。压实案防主体责任，逐级签订案防责任书 8973 份，打造案防合规文化长廊 139 个，组织全员观看案件警示教育片 2346 场。派驻风险经理 147 名，实现全覆盖，发现问题 8379 个，问责 1642 人次。加强代理金融管理，检查代理金融网点 32 个，发现问题 139 个，整改率 86.5%。审核代理网点负责人任职资格 248 人，通过 239 人。加大违规问责力度，处罚违规人员（含邮政）10374 人次，经济处罚 551.09 万元。强化消费者权益保护，开展投诉溯源分析，受理监管转办投诉比上年减少13.94%。夯实反洗钱管理基础，召开反洗钱领导小组会议321次，开展反洗钱培训757次、5.5万人次参培。

——提升安全生产水平。圆满完成北京冬奥会、全国两会、党的二十大等重大活动期间邮政安全服务保障任务。组织开展安全生产大检查，发现问题1336个，完成整改1197个，整改率90%。完成10个网点标准化达标建设和30个机关"双达标"建设。加强车辆、工程、印章及保密管理等，实现全年零事故、零案件、零泄密。

**四、运营管理**

——优化人力资源管理。开展赋能训练，全辖635位二级支行长以上管理人员参与赋能训练，通过明晰角色认知、岗位职责梳理、上级辅导下级等方式，多元驱动潜能开发。搭建"赛马"平台，坚持"基层、业绩、公开"导向，从基层选拔6位支行长补充到省分行管理的干部队伍中，3位二级分行领导副职调整到省分行任职。深化干部人事制度改革，推进领导人员任期制和契约化管理，开展省分行机关双向选择，有效促进人岗相适，激发动能活力。优化人员结构，加强营销岗位人员配备，销售类岗位人员占比提高1.7%。加强源头培养，通过校园招聘补充高素质人才327人，并从全辖选拔298位优秀人才纳入管理培训生培养计划，进一步完善人才梯队建设。

——强化科技赋能。项目开发采用"统一立项+敏捷开发"管理模式，快速响应业务需求。提升数据服务质效，围绕客群化运营，完成14项主题数据分析、208项数据应用开发及220项数据提取。扎实做好运维保障、信息安全、监管信息报送等工作。

——加强财务管理。统筹资产负债管理，把握信贷投放总量、结构和节奏，传导资本稀缺、资本有价、资本要有回报的理念。优化绩效考核机制，部门绩效单独设置中间业务收入考核指标，重点考核收入增长，用好、用足加扣分规则。加强不可撤销贷款承诺管理，压降27.17亿元，释放资本占用1.52亿元。税务核销4.37亿元，释放资本占用1.26亿元。

——优化运营支撑。加强自助设备管理，可分流交易离柜率95.72%。持续开展账户优化服务，开户交易操作时长比上年减少11.03分钟，降幅22.53%。引入RPA技术，单位账户备案平均处理时长减少3.4分钟，降幅48%。

——提升网点效能和客户体验。试点自营网点柜员、大堂经理岗位融合，自营网点柜员综合化率95%。上线网点运营管理系统7个模块，提升网点效能管理数字化水平。在全辖369家网点推广实施"感动服务"，评选服务明星22名，明星服务网点22个，网点服务检查得分排名列邮储银行第7位。

**五、党的建设**

——深入学习贯彻党的二十大精神。把学习贯彻党的二十大精神作为首要政治任务，制定落实方案，迅速掀起学习贯彻热潮。持续推进党建与经营深度融合，开展党支部"领题破题""三亮三比三评""行长值大堂"系列活动，持续推进高点寻标对标，不断激发党组织战斗堡垒和党员先锋模范作用。

——扎实推进巡视整改和巡察工作。召开巡视巡察整改工作领导小组会议6次，持续推进集团巡视整改，组织开展运用十九届中央第八轮巡视成果对照整改工作，31个自查问题点全部完成整改。分两批次对4家市分行及辖内党组织开展巡察"回头看"，发现具体问题103个，有序推进整改。

——持续推进党风廉政建设。组织召开分行党的建设暨党风廉政建设和反腐败工作会议，安排部署重点工作。召开警示教育大会，通报7类11起违纪违法典型案例，用身边事教育身边人，营造廉洁氛围。一体推进"三不腐"，受理信访62件，运用"四种形态"问责65人次，给予党纪处分5人次。开展基层摊派营销任务调研督导、薪酬二次分配专项治理等，持续整治员工身边腐败和不正之风。

——持续推进企业文化建设。开展企业文化线上答题、"我与邮储共成长"图片征集、"寻找身边典型，讲好邮储故事"事迹材料征集等活动，强化员工凝聚力和向心力。精神文明创建取得成效，省分行荣获"文化建设优秀单位"荣誉称号。（邮储银行）

## 【中邮保险河北省分公司】

**一、发展概况**

总保费、新单保费和长期期交新单保费增幅分别列全国第3位、第4位和第2位。实现新单保费收入17.79亿元。其中长期期交新单保费收入14.16亿元，比上年增长45.92%，完成全年目标103.68%；5年交及以上终身寿险新单保费收入10.89亿元，比上年增长64%，完成全年目标129.2%；健康险新单保费收入4465万元，比上年增长94.71%，完成全年目标98.13%；团险保费收入1834.71万元，比上年增长37.28%，完成全年目标74.6%。长期期交新单保费占新单保费收入比重79.63%，比上年提高14.21%；5年交及以上终身寿险新单保费收入占终身寿险新单保费收入比重83.2%，比上一年度提升近10%，内含价值不断提升。实现续期保费收入20.3亿元，比上年增长12%。13个月继续率95.56%，25个月继续率98.08%，均居全国前列。实现新业务价值3.38亿元，完成全年目标105.09%。在河北省人身险市场原保费中，河北省分公司市场占有率2.64%，跻身省内前十，比上年提升3个位次。中邮保险河北省分公司长期期交新单保费邮银渠道占比由2020年的27.45%、2021年的33.13%提高至46.71%，规模列邮银渠道同业公司首位。关键运营指标全部达到管控标准。全年无违规经营事项和安全事故发生。

**二、落实国家重大战略部署**

——支持雄安新区建设。制定分公司服务雄安新区建设工作方案，将服务雄安新区建设和乡村振兴有机结合，为雄安新区近3000名建档立卡脱贫人口提供意外身故、伤残等风险保障，并在当地学校开展赠送书籍等公益帮扶活动。

——落实邮政服务乡村振兴战略。构建邮政惠农服务生态，邮银保协同试点在每个地市共建1个乡村振兴金融工作室，提升普惠金融服务深度和广度，构建邮政金融农村市场竞争新优势。

**三、邮银渠道建设**

——协同加强过程共管。制定协同发展方案，将代理中邮保险发展纳入邮银协同项目，按季度制订方案、按月度确定必保目标，每日通报发展动态，推动业务常态化发展。

——协同推进队伍共建。将中邮保险讲师队伍与全省邮政营销团队“三支队伍”结合打造。5—7月，将健康险纳入财富体系建设标杆网点打造重点工作，实现数字化营销网点打造工作和健康险业务发展双推动，实现健康险保费2660万元，占全年健康险保费的58%。

——协同实现客户共维。协同开展“产品＋服务”客户营销活动，针对示范网点推送数据，开展“健康千里行”保险理念宣讲等场景化营销活动。组织开展数字化网点PK赛，以示范网点带动重点地市，加快推动数字化营销工作增点扩面提质。

**四、多元渠道拓展**

——拓展外部渠道。成立分公司项目组，按照“遍访”的总体思路，借助中介协会等平台资源，对省内金融机构进行清单式“遍访”和“摸排”。12月，与招商银行石家庄分行签订《招商银行石家庄分行—中邮保险河北省分公司兼业代理合作协议书》，向“一主多辅”多元化渠道建设迈出坚实一步。启动与招商银行唐山分行合作洽谈，参加交通银行合作保险机构线上宣讲会，保持与建设银行省分行等银行机构的沟通联系，为产品准入及销售做好前期准备工作。与明亚保险经纪河北分公司深入对接，完成双录系统测试。

——发展团险业务。挖掘集团客户团险员工福利业务潜力，做大“两项保险”增量，收入增加413万元。加快发展职域营销业务，开展邮政、邮储、中移在线等单位“两项保险”、长险宣讲和员工及家属自购活动。落实普惠金融和服务乡村振兴战略，协同推进中邮普惠保险发展。协同省快递行业协会，推进“邮侠e路保快递人员意外险”项目落地。

——落实“新个险”试点工作安排。多种形式开展邮政内部市场调研和同业调研，撰写辅助销售活动推动方案，为构建新型个险发展模式积累经验。

**五、专业能力**

——数字化运营能力不断提升。开发质押借款逾期管理模块，实现质押借款逾期催缴工作电子化管理，提升催缴完成率。开发“AI中邮”智能回复机器人，动态更新常见问题和报错词条，第一时间解答销售、理赔和承保等环节的常见问题，降低30%以上的常见基础问题咨询量。

——续期服务流程持续优化。探索建立“一核双线、三维融合”精益续期管理模型，强化省分公司专业支撑核心，实现市县专岗执行线、电话台席服务线“双线”协同联动，将数据分析、流程管理、客户维护融入续期工作全流程。保费继续率指标保持领先，续期保费占比及价值保费规模持续增长。

——持续推动邮银保三方联动风险管控，组织开展合规现场检查，下发问题整改通知书，邮银保三方定期召开案防联席会，将检查问题整改情况纳入市县机构考核，层层压实责任。组织开展合规知识竞赛，深入开展反洗钱、防范非法集资、反欺诈、扫黑除恶培训宣传工作等，厚植合规文化氛围。妥善处理诉讼案件，为分公司挽回损失。分公司全年无违规经营事项、风险损失事件发生，未发生重大负面新闻，未受到监管处罚。2021年度反洗钱分类评级为BB级。

**六、党的建设**

——坚定拥护“两个确立”、坚决做到“两个维护”的自觉性不断增强。建立分公司党委前置研究清单，进一步明晰党委会和总经理办公会的权责边界和运作流程。制定5个方面、91项党建工作要点，明确5个方面、17项全面从严治党主体责任，实现党建任务细化分解和工作责任层层压实。

——党的二十大精神学习入脑入心。初步建立“三个第一时间”学习内容自动提取和通知机制，提高学习时效性、紧盯学习有效性。面向全体党员开展“九个一”活动，推动将学习成果转化为切实可行的目标任务和工作举措。

——基层组织建设持续加强。理顺党组织管理机制，优化组织体系建设，精简机关党总支，选优配强新一届支委，形成“党委统筹抓总、支部协调配合、各部门分工负责”的基层党建工作体系。

——重点领域政治监督扎实开展。聚焦防范化解重大金融风险、乡村振兴、党史学习教育等总部政治监督重点工作事项清单，开展政治监督。坚持问题导向，做好巡视整改“后半篇文章”，做实做细监管、审计发现问题的当下改和长久立。

——纠治“四风”工作成效明显。一以贯之纠“四风”、转作风、树新风，大力整治作风顽疾和形式主义、官僚主义等突出问题。关心职工诉求，常态化开展“我为群众办实事”

意见征集活动，畅通企业民主建设通道。（中邮保险）

# 山西省

**【中国邮政集团有限公司山西省分公司】**

**一、2022 年度总体发展概况**

实现总收入 48.07 亿元，完成集团预算 102.91%，列全国第 12 位，超全国平均水平（101.76%）1.15%；比上年增长 9.1%，列全国第 16 位。实现利润 6874 万元，比上年增加额 4864 万元，超集团目标 983 万元，完成预算，列全国第 8 位。

**二、党的建设**

——党建引领。全面落实新时代党的建设总要求，党建工作质量得到提升。加强政治建设，教育引导党员干部坚定拥护“两个确立”、增强“四个意识”、坚定“四个自信”、做到“两个维护”，确保党中央及集团公司的决策部署落到实处。深入学习贯彻党的二十大精神，推行领导干部带头学、依托平台学、专题培训学、内部交流学，力促学习成果转化落地。实施党建系列“十项提升行动”，开展基层党组织建设达标工程和创先争优活动，推行五个可视化党建体系建设，“三亮三比三评”和“领题破题”相结合，党建与经营实现了深融互促。

——巡视巡察整改和内部巡察。中央巡视、集团公司党组专项巡视以及省分公司党委巡察整改任务全部落实。集团公司党组 2021 年第二批巡视对照整改完成率 98%，2022 年巡视整改专项检查督导反馈问题整改率 96.56%。第一批省内巡察反馈问题整改率 92.76%。完成对省分公司机关 16 个部门和 2 个直属单位的常规或专项巡察，实现巡察全覆盖。对 1 个市分公司、3 个县区分公司开展巡察“回头看”，督促问题整改。

——基层党组织建设。持续开展基层党组织建设达标工程和创先争优活动，加快基层党建示范点建设。深入推进党建可视化体系建设与“三亮三比三评”活动结合，营造围绕中心开展党建的良好氛围。

——全面从严治党。始终以严的基调正风肃纪反腐，锲而不舍落实中央八项规定精神，紧盯“关键少数”，持续深化纠治“四风”，对享乐奢靡之风露头就打，对顶风违纪行为从严查处；重点纠治形式主义、官僚主义，强化责任担当和工作落实。全面加强党的纪律建设，督促领导干部严于律己、严负其责、严管所辖，刚性执行领导人员守纪律讲规矩十条禁令，对违反党纪和企业规章制度的问题，发现一起，查处一起。

——党风廉政建设。坚决纠治“四风”，严肃查处违反中央八项规定精神问题；持续整治形式主义、官僚主义，开展“相信、转变、行动”思想大解放活动，各级领导干部作风进一步改进。实施监督的再监督，构建贯通协同监督体系，制定领导人员的十条禁令，制定领导人员与合作商亲清关系的若干规定、插手干预重大事项记录报告等制度，深化审计署反馈问题和集团财务专项检查问题的整改，开展“靠邮吃邮”、小金库等 17 项重点领域的专项治理，处置问题线索 81 件，立案 15 件、处分 25 人，领导干部纪律规矩意识进一步增强。

**三、服务国家重大发展战略部署情况**

——普遍服务。修订普遍服务与特殊服务补贴与服务质量挂钩管理办法，制定普遍服务质量问题责任追究实施细则，落实“飞行式”现场和非现场检查。普服指标达到监管要求，机要通信质量连续 16 年全红。

——疫情防控。面对严峻的疫情形势，山西省分公司党委迅速部署，全省上下积极行动，全面参加核酸样本转运、抗原检测志愿服务，一点一策制定投递措施，优先保障党报党刊、生活物资、防疫物资、药品等重点邮件投递到位，太原邮区、大同市分公司紧密协作，专车承运防疫物资 76 万余件。山西省领导对山西邮政服务抗疫、保供保通保畅工作给予充分肯定。

——乡村振兴。全面推进 6 项重点工作，以政企合作为基础，以惠农项目为抓手，聚焦“村社户企店”五大客群，逐步构建起农民获利、消费者获益、邮政获客、政府获赞的邮政惠农协同生态。10 项重点指标全面完成。

8 月 1 日，山西省太原市万柏林区南十六支局员工参加万柏林区群众文化系列活动——“喜迎二十大 奋进新征程”晋机西社区“八一”群众文艺汇演（《中国邮政报》8 月 3 日）

**四、落实集团公司发展战略情况**

——寄递“六大改革”。强化网运环节管控力度，干线车辆往返装载率达 51.9%，列全国第 3 位。

——任期制契约化管理。制定任期制和契约化管理、经营业绩考核实施方案，编制经营业绩责任书，明确关键业绩指标和重点任务指标，形成较为完善的任期制契约化管理体系。

——三级物流体系建设。加快“两中心一站点”建设，坚持以建促用，提升基础网络能力。选取进出口量大且具备条件的县列入重点示范县，新建多功能县级仓配中心 10 个、乡镇共配中心 50 个以上。建设完成 12 个重点示范县，新增农村投递汽车 787 辆，农村投递道段汽车化占比从年初的 33.28% 提升至 62.42%。邮快合作建制村覆盖率达 74.78%，快递进村业务量达 1.6 亿件，均完成集团目标。开通交邮合作邮路 41 条，与 36 个乡镇运输服务站开展合作。

**五、业务发展**

——代理金融业务。打造“智慧 +”场景，组织开展 9 大类常态化营销项目，基本搭建了财富管理体系。金融业务实现收入 31.75 亿元，完成集团预算 103.1%，比上年增长 9.45%。1 月 13 日，全省储蓄余额突破 2000 亿元大关，净增系统余额 220.03 亿元，增幅 11.08%，再创山西省分公司开办储蓄业务以来余额发展新高峰。

——寄递业务。寄递业务实现收入 7.84 亿元，比上年增长 2.45%，近 5 年来增速首次赶超行业；市场占有率 9.6%，比上年提升 1.45%。

——传统业务。有效激发项目、产品、活动三要素活力，集邮与文化传媒业务实现收入 4.8 亿元，完成集团预算 107.4%，比上年增长 9.64%，分别列全国第 4 位、第 8 位。

——渠道平台业务。加强加盟渠道建设，增强线上平台引流功能，突出生态黏客，促进多元化获客。组织开展“福至新春”“粽情端午”“月满中秋”“春季农资”营销活动，推动分销业务发展。渠道平台业务实现收入 3.13 亿元，完成集团预算 126.26%，比上年增长 16.85%。

——板块协同。六大协同项目实现收入 5.03 亿元，比上年增长 39.97%，集团预评分 98.1 分，排名进入全国前十，太原、晋中、运城 3 个市分公司协同评价得满分，邮银协同首次设立“奖金池”，板块协同指标全面达标，取得历史最好成绩。

**六、运营管理**

——基础能力。投入 3651 万元，对 5 个市 24 个县的邮件处理中心工艺设备进行优化改造。配置 135 台基础设备，18 处业务库完成达标建设，50 处网点实施装修改造，201 处店招进行更新。

——信息化建设。省内数据中台取得阶段性成果，与中邮信科合作的太原市趟网优化项目纳入新一代统版系统并向全国推广，开发上线码上邮礼、智能创单、物流轨迹查询、政务图书管理、欠费源头管控等系统。与省分行组队参加邮储银行总行第三届数据建模大赛，荣获一等奖。

——基础管理。按照“管理提升年”要求，对照巡视巡察、审计、日常检查所发现的问题，分条线、分专业梳理完善制度、流程、标准、定额，实现了有据可依、有章可循。

——考核体系。修订战略绩效考核办法，层层传导压力，战略绩效引领作用明显增强。提高增量预算在人工成本弹性预算中的占比，存量弹性与增量弹性由上年的 5 ∶ 1 调整为 4 ∶ 1，增量预算核定挂钩战略绩效考核，鼓励争先的导向愈加清晰。实施季度重点工作考核，建立条线考核评价机制。

——财务管理。推广营收资金电子支付渠道应用，降低现金缴款率，年末现金缴款率为 1%，低于全国平均水平 2.4%。年末用户欠费率较 2021 年下降 3.1%，资产盘活率达 89%。与税务部门沟通，暂停增值税预缴，节约资金 1000 万元。

——管理水平。推进工程管理提升专项行动，修订采购管理办法和公开招标实施细则，新建太原邮件处理中心工程进入土建收尾阶段，实施集中采购项目 102 个，合同金额较预算节约 3187 万元。组织经济责任审计 30 项，开展专项审计 10 项，审计工程建设项目 44 项，审减金额约 179 万元。

**七、风险管控**

强化风险模型创建与应用，通过风险模型数据核查发现重大违规问题比例达 87.6%，监管转办保险投诉比上年下降 39.2%。全年未发生金融资金案件、重大风险事件及重大危机舆情事件。业务外包专项整治全面启动，累计梳理外包合同 3161 份，发现问题合同 119 个。8 个市分武装押运及寄库服务由自办改为外包，既规避了企业风险，又大幅降低了运营成本。开展“雷霆”“雷鸣”行动，有效预防和消除了隐患。（山西省分公司）

**【邮储银行山西省分行】**

实现营业收入 54.87 亿元，增长 19.1%；利润总额 23.60 亿元，增长 13.7%。经济增加值 3.31 亿元，经济资本回报率 12.47%，成本收入比 42.46%。分行总资产 3694.20 亿元，增长 12.66%。自营各项存款余额 1180 亿元，增长 15.09%，新增存款 154.8 亿元；各项贷款余额 1536 亿元，增长 19.29%；自营存贷比 130.17%。资产质量保持优良，年末不良率为 0.54%，拨备覆盖率 294%。

**一、服务国家重大战略部署**

——服务区域经济。深入贯彻习近平总书记视察山西时的重要指示精神，围绕山西综改转型与能源革命，加大实体贷款投放，推动金融服务提质增效。贷款规模实现净增 248.4 亿元，增速列邮储银行第 7 位，列省内国有六大行第 2 位。

——助力乡村振兴。紧扣山西农业“特”“优”战略，强化三农领域融资支持，涉农、普惠涉农、新型主体贷款分别净增 51.3 亿元、17.2 亿元、4.6 亿元，分别完成年计划的 169%、108%、351%；投放脱贫人口小额信贷 3.93 亿元，列省内国有六大行首位；推行信用村普遍授信，建成信用村 1.33 万个、评定信用户 34.4 万户，县域存贷比提升 1.42%，在人民银行金融机构服务乡村振兴考核评估中晋级为优秀。

——深耕普惠金融。快速响应省政府“市场主体倍增工程”，率先与省市场监督管理局签订战略合作协议，向 2.92 万户个体工商户投放贷款 57.6 亿元，年末个人经营性贷款结余 151.8 亿元，列省内国有六大行首位。推动小微金融服务增量、扩面、提质，普惠小微净增 31.3 亿元，完成年计划 145.6%，增速 26.9%，高出各项贷款增速 7.6%，增量和增速创历史新高；强化重点领域有效供给，“专精特新”及科创客群贷款净增 5.44 亿元，完成年计划的 272%。

——践行绿色理念。梳理对接省内 176 个优质新能源项目，绿色融资规模新增 53.04 亿元，增幅 43.46%，高出全口径贷款增速 24.17%。3 月，落地全国同业首单“可持续发展挂钩 + 能源保供”组合债融。

**二、业务发展**

——零售金融业务。个人金融业务坚持“以客户为中心”经营理念，树立“真正为客户创造价值、主动赢得信赖”发展宗旨，以 AUM 为纲，大力推动财富管理建设、AUM 提升、重点项目推动和队伍建设，跨赛期间引入重点客群拓展、业务渗透等客户服务指标，重点个人客群增长态势较好，为全行业务拓展、产品销售、增收创效等方面高质量发展提供坚实客户基础。聚焦客户下载、运营驱动、体验升级 3 个着力点，快速提升有效客户规模和客户活跃度，将手机银行打造为客户交互的主平台、经验客户的重要阵地。

——公司金融业务。分行公司收入贡献占比 51%，新增收入贡献占比 57%，公司版块不仅是稳定器，更是压舱石。聚焦“提质拓户增收”，坚持资格攻坚，引流源头活水，打造结算场景，深耕价值存款。聚焦“下沉扩面创效”，前移贷款增量，扩大授信客群，优化资产结构，提升资产收益。聚焦“创新协同挖潜”，提高产品授信覆盖、扩大版块 FPA 占比，拓宽产品创新应用、推广结构优化增收。聚焦“投行 + 商行”解决方案，转换经营思维，强化政策运用，发挥产品价值，赋能客户营销。聚焦重点业务，组织开展中间业务“两确保、三提升”活动，优化考核激励政策，全力提升重点业务收入规模与结构占比。

——资金资管业务。运用承贴、贷投联动，做大贴现量，为票据周转奠定基础；提升交易能力，加强直转联动，做大非息收入。以债券质押存款业务为抓手，抢抓下沉市场机遇，提升同业融资覆盖。强化理财投资业务协同效应，提升同业投资规模。坚持托管“大联动”经营策略，加强与个金、公司协同，深挖客户资源，制定“投托销撮”综合服务方案，重点开发公募基金销售托管、保险资金托管、非标业务托管，提升托管业务短板。借助平台上线的票据、同业融资、基金代销等业务，提升平台客户注册交易。

**三、风险管控**

——加强风控责任落实。压实风险与内控管理委员会职能发挥，推行清单制、闭环式管理，重点研究审议消费信贷、信用卡逾期压降与不良管控等议题 107 项，有效遏制不良快速上升的势头。

——加强内控合规管理。完善风险经理派驻机制，压实条线检查与责任单位整改责任，推动内控合规提质增效活动圆满收官。处理各类违规 6415 人次、经济处罚 374.04 万元。

——加强消保能力提升。组织开展专项治理攻坚行动与宣教活动，通过督导、约谈、通报压实过程管控，投诉受理量比上年下降 12.61%，其中监管转办投诉下降 20.25%。

——加强安全生产保障。落实国务院安全生产大检查工作部署，开展“安全生产月”系列活动，累计检查发现问题逾 1200 个，分级建立台账、扎实组织整改，有力保障党的二十大等重要时点安全稳定运营。

**四、运营管理**

——资产负债管理。自营存款规模比上年增长 154.8 亿元。其中，公司存款市场占有率比上年提高 0.24%，个人 AUM 增幅 21.24%，个人活期存款新增 35.56 亿元，新增存款活期占比 63.78%，个人有效客户规模新增 20.39 万户，6 类重点客群快捷支付绑卡率 69.91%。贷款市场占有率提升 0.27%，其中个人经营性贷款净增 40.3 亿元，市场占有率 6.92%、新增市场占有率 13.19%，均列省内国有六大行首位。公司贷款净增 116.6 亿元。小企业贷款净增 16.24 亿元。

——人力资源管理。完成“领航工程”中级和基层人才库建设目标，持续开展省分行骨干赴特色支行挂职交流；社招引入业务、信审、理财经理等专业人才 13 名，完成毕业生校招 94 名，招聘信用卡销售人员 69 人。

——信息科技支撑。上线公司金融管理驾驶舱、零贷流程管理、创担业务平台、任务清单督办、单证管理等系统，支撑精准营销，提升管理效能；创新开发手机银行睡眠客户促活、收单商户信贷需求预测、长尾客群贡献提升等数据模型，其中“基于 NLP 的邮银协同网格化营销”荣获总行数据建模大赛一等奖。

——强化转型引导。全行以“四个一把手工程”为抓手，优化四大类 30 项重点转型指标，分类设计各级平衡记分卡与 KPI 指标，出台领导人员履职评价担当作为管理办法，穿透省、市、县、二支四级考核，统一转型导向，压实过程管控；辅以标准化 + 差异化考核，保护基层因地制宜特色发展的积极性。

——网点效能和客户体验。深入推进特色支行建设，25 家城市特色支行总收入、公司收入增幅分别为 29.5%、

44.3%；27 家零售特色支行总收入、零售收入增幅分别为 25.2%、17.9%。完成自营网点室外标识更换，建成老年服务特色网点 12 家、手语银行 1 家、“邮爱驿站”26 家；向基层新增移动展业 728 台、更新自助设备 82 台，增配柜内清设备 148 台，实现网点全覆盖；全行网点服务类有责投诉仅为 3 笔，账户开户等待时限压降近 50%。

**五、党的建设**

——深入学习贯彻党的二十大精神。第一时间组织专题学习，制定宣传贯彻方案，认真推动落实。开展“党建领航，聚力攻坚，喜迎党的二十大胜利召开”主题活动，梳理转型短板指标 9 项，调动领导干部与广大党员克难攻坚。

——做实巡视整改工作。召开巡视整改专题党委会 8 次、巡改例会 7 次，集团巡视问题整改率 100%，集团巡视整改专项检查问题整改率 100%。

——务实党建主题活动。全辖 194 个党支部完成“领题破题”221 个，190 余名党组织书记参加“行长值大堂”620 余次，2140 名党员开展“三亮三比三评”，有力推动党建与生产经营融合。

——压实全面从严治党主体责任。省分行党委书记、纪委书记“2+1”约谈二分“一把手”7 名，各二分约谈下级“一把手”174 人次，运用“四种形态”处分处理 59 人次；深化“月讲堂、季警示、定期专题”教育，组织开展“党员干部纪律监督大讲堂”77 期；制定清廉金融文化行动方案，开展清廉国企建设活动，纪检接收信访数量比上年下降 57%。（邮储银行）

## 【中邮证券山西省分公司】

**一、总体发展概况**

实现收入 246 万元，比上年增加 51%。其中，经纪业务收入 178 万元，比上年增长 62%；资管业务收入 68 万元，比上年增长 29%。新开账户 10053 户，完成计划 93.63%。发展有效户 2985 户，完成计划 139.03%。销售金融产品 2792.24 万元，完成计划 27.92%。其中，代销基金产品 686.24 万元、资管产品 655.66 万元、收益凭证 1462 万元。协同渠道资管产品销售新增 8.626 亿元。

**二、业务发展**

——扎实开展“有效户大提升”活动。全面加强协同，争取政策支撑。参加省级三大板块协同会议、邮储银行省分行举办的投资沙龙、省分公司中邮证券业务发展推进会等，与省分公司、邮储银行省分行沟通对接 2022 年中邮证券策略报告会组织工作以及协同发展事宜，邮政公司层面基本确定各项协同发展指标。开展专项培训，做好专业支撑。通过省分公司“协同之夜”平台开展证券专场培训。分别对各地市邮政单位的金融条线人员以及各分行邮储渠道进行线上培训，开展投资者沙龙活动，进行 2022 年中邮证券业务发展方案解读和中邮证券资管产品的专题培训。实地拜访对接沟通协同政策和重点业务开发。及时解答相关咨询，统计邮政渠道与银行渠道开户发展数据。创新开展“理财节”活动。省分公司下发《关于开展“中邮证券山西理财节”活动的通知》后，公司组织全体员工实地走访61个金融网点。赴邮储银行太原市分行就“理财节”活动进行深入沟通。通过“理财节”活动开展，促进有效户发展，完成资管产品定制和发售工作。

——持续推进“专精特新”营销活动。同省行普惠金融部沟通协同联合发文《关于开展“专精特新”银证协同专项综合金融服务的通知》；联合山西省邮储银行公司部发文《山西省关于开展“公司金融”银证协同营销活动的通知》。展开对邮储银行全省中小企业条线的业务培训及座谈。保持与邮银相关部门和单位的日常沟通对接频次，提升协同发展骨干人员的专业素质和业务商机发现能力。

——多措并举推进各项业务全面发展。围绕客户需求，推进资管产品定制工作。协同邮银渠道全力做好三晋 1 号产品动员工作及产品销售组织推动工作，先后协调组织召开全省邮政督导会 2 次，进行“三晋一号”和基础账户业务培训，累计销售 170 笔 8743 万元。全面落实收益凭证定制及销售工作。协同邮银渠道做好收益凭证动员工作及产品销售组织推动工作。1—9 月，分公司完成收益凭证的销售 1422 万元。强化客户精细化管理，实施存量客户分包促活工作。吸收借鉴行业先进经验，研究确定激励机制，推进存量客户分包促活工作，完成分户管户建群工作，推进客户常态化维护，持续完善相关工作机制。储备各类资源项目。采取多渠道、多领域、多批次的开展项目资源储备工作。通过对接外部资源，同山安立德、宁扬能源、静态交通、复盛公药业持续对接新三板上市业务，同尧都农商行、华远陆港集团、华新燃气集团持续对接发债项目，同长城监控、方是科技、智德生态等企业持续对接机构理财项目。长城监控成功开立机构户 1 户。

**三、运营管理**

——出台机制，增强发展动力。制定出台 2022 年度分公司员工绩效考核办法，明确各岗位员工作重点考核指标及计分分法，建立激励和约束机制，在执行中按季考核。

——强化管理，做好支撑服务。发挥财务分析对经营工作的支撑作用。结合总部下发的费用管理办法，对每月的经营状况做深入的分析，为经营决策提供依据。结合财务管理办法对费用进行预算管控。根据总部对 2022 年的预算编制的要求，结合预算编制模型，对 2022 年的费用预算以及收入预算进行编制上报，结合固定资产的投资计划编制资本预算。做好人力保障工作。每月根据总部人力资源部发放的工资明细表进行个人所得税的代扣代缴，根据上年的工资总额和比例核定员工的社会保险和住房公积金。根据人员的入离调转，做好人员信息的增加、封存、转出等管理。根据分公司的经营需求，向总部申请客户经理的招聘以及入职手续。不断加强基金从业资格的管理，组织后续教育学习的报名和管理。加强制度建设，按照规章制度管理物资。建立各部门固定资产请领使用清单，严格要求按照固定资产领用流程领用资产，并对邮政公司划拨的计算机等资产按照《中邮证券有限责任公司固定资产管理办法》规定进行清查登记，建立管理台账。制定《中邮证券有限责任公司山西分公司宣传用品管理办法（试行）》，规定实行宣传用品领用登记管理。

——引进人才，加强专业营销队伍建设。引进机构经理1名、客户经理1名、经纪人1名。新入职的机构经理成功完成一个创新投顾项目，完成收入50万元。

——强化培训，提升全体人员专业素质。通过总部远程与分公司现场培训相结合的方式，不断提高全体人员专业能力。与同业机构进行深入交流，汲取成功的产品业务拓展经验，为后续业务合作奠定基础。

**四、风险管控**

——做好履职工作，预防风险发生。关注大额可疑预警并对预警信息进行人工甄别，及时发起流程上报。监测员工执业行为是否规范。关注并维护中证协官网及公司官网公示资料的准确性与完整性。按月上报合规管理月度报表、CISP监管报表；组织开展合规培训。按季度开展合规自查工作、组织开展反洗钱培训及宣传工作，填写培训宣传表、编制反洗钱季度工作总结并上报山西证监局。按半年度开展风险管理工作的自查并编制相关报告、开展洗钱类型分析工作并根据相关通知要求报送总结报告。按照监管及总部要求开展各项自查工作。对分公司人员咨询的合规问题出具书面合规意见、对工作人员提出的合规问题进行解答。

——丰富宣传教育，深入推进反洗钱工作。落实监管部门的保护投资者教育系列活动。按季度组织反洗钱宣传，组织开展合规（反洗钱）培训。开展合规培训12次、反洗钱培训6次。

**五、党的建设**

——加强思想建设，坚定理想信念。建立每周一次党史学习教育周读书会学习制度，根据总部党建工作安排的理论学习内容组织学习。落实“三会一课”制度，结合实际召开支部委员会（含支委扩大会议），支部书记讲党课按时进行。组织收看党的二十大开幕会直播，第一时间进行研讨交流。深入开展分公司意识形态工作，认真开展“社会主义核心价值观主题实践教育月”活动，组织彻底肃清不良影响的工作，加强党员干部教育。

——压实管理责任，推进巡视整改。根据集团公司常规巡视及人力专项巡视工作的反馈结果，针对常规巡视提出的5个类别、16个主要问题、38个具体问题亲自进行研究梳理，分公司党支部制定出66项细化措施；针对专项巡视提出的3个方面的10个问题，制定13项整改措施，逐条逐项推进落实。开展运用十九届中央第八轮巡视成果对照整改工作，以巡视整改来推动分公司各项工作高质量发展。

——加强基层党建，做好日常党务工作。开展以巡视整改为主题的组织生活会，组织推进分公司选人用人“一报告两评议”、党支部“领题破题”、“三亮三比三评”、青年员工“根在基层”调研实践活动等系列工作。

——强化廉政建设，筑牢纪律底线。加强党风廉政教育，组织党员学习2022年中国邮政集团有限公司党的建设暨党风廉政建设和反腐败工作会议精神以及集团警示教育会上的违法违纪典型案例等。开展分公司廉洁教育，紧盯春节、清明节、五一劳动节等重要关口，开展节前廉洁提醒、节中监督等。认真履行监督职责，开展疫情防控、“小金库”自查等工作。（中邮证券）

# 内蒙古自治区

## 【中国邮政集团有限公司内蒙古分公司】

**一、2022年度总体发展概况**

累计完成收入26.2亿元，增长3.15%；总利润完成集团预算目标，比上年减亏1.33亿元，列全国第13位，收入利润率提升5.45%；寄递事业部利润完成-8239万元，较2021年改善1257万元，收入利润率提升近1%。

**二、党的建设**

——政治建设。深入学习贯彻习近平新时代中国特色社会主义思想和党的二十大精神，着力强化党员干部理论武装，进一步深刻领会“两个确立”的决定性意义，树牢“四个意识”，坚定“四个自信”，做到“两个维护”，确保中央精神和集团公司党组决策部署的有效落实。

——组织建设。党支部“领题破题”活动形成党委出题、支部领题、党员破题全流程机制，全区232个支部领题268个，完成233个。创新开展“政治生日”活动，有效引导党员强化身份意识、责任意识。加大团青工作力度。依托校园周边网点优势，建设青少年维权岗，开展“我为青年办实事”青少年主题活动34次；结合“919电商节”推动“青年邮主播”团队建设，累计开展邮乐小店直播54场，拉动全渠道销售额704万元。

——党风廉政建设。推动政治监督具体化常态化，将学习贯彻落实习近平新时代中国特色社会主义思想和党的二十大精神作为政治监督的首要任务抓好落实，紧盯提升金融风控、疫情防控等7个方面重点工作强化监督。深化运用监督执纪“四种形态”，持续推动中央八项规定精神落实落细。深入基层单位开展监督检查367次、暗访124次，查处违反中央八项规定精神案件4起，查处利用职务便利谋取个人利益、违反廉洁纪律案件5起，问责12名领导干部。

**三、服务国家重大发展战略部署情况**

——全环节协同联动破解“三难”。集团公司与内蒙古自治区政府签订推进乡村振兴战略合作协议，为农村市场开发打开局面；内蒙古分公司全方位调动各层级、各专业资源，发挥协同优势，组织开展农村市场大开发、大营销活动，班子成员带头对口帮扶盟市，累计组建198支1008人的农村市场大开发大营销团队，其中党员先锋队142支，走访营销9700家活跃合作社、6633处综合便民服务站，充分以邮政商流、物流、资金流、信息流“四流”优势，破解农业融资难、销售难、物流难“三难”局面。通过融资E产品为客户提供贷款2.03亿元；建成全国级农产品基地5个，“919活动”期间孵化万单商品21款，促进农牧民增收增益；不断提升快递进村服务质量，完成业务量1605万件；开通邮运专线寄递冷鲜肉51万件，助力全区畜牧产品走向全国。

——全要素系统集成形成合力。邮政金融为农村客户提供贷款、代发、对公、理财等一揽子服务，实现收入4.35亿元；寄递服务进乡入村，形成旗县及以下乡镇业务收入4084万元；农村电商做大“双向商流”，实现销售额1.09亿元；集邮与文化传媒整合线上线下邮政媒体及产品资源，形成收入3893万元。通过各专业共同发力，带动县域邮政实现收入15.5亿元，增长10%，44个旗县实现两位数增长。

——全方位精准服务获客蓄客。推进“村社户企店”五大客群邮政服务全覆盖，持续深耕惠农项目，累计发展个体农户会员55.3万户，活跃合作社“广覆盖”5054家；活跃合作社两项及以上业务合作率达到52.1%。函件传媒业务深度助力乡村文旅产业发展，为综合营销建联蓄客4235户。

内蒙古分公司邮乐主播“佩琦组合”为直播间的观众推荐特产（内蒙古分公司）

**四、落实集团公司发展战略情况**

——普遍服务。普服网点各项运营指标、平信及给据邮件信息断点率等关键指标达到集团标准，建制村投递频次达标率提升至99.4%；投递党报党刊1.7亿份，全区旗县《人民日报》当日见报率73.8%，达到目标值。71处边防点位邮路稳定运行，年投递邮件17万件，新增28处抵边自然村通邮。组织实施建制村投递、省会城市间普邮全程时限等4个专项监督检查活动，普服重点问题得到切实整治。机要通信连续31年保持安全无事故。绿色邮政“9917”工程全面完成。

——网点转型。1544个网点转型覆盖率100%，点均增收11.2万元，其中盈利网点1007个；收入5万元以上的农村邮务网点572个，增加236个，万元以下网点减少152个，剩余48个。业务叠加赋能力度加大，全区网点共叠加6大类51小项业务，点均叠加18项，完成集团目标200%，列全国第5位。连锁化经营初见成效，进驻高校47处、校园服务中心53处，进驻率83%；建设主题邮局7处，收入111万元，完成集团目标105%。

——物流体系建设。建成投产全国级三级物流重点示范县项目5处，22个旗县区争取到政府建设资金3691万元，分拣场地4处、面积3.9万平方米；建成活跃综合便民服务站7230个，优质站点394个，示范站点36个。建制村邮快合作覆盖率达85%，新增农村投递汽车220辆。

——任期制和契约化管理。以契约为核心的权责体系基本确立，基于经营业绩考核、综合考评结果的领导人员聘任和刚性退出机制进一步完善；实现三、四级领导人员任期制和契约化管理的全覆盖。

**五、业务发展**

——金融业务。一是“联赛＋跨赛”机制落实有力。综合运用通报、奖励、考核等方式，拉动总资产规模突破千亿元，达1094亿元。专业及利差收入增幅创历史新高，其中专业收入增幅列全国第21位，比上年提升5位，储蓄收入增幅18.83%，列全国第12位。创新开展国庆爆点、秋粮收购活动，拉动储蓄存款新增超30亿元。二是客户权益体系更加丰富。引入“微金融”客户权益平台，吸粉超66.87万户；搭建“五星级”客户权益活动，开展厅堂主题营销活动1.55万场。三是财富金融转型扎实推进。新增有效客户19.22万户、VIP客户3.14万户；长期期交保险销售额增幅、资管产品月均保有量、高效基金销售进度等指标排名全国前列。四是重点业务战略转型成效显现。社保卡业务卡均存款4832元，列全国第3位；收单业务结存有效商户10.14万户，占结存商户比例49.76%，列全国第5位；手机银行替代率27.58%，列全国第9位；公司业务深挖能源、政务等重点行业客户，总体规模达到23.04亿元，列全国第5位。

——寄递业务。一是经营质效有力改善。特快平均单价比上年提升2.1元/件，特快、快包的边际贡献率分别提升2.6%、8.8%。二是机制创新活力显现。营销中心实体化、揽投部销售化转型、“众创众享”向纵深推进，一线营销揽收能力进一步提升，前三季度部均收入增长19.7%，揽投人员月均揽收收入增长14.22%。三是高效业务市场份额有效提升。特快收入占专业比重提高6.3%；与蒙昆烟草、华润医药、航天万源等单位新开发一批百万级大项目，特快现费、重点商圈、农品寄递、电商集群、菜鸟裹裹退换货等项目均实现20%以上的快速增长。四是服务质量稳步提升。持续推进服务质量考核责任落实追究制度，考核落实率比上年提升36%；实现理赔款24小时支付到账，理赔全程时限平均缩短了3.5天；不断改善客户体验，客户投诉率压降了10.6个万分点，邮件丢损量比上年下降了31.8%。五是"六大改革"见行见效。"两集中"改革完成集中管控体系建设，有效搭建"日通报、周分析、月考核"层级。处理中心规范化改革实现处理效率人均提高220件/人·天，集包率提升34.6%。运输改革实现一级干线自办邮路甩挂运输比例达到100%，大车型发车占比提升至45%。市趟改革有效提升邮区网络衔接紧密性和智能管控能力。陆运网改革开行本地中心至所属旗县邮路103条，城区揽投部直封数量168个，旗县三合一机构直封数量87个。揽投网改革建成直投中心17处，直投驿站225个，到9月底，疫情前驿站分流率58.01%。

——邮务业务。一是集邮强化线上营销。组织生肖贺岁季线上直播活动19场，引客8.6万人；开展微信靶向营销活动397场，实现收入1505万元。集邮品和集邮商品毛利率均列全国第1位。二是函件强化内外协同。联系宣传、教育部门组织第四届中小学生书信征文大赛，参赛书信4.7万封；深挖客户需求，策划生日礼等地方版产品20多款，形成收入2067万元，占函件收入的57%。三是报刊强化数据赋能。成立区、市两级分析团队，全面梳理筛选报刊机构客户1.7万户，通过精准画像在全区推进数据库营销；做大《意林·少年版》《健康时报》等高费率产品发行量，《意林·少年版》《健康时报》的发行量分别列全国第1位、第2位；抢抓机遇发展政务图书业务，实现收入1175万元。四是电商分销强化活动组织。"年货节""919"等5场线上主题活动贯穿全年，组织邮乐优鲜拼团3027场；强化线下营销，端午、中秋两大节日活动实现销售额1384万元；加大地推力度，实现平台批销额995万元，分销产品综合毛利率达到15.96%，列全国第5位。

——协同发展。集团重点协同项目累计收入3.75亿元，增幅26%。汽车产业链项目加快全链条综合营销，车主会员规模超6万人。政务服务项目深化公安交管、法院、身份证等寄递服务，实现特快收入9156万元。医药市场项目成功中标华润医药寄递物流项目，异业联盟合作模式进一步强化。

## 六、运营管理

——财务管理。一是全面预算管理体系不断完善。突出预算引领，重新制定外包费等重点成本预算模型和标杆，优化成本1.5亿元；优化集中成本预算分摊机制，集中安排2.1亿元成本，支撑金融、普服、员工收益、防疫保障等方面投入，有效发挥"集中力量办要事"作用；通过重点分析质询、将重点成本与资金支付挂钩等方式强化过程管控。二是降本增效工作深入推进。确定26项关键管控要素和76条具体细化措施，严格落实"四个到人"机制，逐项销号推进，运输、投递、管理支撑3个环节达到管控目标，投递、管理支撑环节较上年有所改善。三是绩效考核管控持续优化。加大对利润指标的考核权重，突出对高效业务的充分激励，强化对违规行为的刚性约束，单位绩效与个人经营业绩有效衔接，注重绩效过程分析管控。四是业财密切配合提升资产效能。全区房屋、土地盘活比上年增加42处，面积增加5478平方米，用户欠费比上年减少5000万元；存货周转率1.93次，提升0.5次。损益核算结果应用更加扎实。五是财务基础管理持续夯实。全力推进业财一体化平台建设，完成20余项业务集成上线，梳理固化100余项业务管理流程，实现业财深度融合；充分应用税收优惠政策，实现房产税、增值税减免2400余万元。

——人力资源管理。一是持续优化人员配置。校园招聘473人，重点补充金融、寄递关键岗位及农村电商地推团队。加强用工总量管控，全口径人员总量比上年末减少1575人；劳务用工占比下降0.3%，寄递事业部全口径人员总量下降14%。优化盘活关键岗位，金融个人客户经理配员达成点均1人的目标，寄递职能、内勤等岗位压降盘活825人，邮政营业人员达到定员标准。全区全口径劳动生产率增长10.5%。二是持续完善薪酬激励机制。强化工资总额分类配置管理，人工成本投入产出效益得到提升；推行全员绩效考核，实现个人绩效薪酬与企业经营成果、个人业绩贡献的双挂钩；优化寄递事业部计件工资结构，内部处理、运输、投递3个环节固定薪酬占比分别压降24%、20%、26%。三是持续强化员工教育培训。举办经营、管理、党建等各类培训班468期，培训员工7.5万人次；6551人次通过代理机构岗位资格认证考试，415名员工通过技能等级认定。

——采购管理。对盟市非公开采购项目实行前置审批，提高基层单位公开采购率；建立合理报价风控机制，解决寄递外包不平衡报价问题；实现寄递外包集采项目后评估全覆盖。完成采购项目111项，合同金额6.6亿元，公开采购率99.5%、公开招标率99.4%、上网采购率96.7%、节约率9.3%，全部指标均高于集团管理目标。

——审计监督。发挥审计价值增值作用，专项调研发展质效不高、依赖过度奖励拉规模的问题，发布审计要情《高额奖励去了哪里？》，对全区商销类业务经营行为进行源头规范治理。

——安全生产。统筹抓实九大方面安全，保障安全底线。进一步强化寄递安全管理，大力整治作业现场“四个全覆盖、五个必须、六个严禁”。有效应用终端管控、互联网资产保全等工具，组织完成好重要节点网络安全重保工作，信息系统安全防护能力明显提升。

——外包专项整治。细化工作方案，充实问题台账，梳理出需求管理、预算管理、合同管理、付款及外包商评估等11方面76类676项具体问题，涉及金额7.3亿元，整治工作取得阶段性成果，为外包管理进一步规范、外包费用压降提供有力支撑。

——能力建设。一是投资建设。安排投资2.03亿元。完成普服网点形象改造120处，更新配备机要车辆21台；综合网点装修改造18处、建设财富中心10处、配备社保卡制卡机127台，完成金融网点报警联网等建设项目；启动6个旗县处理中心改造项目，为3个旗县中心配备简易直线分拣机，提升邮件处理能力；建设5处冷仓、更新20台物流冷藏车辆，提升冷鲜寄递和冷链运输的市场竞争力；为盟市处理中心配备顶扫、安检门、人脸识别等设备，提升全网作业质量。二是项目管理。开展在建工程专项清理行动，实现710个未收尾项目应结尽结、完全关闭。专项排查2019年以来674个工程项目招投标、建设工期等情况，发现建设拖期项目37个、成本明显高于预算项目25个，对强化工程建设全过程管理、提高投资效益效率等方面提出明确要求。三是科技赋能。充分运用BSC数字化营销平台引客、维客、获客。建成200人以上的企业微信客户群2174个，列全国第1位；线上营销形成业绩5213万元。依托CRM系统开展数字化协同营销。下发客户数据38万户，参与客户经理6135人，转化客户6400户，新增金融资产1亿元、报刊流转额376万元，拉动集邮收入388万元，寄递收入54万元。赋能厅堂等场景营销，会员客户金融开户率74%，户均资产4.3万元。着力构建“信息系统矩阵”。落地推广业财一体化项目等30多个总部统建系统，组织完成金融数据机器人、收寄中心等40多个区内自建系统，引进营收缴款核查、行为排查、征信分析等4个外省优质系统。

**七、风险管控**

深入落实集团公司“管理提升年”要求，刀刃向内查摆企业运行各方面问题点155个，标识潜在风险点58个，实现企业运行全领域、各环节的问题整治。（内蒙古分公司）

**【邮储银行内蒙古分行】**

实现收入31.14亿元，比上年增长6.39%；利润总额11.2亿元，比上年增长13.58%；各项贷款余额685.8亿元，比上年增长12.08%，各项存款余额1299亿元，比上年增长18.71%；不良率1.34%，比上年下降0.09%。

**一、服务国家重大战略部署**

认真贯彻国家稳经济大盘决策部署，落实总行出台的7方面36条举措，切实加大服务实体经济力度。投放各项贷款479.57亿元，比上年多投放112.5亿元，增长30.7%。

——深化金融服务乡村振兴。持续推进“百村万户示范工程”项目，加大乡村振兴重点帮扶县支持力度，累计为3500余户农牧民提供“乡村振兴助农贷”资金支持2.3亿元。以农业农村部开展的信贷直通车活动为契机，深化新型农牧业经营主体金融服务，投放贷款2亿元。投放涉农贷款158亿元，比上年增长59%，贷款余额228亿元，比上年增长21%。

——深化金融服务普惠小微。支持小微企业纾困恢复和高质量发展。普惠型小微企业贷款余额116.27亿元，比上年增长11.17%，监管计划完成率142.39%。结余户数4.36万户，净增3865户。为小微企业办理延期还本付息贷款3.92亿元。新增“专精特新”企业授信29户，金额4.14亿元。

——深化金融服务“五大任务”战略。聚焦自治区“五大任务”战略，围绕能源、交通、制造业、涉农等重点领域，加大项目储备与资金支持。新增公司项目授信金额187亿元，比上年增长130%。绿色信贷余额70.4亿元，比上年增长86.89%，清洁能源产业贷款余额50.79亿元，比上年增长93.34%。

**二、业务发展**

——零售金融。深化以客户为中心的理念，贯彻客户分层经营、精准服务工作要求，客户规模和价值有效提升。个人金融实现业务收入5.52亿元，比上年增长27.24%。聚焦财富管理建设，持续拓展客户规模，强化客户分层服务，搭建权益服务体系。新增个人客户12.23万户，比上年增长5.07%，其中新增VIP客户1.51万户，比上年增长12.06%，新增财富客户1598户。新增个人客户AUM 59亿元，比上年增长20.06%。长期期交保费比上年增长161%。网络金融着力促绑卡、促交易、促月活。净增快捷绑卡17.38万户，交易规模260亿元，业务收入1964万元。新增手机银行激活客户14.96万户，月活跃规模26.84万户。开展收单业务外部合作，加强商户定价管理，实现收单有效商户2.5万户，手续费净收入比上年增长62%。信用卡实现业务收入5.7亿元。持续优化团队建设机制、常态化获客机制与“小额高频+大额分期”商圈建设机制。网点点均获客564户。白名单进件转化率38.43%，列邮储银行第1位。信用卡活跃率54.9%，消费规模549.49亿元，透支规模75.17亿元；商户分期规模2.36亿元。三农金融充分依托信用村建设成果，全力打好春雨行动、沃土计划、秋收工程“三大战役”，投放个人经营性贷款179亿元，比上年增长33%，新发放贷款利率6.69%。累计建设信用村9508个，评定信用户22.17万户，投放线上信用户贷款29.27亿元，净增14.8亿元。个人涉农贷款余额163亿元。消费金融拼抢市场份额。生源地教育助学贷款业务实现全区覆盖，投放“助学贷”2.4亿元。汽车消费贷款余额4亿元，净增3.2亿元。与全区150余家重点物业公司联合开展“主动授信进社区”活动，主动授信完成率97%。信贷工厂累计审批个人消费贷款业务95.2亿元。

——公司金融。构建“1+*N*”经营服务新体系，着力增强综合化专业化服务能力，有效夯实客户基础。公司金融持续推进项目管理，深化行业开发。新增公司客户4746户，比上年增长31%。公司价值存款余额132亿元，净增29.7亿元。公司贷款余额167亿元，比上年增长20.14%。投资银行实现新增两个行外牵头银团项目。获批伊利、蒙牛债券承销业务并实现承销加团。普惠金融深度拓展重点客群，推动综合化服务，贷款规模创历史新高。小企业贷款余额30.29亿元，比上年增长31.25%；不良率比上年下降0.53%。推动信贷工厂业务模式落地，贷后集约化作业模式走在前列。交易银行着力推动新业务破冰、存量业务扩规模。实现收入408万元，比上年增长28%，中间业务收入比上年增长35%。承兑业务放款4亿元，保函业务结存2亿元。开放式缴费规模16.8亿元，比上年增长210%，联动个人缴费用户89.17万户，公司存款余额9.52亿元。

——资金资管。金融同业重点聚焦票据业务，做大业务规模。新增票据贴现客户69户，月均贴现客户53户，比上年增长56%。持续推进交易转型，推动实现以量补价。办理贴现业务51.46亿元，比上年增长21.34%。办理票据周转业务63.44亿元，实现非息收入556.1万元，比上年增长74%。

### 三、风险管控

——信用风险防控。持续加强授信政策与行业研究，开展平行作业，前移风险关口。建立资产质量联防联控机制，制定56项具体举措，进一步提升三道防线履职主动性、协同性和有效性。深入开展不良回检溯源，落实“五看”分析，不断加大重点机构、重点产品、重点环节、重点领域的风险管控力度。深化“三单”管理，落实大额授信客户逐户盯防。强化风险监测预警，通过“金睛”系统主动化解风险客户41户，金额4156.2万元。清收处置不良资产9.27亿元。

——“三不”内控机制初步构建。深化智慧案防中心建设，开展风险排查14项，调取412个模型83070条数据，发现问题1901个。开展违规问题溯源分析，逐条分析4319个违规问题，针对性提出346条管控措施。开展打击“十项违规行为”警示教育。进一步提升风险经理履职实效，风险经理发现问题4725个。扎实推进监管通报和审计发现问题整改，银保监会通报监管问题整改率88.89%，内部审计问题整改跟踪发现问题整改率83.78%。“信贷资金取现后存入他人账户”模型应用成果获总行第三届数据建模大赛业务价值创造奖。反洗钱分类评级由2020年的B级上升为BBB级。

——安全生产工作。持续推进“一行一策，一楼一策”消防隐患专项整治，解决52处网点消防设施问题，完成30家食堂“气改电”。加强邮政场地清分室安全管理，鄂尔多斯、赤峰分行实现邮政集中监控及清分现场值守。开展安全生产大检查，集中解决网点出入口控制系统等技防设施不达标、人员履职不规范等问题。进一步理顺司法协助查冻扣工作。全年未发生安全生产责任事故和外部侵害案件。

——疫情防控政策落实。做好疫情防控应急预案优化、培训、演练、防疫物资储备、疫苗接种等工作，确保常态化防控措施落实到位。

### 四、运营管理

——资产负债管理。应对利率下行趋势，信贷投放节奏前移，推动实现“早投放、早收益”。出台利率管控方案，进一步强化利率管理。存贷款利率总体优于同业，净利差、资产收益率等指标继续保持邮储银行前列。加强资本配置管理，严控低效资本占用，压降不可撤销贷款承诺节约资本535万元。

——财务资源支撑。紧盯经营管理绩效考核过程管理不放松，推动绩效考评实现跨越式进位。投入1.09亿元市场发展费用，出台27项财务激励政策，匹配5000万元成本费用，支持重点业务转型发展。改善营运环境，2020—2022年累计为9个盟市分行的14个一级支行、1个二级支行购置营运生产用房，共计投资2.46亿元；累计为基层新增和更换公务用车60辆。

——人力资源激励机制。以实施领导人员任期制和契约化管理为基础，进一步完善领导人员考核制度，业绩导向更加清晰。持续开展人才库建设，加强干部梯队培养，选拔入库人才53人。启动年轻干部双向交流工作。打通专业岗人才成长通道，完成高职级岗位聘任工作。建立二级支行长绩效考核机制，进一步完善专业条线考核评价体系。

——数字集约运营转型。开展127个网点内外部形象改造，持续优化柜面及设备运营，自助设备可分流交易离柜率97.86%，列邮储银行第1位。推进网点运营人员综合化，推行对客“感动服务”，推广智能排队系统，不断提升客户体验。网点服务类有责投诉比上年压降92%。完成5个低效网点治理。推动业务库、函证业务集约化运营。

——科技赋能水平提升。全年建设信息化项目30个，顺利完成新一代个人核心系统省内推广上线，与中间业务平台等26支业务新旧系统迁移对接。社保卡白名单项目在邮储银行全行做经验介绍。推进老旧设备更新，完善网络安全架构，自助设备完好率比上年提高 1.1%。信息科技风险管理提质升级活动圆满收官，生产终端病毒感染率从 5.10% 下降至 0.09%。

**五、党的建设**

——思想理论武装走深走实。两级分行党委累计开展 130 次集体学习研讨。组织开展党委理论中心组学习专项互查。党员、干部参加学习培训 1500 余人次。通过组织专题学习、开辟“每日一测”线上学习专栏等多种形式，认真组织学习宣传贯彻党的二十大精神。分行申报的党建论文获评总行党建研究论文征集评选活动二等奖。

——基层党组织建设固本筑基。持续开展基层党组织建设达标工程和创先争优活动，组织理论学习和发展党员形式主义突出问题专项治理。开展“行长值大堂”200 次。完成“我为群众办实事”237 个项目及支部领题破题 147 项课题。以“三亮三比三评”活动为载体，在不良清收、业务营销等方面形成比技能、比作风、比业绩的生动局面。

——全面从严治党纵深推进。开展乡村振兴、安全生产等政治监督，强化日常监督。加强年轻干部廉政教育，对新提任干部开展廉政谈话。信访举报数量 15 件，比上年下降 21%。认真落实巡视整改与巡察工作，集团巡视反馈意见整改、运用十九届中央第八轮巡视成果对照整改、集团公司 2021 年第一批巡视反馈问题对照整改、集团巡视办 2021 年专项检查发现问题自查整改均已完成。开展巡察“回头看”，整理汇编近 5 年巡察发现频发易发 40 个典型问题，预防屡查屡犯。持之以恒纠治“四风”，开展整治形式主义官僚主义监督检查，基层摊派营销任务调研督导，收集“我对纪委有话说”意见建议 262 条。推进清廉金融文化建设，与 14 家单位签订廉洁伙伴共建协议。（邮储银行）

## 【中邮证券内蒙古分公司】

**一、总体发展概况**

实现营收 507.43 万元，完成计划的 197.44%，比上年净增 435 万元，比上年增长 605%。其中经纪业务收入 212.01 万元；资管业务收入 32.68 万元；投行业务收入 254.72 万元；其他收入 8.02 万元。

**二、业务发展**

——加快财富管理业务转型发展。以推进产品户、两融高效高质业务为重点，新开产品户 6 户，带动资产新增 3314 万元。年底存量产品户 10 户，带动新增资产超 5500 万元，带动收入超 100 万元；新增两融户 6 户，存量客户 27 户，融资客户 10 户，融资余额突破 500 万元，实现两融利息收入 24 万元。

——强力推进营销体系建设。招聘有社会资源的客户经理 6 名，年末营销人员 16 人。加强营销机构建设，分公司成立虚拟营销机构呼市、鄂尔多斯财富管理中心（现鄂尔多斯营业部正在筹建中），呼市财富中心全年收入贡献 57 万元，鄂尔多斯财富中心收入贡献 145 万元。

——促进资管投行项目落地。内蒙古能源集团财务顾问项目成功落地，投行业务收入 254.72 万元（税后），投行协同收入规模列分支机构第 1 位。

——持续推进与双邮渠道协同工作。协同区邮政、邮储联合下发《关于协同推进 2022 年中邮证券业务发展的通知》，明确目标、要求和政策支持；参与区邮政工会《2022 年全区证券业务协同发展劳动竞赛方案》制定，促使协同工作的快速推进。成立区级证券协同工作组，进一步加强协同渠道服务支撑工作。全区各项协同指标均圆满完成，其中，邮政渠道开户 6934 户，完成目标的 135.14%，新增有效户 1272 户，完成目标的 256.97%；邮储渠道开户 2770 户，完成目标的 110%。邮政渠道资管产品销售 2.03 亿元，完成目标的 200%，邮储渠道销售 1.79 亿元，完成目标的 163%。

**三、运营管理**

——做好现场业务运营服务。按照总部要求做好各项系统测试上线工作，做好现场客户开户工作及特殊业务处理，按要求做好档案管理工作。

——线上业务运营服务。做好客户网上开户见证、审核工作，及时处理证件到期、开户驳回与开户锁定等问题。

**四、风险管控**

——加强人员合规管理。定期核查从业人员证券账户开立情况和从业资格变动情况以及从业期间违规、违纪情况；及时增减和完善企业风险管理平台合规监测员工信息，确保监测数据无误；根据证券经纪业务管理规定，对分公司人员岗位设置提出合规建议，避免岗位兼职不符合行业规定的违规情况。通过定期检查和规范管理，分公司人员合规管理达到公司要求。

——加强合规学习培训。组织分公司工作人员定期开展合规学习与培训，每月开展合规、反洗钱学习，学习内容涉及监管新规、合规案例、业务新规、防范化解金融风险、反洗钱监管规定、反洗钱相关制度等多个方面。

——强化业务合规及风险管理。按照公司要求开展合规管理有效性评估、全面风险排查等自查及专项工作。根据合规部对合规管理人员要求，开展分公司季度合规自查，采取立行立改和时限整改的督导措施，逐一落实整改问题，确保问题不拖延、不遗留。分公司年度内未有合规风险事件发生。

——深入开展反洗钱等各项工作。进一步修订反洗钱内控制度，及时完善反洗钱工作小组成员结构，及时通过人行交互平台向当地人民银行报送。积极响应监管和公司相关宣传活动开展要求，通过组织短信警示、座谈培训、微信推广等不同方式宣传贯彻洗钱风险知识。落实监管单位要求，及时完成监管要求各类数据、报告的月度、季度、半年及年度的报送工作。参加2021年呼和浩特辖区反洗钱分类评级，在证券期货机构中排名第10位，评级结果为BBB级。

五、党的建设

——加强党的政治建设和思想建设。强化理论学习，深刻领悟“两个确立”决定性意义，强化政治引领。

——认真履行管党治党政治责任。落实党建工作责任，履行好政治责任，有效落实监督责任。

——落实党建工作重点任务。规范党建管理，加强队伍建设。

——发挥党组织和党员作用。坚持围绕中心工作抓党建、抓好党建促发展，发挥战斗堡垒作用。加快财富管理业务转型发展、资管投行业务实现跨越式发展。

——全面从严治党，营造风清气正氛围。（中邮证券）

# 辽宁省

## 【中国邮政集团有限公司辽宁省分公司】

一、2022年度总体发展概况

总收入58.2亿元，增长6%，总利润、寄递利润完成集团预算。

二、党的建设

——政治建设。认真落实“三个第一时间”学习机制，深入学习贯彻党的二十大精神，教育引导党员干部坚决拥护“两个确立”，做到“两个维护”。发扬斗争精神，全面彻底肃清违纪违法人员的不良影响，守牢意识形态工作主阵地。

——基层党组织建设。深入开展理论学习和发展党员材料抄袭专项治理、基层党组织建设“达标创争”、“三亮三比三评”、党支部“领题破题”等活动，基层党组织建设更加坚强有力。加快推进团的工作有形有效覆盖，青年理论学习走深走实，青春建功行动深入实施。

——办实事项目。聚焦员工期盼，为疫情突发地区小家配发防疫物资97.4万件。持续开展走访慰问活动，累计走访慰问4.67万人次，发放慰问金523万元。深入开展员工健康管理工程和各类文体活动，引导员工快乐工作、健康生活。

——党风廉政建设。驰而不息纠治“四风”，查处2起违反中央八项规定精神问题。组织开展“靠邮吃邮”、业务外包等专项治理，巩固招标采购、资金归集等专项治理成果。省内巡察实现五年全覆盖。坚持“三不”一体推进，立案审查25件，给予党纪政纪处分26人，公开通报10起违规违纪违法典型案例和丹东金融案件党内问责情况，开展党风廉政警示教育月和“党纪法规进课堂”活动。

三、服务国家重大发展战略部署情况

——普遍服务。普遍服务运行指标全面达标，机要通信连续36年安全无事故，列全国第1位。网点转型初见成效，转型网点覆盖率100%，点均收入增长11.1%，万元以下低效网点清零。全面完成绿色邮政行业生态环保“9917”目标。

——乡村振兴。服务乡村振兴系统推进。协同开发“村社户企店”，打造示范社41个、龙头企业4个、农产品基地36个，农产品寄递收入1.71亿元，农产品交易额4.47亿元，融资E放款5.7亿元，拉动AUM1.35亿元，综合服务模式不断完善。

四、落实集团公司发展战略情况

——寄递“六大改革”。“两集中”改革细化落地，网建、网管、网控能力提升。陆运网改革深入推进，构建“一主两辅”组网模式，省会中心集散比例压降21%，沈阳、锦州中心日均处理能力提升20%，6个地市中心日均处理能力突破10万件。运输改革拓展多种邮运模式，开通丹东旺季邮航航线，试行上海、广州、深圳、厦门民航包舱包板，签订高铁邮运框架协议，通达范围覆盖23个省份。一级干线大车、往返邮路及自办占比、干线车辆日均行驶里程明显提升。处理中心规范化改革取得突破，省际中心分拣设备综合效能提高17%，矩阵、分拣机收容率达标，日人均处理效率提升499件，包件车间作业人员压降25%，沈阳邮区中心全国验收评价为优。市趟改革初见成效，日均行驶里程、件数装载率、运行准点率均超集团目标。揽投网改革深入推进，有序开展分网分层作业，设置重点核心区域特快揽投部16处，特快专段占比27%。

——三级物流体系。加快三级物流体系建设，建成重点示范县13个、村级综合便民服务站1.16万个，争取无偿用地5600平方米，建制村邮快合作覆盖率80%，开通交邮代运线路19条，新增投递机动车710台，农村服务能力不断增强。

——保供保通保畅。坚决落实“疫情要防住、经济要稳住、发展要安全”的要求，不讲条件、勇担重任，构建了保障民生的“绿色运输线”。原省委书记批示赞扬辽宁省分公司“积极服务抗疫大局，全力保障物资运输畅通，展现出‘人民邮政为人民’的担当，用实际行动传递正能量。”

五、业务发展

——金融业务。收入37.1亿元，增长6.7%。新增余额206.6亿元，创邮银分营以来最好水平。AUM转型步伐加快，长期期交新单保费16亿元，中邮长期期交8.3亿元；高效基金销量30.7亿元，进度列全国第2位。重点项目稳步推进，代发金额增长6.95%，增幅列全国第2位；新增数币绑卡个人钱包48.6万个，进度列全国第6位。

——寄递业务。收入11.8亿元，增长6.3%。特快增速跑赢全国、远高竞品，政务、商企、生鲜、电商市场增收均超千万元；樱桃寄递收入近1800万元，草莓寄递收入翻近三番；特快件均单价提升0.9元；邮航空舱费压降899万元。快包边际贡献率提升至14.9%。国际深耕邮航日韩专线，开通东北首条中欧班列运邮专线和澳大利亚海运邮路，“三关合一”场地投产运营；国际边际贡献率提升11.2%，国际特快增速列全国第2位。物流开发高速公路仓配、烟草配送等项目，收入增长20.6%。营销体系建设加快推进，配备专职项目经理129人、项目制收入增长6%，专职营销人员达到797人、业绩增长8%，揽投部特快收入增长24%。

——集邮与文化传媒业务。收入4.83亿元，增长4.2%。与中国集邮有限公司联合开发“虎年鸿运”暨《壬寅年》生肖专题册销量创新高。与辽宁省博物馆跨界举办《姑苏繁华图》特种邮票首发式，线上参与人数突破86万人次。研发“辽篮冠军礼”文创产品，收入500万元。《习近平谈治国理政》第四卷销量突破45万册，进度列全国第3位，党的二十大系列政务图书销售600万元。函件收入增长27.3%，增幅列全国第3位，创新辽宁“六地”红色文化、“雷锋在辽宁”等系列机戳产品，实现经济效益、社会效益“双丰收”。

“虎年鸿运”暨《壬寅年》特种邮票设计者冯大中见面签售会（辽宁省分公司）

——分销与增值业务。收入3.52亿元，增长12.2%。农村电商上下行商流规模7.95亿元。渠道质效不断提升，打造优质站点6550处、活跃小店8010个，建成自提点1.13万处。烟草零售交易额突破4000万元，规模列全国第9位。

——协同项目。六大协同项目收入8.21亿元，增长50.7%。集团重点总部客户收入1.18亿元，增长51.3%。

**六、运营管理**

——市场化经营机制。全面推行领导人员任期制和契约化管理，建立部门及员工绩效管理制度，实现了战略绩效指标层层细化传导。

——基础能力建设。建设投资2.04亿元。沈阳（苏家屯）仓储中心、大连邮件处理中心建设项目有序推进。完成83个金融网点改造。

——科技赋能。上线金融跨赛应用模块、网点建设信息管理系统等科技项目，完成业财一体化平台等9项信息化工程建设，支撑经营管理提效更加有力。

——降本增效。寄递投递、处理、管理环节成本比上年改善，收寄、投递、管理环节单价进入全国前十。用工管控不断优化，邮区中心生产机构用工减少432人。

——人力资源管理。建立战略绩效考核体系，将集团公司的考核重点、年度经营发展重要目标任务等纳入部门绩效考核指标；全面推行领导人员任期制契约化管理，全面承接战略绩效考核指标，打通“干部能上能下、薪酬能增能减”的通道；创新本部员工绩效考核管理，根据不同岗位职责设置差异化业绩考核指标，保证战略指标层层传导、重点任务责任到人。遵循国企领导人员“20字”要求选拔任用干部，加大年轻干部培养使用力度，“80后”三级领导人员占比12%，有50%市、县分公司领导班子配备年轻成员，干部年龄结构不断优化。

——企业管理。全面搭建电子收款渠道，推进营收缴款“六维核查”，资金归集得到规范。欠费结构改善，逾期欠费规模下降16.7%、占比下降2.54%，寄递逾期欠费优于集团管控水平。开展寄递资费管控专项整治，拼户串户等违规经营行为得到遏制。强化采购规范化管理，年度关键指标均超集团挑战目标。认真开展审计监督，完成各类审计278项，工程结算审减率9.74%。

**七、风险管控**

深刻吸取案件教训，以高压态势开展雷霆行动暨百日行动，组建32人“空降部队”开展接管式检查，制定员工行为排查、风控体系建设等17个办法，着力筑牢金融风控屏障。“平安邮政”建设有效落实，全年未发生重大安全责任事故。圆满完成党的二十大、北京冬奥会等重大活动期间邮政安全服务保障任务。稳妥完成14个厂办大集体企业清算注销改革任务。（辽宁省分公司）

**【邮储银行辽宁省分行】**

实现营业收入43.71亿元，增长12.67%；净利润14.71亿元，增长43.51%。经济增加值2.24亿元，经济资本回报率12.56%，成本收入比52.63%。分行总资产2688亿元，增长7.48%。各项存款余额2409亿元，增长6.76%，新增存款153亿元；各项贷款余额1394亿元，增长4.23%；存贷比57.86%。不良贷款率0.96%，正向排名省内国有大行第2位。拨备覆盖率172.69%。

**一、服务国家重大战略部署**

——服务实体经济。加大对“两新一重”领域支持力度，投放公司贷款42亿元，余额156亿元。参与地方政府债投资和承销工作，9次中标政府债55.3亿元，余额259.44亿元。对“专精特新”、绿色贷款给予特殊政策，绿色贷款余额40.69亿元。支持供给侧结构性改革，公司贷款投放主要集中在辽宁地方经济发展重点领域，其中交通运输业71亿元、电力行业39亿元、制造业31亿元，占全部公司贷款余额的90%。围绕省政府“三篇大文章”加大授信支持力度，支持省内重大基础设施建设项目，大力支持辽宁地区企业规模经济发展。

——服务乡村振兴。坚决落实党中央全面推进乡村振兴战略部署，加大涉农重点领域支持力度，涉农贷款投放158.8亿元，年净增11.45亿元，普惠型涉农贷款年净增19.81亿元，增速15.27%。连续两年在人民银行和银保监局服务乡村振兴考核评价中，考核等级被评为“优秀”。

——支持中小微企业发展。坚持“线上＋线下”双轮驱动，线上贷款拓展新平台，扩展新场景，实现全业务模式落地，线下贷款加强地域特色行业研究，布局专项领域客群，优化产品结构。小企业贷款余额41.59亿元，年净增9.92亿元，比上年多增8.79亿元，提前9个月完成总行增量计划，计划完成率列邮储银行第4位。

**二、业务发展**

——零售金融。个金业务收入增幅19.4%，列邮储银行第9位，提升8位；新增个人养老金账户3.08万户，列邮储银行第8位；实现保险收入1.58亿元，增幅98.6%，列邮储银行第6位，荣获总行“2022年数智化转型营销活动优秀组织奖”；定制辽宁专属理财，单周销量7.7亿元。三农业务产业链贷款增量完成率280%，列邮储银行第1位。首创产业贷特色行业模式，为邮储银行产业贷“*N+N*”模式的开展贡献辽宁经验和力量。消费信贷住房贷款投放占有率列“五大行”第4位；车贷“总对总”业务增量2.87亿元，列邮储银行第2位。信用卡30天激活卡绑卡率66.3%，结存激活卡绑卡率82.2%，分别列邮储银行第10位、第5位；实现场景分期6.29亿元，是上年的2.3倍。网金业务快捷绑卡、手机银行重点客群绑卡率分别比上年提高3.2%、2.8%，分别列邮储银行第6位、第4位。烟草网关支付归集额占比32%，收单收入比上年增长64.4%。

——公司金融。公司存款年日均余额114.82亿元，公司客户3.36万户，新增公司客户7026户。公司贷款时点余额156.07亿元。公司贷款授信规模不断扩大，新增授信客户31户、金额209.2亿元；实现全辖公贷授信全覆盖。交易银行成功落地首笔融资租赁保理业务，牵头组建银团放款2.6亿元，填补贸易融资产品空白。

——资金资管。金融同业实现收入44528万元，比上年增幅52.86%，绝对值15399万元。落地4笔利率债质押式同业存款业务，金额100亿元，列邮储银行第1位；票据回购余额列邮储银行第1位，票据交易量列邮储银行第3位；转贴收入3.3亿元，列邮储银行第1位，增长1.4亿元，增幅72%。

**三、风险管控**

——智能风控建设。围绕智能风控，以信息化系统建设为抓手，深耕场景化科技创新应用，开展了智能火眼风控管理系统二期建设，通过整合内外部数据和搭建风险预警模型，实现客户潜在风险的主动识别。

——信用风险识别化解。优化资产质量管控机制，差异化设置机构、产品管控限额，动态设定预警指标和预警标准，强化管控方案执行。突出重点业务风险治理，持续加强风险跟踪与管控力度。增设条线关注类贷款控制目标，组织监测、分析、提示相关条线强化关注类贷款管理，掌控变化趋势，全力保障关注贷款占比趋于平稳。“三单”客户实现“金盾”系统线上管理，对于符合认定的客户应纳尽纳，分类施策，积极化解风险。

——法律事务和内控管理。参加“3·15”金融知识宣传活动，参评作品荣获辽宁银保监局教育宣传周公益短视频展播三等奖，被中国辽宁刑侦和国家反诈中心视频号采纳并发布。持续做好“内控合规管理建设年”相关活动，梳理制定28项内控合规提质增效工作要点，形成台账，落实到人，持续跟踪督导，内部控制有效性得到进一步提升。

——疫情防控和安全生产工作。坚持经营发展与疫情防控“两手抓、两手硬”，常态化做好防疫物资保障、办公场所防护、营业网点防控、员工教育引导、防疫工作监督检查等疫情防控措施，最大限度减少疫情对经营发展及员工身心健康的影响。加强技防建设和消防隐患改造，完成省分行监控中心迁址改造工作，持续推进安全用电监测系统安装工程，被总行评为2022年“平安邮储”优秀单位。

**四、运营管理**

——资产负债管理。加强信贷资源的调度，优先向零售信贷倾斜，零售信贷占比54.07%，比上年提高1.1%。从严管控低效资本占用，全行不可撤销贷款承诺累计下降20.18亿元，计划完成率140%，节约风险加权资产10.09亿元。以发展高质量存款为核心，不断降低付息成本，净利差2.48%，存款付息率1.54%，比上年减少11BP，比上年变动列邮储银行第3位。

——财务管理。用准资源配置，对重点业务出台70项补贴政策，奖励收入4.4亿元。以成本收入比为总体管控目标，按月均匀列支成本，机构运行费比上年下降1316万元。优化并下达成本标杆计划130项，标准型标杆65个，差异型标杆65个，进一步缩小差异型标杆计划值差额。

——人力资源管理。畅通员工发展通道，职级晋升1233人，薪酬晋档4563人。人均薪酬增幅4%，实现人均薪酬连续增长。继续严控用工总量，净减员97人，人员总量降至7844人。优化人员配置，销售类人员净增32

人，占比 30.25%。组织开展管理人员赋能训练营，通过开展“明标准、强能力、促联动、盘人才”4 个方面的活动，严格遵循目标要高、IDP 要诚、短板要准、措施要实、标杆要明、结合要紧的“六要原则”，实现了经营发展业绩、人才梯队建设和干部素质能力“三提升”。

——信息科技支撑。加强各类建设项目过程管控，快速推进总行 28 个重点信息化项目（功能）建设与推广，积极推进省内网络改造、智能外呼平台等项目实施，按计划完成部分老旧 IT 设备更新改造，开展 61 项省内软件研发项目建设并完成上线 33 项。强化数据赋能，提取数据 406 项、开展专题分析 6 项，有效助推网金快捷绑卡等业务指标提升。《智能化信贷风险特征研究及应用》项目获总行数据建模大赛优秀奖。

——集约化转型。紧跟总行系统及功能上线步伐，稳步完成新一代个人业务核心系统、双录智能风控机器人系统、运营风险监测管理系统、函证管理系统及大额现金异常交易预警管控功能等上线工作，反馈系统问题 720 条。全力支撑总行“云生产”平台作业，处理邮储银行全行公司结算业务 2586 笔。

——网点效能和客户体验。对辖内 93 个网点进行全面改造和微改造，突出邮储银行网点特点，树立良好的业界形象；开展低效网点治理工作，治理低效网点 13 个。推进客户体验旅程全生命周期管理，完成分行特色客户旅程优化项目 3 项，分行自主体验评测项目 4 项，同业对标项目 2 项。开展服务明星、明星网点评比活动，打造手语服务特色网点 2 个，全面营造服务宣传氛围，提升邮储银行的服务形象。

**五、党的建设**

——深入学习宣传贯彻党的二十大精神。第一时间学习领会党的二十大报告和大会精神，组织干部职工收听收看党的二十大开幕会；下发中心组学习参考党的二十大专刊 7 期；开展中心组学习研讨 3 次。制定《中国邮政储蓄银行辽宁省分行党委学习宣传贯彻党的二十大精神工作方案》，举办解读党的二十大精神专题辅导讲座、组织参加庆祝党的二十大公益直播系列讲座 8 次、开展“喜迎二十大、永远跟党走、奋进新征程”“喜迎二十大 清廉传万家”等相关活动。

——党建与业务融合。深入开展“三亮三比三评”活动。聚焦经营管理重点难点任务，开展党支部“领题破题”活动，多渠攻坚，形成破题合力，分别在农村信用体系建设、个人产业链经营贷款、中间业务发展、公司业务客户挖掘、资产质量管控等方面实现了突破。全辖 179 个党支部共领题 192 个，均已结题。

——全面从严治党。纵深推动全行清廉文化建设，强化新任职领导干部廉洁从政教育，常态化开展节前廉政提醒谈话工作；从践行“两个维护”的政治高度谋划推进巡视巡察整改监督工作，对部分二级分行开展巡察整改情况专项监督，组织省分行主责部门开展巡察整改“微课堂”活动，协助省分行党委对 2 家市分行及所属县支行党组织开展巡察“回头看”。认真落实党风廉政建设责任，开展党风廉政宣传教育月活动，组织观看《叩问初心》《零容忍》等警示教育片。

——企业文化建设。组织金融知识进社区青年志愿者活动，加强“青年文明号”“青年岗位能手”品牌服务队伍的建设力度。深入推进企业文化宣传贯彻落地工作，印发企业文化宣贯落地工作安排表，制作企业文化宣传墙，对入职大学生进行企业文化培训。深入开展“行长值大堂”主题活动，以大堂经理的身份走入基层网点，以实际行动践行“有担当、有韧性、有温度”的企业精神。（邮储银行）

**【邮储银行大连市分行】**

实现营业收入 7.84 亿元；利润总额 2.55 亿元，增幅 18.24%；中间业务收入 0.96 亿元，增幅 14.03%；经济资本回报率 9.95%，提升 0.37%；成本收入比 51.3%，下降 5.72%。分行资产总额 824.56 亿元，增幅 12.95%。各项存款余额 770.1 亿元，增幅 13.06%；各项贷款余额 271.07 亿元，增幅 5.8%。不良贷款率 0.82%，下降 0.68%。拨备覆盖率 190.09%。

**一、服务国家重大战略部署**

——服务乡村振兴战略。新增涉农贷款 1.28 亿元，推进农村信用体系建设，评选信用村 232 个，信用户 2734 户，打造三农金融服务站 33 个，建成首个移动支付受理示范县；加强政银合作，落地林家铺子贷款、物流一体化协同项目，投放贷款 900 万元；落实惠农专班机制，融资 E 贷款净增 2063 万元。

——助力实体经济发展。普惠金融贷款净增 7.2 亿元，增速高于全行各项贷款增速 34%；聚焦“六稳”“六保”，新发放贷款利率比上年下降 14BP，助力企业复工复产。服务“专精特新”及科创企业客户 88 户，新增贷款 1.66 亿元，客群整体开发度提升 1.1%，列大连市同业第 3 位。

——积极融入国家重大战略。助力实现“双碳”目标，绿色信贷余额 4.06 亿元，增幅 37.79%；绿色融资 4.95 亿元，增幅 46.19%。助推经济结构转型升级，实现首笔新基建领域贷款突破，累计投放 1.6 亿元，新增设备改造再贷款 5000 万元。创新数字人民币在农贸、医药等领域应用，成功发放“新市民”暖心钱包 2500 张。积极参与养老“第三支柱”建设，邮银开办个人养老金账户超 2 万户。

**二、业务发展**

——零售金融业务。个金业务严控高成本存款增长，价值存款占比比上年提升 2.48%；加速推进财富管理转型，实现 AUM 新增 19 亿元，代销保险销量比上年增幅25.13%，期交占比比上年提升13.1%。消费贷款取得突破，其中汽车消费贷款净增2.41亿元，完成总行计划245%，完成率位列邮储银行首位；打造邮享贷等综贷业务品牌，落地邮薪贷等3个新产品，综贷净增3000万元，增幅404%。信用卡白名单转化率23%，列邮储银行第8位，汽车分期业务规模突破3400万元。三农金融自主研发水产品加工、肉鸡产业链、水产品养殖等特色行业小额贷款新产品，小额贷款净增6.19亿元，比上年增长89.3%。网络金融成功打造U商街权益平台，实现入驻商户1813户，发放权益3万余人次；建设微商圈22个，甘井子区支行"万盛"项目入选总行标杆性商圈，新增有效商户5028户，交易金额9.63亿元，收单AUM增速19.36%，列邮储银行第8位。

——公司金融业务。公司贷款对公钱包超额完成全年计划，客户综合产品覆盖率16.98%，列邮储银行首位；成功落地分行首笔新基建贷款、首笔最高额抵押贷款、首笔知识产权质押贷款、首笔设备改造再贷款。交易银行开放式缴费平台交易量超1.6亿元，增幅33%；企业网银开通率保持邮储银行首位；现金管理服务客户6651户，增幅52%；国际结算量创近4年新高，突破亿元大关；表内外结算、资产业务连续创新，形成中收创3年新高，完成总行计划的190%，增幅138%。

——资金资管业务。票据业务转型成效显著，票据贴现累计办理10.81亿元，增幅73%，完成总行下达指标120%；非息收入336.31万元，完成计划204%。同业合作平台新注册客户5户，完成邮储银行首笔同业合作平台成交质押式存款业务。同业融资取得零的突破，累计办理业务19亿元。

**三、风险管控**

——科技风险防控。建设邮银隔离区，提升互联网风险防护能力；圆满完成北京冬奥会和冬残奥会、党的二十大等重大活动期间的网络安全保障任务。

——信用风险管理。处置不良贷款3.87亿元，增幅168.48%；呆账核销完成2.67亿元，完成率列邮储银行第1位。完成现金清收7156万元，增加利润7005万元。创新开展押品综合治理工作，完成2.86万笔权证的系统补录。

——内控合规和法律事务管理。推进风险经理派驻，加大监督检查、违规问责力度，检查发现问题921个，警告及以上处理62人次。健全重要决策事项法律审查机制，建立行长投诉接待日和重点投诉分析机制，下大气力整治监管转办投诉，落实机构洗钱风险评估工作。

——内部审计工作。接受内部审计15项，整改审计发现问题324个，精准提升内控管理水平。

——疫情防控和安全生产工作。全面做好营业场所疫情防控，切实加强应急值班值守，加强人员流动管控。组织青年志愿者下沉网点，保障疫情防控期间养老金发放。落实安全生产领导常态化机制，梳理细化总、分行安全保卫规章制度43个，召开3次安全生产委员会会议，组织开展安全教育培训55次、各类应急预案演练54次。

**四、运营管理**

——资产负债管理。注重成本管控效益，以29项具体措施聚焦总量、结构调整和投入产出效率提升，成本收入比上年末压降5.7%，取得历史性突破。强化存款精细化定价，紧盯政策及市场动态，灵活调整分行定价政策，自营储蓄利率较同业低27BP，公司存款利率较同业低56BP，低于邮储银行平均值55BP，付息成本稳步压降。

——财务管理。出台12项激励政策、55项收入成本补贴，支持战略重点业务加快发展。提高议价能力，年内续租的营业用房整体房租降幅超50%，租赁期内节约成本700余万元。

——人力资源管理。申请总行、广东分行选派7名干部来连帮扶任职，推动15名骨干人才参与行内上下交流；完成1096人次职级、薪档晋升工作及65位领导人员任期制契约化签约；制定"部门称重"方案，开展"业绩摘牌"活动，合理拉开收入差距。

——信息科技支撑。完成新一代个人业务核心系统等20余个系统上线、改造，搭建公积金"邮享贷"、第三代社保卡等业务系统，完成特色信息化项目29项，自主研发数量占比超75%，自主功能测试覆盖率超90%；落地数字化转型项目9个，从场景打造、数据赋能、流程优化等方面助力业务发展。

——网点效能和客户体验。优化作业组织流程，设立同城柜员排班探索性试点，提升销售类队伍占比至29.7%，盘活网点人力资源；提升网点内外部形象，完成41个自营网点室外标识更新、14个网点室内模块化改造工作。

**五、党的建设**

——深入学习宣传贯彻党的二十大精神。党委班子带头宣讲党的二十大精神，制定学习方案，发放学习用书，刊发"党员先锋岗"学习感悟，在机关本部设置"一廊一栏两室"的可视化阵地，强化宣传效果。

——党建与业务融合。分行党委与普兰店区委、区政府开展党建"联学共建"活动，深入海参养殖企业调研，推出"海参贷"产品；各党支部以"党建共建""挂行蹲点""合规—共产党员在行动"等活动为抓手，有效拉近政银、银企关系，提升社会影响力；派出驻村第一书记2名，加强对县域"三农"工作的支持，被市委组织部授予驻连央企"共驻共建工作表现突出单位"荣誉称号。

——全面从严治党。开展余毒不良影响专项肃清排查工作，常态化开展作风建设，在关键节点开展廉政约谈，落实"靠邮吃邮"问题专项整治；如期完成集团内部巡视整改、总行巡视专项检查整改，运用十九届中央第八轮巡视成果对照整改工作；分行巡视巡察整改“4+2+1 工作法”在总行信息专栏刊发推广。分行获交通运输部中国交通企业管理协会授予的“廉政文化建设优秀单位”荣誉称号。

——企业文化建设。开展“行长值大堂”活动 55 次，解决问题 103 个；全面加强团青工作，选优配强基层团干部，开展“读书荐书”活动，开展“两优一先”“双先”评比表彰活动，甘井子区支行荣获集团公司“服务示范窗口”、沙河口区支行荣获总行 2018—2021 年度“先进集体”等荣誉称号。（邮储银行）

## 【中邮保险辽宁省分公司】

### 一、发展概况

实现保费 31.1 亿元，市场占有率 5.1%，列全省第 5 位；新单保费 12.15 亿元，市场占有率 5.7%，列全省第 4 位；长期期交新单保费 9.5 亿元，市场占有率 7.3%，列全省第 3 位。团险万元以上保单比上年增长 69%，团险件均保费比上年翻了 4.6 倍；职域个险保费比上年增长 257%，团险渠道业务全面达成。

### 二、邮银渠道建设

狠抓邮银渠道“需求导向式”营销转型和网点综合能力提升，协同渠道组织开展阶段性营销活动 9 次。一季度率先提出 CRM 系统应用和大单制胜的营销思路，成立 3 个小组同步开展转型培训和技能提升送教，长期期交件均保费提升至 1.9 万元，列全国第 7 位。总结优秀案例 240 余条，按照六大客群的五大需求汇编形成五金销售法，引导渠道从“卖产品”向“卖方案”转变。联合邮银渠道打造全省兼职讲师队伍，选聘邮银渠道中邮保险兼职讲师 84 人，圆满达成总分公司兼职讲师建设目标；在省会城市试点建设保险规划师队伍，并高效推广开展全省保险规划师队伍建设，初步建成了一支团队经理 2 人、外拓客户经理 3 人、保险规划师 42 人、覆盖全省 12 个地市的专业人才队伍。

### 三、多元渠道拓展

走访省内招商银行、建设银行、明亚经纪等多家单位寻求合作机会，经过多轮的走访、路演、谈判，成功与招商银行、中信银行达成战略合作。与招商银行的成功合作，在“双 11”上线首日实现保费超 100 万元，实现保费 1032 万元，成为全国银保渠道外拓成功出单的第一家分公司，外拓渠道保费列全国第 2 位。

### 四、专业能力

——主要指标管控良好。保全时效 1 天，列全国第 1 位，保全合格率 99.98%，列全国第 2 位；理赔出险支付时效 64.31 天、理赔申请支付时效 1.12 天，位居同业前列；犹豫期内回访成功率 99%，人核件回执回销完成率 100%，回访录音、问题件附件上传率 100%；未发生群体性事件及舆情事件。

——数字化运营。大力推广“邮 e 保”，为 1433 个网点、3115 名网点人员开通受理权限，网点覆盖率达 100%。创新研发线上速查小工具，将不同渠道出单流程、出单样张、转核规则等搬到线上，打造移动式业务运营支撑；开发“预核保”线上小工具，复杂核保件实现 7 × 24 小时实时反馈，累计受理核保咨询 150 笔；创新理赔服务模式，通过微信理赔报案、远程视频验伤等方式实现 10 分钟理赔。

——客户服务。创新客服活动形式和内容，服务品牌影响力显著增强，对所有微信回访工单实现 100% 复检，抽检成功率超 70%，妥善留存工单处理痕迹，呼入呼出录音附件上传率 100%；开展差异化线上线下客户服务活动 20 余次，维护客户 3000 余人，受到省保险行业协会、省级媒体的表扬；“金融知识月”活动受到辽宁银保监局肯定。

——风险防控。按月度监测关键指标，按年度开展操作风险评估、偿付能力管理评估、全面风险排查；严格落实反洗钱分类评级等工作要求，全年分析和重新识别可疑交易数据 373 笔、客户身份 2746 件；邮保联动检查 5 市、8 县、54 个网点；对健康险业务退保率较高的机构下发合规及风险提示函 5 份，联动问责 12 人，全面筑牢合规防线。

### 五、运营管理

—— 推进组织变革。全面落实任期制和契约化管理工作要求，15 名领导人员按期完成签约，建立经营业绩和综合考评“双达标”考核机制，实施“对标对表”“一人一表”科学考核。重塑分公司组织架构，机构从 14 个整合为 10 个；撤销营业部设置，完成团险业务中心、邮银业务部机构编制调整；强化前台部门设置，理顺中台部门职责，精简整合后台部门，全年员工岗位调整 10 人次、员工双向选择 4 人次。

——打通专业化晋升通道。落实薪酬制度调整优化方案、员工发展管理办法，平稳完成薪酬初始化套入和职务职级体系建设工作，合理拉开分配差距，畅通员工专业化晋升通道；调整绩效考核整体结构，强化经营业绩和贡献考核导向，将年度工作目标和重点任务细化为具体的经营管理目标系；落实员工发展办法，建立横向可流动、纵向有升降的员工职业发展通道，将能力和绩效作为员工职务晋升的主要依据。

——财务管理更加规范。夯实会计核算基础，加强资金、预算管控力度，优化资源配置；以绩效考核为抓手，强化绩效考核引领作用；修订全面预算管理细则、采购管理办法等制度，进一步提高财务管理水平；优化财务工作流程，预算、资金、核算、税务、采购各条线联动，助力经营发展。

### 六、党的建设

——政治建设。深入学习贯彻党的十九届六中全会精神，深入学习贯彻党的二十大精神，以高质量党建引领高质量发展，坚决做到“两个维护”，充分发挥党的政治优势，制定落实全面从严治党主体责任清单，印发党建和纪检工作要点，召开民主生活会、组织生活会5次；展现国企责任担当，积极开展助力乡村振兴系列活动，向5300余名脱贫群众，捐赠保额1.3亿元人身意外伤害保险金。

——组织建设。抓住支部建设这个“牛鼻子”，创造性开展工作，组织同省邮政分公司机关部门、中移在线等相关党支部对接，共同开展主题党日、党员学习等活动；严格选人用人程序，组织开展领导人员竞争上岗、组织选拔任职，提任四级正2人、四级副1人，调整领导人员岗位7人次，进一步配强配优干部队伍；印发《中邮保险辽宁分公司落实中共中央关于加强对“一把手”和领导班子监督的意见工作任务分解表》，制定年度提醒谈话工作方案，集体任职谈话16人次、日常提醒谈话3人次。

——纪律作风建设。紧盯“关键少数”，强化纪律规矩意识，对中层干部开展集体廉政约谈，第一时间传达违反中央八项规定精神的典型案例；紧盯党员干部不担当、不作为、乱作为等问题，加强监督，坚决纠治形式主义、官僚主义；严格监督执纪问责，深化“四种形态”运用，开展监督谈话22人次，及时“咬耳扯袖”；坚持在元旦、春节等重大“节”点前监督提醒，强化公车使用、公款消费等重点环节监督检查，防止“四风”反弹回潮。（中邮保险）

## 【中邮证券辽宁省分公司】

### 一、总体发展概况

实现业务收入799万元，收入规模在分公司中排第9位。其中，两融利息收入实现69万元，比上年增幅38.9%；两融余额实现1351.5万元，比上年增幅74%。投行业务条线收入128.9万元，实现零的突破。

### 二、业务发展

——坚持协同，推进客户开发。分公司积极主动推动板块间协同工作，拜访省邮政、省邮储银行、大连市邮储银行和各地市级邮政企业，持续加强与邮政及邮银的协同。新开立资金账户10969户，新增有效户2838户，渠道及自营资管产品销售完成14944万元。

——稳定规模，股票质押项目收入形成规模。通过组织持续跟进，朗姿股票质押项目前5个月稳定在1.4亿元规模，后续规模在4000万元，股票质押项目实现431万元。通过做股票质押项目，与海通、华泰、国泰君安等大券商竞争，进一步锻炼队伍，增强信心。

——带头营销，投行业务取得新突破。总经理带头营销，协同邮储银行大连市分行，与总部投行事业部多次拜访大连德泰控股有限公司，成功开发该公司2022年非公开发行20亿元公司债项目，获得主承销商资格。第一期成功发行，募集资金12亿元，为公司创收390万元，项目成为2000年以来东北地区同资质、同期限、同评级非公开发行公司债最低利率、最大规模。

——做好复制，公募基金交易单元业务形成突破。与河南第一单做成公募基金交易单元业务人员交流，探讨业务模式。实现公募基金交易单元落地，形成业务收入30万元，并引进优秀人才。

——打造省内协同良好氛围。按季参加省内各版块协同会议，做好汇报，做好证券业务在邮政企业的推动。协调省公司、省行、大连行下发文件支持中邮证券发展。联合拜访沈阳和平国资、上市公司锦州港及省内重点民企嘉晨集团等企业，深度挖掘上市公司的业务需求，为企业提供股票定增融资方案。

——加快鞍山营业部发展。营业部新增普通账户163户，累计账户783户，托管资产6365万元；新增两融账户3户（其中沈阳团队新增4户），累计账户23户，两融余额199.7万元。实现业务收入44万元，其中手续费及佣金收入34.67万元，利息收入24.28万元，融资融券利息收入9.61万元。

### 三、运营管理

——运营管理逐步夯实。辽宁省分公司研究制定《中邮证券有限责任公司辽宁分公司客户投诉处理实施细则》《中邮证券有限责任公司辽宁分公司客户交易佣金管理实施细则（2022年修订）》。运营服务电话答疑2560条，办理BOP业务204笔，职业信息账户规范工作658户，身份不明客户识别排查工作47户。组织开展对开户失败客户进行电话回访923户，成功修改503户。组织开展“3·15投资权益保护”“5·15”投教活动宣传、“打非宣传月”等活动。

——加大优秀年轻员工的培养和市场化人才引进力度。推荐雏鹰计划重点培养对象2人，引进客户经理3人。鼓励员工持证，分公司（含营业部）有投资顾问资格13人，有基金从业资格18人，前台员工基金持证率92.3%。

### 四、风险管控

合规风控常抓不懈。分公司组织修订《中邮证券有限责任公司辽宁分公司反洗钱实施细则》并上报监管。接受人民银行现场调研，完成人民银行沈阳市分行反洗钱处关于对违规发布反洗钱分类评级结果进行排查。组织分公司开展合规培训12次、反洗钱培训和宣传各4次，完成从业人员监控信息更新监测及员工权限变更监测12次。组织开展辽宁辖区2022年防范非法证券期货宣传月活动、“反洗钱警钟长鸣”主题宣传活动、开展禁毒宣传月活动等。

### 五、党的建设

——深入学习贯彻党的二十大精神。第一时间组织全体员工通过多种形式收听收看党的二十大开幕会。通过党员大会、支委会和党日活动等方式，组织党员干部员工学习党的二十大精神5次，开展专题学习研讨1次。

——坚定不移向党中央看齐。坚持把党的政治建设摆在首位，发挥好政治“指南针”作用，进一步提高政治站位，深刻领悟“两个确立”的决定性意义，增强“四个意识”，坚定“四个自信”，坚决做到“两个维护”。认真落实“三个第一时间”学习机制。组织党支部学习习近平总书记发表的重要讲话和署名文章 21 篇，学习中央重要会议精神 6 次、重要文件 8 篇。

——党建工作与经营发展深度融合。切实开展党支部“领题破题”活动，坚持从“领题”中查找差距，从“破题”中寻求机会，成功签署席位租赁项目。4 月 24 日，支委会研究部署分公司党支部进一步深入开展“三亮三比三评”主题实践活动，激励全体党员进一步发挥先锋模范作用。

——推动党建工作标准化、规范化。分公司党支部认真落实“三会一课”、组织生活会和谈心谈话等制度。组织召开党员大会 4 次，支委会 26 次，研究部署党支部重点工作。开展主题党日活动 10 次，党课 4 次。深入开展基层党组织建设达标工程和创先争优活动。

——把全面从严治党向纵深推进。党支部常态化开展党性教育、警示教育和理想信念教育 7 次。完成薪酬二次分配、招待费使用情况、商务活动宣传用品管理使用情况自查和营销费专项审计等。全面加强网站、“两微一端”等意识形态阵地的建设和管理，将意识形态工作纳入分公司部门负责人年度综合考评。认真落实巡视巡察整改责任，较好地完成集团党组巡视全面自查整改和运用十九届中央第八轮巡视成果对照整改任务。（中邮证券）

# 吉林省

**【中国邮政集团有限公司吉林省分公司】**

**一、2022 年度总体发展概况**

实现业务收入 44.57 亿元，列全国第 21 位；比上年净增 2.16 亿元，增幅 5.09%，列全国第 23 位；利润 4383 万元，列全国第 18 位；从业人员劳动生产率达到 36.73 万元 / 人，企业经营发展迈入新阶段。

**二、党的建设**

——政治建设。坚定不移加强政治建设，坚定拥护“两个确立”，坚决做到“两个维护”。深入学习贯彻党的二十大精神，及时跟进学习习近平总书记最新重要讲话精神，强化思想理论武装，把学习成果转化为推动企业高质量发展的实际成效。

——基层党组织建设。基层党组织建设全面达标，通过“三亮三比三评”“领题破题”“帮扶共建”等实践活动，推动党建工作与生产经营深度融合、同频共振。新增 4 家“吉林省文明单位标兵”，县以上邮政企业全部获得省级以上文明单位称号。

——党风廉政建设。推动政治监督具体化，扩大集体约谈范围，聚焦重大决策部署、重要工作安排落实情况开展监督。提升专项治理高效化，开展高收低录、靠邮吃邮等 19 项专项治理工作，发现并处理 357 项主要问题，处理追责问责相关人员 218 人次。推动执纪问责精准化，全省处置问题线索 34 件，立案审查 16 件，给予党纪政务处分 18 人。推进作风建设常态化，强化监督检查中央八项规定落实情况，开展党风廉政警示教育月系列活动。

**三、服务国家重大发展战略部署情况**

——疫情防控。面对严峻复杂的疫情形势，干部职工勇于担当、冲锋在前，坚决贯彻落实集团公司防疫抗疫的“四不中断”要求，遵照省委省政府指示，全力保供保通保畅，特别是 10 月份长春邮区中心突发疫情与党的二十大会议重叠期间，全力确保党报党刊、机要邮件等重点服务万无一失，得到了省委省政府和社会各界的充分赞誉。

——普遍服务。营业服务达标率、建制村直接通邮率、县及县以上城市党政机关《人民日报》当日见报率保持 100%，省会间普邮全程时限达到集团标准，城市投递外勤关键点扫描率达到 98% 以上；“扫黄打非”工作扎实开展；机要通信质量保持 36 年全红。网点转型 100% 全覆盖，点均叠加业务种类 16 种。未出现重大通信服务质量问题、重大媒体曝光事件和重大违规经营案件。

——乡村振兴。聚焦农业产业工程，锚定“村、社、户、企、店”五大客群，系统化组织、体系化推进服务乡村振兴的各项工作。在协同委员会下增设协同服务乡村振兴工作领导小组及工作专班，组建省市县三级乡村振兴办公室，建立常态化工作机制。深度融入吉林省“十大产业集群”整体布局，完成首批 2936 家“双千工程”主体遴选和遍访摸排，建立“双千工程”信息库。全面推进全省三级物流体系建设。梳理服务乡村振兴 35 项重点工作、85 项细化工作，以梨树模式定型县域服务乡村振兴模板，首批选择 10 个县域进行复制推广，启动“奋战 60 天”专项活动。与六大厅局联合制定“1+6”支持邮政助力乡村振兴工作方案。投放涉农贷款 115 亿元，销售农产品 3.5 亿元，寄递农产品 1266 万件，从服务农业产业链各端为企业获得大量有效客户，逐步形成“政府获赞、农民获利、企业获客”的邮政惠农服务模式。

**四、落实集团公司发展战略情况**

——管理提升。围绕集团公司下发的 15 项重点问题，形成 92 项管理提升重点任务；围绕省分公司党委确定的“十个强化”目标，打造 10 方面 57 项重点工作任务。形成“清单式”管理、“销号式”落实的督办机制，系统推进管理能力全面提升。

——降本增效。件均成本压降 6%。一是强化管控，组建专班及课题组深度推动。建立任务台账，对 31 大项

88小项任务实行销号管理。出台负向考核与正向激励办法。开展两轮常规质询，重点问题重点突破。二是大力夯实财务基础，规范和明晰核算界面，真实反映损益核算结果。三是优化智能调度和投递模式。陆运成本完成0.96元/吨公里，全国排名第11位。快递包裹自提代投率比上年提升19.4%。四是规范外包管理，开展专项整治。专项整治梳理合同882份，发现问题10类99个。加强外包集中采购，集采节约资金5518.9万元、节约率17.4%。

吉林省舒兰市分公司推进行业绿色低碳发展，开展瓦楞纸箱回收复用活动（《中国邮政报》7月23日）

——寄递“六大改革”。两集中改革探索推进，一是组建“最强大脑”管控团队，不断强化集中管控力度，初步形成“集中统一、扁平直达，快速响应、闭环反馈”的管控体系。二是邮区中心规范化改革初见成效，聚焦规范化、精细化管控，人员定额优于达标值18人，人均处理效率由837件/天提升至1223件/天，超达标值44件/天，设备综合效能提升至70%。三是市趟改革成效显著，聚焦人员、车辆和时限3个关键要素，强化管控力度，全省共压降成本334.6万元，占市趟成本的15.2%。四是运输改革提档加速，聚焦重点指标强化过程管控，邮车装载率41%，列全国第16位；大车发车量占比47.7%，列全国第5位；单边邮路占比0%，列全国第1位。五是陆运网改革扎实推进，聚焦柔性组网，明确省内本地中心节点，邮件全程平均分拣次数减少至1.4次。六是揽投网改革深入推进，聚焦快包自提代投和揽投部网格建设，推动快包自提率提升至63.5%，网格化率完成94%。

**五、业务发展**

疫情反复延宕，各项业务指标均受较大影响。面对收入压力持续加大的严峻形势，省分公司党委带领全省邮政干部职工紧紧围绕既定目标，明确重点任务，细化工作举措，持续加大追产补产力度，实现“两超一补一稳”，最大限度追赶全年收入预算目标。一是金融业务超产稳定大盘。实现收入30.31亿元，比上年净增2.75亿元，超集团计划9900余万元，增幅9.99%，列全国第22位。二是寄递业务补产扎实底盘。实现收入6.4亿元。三是文传业务稳产夯实地盘。实现收入3.42亿元，增幅0.5%。四是渠道业务超产筑牢本盘。实现收入3.8亿元，列全国第12位，增幅2.8%。

**六、运营管理**

——人力资源配置效果明显。合理调整合同用工总量，合同用工比上年末减少330人。调整优化重点业务人员结构，全省理财经理配备达到常态点均1人水平，代理金融劳务用工比上年压降0.94%。开展寄递业务生产机构“三定”工作，日人均散户揽收件数、投递件数、处理件数比上年分别提高33%、20%、21%。持续优化员工学历结构，大学专科及以上学历占比76%，增幅1.5%。其中日校学历占比38.06%，增幅1.51%。整改规范长期不在岗人员193人。

——干部队伍建设有力有效。构建年轻干部“选、育、用、管”全链条体系化工作机制，加大优秀年轻干部选拔力度，推动竞争上岗，优化各级领导班子的年龄结构和专业结构，3个地市领导班子配备40岁左右干部，28个县分公司领导班子配备35岁左右干部。强化干部人才上下交流机制，推动63人交流任职。强化干部监督管理，开展“一把手”监督、内部竞聘和干部人事档案等专项问题整治，开展提醒谈话8人次，持续匡正选人用人风气。

**七、风险管控**

一是制度建设成效初显，新增及修订制度77项，集中废止16项。二是全面加强标准合同管理，有效维护企业合法权益。三是房产管理质效提升，全省实现租金收入4714万元，盘活闲置房产117处，平均租金比上年增长5%。四是集采管理成效显著，完成集采项目120个，合同金额3.6亿元，节约资金8073.9万元，节约率18.3%。五是审计监督持续强化，完成各类审计项目87项，工程审减额243万元，结算审减率8.52%。六是严守安全防控底线，以安全大检查大整治为抓手，切实强化综合防范体系，全年未发生重大安全生产事故。（吉林省分公司）

**【邮储银行吉林省分行】**

实现营业收入31.81亿元，实现利润总额8.86亿元，两项指标“双超”计划进度。分行总资产、总负债规模双双突破2618亿元，增速均超10%。不良贷款率优于省内国有六大行平均水平，保持省内同业较好水平。

**一、服务国家重大战略部署**

——助力打造乡村振兴“吉林样板”。涉农贷款净增26.73亿元，完成监管计划294%，增速29.61%，列省内国有大行首位。加快农村信用体系建设，累计建成信用村8184个、信用户23万户。在乡村振兴监管考核评价中，获得省内国有大行唯一“优秀”评价。

——扎实服务普惠小微。普惠型小微企业贷款余额151.06亿元，比上年净增13.51亿元，完成监管计划138%，增速高出分行各项贷款平均增速4.27%。充分发挥票据服务小微作用，投放资金9.6亿元，创历史新高。

——加大重点领域支撑力度。大力支持光伏、风电、抽水蓄能等项目建设，绿色贷款结余58.23亿元，比上年增加16.86亿元，绿色贷款占比比上年提高1.35%。制造业中长期贷款新增6000万元，增速21%。累计为70户“专精特新”企业提供14.23亿元资金支持。

——支持吉林全方位振兴。投放信贷资金737.16亿元，比上年多投95.75亿元，余额净增63.57亿元，比上年增长6.49%，服务地方经济的工作举措和积极实践，多次获得省委主要领导批示肯定，服务乡村振兴的经验做法以省政府名义上报国务院办公厅，并在央视、新华社内参、人民网等媒体播报，进一步释放了“邮储助农”的品牌效应。

**二、业务发展**

——零售金融业务。个人金融着力推进财富管理体系建设。全行有效客户新增10.79万户，月日均价值存款新增40.11亿元，完成总行计划200.55%。三农金融投放小额贷款169亿元，比上年多投40亿元，净增21.28亿元，个人经营性贷款存量市场占有率列省内国有大行首位。深耕特色产业，累计向1.7万肉牛养殖户投放涉牛贷款38.4亿元，列省内国有大行第2位。消费信贷房贷净增6亿元，新增市场占有率列省内国有大行首位。新增准入汽车经销商107个，车贷净增3.6亿元，完成总行计划目标152%。

——公司金融业务。公司存款累计新增公司客户4766户，完成全年计划105.91%。上线吉林银彩通系统，联动开立账户及手机网银1156个，市场占有率34.55%，归集资金5499万元。公司贷款年增40亿元，余额260亿元。小企业金融累计获取白名单客户10万余户，线上业务净增8.47亿元，计划完成率282%。金融同业新增邮e贴签约客户91户，系统外票据交易突破160亿元。创新邮储银行首笔债券质押式同业存款，累计落地14亿元。交易银行邮银协同缴费平台有效户78户，计划完成率169.57%，列邮储银行第1位。福费廷业务余额62.68亿元。

——中间业务。完成中间业务收入3.29亿元，比上年增长6387万元，增幅24.12%，高于各一级分行平均水平；中收占比提高1.3%。代理保险实现新单保费7.18亿元，拉动代销业务收入增幅达25.17%。信用卡新增客户11.08万户，新增场景分期金额2.84亿元，关联还款率54.91%，高于各一级分行平均水平。网络金融实现中间业务手续费收入3301万元，比上年增幅56.16%。手机银行月活跃客户34.48万户，计划完成率107.76%。

**三、风险管控**

——全面风险管理。提交并跟踪解决风险议题107个，安排完成风险管理计划事项23项。年内下发风险数据5327条，发现并整改业务问题1139笔。创新开展零售信贷风险分析，形成专项风险分析报告81份。加大不良资产处置力度，多措并举处置不良资产8.8亿元，完成总行下达的各项处置计划。

——内控合规管理。强化关键岗位履职，完成41个县区支行风险经理派驻全覆盖。保持案防高压态势，相继开展专项排查11项，累计发现问题1400余个，问责1300人次。排查员工16000余人次，排查覆盖率100%。深入推进金融教育示范基地建设，荣获吉林银保监局“2022年吉林省金融联合教育宣传活动优秀组织单位”称号。

——安全生产管理。动态完善疫情防控举措，舆情、信访、印章、保密、应急等工作扎实开展，持续推进“平安邮储”创建工作，累计建成安全管理标准化达标网点135个。全行投入1600万元落实“安全生产大检查”隐患整改工作，安全管理基础进一步夯实。

**四、运营管理**

——财务管理。激励重点业务发展，补贴近1亿元。压降不可撤销贷款承诺32.7亿元，完成总行考核计划的251%。依托“一个不增、四个压降”活动，压降房屋租赁费及外包人员成本费355万元。扎实做好利率管控，新发放实体贷款加权平均利率5.32%，比上年提高7BP，其中批发贷款利率列邮储银行第5位，优于各一级分行平均水平35BP。

——人力资源管理。深化干部人事制度改革，完成106名省分行管理干部、578名市分行管理干部签约。持续加大各层级“领航工程”人才库建设，推动28人在全行跨条线、跨岗位、跨层级交流任职。加大销售人员配置力度，销售人员净增141人，整体销售人才队伍占比超过30%。突出经营业绩导向，拿出2000万元工资总额预算与重点业务发展挂钩，队伍活力竞相迸发。

——运营管理。全面规范运营档案管理，实施“消灭袋装，入箱封存”，自查档案近98万盒。加大业务印章机控管理，全辖配备202台业务用印机，机控率100%。加强集中运营管理，资金汇划、会计稽核、监控预警等核心指标在总行考评中保持满分。

——邮银协同。牵头制定协同工作年度规划，推动惠农经营贷等9项指标超额完成总行任务计划。其中，惠农经营贷计划完成率列邮储银行第5位，协同开放式缴费平台业务计划完成率列邮储银行第4位。

——科技赋能。研发项目17项，自主研发率保持在50%以上。顺利完成15个信息化工程建设项目，强化营销数据模型在理财拉新、信用卡拉新、信用卡分期等场景的应用，风险传染模型、Z世代营销模型等两项模型在总行数据建模大赛中荣获二等奖。

**五、党的建设**

——政治引领作用不断加强。深入学习贯彻习近平总书记重要讲话精神和党的二十大精神。扎实推进集团巡视问题整改，完善闭环管理长效机制，整改完成率100%。开展党建“共建共创”活动，与省建行、省中行签署党建共建合作协议。统筹组织开展党支部“领题破题”“三亮三比三评”主题实践活动，清单式推进并完成课题219项，推动党建工作与转型发展同频共振、同向发力。

——党风廉政建设扎实推进。聚焦疫情防控、乡村振兴等8方面重点内容开展监督检查，确保党中央重大决策部署落实到位。盯紧“关键少数”，开展任前廉政谈话27人次，回复党风廉政意见57人次，加强对领导人员履职待遇、业务支出预算执行情况的监督，严防“四风”反弹。深化清廉金融文化建设，与12家合作单位签订《廉洁伙伴共建协议》，编发《纪检案例知识小课堂》21期，提升纪检队伍素质。

——加大企业文化宣传贯彻力度。用心用情做好慰问工作，走访基层网点56个，发放慰问金70余万元。不停步加大职工小家、母婴关爱室建设力度，提高企业年金企业缴费比例，在总行邮储人年度调查中，“员工幸福指数”连续4年排名前列。（邮储银行）

## 【中邮保险吉林省分公司】

### 一、发展概况

实现总保费收入21.8亿元，完成计划的102%。其中新单总保费9.1亿元，完成计划的103%，列全国第10位；银保期交新单保费行业占有率24.58%，省内列第1位。实现5年交及以上终身寿保费收入6.3亿元，完成计划的146%，列全国第4位；健康险保费2444万元，完成计划的105%，列全国第10位；10年交及以上健康险占比64.3%，列全国第2位；新业务价值1.85亿元，完成计划的112.5%，列全国第6位。实现续期保费12.65亿元，完成计划的101.47%；13个月保费继续率94.97%，列全国第4位；25个月保费继续率98.29%，列全国第1位；宽末综合达成率98.9%，列全国第2位。

### 二、落实服务国家重大战略

服务乡村振兴，保险赠险帮扶覆盖3057人，风险保额6114万元；向洮南市有帮扶需求的人群赠送3.74万元的生活物资；践行绿色邮政要求，在线出单率99.6%，线上培训覆盖率100%。

### 三、多元渠道拓展

——多元渠道建设。制定多元渠道布局工作方案，与招商银行签订合作协议，与吉林银行合作协议待总部审核通过后签订。顺利对接明亚保险经纪公司吉林分公司，开展两次线上产品培训并进行产品出单测试。

——个团险营销。深挖战略客户资源，成功中标吉林省联通公司员工“重疾险”项目，保费收入336万元。抢前抓早开展关爱快递小哥项目，成功承保顺丰速递重点员工重疾险项目、长春邮区中心团体人身意外险项目；推进BBC职域营销，积极组织中移在线员工家属自购宣传活动，实现职域营销保费32万元，比上年增长44%。

### 四、改革创新

优化分公司机构设置，内设机构由8个调整为10个，调整了8名中层干部，调整员工岗位40人次。落实领导人员任期制和契约化管理，完成11名领导人员《岗位聘任协议》等签约工作，通过组织推选、竞争上岗等途径调整补充领导人员。实施职级薪酬市场化改革，签订岗位责任书，协议薪酬约定考核。加强优秀年轻干部队伍建设，开展岗位交流13人次；组织社会招聘3次，引进4名同业专业人员。

### 五、专业能力

——加强“三支队伍”建设。专职讲师实行派驻管理，组建8人保险规划师队伍和120人邮银兼职讲师队伍，3支队伍各司其职、优势互补，切实发挥营销培训、业务指导、政策宣导等职能，有效连接企业和渠道协作共进。

——风险合规管控。组织开展市场乱象治理“回头看”、制度评估等工作，清理制度18项；开展邮银渠道合规检查11次，与省分公司开展联合检查4次，不断提高业务质量，筑牢风险堤坝；开展合规培训7次、合规宣传2次，培育“合规创造价值”理念氛围；开展扫黑除恶专项斗争、反洗钱、反保险欺诈、防范非法集资等风险管控，营造安全稳定的经营环境。

——消费者权益保护不断强化。组织消费者权益保护宣传活动，以“五进入”为宣传重点，走进长租公寓，对学生及新就业人群等开展金融知识及保险保障知识的宣传活动；走进社区和居民小区开展送金融知识进社区宣传活动；走进乡村大集，通过为农民送金融知识等多种形式开展金融消费者权益宣传活动，使不同的金融消费者了解符合其需求的金融保险知识。开展客户服务季活动，组织各类客服活动88场，持续提升客户体验。

### 六、运营管理

推进“邮e保”App应用，全省签约网点“邮e保”App覆盖率达到100%。开发支撑工具“吉码通”，发布业务操作指引13条。建立“首问责任制+包保责任制”，通过线上、线下及实地带教等培训54场。新契约综合合格率、保全两日结案率等10余项指标列全国首位。

### 七、党的建设

深入学习贯彻党的二十大精神；落实“三重一大”决策制度和党委前置研究重大事项清单，严格执行民主集中制；完成支部党员调整和支委换届工作，以“三亮三比三评”和“领题破题”活动为着力点，促进党建工作与中心工作深度融合；完成集团公司巡视分公司60项整改措施，对照十九届中央巡视25家金融单位反馈的共性问题，6项整改措施全部完成；深化党风廉政建设和反腐败工作，精

准运用“四种形态”提醒谈话 8 人次，通报 3 人次，全年未发生违规违纪问题。（中邮保险）

## 【中邮证券吉林省分公司】

### 一、总体发展概况

分公司内设财富管理部、机构业务部、综合管理部 3 个部门，从业人员 13 人，其中党员 7 人，发展入党积极分子 2 人。实现进账收入 355 万元，其中经纪业务收入 114 万元，资管收入 241 万元。

### 二、业务发展

——经纪业务。新开立账户 5574 户，累计开立 31612 户（其中有效账户 1251 户，有效户占比 3.96%）；资产总量 23594.31 万元，其中证券市值 18036.82 万元，基金资产 550.25 万元，资金资产 2765.34 万元，邮储银行第三方存管账户 27347 户，累计交易量 23306.27 万元。两融客户 39 户。

——资管投行业务。资产管理业务收入 241 万元，在分支机构资管条线排在第 1 位。存续项目金吉 1 号管理规模增加 15 亿元，资管清分收入数据 247.11 万元；与都邦财产保险股份有限公司签署中邮证券金都一号单一资产管理计划，管理规模 1500 万元，约定规模 3 亿元；对集团公司重点创新推荐项目 S 基金，积极对接省内资产端优质客户吉林省股权基金和长春新兴产业股权基金。

面对面对接机构近 200 家，拜访“专精特新”及科创企业客户 39 家、上市公司再融资等股权类业务潜在客户 5 家、债券及 ABS 业务潜在客户 5 家、企业理财业务潜在客户 10 家，储备多家具备合作潜力的企业。

——协同工作。争取省公司、省分行及各板块的领导重视，以高质量发展作为发展核心目标。截至 12 月 31 日，分公司协同省公司累计新增有效户 1130 户，新增账户 1168 户，协同省邮储分行累计新增账户 2980 户。推进财富管理转型发展工作，销售总部重点基金产品 438.06 万元；积极开展两融客户权限开通和融资业务办理营销活动，年度开通权限客户 4 户，累计 39 户。推进吉林省收益凭证的组织销售工作，收益凭证累计销售 10611.6 万元。加大对重点区域协同工作推进力度，与各地市分公司均制定年度证券业务发展方案，在金融从业人员能力提升内容中增加证券内容；与长春邮储分行通过客户信息共享开展潜在客户开发，多次与邮储银行长春市分行在财富管理中心组织内部客户投资经验交流。加强自营能力建设，提升投顾服务水平。在继续做好“每周投顾讲堂”“市场综评”“热点解读”的基础上，做好风险提示，对金融投资者反洗钱、防诈骗等方面进行宣传提示。

### 三、运营管理

——注重营销队伍建设。通过制作海报开展省内区域营销经理招聘宣传和信息收集工作，引入市场化人才 1 位。

——加强投顾服务能力建设。在做好日常投顾服务的基础上，加快投顾服务转型，通过开展定向推送、限时订制优惠等举措积累定制性客户，对客户积极引导“价值投资”理念，按要求做好各类总结上报，认真做好各类投资者教育工作。

——完善分公司内控机制加强员工合规管理。制定印发分公司客户投诉处理实施细则、建立安全管理相关制度，明确各部门职责。定期对分公司员工开展合规培训、制度学习；不定期和员工分享监管案例。积极响应各类监管要求并有效组织落实，及时完成监管要求各类数据、报告的报送工作，组织开展投教宣传、打击和防范经济犯罪宣传、金融知识普及月等多个主题活动。

### 四、风险管控

吉林省分公司对内开展平均一月一次的合规学习，涉及监管新规、合规案例、业务新规、防范化解金融风险、反洗钱监管规定、反洗钱相关制度等多方面内容。对外按照监管和公司相关活动开展要求，组织反洗钱宣传活动 10 次。

### 五、党的建设

——在运用十九届中央第八轮巡视成果对照整改工作中，中邮证券吉林省分公司巡视整改工作领导小组认真制定整改方案，研究整改措施，结合自身实际工作，围绕台账中 5 个方面 9 个主要问题，制定 13 项整改任务，13 条具体措施。整改期内，分公司党支部认真研究整改措施，形成整改方案，建立工作例会机制。各部门按照党支部的统一部署，认领各自的整改条目，明确自身整改责任，形成党支部统一领导、工作小组统筹协调、各部门具体落实、步调一致协同推进、层层抓落实的巡视整改工作格局。截至 2022 年年底，召开月度例会 7 次，完成整改措施 7 条，阶段性完成且持续推进 6 条。

——在 2018 年以来集团党组巡视整改情况开展全面自查整改工作中，分公司党支部进一步加强理论学习，对全面自查工作进行了安排部署，主要针对 2021 年集团党组常规巡视、2021 年常态化整改的台账、报告及相关佐证材料开展自查。经自查，集团巡视反馈的 19 个问题均已完成，其中有 9 个问题的 10 条整改措施需持续推进。

——开展“根在基层”调研活动。7—10 月，中邮证券吉林分公司部分青年理论学习小组成员组成“根在基层”调研实践活动小组，到各市州邮政分公司进行“加强基层联系，建立证券业务协同直通车”专题调研。分公司青年员工围绕调研主题，多次到吉林各地市邮政和邮储银行网点开展调研，了解基层生产作业实际，及时解答基层问题，增进基层感情，增强服务意识，体会邮政员工发展业务的难点。通过调研，发现并解决分公司存在的一些突出问题，形成专题调研报告。（中邮证券）

# 黑龙江省

## 【中国邮政集团有限公司黑龙江省分公司】

**一、2022 年度总体发展概况**

总收入 64.41 亿元，比上年增长 6.33%，完成集团计划的 100.35%；实现利润 1.7 亿元，超集团计划 1.21 亿元，比上年增加 3.68 亿元，列全国第 3 位。

**二、党的建设**

认真落实“三个第一时间”学习机制，组织党委理论中心组（扩大）学习会议 10 次。深入开展基层党组织建设达标工程和创先争优活动，以党支部“领题破题”和“三亮三比三评”主题实践活动为抓手，推动党建和企业中心工作深度融合，高质量完成 144 个课题。落实《中共中央关于加强对“一把手”和领导班子监督的意见》，制定 45 条细化分解措施，加大对“一把手”监督力度。采取“常规 + 专项”方式对 13 个党组织开展巡察，累计巡察 170 个基层党组织，完成 2018—2022 年巡察全覆盖目标。持之以恒纠治“四风”，查处违反中央八项规定精神问题 13 起，运用“四种形态”批评教育帮助和处理 306 人次。

**三、服务国家重大发展战略部署情况**

——服务乡村振兴。一是三级物流体系建设取得新进展。县乡村网络实现全覆盖，农村投递汽车化达到 100%；邮快合作深入推进，建制村覆盖率 100%，代投民营快递 1489 万件，比上年增长 49.6%。二是邮美合作取得突破，已有 16 个县分公司开展合作，累计配送商品 2072 万件，实现收入 1395 万元，黑龙江省分公司与牡丹江市分公司获得全国邮美合作最佳合作奖，东宁市分公司与鸡东县分公司分别获得最佳协同奖和最佳网格奖。三是标准村建设取得新突破。复制推广“小朱家村”模式，与驻村工作队或第一书记结对子，联合推进标准村建设，提供普惠金融、农村电商、快递物流等综合解决方案，累计打造 87 个标准村。四是商流规模得到新增长。累计完成批销额 1.1 亿元，完成计划的 175%；累计实现农产品交易额 2.69 亿元，比上年增长 50%，完成计划的 105.3%，其中黑龙江大米交易额突破 1 亿元，在全国 150 个农品基地中排名第 3 位；累计实现线上零售额 1.17 亿元，进度达到 260%，排名全国第 1 位，高于全国平均进度 132%。五是服务县域商业体系展现新作为。在省商务厅确定的两批次 40 个商业体系示范县中，24 个县已在政府申报的建设模板中，明确邮政三级物流体系项目。

黑龙江绥芬河市分公司寄递事业部开展党员学习活动（《中国邮政报》4 月 15 日）

——普遍服务工作。机要通信连续 29 年万无一失，普服绩效考核 12 项指标全面达标，未发生触碰“两条红线”“巡视信箱”“扫黄打非”等安全事件。落实国家固边政策，228 处抵边自然村实现每周投递三频及以上，占比 94.21%。依托三级物流体系，233 个乡镇实现每天一频。持续开展网点转型，29 处代办网点改为自办，普服网点点均收入达 211 万元。

——绿色邮政建设。严格落实“9917”工程要求，采购使用符合标准的包装材料比例达 100%，规范包装操作比例 98.22%，可循环快递箱（盒）使用量 2 万个、回收复用瓦楞纸箱 187.9 万个，全部完成计划目标。

**四、落实集团公司发展战略情况**

——寄递“六大改革”。“两集中”改革深入推进，制定 27 项工作举措和 46 条具体工作任务。处理中心规范化改革取得积极进展，哈尔滨邮区中心和地市处理中心包裹快递邮件日人均处理效率分别为 1165 件 / 人和 905 件 / 人，均完成集团公司目标值。市趟改革扎实推进，车辆减少 35 台、人员减少 51 人、邮路减少 42 条，日均里程完成 105 公里，超目标值 20 公里，车辆装载率比上年提升 28.7%，年节约成本 1062 万元。陆运网改革稳步推进，初步构建了“一主 + 两辅 + 区域中心”三级网络架构。运输改革步伐加快，积极推行农副山特产品省际够量直达，不断优化地市运能采购机制。揽投网改革加快推进，自提点 1.05 万个，完成计划的 123.9%，快包自提率 57.33%。

**五、业务发展**

——金融业务。实现收入 43.75 亿元，增幅达到 11.17%，创 6 年来新高。“AUM 为纲”理念持续深化，新增 AUM 379 亿元。保险创收能力显著提升，收入比上年增长 26.88%，列全国第 9 位。储蓄余额跨越式增长，2021—2022 年度跨赛新增储蓄存款 266.78 亿元，比上年多增 41 亿元，连续第三年获得“十强”省分公司称号；2022—2023 年度跨赛第一阶段，新增价值存款突破 200 亿元，创历史新高；年增储蓄存款突破 300 亿元，达到 320 亿元，创历史新高。

——寄递业务。特快业务“互联网 + 智慧医疗”、医药配送等新项目合计增收 1636 万元；国际业务全面强化对俄陆运通道建设，实现收入 2.88 亿元，比上年增长 67.81%，完成进度 194.54%，均位列全国首位；快包业务“优势线路促营销、够量市场提速度”取得积极成效；物流业务比上年增长 5.41%。

——邮务业务。集邮业务比上年增长 3.39%，4 年来首次实现正增长；报刊发行稳中有进，2023 年度收订流转额比上年增长 3%；分销业务稳中向好，完成集团计划的 101.92%，商品毛利率达 8.48%，比上年增长 1.63%。

——协同发展。与省退役军人事务厅、美的、美团等达成战略合作，全省协同项目累计实现收入 8.39 亿元，完成集团计划的 104.2%。其中，惠农合作项目取得新成效，农产品寄递收入完成 1.46 亿元，进度 111.55%；活跃合作社“广覆盖”完成 14239 户，进度 118%；中邮惠农示范社完成 31 个，进度 103.3%；融资 E 本年贷款净增 6.65 亿元，进度 262.9%，列全国第 3 位。

**六、运营管理**

——能力建设。累计完成总投资额 1.19 亿元，其中，寄递能力投资 2502 万元，占比 22.9%；金融能力投资 1822 万元，占比 16.7%；三级物流体系投资 2919 万元，占比 26.7%；安全保障方面投资 3333 万元，占比 30.5%。安排 2 个省际中心工艺优化项目、1 处电商示范项目、5 处县域仓配项目，立项改造网点装修工程 13 处、邮银业务库 12 处，增配生产设备 90 台，配备社保卡发卡机 511 台，企业软硬实力得到有效提升。

——精神文明建设。全省邮政获评全国工人先锋号 1 个，全国职工职业道德建设先进个人 1 人，全国邮政先进集体 3 个、先进个人 6 人；省劳动模范 18 人，龙江工匠 1 人，省职工职业道德建设先进单位 1 个、先进个人 2 人；省最美女职工 1 人，省最美女职工家庭 1 个，省女职工创新能手 1 人。韩帮绪当选中国国防邮电工会第五届全国委员会委员。

投入慰问金 900 余万元，开展送温暖、送清凉、金秋助学、职工帮扶等活动。继续推进 2021—2023 年职工小家建设三年规划，建成规范化职工小家 15 个，新建职工小家 40 个，维护改造职工小家 173 个；新建职工食堂 4 个，维护改造职工食堂 14 个，新增配餐网点 28 个。启动第九期重病医疗互助保障工作。

**七、风险管控**

扎实推进“平安邮政”建设、安全生产专项整治三年行动、安全生产大检查等重点工作，圆满完成北京冬奥会、冬残奥会，以及党的二十大期间安全服务保障工作，金融安保人员 100% 配备到位，全年未发生重大金融风险和安全责任事故。全力服务疫情防控大局，主动兜底防疫物资和民生物资的运输配送。（黑龙江省分公司）

**【邮储银行黑龙江省分行】**

实现收入 42.92 亿元，完成预算 105.7%，列邮储银行第 6 位，比上年上升 22 个位次，比上年增速 9.63%，为 2013 年以来最高增速；实现利润 14.11 亿元，完成预算 138.08%，列邮储银行第 4 位。自营存款结余 1065 亿元，净增 88 亿元，增速 9.03%；各项贷款结余 1053 亿元，净增 166 亿元，增速 18.68%，列省内国有银行首位。个人经营性贷款、公司贷款业务增长规模均创近 5 年新高。年末不良贷款结余 7.40 亿元，不良率为 0.68%，降低 0.21%。

**一、服务国家重大战略部署**

——服务乡村振兴。创新“农机作业贷”“肉牛养殖贷”等信贷新品，年累计服务新主体 2.75 万户，占全省新主体总量的 17.4%，结余 92.53 亿元，占三农贷款总量的 39.3%。信用村建设规模 7561 个，覆盖全省行政村 85%。

——为小微企业纾困解难。累计投放稳企稳岗基金担保贷款 3520 户、金额 66.65 亿元，分别占全省总量的 53% 和 46%，稳居省内金融机构首位。

——开展实体经济产业研究。组织全行深入研究 10 个省级、32 个地市级重点特色产业，实施链长负责制和清单制，详细摸清产业现状，为加大实体经济服务力度夯实基础。

**二、业务发展**

——零售金融业务。黑龙江省分行将打造“服务新型农业经营主体”“服务普惠小微”“服务城乡居民”3 个主力军，到“十四五”末期，跻身金融服务乡村振兴第一阵营。新增个人价值存款年日均余额 67.26 亿元，列邮储银行第 10 位。财富客户年增 4299 户，列邮储银行第 13 位，户均资产列邮储银行第 2 位。三代社保卡发卡 63.4 万张，列邮储银行首位；优待证开户 7.97 万张，列邮储银行第 10 位。电子支付新增绑卡 32.8 万户，列邮储银行第 8 位。信用卡新客增长 20.7 万户，全量白名单进件转化率 15.05%，列邮储银行第 2 位；新增市场占有率 9%，列省内国有大行第 2 位。个人经营贷款年净增 96 亿元，完成计划 214%，增速 69%，计划完成比及增速均列邮储银行首位；新增市场占有率列省内金融同业首位。小企业贷款年净增 17.44 亿元，创业务开办以来最高水平。普惠型小企业贷款结余 160 亿元，列省内国有大行首位。个人消费贷款实现净增 4.41 亿元，列省内国有大行首位。

——公司金融业务。实施大公司板块“开江行动”，落实各级领导干部“首席营销官”责任。公司存款年增 4.09 亿元。公司贷款净增 39.08 亿元，完成计划 130%，增幅 36%，列邮储银行第 5 位，新增市场占有率 9.68%，列省内同业第 6 位。福费廷结余 74.25 亿元，保函业务结余 9.26 亿元，分别列邮储银行第 8 位、第 12 位。“邮你同赢”平台签约 41 户，完成计划 273.33%，列邮储银行第 7 位；同业价值存款年日均净增 3.21 亿元，计划完成率列邮储银行第 2 位。同业 50 亿元质押式存款落地，低风险业务量列邮储银行第3位。

三、风险管控

——资产质量管控。细化资产质量管控方案，围绕分级预警、同业对标、过程监控等10项机制全面开展资产质量管控工作；落实监控预警闭环管理，下发14份触发预警质询函，督导5家二级分行和1个业务条线退出预警。处置各类不良资产8.06亿元，完成计划98.34%。

——内控合规和法律事务管理。开展风险数据核查项目5个，下发数据1万余条，研发自定义模型11个；制定反洗钱系统应用情况分析评价方案，客观评价二级分行反洗钱工作质量；强化消保工作，全口径投诉量8417件，列邮储银行第13位，比上年下降5位。

——安全生产管理。推进消防改造、监控中心改造等6个安全生产项目落地。开展全覆盖安全大排查，发现问题4532个，整改率96.69%。提高问责力度，运用积分、批评教育、罚款等方式累计处理441人次。

——疫情防控。抓好常态化防控不放松，面对全省多次反复的疫情和防疫政策调整，各类管控机制日臻完善，响应快、力度强、效果佳。

四、运营管理

——资产负债管理。召开12次资产负债管理委员会，审议讨论29项会议议题，有效提升资负委决策工作效率。严格按照总行信贷计划管理要求，优先满足普惠小微、涉农、民营企业、绿色金融等重点领域贷款需求，信贷资金持续向实体经济倾斜。年累计净利差2.84%，各项贷款平均收益率为4.26%，比上年下降30BP。

——财务管理。全行成本收入比55.08%，比预算目标多压降6.36%。非人工成本5年来持续下降，较2018年下降1.91亿，累计降幅20.86%。累计投资金额1.01亿元，累计批复地市房屋改造项目18项，金额2672万元。

——人力资源管理。全面完成领导人员任期制及契约化改革签约，签约领导人员共502人。新选拔任用干部23人，均通过“领航工程”人才库竞争选拔确定。加强规划指引，出台《人才发展规划》《人员效能提升》《县行机关人员定编》3项方案。1884人晋升职级，薪档提升率59.23%。

——客户体验提升。代收付内部账户自助对账率、现金及重要物品管理系统使用率等多个指标居邮储银行前列。公司账户报备效率提升58.57%，客户临柜开户时长压降55.78%。

——科技支撑。自主研发12名RPA数字员工全部上岗，年节省工时7454小时。开发数据集市项目149项，满足数据需求580项。完成数字人民币、邮连和新一代综合办公系统等20个重点信息工程上线。参加总部数据创新竞赛和建模大赛，2个项目分别获总行二等奖和优秀奖。

五、党的建设

——深入学习宣传贯彻党的二十大精神。以省行党委理论中心组为示范带动，全面及时学习十九届六中全会、党的二十大精神等重点内容。组织开展“喜迎二十大”主题活动，在全行掀起学习宣传贯彻党的二十大精神热潮。

——党业融合。开展“三亮三比三评”、党支部“领题破题”“行长值大堂”等活动，并紧紧围绕业务发展这一全行中心，持续创新开展“党建引领 助力发展先锋党员、先锋支部”评选等活动，分行有关活动作为典型案例入选总行“最佳实践案例选编”。

——全面从严治党。通过巡察、信访等渠道发现4起违反中央八项规定精神问题，给予1名党员党内警告、2名党员严重警告、1名党员撤销党内职务、行政撤职处分。制定清廉金融文化建设方案，打造“心廉心”小课堂，构建责任、督导、教育、查改4项机制，与46家单位签署廉洁伙伴共建协议。

——巡视整改。按时保质完成“两报告一台账”等事项，集团公司巡视反馈的20个主要问题均已解决。开展44个基层党组织巡察整改，以及十九届中央第八轮巡视成果“未巡先改”。研究制作《巡察整改工作操作手册》，得到集团公司刊登报道推广。

——企业文化建设。省行机关等6家单位荣获省级文明单位标兵，绥化市分行等13家单位荣获省级文明单位、市级文明单位标兵等称号。制定企业文化宣传贯彻落地工作安排表，通过将企业文化理念融入各类培训、组织开展应知应会考试等多种方式，推动企业文化进一步深入。

——工团建设。发放“职工小家”建设专项补助金82.8万元，发放夏季送清凉、旺季送关怀、两节送温暖等各项慰问金161.45万元。开展2020—2021年度双先评选表彰活动，29个集体和84名个人获得荣誉称号。组织全行青年员工深入学习贯彻习近平总书记在庆祝中国共青团成立100周年大会上的重要讲话精神，拍摄《论党的青年工作》读书分享视频。（邮储银行）

## 【中邮保险黑龙江省分公司】

一、发展概况

完成总保费31.4亿元，完成进度102%，列全国第6位，比上年提升11个位次；新单保费完成13.6亿元，完成进度102%，列全国第11位，比上年提升8个位次。长期期交新单保费完成10.8亿元，完成进度103%，列全国第10位，比上年提升7个位次；其中，5年交及以上终身寿险7.7亿元，比上年增长187%，增幅列全国第3位。健康险保费3599万元，比上年增长93%，增幅列全国第6位，新业务价值实现2.6亿元，进度105%，列全国第13位，新单负债成本率4.04%，列全国第1位，比上年提升18个位次。投价比完成5.4，列全国第8位，比上年提升3个位次。

总保费市场份额4.32%，在省内寿险公司中列第6位。期交新单市场份额9.1%，列全省第3位，比上年提升2个位次；保费比上年增长31%，增幅高于行业41%，在期交规模前十险企中增速列第1位。银保市场期交新单市场份额29.2%，列第1位。

**二、服务国家重大战略**

——国企改革三年行动收官。完成88项具体改革措施，全面落实"管理提升年"工作目标，明确30项重点任务，切实解决管理过程中存在的突出问题和短板弱项。

——全面落实乡村振兴战略的社会责任，制定2022年保险帮扶、公益帮扶方案，与佳木斯汤原县乡村振兴局积极对接，完成对汤原县2000名低收入者的赠险工作，保额2000万元。

——践行"碳达峰碳中和暨绿色金融""平安邮政"使命，全面落实安全生产大检查大整治工作。切实做好舆情管控、保密管理等工作。

——常态化开展疫情防控。真正做到落实防控机制到位、员工排查到位、设施物资到位、环境消杀到位、安全生产到位。

**三、业务发展**

——健康险。落实《高质量发展建议书》中一市一策，全面推广分户管户、鱼塘营销，专题研究完善培训课件，狠抓数字化营销示范推广，总结典型案例，复制推广，健康险发展接近翻番。

——普惠保险。提早谋划，分析竞品，健全队伍，并将其纳入分公司对各部门的包联考核。创新推出"营销五步法"获客措施，坚持动态管控，攻克"三破"目标。完成普惠险保费129万元，目标达成率列全国第6位。

——个团险。召开专题会议研究，制定出台个团险业务发展激励政策，明确针对战略客户和各类中小客户的具体措施。实现BBC职域营销保费100万元，进度104.8%，在全国率先达成计划。成功中标黑龙江工业学院学生意外险、鹤岗市公安局鹤东分局意外险、北京新兴矿业公司意外险等项目，团险外拓保费突破200万元。

——战略绩效。对各部门负责人实施月度重点指标动态绩效考核，为任期制及契约化管理奠定良好基础。每月召开经营分析暨战略指标分析会，定期组织绩效面谈会，"抬头看绩效、低头思绩效、工作干绩效"的绩效文化氛围初步形成。三季度末，在总公司公布的战略绩效指标综合排名中，列全国第13位，比一季度及2021年年底均提高8个位次。

**四、运营管理**

——保全时效1.0天，列全国第1位。犹豫期内回访成功率100%，由全国倒数第一提升为正数第一。理赔申请支付时效1.1天，列全国第10位。理赔出险支付时效56.96天，比上年缩短2.63天，列全国第11位。亿元保费投诉件数得分1.85分，客户满意度2分，消费者权益保护评级3分。13个月保费继续率93.84%，列全国第11位；25个月保费继续率97.78%，列全国第7位。

——优化微信公众号"重疾险服务专区"，增加邮福安康保险计划和倍享安康重大疾病保险的承保、保全、理赔规则，在售重疾险相关规则全部实现线上化。

——推广"邮e保"App应用。组织线上及线下培训共12场，培训人数超2800人，制作"保全业务受理指引卡"和"邮e保满期金流程图"。"邮e保"App保全业务处理量、网点覆盖率、机构使用率3项指标均列全国第1位。

——强化续期专项品质管控。以客户呼入咨询投诉、新契约回访问题件为切入点，配合开展专项品质调查、分析、核实工作，强化人核件和柜面出单品质管控，加大对保单质量的监督，稳步推动业务品质提升。

——开展消费者权益保护工作，向客户累计发送生日和节日祝福短信175万条，组织开展"3·15保险消费者权益保护宣传周""喜迎中秋 中邮相伴主题观影"等系列活动。对标行业开展消保自评工作，消保考核在省内29家寿险公司中列第2位。

**五、风险管控**

——开展合规基础管理工作。未发生诉讼案件及业内外涉刑案件，未出现重大风险事件。在全省开展2022年法律合规知识培训暨演讲比赛，提升各地市代管人员专业能力和风险意识。不断完善和健全制度体系，检视制度的健全性、合理性、有效性和可操作性，把好制度审核关，审核制度26份。

——筑牢第三道防线，高质量开展审计工作。开展包括内部控制评估、欺诈风险管理、反洗钱、关联交易等7个审计项目，推动问题整改落实，整改完成率100%，进一步促进分公司整章建制、堵塞管理漏洞。

——全面强化政治监督，推动监督执纪不松劲。明确10项政治监督重点工作，按季度开展监督检查。印发《关于2022年对中央巡视整改情况开展监督检查的工作方案》，深入推动中央巡视整改主体责任落实，突出重点工作，深化标本兼治。

**六、党的建设**

——深入学习贯彻党的十九届六中全会、党的二十大和二十届一中全会精神，坚持以党的政治建设为统领，以高质量落实集团巡视整改开新局，推动全面从严治党向纵深发展，不断提高党的建设质量。深入推进落实"十个遵循"及工作十八法，激发了全体员工"一天当成两天干"的创业精神，增强了"一日不为，三日不安"的责任感，员工队伍更加自信自强，呈现出团结、创新、务实、高效的精神风貌。

——深入学习贯彻党的二十大精神。组织全员收听收看党的二十大开幕会，充分利用党委理论学习中心组学习会、专题学习会、支部党员大会、主题党日、答题挑战赛等形式，在全公司范围内掀起学习热潮。

——坚持民主集中制，首次制定印发党委前置清单，党委专题研究“三重一大”议题51项，推进党的领导融入公司治理。

——深入推进基层党组织创先争优，党委支部双达标。持续推动“三亮三比三评”“领题破题”主题实践活动，攻破课题6项，形成实践案例2篇。

——推动落实意识形态工作责任制，全面肃清余毒。“三必知、四必谈、五必访”工作法有效落地，建立员工思想政治信息库，分析研判员工思想动态，确保思想政治工作覆盖广大员工，为聚焦中心工作提供有力支撑。

——高质量推进巡视整改，确保改出成效，真改实改。集团巡视反馈的14个主要问题全部解决、60项细化措施全面落地，制订修订制度4项、出台规范性文件14项。对照运用十九届中央第八轮巡视整改查摆问题1个，制定措施4项均已完成。

——推进企业文化建设。开展青年员工座谈会、演讲比赛和全员学习研讨等多种形式的活动，激发员工的价值创造能力和主动作为精神。（中邮保险）

【中邮证券黑龙江省分公司】

**一、总体发展概况**

实现财务清分后收入371万元，比上年增长119%，完成计划的143%。其中财富条线实现收入138万元，在开户成本增加36.6%的情况下，收入增幅26.7%；机构业务条线实现收入231万元，比上年增长282%。剔除成本预提影响因素，顺利实现利润目标。截至12月31日，分公司累计开立证券账户53973户，托管资产2.6亿元，累计交易量45.72亿元，其中有效户1109户，有效户资产2.57亿元；金融产品销售保持良好态势，销售10635.51万元，完成进度列全国第4位，多项重点指标实现在全省181家证券分支机构中实现位次前移。在机构业务上，开立机构户7户、产品户1户，累计8户，产生交易的机构户4户，销售资管产品50万元，国债逆回购600.2万元，股票交易1849万元，并上报项目12个。

**二、业务发展**

——发挥专业优势，加强协同联动。与省分公司和省邮储银行对接，下发《关于开展2022年中邮证券业务营销活动的通知》《关于与中邮证券开展2022年第三方存管联动营销活动的通知》《专项走访推动方案》，建立多层级协同工作模式，将证券的专业优势与协同渠道的网点及队伍优势有机结合，协同开发经纪及资管投行业务。

——拓展渠道模式，提高自营能力。与文化传媒部协同合作，筛选订阅证券类期刊的客户，开展综合服务。持续跟进与省报刊发行公司合作项目，进行报刊订阅客户的营销工作。与易通信息局联系开展“联合主题党日活动”，活动中进行“2022股市宏观环境”市场分析分享。拜访中邮保险省分公司，就中邮保险即将招募的代理人团队项目进行研讨，针对保险大客户如何切入证券业务进行沟通。将银行渠道拓展作为年度工作重点，对中国银行省直属营业部、哈尔滨市开发区支行、工商银行哈铁支行和齐齐哈尔交通银行中环商城支行、西大直招商支行进行走访。其中已与西大直招商支行确认合作关系，并成功引入高净值客户，转入客户资产百余万元。

——坚持多措并举，开展专项营销。制定《两融业务开发方案》，对两融待开发客户进行筛选、细分，指派专人负责，并将两融业务开发纳入年度《三方存管营销竞赛》活动，全面开展两融专项营销活动。重点推动“专精特新”专项走访工作，开展证券业务问卷调查，统计收回问卷45份，走访“专精特新”企业55家，走访完成率104%，储备新三板挂牌企业2家、主板1家，出具“新三板挂牌意见书”2份、“北交所IPO”意见书1份，协同总部投行团队到2家目标企业进行了实地走访交流。

——强化培训辅导，实现协同共赢。紧密联系邮政公司、邮储银行，建立一把手定期沟通机制，积极获取邮政公司、邮储银行高管对中邮证券业务发展的重视，制作《中邮证券工作手册》，供渠道使用，内容涵盖活动方案、目标达成指引及营销切入点、产品排期、投教短视频、开户指引、目标客户筛选等内容。组织邮银渠道开展月度资本市场分析会、财私客户投资策略报告会等活动，线上培训覆盖全省，线下走访8个地市及部分区县，培训43场，培训3500余人次。

——开发市场，挖掘业务机会。通过线上、线下走访对接客户132家，其中现场走访企业33家、银行投资机构24家。积极对接投资机构，开展与私募基金公司的合作，引进泽桐投资准入白名单，开立恩泽私募基金产品户。承揽哈电财务顾问项目，连续两个项目中标，中标金额62.8万元。成功中标哈城投20亿元公司债项目，创东北地区近5年发行票面利率最低、单笔发行规模最大的纪录，实现全口径收入630万元。

**三、运营管理**

依法合规经营，审慎稳健发展。积极落实监管工作要求，完成月度、季度监管报表、协会报表、年度金融机构经营情况表等数据的报送工作。通过线上和线下结合形式组织开展投教宣传活动，覆盖受众群体近万余人次。开展业务自查8次，自查结果按规范要求上报。做好分公司客户业务办理工作，全年未发生投诉案件。

**四、风险管控**

加强风险管控，夯实发展根基。分公司根据总部要求设立合规专员和反洗钱专员，分公司组织全员认真进行合规和反洗钱内容的培训学习。分公司从业人员无违规违纪情况发生，相关人员能够接受合规管理意见，各项业务开展较合规，分公司整体风险可控，合规管理具有有效性。

**五、党的建设**

坚持党建引领，凝聚发展力量。坚持以习近平新时代中国特色社会主义思想为指导，深入学习贯彻党的二十大精神，为推动分公司高质量发展提供坚强政治保障。严格执行“三会一课”制度，规范党内政治生活，不断加强党员学习教育，制定《分公司党支部2022年度落实全面从严治党要求主体责任清单》《分公司党支部领导班子成员2022年度落实全面从严治党“一岗双责”责任清单》，进一步压紧压实责任。认真落实《纪检工作任务清单》，不断强化日常监督管理，强化党员干部的政治纪律和政治规矩，形成凝心聚力干事创业的良好氛围。（中邮证券）

## 上海市

**【中国邮政集团有限公司上海市分公司】**

**一、2022年度总体发展概况**

上海邮政坚持以习近平新时代中国特色社会主义思想为指导，紧紧围绕中国邮政“全力打造三大核心竞争优势、八项战略任务”部署，践行初心使命，展现担当作为，扎实推进改革发展各项工作。全面完成集团公司下达的整体利润和寄递事业部利润指标，绩效考核排名稳步提升。

**二、党的建设**

——政治理论学习。把学习宣传贯彻党的二十大精神作为首要政治任务，坚持全面学习、全面把握、全面落实，形成一级指导一级学、一级紧跟一级学的良好氛围。始终落实第一议题制度和“三个第一时间”学习机制，党委研究重要问题时首先学习习近平总书记有关重要论述精神和党中央决策部署，党委理论学习中心组集中学习研讨10次，自觉对标对表，把准政治方向。

——基层党建工作。深入开展基层党组织建设达标工程和创先争优活动，作为推动基层党建高质量发展的有力抓手。推动党建与经营工作深度融合，全面开展党支部（党小组）“领题破题”、党员“三亮三比三评”主题实践活动，把成果转化为推动高质量发展的强大动力。

——巡视巡察。提前实现对公司下辖党组织巡察100%全覆盖的目标任务，推动建立重点问题“双移交”和“双向整改”督办机制，做实巡视巡察“后半篇文章”。

——党风廉政。推动“六个聚焦”目标落实落细，制定任务清单，明确六大方面、85项措施；深化“三不腐”一体推进，开展监督检查245次，通报典型案例64起；督办5个重点领域专项整治，巩固深化7个专项治理成果，落实金融风险、外包、寄递业务规范运营等专项监督，为企业高质量发展提供纪律保障。

**三、服务国家重大发展战略部署情况**

——疫情防控。积极承接市政府交办的托底保供任务，累计运送保供物资和防疫物资3.5万吨，服务各类单位和小区7092个、惠及市民615万人次。聚焦特殊群体，与上药、国药集团联合搭建配药“绿色通道”，对接16个区创新开设“前置仓”和“保供流动超市”，探索社区团购新模式。全力保障机要通信、党报党刊特殊服务不断，于4月27日率先恢复进沪特快邮件的收派服务。至5月底，对接“白名单”企业2399家，收寄EMS特快专递邮件超过358万件，助力复工复产。上海市分公司保供保通保畅工作探索和实践在集团公司推广，得到上海市领导及集团公司党组的充分肯定。

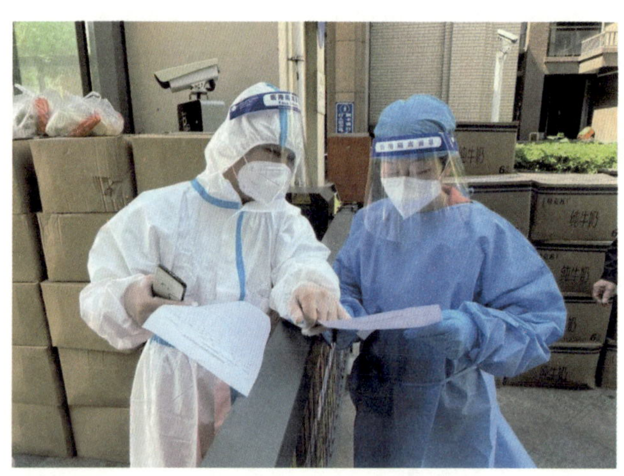

疫情防控期间，上海市分公司推出“保供流动超市”，图为邮政员工在社区门口与志愿者核对物资明细（上海市分公司）

——普遍服务。剔除疫情因素，普服同城/省内全程时限、建制村投递频次和城市投递外勤关键点扫描率100%达标，给据和条码平信丢损率持续压降并达标，直辖市、省会城市间普服全程时限2.4天以内，建制村直投到户比例93%，机要通信万无一失。普服网点转型覆盖率100%，点均业务叠加品种达12种，万元以下低效网点压降、校园网点进驻数量和主题邮局收入均达标。

——乡村振兴。在崇明试点打造共配中心，构建“开放共享+快捷高效”的三级物流体系。围绕涉农区物流配送相关工艺设备能力提升，积极争取市商务委关于县域商业建设行动专项资金支持。实施交邮合作、邮快合作，与7家民营品牌快递企业签订合作框架协议。建设1个全国级农产品基地，成功打造9个区域级中邮惠农示范社和1个示范企业，完成238个优质邮乐购站点建设，农产品交易额和农产品寄递收入均提前一个月完成全年目标。

——绿色邮政。完成“9917”工程目标任务，即实现采购使用符合标准的包装材料比例 90%；规范包装操作比例 90%；回收复用瓦楞纸箱 100 万个；投入可循环快递箱（盒）7.2 万个。王港处理中心（屋面）光伏发电项目顺利实现并网发电，减少二氧化碳排放量 1851 吨。

**四、落实集团公司发展战略情况**

——任期制和契约化管理。按时完成任期制和契约化首次签约，111 名三级领导、502 名四级领导按照“一人一岗、一岗一表”制定岗位说明书，推动干部队伍实现“能上能下”。

——寄递“六大改革”。全面完成邮区中心规范化改革及市趟运输改革工作任务，邮区中心各处理点规范化改革阶段性验收均达到良好以上，可量化重点作业指标达标并持续提升。邮区中心全流程处理效率 1356 件，完成率 112.5%，市趟车辆件数载运率 61%，均达到集团目标要求。

——分业经营改革。深入贯彻落实集团公司精神，结合实际制定并上报上海邮政分业经营改革工作方案。

——基础能力建设。推进寄递 3 处处理中心场地改造项目，启用桃浦特快处理中心，日均进出口处理能力达 100 万件以上。56 个营业部三段式设备投产使用。金融机具不断更新迭代，CRS 占比提高至 86%，存折 ATM/CRS 占比达到 28%。完成 60 处营业网点整体装修及 319 处营业网点外部设施更新改造项目。高速摆轮研发项目获评 2022 年度集团公司科学技术奖三等奖。

**五、业务发展**

——代理金融业务。代理金融实现收入 21.46 亿元，增长 13.07%，完成集团目标的 102.3%。其中，实现保险收入 4.9 亿元，增长 18.66%，中邮长期交、5 年交终身险和健康险 3 项指标均提前完成集团目标，超额完成中邮证券年度发展目标。AUM 规模达到 2016 亿元，提前完成集团全年 AUM 增幅目标。储蓄存款净增 133.18 亿元，其中活期净增 44.02 亿元，环比提升列全国第 1 位。净值型理财新增 13.5 亿元，完成率 162%，列全国第 1 位。收单商户达 10.9 万户，其中有效商户 4.02 万户，增长超 110%，完成集团目标的 183%，两项均列全国第 1 位。商户 AUM 年内达 110 亿元，户均 AUM12.6 万元，列全国第 2 位。手机银行月活客户完成率 117%，列全国第 2 位。“双主卡”战略取得新突破，信用卡新客发卡 2.91 万张，年度发卡创历史新高。

——寄递业务。寄递业务实现收入 23.89 亿元，国内、国际收入增幅分别高于行业 5.6% 和 17.7%。业务结构不断优化，特快业务占比 41%，高于全国 10%，列规模大省第 1 位。商圈覆盖率 86.1%，超额完成集团目标，较年初提升 41%。经营质效不断提升，轻小件占比提升 12.98%，量收增幅差低于集团管控目标。时限保障能力提升，5 个“有标必达”重点指标持续达标，其中特快收寄及时率 98.1%，列全国第 8 位；邮车运行准点率 92%，列全国第 6 位；快包省际出口时限达成率 88.60%，列全国第 4 位。持续推进寄递五大环节成本压降，32 条举措达标。11183 道段散户及时揽收成功率、主动客服保障率、理赔及时满意率等重点服务质量指标均达标。

——邮务业务。“百千万工程”有效蓄客，着眼政务、金融、医疗、教育、商业、文旅六大市场，实现定向开发项目 1155 个，文传板块实现收入 11.98 亿元，增长 7.2%。做好政务图书推广，巩固邮政发行主渠道地位，累计发行 135.7 万册，完成率列全国第 2 位。其中，《习近平在上海》51.41 万册，完成率 102.8%；《当好改革开放的排头兵——习近平上海足迹》41.30 万册，完成率 137.7%；《习近平谈治国理政》第四卷 42.95 万册，完成率 143.2%；荣获中共中央党校出版社颁发的“2022 年度优秀发行单位”称号。举办“第二届（上海）书信文化节”活动、《第一部中国共产党章程通过一百周年》纪念邮票”首发活动。邮差宝贝数字藏品、邮政大楼文创冰激凌、抗疫众筹明信片等产品实现破圈。

——农村电商。分销业务实现收入 3.3 亿元，增幅 427.3%，列全国第 3 位；完成集团指标的 168%，列全国第 2 位。做大农产品进城、工业品下乡双向商流规模，实现农产品上行交易额超 1 亿元，完成率 102.8%。疫情防控期间组建 4096 名邮乐优鲜团长、开展 846 场团购，形成销售额 567 万元；销售卷烟 69 万条，形成收入 1.11 亿元。邮乐购站点建设、邮乐小店和邮乐优鲜各项发展指标全面达标。

——协同发展。惠农合作、汽车产业链、医药市场等重点协同项目收入超额完成集团考核目标。惠农合作“比学赶帮超”活动排名小组前列。全年签约 6 家战略合作伙伴；总部客户项目收入增幅超 50%。

**六、运营管理**

——“管理提升年”活动。对照集团公司董事长提出的 15 类问题，结合年度 33 项深化改革项目，梳理形成 14 类目标任务、66 项提升事项。狠抓业务外包专项整治，实施市区二级领导班子晚间周例会，推动未巡先改、自查自纠，累计补收履约保证金（保函）57 份，补缴金额 2946.49 万元。

——财务管理。聚焦人工、外包和运输三大重点成本，持续深化零基预算理念。强化绩效引领，按月通报各单位战略绩效预考核情况，对后进单位开展预警和质询。加强业财协同，推进业财一体化平台上线，开展“小金库”等 6 类财务专项检查，规范会计核算。

——人力资源优化配置。推动富余人员优化及高效业务人员配置，公司整体盘活 2587 人。其中，区分公司盘活 1489 人，完成年度目标的 145%；推进规范化改革，邮区中心包件中心、普邮车间、国际邮件处理中心合计减少 864 人；成立转岗服务中心，累计盘活 234 人转岗至消防、大宗处理、机要投递等岗位。

——干部队伍结构。推动年轻干部队伍建设，区分公司领导班子“80后”干部配备率87.5%，达到集团公司要求；支局班子“85后”干部配备率37.06%，增长14.76%。启动第一批80名“鲲鹏”青年英才成长计划，为青年成才搭建平台。举办申邮讲堂55次，7.4万人次学习观看。

——采购审计。完成采购制度建设4项，采购项目226个，采购金额10.79亿元，集中采购率93.02%，公开采购率99.58%，资金节约率10.8%，上网采购率96.76%，均超额完成集团下达的目标。完成审计项目134项，发现问题66个，提出审计建议71条，促进整章建制25项。

——精神文明建设。拓展服务广度和深度，做好先进员工休养、困难员工“微心愿”、职工小家规范化建设、员工心理健康关爱、加大一线员工慰问力度5项实事。疫情防控期间向1.7万名员工发放3次慰问生活物资。通过住院、重病员工互助保障会开展互助互济，做好困难员工帮困补助。

**七、风险管控**

开展“一把手”讲合规，筑牢思想防火墙；强化数据核查，用好排查工具。将安全生产专项整治三年行动与安全生产大检查统筹开展，用好隐患清单和主体责任清单两个工具，着力提升企业安全管理水平。（上海市分公司）

**【邮储银行上海市分行】**

实现营业收入39.51亿元，利润总额13.96亿元。经济增加值0.24亿元，经济资本回报率10.25%，成本收入比47.06%。分行总资产3005.8亿元，比上年增长10.12%。各项存款余额2451.4亿元，比上年增长9.5%；各项贷款余额1424.5亿元，比上年增长18.41%；存贷比58.11%，存贷比提升4.37%。不良贷款率1.43%。拨备覆盖率167.63%。

**一、服务国家重大战略部署**

——支持乡村振兴。深化三农金融服务，创新金融产品和服务模式。与涉农龙头企业开展战略合作，打造“一点接入、连接全国”的全链条、多领域、深层次的金融服务。通过邮银协同惠农合作项目，推出“融资e”特色产品，邮银共享客户资源，协同业务开发。涉农贷款余额42.61亿元，增长8.42%。

——支持中小微企业发展。支持小微企业和民营经济，加快推广小微易贷等线上业务，广泛搭建银企对接平台，普惠型小微贷款余额138亿元，增速35%。

——助力实现“双碳”目标。积极履行社会责任，传导绿色低碳发展理念，为54家企业客户开展碳核算试点，绿色融资余额92.31亿元，增长117.39%。

——服务实体经济。围绕服务地方经济发展促投放，实体贷款占比77.94%，比上年提升1.21%。制造业投放金额35.77亿元，中长期贷款23.37亿元，中长期贷款占比提升14.12%。

**二、业务发展**

——零售金融业务。自营个人储蓄存款余额627.49亿元，增长7.08%，活期占比28.4%，活期存款规模占比提升1.9%。财富管理业务个人有效客户AUM净增26.54亿元，增幅3.52%。财富客户3.66万户，增幅8.38%。个人养老金累计开户11万户，列邮储银行第1位。小额“极速贷”净增39.2亿元，增速65.4%。消费信贷贷款结余369.04亿元，净增46.46亿元，其中，个人住房贷款净增30.14亿元，增速10.61%；直营综合消费贷款净增3.97亿元，增速188.15%，直营汽车消费净增12.04亿元。信用卡收入增长40%，列邮储银行第2位。网络金融支付交易规模突破1100亿元，收入增幅列邮储银行第2位。线下商户收单规模增长98.5%，收单有效商户规模15410户。手机银行月活客户增长15.9%，完成率列邮储银行第4位。电子支付收入实现8995万元，收入增幅25%。

——公司金融业务。把公司业务放在优先发展的战略地位，对公存款规模289.62亿元，增长28.72%，高付息存款占比下降3%。新增公司账户4013户，比上年增长13.09%。公司贷款规模422.84亿元，增长32.74%。新增公司授信客户99户，增长50%。供应链贸易融资净增57.73亿元，增长80.59%；福费廷净增4.65亿元，增长10.49%。国结结算量38.34亿美元。

——资金资管业务。资金资管效益贡献不断提升，金融同业业务实现业务收入7.8亿元，增长9.2%，其中票据收入2.43亿元，增长23.69%。托管业务实现收入2.94亿元，增长4.76%。托管业务营销规模3950亿元，新增454亿元。托管业务运营规模6114亿元，新增816亿元；公募基金托管规模1249亿元，新增105亿元。

**三、风险管控**

——主动把握信贷投向。加强授信政策引领，把获取优质客户、优质资产作为风险防控第一道关口。制定涵盖区域、客户、行业、产品的差异化授信策略，提高风险管理前瞻性。成功向总行争取扩大房地产授信审批权限，强化新产品风险评估，有力保障业务发展。

——强化信审服务支撑。制定核心企业白名单，助力核心客群建设。提高信用审批时效，公司贷款审查审批平均用时5.58天，小企业贷款审查审批用时4.5天。

——加大不良资产清收力度。清收贷款及信用卡不良4.3亿元，完成总行下达清收计划的522%。

——完善内控案防长效机制。开展基层案防履职督导，健全案件风险排查机制。加强源头合规管理，从全面排查风险等6个方面，落实人行反洗钱检查整改，筑牢反洗钱防线。

——加强消费者权益保护。完善消保履职清单，推进监管评价专项治理，抓实金融教育宣教，健全投诉管理机制，有效遏制监管转办投诉快速增长态势。强化消保审查，审查项目242项，审查意见786条，意见采纳率98%。

——切实抓好安全生产。全年未发生业外案件，未发生火灾事故，推广安全用电监测系统，上线视频监控智能分析系统，扎实开展安全生产大检查，发现问题489个，整改率98.4%。

**四、运营管理**

——财务和资产负债管理。突出量价险效，稳息差成效领先全行。优化成本费用结构，市场发展费及人工成本占比65.72%，提高2.14%。

——运营管理。优化单位账户开户流程，对公开户时长压缩至50分钟。对网点柜面异常大额交易等21个风险点、3.3万多笔可疑业务开展风险隐患排查。强化自助设备管理，淘汰老旧设备99台，增设19台存折存取款一体机、54台智能柜员机、15台超级柜员机。

——信息科技建设。完成IDC租赁机房搬迁、数据集市迁移工程。加强系统建设，完成新一代中间业务平台、个人业务核心系统迁移投产，完成7个业务项目建设。

——人力资源管理。选人用人导向更加鲜明，树立“对党忠诚、业绩说话”的鲜明导向，平行调任领导人员10人，完成5名正职领导人员轮岗。选派2名中后台青年干部投身经营一线。干部监督管理融入日常，开展提醒谈话27人次。员工职业发展更为畅通，253名客户经理、76名理财经理实现岗位晋升。培养62名内部师资，8名理财内训师被聘为中邮保险兼职讲师，1人被总行聘为公司金融条线内训师。员工行为排查扎实推进，强化多维度排查机制，排查近1.1万人次。

——工程和采购管理。在工程管理上，启动工程建设项目18个，年内完工8个，制定网点工程建设流程优化方案。在采购管理上，完成采购项目99个，公开招标率96.92%。

**五、党的建设**

——把党的政治建设摆在首位。深入学习领会党的二十大精神，开展主题党日活动85次、党章专题学习40次。以“行长值大堂”活动为抓手，有效解决网点疑难问题。深化党支部“领题破题”和党员“三亮三比三评”活动。压实意识形态责任制，明确“八个纳入”“两个作为”“两个一”责任内容。强化青年理论学习，选树“青年岗位能手”先进典型。

——深入推进党风廉政建设。聚焦学习党的理论和路线方针、落实重大决策部署、疫情防控和复工复产、“一把手”和领导班子建设、选人用人等重点领域，开展政治监督。将清廉金融文化建设融入干部职工行为管理，与16家客户开展廉洁伙伴共建，获上海银行业“青年清廉文化故事大讲坛”活动优秀组织单位奖。深化巡视整改及成果运用，完成巡察工作全覆盖，对2家经营单位党组织开展巡察“回头看”，发现问题26个，批评教育21人次。信访举报量大幅下降。

——营造良好的企业发展氛围。推动全行员工践行“十项邮储人共识”，传递干事创业正能量。开展基层员工走访，访谈员工559人，回复处理意见建议188条。完成年度实事项目，“心灵呵护卡”获评总行心理服务示范项目。5家集体、8名个人荣获集团、总行、市级荣誉。积极对外宣传，发布各类宣传报道2486篇，405篇宣传报道刊登在《经济日报》《金融时报》《中国新闻网》《解放日报》等重点媒体，品牌形象不断提升。（邮储银行）

## 【中邮保险上海市分公司】

**一、发展概况**

实现新单总保费7.1亿元，其中，期交新单保费5.7亿元，完成进度107%。5年交及以上终身寿5亿元，完成进度151%；健康险1932万元，完成进度111%，均列全国第2位；团险渠道总保费858万元，完成进度125.3%。期交新单保费比上年增长41%，增幅列全国第3位；健康险比上年增长69%。5年交及以上终身寿险占期交保费比重88%，列全国第4位。实现新业务价值1.4亿元，完成进度113.5%，规模比上年增长52%；13个月期交继续率为72.33%，比上年提升29%；期交13个月退保率25.7%，比上年下降31%。

**二、落实服务国家重大战略**

深度融入服务乡村振兴大局。上海市分公司坚持以“精准赠险”和“健康公益”为着力点，以实际行动贯彻国家战略部署。向2000名低收入村民捐赠意外保险保障，风险保障总额2200万元；组织党员讲师为村民百姓义务开展健康公益讲座，普及科学健康知识。

推进普惠保险业务常态化发展。上海市分公司发挥集团战略协同优势，落实中邮保险普惠保险协办业务实施方案，联合上海邮政打造普惠保险协办队伍，开展业务培训专业赋能，完成38万元，覆盖被保险人1725人，风险保额8.08亿元。

**三、邮银渠道建设**

完善服务支撑队伍建设，及时解决基层服务支撑需求，邮银网点和邮银分支机构线上建群全覆盖；以打造数字化营销示范网点为着力点，做实营销线索推送，做细场景营销活动样板，做精辅助营销工具，实现数字化营销示范网点点均产能13.3万元，列全国第1位；初步搭建“5+*N*”培训体系，实现“3个”首次：首次实现邮政渠道各层级理财经理队伍定向培训、首次实现协同邮储银行轮训、首次实现邮储银行财顾内训师为中邮兼职讲师。

**四、多元渠道拓展**

以招行上海分行为外拓重要抓手，着重突出中邮保险品牌优势及期交业务渠道赋能经验，成功签订合作协议，提供网点线上销售中邮产品；成功促成总部与交行总行达成合作，以邮政特色增值服务为切入点，收获物理网点；先后与明亚经纪会见面谈，深入了解双方发展模式，促进业务发展；参与战略客户项目投标，完成10次有效投标，其中5月中标中移在线项目，11月中标邮惠万家银行项目；开展“邮侠e路保”快递人员专属产品推广活动，主动拜访快递协会，联合上海邮政组织保供保畅先进表彰营销活动，达成304单，成为全国第二家完成年度目标的分公司；深入上海邮政等3家单位开展BBC职域营销，实现保费173万元，提前2个月达成年度KPI考核目标。

**五、运营管理**

——强化运营服务支撑能力。探索建立特色健康管理增值服务，开展线上线下“健康检测＋讲座”主题系列活动和健康直播，初步形成健康管理类客户活动品牌效应；搭建代管人员荣誉体系，评选“优秀中邮保险中心”“最强运营人”年度荣誉称号各3名，增强代管人员的荣誉感和归属感。

——持续加强人力资源管理。修订绩效考核管理办法，建立“1+3+1”考核体系，突出业绩贡献导向；制定员工职级薪酬初始化套入实施方案，按时完成领导人员任期制和契约化管理签约工作，修订综合考评办法，与经营业绩考核接轨，确保“双考核”工作落地；首次采用竞争上岗方式选聘2名优秀骨干员工担任部门副职；制定年轻人才队伍建设方案，完善优秀青年人才识别、培养、甄选及管理机制，年内招聘引进12人。

——上海市分公司获得全国邮政系统“优秀营销项目”奖、上海保险同业公会“7·8保险公众宣传日”优秀组织奖、中邮保险“服务争先”劳动竞赛客户服务先进单位、“运营争先”劳动竞赛优秀运营管理团队和“邮精彩”优秀组织奖。

**六、风险管控**

强化业务品质管控，优化风险内控机制建设。专题研究退保率管控解决方案，建立退保率管控工作机制，做好新单销售质量分析，新单退保率0.55%，列全国第5位；开展健康险退保监测专项分析，制作健康险退保管控预警报表，实时跟踪监测，健康险13个月退保率未超过18%管控线；更新优化制度48项，编制2022年内控操作手册，组织“代理退保”黑产乱象整治等专项排查，防范金融风险。

**七、党的建设**

——加强党的政治建设和思想建设。履行管党治党责任，制定并落实2022年度落实全面从严治党主体责任及班子成员“一岗双责”责任清单，研究制定党委前置研究重大事项清单，修订完善“三重一大”事项决策内容和规则，充分发挥党委“把方向、管大局、保落实”的领导作用；强化思想理论武装，组织学习贯彻党的二十大、十九届六中全会精神，严格落实“三个第一时间”学习机制和意识形态责任制。

——强化党组织政治功能和组织功能。完成分公司“两委”和党支部换届工作，认真开展“三亮三比三评”和党支部“领题破题”实践活动，其中第二党支部的《全面推广数字化营销项目》被推荐为总部优秀课题；年内发展党员1名，入党积极分子6名，收到入党申请书7份；成立分公司团支部，以党建带团建增强党组织在青年中的凝聚力；选树身边先进典型，评选表彰优秀党员3人，新时代优秀员工8人，发挥榜样力量。

——持续深化党风廉政建设。落实年度政治监督重点工作事项，每半年组织“四风”问题专项自查，开展“靠邮吃邮”、薪酬二次分配等重点领域专项整治监督检查，巩固深化治理成果；坚持开展节前廉洁提醒，做到常提醒、常教育；组织参加公司“510·我要廉”警示教育及同业公会清廉征文活动，围绕“五个一”活动主线开展党风廉政警示教育月活动，共同营造廉洁从业的良好氛围。（中邮保险）

## 【中邮证券上海市分公司】

**一、总体发展概况**

上海市分公司内设财富管理部、机构客户部、综合管理部，下辖东大名路证券营业部，有员工（不含经纪人）17人。截至2022年年底，中邮证券上海市分公司客户规模26487户，客户资产规模超2.68亿元，证券交易额（不含交易单元租赁）超98.44亿元。

**二、业务发展**

——投行项目实现突零。上海市分公司在邮储银行和公司投行的通力合作下，中建八局工程尾款ABS项目6.69亿元正式落地，这个项目是上海区域落地的首单银证协同ABS项目。中邮证券、邮储银行通过“投行＋商行＋投资＋托管”的组合模式，成立工作小组，建立日常交流机制，为大型央企客户提供一站式综合金融服务，是与协同单位优势共建、资源共享、商机共创、互利共赢的典型案例。

——依托平台厚植协同优势。推动上海市分公司、邮储银行印发《关于推进2022年中邮证券协同发展的指导意见》，围绕新增有效户、投行项目推荐等5项目标，推进中邮证券业务快速发展。继续落实内部协同考核、资产规模倍率折算等有效政策，以有效资产为核心梳理有效户转化提升的目标客户名单和激励措施。加大与邮政、邮储单位协同日常联系，优化派驻专人推进工作，财管、投行条线每周定点到邮政、邮储单位进行工作沟通交流。

——抓邮证协同促客户发展。上海市分公司启动第三季度中邮证券协同发展“专题季活动”，进一步提升整体客户质量和总体资产规模。发展有效户2170户，完成率252%，发展新开户5078户，完成率102.6%。协同销售收益凭证2397.4万元，成功实现收益凭证满额销售的目标。

——抓银证协同推专题营销。分公司携手邮储银行先后举办“专精特新”培训和银证协同营销活动启动会，并与总部投行团队共同走访名单内企业，充分发挥“商行＋投行＋财富管理”的综合服务优势。根据总部下达的名单，安排人员组成2个小组自行或者联合邮储银行走访、联系“专精特新”目标企业，走访41家企业，完成名单内企业全部走访。

——机构业务做大规模。分公司先后与6家机构客户合作，通过交易席位租赁形成机构分仓业务收入超46万元，稳步提升机构分仓业务收入规模。紧随系统建设进程开发机构客户，纯达资产办理机构开户，待QMT系统正式上线后进行可转债量化交易的运作。

**三、运营管理**

——加强能力建设。组织员工参加总部各类培训86次，自行开展业务培训36次，开展证券从业继续教育。开展内训师培训4次，对基础专业知识和市场热点知识进行全员培训。坚持经营例会制度，从分公司整体发展、投行、财富、运营、合规等各方面加强内部信息交流。开展分公司特色化投顾信息咨询，每周编发1期资讯，供内部学习。实施内部客户分等分级管理办法，根据不同的客户等级提供专业化的服务。

——强化后勤管理。信息系统建设模式由B类调整为C类，进一步规范人员信息现场和网上公示。加强安全管理，开展消防安全、网络安全应急演练，拟发《关于加强党的二十大期间安全与服务工作的通知》，开展安全生产大排查。严格执行财务制度，规范费用报账列支。完成场地续租谈判，争取到优惠价格，为分公司压降成本。

**四、风险管控**

强化合规风控。根据合规风控日常检查标准、要点，印发《关于加强中邮证券上海分公司内部合规检查工作的通知》。召开合规风控例会暨防范化解重大风险工作小组会6次、反洗钱工作小组会议12次，开展合规培训25次和反洗钱培训12次，每半年开展1次合规和反洗钱测试。开展反洗钱宣传、315投资者权益保护宣传、金融知识普及月等投资者教育活动。开展上海地区证券分支机构年度自律规范执行情况自查、半年度合规自查、适当性自查等，对人员监测信息进行规范。

**五、党的建设**

——加强支部建设。严格执行党支部“三重一大”事项集体决策制度和支委会前置研究制度，组织召开支委会32次，对各类重大事项进行集体研究决策。认真落实“三个第一时间”学习机制，编发党支部学习资料汇编12期，转发学习内容74次，组织各类层面的学习活动39次。召开2021年组织生活会和开展党员民主评议，落实党员无党员网点联系工作19次。开展社会主义核心价值观主题实践月、“三亮三比三评”、“领题破题”等活动。严格落实意识形态工作责任制，牵头召开4次支委会专题研究意识形态工作，向公司党委上报1次专题报告，全面彻底肃清不良影响。

——全面推进廉洁从业。总经理与各部门总经理、东大名路营业部总经理签订党风廉政建设责任书5份，压实主体责任，落实“一岗双责”。开展每月廉洁小教育、党风廉政警示教育月活动、案例警示教育，结合党风廉政专题党课开展“一把手讲合规”，用身边事、身边人开展廉洁教育。支持纪检人员履行监督职责，坚持做好节假期间的防范提醒，按规定做好“不打招呼”每月一事例查，开展业务招待费使用等专项检查。

——巩固巡视整改成果。积极开展常态化巡视整改、“举一反三”对照整改和运用十九届中央第八轮巡视成果对照整改，制定整改方案，召开巡视整改工作例会9次、运用十九届中央第八轮巡视成果对照整改专班会议4次，确保巡视整改措施落实到位。

**六、切实做好疫情防控和复工复产**

——落实各项防疫措施。上海市分公司先后召开疫情防控工作小组会议10次，举办疫情防控应急处置演练1次、健康小知识培训2次。疫情封控期间，对员工做好自我防护提醒，根据实际情况修订疫情应急处置预案。复工复产后，积极落实防疫物资储备发放、营业办公场地消毒、现场测温登记等各项防控措施。

——以人为本关爱员工。上海市分公司积极联系上海邮政，为分公司员工、投行部驻上海员工争取到上海邮政员工慰问生活物资，疫情防控期间发放3次慰问生活物资。

——及早应时复工复产。随着疫情形势好转，上海市分公司提前拟定了复工复产计划，统筹做好疫情防控和经营发展工作。上海取消封闭措施后，分公司于第一时间复工复产。

——履行社会责任。疫情封闭期间，上海市分公司积极履行社会责任，组织全体党员到社区“双报到”，员工积极下沉社区参与抗疫志愿者服务活动，8人参与社区物资搬运、抗原试剂盒发放、配发居民药品、门岗、核酸检测秩序维护等抗疫志愿服务。（中邮证券）

# 江苏省

## 【中国邮政集团有限公司江苏省分公司】

**一、2022年度总体发展概况**

实现收入226亿元，列全国第2位，增幅13%，列全国第5位；所有专业规模领先。实现利润9.8亿元，列全国第2位，增幅34%。

**二、党的建设**

——政治建设。落实“三个第一时间”学习机制，深入学习贯彻习近平新时代中国特色社会主义思想、党的二十大精神，三级党委开展中心组学习773次、党员干部讲党课2116次。印发《关于在完善公司治理中加强党的领导的实施意见》，制定党委前置研究重大事项清单，有效发挥党委的领导作用。

——基层党组织建设。巩固无党员网点清零成果，保持网点党员配备、党的组织建设、党的工作三个全覆盖。开展“领题破题”“三亮三比三评”等活动，省级“两优一先”基层一线占比63%。

——全面从严治党。制定全面从严治党主体责任清单、党委班子成员履行一岗双责清单；开展摊派营销任务、业务招待费等监督检查工作；推进集团专项巡视整改，全面解决反馈的25个主要问题、46个具体问题。

**三、服务国家重大发展战略部署情况**

——普遍服务。完成“一确保、两稳固、三强化”目标，保障党的二十大、全国两会等重大会议活动期间寄递安全，机要通信连续30年万无一失。

——乡村振兴。成立服务乡村振兴办，投入100万元定点建设“智能养殖大棚”，“村社户企店”合作全国领先；三级物流体系能力夯实，全面完成建设目标，“两中心一站点”基本实现全覆盖，邮快合作建制村覆盖率66%，三级物流体系建设得到国家邮政局、省委省政府的充分肯定。

——绿色邮政。落实行业生态环保“9917”工程，重点指标全面达标。

——疫情防控。设立苏州唯亭汇集点，向上海发运物资398吨、组织保供物资140余万元，全力保供保通保畅，展现行业“国家队”担当。

**四、落实集团公司发展战略情况**

——寄递改革。“两集中”改革系统加强，特快、快包综合时限达成率位居全国前列；市趟改革在集团验收中获优秀；邮区中心规范化改革名列前茅，7个省际中心获评优秀，5项核心指标位列全国前三；陆运网改革布局优化，实现就近入网、顺向发运、汇集发运；运输改革成效初显，一级干线、二级干线单边邮路占比分别下降12%、8.4%，大车型占比提升6%；揽投网改革整体强化，城区揽投部网格化作业率99%，快包自提率83.5%，列全国第2位。

——降本增效。混合收寄率、自动集包率分别提升23%、11%；五大环节件均成本下降12.7%；外包费用降幅13%；出口快包边际利润减亏60%（剔除疫情影响）。

——机制创新。优化市公司、省公司部门绩效考核办法；建立规模省对标机制，76%的对标指标位居规模省前三；引入“赛马机制”，健全薪酬分配机制，创新成本标杆结算机制。

——任期制和契约化管理。全面推行任期制和契约化管理，实现各级经理层人员“两个协议”签订全覆盖。

**五、业务发展**

——金融业务。一是规模效益“双第一”。实现收入129亿元，列全国第1位，增幅13%。AUM突破1.1万亿元、储蓄规模突破7700亿元，胜利打赢“双第一卫冕战”。AUM、储蓄新增规模在全国率先突破1200亿元，为历年最高。新增价值存款首次超千亿元，列全国第1位；新增价值存款占比95%，比上年提升8.5%。二是新老打法“双给力”。双旺季发展局面初步形成，其中，二、三季度储蓄比上年多增234亿元，为历年最高，列全国第1位。大规模推广智慧场景建设，精细化开发小微商户，商户资产超千亿元，列全国第1位。围绕“由单一产品销售向综合资产配置转型”的主线，建设全产品链体系，建强理财经理、财富顾问、督训师队伍，VIP客户核心产品持有率58.7%。三是项目客户“双增强”。项目引流成效持续增强，打造“瓜果桃梨蟹”特色经济矩阵，持续加大“两卡一代一场景”等项目开发力度，其中三代社保卡发卡43万张，增幅89%；退役军人优待证发卡31万张，列全国第1位；代发资金比上年多增43亿元。客户经营水平持续增强，扭转了新客比上年负增长的惯性，新增VIP客户37.7万户、财富客户6.7万户，均列全国第1位。

——寄递业务。实现规模效益双提升，实现收入65.8亿元，列全国第3位，增幅17%，列全国第2位；量、收市场占有率分别提升2.6%、1.1%；扭转了前两年亏损逐年扩大局面，利润同口径增加2.4亿元。一是特快业务实现收入21.6亿元，列全国第2位，增幅39%，列全国第3位；五大市场均实现两位数以上增长，其中，大闸蟹项目成为全国首个规模破亿的生鲜项目，增幅62%，市场占有率17.3%，均创历史新高。推出省内“次晨达”产品，增加客户4556个，新增收入超亿元。旺季开展“特快双领先”活动，收入增幅52%，新增客户3586个，为持续发展夯实基础。二是快包业务全力推动“三个结构优化”，聚焦重点客群、轻小件和优势线路，实现收入33.3亿元，列全国第2位，增幅3.6%。市场开发集中度稳步提升，集群市场、头部客群收入占比分别提升3.1%、8%；重量结构持续优化，轻小件占比提升6.5%；加大优势线路营销，收入增幅高于快包整体4%。三是国际业务以建强渠道作为发展前提，通过全面复航南京—大阪航线、多点开通中欧班列、快速打通自主报关，实现“空、铁、海”多渠道破题，快速形成多条优势线路，实现收入3.7亿元，增幅62%，列全国第2位。四是物流业务实现收入7亿元，列全国第2位，增幅15%。开发中石油、中石化、苏美达等仓配客户，新增仓储2.7万平方米，收入5000万元。

——邮务业务。实现收入31.58亿元，增幅6.7%。一是集邮业务实现较快发展，生肖贺岁收入首次突破3亿元。二是函件业务保持平稳发展，收入规模保持全国第1位，新媒体创客团队、邮福礼平台等初步建成，促进转型升级，在全国起到引领作用。三是报刊业务实现重大突破，《习近平谈治国理政》第四卷销售70万册，列全国第3位；校园报刊成为新的增长点，开发规模客户4271个，增幅25%。四是分销增值业务结构优化，做大批销大单品和基地农产品规模，双向商流规模达22亿元；加快建设“10分钟警邮便民服务圈”，代办警邮业务量突破百万笔。五是网点转型全面提质达标，点均叠加业务近20种，收入增幅19%；打造东南大学校园邮局标杆，带动进驻高校达147所，数量列全国第一，进驻率88%；实现高校收入1.6亿元，增长1.2倍。

江苏省连云港市灌南县分公司参与举办“红邮进校园 筑梦助成长”集邮巡展活动（《中国邮政报》12月27日）

——协同发展。在集团公司协同考评中，江苏省分公司首获满分，列全国第1位，重点协同项目实现全面达标。一是板块协同务实推进。邮银协同持续深化，新增公司客户1665户，增长4.2倍，信用卡开卡、供应商对公开户等规模均列全国第1位；开立移动5G资金账户，实现入账资金22.8亿元。邮保、邮证协同有力，助推保险、证券发展全国领先。二是专业协同成效显著。开展客户交叉营销，新增AUM 199亿元，带动EMS拉新超95万名，列全国第1位。三是战略合作成果丰硕。联合省商务厅召开现场会，促进三级物流体系加快建设；拓展中石油、中石化仓配和代发业务，实现物流收入3300万元，代发资金8000万元；年交易额50万元以上的302个供应商均实现金融业务开发，代发资金9.8亿元。

**六、运营管理**

推进“管理提升年”活动，形成15类任务、71项重点提升事项。

——财务管理。精准配置政策，促进加快发展；加强资金规范，全省上存资金日均余额比上年增加10亿元，列全国第1位；强化欠费管理，账期外欠费占比较年初下降11.7%；取得增值税留底税退税2.5亿元。

——人力资源管理。组织开展各类培训27.5万人次，增幅54%，通过职业技能等级认定6258人次；全口径人员劳动生产率25万元，列全国第3位；盘活自有人员222人；完善竞聘招聘等制度，推进6支重点人才队伍建设。

——审计监督。聚焦领导人员经济责任、金融风控等重点领域开展审计监督，工程审减额6931万元，审减率11%。

——采购管理。运用“三把尺子”对标分析，实施全菜单式采购、阶梯报价等策略，省分公司集采项目资金节约率12.5%。

——外包管理。围绕“方案制定、立项审批、采购实施、项目运行、费用管理、考核评估”六大管控环节，创新“15看15把关”管理方法。促进外包费用压降超亿元，降幅17.5%。

——能力建设。全省日处理能力超1481万袋（件）；一、二级干线自有车辆日均行驶里程分别提升24%、22%；改造181个揽投部，增配328套分拣设备；寄递服务质量重点指标全部位列全国前十；建设25个财富中心，列全国第1位；改造232个金融网点、建设1003个金融活动室；可分流交易离柜率98.5%，列全国第1位。

——市场营销能力。理财经理“专业化”、大堂经理配置“动态化”、支局长“年轻化”、督训师“专职化”、财富顾问“专家化”。寄递营销队伍实现零业绩人员清零，各市公司均成立政务、商企等寄递营销团队，国际关务团队实现“从无到有”。

——数智化能力。开发规模化场景收单、市趟智能组网、业务外包报账等系统。

**七、风险管控**

落实集团风控合规“雷霆行动”，全年未发生资金案件和风险事件。（江苏省分公司）

**【邮储银行江苏省分行】**

实现收入179.8亿元、实现利润101.9亿元，均列邮储银行第1位，全行贡献度分别上升0.1%、0.6%。不良率0.32%，为邮储银行最优，低于省内同业均值0.38%。

**一、服务国家重大战略部署**

——服务实体经济。新增信贷规模首次破千亿，比上年多增249亿元，增幅33%。制造业贷款新增160亿元，增速32%，高于各项贷款16%。普惠型小微企业贷款新增18474户、234.9亿元，增速25.2%，高于各项贷款9.15%。“专精特新”贷款新增24.4亿元，增速97.1%。邮储银行首家试点科创机构，在南京、昆山、江阴分别设立科创金融事业部、科创支行。

——助力乡村振兴。小额贷款投放1397亿元，新增220亿元。普惠型涉农贷款490亿元，新增101亿元，增速26%，高出各项贷款10%，超额完成监管目标。建成信用村 1.65 万个，覆盖率 98%，信用户 71 万户。向总行争取特色农业项目专项授权，授信 48 亿元，覆盖盱眙、亭湖等 25 个区县，涉及羊角椒、水稻等 43 个种养殖行业。

——服务长三角一体化。参与省内首单高速公路公募 REITs 基金，支持打造存量资产流转平台。配合苏交控发起宁沪保理，打造在线供应链平台。着眼长三角互联互通，支持宁淮城际、连宿高速、常泰大桥等省级重点项目，累计签约 584 亿元，投放贷款 215 亿元。

——着力支持产业强省。着眼于产业空间布局优化，重点支持城市更新、园区提档升级、新型城镇化项目，累计授信 186.8 亿元，列邮储银行第 1 位。服务优势产业链，向中创新航、天合光能、双良节能、润阳光伏等增加授信 170 亿元，以交易银行赋能供应链稳定高效。

**二、业务发展**

——零售金融。小额贷款实现净增 220.56 亿元，净增规模列邮储银行第 2 位；小额贷款年末余额 1032.47 亿元；实现业务收入 22.95 亿元，收入增幅 22.69%。消费贷款净增 76.08 亿元，其中一手房业务发展取得突破，年净增排名省内同业第 4 位；非房消费贷款发展取得历史新高，额度类消费贷款年净增 69.6 亿元，汽车消费贷款年净增 24.89 亿元，均列邮储银行第 1 位；实现业务收入 56.82 亿元，增幅 5.8%。个人客户 AUM（全口径）存量 2656 亿元，列邮储银行第 1 位，新增 303 亿元。代理保险累计实现新单保费 54.78 亿元，列邮储银行第 1 位。信用卡实现收入 8.17 亿元，列邮储银行第 3 位，其中中间业务收入 3.86 亿元，比上年增长 28.57%。

——公司金融。公司存款时点余额 1317.85 亿元，列邮储银行第 1 位，净增 141.2 亿元，列邮储银行第 2 位；价值存款年日均余额 1130.76 亿元，净增 49.68 亿元，计划完成率 121.2%。公司客户结余 10.08 万户，新增 25831 户，列邮储银行第 1 位。公司信贷余额 1206.36 亿元，列邮储银行第 2 位，净增 321.72 亿元，列邮储银行第 1 位。小企业贷款余额 481.8 亿元，列邮储银行第 2 位，净增 112.7 亿元，列邮储银行第 1 位；小企业法人普惠贷款余额 276.88 亿元，列邮储银行第 2 位，净增 49.72 亿元，列邮储银行第 1 位；小企业科创类企业贷款余额 130.8 亿元，净增 38.12 亿元。

——资金资管。供应链融资余额 120.61 亿元，净增 69.96 亿元，列邮储银行第 1 位；贸易融资余额 175.98 亿元，净增 102.44 亿元，列邮储银行第 1 位；福费廷余额 147.94 亿元，净增 33.83 亿元，列邮储银行第 1 位。票据融资余额 726.34 亿元，净增 87.73 亿元，列邮储银行第 1 位；累计为 1504 户客户办理票据贴现 1363 亿元；转贴系统外交易量 1140.95 亿元，实现非息收入 3.33 亿元，列邮储银行第 1 位。同业融资业务余额 410 亿元，净增 172 亿元，增幅 72.27%，再创历史新高。

**三、风险管控**

——持续完善内控机制。落实“内控合规管理建设年”要求，推进风险防控“三大”行动，压实“一把手”责任，狠抓整改问责。刚性管控贷款用途、代理保险、消费者权益保护等合规问题，抓实“自评—监督—验证”全闭环治理。

——创新合规管理工具。自主研发上线“反洗钱分析辅助系统”、“消费者投诉管理系统 RPA 辅助工具”，合规管理质效明显提升。

——保持优良监管评价。消保考核连续两年被总行评为优秀单位，被人民银行评为 A+ 级，列国有六大行第 2 位。征信管理连续 3 年获人民银行 A 类评价。

——筑牢安全生产保障。落实安全生产责任制，开展安全生产大检查和消防隐患专项整治，整改消除 1227 个安全隐患，圆满完成党的二十大期间安全保障任务，获评总行“平安邮储”优秀单位。

**四、运营管理**

——充实一线骨干队伍。向总行争取 154 个新增用工指标，组织校招 424 人、社招 128 人，为省行主要业务部门充实 28 名业务骨干。统筹调配人力资源，压缩机关后台人员 30 人，增配产品经理、公司客户经理、理财经理 186 人。

——突出科技创新赋能。自主研发“邮捷”平台，完成 107 项功能上线。推行智能化集中对账，应用移动端村村通营销工具，实现对 280 万个客户数据管理，新增 35 万高质量信用户。

——提升组织运营效率。对重点城市分行试点审批区域派驻。优化消费贷款流程，线上进件率提升 10%，房贷办理效率节省 1.2 天。开发 55 个旅程优化项目，7 家低效网点完成脱帽。运营中心克服疫情影响，全力支撑旺季开门红。

**五、党的建设**

——深入学习宣传贯彻党的二十大精神。把学习宣传贯彻二十大精神作为首要政治任务，举办领导干部专题培训班，邀请中央党校教授作辅导报告。组织“献礼二十大，奋楫争先锋”活动，将党的二十大精神转化为转型突破的强大动能。选树 23 个先进典型，以“党旗在基层高高飘扬”为主题，在央广网、新华社等平台广泛报道。

——推进党建与业务深度融合。聚焦重点任务清单，组织“领题破题”活动，完成 192 个，其中 38 个被评选为优秀。开展“行长值大堂”活动 279 次，解决难点问题 94 个。深化基层党组织建设达标工程，各级党组织达标率 100%。在 14 个基层党支部试点集团“三必知、四必谈、五必访”思想政治工作法。

——落实意识形态责任制。开展两次意识形态专题研究，制定督办督查方案。建立例会、督查、评价、汇报“四项机制”，制定重点工作清单，落实40类、95项工作。开展4批次余毒排查，消除不良影响。

——狠抓全面从严治党。落实全面从严治党主体责任和班子成员“一岗双责”任务清单，推动各级党组织、党员干部知责、明责、担责。坚持“严”的主基调，精准运用监督执纪“四种形态”，问责225人次。全辖信访举报、立案审查、党纪处分数量均比上年下降。强化对下级“一把手”和领导班子成员监督，实现对二级分行班子集体廉政谈话全覆盖。抓实巡视巡察整改，完成对连云港、泰州、无锡、南京、徐州市分行党委巡察“回头看”及专项巡察。针对中央和集团巡视反馈问题，制定235项整改措施，整改完成率100%；针对巡察反馈问题，制定814项整改措施，均已完成整改或取得阶段性成效。

——坚持先进典型引领。省分行连续3届获得“江苏省文明行业”荣誉称号；宿迁市分行营业部、淮安清河支行荣获江苏省“工人先锋号”；徐州市分行、泰兴市支行荣获“2018—2021年度全国邮政系统先进集体”；苏州市分行周建国获得江苏省“五一劳动奖章”。（邮储银行）

**【中邮保险江苏省分公司】**

**一、发展概况**

总保费91.3亿元、新单总保费41亿元、续期50.3亿元、长期期交新单32亿元、5年交终身寿26.2亿元、健康险1.1亿元、团险总保费7134万元、普惠保险1089万元、新业务价值7.6亿元，完成率102.5%。此9项经营指标，均列全国第1位。终身寿险中5年交及以上占比94.4%，高出全国平均水平12.2%；健康险中，内含价值更高的邮保安康产品占比64.9%，列全国第1位，高出全国平均水平37%；续期占总保费比重55%，“滚雪球”效应愈发显现；新单负债成本率4.1%，新业务价值比上年增长20.3%。长期期交新单保费增幅（37.9%）高出省内同业平均水平（15.5%）22.4%，原保费市场占有率（2.9%）稳居行业前十，银保期交新单市场占有率10%，回升至全省第1位。

**二、落实服务国家重大战略**

——服务乡村振兴战略。坚持“服务基层、服务三农”，在泗洪县开展服务乡村振兴暨惠农公益活动，为2万人赠送帮扶保险；强化邮保协同推动普惠保险项目落地，提供风险保额401亿元，惠及4.7万人。

——科学精准做好疫情防控。及时调整防疫措施，第一时间采购口罩、抗原、药品等防疫物资，最大限度保障员工生命安全和身体健康。

——推进碳达峰碳中和暨绿色金融工作。制定实施方案及2022年工作要点，全员植树142棵，在线出单率99.47%，人均办公用纸金额连续5年下降。

**三、邮银渠道建设**

——协同机制深化巩固。在巩固“五同步”协同机制的基础上，强化挂钩督导，形成13支挂钩支撑团队，深入基层一线，支撑业务发展。全省邮政提前75天完成各项任务目标，全省邮储银行达成长期期交、5年交终身寿任务目标。

——数字赋能有效加强。开发健康险智慧营销工具箱、营销智库等数字化工具，健康险件均保费1万元，高出全国平均水平0.25万元。制定数字化营销示范推广项目实施方案，打造278个示范网点，点均产能达8.67万元，其中达12万元产能目标的网点56个，列全国第5位。

——营销赋能持续强化。开发营销工具包，针对亲子、社区等客群打造健康讲座、网点沙龙等营销场景，提升一线客户挖掘能力和营销能力。长期期交点均产能127.2万元，比上年增长37.8%，高出全国平均水平32.4万元。

——队伍赋能全面增强。讲师队伍全员占比从16%提升至30%，派驻33名讲师至13个地市属地履职，在南京建成保险规划师队伍10人，打造队伍共建4.0版本。邮保共同培育专职金融保险督训师100人、兼职讲师179人、专兼职理财经理3106人，打造13个财富中心和26个标杆网点。

**四、改革创新**

——推进市场化改革。打造市场拓展型、运营支撑型省分公司，改革后前台部门从48人增加至70人，人员占比达55.6%，提升12.3%。

——银保渠道外拓。成立银保渠道外拓项目组，对接属地银行，成功签约招行南京分行并实现出单。

——团险业务。加快“走出去”，签约战略合作企业5家；推进职域营销，实现保费843万元，超预算91.5%，规模列全国第1位；在全国率先突破“邮侠e路保”500单营销目标。

——中介渠道和个险渠道。与江苏明亚深入沟通展业模式、合作方案，在全国率先斩获中介渠道首单。与平安、大都会等寿险同业开展个险渠道营销管理模式，努力探索开拓新型个险渠道。

**五、风险管控**

将关键风险指标、地方监管重点工作要求纳入全省邮银金融风险内控重点工作，深入推进“内控合规管理建设年”活动；现场检查29个市县代管机构、127个邮银金融网点，下发通报4份。妥善应对3起诉讼纠纷，挽回损失金额21.4万元。协同邮政渠道加强健康险退保风险管控，下半年健康险新单退保率2.75%，较管控前下降7.92%。获评第二届中邮保险合规知识竞赛团体一等奖、南京人行2021年度反洗钱工作表现突出机构。

**六、运营管理**

分条线组织开展全省运营“提质创优”劳动竞赛，保全全流程时效1.0天、犹豫期内回访成功率100%、回访问题件占比0.31%，均优于全国平均水平。“邮e保”App

邮银网点覆盖率近90%。持续开展失效保单清理活动，复效3852件，涉及保费0.9亿元。深化“有温度 更专业”的理赔服务，完成泰州百倍保高额理赔案件（赔付超155万元），为开业以来最高获赔案件。坚持“线上+线下”，积极开展第六届客服季、“7·8全国保险公众宣传日”等活动，覆盖10万人次，获评中邮保险“客户服务先进单位”。

连续3届获评“江苏省文明单位”，获评《中国银行保险报》“2022年度新闻宣传优秀团体奖”、江苏行业内控合规管理劳动技能竞赛暨清廉金融知识竞赛团体二等奖、中邮保险工会“先进集体”“平安邮政”优秀单位。“王梦创新工作室”成功创建国防邮电工会劳模创新工作室，曾小艺工作室获评“中国邮政集团公司劳模创新工作室”。

**七、党的建设**

第一时间召开党委（扩大）会议，专题学习党的二十大报告、习近平总书记重要讲话精神，研究部署学习贯彻工作。持续开展党风廉政宣传警示教育月“五个一”活动。全面彻底肃清李国华不良影响。着力发挥“两个作用”，先后组织开展“党旗领航、先锋突击”开门红活动、“党旗领航、捍卫荣誉”邮储银行业务收官活动，助力经营起好步、收好官。三支部获评“中邮保险党支部建设示范点”，其所辖邮银业务部获评“全国邮政系统先进集体”，先后共有7名党员获评“中邮保险党员先锋岗”。举办青年员工“迎五四·我和我的岗位价值”演讲比赛、讲师授课“擂台赛”，大力宣贯中邮保险企业文化核心理念。（中邮保险）

## 【中邮证券江苏省分公司】

**一、总体发展概况**

江苏省分公司在总部的正确指导下，牢牢把握“管理提升年”的发展要求，以“强管理、促转型、拓市场”为重点，全面推进各项工作。

**二、业务发展**

——经纪业务。新增客户29649户，完成率98%，规模列全国第3位，比上年上升106%。其中代金渠道新增客户14322户，完成率86%，列全国第3位；邮储渠道新增客户12664户，目标完成率105%，列全国第1位。新增有效户数11171户，超额完成总部下达的5069户新增有效户目标，完成率220%，规模列全国第2位。其中代金渠道新增有效户12379户，超额完成集团公司下达的3251户目标，完成率381%，规模列全国第2位。新增客户资产4.61亿元，目标完成率60%。销售金融产品金额7.92亿元，目标完成率132%，规模列全国第1位。

——机构业务。江苏省分公司完成约270次外拓拜访，拜访对象主要包括省内邮储银行各分支行、外部商业银行、非银行类金融机构、省内城投公司、上市公司及“专精特新”小企业等，逐步建立城投客户信息库、资金渠道信息库等客户资料库。坚持贯彻与邮储银行协同合作政策，持续推动与邮储银行江苏省分行的业务联动，已完成对省内13家二级分行业务对接的全覆盖。分公司进一步丰富“投行+商行”的业务模式内涵，基本建立以邮储银行、邮政公司为主，其他商业银行、私募基金公司为辅的业务合作渠道。

——加快财富管理转型，积极参与市场竞争。树立“全员投顾”“全员营销”理念，制定分公司重点工作实施意见，进一步提升财富条线精细化管理能力，推进市场化转型。坚持“走出去、请进来”，了解行业熟悉市场，为市场化转型把好方向、找准路径、踏准节奏奠定基础。紧盯交易型客户，创新投教方式，提升维护水平，助力存量客户增产增效。加强内部学习和外部培训，不断提升业务水平和管理技能。

——深度融入邮政节奏，立体化推进协同发展。争取到江苏省分公司持续支持，把中邮证券业务发展纳入邮政经营统一部署。打造培训课件池，面向邮政金融提供菜单式、定制化培训支撑。主动开展协同联动，下沉地市、区县和网点，广泛凝聚协同发展力量。定制江苏首支资管产品，支撑江苏省分公司金融“理财节”活动。通过收益凭证产品支撑江苏省分公司引流新客。创新服务方式，设计扫码答疑小助手助力全省邮政账户推荐工作。不断优化队伍建设，提升营销能力。

——丰富“投行+商行”业务模式，推动机构业务发展。江苏省分公司成功承揽落地6只债券，其中无锡太湖新城发展集团私募债为2022年公司落地首支AAA评级主体债券。分公司成功撮合金租公司为省内城投平台融资8笔，放款金额15亿元。分公司营销推进股票质押3笔，其中奥瑞金项目实现首期投放5000万元，引入资产1.6亿元。私募基金方面，营销上海通怡私募基金，已进入总部代销白名单，并成功在分公司开立私募基金账户1户。

**三、运营管理**

——坚持疫情防控工作与生产经营两手抓。党员领导干部充分发挥模范带头作用，党支部书记始终到岗坚守，保证企业经营工作的正常开展。分公司党支部做好常态化疫情防控，及时传达上级精神、落实必要防护用品、执行具体防控措施。确保分公司无负面舆情，确保员工的健康。

——坚持实行契约化管理。分公司遵循“三个规律”，对高度专业化人才实行市场化选聘。坚持推进聘任制和契约化管理，主要经营岗位均签订聘任协议和年度业绩目标责任书，淘汰1名市场化招聘的人员，引进客户经理1名。以业绩为导向，推进全员绩效考核，分公司的经营目标全部分解至部门，实现责任到人、任务到人、目标到人和考核到人，确保分公司经营目标达成。

——坚持优化财务管理。分公司做好工商年报的上报工作。根据《国家税务总局关于办理2021年度个人所得税综合所得汇算清缴事项的公告》做好个人所得税汇算清缴的通知下达工作。分公司做好自2014年至今的固定资产和低值易耗品的清查梳理工作，做好档案梳理工作，根据公司《关于开展业务招待费使用情况监督检查的通知》要求，做好自开业至今的业务招待费的自查和整改相关工作。分公司出台关于下发《中邮证券江苏分公司商务活动宣传用品使用的指导意见（试行）》的通知，对所申请宣传用品的用途和数量严格把关，杜绝形成账外资产。

——构建“大运营”服务中心。为充实前台营销力量，充分保障后台运营服务稳定运行，分公司将直属营业部、无锡和常州轻型营业部所有运营服务岗人员统一纳入综合管理部进行管理，对分公司运营管理工作统筹安排，在确保前台营销力量充足的基础上，提升分公司整体运营服务力量。

**四、风险管控**

筑牢合规理念，严守合规底线。理顺回访机制，完成回访工作。开展监管模拟检查活动，全面整顿规范运营。制定营业管理办法，施行积分量化管理。

**五、党的建设**

——严格执行“三个第一时间”学习机制。江苏省分公司按照公司党建工作部下发的工作清单组织学习，并结合实际进行补充。分公司党支部按照总部要求落实“一岗双责”责任清单，分解工作任务。认真开展党史民主生活会、组织生活会及民主评议党员，及时做好支部换届工作，认真开展主题党日活动，组织“三亮三比三评”和“领题破题”活动，策划身边人讲身边事“讲好中邮证券故事”等活动，报送《聚焦投行业务领题破题迎难而上》案例1篇，并被《中国邮政报》报道。

——落实巡视、审计等监督发现问题和“不忘初心、牢记使命”主题教育检视问题整改。分公司开展巡视整改重点工作暨运用十九届中央第八轮巡视成果对照整改工作和全面自查工作。持续加强党支部建设，开展多次主题党日活动。

——深化反腐败工作，加强党风廉政建设。把握细节、聚焦问题；在会纪会风、客户接待等方面，查摆问题，抓细抓严抓实；在干部思想和行动上，以钉钉子的精神抓出作风建设实效；在节假日期间紧盯“四风”问题，时时提醒，盯紧财务报销报账情况，防止借机吃喝送礼、公车私用、公款旅游。（中邮证券）

# 浙江省

## 【中国邮政集团有限公司浙江省分公司】

**一、2022年工作概述**

完成业务总收入184.32亿元，全国排名从2021年的第5位上升到第4位；比上年增长16.41%，高于全国平均水平6.53%，增幅列全国第1位。累计实现总利润3.15亿元，超额完成全年预算目标0.94亿元。

**二、党的建设**

——思想理论武装。印发《浙江省分公司党委学习宣传贯彻党的二十大精神工作方案》，推动学习宣传贯彻党的二十大精神落地；落实党委理论学习中心组学习制度，召开党委理论学习中心组学习597次，完成巡听68次，开展旁听47次。常态化组织青年理论学习，累计开展青年理论学习小组学习1094次。

——作风建设。开展“三个至少走一遍”走访调研活动，全省521位党员干部走访下一级组织4287个、重点客户4385个、单位1566个，研究解决问题4257个，发现亮点和最佳实践1777个。

——纪检监督。精准实施“四种形态”1179人次；持续整治“四风”和员工身边的腐败问题，调研督导277个基层网点，发现和推动整改基层问题16个；全力配合集团党组专项巡视并监督问题整改，推动“未巡先改”问题整改158个。完成省内巡察“回头看”全覆盖任务。

**三、服务国家重大发展战略部署情况**

——普遍服务。省内同城普服邮件时限达标率99.28%，取得5年来最好成绩；各市、县（市、区）分公司属地党政机关《人民日报》《浙江日报》当日见报率100%；实现机要通信无失密丢损“二十九连冠”。

——疫情防控。主动服务防疫及保供保通保畅工作，各级邮政企业主动提供防疫物资、生活必需品等配送服务，开通邮政保供上海物资通道，发运保供物资近2000吨；为中国美术学院、中央美术学院等高校3.6万名艺考生提供“云艺考”寄递服务。

——乡村振兴。全面加快三级物流体系建设，全省改建县级中心45个、乡镇中心155个、村级站点1.8万个，累计投递进村邮件近1亿件，帮助农业经营主体销售农产品6.6亿元，涉农贷款结余超1830亿元；邮快合作建制村覆盖率达77%，代收代投社会快递5500万件；累计建成交邮合作线路126条，覆盖158个乡镇、858个村，月均代运邮件12万件。惠农“比学赶帮超”排名连续10个月列全国第一组第一名；全省优质站点1.9万个，列全国规模省第1位；累计实现批销交易额9.8亿元、亿元级大单品5.6亿元，列全国第4位。

**四、落实集团公司发展战略情况**

——寄递“六大改革”。以“两集中改革”为纲，深化陆运网改革，深化邮区中心改革，深化干线运输改革，深化市趟运输改革，推进揽投网改革。

——降本增效。五大环节均实现全面压降，收寄、处理环节件均成本均列全国第1位，管理支撑环节件均成本居全国第2位，陆运吨公里成本居全国第3位，投递环节比上年降幅 1.17%。

五、业务发展

——金融业务。收入实现新突破，全省金融业务收入增幅 15.85%，超全国平均水平 3.22%，列十强省第 2 位。AUM 净增 725 亿元，余额年增 652 亿元，创本省历史最好成绩；诸暨余额年增 37.9 亿元，列全国县市第 1 位。业务结构不断优化，理财资管保有量新增、VIP 财富产品叠加提升、全面关系客户增幅、合格投资者新增均列全国前三。

——寄递业务。完成收入 95.38 亿元，列全国第 2 位，比上年增长 20.61%，列全国第 1 位；寄递业务实现利润 6.94 亿元，列全国第 1 位。特快业务完成收入 20.67 亿元，比上年增长 49.74%，列全国第 1 位，高于竞品 45%。快包业务收入 48.02 亿元，比上年增长 27.5%，累计业务量 22.87 亿件，比上年增长 33%，量收规模、比上年增幅、收入预算完成率均列全国第 1 位。国际业务完成收入 22.66 亿元，规模列全国第 2 位；物流业务累计新开发 48 个项目，比上年增长 30%。

浙江省长兴县分公司员工为退伍老兵提供军营包裹收寄“一条龙”服务（《中国邮政报》9 月 14 日）

——邮务业务。集邮业务实现收入 2.08 亿元，增幅 13.63%。函件传媒业务实现收入 3.48 亿元，增幅 7%，规模列全国第 5 位。报刊业务实现收入 6.16 亿元，规模列全国第 4 位，收入比上年增幅 5.25%。累计报刊业务量 11.67 亿份，规模列全国第 2 位，比上年增幅 3.0%；累计发行政务图书 324 万册，实现收入 1.8 亿元，列全国首位。

——协同发展。协同工作综合考评获得满分，列全国首位。全面完成集团公司六大协同项目和省内自主协同项目，总部战略客户比上年收入增幅达 29%；“邮生活”、BSC 粉丝数、杭州亚运会项目均超额完成全年目标。

六、运营管理

管理模式不断创新，杭州邮区中心新场地顺利搬迁投产，全国首创带设备外包 + “嵌入式管理”模式，处理效率达到系统领先、行业先进水平。时限管控水平持续提升，16 项关键指标中 7 项指标列全国前五，13 项指标列全国前十。服务质量指标持续领先，4 月以来寄递服务指数始终保持全国第 1 位。财务管控能力持续增强，企业资金稳步改善，欠费得到有效控制，全省货币资金比上年增加 9.44 亿元。人力资源配置持续优化，加强劳务承揽规范管理，新承揽并轨业务外包后比上年减员 2547 人。审计监督持续有效开展，组织开展审计项目 600 个。精神文明建设成果丰硕。1 人荣获“全国五一劳动奖章”“全国青年岗位能手标兵”；1 人被评为“全国优秀共青团员”；3 人获评集团公司“青年学习标兵”，4 人获得“浙江省青年工匠”称号，1 人荣获“浙江省青工创新创效大赛优秀奖”；新增省级“青年文明号”7 家、省级“青年岗位能手”4 人。

七、风险管控

加大构建金融风险防控体系建设力度，扎实开展外包管理乱象整治工作。（浙江省分公司）

【邮储银行浙江省分行】

自营收入 158.4 亿元，列邮储银行第 3 位；实现利润总额 70.6 亿元，列邮储银行第 3 位。成本收入比 26.34%，列邮储银行第 1 位。资产规模 6065.25 亿元，其中各项存款余额 5375.02 亿元、各项贷款余额 5149.62 亿元。传统贷款不良率 0.42%，实现“五个不发生目标”。

一、服务国家重大战略部署

——服务实体经济。省管信贷规模净增 684 亿元，创历史新高，列邮储银行第 3 位，比上年多增 85 亿元。其中，普惠小微贷款增长 239.08 亿元，增速 23.64%；绿色贷款增长 104.48 亿元，增速 42.43%；制造业贷款增长 208.87 亿元，增速 31.26%；民营企业贷款增长 379.12 亿元，增速 19.84%；科创贷款增长 64.8 亿元，增速 54.1%。

——服务乡村振兴战略和共同富裕示范区建设。落地邮储银行支持浙江共同富裕示范区专项政策。涉农贷款净增 252.11 亿元，山区 26 县公贷新增投放 18.65 亿元。全面完成集团、总行重点协同项目，惠农经营贷净增 15.49 亿元，结余 23.55 亿元，列邮储银行第 1 位。大力推广“一县一品”特色农业贷款，新发放金额 56.66 亿元，余额净增 22.27 亿元，增速 75.55%。评定信用村 1.6 万个、信用户 34.96 万户，信用类小额贷款净增 26.39 亿元，是上年净增数的 2.66 倍。向缙云县大集村捐赠帮扶资金 18 万元，帮助村民产业增收 87.27 万元，得到浙江省乡村振兴局、国资委和缙云县政府的高度肯定。

——服务小微企业纾难解困。办理延期还款 2906 户、金额 222.67 亿元，办理“连续贷 + 灵活贷”机制贷款 1831.92 亿元；对疫情防控物流客户新增贷款 1.10 亿元，向受疫情影响严重的行业客户新增贷款 74.75 亿元，累计减免贷款利息 1.46 亿元、手续费 0.26 亿元。

**二、业务发展**

——零售金融。个人客户 AUM 新增突破 200 亿元，增速 20%，价值存款年日均新增 90 亿元，增速 17%；新增财富客户 1.2 万户，新增私行客户 185 户，军人优待证申领 38 万余张，市场占有率 33%，列省内同业第 2 位，个人养老金资金账户开户量排邮储银行前 3 名。小额贷款净增 207.14 亿元，列邮储银行第 3 位，其中中长期贷款净增 246.34 亿元，是上年净增数的 10 倍。非房额度类贷款净增 38.89 亿元，列邮储银行第 2 位；车贷净增 16.60 亿元，增长 300.79%；住房贷款净增 32.41 亿元，净增市场占有率 10.70%。信用卡全年刷卡消费 367.4 亿元，比上年增长 7.0%，增幅居省内同业第 2 位；场景分期交易额 33.7 亿元，比上年增长 4 倍；信用卡透支余额 75.9 亿元，比上年增长 37.7%，增幅列邮储银行第 1 位；发展特惠商户 1.83 万户，列邮储银行第 2 位，快捷支付绑卡率 93.1%，列邮储银行第 1 位。新增数字人民币个人钱包 96.7 万个，列邮储银行第 1 位，数字人民币商户 1.6 万户，居邮储银行第 2 位。

——公司金融。公司价值存款年日均净增 103 亿元，居邮储银行第 2 位；公司信贷净增 175.39 亿元，列邮储银行第 3 位，其中制造业中长期贷款净增 58.84 亿元，列邮储银行第 1 位；公司客户新增 1.7 万户，城投类授信客户新增 48 户，AA+ 以上授信覆盖率 88.89%。交易银行表内实体贷款余额 73.35 亿元，增长 130%，表外业务发生额 253.05 亿元，增长 153.96%；票证函保证金余额 133.10 亿元，比上年净增 108.80 亿元。小企业贷款结余 554.31 亿元，列邮储银行第 1 位，净增 111.72 亿元，列邮储银行第 2 位；新设杭州科创金融事业部和 4 家小微支行。

——资金资管。直贴 551 亿元、列邮储银行第 3 位；存放同业余额 366.5 亿元，列邮储银行第 3 位；投资业务落地 293 亿元，创近 5 年新高；托管规模 1701 亿元；同业生态圈拓客新增 24 户，合计 117 户，同业授信客户 55 户、列邮储银行第 2 位。

**三、风险管控**

——智能风控建设。建立智能风险日报机制，借助“金睛”、大智慧等系统，智能跟踪风险信息动态。完成“互联网 + 不动产登记”系统建设，实现总行与浙江银保监局系统对接，推动不动产抵押实现系统刚性控制。推广信贷线上“双录”系统，减少“双录”不合规情况。应用贷后智能外呼系统，实现小额贷款到期客户智能提醒、逾期客户差异化催收。

——信用风险管理。筛选核心目标客户拓展清单客户 154 家，风险引领得到加强。建立线上线下、表内表外同步监控机制，“三单”客户业务余额比上年分别压降 2.45 亿元、1.07 亿元。创新方法加快不良处置节奏，清收不良贷款本息 9.21 亿元、核销呆账 32.08 亿元。

——内控合规管理。开展“合规红五月”第三年“敬规”主题宣教活动，活动参与率 100%。新增和修订省分行制度 125 项，派驻风险经理 77 人，“代职支行长”检查网点 99 个，开展风险核查项目 8 个。推进监管通报问题整改，存量监管通报发现问题销号 9 个。

——疫情防控和安全生产。及时动态调整疫情防控政策，下发防疫文件通知、提示 30 个，修订印发 2022 年疫情防控应急预案。完成安全生产专项整治三年行动，开展问题隐患清零行动，全面清理不规范用气用电等安全隐患。

**四、运营管理**

——资产负债管理。实施信贷规模计划前瞻性管理，获总行专项规模额度 60 亿元，比上年翻番。通过同业利率交换强化对标分析，动态调整授权 14 次，扩大对分支行利率授权。压降不可撤销贷款承诺 32.84 亿元，信用卡授信额度使用率提升 4%。

——财务管理。出台信贷投放拨备补贴、重点业务专项成本补贴、老旧网点装修改造补贴等政策，赋能转型发展重点领域。制定 63 项费用开支定额标准，实施事前审批机制和费用考核机制，提高费用使用效率。清理暂估进项税 5.54 亿元，节约税费 6.20 亿元。

——人力资源管理。省、市分行党委管理领导人员任期制契约化签约率 100%，建成 100 人中级管理人才库、1000 人基层管理人才库。推进“增人不增员”用工九策落地见效，市分行销售队伍占比提升至 36%。落实“双挂钩”机制和分工考核机制，加大与中收挂钩的力度，增加重点城市行工资总额奖励政策。

——信息科技支撑。完成数据接口开发 171 项，上线数据报表 53 张，在总行建模大赛中取得佳绩。上线信用卡分期预处理、红狮集团小微 E 贷供应链前置系统等自主研发项目 49 个，助力业务发展。

——网点效能和客户体验。按月监测通报全辖网点成本效益数据，完成低效网点整治 23 家、整治率 57.5%。实施自营网点装修改造和营运生产用房购置三年计划，自营网点室外标识更换率 100%。打造 26 家老年特色网点、1 家手语特色网点。开展“感动服务”、窗口服务“7+74”体验问题专项检查、“禁止类服务问题”专项治理等活动，促进服务能力和服务意识再提升。

——集约化转型。推进“云柜”模式在 15 个网点试点落地应用，实现传统柜面渠道、自助设备渠道的远程集中作业。积极配合总行开展报账集中上收，上收后全辖报账退补单率较邮储银行均值低 2%。制定下发浙江省分行授信业务集中审查审批实施方案，完成试点阶段对杭州市分行的权限上收工作。

**五、党的建设**

——深入学习宣传贯彻党的二十大精神。省分行党委会第一时间学习党的二十大精神，党委班子成员结合工作实际谈体会。全辖144个党支部通过“三会一课”集中学习，党员领导干部带头宣讲。通过“红船领航”专题分享、网点播放宣传标语，推动党的二十大精神宣传进支行、进网点、进基层。

——党建与业务融合。开展“挂行蹲点”主题调研活动，领导干部赴基层调研，解决问题1183个，“领题破题”活动完成“破题”147个，“行长值大堂”活动开展201人次、解决问题59个。开展行外党建共建活动209个，其中富文乡小学“启梦·梦想屋”活动被学习强国、浙江新闻、钱江晚报等媒体播报。省分行工会荣获“浙江省职工品质生活试点单位”称号，省分行工会、德清县支行营业部荣获“浙江省工人先锋号”，景宁县支行荣获“全国金融五一劳动奖状”，西湖区支行获评“全国最美工会户外劳动者服务站点”。

——全面从严治党。深入学习贯彻十九届中央纪委六次和七次全会精神。对采购、小金库、房屋资产、竞聘招聘及材料抄袭造假等重点问题开展专项治理，对湖州市分行党委及其下辖3家县支行党支部开展巡察“回头看”。开展“三廉三固”廉洁主题教育，在浙江省银协“青年·清廉”评展活动中荣获漫画组一等奖。

——精神文明和企业文化建设。浙江省分行获评“全国金融系统文化建设优秀单位”；金华市分行获评“全国交通运输行业文明单位”。编制《浙江省分行企业文化宣贯落地任务分工表》，按季开展自评，编制先进典型案例5期，组织新员工企业文化培训2次，新任领导人员培训1次。（邮储银行）

**【邮储银行宁波市分行】**

完成收入16.53亿元，完成总行计划的103.61%，比上年增长14.04%，其中金融同业、公司金融、个金、小企业收入超额完成全年指标。全年实现中间业务净收入1.45亿元，比上年增幅22.72%。实现利润总额（剔除世茂建设因素）8.66亿元，利润预算完成率129.55%，列邮储银行第8位。

**一、服务国家重大战略部署**

——提升服务实体经济质效。抓住国家提出金融机构服务实体经济的契机，主动对接地方发展资源和项目，积极发挥国有大行作用。积极介入战略性新兴产业、绿色信贷、新型基础设施建设、新型城镇化建设、交通水利等重大工程建设以及市政公用等项目，提升项目贷款占比。引入优质企业950家，客群拓展初显成效。截至年末，分行法人客户数12687户，年度实现新增2645户，新增授信64户，总行指标完成率278.26%。

——推进服务乡村振兴战略。分行涉农贷款结余221亿元，占全部贷款的30.98%，比上年净增36.51亿元。通过加强内部联动，提升综合金融服务。开展数字乡村建设，加强与网金、个金条线的联动针对信用村等农村信贷重点客群推进综合营销，强化分行营销管理，实现主动授信白名单高效转化。

——加大对小微民营经济主体的支持力度。通过走访小微企业园、科技企业园等，主动挖掘客户需求。分行普惠小微贷款余额161.22亿元，净增29.32亿元；普惠小微贷款户数10218户，净增1570户。超进度完成普惠型小微企业贷款增长。

**二、业务发展**

——零售金融业务。围绕“以客户为中心”，以“社、村、政、企、商、圈”六类客群为核心，聚焦客户AUM提升、存款结构优化，价值存款快速上量，财富业务持续发展。个人客户AUM年增32.97亿元，增幅24.6%，目标完成率174%；价值存款月日均增量24.53亿元，目标完成率409%。网金业务实现“邮储式数字化”发展，通过名单制、科技赋能、产能追踪三项抓手开展客户维护工作，提升零售客群价值创造。消费信贷实现多产品联动和综合金融服务，形成以房贷、综贷、车贷为主线，同步扩展场景消费金融的业务体系，实现客群需求全覆盖。

——公司金融业务。坚持维存拓新，夯实客群基础。聚焦区域特色，细分“专精特新”、上市公司、中小微企业等7类客群，深化条线联动，积极构建以客户为中心的“1+*N*”公司金融经营与服务新体系。信用审批部有效运用信审赋能机制，完成6家上市公司主动授信工作，实现了满足主动授信条件的上市公司全覆盖。截至2022年年末，公司存款时点余额93.34亿元，年增9.65亿元，增幅11.53%；日均余额91.51亿元，年增7.42亿元，增幅8.82%。

——中间业务。聚焦宁波市场，重点发展债券承销、银团等投行业务。实现投行类中收1898万元，是上年同期的2.34倍。中收主要来源逐步向债承、并购及银团业务三大板块转移。资产端，努力实现存贷比、零售信贷占比、中长期信贷占比“三个提升”，信贷投放向零售信贷领域倾斜；负债端，围绕“调结构、稳利率、控成本”要求，通过结算、代发稳定活期存款，控制长期高利率存款增长。

**三、风险管控**

——推进网络安全支撑体系建设。构建“能力化、内生化、实战化、智能化、集约化”的新一代信息科技风险内生防护体系，建立分行金融科技人才库，深入推进分行数智化能力在智能风控等方面的应用价值。

——调整授信审批流程。建立法人授信业务平行作业制度，加快业务流程。开展现场平行作业70笔，平行作业覆盖率100%。授信审批由事中审批、事后管控向事前引导转变，有效完成符合主动授信条件的上市公司授信全覆盖。

——完善部门协同机制。强化前中后台联动管理，加强客户风险排查工作，明确各部门职责定位，从源头防范风险。常态化开展资产质量真实性检查，加快清收处置，全力推进大额风险化解工作。建立客户经理、信用审批部、风险管理部“铁三角”联动机制。

——提升案防工作前瞻性。坚定守牢案防底线，运用精准监督检查手段，全流程抓实案防工作。安保管理坚持源头治理，预防为先，以安全隐患排查治理为工作重点，将双重预防机制有机融入全行生产运营活动，有效预防安全生产事故发生。

**四、运营管理**

——财务和资产负债管理。通过实施差异化定价授权，提高利率管理的规范性，动态调整信贷结构及节奏，做好定价管理。优化资本管理机制，在绩效考核中提高资本指标考核权重，突出“轻资本”导向。坚持全要素管理，通过规划资产负债的总量、结构、收益、成本、风险等要素合理均衡增长，实现安全性、流动性和效益性的平衡。

——人力资源管理。通过组织选任、竞争上岗、社会招聘等多种方式，优化干部队伍结构，加大年轻干部选拔培养力度。搭建体系化人才盘点机制，促进分行人才管理工作的规范化、标准化、制度化。

——低效网点治理。完成12家支行微改造项目，网点现金自助设备压降完成列邮储银行第9位，压降效果明显。在消费者权益保护工作方面，宁波分行获得消保服务总站优秀分站，第四季度消保考核成绩在国有大型银行序列中排名第2位。

**五、党的建设**

——坚持不懈抓好思想理论武装。深入学习宣传贯彻党的二十大精神，按计划开展党委理论学习中心组学习，认真落实领导人员讲党课制度，推进建立党史学习教育常态化长效化机制。

——不断提升基层党建工作质量。认真落实基层党组织建设达标工程和创先争优活动，持续巩固“强基固本”质量提升成果。认真开展干部职工思想状况分析研判，加强党建工作宣传报道。

——推动党建和经营工作深度融合。以“领题破题”“三亮三比三评”等主题实践活动为抓手，常态化开展基层党组织“共建、共享、共进”活动，助推发展加速度。

——深入推进企业文化建设。通过开展“我与行长面对面”青年员工座谈会等，引领凝聚青年融入服务分行高质量发展实践。持续深化社会主义核心价值观宣传，相继开展绿色发展宣传、企业文化宣传等活动。（邮储银行）

## 【中邮保险浙江省分公司】

**一、发展概况**

实现总保费55.21亿元，列全国第7位，完成率102.7%，省内寿险业排名第10位，市场占有率3.0%。其中，新单保费22.6亿元，完成率102.4%；续期保费32.3亿元，完成率103%，占总保费比重58.5%。长期期交18亿元，提前3个月完成目标。5年交及以上终身寿15.17亿元，完成率140.7%，占长期期交比重84.2%，列全国第5位；健康险6354万元，完成率109.8%。团险保费3281万元，完成率104.2%。累计实现新业务价值4.49亿元，列全国第7位，完成率109%。

**二、落实服务国家重大战略**

助力乡村振兴，完成普惠业务1028万元，覆盖5.2万人，风险保额280亿元。做好党的二十大期间安全保障，开展安全隐患大排查大整治和防汛防台风险排查整治。明确碳达峰碳中和工作要点，全力推动绿色发展。

**三、邮银渠道建设**

——“两师”队伍建设。组建24名专职讲师、127名兼职讲师队伍，选拔3个片区团队长。按照“1名专职讲师培养5名兼职讲师覆盖80个网点”标准，与渠道共建兼职讲师127人。招聘18名规划师，参与杭邮财富中心建设，支撑客户活动50余场，促成长期期交保费207万元。

——培训赋能。总结推广“学+练”实战辅导项目，专职讲师下沉县市网点开展营销组织、技能培训等，开展辅导343场。推进邮政金融营销队伍培养“三年规划”，实施理财经理“雏鹰计划”“雄鹰计划”，开展网点长期期交赋能增效、营销精英高峰论坛、营销骨干培训等项目，协同邮银提升财富管理转型发展能力。开展各类支撑培训403场，覆盖2.36万人次。

——数字化营销。打造157个数字化营销示范网点，搭建营销场景373场，实现健康险新单保费1798万元，占全省健康险新单保费29%，点均保费11.5万元，居全国第3位，73个网点完成健康险12万元目标。锁定中青年客户开展社群经营，研发《中青年客户社群营销策略》，细分“十大客群”，围绕魅力女性、阳光家长、健身达人三大客群组建117个社群俱乐部，活跃线上社交场景；围绕女性健康美容、亲子健康教育、手工礼品分享三大主题，协同培育1.5万户高熟悉度信任度的中青年客户。

**四、多元渠道拓展**

银行外拓。走访工农建招交及中信6家全国性银行及杭州银行、浙商银行、金华银行、嘉兴银行4家地方性商业银行，探索代理保险合作模式，与招商银行签订合作协议，与中信、交行等达成合作意向。

——员福、职域业务推进。参与项目投标，成功中标2家。开发48户中小企业，员福增量711万。针对B端战略合作企业开展宣讲58场，实现保费11.3万。服务新市民，完成“邮侠e路保”522单，向省银保监、快递协会和邮管局专题汇报，得到高度肯定。开展“专精特新”中小企业专项活动，达成职域BBC保费452万元，达成率127.3%。

**五、改革创新**

完成机构和员工岗位调整，部门缩减到10个，一线人员占比69%。推进任期制改革和契约化管理，完成部门领导聘任签约。选拔 2 名年轻干部，优选 18 名员工加入分公司人才库。完成职级薪酬初始化套改，制定领导人员薪酬分配方案。

**六、专业能力**

——风险管理。开展健康险销售合规性、客户信息真实性及回访“双录”管理规范性检查，及时封堵业务风险。组织客户身份识别专项治理、洗钱风险提示等，提升反洗钱管理水平。对 5 市 19 县 69 个网点开展现场检查，下发整改通知书 24 份，合规提示函 8 份，协调邮银问责 9 人次，累计罚款 4800 元。

——运营质量。“邮 e 保”推广成效显著，网点覆盖率 98%。理赔结案率 100%，列全国第 1 位。保全线上化率 88.05%，列全国第 6 位，保全合格率 99.92%，列全国第 4 位。电子保单申请率 72.64%，电子红利通知书变更 2.1 万件，列全国第 1 位。平稳应对满期给付与退保风险，处理满期业务 6.74 万件，给付金额 23.51 亿元。开展“寻找保险生存金领取人”，给付 2173 件，排查进度 96%，此做法被登载在《中国银行保险报》上。

——客户服务。持续打造浙江特色活动，举办第六届客服季，围绕传统文化、少儿邮票大赛等开展活动 19 场。结合“3・15”“7・8 保险公众宣传日”开展活动 46 场。持续完善消保工作，开展消保审查 50 项，全年未发生重大投诉。

**七、运营管理**

——续收管控。制定《失效保单后续服务指导手册》，开展电访 13.9 万件，推动续期保费颗粒归仓。实现价值型续期保费 23.40 亿元，比上年增长 68.5%。13 月、25 月继续率之和 192%，超省内五大上市公司均值 13.6%。长期期交 13 个月保费继续率 94.2%，列全国第 6 位。

——企业文化建设。认真宣传贯彻中邮保险企业文化核心理念，通过学习研讨、文化上墙、荣誉体系建设等，将企业文化落到员工日常行为上，体现到司风司貌、客户服务上。

**八、党的建设**

制定党建纪检工作要点和主体责任清单，完善党委前置研究重大事项清单和党委议事规则，持续加强党的领导。做好意识形态检查和常态化舆情管理，全面彻底肃清余毒。深化巡视与审计整改，做好集团巡视举一反三，十九届中央第八轮巡视和 2018 年以来集团巡视自查整改。统筹推进党风廉政建设，强化落实中央八项规定精神监督检查。积极助力乡村振兴，完成普惠业务 1028 万元，覆盖 5.2 万人，风险保额 280 亿元。做好党的二十大期间安全保障，开展安全隐患大排查大整治和防汛防台风险排查整治。明确碳达峰碳中和工作要点，全力推动绿色发展。（中邮保险）

## 【中邮证券浙江省分公司】

**一、总体发展概况**

实现业务收入 793.67 万元，利润总额 31.24 万元，收入规模列全国分公司第 10 位，利润列第 7 位。

**二、业务发展**

——经纪业务稳中求进。实现经纪业务收入 740.01 万元。其中，两融业务快速增长，融资利息收入 203.9 万元，比上年增长 111.27%，列全国分公司第 4 位；月末融资余额 3227.1 万元，比上年增长 126.52%。销售收益凭证 4.73 亿元，实现收入 142.27 万元，列全国分公司第 4 位；代销公司重点基金 500.61 万元，实现收入 11.76 万元。截至 12 月末，分公司资产 50 万以上客户 323 位，存量两融户 72 户，两融开户占比为 22.29%。

——资管业务持续攻坚。实现资管业务收入 42.52 万元。其中，财富渠道销售资管产品 230 万元，实现业务收入 0.96 万元；邮银渠道协同销售资管产品 11.28 亿元，协同收入 41.56 万元。

——投行业务取得突破。实现投行业务清分收入 3.3 万元。签约子曦科技首单 IPO 综合服务协议，咨询服务费 30 万元 / 年，本年度收入 10 万元。通过邮储银行协同和市场化营销路径，走访政府平台 18 家，拟落地绍兴新昌 8 亿元水费收益权 ABS 联席承销业务 1 单，拟合作项目温州文成 10 亿元企业债、温州滨海新区 12 亿元企业债、双友股份新三板暨北交所服务项目 3 单。

——轻型营业部全面发力。累计实现收入 143.2 万元，比上年增长 166.52%；累计实现利润 15.71 万元，列全国轻型营业部第 3 位。其中，新增两融账户 6 户，两融利息清分收入 94.56 万元，列全国轻型营业部第 3 位。年度新增账户 2501 户，完成率达 250%。客户资产 1.54 亿元，列全国轻型营业部第 2 位。累计交易额 26.1 亿元，列全国轻型营业部第 3 位。

**三、运营管理**

——加强业务支撑，确保办理质量。建立运营服务绩效考核机制，设立业务质量、办理及时性、服务质量的考核机制，提升运营服务工作效率。根据总部运营中心集中业务审核的季度通报，分公司业务办理质量良好。抓现场服务，提升服务质量，根据集团和总部的要求，积极开展现场服务质量定期抽查机制，对现场环境、服务公示、员工服务礼仪、服务规范等方面存在的问题，持续开展整改和规范。另外，开展专项行动，提升两融开户流程优化。根据分公司今年两融发展的重点，开展两融开户流程梳理、关键环节讨论，确定优化方案，从实施效果看，两融现场开户基本控制在 45 分钟内。

——加强信息技术改造，保障技术支撑。完成分公司场地变动后的网络改造，实现分公司独立专线联网，提升业务稳定性。重点做好计算机网络的安全检查。结合集团网络重点保护行动、党的二十大等重大活动，对分公司、温州营部所有计算机和设备进行安全巡查、漏洞检查。积极参与总部新业务测试：转融通、融券、移动 PAD 展业、App 两融额度调整等。积极组织参加证监会组织的证券期货行业网络安全应急演练，提高分支机构的风险意识、应急应对能力。

**四、风险管控**

组织召开防范化解重大风险工作领导小组会议，学习领会监管及公司最新风控政策要求，明确风险防控工作要点。规范完成分公司办公场地调整、温州营业部负责人变更的证照换领和监管报备工作，严密杜绝管理风险。配合审计部完成对分公司总经理的强制离岗稽核、经济责任审计、反洗钱专项审计和对温州营业部原负责人的离任审计，针对审计反馈问题，认真制定方案并持续推进整改。持续开展各类风险排查，完成可疑交易预警排查22笔、黑名单回溯排查115笔、员工行为监测预警排查86笔、客户异常交易排查8户等。积极开展“股东来了”“3•15消费者保护宣传”“防范非法集资及非法证券”等投资者风险教育，组织员工参与投资者保护、合规知识竞赛等活动，全面培育合规文化。

**五、党的建设**

持续强化基层党组织建设，巩固深化“党支部建设示范点”创优成果，积极参与复核和新一轮党员先锋岗创建工作，充分发挥支部战斗堡垒作用和党员先锋模范作用。进一步促进党建与经营发展深度融合，聚焦分公司改革发展难点问题，持续开展“领题破题”和“三亮三比三评”活动，申报领题破题1个，已完成措施2项、持续推进2项。进一步压紧压实意识形态工作责任，深入开展意识形态专项自查和全面彻底干净肃清不良影响，推广应用“三必知”“四必谈”“五必访”等方法经验。坚定不移正风肃纪，深化理论学习和发展党员材料抄袭造假问题专项治理自查和薪酬二次分配专项治理工作，推动开展业务招待费使用情况监督检查，常态化开展警示教育，引导党员干部持续改作风、树新风。坚持将巡视整改融入日常工作，制定《中邮证券有限责任公司浙江分公司党支部运用十九届中央第八轮巡视成果对照整改工作方案》，对照查找问题10个，制定整改措施27项，已完成15项、完成阶段性目标且持续推进10项。（中邮证券）

# 安徽省

## 【中国邮政集团有限公司安徽省分公司】

**一、2022年总体发展情况**

实现收入121.58亿元，列全国第7位；实现利润9.38亿元，列全国第4位。

**二、党的建设**

——政治建设。衷心拥护“两个确立”，忠诚践行“两个维护”。高质量开好年度民主生活会，严格落实党员领导干部双重组织生活制度、重大事项请示报告制度、保密工作责任制，压紧压实意识形态工作责任。

——思想理论武装。一是制定学习宣传贯彻党的二十大精神工作方案，开展大学习、大宣传、大贯彻活动。原原本本学习党的二十大报告和党章，创新推出学习读书会、党旗领航等系列活动。二是建立党委理论中心组“四化”学习模式，开展16次集中学习研讨。认真学习贯彻党的十九届六中全会精神，抓实《习近平谈治国理政》第四卷和《习近平经济思想学习纲要》学习，创新“六学同步”“五式联动”等最佳实践经验。

——基层组织建设。开展基层党组织“四个建在”活动，即将党支部（党小组）建在支局（所），以支局（所）为单位，按域相邻、业务相近、规模适当、便于管理的原则，建立党支部（党小组）。将党支部（党小组）建在专业，以普遍服务、代理金融、寄递业务、农村电商四大专业为主，建立党支部（党小组）。将党支部（党小组）建在项目（专班），建立项目组（专班）临时党支部（党小组）。将党支部（党小组）建在“车轮”，根据干线运输驾驶员、市趟运输驾驶员以及揽投员、投递员等邮运驾驶员实际情况，把党支部（党小组）建在“车轮”上。探索形成“三必知”“四必谈”“五必访”工作法，打造“四维共生”主题党日，344个党支部开展“领题破题”活动，提升基层党组织的组织力。

——巡视整改。创新“点线面”相结合的立体式多维度整改工作机制、巡视整改“四三”工作法，即以“三个台账”（工作安排台账、问题整改台账、监督问责台账）推动规范整改，以“三个机制”（整改周例会机制、协调推进机制、督导检查机制）推动全面整改，以“三个结合”（立行立改与标本兼治相结合、巡视整改与省内巡察相结合、巡视整改与改革发展相结合）推动深入整改，以“三个清单”（问题清单、任务清单、责任清单）推动彻底整改。“四个同步”（即全省邮政每周一同步召开巡视整改例会，每周四同步报送巡视整改进展情况，同步推进巡视整改和党委专题民主生活会整改，同步推进巡视巡察、审计、外包专项整治等突出问题整改。）一体推进整改等最佳实践，107项巡视整改措施和57项省内巡察深层次问题全部整改到位。

——党风廉政建设。压实全面从严治党“两个责任”，强化政治监督，构建贯通协同监督机制。持续整治形式主义、官僚主义顽疾，严查违反中央八项规定精神问题。一体推进不敢腐、不能腐、不想腐。

**三、服务国家重大发展战略部署情况**

——乡村振兴。坚持服务乡村振兴“五大定位”，初步构建以“一个体系、两个协同、三个优势、四个文件、五类客群”为主体的“12345”服务乡村振兴体系。打造了“砀山模式”“裕安模式”“宣城水阳支局模式”“安庆123456工作法”“南陵永兴米业链式运营模式”等模式样板，服务乡村振兴战略工作稳步走在全国前列。全部完成目标计划，名列全国乡村振兴争先进位榜单综合优胜单位。惠农合作项目面向五大客群开展精准营销，依托特色产业，在对龙头企业叠加信贷、销售、寄递等各项服务的基础上，对其供应链上、中、下游客户进行针对性需求分析和资源挖掘，探索总结“由企带社、由社聚户、由户拓村、由村强店”的链式运营模式，实现五大客群的综合开发。截至年底，累计开发上游活跃合作社7万个，挖掘111.6万个高价值农户；拓展1.48万个信用村，建成1.43万个优质邮乐购站点；为合作社、农户提供各类惠农贷款140.65亿元。惠农合作项目建成活跃合作社“广覆盖”4.65万个、综合服务示范社67个。融资E引荐且成功办理1.19万户，列全国第1位；贷款净增15.7亿元，规模、进度均列全国第2位。农产品寄递收入5.34亿元。三级物流体系建设累计获得政府资金补贴1.36亿元、免费生产场地11.22万平方米。邮快合作建制村覆盖率98.06%，业务量2.25亿件。入驻乡镇运输服务站127处，开通交邮联运线路141条。

9月1日，安徽省当涂县分公司在县江心乡黄洲村的太空莲基地设置直播间，帮助当地村民销售新鲜莲蓬（《中国邮政报》9月17日）

——普遍服务。一是普服质量全面提升。完成集团“一确保、两提升、三强化”目标。直辖市、省会城市间普服邮件全程时限提升至2.26天。机要通信连续32年质量全红。二是渠道转型扩面上量。新增转型网点260个，转型覆盖率100%。点均叠加业务15.9项，实现收入293.41万元，收入增幅22.52%。

——疫情防控。制定保供保通保畅工作方案，主动做好防疫物资和民生物资配送。疫情防控期间，配合省应急管理厅发运援助上海应急物资23车次4.1万件；先后2次紧急供应300余吨基地大米、面粉等生活必需品运至上海；3次帮助援沪安徽医疗队运送医疗用品、生活补给等20余吨。

——绿色邮政。高标准完成“9917”和“快递行业生态保护评价”指标，符合标准的包装材料采购率达100%，科学打包占比、电商快件二次包装率等规范包装操作比例达96.8%，可循环箱应用规模达4.8万个。打造“安徽邮政植树造林共建基地”，省分公司市场营销部荣获“全国绿化先进集体”荣誉称号。

**四、落实集团公司发展战略情况**

——任期制和契约化管理。构建以战略为导向的“关键指标＋重点任务”经营业绩考核体系。三四级领导人员全面完成签约，实现由“身份管理”向“岗位管理”转变。

——寄递六大改革。一是两集中改革方面，完善“路长制”时限管控体系，16项重点时限指标中有10项居全国前列。二是邮区中心规范化改革方面，合肥以全网省会中心第1名、芜湖以非省会中心第1名通过验收。省际中心人均处理效率列全国第2位，较改革前提升93.13%。三是市趟运输改革方面，以全国第5名通过集团验收，市趟运输单位成本比上年下降25%，自有车辆日均行驶里程较改革前提升33公里。四是陆运网改革方面，省际中心直达县比例提升至62%，全省进口特快、快包平均分拣次数达1.38次，优于集团指标。五是运输改革方面，开通4条装运一体化邮路，高效运营6条高铁邮路，建立芜宣机场战略合作关系。六是揽投网改革方面，拆分揽投部40个，建成区域自提直投中心24个，快递包裹代投自提率79.64%，列全国第1位。

——降本增效。纵深推进寄递降本增效，五大环节实现全面压降。收寄、处理、运输、投递理支撑五大环节单位成本分别为1.12元/件、0.28元/件、0.94元/吨公里、1.28元/件、0.31元/件，分别列全国第2位、第5位、第9位、第2位、第3位。

——协同工作。集团协同工作评价满分，列全国第1位。与4个市政府、10个县（区）政府、11个乡镇，以及49家总部客户签订战略合作协议。会员服务项目积分兑换额5107万元，退役军人优待证累计发放60.07万张，均居全国第1位。社保卡项目邮银合计本年发卡120.97万张，列全国第3位。

**五、业务发展**

——邮务业务。函件新建网点橱窗LED屏400块，集邮网厅销售突破1.5亿元，报刊大收订流转额首次突破10亿元，政务图书实现码洋5215.8万元，比上年增长47.7%。

——金融业务。一是储蓄和非储蓄AUM同步增长。抢抓旺季，精心组织“5000亿工程”，新增AUM726.5亿元，省内五大行余额规模市场占有率24.63%、银保市场占有率31.85%，均列省内同业第1位。二是城市和农村市场同步发展。农村市场新增AUM512亿元，城市市场新增AUM214.5亿元；增配理财经理154人，点均达1.02人。三是存量和增量客户同步增长。新增有效客户、VIP客户、财富客户均列全国第4位。四是线上和线下渠道同步拓展。净增激活手机银行70.17万户，快捷绑卡118.3万户。开发智慧场景1118个，列全国第3位。

——寄递业务。实现收入34.92亿元，列全国第5位，比上年提升1位。业务量市场占有率由去年的19.18%，提升至20.49%，列省内行业第2位。活跃客户数比上年增长14.05%，居全国前列。特快收入突破10亿元，规模列全国第6位，比上年提升1位。快包业务增速全国领先，比上年增长9.72%，高于全国平均水平7.04%，增速列全国5位。国际和物流业务加快转型，创新开展国际自主报关业务，物流五大行业和仓配项目增速居全国前列。

——农村电商。一是商流规模快速提升。双向商流规模突破14亿元，列全国第5位。打造1个亿级、15个千万级、71个百万级大单品，实现大单品交易额8.9亿元。"919电商节"荣获全国"十佳对标先进省份"称号。二是"网点+站点"管理模式落地见效。建成2.6万个活跃站点，社区团购活跃自提点数、活跃团长数分别列全国第1位、第2位。邮乐小店日均成单数列全国第2位，金牌店主数列全国第1位。点均叠加业务种类、代投邮件量均列全国第3位。

**六、运营管理**

——人力资源管理。优化领导班子结构，42个县分公司配备35岁左右干部，占比67.7%。建立青年人才常态化管理机制，"三鹰"人才862人。制定市分公司领导人员季度考核办法，修订领导人员薪酬分配办法，推进寄递业务主要操作类岗位计件工资制优化工作。严格实行劳动用工分类管理，优化人员配置，从业人员劳动生产率68.1万元/人，列全国第2位。

——财务管理。以立体网状财务管控模式为基础，强化全面预算管理。推进业财一体化二、三批次功能试点上线，探索业财一体化系统应用。深化末端机构损益分析应用，支撑企业经营决策。加强营收资金管理，做好资金预算管控，防范资金风险。加强应收账款、存货、资产盘活等精细化管理，提升资产运营质效。

**七、风险合规**

——金融风控。健全合规检查队伍，加强专业预警人员配备，强化派驻综柜履职。邮银协同加强飞行检查、疑点数据核查、案件处理等工作。深入开展"雷霆行动"。三季度固化为"合规季"，建立高风险人员管控库，加强员工行为管控和风险处置，开展问责重检工作。落实风控合规进党委机制。按季召开党委会听取代理金融风委会汇报，推进风控合规精益工程。

——安全生产。圆满完成北京冬奥会、冬残奥会及党的二十大期间邮政安全服务保障工作，持续深入安全生产大检查大整治活动，着力做好安全生产专项整治三年行动巩固提升系列工作，不断打造更高水平"平安邮政"，未发生重大生产安全事故和重大金融安保类案件。（安徽省分公司）

**【邮储银行安徽省分行】**

实现营业收入110.61亿元，增长14.3%；净利润62.55亿元，增长9.01%。经济增加值23亿元，经济资本回报率20.02%，成本收入比33.69%。分行总资产7634亿元，增长14%。各项存款余额6978亿元，增长13.39%，新增存款824亿元；各项贷款余额3426亿元，增长13.03%；存贷比46.72%。不良贷款率0.56%。拨备覆盖率268%。

**一、服务国家重大战略部署**

——服务实体经济。投放各类信贷资金3179亿元，年净增401亿元，增量创历史新高。其中，实体贷款增长375亿元，年增速14.19%。一是聚焦制造强省，持续加大对先进制造业支持力度，制造业贷款余额新增40.89亿元，增幅13.40%。二是聚焦科创高地，持续发力科创和战略性新兴产业。科技型企业贷款新增55.50亿元，增幅105%，战略性新兴产业贷款新增17.11亿元，增幅24.05%。三是聚焦普惠小微，持续落实普惠金融服务目标。普惠型小微企业贷款余额619.81亿元，新增127.77亿元，增幅25.97%；向小微企业发放无还本续贷40.30亿元，增长6.12亿元；全年新增小微企业首贷户1156户，增长621户。

——服务乡村振兴。制定"十四五"服务乡村振兴落实意见，坚持做好"一农一商"两大客群开发维护，从严从实推进定点帮扶工作，连续5年被评价为"好"的最高等级。依托农村地区"点多面广"的渠道优势，加大农村金融产品创新力度，支持乡村振兴。涉农贷款余额1158.8亿元，占各项贷款规模的33.82%，新增140.27亿元；新型农业经营主体贷款新增21.77亿元，增幅41.2%。

——助力绿色发展。制定绿色金融中长期投放计划，将碳达峰碳中和纳入经营发展全局，助力落实"双碳"达标。2022年末绿色贷款余额152.01亿元，新增46.7亿元，增幅44.35%。绿色融资贷款余额187.62亿元，新增49.63亿元，增幅35.97%。

——大幅减费让利。对1185户、46.47亿元小微企业贷款开展延期还本付息。新发放实体贷款平均利率比上年同期下降89个BP，助力市场主体纾困解难。其中，个人经营性贷款新发放利率比上年下降36BP，小企业贷款新发放利率比上年下降22BP，大中型企业贷款新发放利率比上年下降35BP。

**二、业务发展**

——零售金融。全行个人客户AUM新增252.2亿元，自营储蓄存款新增147.14亿元，个人理财规模253亿元，实现新单保费26.05亿元，非货币基金有效销量18.67亿元。新增VIP客户6.77万户、财富客户1.16万户、私行客户125户，信用卡客户结存193万户。收单业务有效商户数6.60万户，商户交易规模227.10亿元，手机银行月活规模（MAU）104.06万户。小额贷款年增124.83亿元，比上年多增48亿元。乡村振兴卡累计放款206亿元，沉淀信贷资金100亿元，"邮担云通"放款41.84亿元，乡村振兴金融工作室放款12.19亿元。

——公司金融。公司存款年日均规模增长38.3亿元，

82.5% 为价值存款贡献。公司贷款余额 621.18 亿元，新增 84.3 亿元。新增公司理财客户 1189 户，销售理财重点产品 397 亿元。小企业金融白名单客户年增 567 户，普惠型小微企业贷款余额 619.81 亿元，新增 127.77 亿元，有贷款余额户数 13.03 万户，比上年增长 2.03 万户，完成“两增”工作目标。表内贸易融资（含供应链）余额 69.48 亿元，二级市场福费廷余额 78.91 亿元。

——资金资管。票据贴现投放资金 524 亿元，比上年增加 20.79%，服务实体企业 1756 户，比上年增加 474 户。转贴现系统外交易量 2235 亿元，交易客户数 589 户。同业融资融出资金 195 亿元，比上年增加 56 亿元，余额 189 亿元，比上年增加 53 亿元。营销辖内同业客户 110 户。

**三、风险管控**

——信用风险。落实大额信贷“新三单”管理，退出客户 2 户。开展“固堤清淤”“资产质量保卫战”大行动，完成各类不良处置 15.2 亿元，超额完成总行年度计划。发挥风险引领作用，制定重点支持客户及项目清单，“专精特新”企业名单转化率 29.27%。

——合规风险。深化矩阵式内控管理，建设管理系统，实现风险线索核查可追溯，进一步提升系统管控能力。派驻风险经理 96 名，进行“贴身式”监督，发现问题 11542 个，被总行采纳 9 条动态风险信息，列邮储银行首位。推进合规文化建设，人均参加合规培训 5 次。

——案件风险。加大系统监测，研发升级风险模型 89 个，排查柜面异常交易数据 55 万条，开展员工行为排查 3.71 万人次，处理 53 人次。加大违规问责力度，问责 8367 人次，批评教育及以上处理 588 人次，处理金额 562.32 万元。

——安全生产。进行安全生产隐患大排查大整治，发现问题 578 个，整改率 93%。做好疫情防控、印章、保密、科技、财务等管理，突出抓好营业网点、机房、办公大楼等重点领域安全与消防工作，保证党的二十大、北京冬奥会等重要节点的安全。

**四、运营管理**

——财务管理。以效益为导向，细化资源配置，通过信贷资源挂钩、配套市场费用、提升收入激励政策、承担减值准备等措施推动争先进位和高质量发展。购置营运生产用房 4 个，完成装修项目 34 个，省分行综合业务楼顺利投产。

——人力资源管理。启动新一轮领航工程和“V”计划，全行中层、基层人才库入库率 100%。完成 624 名领导干部任期制与契约化签约工作。优化员工职级聘任办法，为绩优者提供更高的晋升通道。细化销售类岗位占比目标，销售类岗位占比 30.69%，比上年增幅 2.23%。开展干部人事档案专项审核，实现全行近 8000 名干部职工人事档案电子化。完成计划内轮岗 1640 人次，计划外轮岗 758 人次，计划内轮岗率 100%。

——科技支撑。完成新一代公司业务系统等 49 项总行重点信息化项目省内推广工作。快速响应基层关于自建系统及特色业务优化需求，完成优化变更及投产升级 139 项。在总行信息系统运行考核中并列第一，在总行科技创新评比及建模大赛中斩获奖项 5 个。完成互联网终端管控系统全辖推广，形成互联网、办公网、生产网的三网终端管控体系，有效提升终端安全管理水平。

——集约化转型。推行无纸化审批流程，在邮储银行率先开展线上贷审会，审批通过 5308 笔、金额 2789 亿元，分别增长 45%、152%。投产试运行全省财务信息管理系统，财务核算、预算管理、税务管理等数据提取加工实现自动化。落地邮储银行首单同业平台线上票据买断业务，开启同业合作线上化转型发展之路。

——网点效能和客户体验。建成适老化特色网点 37 个、组建体验队伍 240 人，在总行发布的 2022 年客户体验满意度测评中排名第一。依托平台的业务流程线上化改造，乡村振兴卡白名单单笔业务平均受理时间从 3 天缩短至 2.5 小时，邮担云通子系统将贷款受理时间从 15 天时间缩短至 7 天、单笔审批节约 1.5 小时，显著改善客户体验。

**五、党的建设**

——强化理论武装。省分行党委开展第一时间学习 35 次、中心组学习研讨 9 次，深入学习贯彻党的十九届六中全会精神，学习宣传贯彻党的二十大精神。

——党建与业务融合。扎实开展“支部树旗帜、党员当先锋”旺季攻坚主题活动、“三亮三比三评”主题实践活动及党员联系无党员网点活动，发挥党员先锋模范作用干事创业。深化党支部“领题破题”活动成效，全辖基层党支部共申报课题 187 个。常态化开展“党建 +”系列活动和党建共建专项活动，党建与转型发展同频共振、同向发力，省分行获评交通运输部“2022 年党建文化优秀单位”，获得集团公司“2022 年度党建工作与生产经营深度融合先进单位”称号。

——全面从严治党。建强党的组织，发展党员 45 名，调增党支部数量至 175 个，建立无党员网点联系机制，“将支部建在连上”。对马鞍山、铜陵 2 家市分行党委开展巡察，巡察工作实现全辖五年全覆盖，共计制定整改措施 1397 条。高质量推动中央巡视整改、集团巡视整改以及普遍性、多发性、重复性问题整改，做深做实“后半篇文章”。

——推进企业文化建设。连续 6 年兑现对员工承诺的“十件实事”，2022 年慰问劳模先进、困难职工 133 人次，发放慰问金 49.7 万元，4 家单位荣获总行 2019—2021 年度“模范职工之家”称号，宣城市分行获中华全国总工会“职工书屋”授牌。（邮储银行）

## 【中邮保险安徽省分公司】

**一、发展概况**

经营目标全面达成。期交新单、5 年交及以上终身寿、健康险、续期、团险等各项业务全面完成目标，多项指标完成率排名争先进位。

业务结构更加优化。期交新单中，终身寿及健康险产品合计占比 97.8%，比上年提升 9.5%。5 年交及以上形态占比 81.2%，比上年提升 38.2%。

价值成长再获突破。创造新业务价值 4.1 亿元，比上年增长 34%。新单负债成本率 4.08%，比上年下降 27 个 BP；投价比 5.6，比上年提升 0.8。

经营管理能力提升。全面推进落实总公司 5 项重点项目及 8 个重点任务，系统推进经营管理能力全面提升。

**二、服务国家重大战略部署情况**

践行绿色发展理念，细化方案推动落实，绿色金融考核连续 5 年全面达标。服务乡村振兴战略，完成对省内 4 个村、3111 户村民的赠险服务，开展 2 场公益捐赠活动，帮助建设乡村振兴党建宣传栏 1 处、太阳能路灯 4 盏。深化普惠保险服务，依托特色发展模式，延伸服务触角，服务农村地区客户 2.05 万人。严格落实安全生产责任，深入推进重点领域安全隐患排查整治，有力筑牢疫情防线，有效防范安全风险事件发生。

**三、邮银渠道建设**

——强化协同。邮银保三方密切协同，共促分公司在全国率先全面达成长期期交、5 年终身寿、健康险、新业务价值 4 项关键指标，在“挑战自我 赢在金秋”专项营销活动中，获长期险、健康险“银星奖”。

——数字化营销。创建交流平台，指导网点通过 CRM 系统挖掘潜客。制作简易操作指引，详细演示线索执行流程。搭建多样化场景，制作全流程营销辅助工具。邮银渠道线索执行率 97.8%，示范网点健康险点均产能 9.8 万元，69 个网点达成 12 万元目标，达标网点数列全国第 2 位。

——队伍建设。初步搭建特色课程培训体系，在总公司 3 次评比中，均有课件被评为“10 大优秀课程”。优选兼职讲师，提技能、强管理，在实战中发挥中坚作用。组建 11 人的保险规划师队伍，开展多维度精细化管理，为网点提升复杂型产品销售能力提供助益。

**四、多元渠道拓展**

——银保渠道外拓。与 8 家外部银行沟通洽谈，与建行、中信达成初步合作意向，协商交行将中邮列入 2023 年合作目录并参加全省路演，与招商银行签订 2022 年和 2023 年保险代理销售合作协议。

——团险渠道。推进统括项目，参与市场投标并中标 1 项，融入省级“邮电快”项目战略合作，增量业务保费 1445 万元；大力推动普惠保险协同发展，实现保费 373 万元；深度开发内外部职域营销客户资源，实现保费 295 万元。专业中介及互联网业务方面，与明亚保险经纪安徽省分公司达成合作共识，召开业务启动会，推动业务合作；召开快递行业新市民金融服务工作座谈会，获得参会各界的高度认可，“邮侠 e 路保”特色产品突破 200 单。

**五、改革创新**

——全面实施任期制和契约化管理。制定具体实施方案，全面完成签约。实行经营业绩和综合考评“双考核”机制，构建“关键指标 + 重点任务”考核体系，“一人一表”科学考核。

——机构编制系统性优化。14 个内设部门精简为 10 个，撤销营业部。前台编制增加 33 个，压减职能编制 7 个，人力资源向前台倾斜，支撑保障发展，组织更加精简高效。

——市场化激励约束机制稳步衔接。按照新职级体系，完成全员职级套改，实现新旧薪酬制度平稳衔接。建立到岗位的绩效指标体系，全员签订业绩合同。

——加强人才队伍建设，内培外引双向发力，畅通人员流动通道，完成专职讲师队伍建设工作。创新开展业务骨干竞聘上岗，遴选优秀年轻员工担任小组长，培养锻炼新生力量。集中学习与激励自主学习相结合，增强干部职工履职本领。在 2021 年度集团公司课件评优中，1 门课程获优秀奖。

**六、运营管理**

——续期管理。围绕“四库三精”，优化业务回溯分析，推进失效保单面访及清理、外呼流程与话术优化等工作。强化业务质量评估，在年度续期管理质量考评中，列全国第 2 位。

——运营管理。深化“两会一通报”机制，优化“四个到人”管理模式，持续推进品质提升。数字化支撑能力提升，全省 36 项指标正向改善，7 项关键指标全面达标。

——客户服务水平。立足消保工作要求，推动 25 项改进措施落地。打造多平台立体化宣教矩阵，触及消费者 32 万人次，理赔宣教案例入选安徽省保险行业协会《2022 年度典型服务案例汇编》。成功举办客服季活动 37 场次，服务客户 1600 余组，口碑不断提升。

——守住风险底线。发挥三方联动管控作用，有效管控合规风险。加强资料审核审查，推进专项治理，获评中邮保险 2021 年度“合规管理先进单位”，连续 4 年被评为反洗钱 A 类机构。强化审计监督，整改追踪发现的问题，推进审计成果转化。

**七、党的建设**

结合高质量发展实践，第一时间开展政治理论学习，全面学习贯彻落实党的二十大精神。深化全面从严治党，压紧压实党建工作责任，党风廉政建设和反腐败工作扎实推进。严格落实巡视整改工作任务，强化整改成果运用。党建引领中心工作。严格执行组织生活制度，以提升组织力为重点，开展党员“三亮三比三评”，以重难点问题为突破口，深入推进“领题破题”，推动邮银新优势、多元渠道建设、市场化改革等工作取得成效。企业文化建设和群团工作扎实推进。全员参与企业文化系列活动，扎实推进创新工作室建设和团青工作，发展凝聚力进一步提升，在安徽省金融工会保险综合业务技能竞赛中获团体一等奖。（中邮保险）

# 福建省

## 【中国邮政集团有限公司福建省分公司】

**一、2022 年度总体发展概况**

实现业务总收入 73 亿元，完成预算 95.5%，比上年增长 5.7%。完成集团考核利润指标。

**二、党的建设**

组织党员干部收听收看党的二十大开幕会直播，专题学习党的二十大报告、十九届七中全会精神、新党章。制定全面贯彻落实《中共中央关于认真学习宣传贯彻党的二十大精神的决定》文件、工作方案、工作清单。组织参加集团公司专题学习会、讲座，举办省内专题学习会 5 次，下发学习要点电子版口袋书，开展“千屏联动”活动，用好“八闽邮风”平台，掀起学习宣贯热潮。

**三、服务国家重大发展战略部署情况**

推进服务乡村振兴工作，全省邮政多项指标提前 3 个月完成，其中乡镇局所覆盖率、乡镇转型网点覆盖率均 100%，优质邮乐购站点数量 2831 个，建设全国级农产品基地 6 个。捐助 25 万元支持挂钩帮扶村村道建设。扎实做好北京冬奥会、全国两会、党的二十大等重大活动期间安全服务保障，加强邮件收寄处理、交通安全、金融风险隐患排查治理。应对省内疫情叠加旺季生产形势，主动承担政府机关单位防疫物资、封控地区居民生活物资等重要物资运送任务，参与抗疫志愿服务。完成代办转自办普服网点 50 个。开展 5 轮“绿盾”行动，检查网点 5044 次。摸排窗口服务问题 4130 个，整改率 98.8%。全省未发生违反“两条”红线行为和行政处罚事项。机要通信连续 17 年万无一失。扎实推进绿色邮政建设，完成集团绿色邮政“9917”目标。通过“党建引领、绿色发展”，回收瓦楞纸箱 191.93 万个。

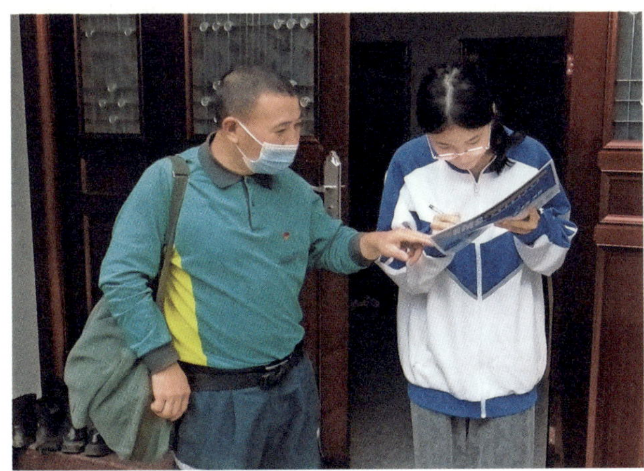

福建省分公司投递员投递高考录取通知书（《中国邮政报》12 月 23 日）

**四、落实集团公司发展战略情况**

——寄递网运改革。推进“两集中”管控；处理中心规范化改革通过集团验收；落实运输“四改”和市趟改革；优化市趟邮路 886 条，优化提前出班投递网点 54 个、延迟截邮网点 28 个；深化揽投改革，新发展邮政自提点 2056 个。

——降本增效。制定降本增效工作要点和重点任务台账，建立“周台账、周简报，月例会、月分析”日常机制，全省件均成本比上年下降 10.3%。

**五、业务发展**

——金融业务。实现收入 35 亿元，完成预算 102.9%，比上年增长 15.1%。

——寄递业务。实现收入 27 亿元，完成预算 86.3%，比上年增长 –4.2%。特快实现收入 7.36 亿元，完成预算 87.9%，比上年增长 8.6%。快包实现收入 11.13 亿元，完成预算 95.7%，比上年增长 –1.2%。国际实现收入 7.55 亿元，完成预算 73%，比上年增长 –18.2%。物流实现收入 4814 万元，完成预算 101.5%，比上年增长 8.4%。

——邮务业务。报刊实现收入 3.39 亿元，完成预算 104.5%，比上年增长 5.7%。集邮实现收入 1.45 亿元，完成预算 104.8%，比上年增长 9.1%。函件及文创实现收入 1.48 亿元，完成预算 101.5%，比上年增长 6.8%。渠道平台实现收入 1.93 亿元，完成预算 104%，比上年增长 33%。

——协同合作。联合省农业农村厅印发深化社企对接实施方案、深化农邮合作工作清单，共建 116 个优质农产品基地，宁德古田、龙岩永定试点承接新型农业经营主体服务中心。制定邮银协同深耕农村市场工作方案，并在安溪县槐川村试点探索出“走千访万—引路搭桥—科技赋能—获客粘客”工作模式。开展邮快合作建制村 6958 个，覆盖率 48.6%，完成率 108%；代投邮件 952.63 万件，完成率 119%。安溪县“多网融合 + 客货邮融合”入选全国第三批农村物流服务品牌。打造厦门咖啡邮局、福州鹭岭配建邮局等网点转型标杆。

**六、运营管理**

——服务时限。全省邮件丢损率万分之 0.33，达到集团要求。寄递服务体系看板 10 项指标均进入全国前 10 位，其中 5 项进入全国前 5 位。

**七、风险管控**

开展“忠诚在心、岗位奉献”对党忠诚教育。组织参加党的十九届六中全会精神网上培训。抓实集团巡视“回头看”整改。省内巡察实现全覆盖。开展巡视巡察整改监督检查，做实巡视巡察“后半篇文章”。制定贯彻落实《关于中央企业在完善公司治理中加强党的领导的意见》实施办法，修订“三重一大”决策制度办法、配套文件及会议制度。强化意识形态工作，建立季度例会制度，抓好督查

检查和问题整改。（福建省分公司）

【邮储银行福建省分行】

实现自营收入 72.33 亿元，比上年增长 13.43%；实现利润总额 32.14 亿元，比上年增长 2.11%。中间业务收入 8.11 亿元，比上年增长 28.06%。成本收入比 36.82%，比上年下降 2.35%，低于总行管控目标。分行总资产 3056.51 亿元，比上年增长 12.67%。各项存款余额 2686.51 亿元，比上年增长 12.67%，年增 302.10 亿元；各项贷款余 2143.60 亿元，比上年增长 13.76%，年增 259.23 亿元；存贷比 79.79%，比上年提升 0.76%。不良率（含信用卡）降至 0.72%，控制在年度目标以内。

**一、服务国家重大战略部署**

——服务实体经济。积极落实党中央、国务院一系列稳经济工作部署以及总行加大信贷投放的决策要求，履行好金融服务实体经济的责任担当。制造业贷款余额 245.82 亿元、年增 25.21 亿元，中长期制造业贷款余额 50.64 亿元、年增 15 亿元；“专精特新”贷款 148 笔、余额 12.45 亿元；支持房地产发展，发放房贷 127.71 亿元、余额 598.13 亿元、年增 55.75 亿元，住房贷款年净增市场占有率提升至 34.87%，新发放房地产开发贷款 4 笔、4.37 亿元。用好人民银行再贷款货币政策工具，实现科技创新、交通物流等领域的业务突破，其中科技创新再贷款 7 笔、4423 万元；交通物流运输再贷款 8 笔、2748 万元；设备更新改造项目授信 6 笔、2.7 亿元，投放金额 1961 万元。

——支持乡村振兴。加快转型，促进“两线业务”融合发展，线上大力推广极速贷、信用户贷款、个人产业链等产品；线下进一步推进农村信用体系建设，搭建银政、银村合作平台。涉农贷款余额 744.93 亿元、年增 97.25 亿元，普惠涉农贷款余额 326.73 亿元、年增 47.35 亿元；累计建成信用村 12436 个，行政村覆盖面达 87%。

——服务普惠小微企业。强化资源倾斜，深化政银平台合作，积极完成政策性贷款投放任务。普惠小微企业贷款余额 628.83 亿元，年增 112.78 亿元，完成行内考核计划的 135%；有贷款结余户数 9.20 万户，比上年净增 8876 户。持续支持中小微企业纾困增产增效，累计投放纾困贷款 933 笔、46.98 亿元。

——发展绿色金融。绿色贷款余额 120.53 亿元，年增 29.19 亿元，增速 31.95%，绿色贷款余额占比 5.62%，比上年提升 0.76%。三明将乐县支行、龙岩新罗区支行获得邮储银行首批总行级“绿色支行”称号，获批数量列第 2 位；服务“绿色金改”助力推动林业碳汇市场发展获评中国大连高级经理学院碳达峰碳中和行动典型案例二等奖。

——服务地方发展战略。支持福建经济发展的意向融资金额约 1870 亿元，完成年度计划目标的 144%。公司贷款余额 346.29 亿元，年增 36.79 亿元。新增 32 个重大项目，授信 141.64 亿元；为 31 个项目发放贷款 33.44 亿元。全行民营贷款余额 992.35 亿元，年增 173.99 亿元；发放民营企业贷款 1227.07 亿元，比上年多发 269.91 亿元；服务民营客户 15.86 万户，年增 2.09 万户。

**二、业务发展**

——零售金融业务。个人金融，投资理财类资产新增占比 37.62%。拓展个人养老账户 5.96 万户，列邮储银行第 3 位。非货币基金有效销量 8.74 亿元，完成率列邮储银行第 2 位。贵金属取得中收 1300 万元，获得总行“2021—2022 跨年度贵金属突出贡献奖”。消费信贷，发展非房客户 3.61 万户，线上化获客率 113.16%。信用卡，实现收入 7.67 亿元，新增获客 33.85 万户，增长 15.62%，结存卡量 206.75 万张，年新增场景分期金额 29.10 亿元，完成总行目标 138.56%。网络金融，商户有效率 73.09%，金融产品覆盖率 7.18，列邮储银行第 1 位；手机银行交易替代率 43.48%、活跃率 22.28%、渗透率 56.94%、结存激活率 86.05%，均保持邮储银行第 1 位。数字人民币，场景建设投产 11 个，列试点分行第 2 位；收款商户和对公母钱包完成率均列第三批试点分行第 1 位，成为邮储银行首家地方政务平台实现钱包快付的试点省。

——公司金融业务。公司客户 5.34 万户，年增 1.3 万户，完成总行目标 122.92%，列邮储银行第 3 位。为军存款分配年日均 6.38 亿元，列邮储银行第 3 位。投资银行总行债券立项批复 13 个，并购立项 5 个，财务顾问立项 24 个，银团立项 20 个。财务顾问签约合同数量 22 个，列邮储银行第 1 位。落地邮储银行首笔上市公司绿色并购贷款、首笔钢铁行业并购贷款。代理保险保单 544 笔，保费金额 447.4 万元。交易银行收入完成年度预算 167.39%，外币存款年增及开放式缴费完成率均列邮储银行第 2 位；外汇套保首办户覆盖率列省内同业第 1 位；2022 年度外管局综合评价 A 级。

——资金资管业务。票据业务实现非息收入 2619 万元，比上年增长 137.87%；新增贴现客户 269 户，新增客户数实现翻番；同业合作平台签约客户 54 户，完成率 360%。

**三、风险管控**

——信用风险管理。开展全面风险排查评估，梳理出 41 项重点风险隐患和 5 个重点风险领域，积极排查潜在风险客户，建立风险客户名单制管理机制，对 3206 户客户开展风险监测，对 273 户客户发布预警，结清退出小企业及公贷法人类风险客户 104 户。强化不良资产处置力度，有效释放拨备占用 6.41 亿元，直接贡献利润 1.74 亿元，节约税务成本 6027 万元，实现不良资产证券化投资收益 4100 万元，合计创造效益 9.2 亿元，资产处置对全行的利润贡献显著。

——案防合规管理。开展“防高管、防基层、防基础”

专项行动，强化洗钱风险防控力度，客户投诉总量、监管转办件数量、监管转办件占比实现“三降”。2022年综合评价获人民银行福州中心支行通报表扬，列全省同业第2位。

——疫情防控与安全生产工作。常态化推进人员管理、办公场所管控、防疫物资储备、会议管理、信息报告等各项疫情防控措施，严密防范风险，把好疫情防控每一关口，做好各类突发事件应急处置。以“平安邮储”单位创建为抓手，开展全辖安全生产大检查工作，做到隐患问题不解决不放过，整改不到位不放过。

**四、运营管理**

——加强资负管理和财务支撑。及时出台稳经济大盘配套支持政策，调整资产负债结构，强化中间业务发展支撑，引入“降档考核”机制，配套给予各项补贴和工资总额奖励超7000万元。

——加快完善科技成果落地应用。建立“业技融合联络员”机制，全面推广业务自助分析平台，上线业务主题700项，月均使用量超过7300人次。建设机器人智能外呼系统场景落地应用，提升全行运营效能。

——提升集约化运营与网点效能。自建防赌反诈模型被总行推广，在15个分行推广使用，“12345”工作法在总行专题工作会上作经验介绍。客户服务连续性保障机制持续完善。

——深入落实人才强行战略。全面推行任期制和契约化管理工作，2022年全辖签订协议589份。加大年轻干部选配力度，从管理人才库提任149人。强化专项奖励投放统筹力度，全面向基层一线倾斜。

——促进邮银协同创新发展。组织开展省内市场协同创新发展劳动竞赛，福建省分行在总行市场协同创新劳动竞赛中，8个项目、12项指标均超额完成计划目标。

**五、党的建设**

——党建引领强化。召开党委会、中心组学习会、支部“三会一课”认真学习宣传贯彻党的二十大精神，积极组织各类学习教育，“非凡十年 人民金融”主题征文被中国金融思想战线网、“学习强国”平台刊载。政和支行党支部发言材料《“弱县”出“强行”破题出成效》在《中国邮政报》刊登。团青工作案例荣获2022年度集团公司团青工作最佳实践案例。

——党风廉政建设。强化巡察监督，推进廉洁文化建设，经常性开展党规党纪教育和警示教育，用身边事教育身边人，筑牢不想腐的堤坝。

——企业文化建设。落实“品牌引领、品牌赋能、品牌强行”战略，结合区域特色，全面加强农村下沉市场宣传投放。省分行获省总工会授予2022年“福建省五一劳动奖状”，政和支行荣获“全国工人先锋号”。员工满意度和幸福感提升，省分行及龙岩分行、三明分行获评“2019—2021年度总行模范职工之家”。（邮储银行）

**【邮储银行厦门市分行】**

实现收入11.35亿元，比上年增幅21.29%；实现利润4.64亿元，比上年增32.52%；中间业务收入1.16亿元，比上年增幅42.77%；经济资本回报率7.93%，成本收入36.97%，比上年降低6.22%。发展规模方面，各项存款规模277.72亿元，比上年净增45.70亿元，增幅19.70%；各项贷款规模553.44亿元，净增93.23亿元，增幅20.26%。资产质量方面，不良贷款率0.47%，拨备覆盖率273.58%。

**一、服务国家重大战略部署**

——融入特区发展。助力厦门“两高两化”建设，实体贷款净增96.69亿元，创历史新高。主动对接抽水蓄能电站、厦门轨道交通二号线及六号线、东部会展片区城市更新等省市重点项目，累计授信规模超130亿元。对受疫情影响较大的厦门航空，设立专项额度，为其发放民航应急贷款45亿元。积极投入地方债承销和投资，购入厦门地方政府债6.6亿元、翔业集团和建发股份超短融9.5亿元、厦门国际银行小微企业金融债2亿元、象屿美元债6000万美元等本地债券，积极为实体经济发展、城市建设注入金融动力。

——全面推进普惠金融。深入贯彻“稳经济一揽子政策措施”落地见效，单户授信总额1000万元及以下普惠型小微企业贷款年净增42.22亿元，年度目标完成率167.52%，完成率列邮储银行第5位；有贷款余额户数比上年净增1424户，连续多年超额完成普惠小微“两增”目标及小微企业“首贷户”净增指标。凭借在小微企业金融服务方面的综合表现，荣获“2022年厦门市小微企业优秀金融服务机构”及“2022年厦门市中小企业服务月活动优秀服务机构”荣誉称号。

——深入助力乡村振兴。年末涉农贷款结余30.31亿元，比上年增长54.8%。在人民银行厦门市中心支行、银保监会厦门监管局公布2021年度金融机构服务乡村振兴考核评估结果，考核成绩排名全市大型银行组（含国有银行、政策性银行）首位，获优秀等级。

**二、业务发展**

——零售金融业务。个人金融积极推进财富管理体系建设，深化客户紧密维护，提升中高端客户服务水平。AUM增幅18.4%，三年期定期存款压降3.25亿元，完成率列邮储银行第1位。零售贷款坚持“走出去、请进来，拓宽获客渠道”营销方针，与厦门市工商联签订全面战略合作协议，与近200家商会协会建立信息共享机制，小额贷款净增43.12亿元，新增市场占用率列市内国有大行第3位。

——公司金融业务。全面启动“授信扩面”工程，积极开展高层走访活动，为金圆集团、港务集团等大型国企设计“1+*N*”金融服务方案，与世界500强象屿集团签订总对总战略协议，公司授信规模年增突破274亿元，户数净增40户，增幅52.6%；机构业务取得新突破，签署副师级以上部队合作协议2份；贸易融资（含供应链）余额48.06亿元，年净增28.29亿元，增幅143%，落地分行首笔线上供应链U信业务；小企业金融加快创新引领，创新运输船舶抵押贷款、知识产权质押贷款等业务。小企业贷款净增8.44亿元，增幅在邮储系统内列第4位。

——资金资管业务。落地首只公募基金托管项目和首个公募基金机构拼单投资项目，托管规模年净增96.63亿元，增幅95.89%，列邮储银行第1位，积极推进“邮你同赢”平台工作，与厦门国际银行签署数字人民币战略合作协议，实现辖内数字人民币重点客户全覆盖。

**三、风险管控**

——实抓风险管理。构建风险产品、风险客户、风险客户经理、风险渠道不良贷款风险分析“新四维”框架，拟制“规模、迁徙、清收”减值分析“三张表”，推动减值计算自动化，进一步夯实风险管理基础；建立行领导分户指导处置大额不良资产工作机制，组建分行不良资产清收专职队伍，年度累计清收合计11034.94万元，完成总行下达目标的137.94%。

——紧抓案防管理。持续加大违规问责力度，处理违规行为125人次，减发绩效收入59.08万元，充分发挥惩教并重，警钟长鸣的警示意义；持续强化反洗钱工作，高度重视消费者权益保护；着力加强账户治理工作，通过“人防+技防”相结合，压降涉案账户数量。

——狠抓安全生产。全面落实疫情防控各项要求，动态完善防控举措，确保思想不松懈、防控无死角；持续构筑安全管理体系，提升科技赋能安全管理水平，突出抓好营业网点、机房、办公大楼等重点领域安全和消防工作，保障党的二十大、全国两会、汛期等重要节点的安全。

**四、运营管理**

——财务管理。创新每日通报、月度季度评价、年度考核三位一体的考核体系，实现主要业务数据实时更新；坚持成本要素指标化、成本管控可视化、成本标杆系统化、重点费用清单化、激励政策精准化的“五化”成本管控模式，高效使用市场发展费。成本收入比36.97%，比上年降低6.22%，降幅居邮储银行第5位。

——人力资源管理。通过推动“经营下沉，管理上收”。明晰“三级经营定位”；搭建中层管理干部、基层管理干部、“星+”计划、“未来星”计划四级干部人才体系，强化人才梯队培养；构建“分行+一级支行+二级支行”三级绩效考核体系，实行差异化考核，考核结果实行强制分布；进一步加强岗位选聘竞聘和年轻干部选拔，强化数字赋能，以深化改革不断激发发展活力。

——运营管理。按照网点利润和客户AUM双重判断标准，建立并完善低效网点动态管理和闭环管理的长效机制；开展“感动服务”系列活动，积极打造金晖银行、孕婴银行、闽南语银行等特色支行；完成30%的网点整体装修与微改造升级，提升网点形象。

——科技创新。以科技助管理，持续优化完善企业微信“经营看板”专栏，实现了7大板块30个经营通报报表的准实时推送；建成分行营销积分管理系统，实现考核指标自动化取数和营销积分实时查询，做到业绩“可视”、考核“可比”、过程“可控”；基于总行微信银行推出客户积分权益平台，实现客户权益领取、积分兑换和其他增值服务，成为维护客户紧密关系、提升客户黏性的重要抓手。

——场景生态建设。举办“数字寄递，连接美好生活”活动，实现辖内邮政88个营业网点、1656台速递PAD全部支持数币收款功能；整合行内、政府、监管、地方大型国企等各方资源，举办“潮玩数币 鲸喜一夏”鼓浪屿数币文旅节等七大主题活动，形成千万级传播声势，实现批零联动发展，开拓了收单、数币、对公活期存款等多项业务。

**五、党的建设**

——思想建设。牢牢把握学习贯彻习近平新时代中国特色社会主义思想这条主线，召开党委理论学习中心组学习10次，党委会第一时间学习40次；制定学习宣传贯彻党的二十大精神工作方案，明确3大方面、10项重点任务、17个具体措施，开展学习、研讨、宣讲80余场次，覆盖党员、群众800余人次。

——党建引领。以“三亮三比三评”激发队伍活力，制作上墙“党员责任区”展示牌，公开亮责亮诺，巩固扩展“三亮”成果；组织开展“邮你最精彩”劳动竞赛，持续深化“三比”成效；定期开展领导点评、党员互评、群众评议，不断丰富“三评”形式。以“领题破题”破解发展难题，确立重点课题17项，结题率100%，“破题”成效突出。以“行长值大堂”“一月一事，消灭最差”解决基层难题，各级“一把手”深入基层开展“行长值大堂”40次、“一月一事，消灭最差”调研45次，解决问题91个。

——巡视整改。全面建立“四套台账”，持续深化中央巡视、集团巡视整改，深入推进十九届中央第八轮巡视成果对照整改，按季度评估成效，严格落实销号，切实推动62个问题持续整改见效；制定巡视巡察整改工作管理办法，组织开展1家党支部巡察“回头看”。（邮储银行）

## 【中邮证券福建省分公司】

**一、总体发展概况**

实现收入764万元，比上年增长22%；新增账户19115户，目标完成率133%；新增有效户3177户，目标完成率99.87%；累计总资产16.83亿元，年度新增4.77亿元，比上年增长40%。累计发展高净值两融业务融资余额3584.46万元，新增2096.59万元，比上年增长140.91%；累计发展高效机构户20个，累计托管资产3.98亿元，比上年增长 714.22%，占比 23.62%，其中本年新增机构开户 19 户，新增资产（含融资余额）9683.41 万元；累计实现高毛利投行业务清分收入 34 万元，储备投行项目 6 单。

**二、业务发展**

股权类业务再获新突破，成功承揽承销保荐业务 2 单，实现财务顾问收入 10 万元，其中一单处于引战引资阶段，另一单企业已完成引战、股改，进入证监局辅导阶段。债券类业务承揽再获新进展，成功承揽 4 单发债业务（已签合同），其中 2 单已获批文，2 单独立主承。机构经纪业务增长实现历史最好水平，分公司（含营业部）累计开发 20 个有效机构账户，其中 16 个私募证券投资基金产品户，4 个机构法人账户，累计托管资产约 3.98 亿元，比上年增长 714.22%。现金管理及股质业务首度突破，为拟上市企业做现金管理 2 亿多元；突破福建首单股质业务，实现全口径年度收入 360 万元。新增营业部增加业务触角，成功设立泉州营业部，开业首年新增资产 5683 万元，新增客户 1981 户，累计创收 41 万元，基本实现盈亏平衡。原有营业部发展落后摘帽，厦门营业部实现收入 80 万元，增幅 56%；实现利润 26.65 万元，增幅 316%；分公司通过多方走访引入厦门当地机构业务型团队，该团队成功开发 7 个私募基金产品户，引入资产 3719 万元，新增 1 个产品两融账户，新增融资余额 1780 万元，分公司合计融资余额 3584.46 万元，实现翻番。

**三、运营管理**

组织规范开展业务办理、旺季生产、业务学习及业务自查、测试及应急演练等工作。开展服务质量检查工作，根据各地疫情防控工作要求，以分公司直属营业部现场检查、下辖营业部远程调取监控数据为主的检查方式开展服务质量管理。组织开展业务档案梳理工作，全面统计整理历史单人单户纸质客户档案。严格落实各项适当性管理工作要求，每半年度开展适当性自查整改，合理开展各项投资者教育活动。开展不规范账户专项排查整改工作，包含一码通账户规范、各类身份不明、职业信息不规范账户。积极落实中国证监会、中国证券业协会及公司总部相关要求，结合打非、“5·15 全国投资者保护宣传日”、反洗钱、适当性等宣传内容，开展进校园专项投教工作。

**四、风险管控**

福建省分公司高度重视金融风险防控工作，围绕加强学习培训、监督检查、从业人员日常监督等方面抓好金融风险防范工作，将风险防控工作贯穿始终。主动上门取经，分支机构负责人带领相关人员拜访人民银行福建支行反洗钱处，就如何做好反洗钱工作取经学习，同时邀请专家安排 2023 年反洗钱工作培训。开展神秘人检查，及时发现分公司、网点存在的问题、合规方面的不足，督促整改。厚植合规文化，利用周例会机制，每周开展合规案例分享；每月组织制作合规简报传阅；不定期抽查从业人员人行征信报告；每年组织签署合规文化承诺书。树立全体员工的合规意识、风险意识、底线意识，做到主动合规、全面合规。

**五、党的建设**

——融入落实主体责任上来，严格落实党建工作责任制。认真履行第一责任人职责，支部书记通过切实落实“一岗双责”，落实全面从严治党主体责任，始终坚持以党建引领发展，促进党建与经营深度融合。落实党建工作责任制，结合《2022 年中邮证券有限责任公司福建分公司党的建设暨党风廉政建设和反腐败工作重点任务分解表》，明确 6 个方面、23 项重点工作，形成一级抓一级、层层抓落实、责任全覆盖的党建工作格局。强化党支部建设，完成新一届党支部委员换届选举工作。

——融入建设学习型党组织上来，持续强化思想理论武装。发挥示范引领作用，认真落实“三个第一时间”学习机制，组织开展支委学习研讨 1 次、党员集中学习研讨 24 次、主题党日活动 12 次、专题党课 4 次、专题测试 4 次。筑牢意识形态阵地，落实意识形态工作责任制，开展分公司员工思想调查问卷；结合实际，围绕了解员工岗位发展规划、岗位调整后的适应情况、业务发展思路探讨等主题，先后与分公司 10 位员工开展谈心谈话。加强精神文明、企业文化建设和群团工作，落实绿色邮政工作，开展“社会主义核心价值观主题实践教育月”活动，组织线上植树 1 次，党员捐款折算植树 12 棵，组织网络学习、主题学习，播放绿色邮政宣传材料。抓好青年理论武装，组织青年理论学习小组开展学习活动 22 次，组织集中收看庆祝中国共产主义青年团成立 100 周年大会现场直播、交流心得，鼓励青年积极参加主题教育宣传活动。做好群团工作，完善职工小家建设，团结群众员工，做好员工节日慰问和生活关怀。

——融入强化党支部建设上来，推动全面从严治党向基层延伸。夯实党建基础管理，扎实开展基层党组织建设达标工程和创先争优活动，全面推动支部建设标准化、规范化；支部党员 2022 年获得中邮证券“共产党员先锋岗”。加强党建规范管理，严格执行制度，严格落实组织生活制度及各项基本制度，规范做好党费收缴使用管理等基础工作；规范发展党员，把好发展党员入口关，杜绝材料抄袭造假问题，年度新增 2 名预备党员。积极联系群众，落实党员联系无党员营业部工作，制定每月联络、每季沟通、季度汇报的工作机制，推进党的组织和党的工作有效覆盖。（中邮证券）

# 江西省

**【中国邮政集团有限公司江西省分公司】**

**一、2022 年度总体发展概况**

业务总收入 64.77 亿元，规模首次跻身全国 14 位，前移 2 位；市分公司业务收入均实现两位数增长；实现利润 8832 万元，预算完成率列全国第1位；集团公司对省分公司的战略绩效考核结果由上年的E级提高至B级（2022年11月通报）。

**二、党的建设**

——政治建设。将意识形态工作责任制落实情况纳入党建季度检查考核范畴，意识形态专项自查达标率100%，全面彻底肃清李国华不良影响。落实民主集中制，完善“三重一大”决策制度，审议党委会、总经理办公会议题395个。

——思想建设。省分公司党委组织5次专题学习研讨，各三级单位党委专题学习52次，举办专题培训班、学习班22个，举办专题辅导报告会11个，四级以上领导干部宣讲218人次。省分公司党委开展学习47次、中心组学习研讨7次。

——组织建设。推进党建阵地建设，以基层党支部落实“双化”“三建”“一部一品”活动为抓手，深入开展“领题破题”活动和“三亮三比三评”活动，邮政208个课题结题率达100%。落实党员联系无党员网点工作制度，推进理论学习和发展党员材料抄袭造假问题专题治理。发展党员104名，选拔省市级党建指导员57人。

——作风建设。将督办工作纳入对本部的季度绩效考核，督办事项236件，做到件件有落实、事事有反馈；2022年共处理基层请示265件，及时批复率达100%。推进“一月一事，消灭最差”主题调研活动。

——纪律建设。打造“勤廉赣邮”廉洁文化品牌。开展三批巡察，对19个党组织开展了常规巡察+6个巡察“回头看”，围绕15个项目开展重点监督，比上年增长114%。

**三、服务国家重大战略取得成效**

——乡村振兴。在全国率先建立省级协同委员会同步召开服务乡村振兴领导小组季度会议制度，推动政邮、交邮、农邮、税邮、社邮、医邮、军邮、粮邮和邮快等“N+邮”合作。

——绿色邮政。行业生态环保“9917”工程全面完成，采购使用符合标准的包装材料比例100%，使用可循环包装箱（盒）2.43万个，完成率101%，累计回收复用纸箱208万个，完成率104%。

江西省泰和县分公司开展“我是返箱行动π”活动，促进快递包装箱的回收循环利用（《中国邮政报》11月25日）

——保供保通保畅。主动承担为援吉、援沪、援渝医护人员运送防疫物资和生活用品的任务，彰显“国家队”的责任担当。保供保通保畅工作得到省委省政府领导和地方各级党委政府的充分肯定，江西省疫情防控指挥部办公室专门发来感谢信，央视等主流媒体作专题报道。江西省分公司为基层配置1059万元防疫专项成本补贴。各单位建立联防联控机制和突发疫情应急响应处置预案。

——普遍服务。健全省、市、县三级普服管理体系，配备普服管理人员183人。省会城市间普邮全程时限从2.78天压缩至2.32天；城市投递外勤关键节点扫描率98.43%；建制村投递频次达标率100%；县及县以上城市党政机关《人民日报》《江西日报》当日见报率100%；全省邮政代办网点和营投合一单人局所全面清零。

**四、落实集团发展战略**

——协同战略。一是惠农合作。建设信用村1550个，打造全国级示范合作社35家，融资E引荐并成功放贷3963户、贷款净增6.87亿元，建成中邮惠农示范龙头企业4家、批销优质站点5684个，均完成集团计划。二是社保项目。累计发卡64.68万张，邮政发放社保卡居民覆盖率提升0.94%，关联资产67.56亿元，实现翻番。三是板块协同。新增信用卡客户5.97万户，公司存款净增1.69亿元，开放式缴费平台缴费金额3.52亿元。邮保双方完成长期期交保费8.58亿元，健康险保费3008万元。邮证双方完成新增中邮证券有效户1135户。四是外部协同。与省退役军人事务厅、江西广播电视台、省粮食和物资储备局、广东德生、江西吉利5家单位签订战略合作协议。全省总部客户收入1.66亿元，比上年增长22%。

——寄递“六大改革”。优化省内网和邮区网作业组织，规划“省际中心+本地中心”两级网络架构，推行省市一体化、市县一体化，打破行政区划就近入网；落实揽投部网格化作业，推进快包分网直投。寄递五大环节成本从2021年的“四升一降”大幅改善为2022年的“四降一平五达标”。制定邮区中心规范化改革“32854”工作方案，设备收容率实现“六降六达标”，设备效能大幅提升，人员定额全面达标。在全国市趟运输改革验收中列全国第4位。

——三级物流体系建设。全省有39个县、165个乡镇开展交邮合作，入驻县区客运场站15个、乡镇综合运输服务站31个，综合评分列全国第5位。省级层面与13家主要快递企业签订邮快合作协议，累计代收邮件50.82万件，代投邮件2557.11万件，提前2个月超额完成集团计划。完成23个示范县“两中心一站点一仓储”建设，其中5个项目争取到地方政府投入2434万元。全省新增农村投递车辆955辆，农村汽车投递率达82%，超过集团的计划要求。全省已建综合便民服务站15011个，覆盖率达89.51%。全省安装中邮E通自提点18632个，超额完成集团计划。

——任期制和契约化改革。组织全省 799 名三、四级领导人员签订岗位聘任协议和经营业绩责任书。建立领导人员薪酬分配体系，实施“一岗一考核、一岗一薪酬”，开始拉开不同单位、部门领导人员之间的绩效基数差距。

——渠道平台转型。全省转型网点 2024 个，覆盖率达 100%。BSC 线上营销额、校园网点进驻、主题邮局收入、烟草零售额等指标均完成集团计划。点均叠加业务达 18.8 项，超集团公司目标 8.8 项。全省网点点均收入 237.67 万元，比上年增长 34.25%。全省年收入万元以下网点首次实现清零。

**五、业务发展**

——金融业务。完成收入 44.55 亿元，列全国第 12 位，前移 2 位；比上年增长 21%，列全国第 1 位。储蓄收入 33.62 亿元，增幅 18.28%，保险收入 6.71 亿元，增幅 38.2%。存款净增 423.83 亿元，比上年多增 143.22 亿元。

——寄递业务。特快业务完成收入 4.5 亿元，列全国第 16 位，前移 1 位；增幅 23.3%，列全国第 17 位，前移 13 位，特快毛利率达 71.8%。物流业务仓配一体、联动发展，南昌电子烟配送项目成为全国邮政唯一既运营仓储管理又运营终端配送的项目，烟邮项目比上年增收 600 万元。快包业务结算毛利额 2.11 亿元，增幅 37.5%，结算毛利率 32.5%，提升 8.9%；件均结算成本压降 0.48 元 / 件，件均收寄成本压降 0.412 元 / 件，亏损客户比上年减少 434 户、1090 万元。国际业务大幅减亏，毛利额比上年增加 2345 万元，争取到南昌市跨境电商产业发展专项资金补贴 129.5 万元。

——邮务业务。报刊业务完成收入 2.63 亿元，增幅 2.56%，其中图书收入增幅（24.68%）列全国第 2 位。集邮业务完成收入 1.03 亿元，增幅 27.4%，列全国第 4 位；全额还清中国集邮有限公司、北京邮票厂有限公司票品款 8077.6 万元。函件业务收入增幅 8.8%，清理封片卡印制费、结算费 1983 万元，库存商品余额压降 24%。

——分销与增值业务。电商分销完成收入 1.15 亿元，增幅 11.8%；分销商品毛利率 15.7%，列全国第 5 位。

**六、运营管理**

——预算管理。变“基数 + 增量”预算为“零基预算”，对经营预算、直接成本预算、运营成本预算、人工成本预算“四大预算”建模测算并多轮上下质询。在零基预算基础上取消分类标签，让所有单位站在同一起跑线上进行 PK。创立了以专业毛利额为牵引的效益评价体系，构建了基层单位新增人工成本与毛利净增加额挂钩的新机制。各专业实现毛利额 45.68 亿元，增幅 31.18%。在总体降本情况下配置机动成本 4.5 亿元，重点向解决历史遗留问题、增强核心竞争能力和完成阶段性重点工作倾斜。

——绩效考评体系。建立全新的“固定薪酬与浮动薪酬相结合、年度目标与过程管控相结合、季度绩效年底加以运用”的绩效架构，将其与任期制与契约化管理有机融合，初步形成以年度战略绩效考核为统领，季度经营管理绩效考评横向到部门（专业）、纵向到各市县的多维度绩效考评体系。“年度 + 季度”的过程管控实现了基层单位和管理部门基于部门职责和岗位职责的差异化考核，实现绩效向一线和价值创造部门倾斜的转变、少维度评价向多维度评价的转变、碎片化管理向体系化管理的转变，也促进了经营管理工作节奏的提速。（江西省分公司）

**【邮储银行江西省分行】**

实现收入 75.5 亿元，列邮储银行第 12 位；实现利润 27.2 亿元，列邮储银行第 15 位。各项贷款余额 2553 亿元（不含信用卡），列邮储银行第 10 位；净增 204 亿元，列邮储银行 16 位。不良金额 27.02 亿元，不良率 1.04%。

**一、服务国家重大战略部署**

——提升服务实体经济质效。一是三农金融展现更大担当。三农贷款余额 497.5 亿元，列邮储银行第 9 位；净增 62.5 亿元，创历史新高。涉农贷款余额 850.8 亿元，净增 89.7 亿元。新增信用村 1.7 万个，增幅 129%；新增信用户 14.1 万户，增幅 91%；信用户贷款净增 14 亿元，列邮储银行第 10 位。二是普惠金融作出更优表率。小企业贷款余额 175.3 亿元，净增 34.9 亿元，创历史新高。普惠型小微企业贷款余额 544 亿元，净增 65.6 亿元，完成监管计划 162%。“专精特新”及科创企业贷款余额 70.9 亿元，净增 15.9 亿元。三是产业金融迈出更实步伐。制造业贷款余额 326.5 亿元，净增 70.8 亿元，完成比 118%；其中制造业中长期贷款净增 22 亿元，完成比 122.4%。重点产业链贷款净增 18 亿元，增幅 12.7%。四是绿色金融注入更新动能。投放碳减排项目资金 11.6 亿元，列省内同业第 3 位。绿色融资净增 19.5 亿元，增幅 12.5%。

——推进服务乡村振兴。一是主动创新服务模式。分行创新“乡村振兴攻坚队”调研模式，落实农村信用体系建设工作。针对全省 18 个乡村振兴先行示范县，抽调分行部门副职以上人员成立 18 支“乡村振兴攻坚队”，相继开展“两走”“双百”“四扫”“五进”等主动上门服务活动，以“挎包银行”精神深入田间地头、农家小院等，上门提供金融服务。二是积极探索科技赋能。针对农户和小微商户融资“短、频、急”的特点，分行积极探索对接系统建设，自主研发的省级中间业务平台系统上线测试。三是持续加强渠道布局。全行结存商户 4.94 万户，累计落地行业场景项目 100 个，涵盖餐饮、商超、医疗、教育等多个重点行业；布放自助设备 5393 台，移动展业设备 2772 台，形成物理网点 + 自助设备 + 移动展业的服务网络，有效延伸农村金融服务触角。

——支持小微企业纾困发展。一是建立服务小微企业

"敢愿能会"长效服务机制。推动建立服务小微企业"敢贷、愿贷、能贷、会贷"长效机制，增强敢贷的信心、激发愿贷的动力、夯实能贷的基础、提升会贷的水平，超额完成普惠小微贷款监管计划。二是开辟助力小微企业绿色服务通道。为抗疫救灾、遇灾受灾地区或行业小微企业开辟绿色审批通道，确保纾困资金及时到位。明确疫情防控期间小企业信贷业务流程管理规则，在贷款申请过程中，对受疫情影响暂时遇到困难的存量客户，可正常开展授信、支用等流程，企业正常开工后补充开展相应的调查工作。三是落实帮扶小微企业延期还本付息政策。对于符合条件的小微企业客户全部做到"应延尽延"。为中小微企业（含中小微企业主）及个体工商户、货车司机办理延期还本624户、贷款金额57.38亿元，延期付息7584户、利息1.4亿元，对应贷款金额57.38亿元。

**二、业务发展**

——零售金融业务。分行个人客户AUM新增187.65亿元，完成计划234.56%，列邮储银行第1位；结存个人有效客户532.2万户，净增13万户。消费贷款结余1098亿元，列邮储银行第10位，净增11.68亿元。三农贷款余额501.8亿元（含网商贷），列邮储银行第9位；净增66.58亿元（含网商贷），创历史新高，比上年多增20.65亿元。

——公司金融业务。分行公司贷款余额436.61亿元、年净增47.94亿元；债券承销规模新增19.8亿元，牵头行外银团金额新增21.95亿元；小企业贷款余额175.26亿元，年净增34.94亿元，完成总行净增计划的179%，列邮储银行第10位，比上年前进3位。

——资金资管业务。分行票据转贴现买断余额68.86亿元，买入返售余额2.05亿元；再贴现业务规模35.30亿元，比上年增加5.68亿元；票据直贴业务余额227.97亿元，净增37.93亿元；同业投融资业务余额134.23亿元，比上年增加47.42亿元；债券业务余额238.6亿元，比上年增加32.3亿元；理财余额460.65亿元，列邮储银行第6位。

**二、风险管控**

——风控体系完善。强化风险政策与风险限额管理，优化机构风险评价，扎实推进资本管理高级法落地实施，积极协助总行智能风控风险数据模型、系统建设优化，开展全行零售信贷业务数字化风险分析。

——风险化解。积极开展各类竞赛活动，处置不良贷款12.1亿元，其中清收7.76亿元、核销2.88亿元、证券化1.46亿元；主动退出"三单"风险客户2户，金额2.33亿元。

——内控建设。一是加强法律风险管理，全年审查各类合同、法律性文件2258笔，无一例因法律审查把关不严导致的法律纠纷或监管处罚。二是加大合规检查监督力度，实现辖内一级支行风险经理派驻全覆盖。三是认真履行反洗钱和消保法律义务，全年未发生业内案件、风险事件和重大洗钱风险事件。四是审计机构改革职责上收总行后，全年接受总行审计局实施审计项目31个，审计发现问题1024个，整改率93.36%。

——安全生产。深入开展"平安邮行"创建工作，统筹抓好疫情防控和安全生产，不断优化疫情防控措施，保障金融服务不断档。紧盯党的二十大、全国两会等重大节点，开展安全隐患排查和专项演练，消除风险隐患1543个，整改率99.9%。加强保密、信访、舆情、网络安全等排查管理，继续确保"六个不发生"。

**四、运营管理**

——资产负债管理。一是经济资本管理持续向好。风险加权资产净增143.58亿元，控制在总行限额以内；做好无效资本占用压降工作，分行不可撤销贷款承诺余额3.56亿元，比上年下降11.73亿元，完成全年计划的166%。二是信贷规模管理日益完善。完善下发分行信贷规模管理工作实施细则，保持信贷高质量发展。三是利率管理水平不断提高。存款方面对存款FTP曲线实施"短端加点，长端减点"的期限结构优化政策导向，贷款方面引导适度发展中期固定利率贷款。

——财务管理。一是成本费用管控水平不断提升。以预算为抓手，强化成本费用对业务发展的支撑作用，下发指导意见强化成本管控。二是绩效考核体系持续优化。优化调整市分行经营管理绩效考核办法、十强十优评选办法、城区行评比办法、部门核心业务指标方案和任期制与契约化考核关键业绩指标库等，持续发挥考核"指挥棒"作用。三是集中核算效能有效提高。推进集中报账平稳上收至总行，进一步简化审批流程，提高审批效率及报账体验。

——机构队伍建设。调整省市营业部职责定位，提高主城区竞争力。推进省市分行专业团队建设，建立分行财富中心、大客户中心，压缩中后台人员，充实销售队伍197人，销售人员占比提升至31.1%，高于邮储银行平均水平。选派39名优秀骨干开展交流，加强年轻干部员工培养锻炼。实施"启明"人才培养计划，推荐52名重点大学毕业生到支行一线培养锻炼，在一线培育高素质人才队伍。撤销省分行审计部，将小企业金融部、三农金融事业部调整为普惠金融事业部（小企业金融部）和三农金融事业部（乡村振兴金融部），增设南昌、赣州市分行科创金融事业部。

——业技融合。建立省分行数据分析室和软件开发测试室，补充科技人员32名，推行科技人员派驻，完成系统及工具优化开发67个、数据分析600余项，有力支撑了经营发展。

——网点效能提升。加快信贷下沉，切实做到信贷与个金联动发展；加快部分低效网点终止设置和网点迁址工作，提升网点盈利能力；建立辖内关注类网点标准，将关注类网点与低效网点同跟进、同督导，全面治理，预防新增低效，完成11个低效网点治理，治理完成率91.67%，超额完成总行进度目标。

——客户体验。对全辖自营网点统一规范张贴摆放标准，开展“三面清理”，统一配备公示手册、公示板和公示栏、桌面式宣传牌，美化厅堂环境。根据网点物理位置、改造类型、业务特点等实际情况，请专业装修、设计公司对营业厅等区域“一点一策”进行总体布局设计、调整，完成28个网点全面装修改造和93个网点微改造，完成年度计划的121%。

**五、党的建设**

——党的建设更“红”。深入学习宣传贯彻党的二十大精神，集中组织收看党的二十大开幕会直播，通过学习平台、专题讲座、“三会一课”等形式，督促党员干部原原本本、逐字逐句学习党的二十大报告和党章，推动理论学习入脑入心。坚持党建与经营同谋划、同部署、同推进、同考核，扎实开展“领题破题”、行长值大堂等活动，完成课题165个，解决问题197个。上饶市分行荣获“2022年度交通运输党建文化建设优秀单位”，鄱阳县支行荣获“全国邮政系统先进集体”，吉安市分行、东乡区支行荣获“江西省工人先锋号”称号；1人荣获“全国邮政系统先进个人”，1人荣获“江西省五一劳动奖章”。

——政治生态更“清”。严明政治纪律、政治规矩，压实意识形态工作责任制，深入开展彻底肃清余毒不良影响。加强选人用人监督，组织任前廉政谈话41人次，签订廉洁承诺书1618份、廉洁从业告知书5.5万份。推进全面从严治党治行，精准运用“四种形态”，其中“第一种形态”批评教育78人次；党纪立案7起，比上年下降50%。深化信访源头治理，信访数量比上年下降58%。加强巡视巡察整改，整改问题1092个，整改率99.6%。

——企业文化更“浓”。提高员工福利水平，解决劳务工享受工会福利问题。员工公积金、社保缴纳金额进一步提高。投入建家经费2750万元。走访慰问一线集体55个、一线员工320名，发放慰问金、慰问品55万元；帮扶重病、困难员工14人，拨付帮扶金近20万元。（邮储银行）

## 【中邮保险江西省分公司】

**一、发展概况**

实现总保费业务35.21亿元。长期期交保费10.19亿元，其中5年交终身寿险7.14亿元，完成率112.84%；健康险保费3459.73万元，完成率102.06%；实现新业务价值2.47亿元，完成率102.13%；标保新业务价值率达到52.7%，列全国第1位；新业务价值完成率高出长期期交保费完成率2.93%。续期保费22.05亿元，保费计划完成率105.24%，完成率列全国第2位。团险业务0.228亿元。

**二、落实服务国家重大战略**

为吉安遂川、永丰乡村脱贫人口、低收入人口和乡村振兴帮扶需求人员共3132人提供赠险，赠送意外伤害风险保额6264万元。在吉安永丰县坑田镇罗珠村、佐龙乡坪下村开展“平安乡村 邮我守护”公益帮扶活动，投入帮扶资金4万元，惠及当地村民4896人。

**三、多元渠道拓展**

8月8日，与江西裕民银行在南昌签署合作协议，成为全国第二家与地方性商业银行开启合作的中邮保险省分公司。11月7日，与招商银行南昌分行签署合作协议，率先开展招行网点路演、签署合作协议并实现销售。50天时间，实现外拓长期期交保费361.2万元。

**四、改革创新**

3月23日，江西省分公司印发《关于调整中邮人寿保险股份有限公司江西分公司机构编制设置和部门职责的通知》。4月21日，印发《中邮保险江西分公司关于印发领导人员任期制和契约化管理实施工作应急预案的通知》。4月29日，印发《中邮人寿保险股份有限公司江西分公司领导人员任期制和契约化管理实施方案》和《中邮人寿保险股份有限公司江西分公司部门领导人员选聘方案》。7月1日，印发《中邮人寿保险股份有限公司江西分公司领导人员经营业绩考核实施方案》。7月14日，印发《中邮人寿保险股份有限公司江西分公司职级薪酬初始化套改实施方案》。

**五、专业能力**

6月，开展防范非法集资宣传月主题活动。7—8月，开展“金融知识普及月”“反洗钱宣传月活动”。参加“江西建行杯”“防范非法集资远离不良校园贷”抖音话题挑战赛并获三等奖。

召开消保委员会4次，完善消保制度2项，审查消费者权益保护相关事项42项，提出消保审查意见24条，开展消保工作培训7次。受理消费投诉487件，比上年减少136件，比上年下降21.8%。其中监管投诉5件，比上年减少4件，比上年下降44%。犹豫期内总回访成功率100%，列全国第1位；投诉件处理及时率100%列全国第1位。开展消费者权益保护教育宣传周系列活动。

**六、运营管理**

江西省分公司在2022年运营劳动竞赛及绩效考核综合得分分别列全国第2位、第3位；其中保全服务时效0天，列全国第1位；回访成功率99.99%，列全国第2位；理赔申请支付时效1.03天，列全国第2位；理赔出险支付时效44.9天，列全国第3位。“邮E保”App网点覆盖率100%，列全国第1位；保全业务累计完成5019件，列全国第6位。在2022年续期劳动竞赛中获得“卓越质量奖钻星奖”“精益发展奖钻星奖”“杰出支撑奖钻星奖”。

在2021年度南昌市金融机构支持地方经济发展考核

奖励中获三等奖。在 2022 年度全省平安建设考评中获“平安建设先进单位”称号。

1 月 24 日，工会开展“两节”送温暖慰问活动。3 月 4 日，与江西省邮政相关支部共同开展“学雷锋·走进方大特钢”主题活动。9 月，开展夏送清凉慰问。8—10 月，参加江西省第七届金融系统体育健身大联赛，其中“乒乓球比赛”获得领导组双打二等奖。12 月，开展 2022 年“职工家访”冬送温暖慰问活动。

**七、党的建设**

2 月 18 日，江西省分公司召开 2022 年党的建设暨党风廉政建设和反腐败工作会议。6 月 28 日，分公司召开纪检监察信访工作联席会议。10 月 17 日，分公司召开贯通协同监督工作会暨党风廉政建设联席会议。7—8 月，分公司开展党风廉政警示教育月活动。（中邮保险）

## 【中邮证券江西省分公司】

**一、总体发展概况**

分公司（含轻型营业部）在职人员 29 人，其中中共党员 7 人，党员占比 41%。女党员 3 人，占党员总数的 23%；汉族党员 7 人，占党员总数的 100%；研究生学历 3 人，本科学历 24 人，大专学历 2 人。

完成收入 1609 万元，完成年度计划的 95.4%，全国排名第 3 位；赣州营业部 2022 年完成收入 152 万元，比上年增长 66%，全国排名第 2 位，完成利润 24 万元，全国排名第 1 位；九江营业部完成收入 28 万元。

荣获江西省证券期货业协会颁发的“全省先进分公司”荣誉称号；荣获集团公司（工会）颁发的“2021 年中国邮政自办证券业务发展劳动竞赛”省级优秀组织奖。

**二、业务发展概况**

——财富业务。分公司（含营业部）新增资产量 3.37 亿元，完成计划 182.6%，全国排名第 2 位，累计资产量 22.6 亿元；新增开户数 11305 户，完成计划 73%，全国排名第 10 位；新增有效户 2458 户，完成计划 110%，全国排名第 13 位；代销金融产品 1.3 亿元，全国排名第 5 位；累计销售资管产品 8.6 亿元，其中自营渠道 954.59 万元，邮政渠道 4.6 亿元，邮储渠道 4 亿元，自营渠道全国排名第 7 位；累计销售收益凭证 1.06 亿元（按年化核算），全国排名第 5 位；两融日均余额 2622 万元，比上年上涨 76.7%；资产总量 22.63 亿元，累计交易 184.6 亿元，比上年增长 37.3%，全国排名第 7 位；成功引进三家私募基金公司进入总部合作白名单，成功引入龙隐私募开立私募产品户；成功营销煌上煌 4000 万元收益凭证、仁和药业 5000 万元收益凭证；联合省邮政、省邮储定制江西首支专属资管产品，成功募集 1.1 亿元。

——机构业务。机构业务完成净收入 161.66 万元。股票质押业务。推进三个股票质押项目：恒大高新股质项目，融资 7000 万元，年底已结清；联创电子股质项目，融资 4000 万元，剩 3500 万元；方大钢铁股质项目，融资 1.7 亿元。本年业务收入合计 787.74 万元，折算净收入 153.35 万元。

——投行业务。华兴会计师事务所财务顾问业务 11 万元，折算税后收入 8.3 万元。项目储备方面，正在实施的债券项目 7 个，规模 67.8 亿元。本年与总部投行团队走访南昌、赣州、宜春、上饶等地市的“专精特新”企业 50 家，对储备股权业务进行储备，挖掘潜力意向企业 13 家。

——板块协同。邮证板块协同，分公司主动协同，下发《关于开展 2022 年“金虎迎福·财富共享”中邮证券协同发展活动的通知》，把证券有效户和证券新增账户纳入年度绩效考核指标，明确新增有效户、新增资产、中邮证券资管产品等协同计划。邮政板块新增有效户 1135 户（含营业部），完成协同计划的 35.5%；新增开户数 1587 户，完成协同计划的 19.8%；累计销售中邮证券资管产品 4.64 亿元。银证板块协同，分公司引领主动协同，下发《关于下发全行 2022 年第三方存管业务专项营销活动方案的通知》，明确有效户、资管产品销售、债券类项目、IPO 项目、“通道类”业务等协同计划，相关业务条线都给予激励考核指标。邮储板块新增中邮证券有效户 537 户（含营业部），完成全年计划的 53.7%；新增开户数 7506 户，完成协同计划的 75%；累计销售资管产品 4 亿元。参加人民银行乡村振兴活动，积极参与人民银行直播活动，通过电商平台购买农产品 2 次，以实际行动响应乡村振兴的号召。

**三、运营管理**

——投教服务。江西省分公司组织培训 119 场，走访网点 59 个，13000 余人次。进一步倡导理性投资理念，共举办线上线下投资者教育 13 场，促进广大中小投资者树立理性投资、价值投资、长期投资的投资理念，助力构建资本市场良好生态。

——投顾服务。通过一对一私聊、QQVIP 客户群、微信 VIP 群、微信智赢俱乐部群的日常维护工作，提升客户对中邮证券的黏合度。结合总部统一上架 App 的投顾组合，为客户提供一对一荐股分析、咨询等服务。分公司以“线上 + 线下”结合形式为客户提供投资分析服务，开展线上线下 37 场培训、直播覆盖超 1540 人次。

**四、风险管控**

江西省分公司组织 12 次合规培训，组织合规风控知识测试 1 次。分公司在总部举办的 2022 年“力争上邮”金融合规风控知识竞赛中，获得第 3 名。主动与省证监局、人民银行、南昌支行中心、行业协会等监管部门及自律组织的沟通联系，认真对待监管机构安排的协同工作，有效衔接并按时按质完成。配合中国人民银行南昌中心支行反洗钱案件科，统计国家洗钱风险评估数据 170 条。收到有权机关协查 11 份，形成自查报告、工作底稿，按时按质进行上报，通过全面自查整改，保证分公司各项业务合规平稳运行。

**五、党的建设**

——落实“从严”要求抓党建，坚持三个到位。

履行主体责任到位。党支部制定“党支部2022年党建工作要点”“2022年党支部学习要点”“2022年度落实全面从严治党主体责任清单及领导班子成员落实全面从严治党‘一岗双责’责任清单”。

强化理论武装到位。召开党员大会6次，支委会议30次，组织理论学习20次、集中研讨12次、支部书记上党课3次、支委成员上党课1次、巡视整改专题会议9次。组织召开青年员工学习4次，学习研讨2次。每周开展读书会，逐字逐句认真研读党章，组织学习5次，研讨5次。

廉政警示教育警示到位。制定《2022年中邮证券有限责任公司江西分公司纪检工作任务清单》，专题传达警示案例、观看廉政教育警示片2次，开展警示教育3次，开展约谈提醒3次。引导党员学习新党章、《中国共产党廉洁自律准则》等廉政党纪法规，让廉洁思想入脑入心。

——坚持“强基”导向抓党建，做到三力齐发。

在落实意识形态工作上发力。定期分析研判意识形态领域情况，专题研究部署意识形态工作3次，开展2022年员工思想调研；深入开展排查，全面彻底肃清不良影响；接受集团公司意识形态第六督查组的督导，积极配合督导组的检查。

在党组织建设上持久用力。建强“基层组织”，进一步规范党组织设置，10月按程序开展支委会换届工作；夯实“基础工作”，严把发展党员入口关，规范党费收缴使用管理；年内发展入党积极分子2名。

在企业文化和精神文明建设上发力。结合社会主义核心价值观活动，开展专题学习；开展“寻找身边榜样，讲好中邮证券故事”活动，学习证券先进典型事迹；与社区携手并肩，在防疫志愿服务的同时，开展反洗钱宣传活动。（中邮证券）

# 山东省

**【中国邮政集团有限公司山东省分公司】**

**一、2022年度总体发展概况**

实现收入183.83亿元，规模列全国第4位，比上年增长12.56%；实现利润9.72亿元，创近年来最好水平，规模列全国第3位。

**二、党的建设**

深入学习党的二十大精神，常态化开展“筑牢信仰信念、练就过硬本领”理论素养提升行动，深入落实习近平新时代中国特色社会主义思想。落实意识形态工作责任制，明确对“一把手”和领导班子25个方面60条监督事项，监督执纪由“惩治极少数”向“管住大多数”拓展。巡视整改方面，聚焦集团公司党组专项巡视反馈问题，确定整改任务52项、制定细化措施152条，已完成107条，完成阶段性目标需持续推进的45条。

**三、服务国家重大发展战略部署情况**

——普遍服务。

全省普通邮件时限全部达标，乡镇邮政局所覆盖率、空白乡镇补建局所正常运营率、建制村直接通邮率、县以上城市党政机关《人民日报》《大众日报》当日见报率均达到100%；机要通信连续25年保持质量全红。建设邮政劳动者驿站726处，得到各级总工会和社会各界好评。

山东省泰安市分公司投递员上泰山投递邮件（《中国邮政报》7月13日）

——乡村振兴。完成23.9万个农民合作社的全面走访建档，打造中邮惠农示范社97家，培育中邮惠农示范企业9家，建设农产品基地96个，寄递农产品2.5亿件，助农销售农产品13.8亿元；三级物流体系建设方面，完成77处重点示范县、136处乡镇共配中心建设，开发169条交邮联运邮路，覆盖386个乡镇。藏品入鲁实现突破，建设西藏特色农品体验馆（展示区）29处，订货额1200余万元。

——服务疫情防控。全力服务国家及地方疫情防控大局，保障党报党刊及防疫物资寄递，主动兜底食品药品、生活必需品等民生物资配送，疫情防控期间线上商城上架500余款保供农品，累计配送蔬菜等生活物资7300余吨。

**四、落实集团公司发展战略情况**

——寄递改革。完成省、市、县速递与快包业务部门的整合，优化调整运营管理、生产经营及网运生产单位组织架构，对省寄递事业部综合、服务、党建等部门横向一体化管理，实现11183和11185下沉管理，对规模较大的8个市分单设国际业务机构。整合济南、青岛、潍坊、济宁、临沂五大省际中心内部处理和干线运输，实施省级垂直管理。陆运网改革方面，完成省内14县市进出口就近经转调整，开通11条省际直发干线，提升时限1天。完成邮区中心规范化改革验收，省际中心人均处理效率1506件/天，较改革前提升540件/天。市趟改革方面，6项关键指标好于全国平均水平。运输改革方面，开通19条一级干线高铁线路。揽投网改革方面，自提站点数量列全国第1位。

——降本增效。建立财务牵头、部门协同、制度健全、管控精细的降本工作体系，推动寄递全环节降本增效。实行“收入成本率+环节成本压降”双维管理，加强“人工+外包”、运输费等成本压降。全省寄递业务收入成本率141.5%，比上年压降2%；揽、分、运、投、管理环节件均成本分别压降1.4%、5.6%、1%、5.1%、7.8%。

**五、业务发展**

——金融业务。实现收入111.56亿元，超集团预算7亿元，收入规模列全国第2位，比上年提升2位，增幅15.29%，创近年新高。年增余额965.9亿元，比上年多增110.8亿元，刷新年增记录；利差收入列全国首位。新增活期余额84.2亿元，比上年多增63.4亿元，列全国第1位。保险收入增幅34.39%，创历史新高。全省商户月日均活期余额净增28.4亿元，列全国第1位。人民币理财保有量规模及销量，资管、信托计划保有量均列全国第1位。建成14处财富中心，完成133个省级、1193个市级网点财富管理转型导入，装修改造网点254处，新增VIP客户、财富客户均列全国第3位。

——寄递业务。着力推进商业模式探索、营销和揽投队伍建设、机制创新、降本增效和科技赋能等重点工作，实现收入40.32亿元，列全国第4位，增幅13.04%。实施特快专网运作，新增揽投段道1008条、累计3732条，新增点部79个、累计328个，实现收入13.9亿元，增幅38.4%，均列全国第4位。优化客户结构、路向结构、重量结构，边际贡献率提升2.3%。国际业务分公司迁至青岛，济南、青岛实现“三关合一”，口岸通道建设持续强化，日韩路向桥头堡地位逐渐巩固，国际业务收入列全国第6位，比上年提升1位，增幅列全国第3位，比上年提升6位。存量物流项目305个，比上年增加66个；收入规模列全国第1位，增幅36.6%，列全国第2位。

——传统业务。组建线上营销团队，全省配备143人，常态化开展直播和“网点+站点”社区团购，推动传统业务向新零售转型，开展直播2331场，线上交易额2.8亿元，省外销售占比13%。集邮文传板块收入比上年增长5.4%。渠道平台业务综合毛利率比上年提升17.2%，农产品交易额、批销交易额均列全国第1位。

**六、运营管理**

——能力建设。完成省、市、县三级客户营销中心建设，开展“全覆盖式”大走访大开发，全省走访大客户近6万户，频次超20万户次，新增客户6300户，增收2.5亿元。联动开发烟草项目，新增特快物流收入1151万元；对接县域商业体系建设项目，争取政府补贴1700余万元。协同项目实现收入30.44亿元，增幅19.8%，总部客户收入1.98亿元，增幅55.3%。头部精英理财经理业绩方面，全省中收业绩前100名的理财经理人均中收167万元。

——市场化改革。完善高质量发展的引导机制，建立导向清晰、责权利对等的战略绩效考核体系，出台领导人员经营绩效考核办法和绩效薪酬考核办法，制定40强县分、50强特快揽投部、300强支局评选奖励办法，设置效益贡献激励，与超利润金额挂钩，激励增收增效。干部人事改革方面，按期完成任期制和契约化管理全覆盖，完善岗位能下机制，建立干部考核档案及个人承诺制度；明确薪酬增长“经营一线高于机关本部”，向高效业务、创收环节、高绩效员工倾斜；完善市分、县分领导人员和重点岗位薪酬分配机制；坚持“基层一线出干部，效益贡献论英雄”，加大对表现卓越的40强县分、50强特快揽投部和300强支局主要负责人选拔使用力度，提任率分别达30%、24%。招聘985、211等高校全日制硕士、博士56人，社招同业高管及专业人才23人。

——组织创新。打造运营型省分，构建“运营高效、管控适度、机构扁平、精简专业”的省级组织，推进专业实体化运作；打造运营型“小市分”和经营型“大县分”，引导人员向市场存量和收入规模大的县分倾斜。推进放权赋能，坚持“宜授尽授，授管结合”，下放审批权限13项，缩短审批时限35项，授权省分专业部门和直属单位权限12项。

——精神文明建设。山东省分公司获得“济南市2021年度创新发展突出贡献企业”荣誉称号，国际业务分公司获评“山东省五一劳动奖状”，微山县分公司投递员王少朋、五莲县分公司客户经理何玲荣获“山东省五一劳动奖章”；德州市分公司获评“2021年度全国邮政用户满意企业”称号。山东省分公司形象得到社会广泛认可，央视对助力栖霞苹果销售、牡蛎项目寄递、农家书屋建设等工作进行了报道；“为烈士寻亲”王德建登上微博热搜，阅读量突破5000万。

**七、风险管控**

落实安全生产责任制，保障党的二十大、第五届中国国际进口博览会等国家重大活动期间寄递渠道安全；高度重视金融风险防控，全年未发生重大风险事件、大额赔付、严重负面舆情、大额监管处罚。（山东省分公司）

**【邮储银行山东省分行】**

资产规模破万亿元大关，各项存款9229.42亿元，年增1026.19亿元；各项贷款4202.3亿元，年增548.89亿元。实现收入124.76亿元，比上年增长11.65%。实现利润61.15亿元，比上年增长11.36%。实现经济附加值（EVA）13.44亿元，比上年增长10.19%。经济资本回报率14.56%。

**一、服务国家重大战略部署**

——服务实体经济。投放实体贷款2830.02亿元，比上年增长24.37%。推动总行与济南市政府，省行与德州市政府签订战略合作协议。支持黄河流域生态保护和高质量发展，沿黄河9市信贷业务余额2505.35亿元，年增364.40亿元。支持稳大盘重点领域，中长期制造业贷款年增30.49亿元，比上年增长185.22%；房地产领域贷款年增148.95亿元；落地一批重点项目，其中烟台裕龙岛项目参团80亿元，成为副牵头行。成立济南、潍坊科创金融事业部，专业专注服务“专精特新”及科创企业。

——服务乡村振兴。强化平台合作，与省农业农村厅、省广播电视台共同开展“山东省乡村产业振兴带头人”选树活动。高效推进农村信用体系建设，深入开展行业研究与专业市场开发，打造服务乡村振兴省级“十大特色行业”和“十佳专业市场”，涉农贷款年增220.62亿元，创历史新高，计划完成率177.34%，连续两年监管考评为“优秀”。

——践行普惠金融初心使命。普惠小微企业贷款年增182.04亿元，排省内国有六大行第3位，支持小企业“首贷户”623户；向受困小微企业提供延期还本付息23.67亿元。向新市民群体发放贷款超120亿元，助力新市民融入新生活。

**二、业务发展**

——零售金融业务。个人金融业务，加大转型力度，储蓄存款时点和月日均余额年增双超百亿，列邮储银行第4位，大力拓展价值存款，压降两三年期42.08亿元，列邮储银行第1位；推进财富管理转型，实现代销收入6.05亿元，列邮储银行第2位，个人客户重点AUM年增121.55亿元，列邮储银行第2位，理财、贵金属收入均列邮储银行第1位，新增私行客户145户，列邮储银行第2位，VIP客户占比5.81%。零售贷款业务，多项信贷指标创历史新高，消费贷款净增120.86亿元，列邮储银行第2位；三农贷款净增185.89亿元，列邮储银行第3位。信用卡业务，与头部综合体全面合作，拓展全省性优质连锁商户1.4万户，带动实现信用卡消费规模700亿元，列邮储银行第4位。网络金融业务，手机银行月活客户124.28万户，列邮储银行第4位；快捷绑卡年增58.8万户；打造场景生态，落地网点微商圈276个，收单有效商户年增8.73万户，列邮储银行第3位。

——公司金融业务。公司存款方面，价值存款年日均净增64.13亿元，列邮储银行第4位；公司存款市场占有率1.86%，比上年提高0.06%；新增市场占有率3.01%，比上年提高1.41%。公司贷款方面，净增159.48亿元，列邮储银行第4位；公司贷款市场占有率2.67%，比上年提高0.19%；新增市场占有率4.07%，比上年提高0.65%。交易银行方面，实现收入5.54亿元，列邮储银行第3位；实现中间业务收入6709.80万元，比上年增长44.43%；资产业务486.36亿元，列邮储银行第2位，其中跨境融资60.35亿元，列邮储银行第1位。拓展公司客户方面，新增2.13万户，列邮储银行第2位；新增机构业务资格资质300项，成功获得公安厅涉案资金合作资格；实施授信客户倍增计划，新增201户，列邮储银行第4位。开展主办行专项提升行动，公司主办行客户新增17户、达到30户，小企业主办行客户新增425户、达到1520户。

——资金资管业务。同业生态圈建设成效显著，生态圈拓客159户，列邮储银行第1位；数字人民币签约总客户和钱柜模式数量均列邮储银行第1位。加快票据业务直转联动，办理贴现630.14亿元，列邮储银行第2位，实现非息收入1.27亿元，列邮储银行第3位，比上年增长76%。

**三、风险管控**

——智能风控建设。积极推进风险数据可视化面板研发与应用，完成省行及16家市分行推广使用，获得总行2022年度“U课U例”评比活动优秀奖。持续开展数字化风控指标分析研究，推动前瞻性风险管控能力提升。构建省市县网点四级贷后管理体系，自主开发贷后管理辅助系统已上线使用。

——信用风险识别化解。坚决守住资产质量生命线，完成总行限额限率管控要求；推广普惠金融生态版图，实现前台精准获客和后台全面风险管控；实施全省信审集中，统一风险偏好和审查标准，管住信用风险的“咽喉”；架构四级贷后管理体系，实现贷后系统化管控、集约化管理；实施100万以上不良责任认定上收省行和不良处置分层分类管理。不良率0.46%，列邮储银行第4位，资产质量保持省内六大行领先。

——法律事务和内控管理。深化“不敢、不能、不想”案防机制，合规教育深入人心。紧贴“一线”派驻风险经理139人，履职发现问题3037个，推动管理“长牙齿”。在人行反洗钱评价中连续2年获评A级。明确消保“三道防线”履职清单，银邮共同开展投诉专项治理，监管转送投诉数量大幅下降。

——疫情防控和安全生产。严格落实各项疫情防控措施，印发应急响应处置预案、开展应急演练，督导全辖落实物资储备、核酸检测、疫苗接种等工作，完成封控期间应急办公保障，确保经营管理工作有序运转。聚焦重点部位、重要时段，开展安全生产隐患排查，强化消防安全管理，打造“平安邮储”。

**四、运营管理**

——资产负债管理。优化客户、业务结构，加大中型企业客户和高收益信用类、中长期贷款投放，推进贷款定价与客户经理产品绩效挂钩，下半年在LPR持续下行的情况下，新发放三农、公司贷款利率企稳提升，有效对冲息差收窄压力。

——财务管理。发挥绩效考核“指挥棒”作用，实行二分、一支全省统一排名，拉开考核差距，突出增量增幅考核，形成“赛马机制”。通过成本标杆管理精准管控各项费用，成本收入比37.67%，比上年下降2.99%。

——人力资源管理。筹建省行营业部，架构23家城区一支，实行扁平化管理，提升城区市场拓展能力。落实任期制和契约化管理要求，配齐配优二分领导班子。优选省行机关年轻干部17人到市县行任职。精简机关及柜面人员充实营销队伍，销售人员占比由29%提升至38.4%。在邮储银行率先完成柜员和大堂经理岗位融合。

——信息科技支撑。完成13项总行统建项目落地和30项自建项目开发，4个项目在总行建模大赛中获奖。零售信贷作业中心自动化审批率由32%提升至47%。

——集约化转型。实现小企业贷款审查审批全省集中，人员由75人精简至42人，单笔审查审批时限由4小时缩短至1小时。实现广告宣传费、网点租赁、装修改造、办公家具等全省集中管控，推动降本增效。业务库集约化运营成效初显。

——网点效能和客户体验。启动网点效能提升三年规划，实施网点分类分级管理，撤并自营网点2家、迁址17家，低效网点治理进度67%。印发服务质量管理细则、检查方案，推广客户体验管理系统，完成5项分行内部自主体验项目、2项分行特色客户旅程优化项目。

**五、党的建设**

——深入学习宣传贯彻党的二十大精神。制定下发工作方案，省行党委组织3次党委理论学习中心组学习，《山东新闻联播》节目第一时间播出省行党委学习贯彻党的二十大精神重点报道。全辖各级党组织通过集中收听收看、中心组学习、三会一课、主题党日等方式，及时学习党的二十大精神。

——党建与业务融合。扎实开展党支部“领题破题”活动，243项课题均顺利结题。深入开展“三亮三比三评”主题实践活动，常态化开展“共建、共享、共进”“合规—共产党员在行动”等活动。省行党委与齐河县大黄乡后王村签订《双联共建协议》，发挥优势助力乡村振兴。认真组织“行长值大堂”主题活动，开展行长值大堂362人次，及时发现、解决问题上百个。

——全面从严治党。完善“三重一大”决策制度，推动党的领导融入公司治理。扎实推进中央巡视25家金融单位和集团巡视问题整改，完成率99%。在总行基层党组织建设达标考核中获最优档。高质量完成3家市分行巡察“回头看”，巡察典型案例被集团公司采用并推荐至中央巡视办。精准运用“四种形态”，处理处分236人次；突出从严执纪，给予党纪处分10人次。

——企业文化建设。认真落实企业文化学习宣传贯彻计划，通过集中学习、案例征集、知识竞赛、主题征文、最佳践行者评选、主题宣传等方式，做好企业文化宣传贯彻落地。大力弘扬劳模精神，开展劳模先进宣讲活动，5个单位荣获集团公司、总行先进集体，7名员工荣获集团公司、总行先进个人，全员干事创业热情高涨，“愉快工作、幸福生活”的理念深入人心。（邮储银行）

**【邮储银行青岛市分行】**

实现自营收入11.51亿元，比上年增长4.43%；实现利润总额4.6亿元。实现中间业务收入1.1亿元，比上年增长33.48%，完成预算的112.28%。分行总资产规模804.19亿元，比上年增长12.6%，各项贷款余额519.7亿元，比上年增长6.13%，各项存款余额726.56亿元，比上年增长11.55%。处置不良贷款1.43亿元，清收计划完成率136%，核销计划完成率115%。不良贷款余额3.88亿元，不良贷款率0.73%。涉农贷款、普惠小微贷款、民营企业贷款、绿色信贷等社会责任指标有效完成。

**一、服务国家重大战略部署**

——支持区域重大发展战略。全面贯彻落实党中央、国务院重大决策部署，支持实体经济高质量发展，实体经济贷款新增29.87亿元，增幅6.85%。加大城市轨道交通等基础设施建设领域信贷支持，新增信贷投放18.55亿元。加强对先进制造业、“专精特新”企业、科创企业支持力度，制造业贷款净增10.7亿元，增幅18.15%；“专精特新”企业贷款净增6.22亿元，完成计划目标的331%；利用科技创新再贷款支持市场主体5个，贷款投放8200万元。加强民营企业金融服务，民营企业贷款结余187.5亿元，比上年增长19.12%。稳步推进绿色信贷投放，绿色贷款结余67.56亿元，增幅16.2%，绿色贷款占比提升1.18%。

——助力乡村振兴战略实施。制定分行全面推进乡村振兴重点工作意见，涉农贷款结余160.99亿元，增幅6.63%，超额完成监管目标任务。农村信用体系建设扩面提质，累计建成信用村1163个，评定信用户8304户，顺利开办线上信用户贷款，实现放款4635万元。加大特色产品开发，创新推出辣椒、人造睫毛、粮食收购等11项特色行业流水贷及普惠房抵贷、商户结算贷、核心企业产业贷等产业链个人经营性贷款产品，实现放款1.81亿元。

——提升普惠金融服务质效。实现普惠贷款结余94.25亿元，增幅24.75%，完成监管目标的156%；普惠小微贷款户数新增1220户；普惠小微贷款利率4.18%，下降0.18%；普惠贷款资产质量保持良好。全面助力小微企业纾困解难，办理小微企业无还本续贷11.19亿元，有效缓解小微企业资金压力。金融辅导工作成绩突出，荣获“山东省金融辅导工作评价优秀单位”等多项荣誉称号。

**二、业务发展**

——零售金融业务。个人客户AUM余额117.93亿元，增幅 16.63%。新增价值存款年日均余额 6.1 亿元，计划完成率 290%。实现保障型保费 6067 万元，比上年增长 151.5%，列邮储银行第 4 位。建立 531 人的个人客户尽调队伍，达成专职理财经理网均配置 2 人目标，理财经理 12 人次入围总行代销产能 + 创收 TOP100。手机银行月活客户规模 8.69 万户，电子支付实现快捷支付绑卡账户净增 1.53 万户。信用卡业务实现中间业务收入 3667 万元，比上年增长 27.21%，列邮储银行第 3 位。新增获客 8.31 万户；30 天激活率 92.16%，列邮储银行第 1 位；累计消费金额比上年增长 16.72%，列邮储银行第 1 位。信用卡条线经营管理绩效考核组内排名第 1 位，获得总行“信用卡业务十佳分行”荣誉称号。消费信贷作业效率保持领先。零售信贷作业中心运营管理评价排名邮储银行前列，信贷工厂“一次性通过率”指标继续保持邮储银行第 1 位。小额贷款数字化线上转型提速。加大极速贷、线上信用户贷款等产品推广力度，打造“三农”金融线上线下有机融合新优势，发放线上贷款 49.12 亿元，线上贷款结余占比 65.81%。

——公司金融业务。公司贷款 109.38 亿元，增幅 19.62%。银团贷款牵头行笔数、手续费收入均列考核组内第 1 位。投行业务实现中收 1965 万元，计划完成率 281%。财务顾问业务实现破零，机构业务攻坚取得突破，成功获得青岛市企业开办智能一体化平台预约合作银行资格。稳步推进城市轨道交通等 5 家特色支行和五大行业研究成果转换落地，分行城市轨道交通行业综合营销案例入选总行公司客户综合营销案例集。小企业金融提质升级。小企业法人贷款结余 52.46 亿元，增幅 19.75%。线上贷款快速发展，实现贷款净增 11.9 亿元，获贷便捷性不断提升。交易银行挖掘业务新增长点。实现表内外贸易融资结余 26.99 亿元，增幅 61.04%。配合总行开发银联代付系统，成为邮储银行唯一业务运营主办行，开创揽存增收新的增长极。开放式缴费交易量、国际结算业务量等多个指标超额完成目标，考核得分在绩效考核组内排名第 1 位。

——资金资管业务。实现条线收入 1.12 亿元，考核组内排名第 2 位。票据贴现交易量 54 亿元，增幅 41%，考核组内排名第 2 位。同业生态圈拓客计划完成率 133%，销售生态圈金融产品 6.5 亿元，积极推进“邮你同赢”合作平台应用，加大生态圈客户线上迁徙。新增同业融资业务 82 亿元，考核组内排名第 1 位。新增营销落地两个纯托管项目。分支联动开展综合营销，新增理财投资信用债券 9 亿元。

**三、风险管控**

——风险管理。有效发挥风险与内控管理委员会的职能作用，健全风险联络员会议机制，实现风险管理三道防线职责协同。组织开展零售数字化风控指标分析等专题风险研究，提出风险化解措施建议。深化信审赋能，开展重点领域及区域特色行业研究 17 项，结合“两个深入”“平行作业”，深入基层服务，筛选核心目标客户，增强风险防控的前瞻性。

——内控合规管理。持续做好“内控合规管理建设年”活动，加强合规检查，加大违规问责力度，全年问责 1222 人次，各类经济处理金额 155.76 万元。实现风险经理异地派驻全覆盖，保持零案件、零风险事件。扎实做好反洗钱管理，加强反洗钱专业能力建设，27 人次获得公认反洗钱师（CAMS）、制裁合规师（CGSS）资格；提高可疑交易分析质量，5 名客户重点可疑交易被人民银行青岛市中心支行采纳。加强消费者权益保护管理，开展监管转办投诉压降等 4 项专项整治活动，两部原创宣传作品被人民银行总行团委公众号和人行青岛市中心支行官微采用。

——安全生产工作。全面落实全员安全生产责任制，集中开展消防安全隐患整改，稳步推进营业场所安防设施达标建设。组织开展“保密提升年”系列活动，切实提升员工保密意识。加强疫情防控工作管理，有效落实 24 小时值班制度，配合地方做好“联防联控”，配齐配足防疫物资，各项金融服务有序开展。

**四、运营管理**

——财务管理。以绩效考核为导向，推出增收增效、加快“两小”重点业务发展等多项激励考核措施，加强指标分析督导，多项考核指标明显改善。加强定价管理，优化低价公贷资金成本加收机制和低价个贷、小企业贷款差异化定价授权机制，提高贷款综合收益。

——人力资源管理。完成分行党委管理领导人员契约化管理签约。加强年轻干部选拔任用，在各一级支行（含分行营业部）实现 40 岁（含）以下领导干部配备全覆盖。首次开展分行专业技术职务聘任工作，为 100 名干部职工聘任专业技术职务。加强内训师队伍建设，新聘任 38 名内训师，不断满足经营管理与业务发展需要。

——运营管理。紧抓网点效能提升，完成 2 处低效网点治理，超额完成总行目标。优化网点布局及内外部形象，完成 2 家网点装修、14 处网点厅堂微改造，实现无迁址计划网点店招更换完成率 100%。完善服务闭环管理，在全辖自营网点推广“感动服务”，建设“邮爱驿站”，实现老年特色网点“金晖支行”区市范围全覆盖，客户体验不断提升。持续推进账户治理，累计治理问题账户 103.2 万余户。

——科技赋能。完成新一代个人业务核心系统等 20 余项总分行信息化系统工程上线。完成青岛财政预算管理一体化项目等 13 项重点自建系统开发建设和 31 项个性化业务系统重新开发。推进分行风险防控模型建设与应用，搭建基于行内外数据的信用风险智能风控预警模型，获得集团公司数据建模大赛“业务价值创造奖”；自主开发 65

个反洗钱模型，支撑反洗钱工作有效开展；处理数据加工提取600余次，有效提升数据服务效率。加强系统和网络安全管理，顺利完成北京冬奥会、党的二十大等重要时期的安全运行保障工作。各项监管报送实现“零迟报、零差错、零退回”，监管统计管理水平不断提升。

**五、党的建设**

——党建工作基础全面加强。强化思想理论武装，严格落实“第一议题”制度，运用好“三个第一时间”学习机制，通过会议、研讨、聆听宣讲等多种方式，迅速掀起学习宣传贯彻党的二十大精神的热潮。深入推进党建业务融合，积极开展党支部“领题破题”活动，确立课题项目30个，在全行党员中继续开展“三亮三比三评”主题实践活动，扎实做好“我为群众办实事”系列活动，开展行长值大堂40余次，开展分行领导基层调研50次，切实为基层解决发展难题。加强企业文化宣传贯彻和精神文明建设，9家一级支行全部保持“青岛市文明单位标兵”荣誉称号，分行保持“山东省文明单位”荣誉称号。

——党风廉政建设扎实推进。持续强化政治监督，对服务乡村振兴、意识形态管理、疫情防控等重点工作加强监督，推动中央重大决策部署在分行落地落实。加强作风建设，持续整治“文山会海”，发文数量、会议数量实现有效压降。深化标本兼治，始终把纪律和规矩摆在前面，让“红脸出汗”成为常态。

——群团建设释放活力。加强人文关怀，精准实施关爱工程，建成分行“职工之家”，员工工作条件进一步改善，分行是唯一一家被青岛市总工会选定为2022年提升职工生活品质建设“幸福企业”试点单位的金融机构。持续推进节日送温暖、困难慰问工作，全年累计慰问员工100余人次，走访集体50余个次。分行团委荣获“2021年度青岛金融系统五四红旗团委”称号。（邮储银行）

## 【中邮保险山东省分公司】

**一、发展概况**

实现总保费75.5亿，省内市场占有率3.22%，比上年提高0.34%，列行业第9位，银保新单33.09亿，市场占有率列行业第2位；银保期交新单26.72亿，市场占有率列行业第1位。实现长期期交保费26.7亿，比上年增长49%，全国第1位。高价值业务保费实现25.9亿，比上年增长53%，全国第4位。5年交及以上终身寿保费22.4亿，比上年增长87%，列全国第4位；健康险保费8193万元，比上年增长78%。实现新业务价值6.6亿元，比上年增长133%。各项价值类指标规模、进度均居全国前列。长期期交13月继续率列全国第8位，提升11位；25月继续率97.94%，列全国第3位，提升6位。未发生系统性风险及群体性事件、未发生资金案件和诉讼案件、未发生重大负面舆情事件、未发生重大安全事件。

**二、落实服务国家重大战略**

邮保协同开展公益帮扶，山东省分公司为济宁市圣水峪镇2000余名村民捐赠意外保险，保额4400余万元，为兰沃村留守儿童建设“儒家学堂”。

**三、业务发展**

——队伍建设。6—12月，率先启动保险规划师招聘工作，并于9月达成保险规划师“1+10”团队建设试点目标，12月，完成派驻讲师招聘及存量讲师优化工作。

——业务发展成绩。4月25日，在集团2021年中邮保险长期期交高价值业务劳动竞赛中荣获省级优秀组织奖。11月，在“挑战自我赢在金秋”长期期交专项营销活动中荣获“长期期交力争目标”。

——多元渠道建设。12月，与招商银行济南分行签约，并成功出单；经代渠道实现业务破零，与明亚经纪达成合作意向，实现业务破局；互联网渠道取得实效，超额达成邮侠e路保全年500单目标，规模、进度均列全国第2位，获得总部“目标达成奖”“规模贡献奖”。

**四、改革创新**

6月，山东省分公司确定领导岗位人选选聘方案，制定岗位聘任协议、经营业绩责任书等契约文本，全面完成分公司党委管理的领导人员签约工作。7—10月，分公司开展员工的职级薪酬初始化套入工作，修订分公司部门和员工绩效考核办法，建立了与市场接轨的常态化职级晋升机制，引导和激励员工持续提升专业水平、工作能力和工作业绩。

**五、专业能力**

——客户服务。7—10月，开展“美好生活中邮相伴”客服季活动，首次组织开展传统文化体验活动、主题邮局活动、全省少儿邮票设计大赛等客服活动，提升分公司品牌影响力。

——风控合规。5月，山东省分公司获评人民银行济南分行“保险业金融机构综合评价A类机构”。

**六、运营管理**

优化大包联工作机制，制定落实主题月活动，深入基层网点，强化科技赋能，推广运营线上化作业方式，提升运营支撑服务质效；推动重疾两核、保全、理赔创新工作室建设，制作出单“码上答”、核保测算助手、邮e保操作明白纸、“理赔攻略”海报等支撑工具，开展系列研讨和专题培训，提升运营工作技能。

**七、党的建设**

3月，山东省分公司作品《做清廉精神的传承者和践行者》《不忘初心搏青春争做廉洁金融人》分别获山东保险行业协会“清廉好故事”征集活动的二、三等奖。

5—10月，组织开展建团100周年调研实践活动，形成优秀调研报告1篇，荣获省直机关工委“青年理论学习优秀作品”奖。

6月30日，召开庆祝建党101周年暨“两优一先”表彰大会，对11名优秀共产党员、4名优秀党务工作者、2个先进基层党组织进行表彰。（中邮保险）

### 【中邮证券山东省分公司】

**一、总体发展概况**

完成收入521万元，比上年减少31%；实现利润–167万元，缺口比上年扩大45万元。其中，代理买卖证券净收入102万元，客户资金息差收入62万元，两融利息收入140万元，代销金融产品收入72万元，经纪业务线收入比上年减少40%；资管协同收入139万元，比上年增长15%。

**二、业务发展**

——经纪业务。分公司新增三方存管账户19668户，完成计划85.39%；新增有效户3801户，完成计划98.34%；新增客户资产2453.05万元，完成计划的7.96%；金融产品销售金额8892.84万元，完成计划的38.67%；融资融券日均金额1918.42万元，完成计划的28.42%。

——协同发展。山东省分公司新增三方存管账户3782户，完成计划的23.64%；新增有效户3009户，完成计划的121.58%；邮储渠道代销资管产品12.3亿元，完成计划的121%。邮储银行新增三方存管账户11531户，完成计划的109.2%；邮储渠道销售资管产品4.9亿元，完成计划的134%。常态化推动协同机制。在山东省分公司协同发展委员会框架之下，定期参加季度协同会议，安排人员定期参加省公司市场部、金融业务部、省分行代金部等组成的综合协同、金融业务协同等专项小组以及惠农专班等协同专题会议，通报交流证券协同发展情况，协调解决发展中的问题。进一步加强协同服务支撑。组织投资顾问开展线上投资大讲堂活动，为协同渠道及分公司客户提供市场分析，全年持续开展月度投资报告会。组织员工通过线上线下相结合的方式，对全省分公司、邮储分行金融网点负责人、理财经理等进行证券培训，全年授课60次，参加人数6654人。积极融入协同发展。根据财富管理变化趋势，推动分公司深度参与渠道转型，把客户证券需求融入资产配置，把协同要求转变为客户需求，依托资管产品、收益凭证、ETF指数基金等产品，多方位满足客户需求，提升财富管理竞争力。邮银渠道全年销售资管产品17.21亿元，销售山东专属收益凭证5983.7万元，销售公募基金296.2万元。

**三、运营管理**

——扎实推进市场化改革工作。根据集团公司总部组织框架调整的指导意见，山东省分公司制定2022年绩效考核分配办法，包含人员岗位薪酬、绩效考核、岗位个性化考核及评优选优等内容，为持续优化分公司组织架构以更好地适应市场竞争要求打下良好的基础。

——持续开展劳动竞赛，提高员工积极性。加强中后台支持和日常督导，制定内部激励措施，组织“我为公司做贡献”代销金融产品竞赛活动调动全员发展积极性，全年代销公募基金60笔，代销金额124.15万元；代销私募资管产品27笔，代销金额新增1945万元。

——加强营销人员管理考核。按照公司要求，加强营销队伍管理，优化经纪人队伍，加强对营销人员日常考核，重点突出代销金融产品营销，加快财富管理转型。客户经理代销金融产品1363万元，实现佣金及其他收入4.8万元；经纪人实现佣金及其他收入3.6万元。

——稳步推动市场化业务发展。深化协同开展公司金融“1+*N*”综合营销活动，山东省分公司与邮储银行山东省分行普惠金融部对接，共同拟定“专精特新”专项营销走访活动通知文件，坚持“板块协同、资源复用、共同走访”的工作思路，制定“客户筛选—敏捷团队—现场走访—方案制定—持续跟踪”5个步骤推进业务合作。积极开展客户协同走访工作，分公司与邮储银行协同走访“专精特新”企业93家，为2家企业提供合作方案；协同走访淄博市财金控股集团等城投公司11家、上市公司5家，重点沟通股票质押、两融业务等机会。聚焦私募机构业务发展，分公司成功与北京江亿资本、兴证期货两家机构签约合作项目，落地一单私募基金产品账户以及一单期货FOF集合资产管理计划产品账户，引进有效交易资产1100万元。继续加大债券项目开发力度，分公司与总部团队协同营销山东齐赢产投小微企业增信集合债项目，完成公司立项，同时与该客户启动新一期一般企业债项目；潍坊创业投资集团9亿元私募公司债项目已召开启动会，公司作为联席承销参与30%额度。积极稳妥处置存续股票质押项目，分公司与资管分公司成立工作小组，成功推动融资方与公司签署和解协议，完成质押标的的解禁工作，该项目的处置工作正在快速推进中，已收回资金1.75亿元。

**四、风险管控**

加强合规学习培训。组织分公司工作人员定期开展合规学习与培训，开展合规学习14次，学习内容涉及合规案例、监管通报、反洗钱相关制度、廉洁从业等多个方面。

加强合规管理与检查。深入开展自检自查工作，按照公司要求开展“身份不明客户”识别排查、融资融券业务开户、征授信、尽职调查工作自查、2022年度合规风控和综合管理规范性全面自查等自查整改工作16次，对检查发现的问题逐一落实整改，确保问题不拖延、不遗留。

做好合规审核、合规咨询工作。完成合规审核事项50余项，其中审核监管报送报告9份、业务用印12笔、佣金调整35笔，各事项均符合业务流程和报送要求。

**五、党的建设**

——聚焦“学深悟透”，加强学习针对性、时效性。持续加强党支部标准化建设。严格落实意识形态工作责任。持续推动巡视整改工作。持续做好疫情防控工作。落实对下级“一把手”的监督。

——严格落实中央八项规定精神。深入开展党风廉政警示教育月活动。持续加强廉洁教育。（中邮证券）

**【中邮证券青岛市分公司】**

**一、总体发展概况**

在中邮证券公司党委、公司领导班子的领导下，分公司全体干部职工一道，牢记“人民邮政为人民”的初心使命，坚持业绩导向与结果导向，努力做到渠道协同与市场化并重、财富与机构业务共举的发展方向，各项工作稳步推进，为分公司后续发展奠定坚实基础。

**二、业务发展**

实现营业收入74万元，与上年基本持平，实现利润-209万元，减亏近100万元。金融产品销售1431万元，新增有效户51户；两融日均余额783万元，新增资产2249万元。

——财富业务。高度重视与青岛市分公司、邮储银行青岛市分行的协同发展，机制设置上成立青岛邮政协同工作委员会，发展规划上三家机构联合发文、联合开展营销工作，具体业务协同上重点在渠道和客户复用、机构业务和个人经纪业务协同发展。持续利用邮银渠道扩展证券服务能力，通过协同会议常态化、网点培训日常化、业务督导精细化、产品培训丰富化、服务支撑标准化，促进分公司快速提升有效客户数量和资产规模，其中完成有效户数量比上年增长88%。深刻认识财富业务对于支撑分公司基本盘的重要作用，通过对标行业、学习先进、人才引入、团队打造等多措并举加快发展。加快市场化营销队伍建设，组建财富团队。

——机构业务。青岛市分公司以集团协同战略为导向、邮银协同为契机，践行“1+*N*”综合金融服务方案，将集团“商行+投行”的经营理念落在实处。联合邮储银行成立公司金融协同发展领导小组，落地青岛特色合作模式。持续开展“专精特新”走访，共走访企业33户，成功筛选推介目标企业4户至投资银行部。债券业务实现零的突破，与拉萨市城市建设投资经营有限公司签署30亿私募，被上交所受理。积极推动市场化业务拓展探索多元创收结构，在REITs、ABS和财务顾问业务方面储备客户。

——渠道协同。定期参与青岛邮政、邮储银行、中邮证券青岛市分公司三方组织的协同发展会议，沟通协同工作中好的做法、困难及解决办法，强化协同联动。积极与青岛市分公司金融业务部、邮储银行青岛分行个人金融部进行沟通，共同推进协同工作落地执行。强化业务支撑，举办“2022下半年宏观策略经济展望：经济温和复苏，行情分化均衡”主题投资策略报告会。分公司投顾团队自9月搭建以来，为邮政、邮储区县层面共举办线下培训17场；日常通过线上、线下及时为邮政邮储员工解答问题，提供专业支撑和培训服务，协助渠道进一步提高投资专业水平和产品配置能力。

**三、运营管理**

以定期晨会形式，对运营方面可能遇到的问题进行梳理和培训，营销团队针对各类业务办理过程中可能出现的问题，做好预案，提高客户体验感；对每日的营销数据进行闭市后通报，明确营销目标完成进度，针对分公司各类数据，进行周总结和报送，明确分公司的整体进展情况。根据集团公司协同战略要求，对邮政及邮储的开户情况，进行整体梳理，为下一步的协同工作展开奠定良好的合作基础。

组织开展投资者教育活动。针对新开户客户、老客户积极开展投资者教育活动，为客户普及绿色投资相关知识。在渠道进行投资者教育培训，提高渠道员工及客户的投资知识。按计划开展服务质量自查工作，并就检查中发现的问题及时与员工沟通，进行整改，提升整体服务质量。

**四、风险管控**

通过内部开展各项业务培训、合规培训及日常晨会合规风控宣导，强化员工合规风险管理意识，使全体员工在合规风险理论体系学习、合规事件处置能力及监管案例警示学习等多个维度持续提升。分公司将员工执业合规性纳入员工日常考核，重视员工职业操守、廉洁从业规范、反洗钱工作、客户服务能力评估，落实合规是业务发展的底线原则。分公司将持续保持政策敏感性、盯紧监管动向，紧跟监管政策，有效落实监管要求。分公司负责人、合规风控岗及分公司全体员工将认真履行岗位职责，实现分公司全体人员合规能力明显提升，确保日常经营及各项业务发展合法合规、风险可控，运营平稳。

**五、党建工作**

进一步加强党的政治建设和思想建设。高度重视党建工作，以强党建为先导，把深入学习领会习近平新时代中国特色社会主义理论和党的二十大精神放在首要位置，集中学习学深悟透习近平新时代中国特色社会主义理论和党的二十大精神。根据总部要求认真开展“领题破题”专项活动，组织党员开展警示教育和观摩实践活动，按照规定频次开展批评与自我批评、召开党小组会议以及党小组组长讲党课，坚持重要事项党小组集体决策。

加强党风廉政建设和廉洁从业管理。严格落实中央八项规定精神，严格审批业务招待、差旅费等程序，严格费用报销管理，全年未发生违反中央八项规定精神的案例。深入开展党风廉政警示教育月活动，通过集中理论学习、观看警示教育片、参加警示教育专题讲座以及开展廉洁文化创建宣传活动等形式，进一步筑牢党员干部拒腐防变的思想堤坝。持续加强廉洁教育，通过学习《证券期货经营机构及其工作人员廉洁从业规定》《中邮证券有限责任公司廉洁从业管理办法》，进一步增强全体员工的廉洁意识。（中邮证券）

# 河南省

**【中国邮政集团有限公司河南省分公司】**

**一、2022 年度总体发展概况**

实现收入 166.56 亿元，比上年增长 12.79%；实现利润居全国第 1 位。

**二、党的建设**

——党的政治建设增强定力。落实全面从严治党主体责任清单，省分公司党委专题研究党建和意识形态工作 4 次，开展了意识形态工作专项督查；严肃党内政治生活，高质量开好党史学习教育、集团巡视整改专题民主生活会，坚定拥护“两个确立”、坚决做到“两个维护”的思想自觉、政治自觉和行动自觉全面增强。

——理论武装行动提高能力。持续推动学习践行习近平新时代中国特色社会主义思想走深走实，全面学习贯彻党的二十大精神，省分公司党委中心组集中学习研讨 10 次，全省邮政共开展 237 次。巩固拓展党史学习教育成果，广大党员干部在常学常新中坚定了理想信念、增强了能力本领。

——基层组织建设凝心聚力。深入开展基层党组织建设达标工程和创先争优活动，完成第一批党建工作示范单位、党支部示范点、党员先锋岗复核和第二批评选工作。深化党支部“领题破题”活动，426 个党支部“领题破题”498 个。丰富完善“三亮三比三评”活动，广大党员在“群众满意窗口”争创、旺季营销等工作中发挥了先锋模范作用。

——干部队伍建设推进有力。加大年轻干部选拔培养使用力度，进一步完善了优秀干部、优秀年轻干部数据库，配备 35 岁左右的县分公司班子占比从 2021 年底的 28% 提高到 37%。持续开展领导干部人事回避、裸官等专项排查和常态化提醒工作，进一步加强了领导干部日常监督管理。

——党风廉政建设精准发力。持续深化中央巡视整改，开展“靠邮吃邮”问题等 16 项专项整治工作。扎实推进集团巡视整改，133 项整改措施全部按时完成，建立完善规章制度 18 项、出台规范性文件 16 个，问责 261 人次。对 2 个市分公司及其所属党组织开展巡察“回头看”，巡察利剑作用彰显。纪检机构运用“四种形态”处理 254 人次，持续营造严的氛围。在重要节点，对各级“一把手”开展谈心谈话、廉政谈话 246 人次，压实作风建设责任。持续纠治“四风”，查处违反中央八项规定精神问题 11 起，处理处分 9 人。

**三、服务国家重大发展战略部署情况**

——政策支持加大。全省各级邮政企业与地方政府部门签署战略合作协议 72 个、联合发文 52 个。获得各类政策支持，共涉及补贴资金 2.19 亿元，场地支持 8.45 万平方米。其中，51 个项目纳入县域商业体系项目库，拟享受奖补 1.45 亿元，项目数量和奖补资金均列全国第 1 位。

——节点建设加快。111 个县级中心场地面积均达到集团公司要求的 1000 平方米以上，平均面积 2288 平方米。1695 个乡镇中心面积超过 50 平方米，打造旗舰乡镇共配中心 224 个。综合便民服务站建制村覆盖率 100%。

——服务能力加强。邮快合作建制村覆盖率 100%，快递进村业务量 2.45 亿件，列全国第 2 位；交邮合作开通交邮联运线路 160 条，与 64 个县级客运站开展合作，列全国第 1 位。新增农村投递汽车 1350 台，完成全年目标的 113%。

河南省分公司志愿者帮助果农采摘葡萄(《中国邮政报》7 月 12 日)

**四、落实集团公司发展战略情况**

——寄递业务“六大改革”持续推进。邮区中心规范化改革卓有成效，包件车间人均处理效率 1349 件 / 天，较改革前提升 52%；设备效能 74%，较改革前提升 16%。市趟运输改革成效突出，区内邮路装载率 57.88%，较改革前提升 30.5%；自有车辆日均行驶里程 124 公里，列全国第 5 位；市趟综合件均成本 0.106 元，较改革前压降 19%。干线运输改革深入推进，一级干线、二级干线往返发运趟次占比分别为 47.33%、61.98%，分别比上年提升 17.81%、10.18%；累计开通 30 条高铁线路，实现重点城市特快邮件次日上午递。陆运网改革扎实有效，9 个县实现省际中心进口直达，30 个县实现出口直达省际中心；1570 个农村支局进口邮件一次分拣到位，进口邮件省内平均分拣次数 1.54 次，比上年减少 0.45 次。揽投网改革步伐加快，城市揽投部网格化作业率 90%，直分直投占比 19%；自有自提点 5.6 万个，列全国第 2 位；快递包裹自提占比 73%，列全国第 4 位。“两集中”改革持续深入，细化制定 61 项任务清单，全量集包比例 86.15%，列全国第 6 位。

——任期制和契约化管理全面推进。根据集团公司统一部署，建立健全任期制和契约化管理制度，按照“一人一岗、一岗一表”明确岗位年度和任期经营业绩考核指标，组织全省邮政三、四级领导人员全部完成签约。

**五、业务发展**

——普服水平全面提升。乡镇局所覆盖率、四项业务开办率、营业时长达标率、县城及以上党政机关《人民日报》当日见报率均保持100%。财政部重点考核的普邮省会间全程时限2.14天，比上年缩短0.26天，超集团公司力争目标。平常邮件和普邮给据邮件信息断点率持续达标，机要通信连续18年质量全红。

——寄递业务发展提速。实现收入29.97亿元，增幅8.81%，高于行业增幅8.07%，高于全国平均水平2.61%。特快收入8.15亿元，增幅30.33%，高于全国平均水平5.96%。快包业务13.24亿元，增幅7.26%。国际业务3.56亿元。物流业务4.82亿元。

——代理金融转型提质。实现收入109.9亿元，列全国第3位，增幅9.75%。新增AUM 1031亿元，其中新增余额926.9亿元，均列全国第2位。余额规模市场占有率11.55%，列省内五大行第1位，年新增市场占有率10.95%，列全国第1位。年新增价值存款占比81.1%，比上年提升7.88%。年新增有效客户131万户，有效客户规模3954万户，均列全国第1位。

——渠道平台拓面提能。转型网点覆盖率、年收入万元以上网点占比、叠加9项以上业务网点占比均达到100%。税邮、烟草零售业务开办网点数量进一步扩大，代征税额、烟草销售额分别列全国第3位、第2位。农村电商上行商流交易额9.03亿元，列全国第3位；下行商流交易额14.45亿元，其中大单品交易额10.1亿元，均列全国第2位。

——文传报刊创新提效。集邮业务实现收入5.5亿元，列全国第2位，增幅17.93%；报刊发行实现收入5.78亿元，校园市场业务规模、日常收订流转额均稳居全国第1位。

——协同发展实现提位。六大重点协同项目合计实现收入17.7亿元，完成全年目标的106.33%，增幅23.52%。其中，惠农合作项目实现收入12.24亿元，列全国第3位；活跃合作社“广覆盖”4.92万家，发展农村会员145.2万人，均列全国第1位。

——金融服务能力持续提升。加大网点购建和金融智能设备配备力度，安排购建和改造网点176个，增配ITM50台、STM64台、清分机276台，进一步提升了金融业务市场竞争力。

——寄递基础能力持续增强。郑州全国重要国际邮件枢纽口岸获批并正式开通运营，邮政口岸能力进一步提升。持续构建“省际中心＋本地中心”两级陆运网络，许昌、濮阳处理中心进入施工阶段，洛阳、周口、南阳处理中心已获集团公司批复，漯河处理中心可研已提交集团公司审批。持续推动流程优化，完成郑州东院工艺优化项目，每年可节约外包费用202.8万元；完成新乡、驻马店等处理中心7个工艺改造项目，新增日处理能力59万件，全省日处理能力达803万件，有力保障了旺季生产。

——科技赋能力度持续加大。完成金融“慧邮识客”等系统的推广应用，支撑一线开展分户管户、外拓营销。开发上线“网运结算考核系统（二期）”，实现对网运各环节费用结算与考核。建成战略绩效、金融、寄递等7个手机端数据看板。创新使用5G智慧消息开展报刊订阅营销活动，实现线上订阅额增幅25%。

**六、运营管理**

——财务管理持续强化。加强资金资产管理，新增资金存量1.85亿元。搭建了八大责任中心和运营管理部的“8+1”损益核算体系，建立了配套的绩效考核体系。

——人力资源配置更加优化。代理金融压降高柜台席883人，增配理财经理772人，点均理财经理配置数量达2.3人。严格落实寄递业务劳动定额标准，精简内部处理人员，一线揽投人员占比提高3%。

——安全管理水平不断提升。健全完善“全业务、全流程、全员”安全管理机制，深入开展安全生产专项整治三年行动集中攻坚工作，持续推进省联网集中监控系统和“智慧消防”系统上线，全年未发生重特大安全生产事故和金融安保类案件。

——审计监督与采购管理得到加强。开展审计项目354项，完成专项审计调查3项，促进增收节支5009万元。持续优化完善采购管理体系和集采流程，公开采购率、公开招标率、资金节约率均位居全国邮政前列。

——“比学赶帮超”工作有序推进。成立“比学赶帮超”领导小组及办公室，从综合质效、市场竞争力等6个维度，建立了高质量发展评价指标体系，引导各单位固优势、补短板、强弱项。

——员工获得感不断增强。调整完善企业分类分级办法，员工月绩效工资基数平均增加660元。企业年金个人缴费比例提高3%，加大员工福利保障力度。“三保证三关爱”活动发放补助款987万元，受益员工总数1.31万人次。慰问劳模先进、一线员工3.18万人次，一线班组4294个，发放慰问金、慰问品935万元。新安装职工小家净水及加热设备179套，累计1868套，对具备条件的职工小家实现了应装尽装。组织2100余名投递员参加省总工会“关爱职工健康体检送温暖”活动，组织26名一线职工和劳模先进开展了疗休养活动，员工的获得感、幸福感明显增强。

——创先争优成果丰硕。省分公司关于企业高质量发展评价的探索成果荣获全国企业管理现代化创新二等成果。全省邮政共有74个集体和45名个人获得市级及以上荣誉，其中周口市分公司荣获“全国五一劳动奖状”，开封市分公司被授予“2022年信息通信行业用户满意企业”荣誉称号，4个集体被评定为“全国青年文明号”，2个集体荣获“全国邮政快递业青年安全生产示范岗”。省分公司驻村第一书记被省委组织部评为“河南省优秀驻村工作队员”，1名员工被评为“2022年度交通运输青年科技英才”，3名员工被授予首届“河南邮电大工匠”荣誉称号，2名员工被评为“河南省青年岗位能手”。（河南省分公司）

**【邮储银行河南省分行】**

实现收入167亿元，增幅8.19%，实现利润90.8亿元，均完成总行预算。总资产、总负债双双突破万亿元大关，分别为11262.14亿元和11179.75亿元。各项存款余额10272.92亿元，年净增1285.94亿元；各项贷款余额4341.14亿元，年净增410.24亿元。不良结余26.79亿元，不良率0.59%，不良新增额、不良率考核数均在总行管控目标以内。

**一、服务国家重大战略部署**

——服务国家区域发展战略。向全省145个基础设施重大项目和重点企业提供贷款支持327亿元。一是聚焦重点项目。围绕全省交通、能源、基建等领域投放贷款296亿元，新增项目贷款118笔，授信781亿元。二是聚焦产业升级。围绕全省先进制造业发展目标和培育重点，采取项目贷款+综合服务模式，加大先进制造业、战略性新兴产业支持力度，超额完成总行制造业贷款计划。三是聚焦重点任务。围绕稳经济大盘重点任务，成立工作专班，提高审批权限，实施定价优惠，简化处理流程。批复各类涉房贷款94.50亿元，新增投放8.64亿元。

——落实碳达峰碳中和目标。绿色贷款结余353.07亿元，比上年增长55.98亿元，增幅18.84%，高于整体贷款增速8.41%；绿色融资结余396.74亿元，比上年增长65.97亿元，增幅19.94%。

——支持乡村振兴。一是巩固拓展脱贫攻坚成果同乡村振兴有效衔接。发放脱贫人口小额贷款5.98亿元，结余6.01亿元；涉农贷款净增163.1亿元，完成监管考核计划的197.1%；接续做好对脱贫地区的信贷投放，原国定贫困县贷款年净增92.38亿元，贷款增速28.83%，高于全行贷款增速18.39%。二是打造乡村振兴金融服务生态圈。建设信用村4.7万个，结存信用户64.05万户；线上信用户贷款累计授信87.11亿元，年净增38.12亿元，结余43.94亿元；全力服务粮食安全，夏粮收购行业小额贷款投放再创新高，放款79.69亿元。

——支持中小微企业发展。投放普惠型小微企业贷款15.88万户、821.64亿元，比上年多投放1.57万户、167.34亿元；普惠型小微企业贷款结余732.73亿元，比上年增长133.98亿元，增幅22.38%，高于各项贷款增速11.94%，完成监管考核计划的202.09%。四季度开展普惠型小微企业贷款退息工作，累计退息金额超1.6亿元，有效降低了企业的融资成本。

**二、业务发展**

——零售金融业务。个金业务实现自营个人客户AUM净增388.52亿元。自营个人存款2062.70亿元。消费信贷结余2045.13亿元，年净增80.06亿元。三农金融实现小额贷款年净增152.42亿元，比上年多增55.53亿元，增幅57.26%。信用卡年新增获客超60万户，消费金额1677.82亿元。网络金融借记卡电子支付交易金额、结存绑卡规模、收单商户结余及新增规模、手机银行月活等核心指标均列邮储银行第1位。

——公司金融业务。公司存款余额1255亿元，时点净增151亿元，年日均余额1225亿元。公司贷款结余991.2亿元，年净增131亿元。小企业贷款结余215.34亿元，年净增66.08亿元。新增开放式缴费有效客户2946户，现金管理引存日均存款沉淀量632.91亿元。

——资金资管业务。平台签约、注册完成数量均列邮储银行第4位；票据贴现直转联动比例75.79%，实现非息收入8999.47万元。

**三、风险管控**

——推进智能风控建设。开发建设个人涉案账户智能预警模型，精准识别涉诈可疑行为，有效提高全辖分支行涉案账户排查工作效率。开展基于客户、业务、员工三维关系图谱构建及风险应用，助力开展相关风险核查工作，依托关系图谱，锁定重点排查对象。开展线上产品贷后风险预警分析，实现贷后管理流程全方位监测。

——有效化解信用风险。紧盯年度风险防控目标，坚持“关口前移”，加强溯源分析，统筹运用“清收、核销、ABS”三大手段，处置零售类不良资产25.90亿元，比上年多处置7.65亿元。严把信用审批关口，主动否决高风险业务21笔，涉及金额55.15亿元。

——推进内控案防工作。全行选聘风险经理152人，实现辖内机构全覆盖。强化检查问责，实施全覆盖合规警示教育，内控合规长效机制建设扎实推进，全年未发生业内案件及案件风险事件。

——加强抓和谐保稳定工作。以最高标准、最严要求、最实作风抓好安全、防疫、舆情、保密、信访等工作，全年未发生安保类案（事）件、聚集性疫情、重大负面舆情、重大泄密事件和影响重大的信访事件。

**四、运营管理**

——资产负债管理。以稳息差为核心，引导优化信贷结构，推动贷款向实体、零售倾斜，零售贷款新增占比58.52%；激励引导发展价值存款，月日均新增420亿元。灵活调整定价策略，完善分层授权及审批。

——财务管理。落实“过紧日子”要求，机构运行费比上年下降 8.4%，市场发展费比上年下降 10.58%。

——人力资源管理。“80 后”二级分行领导班子成员增至 19 人，提前一年半实现二分班子年轻干部配备目标。人员结构“一升一降”，全行销售类人员占比 32.8%，提升 2%，一分及二分本部人员占比 22.6%，降低 3.2%。顺利完成省分行管理的 115 名领导人员契约签订工作。对 54 家招聘困难单位倾斜政策，优先录取本地生源。

——信息科技支撑。完成新一代个人核心等 200 项总行统建工程实施；完成生产网扁平化改造等 19 项省内重点信息化工程建设，建立信息科技人员和项目外包资源池，科技支撑能力明显提升，获得总行第三届建模大赛优秀奖。

——运营保障。集中授权交易 2104.10 万笔，授权拒绝率 1.01%，比上年压降 0.19%。函证业务由网点上收至运营中心集中处理。服务类有责投诉比上年下降 57%。

——服务支撑。零售信贷工厂完成人员选聘和全省上线，服务支撑覆盖全辖。创新实施采需融合模式，采购项目周期压缩了四分之一。强化信审赋能，绿色通道数量增长 42.59%，容缺预审覆盖面进一步扩大。

**五、党的建设**

——深入学习宣传贯彻党的二十大精神。组织党员干部职工通过“三个第一时间”、中心组学习、“三会一课”等方式对党的二十大报告及相关文件进行深入学习研讨。围绕 9 个“深刻领会”制定专题学习计划，在 3 次中心组学习扩大会议上就如何推动党的二十大精神落地见效进行深入研讨。制定下发学习宣传贯彻党的二十大精神工作方案；设立“学习党的二十大 向党说说心里话”“党的二十大精神回声墙”等栏目。

——党建与业务融合。用好“党建 +”活动工具，推动党建经营同频共振、深度融合。围绕旺季发展、夏粮、风险防控、目标攻坚等，接力开展“我是党员我先行 旺季营销当先锋”“党建引领聚合力 先锋实干促转型”“党员带头 百日攻坚”等活动。持续推进“共建、共享、共进”和“合规—共产党员在行动”“行长值大堂”主题活动。召开党建与业务工作深度融合交流推进会，开展最佳实践征集，编发案例手册，荣获总行“2022 年度党建工作与生产经营先进单位”。

——全面从严治党。落实党建主体责任制。加强研究部署，积极履行党委主体责任，研究机关党建工作 10 次。下发机关党组织 2022 年度落实全面从严治党主体责任清单及班子成员“一岗双责”责任清单，定期总结评估，确保责任履行到位。

——企业文化建设。认真落实《关于深入推进 2022 年企业文化宣贯落地工作的通知》要求，大力倡导“邮储人共识”，推行“三个导向”，大兴实干之风，让企业文化理念真正成为全行员工共同遵循、凝聚推动事业发展的强大精神力量。（邮储银行）

## 【中邮保险河南省分公司】

**一、发展概况**

实现总保费 71.30 亿元，比上年提升 9.8%，完成预算目标 103%；其中长期期交新单 23.59 亿元，完成预算目标 102%；续期保费 40.67 亿元，完成预算目标 103%；三项规模指标均列全国第 4 位。5 年交及以上终身寿险保费 15.08 亿元，比上年增长 44%；健康险保费 8003 万元，比上年增长 91%；两项规模指标逆势增长。“两升两降”效益指标持续优化。对标全省 49 家寿险公司，期交新单人身险市场占有率 8.70%，列全省第 3 位，比上年提升 2 个位次。银保新单市场占有率 6.30%，列全省第 3 位；银保期交新单市场占有率 18.45%，列全省第 1 位。

**二、服务国家重大战略部署情况**

落实国企改革三年行动方案，完成机构改革及人员调整工作，内设部门精简为 10 个，编制增加 40 余个。聚焦服务乡村振兴战略，为光山县 9.63 万人提供 57.7 亿元保险保障，并援建中邮保险公园。聚焦打好防范化解重大风险攻坚战，同省金融业务部开展联合检查 9 次，下发通报 29 份，联动问责 557 人次；深入开展健康险业务销售合规性、市场乱象治理“回头看”、内部控制评价等 8 类专项排查活动，持续增强企业抵御风险能力。统筹推进“双碳”暨绿色金融、疫情防控和“平安邮政”建设、保密等工作，未出现重大问题。

**三、业务发展**

深化“四同步”工作机制，将健康险、数字化营销纳入省级自主协同和板块协同项目。巩固常态化沟通机制，有效引导全省优先重点品质发展自办保险，特别是银行渠道长期期交新单 4.55 亿元，列全国第 3 位，提前 105 天达成全年目标；健康险保费规模列全国第 1 位。协同开展夏粮赠险活动、农机手和农村合作社社员赠送意外伤害保险，全省退役军人和其他优抚对象提供赠险服务；联合渠道完成普惠险营销方案、培训推广和后勤支撑等工作。扎实推动专兼职讲师队伍和保险规划师队伍建设，优化专职讲师片区包联责任制，组织培训 4694 场次，实现渠道各层级全覆盖。首次联合开展全省 400 名理财经理阶梯能力素质提升系列培训，全力推广“专项活动全面支撑 + 数字化网点专属支撑”双赋能项目。团险业务加速拓展，超额完成总部 2022 年投标任务；成功中标河南省投资集团保险供应商库遴选项目，协助总部中标中移在线项目，实现保费近 3800 万元。团险增量业务保费完成 2421 万元，完成规模和进度均列全国第 1 位。积极拓展普惠保险业务，持续推进职域营销业务，提前达成任务目标。

四、运营管理

构建“线上＋线下”支撑体系和赋能群专岗咨询通道，制作线上工具，创新数字化转型支撑服务。大力推广“邮e保”，持续深化大运营包联机制，开展市县帮扶支撑和培训，加强关键指标监测，全省人核件全流程时效、保全时效、犹豫期内综合回访成功率等10项指标列全国第1位。

客服水平逐步提高，全面落实消保各项工作，保障消费者权益，荣获“金融知识联合宣教月先进工作单位”等称号。打造“业务＋品牌＋服务”客服一体化维护模式，组织开展154场客服活动，覆盖客户1万余人次，荣获“河南保险行业协会优质服务单位”“诚信服务5星级单位”等称号。以“四库建设、扩展对标、提升能力、强化协同”为抓手，建立保单品质管控体系，构建五级运作的催收综合服务体系，全省13个月保费继续率4项关键考核指标全部进入总部“优势库”，3项指标在总部“续期争先”劳动竞赛同类省分中列第1位。

五、风险管控

加强三方协同合规管控，参加省邮政金融风险内控案防会，联合开展检查9次，协同下发通报29份，联动问责557人次，联动管控工作走在全国前列，荣获总部“年度合规管理先进单位”。认真落实集团、监管和总部要求，深入开展健康险销售合规性、市场乱象治理“回头看”、内部控制评价等专项排查活动，增强公司抵御风险能力。组织合规培训21场次，参训人员8955人/次，持续提升员工合规履职能力。完成反洗钱客户身份识别10.8万笔，反洗钱分类评级结果为BBB，在全省寿险公司中排名第5位。配合监管部门做好现场检查，有效推进问题的整改。

六、党的建设

深入学习贯彻党的二十大精神，坚持把学习宣贯党的二十大精神作为首要政治任务。探索制定分公司支部、部门落实党建工作责任制考核评价办法，督促各部门负责人认真履行“一岗双责”。组织开展意识形态工作自查，全面彻底肃清李国华不良影响，推动意识形态各项工作落实并取得实效。探索开展“党建＋保险帮扶”“党建＋健康险”“党建＋双录质量提升”主题活动，以党建引领推动企业转型发展、管理增效。从严做好巡视整改工作。组织全体党员开展现场警示教育，压实管党治党政治责任。强化政治监督，开展监督检查12次，推动政治监督10项重点工作事项有效落实。开展清廉金融文化建设，荣获河南省保协清廉金融知识竞赛团体奖第三名。持续开展“四风”问题专项自查，坚决防止“四风”问题反弹回潮。（中邮保险）

【中邮证券河南省分公司】

一、总体发展概况

实现收入830万元，增幅95.2%，实现利润221万元，收入增幅列全国第3位，实现利润绝对值列全国第4位，在总部对分公司绩效考核中，河南省分公司得分134分，全国排名第1位。

二、业务发展

——经纪业务情况。河南省分公司新开新增资产7.2亿元，销售券商收益凭证12.3亿元，销售重点基金3.3亿元，以上3项指标均排名全国第1位。分公司坚持做大有效户规模，在发展上改变总部计列方式，将有效户标准提高到10000元。引入负增长概念，每年发展目标既计增，也计减，补足各地市完成总部计划的缺口，新增客户25138户，新增有效户11031户，新增有效户率44%；截至12月31日，分公司客户数81512户，资产规模13.1亿元，有效户规模20283户，整体有效户率25%，客户资金息差收入151万元，列全国第3位。

——协同情况。充分发挥河南邮政及邮储分行的渠道资源优势，坚决贯彻协同发展理念。尽早下达计划目标，在总部下达计划前谋划，根据河南实际情况，下达重点基金、收益凭证、有效户的计划指标。在省分公司对地市分公司战略绩效考核中证券业务占1.5分。争取到收入和资产双计政策。在具体实施中，快速销售，抢占先机，在4月中旬仅用半个月的时间完成全年重点基金销售计划。

——自营业务。机构业务。实现投行收入66万元。成功中标许昌建安区、周口太康、周口淮阳3个企业债项目，中标金额约35亿元，开发中钢天源、郑煤机等上市公司业务。

——财富业务。严格实行“一周一通报、一月一评比、一季一分布、半年一兑现、一年一淘汰”考核机制，调动分公司人员积极性。成功开发龙隐私募；发展股票交易户706户，资产量8645.4万元；实现新增股票资产1393万元。

三、运营管理

河南省分公司提交开户视频见证25231户，审核15564户；网上密码重置2438户，身份证信息更新见证685户。截至12月31日，分公司客户25136户，其中机构户2户，融资融券3户。

配合总部完成中国结算对账户职业信息规范要求整改工作，开展天津信托TA测试、账户职业类别扩充、转融通和融券交易功能测试工作，完成关于开展连通性测试、年度证券投资者业务自查、同花顺PC交易软件升级测试、协助安全演练工作，处理营业厅漏水和自动门维修等安全问题。

每日接听柜台电话，回复各类渠道群，解决客户问题，录音回访全年新债中签1621户，新股中签76户。对资金不足客户进行录音回访，确保客户资金充足，完成退市股票客户通知34户，开户异常交易回访1600户等工作。

柜台受理业务241笔，主要包括产品户开户及相应权限开通、股转和资管合格投资者登记、两融开户、风险测评及资料修改、佣金调整等。

**四、风险管控**

河南省分公司客户总数80753户，其中低风险客户80651户，中风险客户102户（自然人客户101户，非自然人客户1户），高风险客户0户，黑名单客户0户。开户总数24985户；经自查，客户开户操作流程符合规定，资料完整真实，未发现违规行为。河南省分公司处理可疑交易预警信息39笔，经甄别、分析、审核处理后均排除可疑，未上报。分公司未出现分公司或客户从事或涉嫌从事洗钱活动；未被反洗钱行政主管部门、侦查机关或者司法机关处罚；未出现其他涉及洗钱的重大事项。按照月度开展合规及反洗钱培训12场，培训内容涵盖反洗钱，防范“飞单”风险、券商内部人员炒股，本地监管动态以及典型监管案例等内容。

**五、党的建设**

坚定拥护“两个确立”，坚决做到“两个维护”。河南省分公司党支部教育引导全体党员干部深刻领悟“两个确立”的决定性意义，不断增强“四个意识”、坚定“四个自信”、做到“两个维护”，确保党中央决策部署不折不扣落到实处。

深入学习贯彻党的二十大精神。河南省分公司党支部第一时间组织学习习近平总书记在中国共产党第二十次全国代表大会上的报告和大会精神，下发《中邮证券河南分公司党支部关于深入学习宣传贯彻党的二十大精神工作方案》，不断教育引导分公司全体党员干部职工自觉把思想统一到党的二十大精神上来。

持续开展“政治理论武装”提升。分公司党支部持续贯彻落实“三个第一时间”学习机制，认真落实“三会一课”制度，注重在党课、研讨发言和学习体会中联系本单位本部门工作实际和本职工作谈心得体会，用理论学习成果破解发展难题、推动业务发展。制定《中邮证券河南分公司党支部2022年度政治理论学习计划》，严格按照文件要求，扎实开展政治理论学习。党支部组织党务集中学习24次，全体党员大会4次，党课教育4次，全体党员党务学习133项内容，第一时间学习71项内容，开展学习研讨21次。（中邮证券）

# 湖北省

**【中国邮政集团有限公司湖北省分公司】**

**一、2022年度总体发展概况**

实现邮政业务收入124.68亿元，收入规模列全国第6位，超集团计划4.98%，比上年增幅11.34%；战略绩效考核预得分稳居全国邮政A类企业前列。实现利润6.59亿元，列全国排名第6位，比上年增加1.92亿元，超集团利润计划；月均资金存量30.36亿元，比上年增加3.97亿元；寄递业务欠费总额2.07亿元，比上年减少0.18亿元，降幅7.89%；全口径劳动生产率26.81万元，全国排名第2位。

**二、党的建设**

——党建引领。深入学习党的二十大精神，围绕企业中心工作，践行“三亮三比三评”，组织全省7739名党员干部深入基层，开展党支部“领题破题”活动，结题766个。开展“下基层、察民情、解民忧、暖民心”机关作风建设整治等活动，推动65项办实事项目落地。评选6个党建工作示范单位、19个党支部建设示范点、161个党员先锋岗，基层党组织战斗堡垒和党员先锋模范作用进一步发挥。

——推进巡视整改。湖北省分公司持续推进中央巡视整改，常态化开展对照自查整改。聚焦集团公司党组外包专项巡视，对反馈的7类27个主要问题50个具体问题，制定整改方案，结合外包专项整治，建立“三张清单”，压实整改责任，完成集中整改期整改率100%。

——深化党风廉政建设。精准运用监督执纪“四种形态”，推动重点工作落地落实。加大执纪问责力度，全省纪检机构收到信访件61件，受理反映领导人员问题线索76件，共立案20件，结案19件，给予党政纪处分19人。

**三、服务国家重大发展战略**

——服务乡村振兴有效落地。三级物流体系扩面升级，省内45个重点示范县完成县级共配中心升级改造；45个重点县市建设乡镇中心481个，超计划60.3%；综合便民服务站达标站点25542个，完成计划的159%。农村投递能力增强，45个重点示范县投递汽车化率80.1%，完成年度目标。加快邮政综合业务“广覆盖”，全省累计打造中邮惠农综合服务示范社58个，超集团计划完成。累计引荐且成功办理融资E业务客户数3911个，新增融资E贷款5.14亿元，分别完成集团计划的158%、139%。提升农品寄递，推进双向流通，全省累计实现农产品寄递收入4.72亿元，完成集团计划的172%；实现农产品交易额6.98亿元，完成集团计划的102.6%。

——绿色邮政工作全面达标。“9917”工程全面达标：全省采购使用符合标准的包装材料比例为100%；规范包装操作比例为97.5%，达到监管要求目标，各市州分公司均达标；全省累计投入使用可循环包装箱（盒）3.13万个，完成全年计划的111.9%；全省瓦楞纸箱回收复用数据为413.6万个，完成进度108.78%。

——疫情防控期间保通保畅。紧盯湖北省内防疫静态管控情形，分类选择分流方案、调整运输组织、扩大分拣深度、优化投递作业，全力实现“干线网络无堵点、邮件快件无积压”，实现“保民生物资运递畅通、保城乡商品寄递畅通”的“两无、两保”工作目标。全省累计运送防疫和民生等物资107趟次，超400吨。

**四、贯彻落实集团公司发展战略**

——强化对标对表，统筹推进高标准市场化体系。湖北省分公司围绕企业转型发展难点痛点，用好“三个视角”“三大规律”的方法论，以“五大转型”为抓手，通过找差距、立标杆、促提升，推动全省经营赋能提效，推进高标准市场化体系建设。建立涵盖40项指标的全面对标体系，通过细化专业经营对标指标，建立行业对标、全国对标、省内对标的三维经营对标体系。通过对标提升评价体系，找到与竞争对手、与行业最优、与省内标杆的差距，明确提升方向和措施。

——寄递改革突破见效。两集中改革方面，湖北省分公司明确省级管控主体职责，对照任务清单，整体推进揽投网、市趟网、同城网三网融合。推进使用2022版分拣码，分拣率明显提升，下段处理时长有效缩短。市趟运输改革方面，明确市趟运输管控主体，优化市趟邮路，推广司机帮App使用，集中管控车辆，在集团阶段性验收评分中，市趟改革分数列全国第8位。处理中心规范化改革方面，按照“四个到人”要求，落实处理中心生产管理标准、生产流程标准、生产操作标准。武汉、荆州、襄阳3个省际中心人均效率全部达标；卸车、开拆、供件、装车等6大环节人均全部达标。揽投网改革方面，围绕商圈、政圈等特快业务核心区加密设置揽投网点，已完成29个特快揽投部建设，全省45个重点示范县内重点乡镇增频指标100%达标。特快、快包及时妥投率均达到集团考核标准。陆运网改革持续深化。优化省内网络组织，降低对省会中心单点集散的依赖度，提高全省寄递网生产运营效率和抗风险能力。开通尾量专线邮路，武汉每日逾限量下降约9万件。开通湖北极速鲜水产项目专线邮路，助力乡村振兴。运输改革效能提升。完成集团公司6.08提速中37条线路的提速。开通省内外5条直达航空邮路，提升特快邮件时限水平；推动运力管控向“车次管理”转变，开通武汉至成都等51条一级干线汽车邮路，减少进出口加班车次，推动邮政干线运输效率与效益双提升。

——推动农村邮政转型发展。助力服务乡村振兴，以三级物流体系建设为主线，围绕“点、线、人、协同、支撑”5条路径，打造了宣恩三级物流体系建设模式，构建了农村邮政协同发展样板。

——深化人事制度改革。湖北省分公司实现各级邮政企业经理层任期制和契约化管理签约全覆盖。全省累计签约753人，其中三级领导129人，四级领导624人，签约完成率100%，实现全面覆盖，完成领导人员由传统的“身份管理”向市场化的“岗位管理”转变，全面推行经理层任期制和契约化管理。

——打造高素质专业化干部人才队伍。湖北省分公司启动职能岗位设置和描述优化工作，为经营发展提供组织保障。金融网点启动“四合一”改革，压降普柜，组建地推队伍，清退外包人员339人。加快年轻干部选拔任用，建立了涵盖全岗位的416人干部人才库，启动37名优秀干部上挂下派。加快年轻干部选拔任用，53个县（市、区）分公司配备了35岁左右干部，占比58%；25个县（市、区）分公司配备了30岁左右干部，占比27%。组织专业技能培训，开展代理金融理财经理、综合柜员风险管理等线上线下培训2.2万人次，基金、AFP、寿险规划师持证人数723人、483人、2079人。

**五、业务发展**

——寄递业务。全省实现收入23.99亿元，收入规模全国排名第10位，比上年提升1位。超利润目标减亏5100万元，全国排名第2位，比上年减亏1.02亿元。快包和国际业务利润率分别比上年提升3.5%、29.9%。建成湖北邮政数字政务中心，与25个厅级单位全面对接，实现政务寄递收入2.84亿元，增幅15.9%。寄递五大环节成本全面下降，其中陆运环节成本全国排名第2位，投递环节成本全国排名第3位，管理支撑环节成本全国排名第7位。

湖北省竹山县分公司宝丰支局配置了标准快递货架，使员工旺季邮件分拣工作更省心（《中国邮政报》11月9日）

——代理金融。实现收入85.81亿元，保持全国排名第5位，比上年增长16.64%，超全国平均增幅4.01%。AUM新增899.62亿元，全国排名第4位。其中余额新增683.46亿元，比上年多增182.1亿元，分别居全国第4位、第3位；保险新增214.53亿元，全国排名第2位。打造校园、商超、社区3大类生产生活营销场景，加大信用卡、社保卡、军人优待证发放以及电子支付、商户收单绑卡、手机银行开办。推进五大客群“价值提升”工程，打造湖北邮政“五星权益体系”，实现线下为主向双线融合转变、传统礼品交易向星级权益转变。实施营销费集中管控，建设“湖北邮政营销用品管理系统”，实现营销费用下降。四季度金融营销费2.01亿元，比上年下降0.27亿元，降幅11.9%。

——电商分销。实现电商分销收入6.17亿元，比上年增长4.8%，其中分销收入5.83亿元，增值收入3356万元。做精农产品上行，建成标准化两级基地54个，实现交易额7.46亿元，比上年增长47.8%。做大批销下行，实现交易额7.06亿元，比上年增长67%。落实“网点＋站点”模式，打造优质站点1.37万个，活跃站点3.18万个。强推社区团购、常态直播，实现线上零售额2.15亿元，比上年增长516%。

——邮务业务。实现函件收入2.27亿元；集邮收入2.31亿元，中邮文创收入1002万元；报刊收入3.23亿元。大力推广集邮、报刊线上订阅，集邮线上收入占比38.3%，超集团计划8.3%；报刊线上订阅流转额4.41亿元。新增数字化营销业绩4293.7万元，完成集团公司计划122.7%。

——普遍服务。普服邮件全程时限达标，未发生触碰“两条红线”行为，机要通信连续28年万无一失。将普服纳入农村邮政发展体系统，开展三级物流体系建设，邮快合作建制村覆盖率87.7%。提升网点形象，购置核心网点6处，改造网点156处、机要通信场所85处、揽投站点23处，更新店招659处。平移集团公司普服补贴政策，省内配套增加投入0.19亿元。

**六、运营管理**

——优化资源配置。优化全面预算管理，建立预算质询机制、加强预算标杆管理、强化重点成本管控，规范外包费用管理，改变传统补贴模式，推动全面预算管理向集约化、精细化和高效化迈进。加大农村邮政投入，为县域处理中心和本地中心配备分拣设备，打造“湖北邮政e权益”等多个线上平台。

——网运提速。推进寄递“六大改革”，落实邮区中心规范化管理，推广新版分拣码应用，全省邮区中心人均处理效率提升至1281件/人/天，增幅34%；分拣机收容率压降至2%。持续推进“四改一扩”，市州够量直发常态化，全省10个市州共开通直达线路95条，平均提升0.5天。特快省际出口时限达成率全国排名第1位，省会、直辖市间普邮全程时限全国排名第1位。

——内控合规。强化财务管控。落实季度稽核检查，强化专项整治。聚焦库房安全管理和会议费、招待费自查整改；突出外包巡视反馈问题整改、往来款及关联交易清理等内容。开展财务“秋风行动”，针对业务资费、营销费及外包费用管理等领域违规违纪行为进行集中整治。强化外包管控。网运条线修订业务外包实施细则，开展外包履职评价、效能评估、干线外包检查与考核，完成外包管理自查，定期进行干线承运供应商后评估工作。强化金融内控。实施风险精准防控，利用风险模型数据分析，精准靶向筛查，提前防范化解风险。增加管理人员，增配金融预警“飞行检查”大队，解决代理金融监控和安保监控“两张皮”的问题。全省监管转办投诉193件，比上年降幅60.96%，压降量全国排名第1位。强化采购合规。完成采购管理办法等5类办法修订，加大集中采购力度。制定业务外包专项采购实施计划，强化外包体系建设和定价管理，提高项目次采购效率，寄递外包费用降幅13.6%。通过增配采购人员，开展业务培训，强化合规采购。

——安全生产。投入资金购置安检机、高清监控、消防等安防设施设备，提升了全省安防能力。通过大检查、大排查、大整治活动，排查整改各类隐患4173项。严格落实党的二十大期间各项寄递安全服务保障工作要求，确保寄递安全万无一失。全年未发生金融资金案件和安全生产责任事故。

——企业文化。持续开展各项关爱职工活动，为入职大学生和农村网点大学生设置稳岗绩效，实施人才培养“导师制”，明晰大学生职业规划，放宽山区县市分公司招聘学历限制。持续提升员工素质，组织专业技能培训，开展代理金融理财经理、综合柜员风险管理等线上线下培训2.2万人次，重点培养基金、AFP、寿险规划、风险管理、寄递业务等专业人才。企业争先创优，开展湖北邮政第一届十佳道德模范和十佳杰出青年评选。省分公司连续5届获评省直机关“党建工作先进单位”，是唯一上榜企业；武汉市上海路揽投站荣获“全国工人先锋号”；武汉邮政熊桂林被中宣部命名为“全国岗位学雷锋标兵”；孝感网路运营中心荣获“湖北省工人先锋号”；咸宁邮政程海清荣获“湖北五一劳动奖章”。

**七、风险防控**

——重大活动安全保障。湖北省分公司针对重大活动期间邮政安全保障制定方案，建立全日报表上报集团及邮政管理局。严格执行收寄验视、实名收寄、过机安检、邮件消毒、安全协议签订、监控中心7×24小时双人值守100%。北京冬奥会及冬残奥会期间连续45天，党的二十大期间35天实现安全保障零事故。

——防范化解重大风险。实施金融风险精准防控，上线“空存空取保险垫资验资”“智能风控系统”等风险模型，通过模型数据分析，初步实现“传统+数字”精准靶向筛查，提前防范化解风险。实施机构及人员画像，机构配合风险合规KPI评级考核，人员实行风险等级管理，系统推进内控案防工作。通过视频监控检查“日复盘”，强化过程管控，避免操作风险累积。组建金融预警“飞行检查”大队，配备专职合规检查人员，全方位提升检查工作质效。（湖北省分公司）

**【邮储银行湖北省分行】**

自营收入86.41亿元，增速12.13%，列邮储银行第10位。利润45.09亿元，列邮储银行第9位，增速20.35%，列邮储银行第6位。经济增加值（EVA）15.9亿元，列邮储银行第5位，经济资本回报率（RAROC）19%，列邮储银行第4位。各项存款2187亿元，列邮储银行第6位，增速4.9%，市场占有率2.86%。各项贷款2461亿元，净增290.7亿元，列邮储银行第9位，增速13.4%。各项贷款不良额 27.11 亿元、下降 5 亿元，不良率 1.07%、下降 0.37%。处置不良 18 亿元，清收不良 10 亿元，列邮储银行第 6 位。

**一、服务国家重大战略部署**

——服务实体经济。信贷投放净增 290.7 亿元，超额完成省政府投放计划。聚焦湖北省“51020”现代产业布局，全力支持重大项目建设，基础设施项目建设，保障性住房项目净增 40.53 亿元。

——服务乡村振兴。涉农贷款净增 56.2 亿元，完成计划 102%。“产业 + 项目”2.0 版升级完成，信用体系建设完成布局，建村 1.9 万个、授信 2.5 万户、22 亿元；投放 429 亿元，比上年多投 128 亿元。分行获评中国武汉极目金融榜“最佳三农服务银行”。

——助力小微企业纾困解难。小企业贷款净增 36.3 亿元，“专精特新”及科创企业贷款净增 20 亿元。普惠小微贷款净增 80 亿元，完成计划的 137%。分行获评中国武汉极目金融榜“助企纾困特别贡献大奖”。

——加快绿色金融转型。绿色贷款净增 57.6 亿元，完成计划 175%；清洁能源贷款净增 9.7 亿元，完成计划的 154%。积极推进绿色产品创新，做好绿色转型发展。

**二、业务发展**

——零售金融业务。个人金融 2022 年个人 AUM 新增 162 亿元，列邮储银行第 5 位；财富客户新增 1.1 万户，列邮储银行第 7 位；VIP 客户增长 6.9 万户，列邮储银行第 6 位。新增私行客户 82 户，比上年提升 46%；建成邮储银行首家私人银行中心。保险销售 53.7 亿元，列邮储银行第 1 位；理财年日均保有量新增 7.7 亿元，列邮储银行第 6 位；基金销售 23.6 亿元。消费金融车贷放款 17.56 亿元，比上年增幅 293%；净增 12.4 亿元，列邮储银行第 3 位。信用卡场景分期金额 10.4 亿元，其中汽车分期规模近 9 亿元，比上年增长近 90 倍。

——公司金融业务。实现公司价值存款年日均增长 20 亿元，整体引流价值存款资金 70 亿元，新增授信金额 284 亿元，实现放款 68 亿元。探索“主办行”客户建设。建成小企业主办行客户 1517 户，列邮储银行第 7 位，主办行客户平均使用邮储银行产品超过 5 项。

——资金资管业务。票据直转流转交易量 135 亿元，比上年增幅 100%，落地纯托管项目 4 个，拼单基金业务 6 亿元，荣获总行“托管业务最佳拓客奖”。债券承销成功发行 7.65 亿元，银团贷款申报 33 笔，顾问业务完成签约 5 个，表外业务净增 31 亿元，增长 294%。

**三、风险管控**

——强化风险内控管理。2022 年制定风委会议题 1211 个，召开风委会 720 次，决议落实率 96.75%。开展内控合规提质增效“总结深化年”“平安邮储”创建，反洗钱收到公安机关 7 份表扬函，自营网点投诉量排位比上年优化 3 个位次。

——邮银协同落实“四共四同”。落实“银保监会 49 号文”规定，实行清单式管理百余项，协同开展 9 类排查，问责 2233 人次，经济处罚 176.35 万元。

——着力风险引领。下发重点客户 1.5 万个，成功授信放款 172.5 亿元。完成 8 个行业研究报告，《湖北省汽车零部件行业研究报告》获得总行研究成果评价第 4 名。

——筑牢疫情防线。先后组织召开 11 次疫情防控工作领导小组会议，根据形势变化，及时调整疫情防控政策。全行疫苗第一、第二针应接尽接率 100%，疫苗加强针应接尽接率 99% 以上。

**四、运营管理**

——优化资产负债和财务管理。一是优化存款结构。自营储蓄三年期比上年下降 30 亿元，列邮储银行第 4 位，完成总行计划的 105%，自营个人价值存款年日均净增 151 亿元，列邮储银行第 3 位。二是优化成本结构。强化事后成本效益分析，实现降本增效，成本收入比比上年压降 2.23%。按季组织应收款清理活动，压降财务类应收款 1273 万元。

——提升人力资源管理水平。一是大力培养人才。打通专业职级常态化晋升渠道，专业岗最高达到 12 职级。组织 32 人上下交流、跨区域交流。选拔出 11 名战略领域的省行级领军人才。二是强化干部管理。扎实推进任期制和契约化改革，110 位省分行党委管理领导人员、435 位市分行党委管理领导人员签订了岗位聘任协议。选拔培养了一批注重实干、敢于担当、群众公认、德才兼备的好干部。三是提升员工素质。员工持证率 94.3%，AFP、CFP 持证率 2.3%，公司条线 CFC 持证率 25%，本科以上员工占比 72.22%，“U 课 U 例”评比排名邮储银行第 1 位。2022 年人均创收 113.89 万元，人均利润 59.4 万元。

——强化科技赋能。完成 43 个项目上线、10 个重点系统解码，自主开发“楚天贷款码”“沿江高铁”“汉融通”等接口项目 7 个，成功对接 21 个中间业务项目；运用“邮储大脑”，完成保险蓄客、三农蓄客、财富客群开发，提供白名单 5 万户。

——推动集约化转型。深化与农业农村厅合作，开展“楚农直通车”系统对接。消费金融 6 家单位落地公积金直连系统。个人金融“531”项目分级推进，优待证申领量 80.1 万人，占比 52.7%，囊括市场“半壁江山”。

——提升网点效能。投入 1700 万完成 147 个网点“微改造”，完成 10 个低效网点治理工作。组织完成“卷烟零售商户线上签约”和“企业客户基本存款账户机器人自动报备”两个客户旅程优化项目；开展完成手机银行、信用卡、网点服务、小微易贷四期自主体验。

**五、党的建设**

——深入学习宣传贯彻党的二十大精神。制定学习宣传贯彻党的二十大精神工作方案，累计开展学习贯彻党的二十大精神交流研讨 293 次。在省级媒体刊发学习宣传贯彻党的二十大精神正面报道 5 篇，开展“学习二十大 我们有话说”专栏 3 期。全行 2747 名党员参加省委直属机关工委举办的“学习二十大 建功先行区”线上学习竞答活动。

——全面加强党建与业务融合。累计开展 445 次“行长值大堂”活动，制定“三亮三比三评”方案，推动全行 264 个党支部累计申报“领题破题”261 项。探索打造“党建 +”互融模式。

——推进全面从严治党。对 96 个党组织开展常规巡察和巡察“回头看”。开展各类专项监督、日常监督 26 个，发送纪检建议 31 份。强化作风建设，开展廉政谈话 120 人次。信访问题线索总量比上年下降 63.83%，初次信访下降 50%。

——全面加强企业文化建设。制定 37 项企业文化宣传贯彻落地工作安排，定期督办。组织开展企业文化专题培训，积极践行企业文化和“邮储人十项共识”。（邮储银行）

## 【中邮保险湖北省分公司】

### 一、发展概况

实现总保费 58.96 亿元，列全国第 6 位，比上年增长 12%，完成年计划的 102%。其中，新单保费 25.64 亿元，列全国第 5 位，比上年增长 18%，完成年计划的 102%；续期保费 33.15 亿元，列全国第 6 位，比上年增长 8%，完成年计划的 103%。总保费规模在全省人身险市场排名第 10 位，增速高于全省人身险市场均值 10%。

实现长期期交新单保费 20.4 亿元，列全国第 5 位，占新单保费 79%，比上年增长 41%，完成年计划的 103%。其中，5 年交及以上终身寿险保费 13.89 亿元，列全国第 8 位，占长期期交新单保费 68%，比上年增长 160%，完成年计划的 114%；健康险保费 6772 万元，列全国第 6 位，比上年增长 98%，完成年计划的 103%。实现新业务价值 4.74 亿元，列全国第 6 位，比上年增长 33%，完成年计划的 101%。期交、长期期交新单保费规模在全省银保市场均列第 1 位，增速分别高于全省银保市场均值 11%、12%。

### 二、专业能力

——专职讲师队伍不断壮大。综合运用社会招聘、内部公开竞聘方式选配 28 人专职讲师队伍，初步实现全省常态化服务支撑。组建营销、运营、合规专项支撑团队，开展“厉兵秣马 赢战虎年”“龙腾虎跃开门红 虎贲团队战旺季”等支撑活动。开展培训 441 场，覆盖网点理财经理、支局长（支行长）14435 人次。全省长期期交网均产能 123.52 万元，比上年提升 28.83%；健康险网均产能 4.11 万元，比上年提升 46.13%。

——保险规划师试点推进。严格人员选聘，组成保险规划师招募小组，通过试点单位和内部推荐、猎聘网招聘等途径，招募 28 人。合理划分三支团队职责，通过岗前培训、跟岗学习、网点展业快速融入渠道，保险规划师团队共协助邮银渠道实现 5 年交终身寿 1481.2 万元、健康险 146.09 万元。

——运营服务。在“运营争先”劳动竞赛 39 项指标中，分公司 22 项指标均列全国前 6 位；监管监测指标持续保持全省同业前列，其中保单 15 日送达率、投诉件办理及时率均排名全省行业第 1 位。开展“续期争先”劳动竞赛，组织续期培训 36 场，开展 2 次失效保单清理活动，清理保费 1.36 亿元，保费清理率 53.1%，13 月继续率、长期期交 25 月继续率均进入优势库。举办“名医直播”“名医健康巡讲问诊”等特色活动 45 场，服务客户 48.9 万人次，分公司新市民金融服务工作入选省银保监新市民金融服务案例汇编。

### 三、风险防控

——合规管理。制定 2022 年风控合规和反洗钱管理工作要点，87 项工作措施全部完成。围绕三道防线履职、风险合规指标进位争先、关键风险指标管理 3 个方面，制定合规管理专项考核办法，通过定量与定性评价相结合，按月推动、按季考核，不断加强合规风险共管共控。建立制度动态管理库，完成制度建设 75 项，其中新建 9 项、修订 11 项、废止 55 项。结合疫情防控要求，为江汉区汉兴街道 20 个社区印制“反洗钱人人有责”“防范非法集资”主题宣传核酸检测证明卡片，覆盖 50 万人次，营造良好合规的文化氛围。

——风险防控。开展三方联合检查 2 次，发现问题 19 个，问责 20 人。强化事前预警，针对渠道多元化、规划师队伍建设及普惠保险推广工作，开展专项风险分析评估，明确 25 项风险点，提出对策建议，确保新业务风险可管可控。完善内控机制，对一道防线开展合规检查，发现 17 个方面的问题。邀请第三方专业机构开展反洗钱模拟检查，提出 11 个方面的建议，制定 33 条整改措施。深化三方联动，建立满期给付长效机制，完成 41694 件满期给付件，给付金额 12.02 亿元，未发生群体性风险事件。

### 四、落实服务国家重大战略

——乡村振兴工作。落实分公司服务乡村振兴战略 2021—2022 年实施方案，为 10 个村 4523 人提供意外伤害保险保障，保额 8910 万元；开展“爱心帮扶 邮你邮我”公益帮扶活动 2 场；服务普惠保险客户 10 万人，风险保额 57 亿元，更好地满足广大客户保险保障需求。

——绿色邮政建设。关键指标居全国前列，在线出单率排名列全国第 4 位；绿色办公有力落实，OA 系统、邮 E 联使用率 100%；绿色邮政宣传丰富多彩，开展“手植一棵树 绿化一片天”“绿伞公益”品牌建设等活动。

### 五、党的建设

——政治建设不断强化。把党的领导融入分公司改革发展各环节，分公司领导人员调整和领导班子分工按要求向公司党委请示报告。召开党委会 53 次，完成 80 项落实举措。落实“三个第一时间”学习机制。开展学习 44 次，切实增强政治判断力、政治领悟力、政治执行力。严格落实意识形态责任制。修订意识形态责任制实施细则，开展专项检查 3 次，未发生意识形态风险事件。

——思想建设不断增强。认真学习贯彻党的二十大精神，细化制定20条具体举措。巩固深化党史学习教育成果。持续推进 6 个方面、17 项落实举措。完成 5 项“我为群众办实事”，累计下沉社区志愿服务 154 人次、615 小时，党员参与率 100%。

——组织建设扎实推进。党组织建设与深化改革同推进。分公司党委组织关系调整为隶属省分公司直属机关党委，撤销机关党总支，完成党支部、支委班子调整。党建与生产经营同谋划。统筹开展“领题破题”4 个项目，深化党员“三亮三比三评”，完成承诺事项 528 项。党组织建设达标工程和创先争优活动深入推进。一支部、三支部被公司评为“党支部建设示范点”，6 名党员获评“党员先锋岗”。创新建立“党建创优”激励机制，党员群众参与率超过 80%，切实发挥支部战斗堡垒作用和党员先锋模范作用。

——纪律建设从严从实。巡视整改工作统筹衔接有力。深化集团 2021 年巡视整改，按季评估，完成 26 项，3 项持续推进。开展集团巡视公司“回头看”反馈意见举一反三自查整改、十九届中央第八轮巡视成果对照自查整改，18 项整改措施完成率 100%。按要求向公司党委报告分公司巡视整改工作情况。深化大监督体系。召开党风廉政建设联席会 1 次、大监督体系和贯通协同监督会 3 次，强化政治监督、职能监督、联合监督，33 项重点监督事项均已完成。（中邮保险）

## 【中邮证券湖北省分公司】

### 一、总体发展概况

实现业务收入 1119 万元；实现新开户 1.35 万户，累计账户 11.6 万户；新增有效户 2279 户，累计有效户 7827 户；实现产品销售 3.56 亿元，其中公募基金 5300 万元，收益凭证 4965 万元，资管产品 2.5 亿元；两融平均余额 1169 万元。

### 二、业务发展

——协同发展。搭建三级协同体系。湖北省分公司与省邮政、省邮储银行联合印发协同文件 5 份，搭建省级协同“主动脉”；开展市州渠道走访，走访地市邮政、邮储单位 60 余个，维护地市协同“大血管”；深入 100 多个邮银网点开展相关培训，累计参训人员 2756 人次，畅通基层协同“毛细血管”。

银证联动撬动资源。分公司用好“投商行一体化”牌照优势，主动推进本省“专精特新”及“1+*N*”系列文件的银证联合发文，向 11 家市州邮储分行开展联合营销宣导。在各地市金融办开展股权类讲座 3 期，在银证渠道开展股权债券讲座 6 期；联合邮储银行开展股权类营销走访 37 次、债权类营销走访 34 次，立项、储备债券客户各 1 单。

——财富管理。丰富客户服务，加强财富转型。分公司秉承“以客户需求为中心”的发展思路切实做好营销和服务转型，打造多元化产品组合、丰富客户理财需求；成功上线首支付费投顾产品“点石成金”，销售 141 单，创收 13.5 万元。

做优投教活动，提升客户体验。湖北省分公司将投资者教育作为客户服务及拓展的切入点，在普及金融知识的同时提升客户服务水平；开展“3.15”投资者保护等专项投教活动 6 场，开展各类线上讲座 22 场，开展进社区宣传活动 4 场，累计 300 余名投资者参与。

——机构业务。加快自营积累。湖北省分公司紧盯湖北省“光、芯、屏、端、网”产业发展特点，前往“武汉东湖科学城”拜访对接 10 余家上市企业，寻求业务破局机会。

加快渠道拓展。在协同获客的基础上，不断深入拓展政府平台资源，争取和企业交流的机会；持续深化与中介组织的合作，借助资本公司、会所、律所、证券媒体等渠道掌握的客户资源，增加机构业务储备。

加强客户筛选。湖北省分公司持续对辖区上市公司、私募机构进行梳理走访，做到精准获客、靶向发力；筛选出 29 家购买过理财产品的上市公司进行重点跟踪，并与其中 12 家公司建立联系；筛选全市 20 余家注册私募公司，联系走访 15 家，不断强化业务储备。

### 三、运营管理

——积极参与行业文化建设。湖北省分公司积极参加行业协会举办的各类活动，主动参与行业文化建设。先后多次向《湖北资本市场》期刊投稿，通过文化建设交流经验做法，促进行业发展。

——持续提升服务实体经济水平。湖北省分公司充分发挥差异化竞争优势，以债券业务为切入点服务实体经济，现已顺利进入湖北省政府债券公开发行承销团成员名单。

——持续优化干部职工队伍。湖北省分公司持续做好队伍建设，开设“证券知识周周讲”小课堂，通过现场提问、答疑解惑的形式提升学习质效。组织各条线员工参加总部各类业务培训 70 余场。

### 四、风险管控

——以合规风控为底线，抓好廉洁从业。湖北省分公司通过开展客户等级划分、问题账户自查等工作，切实提升全员合规执业意识。严格落实执行监管新规及公司制度，积极推进整改问责，全力配合监管完成新任负责人报备、营业执照换领等工作。通过员工行为监测系统排查员工执业行为，针对存在的问题落实上报、培训、谈话及整改工作，年内累计约谈员工 1 人次。

——以风险化解为手段，维护资产安全。湖北省分公司持续做好风险管理及处置工作，全力做好股质及两融风险客户的处置和追偿。年内顺利解决股质风险问题，追回两融问题账户欠费 121 万元。

**五、党的建设**

——强化党的政治建设。湖北省分公司始终将党的政治建设摆在首位，不断夯实基层党组织的战斗力。认真学习宣传贯彻党的二十大精神，组织开展专题主题党日活动 3 次、专题党课 1 次；开展社区联建活动 1 次、洪湖瞿家湾现场学习 1 次；确定“领题破题”课题 1 项并于年内结题；新发展预备党员 2 名。

——落实党建重点任务。认真落实意识形态工作责任，召开意识形态工作专项会议 2 次、开展职工思想动态调研 1 次；先后 2 次开展肃清不良影响工作。

——扛牢整改政治责任。认真开展十九届中央巡视金融企业对照整改工作，建立对照整改月例会制度，召开例会 6 次，上报整改进展报告 2 篇，对照查摆的 11 个具体问题、27 项整改措施均于年内整改完成。

——推进党风廉政建设。认真落实党风廉政建设和反腐败工作要求，年初部署、年中推动、年末总结；加强分公司管理干部的监督，及时更新“廉洁活页夹”，不断提升监督质效。（中邮证券）

# 湖南省

## 【中国邮政集团有限公司湖南省分公司】

**一、2022 年总体发展概况**

业务收入完成 117.12 亿元，比上年增长 10.36%。其中，金融业务收入 71.79 亿元，比上年增长 10.49%；寄递业务收入 28.88 亿元，比上年增长 9.16%；渠道平台业务收入 5.79 亿元，比上年增长 9.27%；集邮与文化传媒业务收入 5.46 亿元，比上年增长 30.65%；报刊发行业务收入 4.35 亿元，比上年增长 2.86%。

**二、落实国家重大发展战略部署情况**

——普遍服务工作全面达标。全省普遍服务 9 项重点指标全面达标，4 项排名全国前五。服务形象显著改善。扎实开展普服网点“达标提质”专项整治活动，全省脏乱差网点全部清零；基本实现监控全覆盖。客户体验持续提升。售后客户满意度 99.5%，高于全国标准 4.5%；湖南总体满意度为 83.9 分，列全国第 2 位，比上年排位提升 21 位。

——服务乡村振兴成效明显。积极推进三级物流体系建设。建成县级中心 26 个、自提站点 4.12 万个，邮快合作建制村协议覆盖率达 89.71%，快递进村业务量 6736 万件，农村汽车投递覆盖率达 83.74%，7 项集团重点指标均提前完成全年目标。其中，耒阳、临澧、汨罗 3 个县由邮政全面主导的客货邮项目，全票通过了省级验收；全省邮快合作的交接、分拣、共配、运输、投递模式基本形成。创新开展惠农惠民工程。实现惠农收入 10.01 亿元，完成进度 130.51%，列全国第 1 位；惠农 8 项重点指标全部达标，在全国“比学赶帮超”活动中，列小组第 2 位。同时，开展多种形式的社区客群“农品优惠购”活动，参与客户 11.45 万人次；组织基地游活动 240 场，累计销售农产品 65.97 万元。农品销售渠道积极拓展。农产品交易额达到 4.56 亿元，增幅 52%；实现农产品寄递收入 5.45 亿元。认真开展进销存试点。集团公司召开专题会议，全面推广益阳试点模式。此外，按地方政府要求完成驻村帮扶任务。

——绿色邮政建设持续推进。全面完成国家邮政局“9917”工程和集团公司的各项重点指标。扎实推进绿色金融和绿色运输。中邮保险线上出单率 99.89%；在新增和更新车辆中，新能源占比 100%。

**三、落实集团公司发展战略情况**

——“比学赶帮超”活动积极开展。围绕经营发展和重点工作两大类指标，开展“两类四级”对标工作，共将 10 类 56 项对标指标纳入省级指标库，进一步明确“跟谁对、对什么、怎么对”。42 项达成对标目标，达标率 75%。

——业务外包管理更加规范。以重点项目为抓手，8 个项目正式运行，13 个项目进入集采，节约费用 5100 余万元。

——业务协同工作不断深化。集团公司六大协同项目提前 2 个月完成年度任务。在各专业间组织 8 个客户协同项目。在省、市两级总部客户及供应商组织业务协同展业。

——对外合作工作全面拓展。与省农业农村厅、省商务厅、省妇联、省退役军人事务厅等 8 家单位新签战略合作协议；与省公安厅、省烟草、银联等 20 家单位继续深化战略合作。

**四、业务发展**

全省邮政储蓄余额净增、保险收入、增值业务收入、国际业务收入、新媒体业务收入等再创新高；简易险业务发展、国际商件业务发展和金融风控管理工作等取得突破；寄递“两集中”改革、邮区中心规范化改革等在全国位居前列；益阳进销存业务、邮乐全国直播基地业务等形成模式。业务发展中，按照项目营销“四四六”要求，以“十大营销活动”为引领，积极推行经营预算项目化、项目制管理。20 个集团总部项目累计进度 118.84%，增幅 92.95%，进度、增幅均列全国第 2 位。中粮集团、公安交管、烟草等项目创收 6000 万元以上。

——普服业务积极创新。集邮线上积极推行数字化营销，规模列全国第5位。其中，新媒体项目列全国第1位。旅游项目克服疫情影响，比上年增幅86%。报刊发行创新开拓校园市场，校园书报刊项目收入增幅29.1%。

——金融业务量质并重。余额发展再创新高。年新增余额512.65亿元；新增价值存款占比为近5年最好水平。保险业务量质并举。全省新增保费114.68亿元，保险收入完成11.92亿元，占金融收入比重提升2.02%。其中，长期期交29.8亿元，收入贡献率比上年提升14.91%。协同项目排名靠前。公司业务规模、信用卡新客首刷量、信用卡新增新客目标完成率以及中邮长期期交新增保费目标完成率，分别列全国第1位、第2位、第3位、第4位。营销方式积极探索。创新开展“湘妹子能量家园”、农民合作社“基地游”、惠农惠民“优惠购”“攒钱大赛”和“智慧商超场景引流”等活动，建成50万湘妹子家园平台会员信息库，拓展金融新客超10万户，新增保费2.65亿元，商户资产比上年多增33.16亿元。

——寄递业务提质增效。特快专递业务占比持续提升。占总收入比重26.4%，提升3.86%。现费规模排名靠前，增幅26.1%，规模提升至全国第3位。邮政快包效益明显提升。重量单价提升21.4%；边际贡献率提升7.2%。国际结构有效调整。商业渠道收入占比由同期的1%提升至37.5%。物流园区积极拓展。开发园区客户创收3562万元，增幅44.75%。重点领域取得突破。电商特快项目、商企新零售项目、医药项目、极速鲜项目分别实现收入增幅291%、99%、42%、58%。国际商业渠道收入增幅102%，其中开发年收入规模亿元级的客户2户、千万级客户1户、百万级8户。

——电商业务创新模式。简易险保费1.37亿元，比上年增长65%，规模列全国第2位。其中，爱民保项目和中邮普惠保险项目分别列行业第2位、全国第2位。品牌经销项目销售额占比提升23.04%，达到67.53%。“919电商节”综合得分全国第一。直播基地应运而兴。创建全国首家“邮乐直播产业基地”，积极参与政府重点项目直播运营活动，累计直播活动269场，吸引观看人数3770万，实现省内农特产品销售额超3234万元。

——推进邮政网络建设。2022年，积极推进了邮政重点项目建设。长沙邮件处理中心项目已完成一期生产楼、辅助楼建设，在保证工程质量和使用要求的前提下，节约投资2800万元，正加快启动二期工程。常德邮件处理中心已完成主楼地下室和辅助楼建设。衡阳邮件处理中心已通过总部两级可研评审，批复后即可启动。加快了网运节点能力建设。按照全省节点布局，能力建设工作有序推进。邵阳、株洲、湘潭、岳阳、衡阳副场地，张家界等市州工艺改造工程已投产；湘西、益阳、怀化、娄底处理中心和部分县级集包中心正在抓紧建设。做好了支撑三级物流体系建设。投入资金5342万元，重点支持6个示范县的三级物流体系建设项目。与此同时，还大力保障邮政网点改造建设。投入2.4亿元用于267个网点（支局）重建装修。投入2088万元专项资金用于普服网点脏乱差的整治。增配CRS、ITM以及STM等金融自助设备140台。加速推进信息网络建设。累计投入1262万元，用于信息网改造和信息系统建设。

**五、运营管理**

——深入推进寄递“六大改革”。两集中改革方面，明确改革方案共24项举措、35项任务。全省时限达成率等8项指标全部进入全国前8位。处理中心改革方面，人均处理效率、分拣机收容率和摆轮细分收容率等指标均优于集团标准。长沙、衡阳、常德邮区中心在集团组织的阶段性验收中，均被评为“优秀”。市趟改革方面，通过邮路和作业组织优化，市趟车辆利载率、日均行驶里程等指标均有明显提升。运输改革方面，打造“航空＋高铁＋陆运”联运体系，有效利用民航资源，组开5条高铁邮路，开通省际直达线路，运能保障更加充分。陆运网改革方面，对“3+3+26”省内网重要节点持续改进和优化。揽投网改革方面，推进网络和作业组织优化；以长沙、益阳为试点，在组网模式、经营机制、损益核算、队伍建设和标准化建设等方面，有效尝试、积极推进。

——全面实施任期制和契约化改革。如期完成全省邮政企业所有三级、四级领导人员任期制和契约化管理签约工作。在岳阳、永州推进专业序列和操作序列员工岗位合同制度试点工作。

坚持合规健康，明确“合规才能持续，健康才能长远”“不拿习惯当标准，不拿过去当尺度”，以问题为导向，深入推进“管理提升年”活动，进一步推动企业形成良好经营秩序和发展氛围。全面落实集团“管理提升年”工作要求，聚焦自身管理基础较弱等突出问题，以“管理提升年”活动为抓手，以“4+4+2+*N*”为主要内容，全面加强和改进内部管理。基本做到了“做事有遵循、行为有指引、工作有标准、说话有底数、管控有力度、执行有保障”。

——基础管理全面夯实。完善基本制度，开展制度“存、立、改、废”工作，修订完善13项制度文件。明确基本流程，梳理汇编流程导图136个。细化基本职责，进一步明确细化415个岗位职责和标准。健全基础台账，省分公司各单位各部门均已初步建立基础管理台账。

——专项活动有效开展。资产运营方面，组建省市两级资产运营团队，完成98个闲置盘活项目；资产运营实现总资金流入1.25亿元，比上年增长20%。降本增效方面，寄递压降成本2.19亿元；揽收、处理、运输、投递、管理支撑环节件均成本分别列全国第5位、第7位、第5位、第5位、第5位。欠费清理方面，建立专班清欠机制，加强六要素台账管理，总逾期欠费较专项活动开展之前压降1.16亿元；寄递欠费率9.83%，比上年降低0.34%，优于全国平均水平4.51%。合规经营方面，发布湖南邮政“八条禁令”并全省宣贯；组织开展为期100天的合规经营专项集中整治活动，查处违规经营行为2377起，普遍性违规行为得到有效遏制。

——两项整改达到要求。全面检视2018年以来中央巡视整改、集团巡视整改、未巡先改、审计整改情况，建立审计发现问题整改闭环机制。常态化整改的54个巡视和审计反馈问题已阶段性完成。

——各项管理全面规范。一是强化寄递专业管理。深入开展寄递业务源头治理、资费管控专项治理和营收资金专项整治等。二是深化全面预算管理。建立成本项目储备机制，并做好动态调整。加强资产资金管理。集中审批房屋租赁方案144项，克服市场外部环境持续影响等不利因素，全省出租收入与上年基本持平，租赁成本比上年下降721万元。加强存量资金管理，全省资金余额同期增长4.35亿元，日均货币资金存量比上年增加2.36亿元。三是夯实财务基础管理。重点是开展收支真实性等专项检查、整治个人账户资金归集、重构核算中心职能。持续加强薪酬管理。四是健全工资总额配置机制、领导人员薪酬分配机制及绩效考核体系；持续推进薪酬二次分配问题专项治理。五是着力改进用工管理。用工结构更加优化，45岁以下员工占比有所提升；大专及以上学历人数占比提升2.8%。用工配置更趋合理，校招、社招合同用工重点充实金融岗位和揽投部经理岗位；金融网点点均提升至5.8人；理财经理配备达到点均1人以上。用工规范有效落实，清理长期不在岗人员170名；金融窗口不规范用工问题基本得到解决。用工培训有序开展，实现培训全覆盖；银行从业资格持证率、理财经理基金持证率分别比上年提升3.8%、9.46%。用工效能持续提升，劳动生产率提升5.5万元/人。不断改进工程管理。工程进度和工程质量得到有效保障。六是全面规范采购管理。全省集中采购率、公开采购率、采购资金节约率等指标均超集团目标值。省分公司二级集采项目合同金额较预算金额节约9242万元，节约率9.18%。七是加强普遍服务机要管理。营投服务水平均稳步提升，网点普遍做到满时服务，城市投递和农村投递重点指标管控成效明显，投递深度、投递频次均超标完成。严格落实专用信箱设置、巡视类邮件收寄相关要求。机要通信质量连续16年保持全红。77个网点提前完成改造，超计划达成国家邮政局“两个规范”的目标。

——各类监督作用有效发挥。将审计工作纳入党委重要议事日程，通过审计共揭示资金风险和违规经营及资产管理、工程管理、内控缺陷等方面问题671个，工程结算审计审减金额4155万元，审减率18%。对省分公司22个党组织开展常规巡察，完成巡察全覆盖并有序推进整改。以全面从严治党推动从严治企，推动开展个人账户归集资金、票品库管理等15个专项治理，整改问题567个。

### 六、风险管控

——安全生产机制基本确立。以落实“群防群治”“预防预堵”两个机制为重点，切实抓好安全生产。坚持“群防群治”。设置8类网格，配置3518名网格安全员，以“小网格”确保“大安全”。坚持“预防预堵”。落实隐患排查责任，建立全省隐患台账；聚焦重点安全事项，制定重点工作清单，共排查隐患3706个。全年未发生较大生产安全事故或重大安全事件。

——金融风险防控进步明显。切实转变风控观念。明确代理金融风险防控工作作为业务发展的首要前提。有效构建风控体系。严格落实网点综合柜员派驻制，赋予网点风险经理“归谁管”“干啥事”“挣啥钱”；强化省专业部门风险防控垂直管理职责，对市州风控人员履职情况进行垂直考评。强化问题直督直办。对于监管转办投诉，由省专业直接管控，全过程跟踪督导。提升风控能力。开展“一把手”合规授课141场；举办30期合规大讲堂直播培训，超26.87万人次参加培训。全力开展“雷霆行动”。集团公司风控评级从2021年的C级提升到2022年二、三季度的A级。

——其他各类风险有效防范。降低经营风险。召开全省邮政违规行为警示教育暨“八条禁令”宣贯大会，向违规行为宣战，与违规行为斗争；省分公司逢会必讲合规，专项检查合规，全省合规经营氛围基本形成。降低法律风险。外聘律师、增加力量，强化法律事务指导，审查和批准重大合同、重大项目280个，涉及金额3亿多元；强化涉诉案件办理，处理重大法律纠纷案件10余起，涉案金额上亿元；强化法律文书把关，重要决策、规章制度、经济合同等法律审核率达100%。降低舆情风险。制定并落实舆情事件应急预案，全年无重大负面舆情发生。降低用工风险。开展外包专项整治，进一步规范各类用工管理。降低决策风险。严格履行“三重一大”议事规则和程序，凡未按程序履行、情况不明或意见分歧较大的，不纳入会议决策安排。

——坚持疫情风险防控。明确“防风险、保平安”为各级领导基本职责和工作前提，不断强化“群防群治”“预防预堵”，有效查处各类隐患、防范各类风险，进一步推动企业平稳运行和安全发展。2022年，全省没有发生一起疫情溯源指向邮政，没有发生一起疫情通过邮政寄递渠道传播，没有发生一起因疫情引发的负面舆情，为全省邮政各项改革发展提供了坚实保障。一是主体责任全面落实。进一步明确细化省分公司疫情防控领导小组职责、工作机制及工作内容，召开7次领导小组会议以及24次领导小组办公室会议，第一时间传达贯彻上级疫情防控有关要求，并作专题研究部署。二是动态指挥精准有效。强化信息报送。编发疫情防控日报 75 期及周报 32 期，做到“底数清、情况明、把控准”。做好应急处置。在做好省分公司本部大楼提级管控的同时，妥善处置邵阳、衡阳等地突发疫情，最大程度确保通信服务。优化防疫举措。认真贯彻“二十条”及“新十条”优化措施，制定省分公司本部大楼疫情防控“新十条”，指导基层做好精准防疫。三是国企义务积极履行。积极融入各级党委政府疫情防控全局，怀化市洪江区、娄底市新化县等地邮政纳入当地政府生活物资保供体系。响应“雷锋家乡学雷锋—支援吉林抗疫”号召，运送近 10 吨抗疫物资至吉林。配合邮乐公司支撑上海邮政保供商品供应链组织，先后组织 237 吨防疫和生产生活物资运抵上海。（湖南省分公司）

老腊肉越嚼越香，新生活越品越美——湖南十八洞主题邮局（《中国邮政报》1 月 19 日）

【邮储银行湖南省分行】

实现营业收入 91.06 亿元，增长 7.82%，列邮储银行第 9 位；净利润 43.42 亿元，列邮储银行第 10 位。经济增加值 9.9 亿元，经济资本回报率 14.9%（高级法），成本收入比 38.35%。分行总资产 6854 万亿元，增长 10.92%；各项存款余额 6311 亿元，增长 9.51%，净增存款 600.11 亿元；各项贷款余额 2865 亿元，增长 8.1%，净增贷款 232 亿元；存贷比 45.4%。资产质量保持优良水平，不良率 0.58%，创近 10 年最好水平。

**一、服务国家重大战略部署**

——支持乡村振兴。制定乡村振兴“1+*N*+1”综合金融服务方案，创新打造“党建 + 数据 + 诚信金融”邮储湖南模式，涉农贷款规模 887.14 亿元，净增 93.02 亿元。建成信用村 2.02 万个，年增 1.11 万个，列邮储银行第 6 位，累计建档信用户 48.02 万户，年增 30.49 万户，列邮储银行第 2 位。

——支持实体经济。深耕“专精特新”及科创客群，贷款结余 167.75 亿元，列邮储银行 4 位，累计发放贷款近 140 亿元。普惠型小微企业贷款本年净增 77.70 亿元。民营企业贷款余额 708.09 亿元，比上年增幅 18.64%。

——落实碳达峰碳中和目标。在全省同业、邮储系统内首发个人碳账户平台，获得“安永可持续发展年度最佳奖项 2022 优秀案例（金融聚力赋能）”奖项。信贷上量，绿色贷款余额 209.95 亿元（人民银行口径），比上年增长 65.36 亿元，增速 45.20%。

——支持供给侧结构性改革。突破式发展供应链金融，大力推动新能源及高端制造业产业链金融服务，准入核心企业 27 家，供应链余额 112.57 亿元，列邮储银行第 4 位。

**二、业务发展**

——零售金融业务。个人金融全面提速大财富管理体系建设，保险收入突破 2 亿元，实现 3 年 4.7 倍的跨越式发展；基金有效销量突破 10 亿元，实现收入 7900 万，列邮储银行第 2 位，理财净增 12.5 亿元，列邮储银行第 3 位。消费信贷通过“模型 + 外呼”拓展主动授信业务，实现投放 8.31 亿元，净增 2.79 亿元，均列邮储银行第 3 位；自营消费贷款净增 58.71 亿元，列邮储银行第 8 位；存量客户 47.48 万户，列邮储银行第 6 位，投放 27.5 万户，列邮储银行第 5 位。网络金融结存有效收单商户 9.16 万户，列邮储银行第 2 位，联动金融资产 136 亿元，其中联动个人客户 AUM88.81 亿元，列邮储银行第 2 位。信用卡实现收入 4.88 亿元，比上年增幅 22.3%；新增客户 33.66 万户，列邮储银行第 1 位；实现场景分期 33.15 亿元，比上年增长 20.45 亿元，规模列邮储银行第 3 位。邮银数字人民币个人钱包绑卡率近 80%，列试点分行第 1 位；实现数币缴纳医保社保，成为邮储银行首家落地医保社保数币缴费场景的分行；投产数字人民币场景 12 个。

——公司金融业务。扎实推进“万千百”工程，年新增公司客户 1.46 万户。落地邮储银行首笔保险债权计划撮合服务业务。加大银团贷款营销与推广，牵头金额 47.26 亿元，牵头金额及牵头笔数列邮储银行第 7 位。创新供应链融资模式，落地邮储银行首个 U 信直保金融服务方案。开放式缴费平台上线有效项目 1312 个，年累计交易 462 万笔、33 亿元，其中，民生领域水、燃行业用户交易量列邮储银行第 1 位。小企业贷款规模 195.72 亿元，年增 40.69 亿元，均列邮储银行第 8 位，其中线上小微易贷净增 33.7 亿元，净增占比 82.82%。个人经营性贷款领跑同业，余额 405.45 亿元，年净增 65.02 亿元。其中，小额极速贷余额 203.26 亿元，年净增 84.28 亿元，均列邮储银行第 9 位。

——资金资管业务。金融同业依托票据、投资业务实现快速发展，票据逆回购 119.88 亿元，票据直贴 131.92 亿元，增长 82.76%；自营债券投资规模增长 6%，理财债券投资规模增长22.52%，带动公司存款近8.2亿元。成功承办邮储银行首届“邮你同言”合作论坛，同业生态圈拓客目标完成率291.66%。

三、风险管控

——强化法律内控与运营管理。深入开展内控合规三年提质增效活动。全年未发生洗钱风险事件。监管消保评级比上年提升一档。在人行2021年征信合规管理考核评价中，获得A类评价。

——识别化解信用风险。多措并举处置不良资产16.77亿元，比上年增加16.13%。创新实施大额授信客户分户管理“315工程”，成功化解9.94亿元大额风险客户授信风险。创新开展押品管理，全贷种存量正式抵押登记率80.42%。

——落实“疫情要防住、发展要安全”。疫情防控成效良好。持续开展“平安邮储”创建工作，实现全年“零案件、零事故”目标，完成安全生产专项整治三年行动收官。圆满完成北京冬奥会和冬残奥会、党的二十大等重大活动期间网络安全保障等专项保障任务，核心系统、网络、重要信息系统可用率、完好率均为100%。开展“保密提升年”活动，保密意识和管理水平明显提升。

四、运营管理

——体制机制完善。全面实施任期制和契约化管理。优化领导人员绩效体系，出台专项奖励鼓励“跳起摸高”，实行领导人员经营业绩‘红黄牌’预警，健全选人用人、考核评价、薪酬激励，加快形成“干部能上能下、员工能进能出、薪酬能高能低”的“六能”机制。有序推进城区经营模式改革。全辖26家城区机构、135个营业网点队伍架构、业务支撑、配套政策到位，城区销售人员占比42.7%。加强二级支行长队伍建设。全辖70%以上二支行长“竞聘上岗”，涉及319个网点，岗位新聘130人、占比40.75%，竞优留任189人、占比59.25%。

——信息科技建设。完成软件开发项目237个，其中自主研发项目145个，自主研发率61%，区域性业务敏捷开发系统占比58%。打造邮益助数字化运营平台，实现营销数智化、风控数智化、管理数智化。

——运营管理。开展服务专项整治活动，自营网点服务类有责投诉比上年同期下降92.36%，客户体验明显提升。成功打造8家“手语服务特色网点”，为特殊人群提供无障碍服务。常态化监控高危风险账户7.56万户，协助公安机关止付金额2413.25万元。

——创新人才活力。分行“135”人才库三年建设圆满收官，人才库出库提任省分行党委管理干部28人，其中18人为“80后”。通过开展“大校招大社招”活动广泛引才，制定“雏鹰展翅计划”、创新开展管培生计划，打造青年人才良性成长模式。

——邮银协同。全面完成邮政集团重点协同项目计划任务，其中信用卡协同完成率144.12%，列邮储银行第4位，惠农经营贷新增客户数量完成率200.80%，列邮储银行第9位。

五、党的建设

——学习宣传贯彻党的二十大精神。积极开展“喜迎二十大”主题宣传，在央媒、省内主流媒体刊发系列报道。省分行党委书记发表的署名文章《践行为民思想服务三湘四水》在红网刊发。

——推进党业融合。明确“党委委员月推进、季督导、年评比”工作路径，建立“支部成员三带动”工作机制，压实各级党组织责任，强统筹、强组织、强保障，破解生产经营难题。全辖93个一级支行党支部利用“五步法”建立党建共建信用村2041个。

——纵深推进全面从严治党。严格落实党风廉政建设责任。深入开展领导干部违规收送红包礼金问题专项整治、“党纪党规集中宣传月”和“以案四说”警示教育活动。认真落实巡视巡察整改及巡察责任。集团公司巡视“回头看”整改措施完成率100%，市县两级巡察100%全覆盖。（邮储银行）

【中邮保险湖南省分公司】

一、发展概况

实现总保费53.39亿元，目标达成率104.4%，其中，长期期交新单108.6%（终身寿142.7%），续期保费102.8%，个团险保费105.8%，主要经营目标达成率均列全国前6位。缴费期10年及以上健康险规模列全国第1位，占健康险比重58.5%，超全国均值22.5%，业务结构明显优化。新业务价值目标达成率114.9%，投价比优于全国均值1.1，标保价值率优于全国均值40个BP，主要效益指标均列全国前5位。在湖南寿险市场份额4.71%，比上年提升0.15%，在银保系险企健康险市场份额25.9%，列第1位，比上年提升3位。

二、落实服务国家重大战略

践行责任担当，普惠保险规模、进度均列全国第2位，助力提升城乡保险保障水平。向怀化沅陵的3000名政府审核脱贫人口捐赠总保额6000万元的意外险。在岳阳平江开展守护星“护萌”公益活动，捐赠公益美术课和绘画用品，获评“长沙市儿童友好型企事业单位”。

三、业务发展

——团个改革成果显现。通过双向选择率先实现团险事业部制改革全员到岗。湖南邮政企补医疗保费比上年增长45.9%。承保铁塔、电信、创维等战略客户项目，通过市场投标续保城步县乡村振兴项目，中标长沙电信女工项目，首次承保高考体育特长生短期意外险。成功探索“以团带个”邮政员工自购BBC业务和活动定向开发模式，实现个险保费316万元。

——外部渠道有所突破。成立“一主多辅”项目组，对接建设银行、招商银行等公司统签全国性大行，湖南银行、长沙银行等地方性商业银行以及明亚经纪等头部中介机构，实现湖南银行签约和明亚经纪出单。

**四、改革创新**

——推进市场改革。推进机构改革和人员编制调整，优化人岗匹配后业务岗占比从47%提升至64%。实施领导人员任期制和契约化改革，推行任期经营责任和综合考评双达标考核。完成邮银业务部区域总监竞争上岗。有序推进员工职级套改和专业序列岗位资格认证试点。

——薪酬分配改革。深化薪酬分配制度改革，将绩效考核结果与绩效薪酬分配有效链接，形成1~1.3倍绩效薪酬差。鼓励运用项目制方式，匹配激励资源，推动重点、难点任务破题。形成“既共享改革发展成果，又合理拉开收入差距”的强业绩导向薪酬分配机制。

**五、风控管理**

获评“人行反洗钱综合评级A类”、“反洗钱业务竞赛组织奖”和公司“合规管理先进单位”。将中邮业务合规职责纳入邮政网点风险经理履职要求，健全风险治理体系。举办邮银保合规知识竞赛和内控合规研修班。邮保联合开展“雷霆行动”专项检查，问责55人次。

**六、运营管理**

——运营支撑。实现邮银网点邮e保App全覆盖，作业量列全国第1位，线上服务能力显著提升。打造运营知识百宝箱、小课堂等前置服务工具，实现一码解高频操作问题。协同邮银渠道抓好满期给付、退保、投诉等风险防控，全年满期零投诉、零补偿，未发生重大投诉和风险事件。

——客户服务。初步建立“流程审查、宣传教育、专项检查”三位一体的消保管理闭环，监管消保考评获得二级A。融合推广总省增值服务项目，服务客户1746人次；通过客群分析和客户管理，开展系列定制式高客活动；带动VIP客户占比17.53%，比上年增长4.12%。

——文化建设。邀请外部专家举办企业文化专题辅导培训，开展员工大讨论，推动员工成为企业文化建设的认同者和实践者。选树分公司工匠1名，成立“何闹春劳模创新工作室”。精神文明创建获评“省直机关文明标兵单位”。品牌建设获评公司创意短视频大赛“优秀组织奖”。分公司获评公司“健康险产品专项营销劳动竞赛目标达成奖”和“超额贡献奖”及财务管理工作分级考评A级第1名；获评湖南保险业“新闻宣传工作先进单位”“第二届讲师技能比武大赛优秀组织奖”“诚信服务团队”。

**七、党的建设**

——党的建设全面加强。邀请党的二十大代表举办专题讲座，《湖南新闻联播》进行了报道。“第一时间”学习54项内容，开展党委理论中心组学习11次，党史学习教育读书班12期，党建工作责任制有效落实。召开巡视整改工作领导小组会议19次，常态推进巡视整改。认真执行“三会一课”制度，10个支部“领题破题”全部结题。

——廉政建设持续深化。聚焦政治监督10项重点工作，开展全面从严治党责任制监督检查33次，压实“两个责任”。严格执行谈话制度，做深做细日常监督。强化支部纪检委员履职，打通全面从严治党“最后一公里”。健全贯通协同监督机制，形成监督合力。深入推进清廉金融文化建设，获评湖南银行保险业首批“清廉金融文化示范点”。（中邮保险）

## 【中邮证券湖南省分公司】

**一、总体发展概况**

实现收入890.1万元，全国排名第3位，实现利润−86万元。

**二、业务发展**

——经纪业务。证券新开户17577户，完成年度计划的80%；证券有效户新增5217户，完成年度计划的141%。

——投顾服务。利用公司总部研究所、投顾的各类咨询服务好存量客户，分公司证券存量客户14.2万户，存量资产12.3亿元。通过聚焦两融等高创收业务，开展针对性的建联服务，分公司两融客户113户，新增16户，授信额度1.8亿元两融日均余额1861.5万元。销售收益凭证759笔，销售金额1.6亿元，年化销量6978.38万元。

——高效协同。为积极响应国家金融战略，分公司与总部投行事业部、邮储银行省分行高效协同，重点聚焦湖南省科创型中小企业客群，本地上市公司、市州政府融资平台等单位，开展实地走访，广泛宣传金融服务政策。完成34家国家级“专精特新”企业、26家私募公司、12家湖南省本土上市公司走访。

——机构业务。结合党支部“领题破题”活动，积极推进机构业务多元化发展，促进党建与经营深度融合。机构理财方面，分公司实现机构理财破冰，成功营销上市公司购买收益凭证3000万元。机构经纪方面，新增私募产品户2户，资产总值2889.4万元。机构投行方面，长沙望源建设公司债券分销项目已完成，公司收入84.9万元；永州市蓝山县城投企业债顺利中标。股权质押项目实现收入256万元。

**三、运营管理**

提交开户视频见证16257户，审核2202户；网上密码重置2630户，身份证信息更新见证798户。根据柜面业务集中办理的要求，严格按照规定上传完整资料，确保信息齐全，及时反馈客户问题，积极配合做好相关工作，缩短柜面业务约15%的办理时间，有效提升了客户服务质量。

**四、风险管控**

夯实合规基础管理，严格内控管理。以合规管理月报为抓手，落实从业人员执业行为管理、信息公示及合规检查等。做好合规保障，切实加强合规教育，以现场和远程相结合的方式开展监管案例学习、廉洁风险防控等合规培训 15 次，发布从业人员违规行为处罚案例等合规提示预警 13 次。防范化解金融风险，切实加强反洗钱管理，分公司反洗钱年度分类评级由 B 上升至 BB。

**五、党的建设**

——切实加强理论武装。深入学习贯彻党的二十大精神，开展党的二十大报告读书会，党支部书记讲授专题党课，切实用理论武装头脑、指导实践、推动工作。组织党支部集中学习 25 次，开展研讨 5 次。

——巩固深化巡视整改成效。认真做好集团巡视“回头看”整改工作，研究制定整改方案，截至 12 月 31 日，分公司已完成整改措施 30 条，完成阶段性目标且持续推进 12 条，14 个主要问题中已解决 8 个，6 个取得阶段性成效但需长期整改。扎实开展运用十九届中央第八轮巡视成果对照整改工作，制定整改措施 27 条，已完成 25 条，完成阶段性目标且持续推进 2 条。开展全面自查，认真梳理 2018 年以来集团党组内部巡视整改情况，对整改台账进行再次梳理及更新完善。

——落实意识形态工作责任制。湖南省分公司意识形态工作小组定期分析研判意识形态领域情况，明确和落实意识形态工作责任，召开意识形态专题会 2 次。认真落实公司《关于开展 2022 年度意识形态自查工作的方案》，对照开展自查，37 个检查点均已落实。积极开展团建、社会主义核心价值观宣传月以及证券行业文化基地参观等活动，广泛凝聚共识。

——打造高素质专业化人才队伍。全方位推进专业人才招聘工作，引进客户经理、理财顾问等营销人员 9 人，综合管理等后台人员 3 人。加大年轻干部选拔力度，公开招聘营业部总经理 1 名，推荐 3 名青年员工参加总部“雏鹰计划”。

——加强日常监督，牢固树立纪律规矩意识。加强党性教育和纪律教育，召开党支部党风廉政专题会议 2 次，开展警示教育 11 次。抓住重要节点，通过重点监督、发送警示信息、关键人提醒等方式，加强节日廉洁提醒，发送廉洁提醒 5 次。常态化开展日常监督，针对巡视整改、疫情防控、重点业务廉洁风险防控落实情况等事项开展日常监督检查 20 余次。认真开展提醒谈话，党支部书记针对“竞聘条件把关不严”“执行回避制度不严”以及党员干部违纪行为等内容开展提醒谈话 5 人次。（中邮证券）

# 广东省

## 【中国邮政集团有限公司广东省分公司】

**一、2022 年度总体发展概况**

完成业务收入 236.5 亿元，规模保持全国第一，增幅 13.57%，高于全国邮政 3.69%，高于广东 GDP 增幅 11.57%。

**二、党的建设**

管党治党责任持续压实。制定落实全面从严治党主体责任清单、班子成员履行“一岗双责”党建工作责任清单，实行班子成员抓党建和抓业务“双汇报”“双指导”，形成多方融合的党建工作责任体系。规范化建设不断提升。选树集团公司第二批党建工作示范单位 2 个、党支部建设示范点 16 个和党员先锋岗 239 个，营造“比学赶帮超”的浓厚氛围。巡视整改和巡察工作取得新成效。组织对照中央、集团公司党组巡视反馈意见整改情况进行“回头看”，做好评估分析。完成 21 个单位省内巡察及整改工作，推动工作水平提升、工作效率提高。品牌创建促发展。“三亮三比三评”激发发展动力。组织党员、员工在 22 个竞赛项目同台竞技，进一步激发员工争先进位。“领题破题”活动推动攻坚克难。通过点题一批、审核一批、督导一批，省市联动、案例示范、精准切入，全省领题 725 个，省公司重点课题 27 个，选树优秀课题 127 个，推动一批重难点问题有效解决。思想政治工作广泛凝聚力量。坚持员工思想季度分析和党员干部联系基层“两项制度”，试点推行“三四五”工作法，有效发挥稳人心、暖人心、聚人心作用；“四个讲好”创新形势任务教育方式，统一思想、增强信心，激发活力。

**三、服务国家重大发展战略部署情况**

为全面落实中央《关于做好 2022 年全国推进乡村振兴重点工作的实践意见》、集团构建金融生活服务全链条生态圈指示精神，广东邮政主动融入乡村振兴战略和县域经济社会发展新格局，以金融数字化赋能打造“吃、住、行、游、娱、购”为一体的“小邮美宿”最美民宿生态平台，列入省农业农村厅美丽乡村风貌示范带建设项目，实现以“小切口”推动“大变化”，以“小民宿”闯出“大产业”，打造出一批规模化、品牌化、可提升乡村休闲旅游吸引力的特色民宿和商户，在全国首创“民宿 +”乡村消费场

6 月 1—30 日，广东省珠海市分公司推出“邮票上的环保”微展览活动，陆续在珠海市多个邮政网点和学校举办（《中国邮政报》6 月 21 日）

景获客获金新模式，实现乡村振兴与金融发展的有机统一。双微民宿、餐饮、特产店、文创伴手礼等商户月日均总资产达30亿元；派发3.5万张体验券，拉动上万家庭下乡消费，惠及全省500多家精品民宿、近万家餐饮等实体商户，提升商户经营流水超2亿元，带动乡村消费近3000万元；联动央级、省市级新闻媒体，整合新媒体、网红达人等资源渠道，实现全媒体平台总曝光量超7350万，打造广东“农文旅”的最佳乡村休闲目文化名片，实现政府、民宿、客户、邮政的共生共赢。

**四、落实集团公司发展战略部署情况**

通过加快建设英德“样板县”，总结样板变模板、推动盆景变风景，快速推进全省三级物流体系建设工作，“样板县”充分体现了赋能、提速、增效的效果。赋能、提速——县中心每小时处理能力提升4倍，81%的乡镇时限得到提速，投递周五班占比达到88%；增效——叠加邮快合作后，规模效益和边际效益明显提升：件均处理成本0.23元/件，下降47%；吨公里运输成本1.79元/吨公里，下降29%；件均投递成本1.12元/件，下降45%；村级站点助力转介金融资产超过7000万元。统一步调快速复制推广，同时开发“三级物流管控平台”，通过“四个到人”机制强化过程管控，以行动统一解决思想统一的问题。切实“用活”三级物流体系。全面落实“金融网点+站点”模式和“六个一”规范管理，加强村级站点渠道专员的配置，加快叠加站点业务。使得三级物流体系在建设后期快速由“建好”向“用活”模式切换。

——分销业务规模超越。发挥三级物流体系优势、服务农村商超站点，深化邮乐合作、提升邮政“网点+站点”运营能力，启动分销业务规模超越活动等措施，以“小家电、酒类、粮油、水饮以及消费帮扶”五大项目为抓手，结合批销业务仓配能力的提升，借助线上线下渠道做大分销业务规模，积极探索批销业务发展模式，打造分销业务“木本”业务。全省累计实现分销业务收入3.76亿元，完成省分公司“规模超越”目标108%；完成集团公司全年计划目标235%，比上年增长2189.66%，进度及增幅排名均列全国第1位。

——寄递六大改革不断深化。两集中改革完成集团公司77项任务清单中有关广东45项任务；率先在全国启动全省设备集中维保；完成509台车辆档案信息调整、571台次低效车辆整改、21台车辆省内跨单位调拨。陆运网改革优化网络布局，全省进出口直运比例提升8%。运输方式改革大车发车占比31.9%，一级干线往返邮路比例96%；陆运件均成本比上年下降26.5%。中心局改革全省7个邮区中心共压减全口径人员1547人；省际中心人均处理效率提升50.4%，全省68套自动化设备收容率由7.9%压降至2%，设备效能进入集团“快鹿榜”，奖励金额列全国第3位，全省7个省际中心在集团改革验收中优秀率100%，列全国第1位。揽投网改革直投比例提升15%；活跃自提点6.6万个，快递包裹自提率70.47%；网格化率94.14%、投递部匹配准确率98.2%，持续全国排名第1位；特快未妥投预约率90%以上，全国排名前2位。深化投递部改革，5—12月全省551个综合揽投部累计减亏超过8000万元。市趟改革市趟自有车辆日均行驶里程较改革前提升25.5%，车辆件数装载率提升36.8%，市趟运输吨公里单价比上年下降8.02%，件均单价下降26.27%。

——项目协同成效明显。中邮保险全面完成长期期交、5年交终身寿、健康险等考核指标，是历史上最早完成目标的一年；新增中邮证券有效户14249户，列全国第1位，完成进度471%，列全国第2位；新增公司存款日均余额6.86亿元，列全国第1位。汽车产业链项目收入7.3亿元，规模排名全国第1位，进度116%。政务项目收入12.1亿元，规模排名全国第1位。医药项目快递物流收入1.32亿元，规模排名全国第2位，进度135.9%。总部客户项目收入规模排名全国第1位，20个集团重点管控客户收入完成10.74亿元，增幅19.42%。会员经营项目新增会员960万人，累计会员2159万人，规模排名全国第1位。商会协会项目，累计发展商会协会邮局1223家，进度102%，实现收入2.22亿元，进度101%，与1万家会员企业建联合作。悦邮行项目累计发展会员121万名，其中星级会员17万名，7万名存量星级会员提档升级。

**五、业务发展**

——各专业争先进位。金融点均收入701万元，列全国第1位。寄递收入增幅排名提升24位，进度排名提升21位。函件收入4.7亿元，增幅排名提升14位。集邮收入4.13亿元，排名与上年持平。增值收入6505万元，规模排名提升3位，完成进度列全国第1位。分销收入完成3.76亿元，进度、增幅均列全国第1位；其中荔枝项目实现销售额6310万元，比上年翻一番，继续保持全国第一大生鲜基地项目地位。报刊收入完成4.88亿元，政务图书《习近平谈治国理政》第四卷销售143万册，完成集团公司目标199%，发行量及完成进度均列全国第1位；“党的二十大”题材图书销售1476万元，排名全国第1位；《中国共产党人的精神谱系》销售5.25万册，进度875%，均列全国第1位。

——代理金融业务财富管理转型成效显著。实现收入107.74亿元，比上年增长12.3亿元，增幅12.89%，完成进度102.57%，超计划2.7亿元，是历史上超收最多的一年。一是金融总资产持续提升。全省AUM年增长732.38亿元，增幅11.35%，完成进度119.5%。余额规模取得新突破。全省余额规模5506.3亿元，年增余额515亿元，完成进度105.4%；年增月日均余额600.1亿元，比上年多增133.5亿元，是广东历史上新增月日均余额最高的一年。二是产品结构优化。新增价值存款占比93.3%；利差收入增幅13.2%，比上年提升5.6%。保险期交增幅36%，长期期交增幅40%，均排名大省第2位；保险收入21.2亿元，增幅30.9%；收入规模排名全国第2位。三是客户经营成效凸显。VIP客户数量占有效户比例提升0.5%；财富客户数量占VIP客户数量比例提升0.7%。高端客户贡献不断提升，VIP客户总资产占比提升3.25%；财富客户总资产占比提升2.38%。全省私行客户数量1307户，排名全国第1位；全省收单商户月日均活期存款规模319.1亿元，交易金额1947亿元，新增金融总资产171.2亿元，均排名全国第1位；商户结算贷放款金额3.15亿元，排名全国第1位。

——寄递业务发展趋势向好。收入规模保持全国第一，完成收入102.3亿元，增幅12.96%，完成集团年度预算目标的101.06%。一是国内特快业务高速发展。完成收入33.86亿元，增幅35.36%，高于全国平均增幅10.99%，增幅排名提升18位。五大市场多点开花，政务、商企、现费收入规模均排名全国第1位。政务业务收入12.1亿元，全国第一个超10亿元规模；商企特快收入10.5亿元，增幅35.3%；现费业务收入2.1亿元，增幅32%。二是快递包裹规模效益持续提升，完成收入18.5亿元，增幅12.8%，排名提升28位。打造广州大源村灯塔项目，拉动全省集群市场业务量1亿件，增幅164.2%，创收1.95亿元，增幅190.3%。快包专业毛利超额完成省公司预算6200万元。三是国际业务发展趋势向好，完成收入42.5亿元，收入规模保持全国第一。

——科技创新动能进一步增强。获得集团公司科学技术奖三等奖4项，各省中排名第1位；3个科技项目入选集团"揭榜挂帅"清单，完成集团标准化项目1项；"优化可循环邮袋压缩处理流程"获集团公司创意风云榜榜首。完成省运营监控中心等16个重点信息化工程项目建设。

**六、运营管理**

——财务管控效果明显。深化全面预算管理，支撑企业高质量发展，代理金融、标快、快包、房屋出租和分销5个专业实现超额毛利3.3亿元，投递平台节约成本0.5亿元。资金资产管控取得明显成效，盘活闲置房屋土地25.64万平方米，完成集团公司两年盘活目标；2022年度全省享受各类财税优惠超1亿元，全省现金净流入2.5亿元。

——组织效率和活力提升。干部管理持续深化，加大年轻干部选拔力度，持续优化班子结构，选人用人满意度提升3.72%。新提任三级领导人员17人（通过公开竞聘方式提任9人）。地市分公司班子40岁左右干部占比比上年提升14%，县区分公司班子35岁左右干部占比比上年提升10%。强化人才队伍培养，建立了"优秀年轻干部""优秀生产主管"和"优秀大学生"三个人才库，全省遴选出四级优秀年轻干部97人、优秀生产主管107人、优秀大学生160人完成第一批入库工作。提升机关工作效能。启动省分公司部室人员绩效量化考核试点。完善薪酬分配制度。强化效益和业绩导向，调高增量收入、增量利润等挂钩比例，真正实现凭效益、凭增量、凭业绩配成本和拿薪酬。

——企业文化建设成果丰硕。全省共5人荣获"广东省五一劳动奖章"荣誉称号，1个单位荣获"广东省五一劳动奖状"，2个单位荣获"广东省工人先锋号"。推动建家活动不断向更广和更深发展，全省职工之家建设项目56个，职工小家建设项目318个。2022年帮扶慰问重病、困难及受灾员工202人，广泛组织员工慰问，慰问劳动模范、困难职工、受灾职工共2166人。

——寄递专业化营销水平明显提升。省寄递大客户中心推行市场化运作机制，推行项目制并配套实施激励办法和末位淘汰滚动考核机制，在全省范围内招聘客户经理20人。首批试运营10大项目中，医药创新等4个项目收入增幅超20%。纵深推进市场营销体系建设，省分公司下发建设指导意见，全省已配置寄递专职客户经理1861名。

**七、风险管控**

——安全形势持续稳定。开展全省安全生产大检查、大整治活动，省市两级投入安防建设整治资金7900万元。启动网点业务库建设，推动"减押、优押"，降低成本、防范风险。圆满完成党的二十大、北京2022年冬奥会和冬残奥会、全国两会期间各项安全保障工作。

——严格落实"三级联网、四级管控"安全管控体系建设工作，坚持"科技赋能保安全"，新建了广东邮政省级运营监控中心，推进了广东邮政集中监控安防看板系统的应用，通过AI智能分析、物联网、大数据等科技化手段，更紧密地把"人防、技防、物防"三者协同联动，大力提升全省邮政安防管理信息化水平。建设视频智能分析（AI）预警系统对消防控制室、远程监控值守室和邮运车辆驾驶室等场所的违规行为实现自动识别；利用二维码创建员工"随手拍"查找安全隐患系统和消防设施巡检系统，提高日常检查效能；建设省集中监控看板系统，将安全管理信息系统和远程监控统版系统的数据进行实时集约化，运用图墙看板式展现，及时分析和掌握各单位安全现状；全面推行网点业务库异地值守系统，遏制本地值守的人身和监守自盗风险，解放员工长年现场值守的劳动力；建设出入口人脸识别管控系统，对全省100%金融网点实现线上申请审批流程，实现人员身份核验既能提速又可存储；开展以"减押、优押"为核心的网点业务库"有效益"建设，以押运数据模型分析为抓手，实现"枪弹可压减、线路可优化、频次可压降、县库可集约、人员可盘活、费用可压降"的转型优化。（广东省分公司）

**【邮储银行广东省分行】**

实现收入143.98亿元，增长15.73%；利润总额60.77亿元，增长12.17%。完成中间业务收入13.06亿元，增长22.02%。成本收入比39.50%，比上年下降4.78%。资产总额 8542.95 亿元，增长 9.38%，本外币各项存款余额 7747.80 亿元，增长 8.73%；本外币各项贷款余额 5057.06 亿元，增长 20.73%。不良贷款率 0.68%，优于广东省内同业平均水平。拨备覆盖率 296.75%。

**一、服务国家重大战略部署**

——服务实体经济。实体贷款净增 928.94 亿元，连续两年列邮储银行第 1 位，占新增人民币贷款比例 98.74%。支持粤港澳大湾区、横琴粤澳深度合作区等重大发展战略，辖内大湾区分行公司信贷余额 845.37 亿元，净增 254.93 亿元。

——服务乡村振兴。涉农贷款余额 1014.36 亿元，净增 146.58 亿元；普惠型涉农贷款余额 326.48 亿元，净增 56.46 亿元，均完成监管考核目标。推进农村信用体系建设，信用村 2.15 万个，信用户档案 56.47 万户。

——服务小微企业纾难解困。普惠小微企业贷款净增 258.67 亿元，列邮储银行第 1 位，户数净增 1.52 万户，超额完成普惠小微“两增”监管计划及总行考核目标。拓宽普惠金融服务覆盖面，开发小微企业首贷户 1310 户。

——发展绿色金融。绿色融资余额 345.25 亿元，增长 65.17%；落地省内首个碳中和新乡村整县屋顶分布式光伏项目授信，落地省内首笔政府“扶贫”+ 邮储“绿色”双政策加持的“渔光互补”项目。

**二、业务发展**

——零售金融业务。自营储蓄存款余额 1515.1 亿元。个人客户自营 AUM 1739.57 亿元，净增 184.80 亿元。完成自营新单保费规模 29.05 亿元。小额贷款余额 903.17 亿元，列邮储银行第 3 位，净增 240.97 亿元，列邮储银行第 1 位。消费贷款余额 2168.48 亿元，列邮储银行第 2 位，净增 218.1 亿元，列邮储银行第 1 位。信用卡结存卡量 212.6 万张。手机银行激活客户规模净增 54.89 万户，月活跃客户 127.21 万户。数字人民币钱包开办 54.79 万个。

——公司金融业务。公司存款余额 1087.52 亿元，净增 65 亿元。公司贷款余额 1076.12 亿元，列邮储银行第 3 位，净增 275.07 亿元，列邮储银行第 2 位。为军服务取得突破，落地邮储银行首个海军系统账户。小企业法人贷款余额 431.06 亿元，净增 90.31 亿元。构建科创金融专业服务体系，挂牌成立 3 家科创支行，“专精特新”及科创企业客户 2134 户。交易银行表内资产（不含福费廷）投放 183.94 亿元，增长 91.86%，开放式缴费有效收费单位 2552 个。

——资金资管业务。同业融资完成交易量 377 亿元，增长 25%。自营债券投资落地业务 109 笔，金额 94.3 亿元。资产托管业务规模 2426.34 亿元，列邮储银行第 3 位，比上年增长 52.98 亿元。托管业务实现中收增长 17.56%，高于条线平均增幅 14.16%。

**三、风险管控**

——智能风控建设。实行“案件特征化、特征模型化、模型数据化”的数字化排查机制，自主开发 25 个风险模型，其中 10 个模型被总行采纳并在全行推广。建立完善押品管理“五项机制”，用好“互联网 + 不动产登记”系统对接机制。加强风险预警，优化监测方法，预警及时率 86.67%。

——信用风险识别化解。坚持全面风险管理，全年资产质量保持平稳，不良生成限额、不良率均控制在总行限额目标范围内。处置不良本息 27.35 亿元，比上年增长 8.64 亿元。完成不良资产证券化 5.15 亿元，比上年增长 2.71 亿元，增幅 111.7%。荣获总行信用风险管理技能竞赛集体二等奖。

——法律事务和内控管理。健全“621”案件风险防控操作框架，发挥风险经理“探头”作用。加强警示教育，组织开展案件警示教育 700 场次。严肃追责问责，2033 人次受到批评教育及以上处分，增长 11.76%。重点可疑交易报告被中国反洗钱监测分析中心收录。

——疫情防控和安全生产。强化常态化疫情防控，确保经营生产平稳有序运行。推动安全生产“五个一”活动，开展安全生产大检查、“安全生产月”和安全生产专项整治三年行动等活动。完成党的二十大期间安全生产和服务保障工作。

**四、运营管理**

——资产负债管理。落实资本管理高级法，突出价值创造和高质量发展需求，压降不可撤销贷款承诺 117.18 亿元，压降规模列邮储银行第 1 位，节约经济资本 6.94 亿元。持续优化负债结构，活期存款占比 61.25%。

——人力资源管理。开展领导人员任期制与契约化管理，完成省分行党委管理干部岗位聘任协议和业绩责任书签订工作。首次启动精英人才培训计划，参训人员 720 人次。开展省级领军人才评选，聘任省级领军人才 21 名。组建公司金融“1+*N*”综合服务团队。营销队伍占比 40.71%。

——信息科技支撑。上线信息化工程 125 项。流程自动化平台（RPA）落地推广，124 个业务流程实现线上自动化操作。数据集市接入 12 项重要数据应用，提供数据服务 603 项。“地下钱庄预警”“投诉文本智能预判”“涉赌涉诈账户预警”3 个项目分别荣获“总行第三届数据建模大赛”一等奖、三等奖及业务价值创造奖。

——集约化转型。顺利完成“云生产”、网点柜员与大堂经理岗位融合试点工作。运营效率持续提升，单位开户业务办理平均时长 27.1 分钟，效率提升 52.3%；公司结算效率提升 20.5%，办理时长仅需 3.5 分钟。智能设备深度应用，网点综合 App 全面推广。

——网点效能和客户体验。网点升级改造提速，推动网点整治项目 58 个、治理低效网点 6 个，网点室外标识实现 100% 应换尽换。客户体验明显提升，开展客户旅程优化项目 25 个。改善网点厅堂服务，服务类有责投诉量得到有效控制。

**五、党的建设**

——深入学习宣传贯彻党的二十大精神。第一时间组织学习党的二十大精神，采取党委理论学习中心组研学、行领导宣讲、党支部集中学习、个人自学等多层次、多形式开展学习，组织党的二十大精神专题中心组学习 4 次、专题党课宣讲和专家讲座 3 次。

——党建与业务融合。发挥党组织战斗堡垒和党员先锋模范作用，开展“三亮三比三评”“行长值大堂”“我为群众办实事”和党支部（党小组）“领题破题”等活动，完成课题 201 个，其中优秀课题 41 个。

——全面从严治党。开展巡视巡察整改监督，深化巩固整改成效。开展政治巡察，完成对辖内 3 家二级分行巡察“回头看”以及作风建设专项巡察。突出政治监督，组织全面从严治党监督检查及对照自查整改工作。开展家庭助廉活动，寄送“廉洁家书”118 封。

——企业文化建设。树立企业良好形象，原发正面报道超 5200 篇。推进工会和群团工作，通过送温暖活动慰问集体 917 个、困难职工 199 人，补助重病职工 54 人。弘扬劳模先进精神，举办劳动竞赛项目 16 项。创新打造《行参月刊》“金融论见”系列活动等“多维智库”参谋平台。2 人获全国邮政系统先进个人，1 人获集团公司“青年学习标兵”称号，4 个单位获总行“模范职工之家”称号，8 个单位连续两年荣获“邮爱公益 100 强团队”称号。（邮储银行）

## 【邮储银行深圳市分行】

实现自营收入 47.6 亿元，实现利润总额 30.3 亿元。分行本外币各项贷款规模 1488.69 亿元，比上年增加 305.35 亿元，增幅 25.8%；本外币各项存款规模 927.04 亿元，比上年增加 86.51 亿元，增幅 10.3%。不良贷款率 0.35%，列邮储银行第 2 位。

**一、服务国家重大战略部署**

——积极融入“双区”建设。深圳市分行落实稳经济大盘工作，实体贷款投放 1063 亿元，比上年增幅 44%。其中，制造业贷款余额 167.14 亿元，比上年净增 55.68 亿元。服务双区重点项目 41 个，余额达公司信贷总量的四分之一，完成双区任务的 128%。

——大力推进普惠金融。深圳市分行抓紧抓实“稳企业保就业”“首贷户”等重点工作，圆满完成“两增两控”等监管重点指标；全力支持民营小微企业，创业担保贷款结余在全市排名前列，创业担保贷项目荣获深圳市金融创新奖特色奖一等奖，普惠小微贷款净增在 9 家城市分行中列第 1 位。

——深度助力乡村振兴。深圳市分行成立乡村振兴及普惠金融管理委员会，强化深圳市农业龙头企业和涉农企业扶持力度，加大与深圳市农业龙头企业协会的合作，给予涉农优惠利率。涉农贷款结余 50.6 亿元。

——稳步推动绿色金融。深圳市分行率先公开披露全行首份《环境信息披露报告》，成立深圳市首批绿色金融专营网点，完成碳排放数据核算；绿色信贷持续优化授信政策，加大资源倾斜力度，2017 年以来增长 387%。

**二、业务发展**

——零售金融业务。一是客群结构不断优化。场景生态搭建不断丰富，新客发卡创历史新高，列邮储银行第 4 位。二是数字人民币场景不断丰富。落地邮储银行首笔数字人民币工资、首个医疗行业应用场景、首个黄金产业链全覆盖应用场景，新增对公钱包完成全年目标的 113.81%。三是专业化产品服务能力不断升级。三农业务持续打造小额极速贷拳头产品，创新还款方式，延续优惠利率额度，线上投放 194.09 亿元，排名重点城市分行第 1 位。消贷业务积极推进主动授信工作，净增排名邮储银行第 3 位；非房消贷批量开发优企员工推动快速上量，净增排名邮储银行第 5 位。网金业务即电子支付业务后创新“微企付”产品；收单业务落地首笔基金行业网络商户，有效商户完成率 139.9%。

——公司金融业务。一是综合金融服务加速创新。依托“1+*N*”经营服务新体系，向综合化、专业化转型创新，打造邮储银行首个主办行客户标杆（德方纳米），落地主办行客户 14 户，客户综合产品覆盖率 16.5%，列邮储银行第 2 位。二是信贷投放量质齐升。创新推出首笔经营性物业抵押贷款。信贷规模 650 亿元，市场占有率逐年提升，列邮储银行第 7 位。三是存款业务创新高。公司价值存款年日均余额 196 亿元，净增 23 亿元，完成率 193%；机构存款年日均增量 26 亿元，列邮储银行第 2 位，其中国库现金存款规模 83.2 亿元，创历史新高。四是投行业务不断突破。债券类业务与中兴通讯、招商局集团等战略客户实现破冰合作，落地分行首笔科创票据业务，单笔企业信用债承销份额创分行最高纪录。债券承销规模 104 亿元。落地邮储银行首笔地产纾困并购贷款，并购贷款余额连续多年排名第 1 位，股权类业务稳步发展。五是贸易融资数字化创新。上线行内首个供应链审核辅助系统，放款做到“T+0”，领先同业，余额 220 亿元，排名邮储银行第 1 位；创新落地邮储银行首笔 U 信保理业务、分行首笔线上平台保理、首笔跨行再保理业务、首笔电子保函业务、首笔 NRA 自营福费廷业务，分离式保函成为重点产品获推广，表内外贸融业务余额增长超 225%。六是跨境金融创新高。跨境人民币结算量比上年增长 156.55%，创历史新高，排名邮储银行第 3 位；外币日均存款余额比上年增长 20.86%。外汇管理局合规与审慎经营评估连续 2 年获得 A 级，连续第三年获得深圳市自律机制外汇自律年度评估优秀。

——资金资管业务。一是同业生态圈建设和资产销售保持领先。探索线上营销活动，新拓生态圈客户 19 家，率先完成“邮你同赢”平台签约任务，积极营销总行永续债、二级资本债销售合计近 100 亿元，列邮储银行第 1 位。二是同业融资、同业投资业务取得新突破。新增同业融资、信用债投资创历史新高。首次突破 CFETS 线上存放业务和长期限同业借款，拓宽国股行融资合作渠道，锁定长期限高收益。三是票据业务不断突破。贴现规模比上年增幅 243%，新增首次突破百亿元；票据直转一体化经营不断夯实，票据流转率超 70%，非息收入比上年增加 284%；荣获“优秀交易分行”“金牌交易员”等荣誉。四是托管综合能力不断加强。新成立基金专户、公募基金、资产证券化等产品规模合计突破 460 亿元，中间业务收入完成率在 5 个分部排名第 1 位，总托管规模和纯托管规模分别列邮储银行第 4 位和第 3 位。

**三、风险管控**

——全面风险管理。夯实全面风险管理运行基础，发挥风险政策限额管控与导向作用，确保总体不良率限额达标。积极推动高级法在分行的落地实施，逐户按月督办，实现全年有效评级覆盖率 100% 的工作目标。

——信用风险管控。分行持续优化授信政策，严格信用审批，把牢准入关口。紧盯重点热点风险领域开展预警监控，及时退出风险客户，有效避免风险。提高大数据智能风控水平，充分利用金睛系统、监测模型等内外部工具手段利用做好风险监测，合计发起 132 户法人授信客户风险预警。加大不良资产处置力度，清收工作完成率 197%，完成率列邮储银行第 5 位。

——内控合规管理。内控合规提质增效三年活动圆满收官，查找解决风险隐患 52 个，完善机制建设 72 项，完善流程 42 项。保持高压问责态势，处理人员 1619 人次。运用风险信息精确开展现场检查。创新研发 6 个非现场模型分享至邮储银行全行。完成总行风险经理全覆盖派驻目标。荣获总行“案防先进工作单位”称号。

——安全生产工作。全方位开展保密宣传教育，强化涉密文件管理，全年未发生一起失泄密事件。以“平安邮储”为抓手压实安全生产责任，全方位开展安全检查，强化隐患问题整改，全年未发生重大安全生产责任事故、外部侵害案件。

**四、运营管理**

——人力资源管理。一是实施领导人员任期制和契约化管理，首次聘任采取“集体起立，分情况坐下”的方式，主动退出 2 人，实行竞争性选拔上岗 11 人，有效促进领导干部担当作为。开展各层级干部选拔任用工作 7 次，提拔各级干部 33 人次，实现“有为者有位”。二是建立零售板块积分绩效“综合营销指标卡”系数考核机制，提升综合化服务能力；调高二支行长积分绩效标准，激发二支行长“首席客户经理”积极性。优化岗位价值系数体系，晋升 110 人岗位价值系数，进一步激励员工力争上游、多劳多得。三是基石力量、磐石力量、金石力量模块的金字塔分层分类培训参训 95887 人次，总课时 2559 小时，精准提升各层级岗位胜任力。

——财务管理。优化资源配置，引导实体信贷加大、加快投放，信贷增长完成总行计划的 197%。强化考核激励约束，突出效益增长、中间业务、价值存款、客户 AUM 等战略领域考核重点，强化增长、对标、综合营销等考核力度，引导转型和高质量发展。

——运营管理。加快网点建设，打造“咖啡银行”“财富中心”“路演厅”“邮乐园”等特色主题网点引流，试点“元宇宙”银行探索客户虚拟线上营业厅服务，打造邮储特色品牌。提高电信网络诈骗治理联防联控能力，推行网点运营岗位职能优化试点工作，进一步提升网点运营质效及服务水平。

——信息化建设。强化信息科技赋能，高效完成 34 项自主研发任务，超序时推进全年软件研发任务。圆满完成 2022 安全防护专项保障工作，全年未发生信息安全事故。

——邮银板块协同。探索代理、速递客户资源共享，联合制定专项营销方案，共拓营销项目，实现军人客户新增 AUM 增幅完成率 3027%，代销中邮证券资管产品完成率 258%，公司引荐项目任务完成率 171%。与代理金融协同，将协同理念贯彻营销全过程，为代理金融人员设置一人一码，实现全员对联名卡权益平台的宣传推广。

**五、党的建设**

——党建引领实现新成效。以学习贯彻习近平新时代中国特色社会主义思想和党的二十大精神为主线，扎实开展意识形态教育统一思想，围绕中心工作开展基层党组织“领题破题”、党员“三亮三比三评”等活动，总结推广跨支行联合党支部“六有”工作法，激发“两个作用”的发挥，实现党建引领业务高质量发展。分行党委成功通过第一批党建工作示范单位验收，党委书记撰写的组织建设和思想建设两篇论文，分别荣获总行论文一等奖并被中国金融业党的建设与思想文化建设调研成果库收录，以及全国金融系统“非凡十年 人民金融”主题征文一等奖。

——加强党风廉政建设。在深圳金融系统“青廉说”微课堂大赛中获得“最佳编排奖”；扎实推进政治监督，围绕 4 个方面“21 看”内容开展巡察“回头看”，发挥震慑作用，护航业务发展。（邮储银行）

【中邮保险广东省分公司】

一、发展概况

实现总保费82.8亿元，比上年增长24%，完成全年进度的110.4%。邮银业务方面，新单保费37亿元，列全国第2位；进度116%，列全国第2位。其中，长期期交30.6亿元，列全国第2位；进度120.6%，列全国第8位；5年交及以上终身寿险19.2亿元，列全国第3位；进度122.6%，列全国第13位；三项指标均提前5个月达成全年目标。健康险8820万元，列全国第2位；进度102.7%，列全国第13。新业务价值6.5亿元，列全国第3位；进度109%，列全国第8位。团险业务方面，实现保费6196万元，列全国第2位；进度103.7%，列全国第10位。续期业务方面，实现保费44.8亿元，列全国第2位；进度105.9%，列全国第2位。

二、邮银渠道建设

——深度融入邮银发展。协同邮银渠道提前开展储客蓄客工作，建立“开门红”业务旺季应急保障工作机制，备战虎年“开门红”，实现预投保“爆点”。二季度围绕“协同增效”目标，协同邮政渠道发展5年交及以上终身寿、健康险等高价值业务，超额实现双过半，实现“有效益规模”发展。三、四季度推动健康险收官。

——强化营销赋能。升级黄金“235”“3+*N*”两大模式，以项目形式开展地市支撑42次，覆盖20个地市，推动实现长期期交新单17.22亿元、5年交及以上终身寿险14.12亿元；创新探索“节日营销+重点业务+板块联动”相结合的业务宣传活动模式，开展“欢乐嘉年华”“名医健康行”特色网点活动314场，参与客户约6100人次，破除一线网点获客难痛点。

——推进数字化项目。协同邮银明确集团、总部数字化项目示范网点251个（邮政225个、邮储26个），开展省内全面推广活动，配备健康主题专项活动资源，实现健康险新单2105万元，列全国第3位，数字化营销线索执行率83%；协同邮政渠道自主开发省内客户管理系统数字化营销四大功能模块（客户识别、主动推送、全流程技能辅助和远程管控），推送省内特色数据约26万条。

——队伍共建。协同邮政渠道通过“提速增效”专项营销实战迅速拉建起一支300人的督训师和200人的内训师队伍，分公司专职讲师与渠道“双师”结对带练，分为“5—6月以战代练、7—9月沉淀回炉提升、10—12月检验发挥成效”3个阶段进行赋能培养，为全省代理金融长足发展奠定专业基础。

——探索打造教育基地。探索消费者教育基地建设及客户宣教活动新模式，完成广州市等2个试点网点打造及全省基地前期物料配置。

——续期管控。以终身寿险13J、健康险13J为年度重点管控险种，并将继续率管控纳入分公司级及部门级重点工作，建立周监控、月复盘机制持续管控。终身寿险13J、健康险13J两项指标均大幅超总部目标库，进入优势库。关键节点前置健康险新单收官冲刺品质管理，实现健康险新单退保率0.93%，列全国第3位。

三、多元渠道拓展

——外拓银行渠道。成立多元渠道外拓专项领导小组、银行渠道外拓工作小组，与14家银行建立联系，成为全国首批完成与招商银行对接合作并签订协议的4家分公司之一；组建“1+9”（1名团队长+9名客户经理）招行渠道客户经理团队，完成系统化培训及出单指引，累计完成保费1832万元，列全国第1位。

——探索中介渠道合作。开展同业交流学习及调研，扎实推进与明亚经纪广东分公司合作，同步与省内重点中介机构对接，打通省内中介渠道业务合作流程。

——拓展团险渠道。顺利承保中邮消费金融企补医疗项目、促成本省首张百万级补充医疗保单、推进省邮储分行两项保险续保及加保，提前8个月完成团险增量全年保费目标，规模、进度排名全国前列；累计参加惠州银龄安康项目等投标实战11个，成功中标3个，中标率27.3%，承保保费约200万元；落实总部部署，推进团险兼业代理营销模式完善及普惠保险邮政协办特色模式建立。

四、改革创新

——市场化机制改革系统推进。全国率先完成机构编制优化设置，强化讲师力量配备，完成团险事业部制改革，将员工岗位分内、外勤岗位管理；高效建立市场化职级薪酬体系，完成各序列职级薪酬初始化套入，率先完成专职讲师绩效薪酬体系建设；积极推进任期制和契约化管理，完成机构改革后相关中层领导人员岗位聘约重新签订，持续落实中层领导人员“一人一岗，一人一表”。

——落地专职讲师派驻制管理。2月，启动讲师社会招聘及内部调剂；6月，配齐专职讲师38名，为“提速增效”专项营销活动补给专业力量。7月起实施“片区管理+派驻支撑”双线策略，将专职讲师派驻至20个地市、属地履职。

——推动保险规划师建设。7月，以专项管理推动规划师队伍建设取得突破，完成规划师队伍专项培训、人网匹配和团队组建，建设成效获总部保险规划师工作综合评价A级。

五、专业能力

——推进运营管理体系专业化。前端科技赋能，推广市县网点使用“邮保典”速查工具、“邮E保”网点App以及“T+0”微信回访业务，实现7×24小时实时服务支持，缩短省内各层级运营业务处理时间，提升客户体验；后端落实“高效运营支撑机制”和“10+3+2”回访管控机制，实现运营各条线“分片包干、责任到人，服务下沉、支撑到位”，推动人为管理向机制管理的专业化转变。

——客服水平提升。探索多元化消保宣教渠道，构建“3·15”消费者权益宣传周、“7·8”全国保险公众宣传日、金融知识宣传普及月“三位一体”消保宣教机制，有机融合常态化宣教及客户服务活动，开展线上线下活动89场，覆盖消费者约45万人次；完善“1+8”消保体系建设，印发分公司消费者权益保护工作委员会议事规则等系列文件，持续开展消保审查。

——特色模式持续巩固。自主建立运营专岗技能评定机制，围绕运营服务全流程的关键点和重点领域完成“理论＋实操”“现场＋远程”考试评定，188人获得初级（运营）专业资格，全省持证率80%；51人获得中级（运营）专业资格，全省持证率22%。

——合规管理深入扎实。深化风险合规三方“联合会议、联合检查、联合培训、联合宣传、联合共建”，累计参加邮银资金安全联席会11次，联合检查4次，联合培训覆盖市县专岗等约1298人次，联合宣传活动866场，线上线下宣传触达约528万人次。全国首个开展并建立风险合规知责履责体系，形成分公司风险合规288条岗位红线及86条通用红线。深化合规管理科技赋能，推进风险合规智慧可视平台、省内反洗钱排查全流程信息化。按计划完成年度审计项目10个，发现问题均完成整改。

**六、运营管理**

——企业规范化管理。推广行事历管理工具，推进分公司、部门、岗位三级全覆盖，实现人手一本行事历。全面梳理形成分公司2021年鉴，将分公司创新成果、创新思路、发展经验编写成册。持续落实重要事项督办，制定分公司及部门2022年重点工作，实行按月督办、管控及通报，推进38项重点工作落实。

——财务管理。深化全面预算管理，建立年度预算动态调整工作机制，强化分类、分级、分条线的过程管控，其中投价比实现5.3，高出全国均值14.3%，比上年提升15.1%。建立营销费用效益量化评价模型，将投产比、营销意愿、业务规模等因素进行分地市量化设置，用以分析地市营销效能，提升资源投放决策的科学性。

——品牌宣传工作。注重对外塑品牌、对内凝聚力两个方向，推动构建权威机构助力、权威媒体背书的品牌宣传管理矩阵，其中，微电影宣传片《守护》入选央视“品牌强国工程”，分公司作为省内行业代表参加省市地方金融监督管理局主办栏目《广东金融大讲堂》等，品牌宣传深度、广度实现新突破；聚焦保险公益理念，探索开展“邮未来·邮希望”特色品牌体验活动，以活动促传播、以活动探索业绩转化，获南方＋、《羊城晚报》等多家媒体报道。

——科技赋能能力。组建技术开发兴趣小组，兴趣小组以“专家＋顾问”的形式运作，由分公司技术骨干利用工余时间对分公司IT项目进行系统开发、技术升级等工作，完成“收展部关键指标预测预警系统 -25J 指标预测和退保统计”等24个子项的开发上线。

——统筹疫情防控与安全生产。建立由综合办公室、人力资源部、党建工作部协同运作的“动态监控＋摸查追踪＋效果督办”联防联控机制，积极应对本土突发疫情，推进实现“节点有管控、过程有反馈、结果有督办、应急有指导”；紧盯党的二十大等重要时间节点，顺利完成护网行动等安全保障工作。

**七、党的建设**

——党的建设全面加强。严格落实“三个第一时间”“第一议题”机制，组织中心组（扩大）学习10次，党委委员讲党课3次，党委会第一时间学习27场次，学习中央重要会议、文件精神，习近平总书记重要讲话精神117项内容；组织党性教育专题培训班、“喜迎二十大、永远跟党走、奋进新征程”教育实践、庆祝共青团成立100周年专题讲座等活动，深入推进学习《习近平谈治国理政》第四卷，持续在“学懂弄通做实”上下功夫；围绕7个“急难险重新”问题深入开展“领题破题”活动，工作成效突出，获评邮政系统优秀经验，分公司获评第二批集团公司“党建工作示范单位”。

——服务中央重大战略。协同邮政开展“‘邮’我守护美好生活 真情助力乡村振兴”公益帮扶活动，向有帮扶需求的脱贫户2108人赠送帮扶保险，保额6324万元；邮保共同推广“小邮美宿”尊享体验活动，协同打造广东邮政民宿经济生态圈；主动融入大湾区建设，推进大湾区专属重疾产品上线前准备工作、专项营销策划组织及增值服务配置。

推进企业文化建设。开展寻找“最美奋斗者”活动，挖掘分公司干部职工的奋斗事迹，在企业号开设“早安心语”“追梦路上”“高光时刻”等系列栏目，累计发布64期，选树宣传先进个人36人次及先进组织2个，树创分公司工匠及毕泽明劳模创新工作室，持续宣传弘扬奋斗文化。

——推进巡视整改取得成效。持续推进运用十九届中央第八轮巡视成果对照自查整改，实行集中整改期“双周例会”制度、持续深化期“月例会制度”，整改期间共召开例会9次，及时推进自查整改工作，有效将巡视整改成效转化为分公司高质量发展动力。

——政治监督更加精准聚焦。围绕“坚定正确政治方向”“推动党中央重大决策部署落实落地”等政治监督重点方向开展监督；建立和深化贯通协同机制，探索加强对各类监督成果的分析运用，推动解决影响公司发展的深层次问题。（中邮保险）

**【中邮证券广东省分公司】**

**一、总体发展概况**

实现收入2590万，比上年增长10%，完成预算收入目标70.6%。实现利润（扣资金成本）390万元，完成年度预算目标92.6%。

新增有效户13642户，全国排名第1位，完成年度目标242%；新增客户资产3.03亿元，完成年度目标39.4%；总托管资产104.99亿元，全国排名第1位。销售金融产品（含收益凭证、公募基金、财富渠道资管产品）5.62亿元，完成年度目标93.7%。协同邮银渠道销售资管信托规模19.26亿元（总部口径数据），全国排名第1位；邮银渠道定制化资管产品存量规模5.53亿元，财富渠道定制化资管产品存量规模9678万元；累计两融102户，两融日均余额1238.22万元，完成年度目标11.8%；投行业务完成1个财务顾问项目、2个股票质押展期项目、4个私募机构交易户（含两融）。

**二、业务发展**

——邮银协同。打造粤邮财富品牌，协同效能进一步释放。主动参与省级板块协同，强化统一的协同共识，迅速响应2021—2022跨年度营销活动，融合渠道跨年赛拓展中邮证券业务。协同广东邮政实现新增有效户12902户，完成集团公司年度目标任务的533%（总部口径），全国排名第1位。

——重点业务。增强员工市场化竞争意识，以落实季度岗位绩效考核机制为抓手，持续提升分公司自身创收能力。金融产品销售56244.02万元，完成年度目标93.7%，全国排名第3位。其中资管（财富渠道）销售24502.81万元，全国排名第2位；公募基金销售4175.33万元，全国排名第5位；收益凭证销售27565.88万元，全国排名第3位。

——投顾服务。以“券商财富管理转型—高净值客户营销与服务”为主题，实施投顾服务精细化，扩大受众客户群体覆盖面，满足客户需求，如新增中短线风格投顾产品——趋势价值，与在售长线投顾产品形成互补。新增投顾收入45万元。

——金融直播。定期向客户提供最新国内外宏观事件解读及市场行情动态梳理点评，根据渠道展业需求结合金融快讯，进行热点快评，赋能渠道金融理财队伍，协同线上获客、活客。配备专职直播讲师，在每周“非同一般”大讲堂、“黄金8.8”晨间直播。开展“非同一般”培训91期，覆盖3.2万人次，开展“黄金8.8”晨间直播119期，收听收看1.3万人次。

——创新获客。以新客引流、客户深耕、价值挖掘的发展模式，激发“自营”队伍发展活力，精细化客户分级分类。截至12月，合格投资者认定332户，财富渠道累计销售24502.81万元，全国排名第2位。财富自营渠道定制资管产品发行，累计募集金额9678万元。聚焦服务高净值VIP客户，累计激活5926户。

——债权业务。以“覆盖式营销”和“保姆式营销”全力开展城投债开发工作。完成对全省主要发债平台的二次营销，拓展新发债平台2个（其中1个50亿元总规模项目正在启动招投标工作），签署独立主承发债协议1份（20亿元总规模）。

——股权业务。联合邮储银行省分行，举办全国首场“专精特新”企业投融资专项对接活动，成功吸引涵盖蓄电池、新材料、生物科技、人工智能、数字科技、汽车配件、加工制造、生活家居等多个优势行业和前端领域的80家国家级“小巨人”企业、省级“专精特新”企业实控人参会，并签署三方战略合作协议。走访“专精特新”企业70家，完成1家企业的前期尽调工作。

——机构经纪业务。系统外密切联系私募机构、托管机构、银行、保理公司、保险公司、中介机构等，成功落地广州开发区金控投资粤开证券财务顾问项目，完成机构两融1笔，授信额度500万元。成功完成5家公、私募机构进入合作白名单，完成3家机构申请代销白名单，12家机构在途申请进入白名单。

**三、运营管理**

实行集中运营管理，全面提升运营服务水平。截至12月，分公司存量客户18.84万户，新增34572户；资产规模106.29亿元（时点），新增-16.60亿元。开户视频见证34826户（含自助），审核8208户（不含总部），身份证更新1241笔，密码重置5430笔，网上销户399笔。柜台业务381笔。档案整理394份。维护渠道微信群54个，咨询答疑超10000人次。完成客户回访成功911户，完成进度104.71%。

**四、风险管控**

——合规管理。发挥合规内控制度对业务的指导作用。全面梳理规章制度，规范制度管理体系。在严格执行总部内控制度的基础上，根据分公司实际，出台印发《中邮证券有限责任公司广东分公司客户投诉处理实施细则》《中邮证券有限责任公司广东分公司金融产品销售业务收入及奖励分配细则》等制度。

——廉洁从业。紧跟监管步伐，夯实合规基础建设。分公司密切关注总部和辖区监管动态，结合监管检查案例，对合规从业、生产经营业务、廉洁从业管理等方面存在的管理漏洞进行总结，举一反三。组织全体员工参与总部“力争上邮”合规竞赛；根据总部检查结果和监管案例，排查分公司风险点，防范和化解风险隐患；对于分公司发展有效户的风险点，及时报备。

**五、党的建设**

——党支部建设。结合主题党日开展“五个一”活动，亮明党员的政治身份、亮出个人岗位绩效标准。围绕经营工作、目标任务和自身岗位工作，引导党员公开作出一句话承诺，接受群众监督。在全国邮政系统“营销争先”劳动竞赛上荣获先进单位；在中国邮政自办证券业务发展劳动竞赛上荣获“省级优秀组织奖”；《高净值专属投顾服务产品》获全国邮政系统“营销争先”劳动竞赛“优秀营销项目”。全体党员干部认真开展批评和自我批评，做好党员评议工作，自觉接受群众评议和监督。

——党风廉政建设。组织学习《中国共产党宣传工作条例》《关于加强和改进邮政新闻舆论工作的指导意见》等相关制度。召开巡视整改例会11次，提交深化整改报告、“举一反三”自查报告等。组织党员开展系列学习警示教育19次。在总部“喜迎二十大 倡廉树新风 助力深化创新突破”知识竞赛上荣获团体一等奖，11名青年党员获个人优胜奖。与新入职员工签订《廉洁从业承诺书》，做好重大活动和敏感节点期间的信访、舆情、安全维稳。（中邮证券）

【中邮证券深圳市分公司】

**一、总体发展概况**

内设综合管理部、财富管理部、机构客户部3个部门，下辖海德三道营业部。2022年有员工18人，其中本科15人，硕士3人（含营业部）。实现总收入929.2万元（考核收入771.25万元），利润196万元，绩效考核得分列全国第7位。经纪业务实现收入590.6万元，其中代理交易佣金收入249.4万元、两融业务息差收入91万元、保证金利息收入109万元、席位佣金收入111.2万元、代销金融产品收入30万元；资管业务收入175.7万元；新三板业务实现收入4.95万元。

**二、业务发展**

——推进财富管理转型。全面贯彻落实集团公司协同发展战略，走访邮政代理金融网点、邮储分行自营网点400余次，联合组织学习培训7场，实现新增客户4786户，完成率126.53%，新增有效户1941户，完成率258.80%；协同销售定制资管产品鹏城2号1.27亿元、收益凭证1.05亿元、公募基金192万元。积极落实总部机构财富管理业务战略，走访上市公司、金融同业机构、私募基金100余家，结合中邮证券的业务特色，积极洽谈业务合作，推荐引进凡二、榕树等私募机构进入公司私募代销白名单，引进景和资本产品户落地资产3000万元、融资规模2600余万元，推荐产品型机构客户恒和昌配置公募基金2400万元。积极创新合作模式，寻找到与保险公司、基金公司等金融同业机构的业务突破口，落地公募基金交易单元租赁业务，实现业务收入114万元，成为分公司财富管理业务新的收入增长点。以客户为中心积极探索投顾产品业务，认真做好自身投顾服务产品的研发工作，成功上架“成长5号”投顾产品。

——推进投行业务发展。与邮储银行深圳分行公司金融部深入开展“1+*N*”综合营销活动，把关注点放在市级和各区的城投平台上，筛选出华南城、宝安集团、水务集团、特发集团、怡亚通、深汕投控等目标客户，进一步拓展投行业务。与邮储银行深圳分行普惠金融部协同做好“专精特新”及科创企业投商行一体化服务工作，共同筛选“专精特新”企业，储备的客户包括华科半导体、精泰达、爱车屋等。

——加强自营渠道业务开拓。利用自身资源，积极走访上市公司、“专精特新”企业、股权投资机构、会所、律所等单位，为上市公司再融资、股东减持、定增等提供企业投顾业务，为上市公司闲置资金开展企业理财业务，跟进的项目有贝瑞基因的实控人减持、正威新材的大股东股票质押等。突出“三个加强”管理模式，推动营业部大力开拓市场，累计新增客户154户，有效户55户，新增交易型资产8807万元，两融户6户，融资余额近2905万元。

**三、运营管理**

——建立健全内控机制。坚持做到“制度先行”，印发分公司反洗钱工作实施细则、客户投诉处理实施细则，完善分公司内控制度。制定2022年合规检查计划，充分发挥合规检查在分公司及营业部经营业务开展中的监督管理作用，对查出的问题限期整改，对整改完成的进行复查，形成闭环。

——加强市场化人才队伍建设。推动分公司管理人员和业务人员招聘工作，引进营业部总经理和机构客户部机构经理岗等市场化人才2人，进一步推进专业化营销团队建设，有效改善分公司人才队伍专业化结构，提升市场化销售能力。

**四、风险管控**

——深化分公司自查机制。严格落实柜台业务定期自查，网上开户自查1753户，柜台业务自查207笔。开展分类评级自查、风险管理自查、反洗钱工作自查、合规管理工作自查、客户适当性管理工作自查、员工证券投资行为管理自查等多项自查工作，对查出的问题及时整改，进行培训宣导。

——提升全员风险管理意识。研究成立分公司防范化解重大风险工作小组，积极推进分公司金融风险防控能力提升。将执业行为的合规性、岗位履职规范性、服务适当性、反洗钱履职、廉洁从业等情况纳入绩效考核范围，作为分公司的基本底线，贯彻到所有部门，落实到每一位员工。常态化开展分公司的合规培训，组织员工集中培训20余次。

**五、党的建设**

——强化思想根基。坚持把学习贯彻习近平新时代中国特色社会主义思想作为首要政治任务，落实“三个第一时间”学习机制，组织党员集中学习20次，组织党员干部深入学习贯彻党的二十大精神，将学习贯彻党的二十大精神与重点工作有机结合，把学习成效转化为指导实践、推动工作的强劲动力。

——推动党建与业务深度融合。按期完成党支部换届选举，召开23次党员大会，其中2次党的建设专题会议。聚焦重点任务，找准难点痛点，开展“领题破题”活动，以“三亮三比三评”为抓手，带头在分公司营造“比学赶帮超”氛围，于12月完成课题，切实将思想和行动统一到集团公司党组、公司党委的工作部署上来。

——坚持守好意识形态工作“责任田”。召开2次专题会议研究、部署意识形态工作，组织党员学习习近平总书记关于宣传思想工作等重要讲话内容，配合集团公司开展意识形态工作督查。对员工思想、学习、工作、生活等情况进行调研。

——推动群团工作。认真落实2022年度“社会主义核心价值观主题实践教育月”活动安排，组织员工开展专题学习、疫情防控宣传、“绿色邮政”宣传等工作。每季度开展青年员工理论学习，推进青年员工“根在基层”调研实践活动，引导青年员工坚定政治立场，增强技能本领，树立实干作风。（中邮证券）

# 广西壮族自治区

## 【中国邮政集团有限公司广西分公司】

### 一、2022年度总体发展概况

完成业务收入58.11亿元，列全国第17位，比上年提升2位；比上年增长7.2%，列全国第18位，比上年提升6位。完成集团下达利润预算110.2%，列全国第11位，利润增幅连续两年保持40%以上。降本增效件均总成本和五大环节连续两年实现压降，达到集团公司年度管控目标。

### 二、党的建设

——推动全面从严治党向纵深发展，坚持不懈地用习近平新时代中国特色社会主义思想武装头脑、指导实践、推动工作。认真落实“第一议题”制度和“三个第一时间”学习机制，以主体责任清单、“一岗双责”责任清单为主线，推进159项党建重点任务落地。

——深入开展基层党组织建设达标工程和创先争优、“桂邮党旗红”、党支部“领题破题”、党员“三亮三比三评”活动。树立鲜明选人用人导向，着力打造政治过硬、本领高强的高素质专业化干部人才队伍。

——全面实施任期制和契约化管理，全区所有三、四级领导人员签约率100%。市县分公司班子配备年轻干部占比超集团目标。选人用人好评率94.12%，较上年提升10%。扎实做好巡视巡察“后半篇”文章。

——坚持强化政治监督，坚定不移推动正风肃纪反腐，深入贯彻落实中央八项规定精神，巩固深化“靠邮吃邮”等12个专项治理，一体推进“三不腐”。

——坚持加强作风建设，开展“敢于担当 奋发作为”专题活动，纠治形式主义、官僚主义。紧紧围绕各项重点工作“挂图作战”，确保集团各项决策部署落实落地，推动党建与生产经营深融互促。

### 三、服务国家重大发展战略部署情况

——普遍服务提质达标，切实履行央企职责。按照“三个优先”原则，年内落实普服和特服专项补贴1.58亿元、建制村直接通邮补贴900万元。连续两年累计投入3541万元，完成1094个普服网点形象改造。2022年，1502个普服网点全部转型，转型重点指标达标。普服网点非金融业务收入比上年增长29%。以“三条主线、三个重点”为抓手，集团公司“一确保两提升三强化”15项任务全部完成，普服指标均保持全国前列。《人民日报》当日见报率稳定保持100%；全年未发生违反“两条红线”情况，无行政处罚案件发生。机要通信连续25年保持质量全红。

——服务乡村振兴工作扎实推进。积极融入地方服务乡村振兴工作格局。政企建联：深入落实促进乡村振兴战略合作协议，自治区党委和政府先后印发9份文件，将广西邮政作为县乡村物流体系建设承办单位，与农业农村厅、交通厅、邮管局等6个部门建立常态化沟通协调机制。4个县级中心场地获得政府免租支持。县乡村三级物流体系建设：自筹资金4300万元，完成29个重点示范县建设，推进“两中心一站点”“两优化一提升”工作，农村投递汽车化等6类指标均达到年度管控目标。惠农合作项目：实现收入4.7亿元，累计实现“广覆盖”农民合作社1.4万家、农村会员24.3万户。荔枝项目获全国荔枝组“最佳业务协同奖”。农村电商：实现批销额1.38亿元，完成目标152%。批销规模为上年的9倍。累计发展优质站点1631个，邮掌柜会员8.3万户。乡镇网点转型：推广“网点+站点”运营模式，1047个乡镇网点业务叠加达到9项。

### 四、落实集团公司发展战略情况

——两集中改革。时限质量指标全面向好，各环节指标全国排名稳定靠前。

——邮区中心规范化改革。南宁、柳州中心在全国省际中心阶段性验收中均被评为“优秀”，分别列第9位、第6位。通过落实3本手册，南宁邮区中心效益效能指标实现双提升、双压降。2022年广西特快、快包内部处理及时率分别列全国第3位、第12位。

——市趟运输改革。推行汇集发运、顺向串行，日均减少市趟里程780公里，自有车辆行驶里程140公里，比上年翻番。市趟准点率97%，列全国首位。单车件数装载率71.2%，较改革前提升19.3%。市趟运输成本1.95元/吨公里，较改革前压降23.6%。

——陆运网改革。34个区县、2个乡镇打破行政区实现就近入网。完成27个县处理中心改造，建设直投中心387个。应集必集率、全量集包率均超额完成集团公司下达目标，较年初分别提升15.9%、4.87%。

——运输改革。一级干线运输准点率93.43%，列全

国第 2 位，比年初提升 7.47%。持续推进大改小、小改大。一级干线车辆日均行驶里程比上年提升 22.36%。开通南宁至广州、南宁至昆明高铁邮路。

——揽投网改革。网格化作业率达到年度目标。特快及时妥投率 93.4%，列全国第 6 位。快包自提率比上年提升 4.3%。人均揽投量比上年提升 43.6%，人均收寄量、特快散件揽收分别比上年提升 29.9%、46.8%。

同时，定点帮扶、绿色邮政、国企改革三年行动方案等国家重大战略和改革任务、主要指标也如期完成。此外，还主动对接政府应急和民生物资配送需求，积极做好保供保通保畅工作，彰显行业国家队政治本色和担当。

**五、业务发展**

——金融业务发展坚持定位，达成预期目标。代理金融系统化转型进一步深化，金融业务占总收入比重逐年提升，筑牢高质量发展根基。实现收入 34.34 亿元，比上年提升 6.7%。AUM 净增 156 亿元，增幅 8.55%。余额发展方面，实现利差收入 25.46 亿元，比上年提升 9.4%。新增月日均余额 129 亿元，完成预算 143%。保险业务方面，实现收入 6.33 亿元，比上年提升 10%。长期期交占比 37.14%，比上年提升 2.9%，列全国第 10 位；银保渠道销量邮政占比 54%，列同业首位。

——寄递业务发展量质并进，结构持续优化。实现收入 13.69 亿元，列全国第 7 位；比上年增长 10.2%，列全国第 9 位，比上年提升 12 位。完成利润预算 100.4%。收入增幅 10.2%，高于行业 6.5%；收入市场占有率 11.2%，列全国第 11 位。特快、快包均超额完成全年预算，是全国实现“双达标”的九省之一。特快业务实现收入 5.95 亿元，列全国第 8 位，比上年提升 28%。特快收入占寄递业务收入比重 43.4%，近两年收入占比均保持 7% 以上的增长。快包业务实现收入 4.85 亿元，列全国第 9 位，比上年提升 8 位。边际贡献率 4.89%，实现扭负为正。国际业务实现收入 6612 万元，完成预算 117.6%，列全国第 3 位；比上年提升 17.15%，列全国第 5 位。物流业务实现收入 1.31 亿元。

“双 11”期间，广西贵港市分公司在全市支局开设职工小灶，为投递员制作餐食（《中国邮政报》11 月 26 日）

——集邮与文化传媒业务发展全面达标，实现节奏调整。实现收入 4.75 亿元，比上年提升 8%。报刊业务实现收入 2.42 亿元，比上年提升 3.8%，2023 年报刊大收订完成流转额 5.94 亿元，比上年提升 3%。政务图书形成销售收入 3660 万元，政务图书单册发行规模实现突破。2022 年报刊大收订回款率列全国第 6 位。集邮业务实现收入 1.18 亿元，比上年提升 15.2%。集邮专业毛利率 22.77%。生肖季项目首次突破亿元。函件业务实现收入 1.08 亿元，比上年提升 7.9%。

——渠道平台业务转型成效初显，农村电商生态初步构建。分销业务实现收入 2.48 亿元；完成预算 118%，列全国第 6 位；比上年提升 19.5%，收入净增 4043 万元。商品销售毛利率 6.06%。节庆项目首次突破亿元。增值业务实现收入 4044 万元，其中学平险项目完成进度列全国第 6 位。

——鑫达公司在服务好主责主业的同时，超额完成全年收入和利润目标。

**六、运营管理**

——抓好联合开发，强化协同效果。集团总部客户收入比上年增长 24%。邮银协同共建信用村 530 个，累计布放乡村振兴金融服务点 3046 个。邮保协同发展中邮保险新单保费比上年增长 22.74%，其中代理中邮健康险比上年增长 226.3%，列全国首位。

——抓好项目建设，强化基础设施能力。全年投资 1.5 亿元，重点安排 60 个金融网点装修、224 个普服网点形象改造、214 个综合网点店招更新项目。完成南宁安吉物流仓等 4 个区市级骨干节点扩容和工艺改造。按照“三合一”标准，建设 17 个县处理中心、24 个揽投部。

——抓好财务管理，强化精益管控。深入推进零基预算，优化外包费、运输费、营销费等 12 个预算模型，重点成本均控制在年度目标以内。实施资金变动与同期利润“双管控”。

——抓好能力提升，强化重点队伍建设。选优配强重点队伍。财富管理队伍实现从无到有、从兼到专，建成由 4 名财富顾问、874 名专职理财经理、570 名大堂经理、116 名合规检查人员组成的金融专业队伍；完善区、市、县、揽投部四级营销架构，建成 402 人的寄递专业营销队伍；配备县分公司服务乡村振兴专员 81 人；初步建立专职法律事务和合规管理队伍。

——抓好数字赋能，强化信息支撑作用。做好信息技术工作，自主研发项目 16 个。自助设备全部转自维，年节约费用 400 万元。实施区级数据项目 40 个，拉动收入 7800 万元。BSC 应用收入、新增会员、邮生活平台用户等均超额完成集团目标。

——抓好人力管理，强化人力资源效能。深入推进双定工作，全口径劳动生产率 24.64 万元 / 人，比上年增长

20.1%。推进寄递业务计件工资制，投递、分拣封发、长途邮车驾驶岗位固定薪酬占比压降均超20%以上，优于集团管控目标。

——抓好审计和采购工作，强化规范管理。实施审计项目883项，工程审减率10.61%。加强采购管理，实施集采项目182个，节约资金8890万元。全年集中采购率、公开采购率、公开招标率、上网采购率均大幅提升，优于集团考核目标。

——抓好安全生产，强化企业平稳运行。强化安全主体责任落实，扎实推进“平安邮政”建设，加强隐患排查与整治，认真做好安全生产专项整治三年行动收官各项工作，落实“八大安全”。坚决落实“四早”要求和“四方责任”。（广西分公司）

**【邮储银行广西分行】**

实现自营收入45.51亿元，比上年增长3.24%；实现利润总额15.02亿元；中间业务收入完成5.39亿元，比上年增长1.67%。业务规模方面，总资产2629.34亿元，增长6.57%；各项存款余额2374.09亿元，增长6.26%；各项贷款余额1315.52亿元，增长10.14%。资产质量方面，考核口径不良率1.22%。

**一、服务国家重大战略部署**

——助力稳经济大盘。提升服务实体经济质效，投放实体经济贷款918.30亿元，增幅4.86%，其中投放“桂惠贷”9397户、143.46亿元。大力支持交通、制造业等重点领域，交通领域贷款余额188.49亿元，比上年增长66.48%；制造业贷款余额163.19亿元，新增36.55亿元，其中中长期贷款增长59.97%。积极响应“保交楼、保民生、保稳定”，与多家房企展开房地产开发贷款授信工作，上报授信金额10亿元。切实服务新市民信贷需求，为新市民客户发放贷款29.60亿元。

——助力乡村振兴。涉农贷款、普惠型涉农贷款分别新增32.44亿元、14.92亿元。20个国家乡村振兴重点帮扶县贷款增速高于区分行各项贷款增速1.77%，存贷比提升0.56%；33个脱贫地区机构各项贷款余额72.36亿元，新增9.39亿元，乡村振兴监管考核任务均超额完成。

——支持民营小微企业。普惠型小微企业贷款余额251.66亿元，列国有六大行第3位，新增29.77亿元，完成监管计划112.78%。服务“专精特新”企业户数新增24户、贷款余额新增5.41亿元。民营企业贷款余额189.64亿元，增长2.68%，有效促进民营小微企业融资增量扩面。

——服务低碳转型。为37家企业客户开展碳核算；加大绿色贷款投放，绿色贷款余额106.07亿元，新增13.01亿元，占各项贷款比重8.10%，比上年提升0.26%。

**二、业务发展**

——零售金融业务。个人金融加快推进财富管理转型，个人AUM新增42.43亿元，长期期交保费占比46.70%，继续保持邮储银行第1位，保险综合费率12.74%，列邮储银行第3位。个人理财新增年日均3.28亿元，比上年增长81.86%。储蓄价值存款月日均、年日均分别新增39.06亿元、26.39亿元，均超额完成总行目标。三农金融全力拓展农村市场，小额贷款客户新增1.36万户，是上年增量的4倍，创近5年历史新高。建成信用村9739个，其中邮银共建信用村530个，完成考核目标的106%。线上信用户贷款发展加快，实现净增8.56亿元。消费信贷不断增强业务拓展能力，贷款余额390.25亿元，直营新增15.08亿元。非房业务发展逐步向好，额度类贷款新增2.54亿元，列邮储银行第6位；汽车消费贷款新增2.93亿元。信用卡稳步提升经营效益，实现中收2.67亿元；加速发力协同获客，全区邮银协同获客3.88万户，比上年增长93.33%，激活首刷率78.53%，列邮储银行第7位。网络金融持续深化数字化转型，六类重点客群绑卡渗透率69.07%，列邮储银行第3位；收单手续费率、净收入分别列邮储银行第2位、第6位。荣获2022年广西移动支付便民工程云闪付App推广优胜奖、消费分期场景突出贡献奖。

——公司金融业务。公司业务新增客户8277户，完成总行目标的118.24%。公司存款日均余额120.61亿元，新增0.54亿元。公司贷款新增114.63亿元，增幅33.01%，均创历史新高，其中增幅列邮储银行第7位。小企业贷款余额103.57亿元，新增14.55亿元。以小微易贷为抓手加速线上化转型，新增10.74亿元，成为新的重要增长点。交易银行国内信用证项下融资、保函、票据业务实现大幅提升，自营表内外融资余额41.77亿元，比上年增长10.88亿元，增幅35.22%；开放式缴费平台缴费量32.34亿元，完成全年目标。投资银行流贷银团业务取得新突破，实现银团费收入665万元，增幅184.19%。

——资金资管业务。金融同业做大业务规模，累计落地同业融资78.9亿元，比上年增长192.22%；实现同业生态圈拓客34家；落地邮储银行首笔绿色利率债质押业务。票据贴现业务实现辖内全覆盖，办理贴现业务98.73亿元，新增贴现客户132户；再贴现业务实现票据中心全覆盖，再贴现业务任务完成率104.62%；实现票据非息收入1522.10万元，比上年增长67.5%。托管业务新增托管活跃客户3个，带动新增落地规模43亿元。

**三、风险管控**

——提升风险管理能力。加强风险政策限额管理，除信用风险外的其他九大专业风险保持平稳状态；强化“金睛”“金盾”系统运用，通过加强“三单”管理有序化解退出“三单”客户4户，压降0.49亿元；完成存量对公客户评级更新，评级覆盖率100%；2020—2022年完成26

个重要业务应急预案的制定及演练，预案、演练覆盖率100%。制定数字化风控指标体系，数字化风控积极稳健发展。征信管理水平稳步提升，征信管理考核连续3年被人民银行南宁中心支行评为A级。

——增强资产质量管控力度。以“14+1”管控措施和“五个一块”处置思路为抓手，积极化解重点领域风险，大力处置不良贷款。处置不良贷款15.02亿元，处置金额增长13%，其中清收8.34亿元，贡献利润6.24亿元；核销3.82亿元、证券化2.86亿元，分别增长15%、106%。

——严抓案防合规管理。全面推广风险经理派驻，形成“风险经理＋营业主管”双派驻、全覆盖模式，97名风险经理履职发现问题4270个。加强合规管理系统应用，开展12个风险信息核查项目，核查发现问题892个。强化“严肃问责”机制，744人次因违规行为受到处罚，比上年增长19%。落实“消费者权益保护工作提升年”行动，建立金融纠纷多元化解和小额补偿机制，组织开展四个专项整治工作。加强洗钱风险排查评估，组织开展分层培训，反洗钱工作履职能力和系统应用水平得到提升。制定区分行依法治行总体规划，健全重要决策事项法律审查工作机制。

——优化信用审批服务。前置风险把关，开展3批次30家公司核心目标客户筛选，下发乡村振兴等12个重点行业信审指引，强化信审引领。严抓作业管理，持续落实信审“绿色通道”机制，通过平行作业、调研指导、分类管理等方式给予信审资源倾斜，审查审批整体限时服务达标率99.72%，比上年提升0.62%。

——筑牢安全生产防线。开展安全生产大检查等各项检查工作，发现的896个问题均得到有效整改或采取缓释替代措施，消除安全隐患。顺利完成党的二十大、全国两会、北京冬奥会等重大活动期间的安全保障工作，全年未发生安全生产责任事故。

**四、运营管理**

——资源配置更加科学。负债业务坚持以价值存款为核心，信贷资源配置坚持零售、实体贷款优先原则，引导优化业务结构；以目标为导向加强利率管理，存款付息率1.22%，列邮储银行第4位，存贷利差3.13%，列邮储银行第8位。科学配置财务资源，强化成本效益管理，成本收入比41.19%，低于总行控制目标。

——队伍建设更加扎实。择优提任6名优秀干部，持续推进管理人才库建设；制定二级支行行长职级聘任管理办法，加强基层管理人员队伍建设。通过人才招聘、人员盘活等方式将销售人员占比提高至35%，营销队伍力量得到增强。优化工资总额分配机制，薪酬分配持续向基层倾斜，加大经营效益挂钩力度，加强绩效考核过程管理，薪酬激励有效性进一步提升。提高校招员工试用期薪资待遇，新入行员工队伍稳定性得到提升。

——科技支撑更加有力。完成储蓄新核心系统等9项总行统建项目推广，上线10个RPA业务场景以及数字化小微贷系统等17个项目；自主构建断卡可疑模型等47个数据模型，下发提取数据1139次。超额完成手工报表治理任务，实现数据自动化采集，节约80%的手工统计工作量。

——运营管理更加精细。网点效能实现提升，店招更换率100%，低效网点治理进度40%，超总行年度治理目标。现金管理实现降本，现金备付率0.49%，节约资金成本382.23万元。涉案账户实现压降，涉案账户数量比上年降幅19%，10家单位被当地反诈联席办通报表扬。

——客户服务更加完善。构建网点“感动服务”体系，评选出“感动服务”明星人物30人；积极推进适老化金融服务，8家网点获评银协适老化金融服务示范网点。年度集团客户满意度专项评测得分87.2分，列邮储银行第5位。投放存折CRS、ITM新设备共140台，设备完好率99.47%。新招募旅程优化师13名，兼职体验员36名，客户体验队伍进一步完善。

——协同效应更加凸显。启动代理金融管理提质增效三年行动，强化机构与人员管理，监管反馈问题得到有效整改与销号。提升协同项目发展质效，惠农合作等总部考核重点项目超额完成全年任务目标，其中中邮证券第三方存管新增账户完成率120%，列邮储银行第3位；军人客户新增AUM增幅1051%，列邮储银行第4位。

**五、党的建设**

——持续加强党的建设。通过专题党课、专题辅导讲座、专题培训班等多种形式，推动党的十九届六中全会和党的二十大精神深入人心。持续开展党支部（党小组）“领题破题”活动、“三亮三比三评”主题实践活动；各级党组织书记开展“行长值大堂”191次，累计解决实际问题116个，基层党组织战斗堡垒作用进一步发挥。深化集团公司党组巡视整改，184项措施全部完成整改；主动运用十九届中央第八轮巡视成果深入推进自查整改。以机制约束和责任落实做好意识形态督办督查工作；全面彻底肃清不良影响。

——持续强化党风廉政建设。统筹开展落实习近平总书记重要指示批示精神和党中央重大决策部署的综合检查，强化对重大决策部署落实情况的跟踪。对梧州、钦州分行开展巡察“回头看”，发现问题41个，处分处理137人次，巡察“利剑”作用进一步彰显。全辖纪检机构运用“四种形态”处理696人次，持续释放“严”的主基调。启动清廉金融文化建设三年行动，营造“不想腐”的氛围。

——持续推进企业文化建设和群团工作。开展16期“企业文化大家谈”活动，企业文化认同感明显增强。提高补充医疗保险待遇，完善职工福利保障体系；健全职工帮扶机制，全辖发放慰问金62.27万元、互助金96.9万元。

持续推动“职工小家”建设，3家单位获总行2019—2021年度“模范职工小家”称号。（邮储银行）

**【中邮保险广西分公司】**

**一、发展概况**

实现总保费19.31亿元，完成年度目标的100.8%，比上年增长66.1%，其中，长期期交新单保费7.83亿元，完成年度目标的100.2%；5年交及以上终身寿险新单保费6.92亿元，完成年度目标的143.6%；健康险新单保费2925万元，完成年度目标的110.8%，比上年增长202.1%；实现新业务价值2.03亿元，完成年度目标的110.4%。

实现续期保费9.41亿元，完成年度目标的102.1%，比上年增长189%，其中价值类续期保费8.17亿元，占比86.8%，列全国第1位。在5项继续率关键指标中，3项偏离度均低于2%，4项进入续期指标优势库，年金及其他价值类产品13月继续率93.2%，列全国第1位；健康险13月继续率87.1%，列全国第4位。

终身寿险、健康险等高价值业务占长期期交新单保费比重99.9%，超全国平均水平5.4%，列全国第3位；5年交及以上终身寿险新单保费占终身寿险新单保费比重92%，超全国平均水平9.8%，列全国第5位；健康险新单保费占长期期交新单保费比重3.7%，列全国第1位；标保新业务价值率52.5%，列全国第2位。团险BBC职域营销健康险新单保费占比30.1%，列全国第1位。

在广西银保渠道，新单保费市场占有率11.22%，列全区第4位；期交新单保费市场占有率19.35%，列全区第1位；在广西寿险行业，新单保费市场占有率3.85%，列全区第9位，比上年提升3位。

**二、推动重大决策部署落地**

——落实乡村振兴战略，为柳州市融水县和睦镇2000名脱贫户提供意外风险保障2600万元，巩固脱贫攻坚成果。

——推进碳达峰碳中和暨绿色金融工作，各项重点指标完成良好，在线出单率99.98%，优于85%的考核要求。

**三、邮银渠道建设**

——营销协同。将中邮保险健康险项目纳入2022年广西自主协同项目；聚焦高价值业务，联合邮银开展“虎虎生威 一生安康”“如虎添翼 邮福安康”等专项营销活动，发展终身寿险和健康险业务。联合渠道分阶段开展“破零、破百、破千”活动，助推团险业务发展。

——培训支撑。借助专兼职讲师力量开展高频次、广覆盖的培训支撑，开展培训1819场，参训13256人次；开展“营销精英培训班”19期，总课时393小时，参训4524人次。创新采取“树标杆＋项目轮动”“一周蓄客＋一周爆点”的支撑方式开展健康险业务推动，于9月5日提前完成健康险年度目标，成为全国第3家提前完成健康险年度目标的分公司。

——队伍共建。联合广西分公司制定《广西邮政中邮保险兼职讲师队伍建设实施方案》，聘任84名邮政渠道精英骨干为广西邮政中邮保险兼职讲师，开展“专兼职讲师培训班”8期，总课时180小时，参训1561人次，推动形成职责清晰、协同融合、专业过硬的培训支撑队伍。

——数字化营销。完成87个示范网点的驻点辅导，跟进执行客户数20530个，商机线索执行率92.9%，提前超额完成活动目标；87个示范网点累计销售健康险500万元，点均产能5.8万元。

**四、多元渠道拓展**

——规划师队伍建设。招募规划师82人，其中保险规划师75人，外拓队伍7人，队伍规模均排名全国前列；借助队伍力量实现长期期交新单保费2728万元，其中健康险新单保费124万元。

——渠道外拓。与招商银行达成合作共识并实现外拓长期期交新单保费222万元，规模保费列全国前5位。与广西明亚经纪公司开始全面对接。

——团险改革。推进团险事业部改革，完成团险人员“双选”工作，招募代理人，招募员福、职域代理人3人，签约代理人平均年龄31岁，均为全日制本科学历，代理人规模暂列全国第1位。

**五、专业能力**

——指标管控。运营服务管理26项考核和监控指标中，25项指标优于管控范围，其中8项指标列全国第1位，3项指标列全国第2位。监管投诉指标完成情况行业最优，开业至今保持零监管转办投诉。

——数字化运营。推动数字化运营转型，分公司承保线上化率92.66%；保全线上化率89.56%，列全国第3位；理赔线上化率36.31%，列全国第4位；电子化回访占比82.87%，列全国第2位；开通“邮e保”账户的网点749个，网点覆盖率78%。

——客服服务水平。创新采取“云端授课＋现场体验”两种形式开展客服活动；联合多家省分公司开启联播活动，推出系列直播13场，观看人次6.4万余人；联合邮政渠道开展康养活动、亲子互动活动。

——消保工作。创新成立分公司协议解约联合调查小组，建立消保联络员队伍制度。开展警保联动促宣传、携手社区创平安、聚焦边区助宣教等线上线下教育宣传普及活动20余场，消保风险提示30余次，受众人数5万余人。

**六、运营管理**

——“自营＋代管”模式。联合邮政修订《中国邮政集团有限公司广西壮族自治区分公司中邮保险代管机构考核办法》，强化市县专业管理，健全中邮保险代管机构考核激励机制。强化代管人员能力建设，开展代管人员培训14场，培训时长127小时。

——三项制度改革。调整优化机构编制设置，分公司内设部门由 7 个增设为 10 个。推行领导人员任期制和契约化管理，分公司党委管理的 6 名干部全部按期完成签约。按期完成市场化职级薪酬改革。

——人力资源管理。任用三级非领导职务 1 人，新选拔任用分公司部门领导 2 人，部门领导试用期满转正 4 人，并对 4 名部门领导进行分工调整。强化优秀年轻干部选拔培养工作，选出 13 位优秀年轻干部进行重点培养。组织员工参加培训、举办讲座 18 场次，参加培训的员工 758 人次。

——财务管理。月度资金计划完成率均超 80%，优于总部管控要求。开展集中采购项目 6 个，公开采购率 100%，上网采购率 100%，并列全国第 1 位；资金节约率 16.41%，优于总部考核目标值。

——风控合规。开展法律、合规、反洗钱等培训 6 场，参培人数 184 人；邮银渠道开展培训 17 场，参培人数 4918 人次。开展知识普及宣传活动 17 次，受众人数 12362 人。认真做好可疑交易甄别工作，通过反洗钱系统抓取可疑交易预警 72 笔。

——安全管理。强化组织保障，组织召开分公司安全生产委员会会议 4 次。组织各部门签订安全生产责任书，组织全体员工签订年度消防安全责任书，开展员工安全生产教育培训。

**七、党的建设**

——加强党的建设。完成分公司党委委员增补。深入学习宣传贯彻党的二十大精神，严格落实“三会一课”、组织生活会、民主评议党员等基本制度，各支部集中学习 30 次，主题党日活动 24 次，支部书记讲党课 4 次。

——认真落实巡视整改责任。制定运用十九届中央第八轮巡视成果对照自查整改方案，自查发现问题 4 项，制定措施 12 项，完成整改 11 项，完成阶段性目标 1 项。

——持续推进党风廉政建设。印发《党风廉政建设和反腐败工作要点》，制定 10 项政治监督重点事项，开展政治监督 51 次。每半年开展“四风”问题专项自查，督促完成“靠邮吃邮”、业务招待费使用等 10 项专项治理。强化廉洁文化建设，开展党风廉政警示教育月“五个一”活动。(中邮保险)

# 海南省

## 【中国邮政集团有限公司海南省分公司】

**一、2022 年度总体发展概况**

完成收入 13.47 亿元，比上年增长 2.34%。完成考核利润 497 万元，超额完成集团公司下达预算目标。

**二、党的建设**

——加强政治理论学习。认真学习宣传贯彻党的二十大精神，省分公司第一时间学习、专题学习 6 次；举办党员领导人员十九届六中全会精神专题研讨班；在全省常态化开展党史学习教育。

——加强基层党组织建设。完成省分公司直属机关党委换届选举工作；深入开展“三亮三比三评”活动；持续推进“领题破题”活动，认领课题 56 个；加强无党员网点发展党员工作，发展党员、积极分子及入党申请人 105 人，无党员网点减少 15 个。

——持续深化巡察监督和巡视巡察整改。对 2 个单位开展常规巡察，对 2 个单位开展巡察“回头看”，圆满完成五年巡察全覆盖任务。完成中央巡视和集团巡视整改自查工作；对照集团党组 2021 年第二批巡视 24 家邮政企业单位党组织反馈意见开展自查整改，9 个问题已完成整改 8 个；督促 2021 年第二批、2022 年巡察的 15 个单位（部门）推进巡察整改工作。

——强化正风肃纪。开展房产租赁、业务招待费等 8 项专项排查工作；持续整治不作为慢作为、失职失责问题，对 11 名责任人进行诫勉谈话或批评教育，对 11 个单位进行通报问责；各级纪检机构立案 9 件，给予党内警告处分 9 人、党内严重警告处分 2 人、留党察看二年处分 1 人。

——持续整治形式主义、官僚主义。开展“一月一事、消灭最差”调研活动 178 次，帮助基层解决 334 个问题；深入开展“深入基层、服务基层”纾困解难攻坚行动，帮助解决问题 22 个；基层请示件及时办结率 98.78%，发文数量压降 14.29%。

——积极发挥工会服务职工作用。慰问劳模、困难和一线职工，发放慰问金、慰问品 13.8 万元。组织开展“喜迎二十大 快乐健步行”和“疫情防控有奖知识答题”等活动，创新开展金融网点争先进位劳动竞赛。

**三、服务国家重大发展战略部署情况**

——坚决贯彻落实党中央的决策部署。保通保畅保供被列入省级生活必需品应急保供运输物流企业名单，做到疫情防控期间机要通信正常、高考录取通知书及时投递，安排 85 辆汽车支援地方保供工作，开通紧急药品寄递通道，收到省疫情防控指挥部感谢信、受到省委组织部表扬。持续推进乡村振兴工作，投入 15 万元资金扶持临高县美香村菠萝蜜产业，抓好海南省分公司定点帮扶工作。消博会服务擦亮邮政品牌，圆满完成证件寄递及门票定制任务，受到组委会致信感谢。绿色邮政建设成效显著，回收瓦楞箱 26.5 万个，推广可循环包装 1.8 万个；光伏发电项目成功签约，率先在海口地区自有建筑启动建设相关工作。完成党的二十大期间邮政安全服务保障任务，安全生产三年专项整治工作圆满收官，代理金融风险管理实现“五不发生”目标。

——全力服务海南自由贸易港建设。深度服务政府

“放管服”改革，定制社保卡寄递服务流程，实现新办、补办卡寄递业务顺利上线。积极参与“一线放开、二线管住”全岛封关运作准备工作，海南邮政国际物流仓储处理中心项目纳入海南自贸港口岸建设“十四五”规划。

**四、落实集团公司发展战略情况**

——加快三级物流体系建设。争取县域商业体系等扶持政策。投入1235万元支持三级物流体系建设，完成定安、昌江2个示范县项目和33个乡镇中心建设，打造1500个村级综合便民服务站；积极推进5个重点项目建设；建成自提点2311个，包裹自提率61.23%；投入300辆汽车，农村投递汽车化率70.12%；与11家快递公司开展邮快合作，建制村覆盖率100%，代投邮件169万件；开通26条交邮联运线路，日均运邮2855件。

——稳步推进分类核算。开展机构名称清理、“待失效”机构数据清理，完成1454条机构主数据规范命名清理和252条在途数据清理。开展分类核算相关结算政策成本写实工作。

——持续推进寄递“六大改革”。持续推进“两集中”改革，以打造生产运营一级管理为目标，启动万宁分公司试点工作。持续推进陆运网改革，完成三亚红沙邮件处理中心工艺改造。推进海口邮区中心规范化改革，在9月集团公司规范化改革验收工作中，人均处理效率1187件/日、设备综合效能79.2%、设备综合收容率1.56%、作业人员签到率100%、外包服务业务熟练度85%等各项指标均达标，综合得分95.2分，评价结果为优秀。推进市趟改革，单车件数装载率52.4%。持续发力运输改革，推行“单改双”，往返邮路占比88.9%。有序推进揽投网改革，24个揽投部推行内部承包制。

——强化信息科技赋能。信息网省中心“零”中断运行，运维考核满分。自主研发免税品邮寄信息平台等系统，有力地支撑了业务发展。首次引入“小黄人”智能分拣和六面扫等设备，完成无人车、无人机项目测试。运用金融科技赋能精准画像、主动授信，评定信用村314个、信用户6969户。

**五、业务发展**

——普遍服务水平不断提升。聚焦“一确保、两提升、三强化”目标，推动提质达标，全力提升普服质量，社会用邮体验持续改善。省会城市间普邮全程时限缩短至2.26天，建制村投递频次达周五班占比80.91%，机要通信连续27年万无一失。投入2352万元装修改造110个网点。推动渠道平台转型创新，收入万元以上网点占比99.31%；邮务业务收入比上年增长3.82%。

——金融业务转型稳步推进。推进“财富金融”转型，5个财富中心投入运营、1个金融网点通过集团财富转型验收，常态化开展保险专项活动，财富管理业务收入增幅20%。推进“生态金融”转型，累计打造智慧场景54个。

——寄递业务质效持续提高。落实“三差三力”竞争策略，依托优势线路促营销，实现收入2.22亿元，业务量市场占有率12.46%，略有提升。持续开发税务、交管、法院等项目，政务特快业务收入增幅25.8%，列全国第2位。成功打造陵水拼多多退换货业务样板。邮件丢损量比上年下降65.45%。降本增效成果持续凸显，五大环节成本压降12.26%，寄递业务亏损压降26.23%。

——农村电商发展取得新成效。首次完成“919电商节”活动梦想目标，成功打造首个社区团购万单产品。落地7个亿元级、21个千万级大单品，大单品销售503万元。新建6个区域级以上标准化农产品基地，农产品销售1123万元，比上年增长37.10%。双线渠道活跃度全面达标，日均分享活跃邮乐小店2349个。

黎族同胞张潮瑛（左）是海南省白沙县政府和邮储银行白沙县支行扶持的电商主播带头人。春节期间，她通过带货直播销售传统黎锦、黎族文创等特色产品超过100万元（《中国邮政报》3月3日）

——协同发展迈出新步伐。不断完善邮银协同、板块协同、业务联动机制，推动协同战略有效落地。重点协同项目收入1.09亿元，比上年增长27.40%。新增融资E放款3亿元，成功打造5个惠农示范社。18个市县共建成30个乡村振兴金融工作室，整合资源助推信用村建设。JM融合项目为51个单位提供一体化综合服务。重点总部战略客户收入2923万元，比上年增长34.09%。

**六、运营管理**

——提高旺季生产网路运营质量。加密邮航正班航线，助力极速鲜运输。协调将海口—南京邮航正班航线调整为逐日班，5月10日—6月10日邮航出口运输达到288吨，日均10.3吨。春节旺季生产按照“特快优先、重点保障；一点一策、防控风险；强化管控、重点督导；量能匹配、分层保障”的原则，细化方案组织、加强运行管控、强化网业联动、密切协同配合，全省收寄量日均6万件，比上年增长40%；投递812万件，日均37万件，比上年增长

41%；海口邮区中心邮件日均处理 42 万件，比上年增长 43%。

——推进人力管理市场化经营机制改革。推进人事制度改革，完善任期制和契约化管理，206 名领导人员签订经营业绩责任书，约谈 8 名业绩不理想领导人员。推进用工制度改革，开展外包用工风险整改。推进薪酬分配制度改革，参考同业优化计件工资制。推进 2434 名快递委代办、外包人员参加工伤保险。

——提升财务管理水平。严格履行预算调整审批程序，强化预算过程管控；强化合规管理，全面整改集团公司检查发现的问题，开展车辆维修费等 10 个专项治理，健全用户欠费管理等 11 项制度；盘活房屋土地 19 项、面积 7.77 万平方米，合同期新增收益 2228 万元。

——强化工程管理、采购管理和审计监督。在网点改造项目中引入监理服务；加强集中采购管理，节约预算资金 4612 万元，公开采购率 97.38%；加强工程审计监督，工程结算金额审减率 18.07%。

——全面加强规范化管理。开展寄递业务经营管理提升活动，从 5 个维度设立 14 项指标，建立营收质量监测与考评体系，规范寄递业务营收管理。开展外包专项整治工作，逐环节、逐个合同全面深入梳理，从严从实推进整改。

**七、风险管控**

加强代理金融风险合规管理。扎实推进“雷霆行动”活动，核查总部“8+5”疑点数据线索 84725 条，排查发现问题整改率 98.38%、问责率 98.72%、累计经济考核 21.72 万元。积极应用总部风险模型，结合实际构建新模型 3 个、固化模型 4 个，促进传统风控与数字风控的深度耦合，提高员工行为排查的精准性，增强早发现风险的预警能力。认真履行反洗钱、消费者权益保护和尽职检查责任，网点现场、非现场的合规检查频次、覆盖率均 100%，员工行为排查率、岗位轮换率均 100%，开展案件警示教育 31 场教育员工 1723 人次，组织内控合规知识竞赛 19 场次，整体接管网点 16 个。总行代理网点风险合规等级评价为一级的网点共 242 个，占比 89.3%，比上年增加 53 个；二级的网点共 29 个，占比 10.7%，自 2016 年以来已连续 7 年没有三级及以下网点。邮银联合出台涉案账户管控制度 1 个、措施 4 项，未有发生客户信息泄露和侵权事件。（海南省分公司）

**【邮储银行海南省分行】**

负债规模 852.15 亿元，比上年增幅 5.97%；年净增 47.95 亿元；资产规模 855.51 亿元，比上年增幅 6.38%。全行不良贷款率为 0.76%，资产质量列省内国有商业银行前列，保持零案件。连续 6 年荣获“海南省企业 100 强”、“海南省服务业企业 50 强”称号；反洗钱分类评级获人行评定 A 级；荣获第四届省直机关“创建文明单位示范点”称号。

**一、服务国家重大战略部署**

——普惠金融。普惠小微贷款放款 55.2 亿元，净增 10.36 亿元，连续 6 年提前超额完成外部监管增量目标。净增 904 户，完成总行年度户数（63 户）计划的 1435%。

——乡村振兴。打造邮银乡村振兴金融工作室，新建信用村 1196 个，累计建成 2172 个，占全省行政村比例 84.8%。

——绿色金融。积极贯彻总行碳达峰碳中和行动方案，引导分支行加强绿色信贷投放，进一步督导辖内机构规范发展绿色金融相关业务。绿色贷款全行结余 6.28 亿元，清洁能源产业贷款全行结余 6.04 亿元。

——自贸港金融。一是信贷支持自贸港重点基建项目，发放贷款 7.7 亿元。二是积极服务总部企业发展，近 3 年累计为大唐、华能、国电投等 5 户央企海南区域总部企业授信 69 亿元，贷款余额 23.72 亿元。三是贯彻总行“1+*N*”体系建设，组建专业服务团队，为重点园区内企业发放贷款 4.01 亿元。四是主动支持自贸港“3+1”产业发展，主动支持重点产业领域企业、高新技术企业客户 23 户（含普惠客户），贷款 2.95 亿元。

**二、业务发展**

——零售金融业务。个人金融以 AUM 为纲，拓宽获客渠道，深化客户分层经营，实现 AUM 创新高。AUM 为 244.6 亿元，增长 8.32 亿元；个人价值存款月日均新增 8.8 亿元，活期比例 60.17%，列邮储银行第 1 位。财私客户紧密管户率 100%，列邮储银行第 1 位。代理保险新单保费 3.47 亿元，增幅 38%，列邮储银行第 1 位。网络金融业务发力场景建设和移动支付，手机月活跃客户 12.47 万户，收单有效商户 1.96 万户，列邮储银行第 6 位。数字人民币对公钱包开立 5198 户，列邮储银行第 3 位；数币收单商户发展 8170 户，完成率 106.1%，列邮储银行第 6 位。信用卡业务以场景建设促客群增长，与海南省总工会、海南省公安厅等政府、事业单位开展合作，促客群增长，实现信用卡业务量质发展。全年累计收入 1.38 亿元，累计发卡 5.3 万户，创历史新高。小额贷款业务较快增长，净增 18.10 亿元，比上年增幅 47.57%，余额 98.34 亿元，比上年增幅 22.57%。消费信贷优化产品投向、推进多元化获客，年累计放款 31.22 亿元，净增 7.52 亿元。

——公司金融业务。公司存款时点余额 91.75 亿元，净增 11.39 亿元；公司贷款时点余额 60.5 亿元。公司客户 21707 户，年增 5408 户。一是房地产“1+*N*”综合营销显优势，紧抓海南房地产转型，推进“1+*N*”综合营销体系建设。二是军警项目账户成功落地。积极落实总行军警工作部署，加强连队走访，通过军民共建、八一慰军等多种形式的活动，巩固军民关系，争取到某部队开户资格。三是搭建“三资”项目管理平台。“三资”客户拓展保持邮储银行第一，深挖农业农村市场，实现农业农村系统拓户稳步增长。四是社保卡业务成功中标。紧抓新社保卡发放机遇，发挥客户基数大、网点覆盖面广、邮银协同等优势，制定专项营销方案，积极应标，成为海南省6家社保卡发卡行之一。五是小企业金融增量拓户稳健发展。小企业信贷发放贷款19.22亿元，净增2.37亿元；户数净增263户，列邮储银行第2位，其中监管首贷户净增192户，列邮储银行第1位。主办行客户251个，占比38.2%，列邮储银行第3位。六是交易银行业务，办理贸易融资4.84亿元。开放式缴费业务累计交易3.18亿元。累计开立银行承兑汇票8.81亿元，带动保证金存款8.29亿元，带动中收125.64万元，实现公司存款利差收入663.2万元。

——资金资管业务。金融同业以创收为导向，资金资管条线产生收入2526万元，超预算目标426万元，比上年增幅40%。其中，票据业务收入1331万元，资管业务收入994万元，托管业务收入200万元。

三、风险管控

——完善全面风险管理体系。将“横向到边、纵向到底”的全面风险内控体系落到实处；全面推广风险经理派驻工作，实现市县分支行全覆盖。全年未发生较大风险事件、负面舆情和合规事件，未被监管处罚，各类风险总体可控。未发生泄密事件。

——提高法律合规内控水平。组织签订案防责任书，压实各级机构案防管理责任；深入开展专项检查活动，加大违规问责力度；健全消保和反洗钱管理机制。推行员工代理诉讼为主、委托律师代理为辅的司法清收模式，培养一支包含公司律师在内的专业司法清收队伍，司法清收工作取得突破性成效。员工代理诉讼3017笔，金额3.65亿元，占年度新增诉讼90%以上；司法清收金额7500万元，占比38%。

——精准防疫科学有效。按照集团公司、总行以及属地政府对疫情的防控要求，周密组织实施、精准防控，高效统筹疫情防控和经营发展工作，组建抗疫突击队、青年突击队等，394人次参加抗疫工作，捐赠物资共计11.93万元。

四、运营管理

——发挥财务管理引导支撑功能。加大支持个金、信用卡市场拓展，匹配专项额度。将中间业务纳入重点工作进行考核，强化资产负债管理工作，加强决策支撑和导向作用。加大定价转授权，将房贷、信用贷等部分存贷款利率审批权限转授权至业务部门及重点城市行。

——优化人力资源配置。全面实施领导人员任期制和契约化管理；制定年轻干部队伍建设实施细则、推进“领航人才”工程建设、启动“骐骥”人才培养工程；调整优化直属支行机构运作管理，理顺直属支行经营管理关系，有效支撑业务发展和战略落地；夯实机构及岗位管理基础，常态化开展职级晋升；完善工资总额配置机制，健全与效益、风险相匹配的薪酬支付制度，提高经营管理效能。

——完善运营风险管理体系。一是夯实服务管理基础，提升客户体验。加强服务投诉溯源分析，专人督办服务投诉处理流程，服务类有责投诉由2021年的91笔压降至2022年的1笔。二是压实账户管理主体责任。与公安联动，积极提供可疑线索，落实防范电信网络诈骗和防范跨境赌博工作。三是推进网点精细化管理。撤销离行自助银行16个，每年节约运营成本250万元；压降低效自助设备28台，每年节约维保成本200多万元。

——强化科技赋能。通过系统对接为白沙橡胶产业中心、省人力资源和社会保障厅等外部数十家政府与企业单位解决难点，建设白沙橡胶、农民工工资代发、创业担保贷线上申请等26个系统，成功科技赋能，打造服务新优势。

——推进邮银协同发展。邮银紧密协作，聚焦“村、社、户、企、店”五大重点客群，充分发挥邮政资源禀赋优势，邮银合作的惠农合作、开放式缴费平台均超额完成年度计划，完成率分别为100.10%、361%、167.5%。

五、党的建设

——坚持党员干部理论武装持续深化。第一时间通过党委会、中心组学习等形式开展党的二十大精神专题学习研讨。围绕13个学习重点制定“党委理论学习中心组学习计划”。

——推动专项活动取得实效。开展“行长值大堂”活动，有效解决客户服务质量、网点业务发展、基层员工福利等52条热点难点问题。开展党支部“领题破题”活动，创新“银村合作”新模式推动线上信用户贷款业务快速发展，落实“1+*N*”综合营销体系建设业务发展取得新突破。

——扎实开展监督和巡察工作。保障党中央决策部署有效落实。在乡村振兴、绿色金融等落实党中央重大决策部署方面履职尽责。督促抓好巡视整改责任落实。驰而不息贯彻落实中央八项规定精神，深化纠治“四风”。开展“靠邮吃邮”“小金库”等突出问题专项治理工作，廉洁从业不断深化。（邮储银行）

# 重庆市

## 【中国邮政集团有限公司重庆市分公司】

一、2022年总体发展概况

完成收入78.44亿元，列全国第11位；比上年增幅10.23%，增幅列全国第15位；完成集团公司收入预算的103.95%，进度列全国第7位。无重大安全生产事故发生。

二、党的建设

——坚持思想引领和政治引领。坚持用党的二十大精神指导和谋划各项工作，市分公司党委班子成员牵头开展五大主题调研。深学笃用习近平新时代中国特色社会主义思想，召开中心组学习10次。开展意识形态工作自查、专项督查，上下联动推进巡视巡察反馈问题整改，均达到进度要求。

——突出组织引领和价值引领。落实党建工作责任制，召开市分公司党委第一次代表大会，选举产生新一届党委、纪委班子。选举市第六次党代会代表2人、市第六届人民代表大会代表1人和市国资委党代会代表3人。共青团4个集体、5名个人分别荣获团中央、重庆市、国家邮政局等表彰奖励。

——强化纪律引领。建立年度工作任务责任清单64条，初步构建三级专责监督体系；针对违规吃喝、“靠邮吃邮”等问题问责处理62人次；开展全市性“以案四改”2次，分级组织“以案四说”警示教育209场；对6个党组织开展巡察“回头看”，巩固巡察全覆盖成果。

**三、服务国家重大发展战略**

——普遍服务全年未发生触碰“两条红线”情况，财政部考核的3项指标全面达标，普服邮件全程时限缩短至2.17天，建制村投递频次达标率100%，机要通信连续30年质量全红。普服19项重点指标全部达标，13排名列全国前列。重庆“政企四联”机制获国家邮政局点赞；52个巡视专用邮政信箱邮件寄递服务连获好评。

——坚决贯彻党中央重大决策部署。重庆市分公司全力推进邮政快递业“两进一出”工程全国试点工作，大力推进渝新欧铁路运邮和海外仓项目，积极打造国际货邮枢纽，实现中欧双向运邮，开通“重庆—白俄罗斯”出口运邮线路和英国专箱服务，被誉为一带一路上的“新邮差”和疫情下的“钢铁驼队”。融入成渝地区双城经济圈、长江经济带发展战略，重庆市两会、第六次党代会召开期间，《重庆日报》集中报道重庆邮政融入地方经济社会发展工作成效，央视先后6次报道渝新欧运邮、录取通知书寄递、邮快合作等。

重庆市奉节县分公司投递员沿着曲折的山路给村里送去快递和报刊（《中国邮政报》8月19日）

——深化惠农合作助力乡村振兴。重庆市分公司与重庆市商务委、乡村振兴局签署战略合作协议，与各级政府部门、社会机构共建服务平台。为巫山脆李首次开通“巫山—南京”产地直飞极速鲜专机航线，是重庆市首条专门为原产地优质农产品外销保驾护航的全货机运输航线。推动农产品进城，实现交易额5.45亿元；构建“5+35+X”三大基地体系，实现全国基地农产品交易额5350万元；助力工业品下乡，打造农村新零售平台，实现批销交易额5.08亿元；推出乡村振兴特色产品包，有力支撑预制菜、小面等产业链式服务需要。实施定点帮扶，向城口县咸宜镇捐款30万元，完成消费帮扶595.11万元，通过助农增收帮扶地方产业发展。

**四、落实集团公司发展战略部署情况**

——市场营销机制成效显著。45个市级经营项目实现收入11.58亿元，贡献新增收入5.01亿元；20个管理项目实现效益6686万元。孵化出涪陵榨菜、渝北“网点＋站点”同心圆发展模式等。六大协同项目实现收入13.02亿元，比上年增幅47.01%，在集团公司考评中获满分。新签约市商务委等战略合作客户5家，累计达到50家，实现收入4.36亿元，比上年增幅12.42%。

——能力支撑机制精准发力。投入资金3712万元，加快三级物流体系建设；投入资金1.72亿元，支持渝东北、渝西分拨中心等9个处理场地征地、建设和改造；购置网点17个、整修100个、系统化转型改造148个。设立2个科技创新实验室，申报立项6个科技类项目；新建8类特色客户库，新增客户数据156万条，开展数据分析应用390项。

**五、业务发展**

——代理金融业务完成收入49.62亿元，规模列全国第10位，占总收入比重63.27%；完成集团公司预算103.04%。新增时点余额333亿元，客户全量AUM突破4000亿元。

——寄递业务完成收入16.93亿元，规模列全国第13位（比上年提升1位），占总收入比重21.58%；完成集团公司预算101.49%，列全国第8位；比上年增幅10.78%，高于全国平均增幅（6.2%）4.58%。其中特快业务收入4.91亿元、快包业务收入4.2亿元、国际业务收入2.55亿元、物流业务收入5.13亿元。

——渠道业务完成收入6.13亿元，规模列全国第8位；完成集团公司预算113.07%，进度列全国第6位；比上年增幅12.26%。7656个站点参与“扫码入会”活动，向网点引流31.74万人；建成代收代投自提站点1.34万个，产生代收自提业务量8757万件。

——文传业务完成收入4.96亿元，规模比上年提升4位；完成集团公司预算114.19%，进度列全国第1位；比上年增幅14.97%，增幅列全国第2位。开发新媒体客户779户，实现收入3926万元。

——打造“二十四节气”邮政客户维护品牌，构建“5+3+3+2”客户专属权益体系（代理金融财富客户“五享”、寄递客户“三享”、文传客户“三享”、渠道平台客户“两享”），开展品牌推广活动24场、覆盖人数超2400万，开展线上线下客户维护活动7592场、参与客户960万人。打造线上服务体系，发展“邮生活”用户超254万人，实现零售交易额1.33亿元（比上年增长5倍）、社区团购交易额5791万元。1842个网点转型全覆盖，网点点均收入达到325.03万元。

**六、运营管理**

——绩效考评机制逐步健全。强化绩效跟踪管控，及时优化调整经营管理策略。推动成本预算前移，提高资产运营效率，完成资产盘活三年行动，累计盘活房屋土地327处、面积14.4万平方米，实现出租合同收入7186万元。

——综合保障机制加快建构。发挥审计监督作用，审减金额5848.12万元。加大集中采购力度，集中采购率达90.75%，节约资金1.54亿元。加大企业内外宣传，信访工作稳定可控，舆情工作管理有序，积极应对严峻的疫情，保障企业平稳运营。

——人力资源管理持续优化。校园招聘和社会招聘录用775人；积极稳妥推进重庆邮政医院和物业公司改革；开展从业人员岗位试套工作；配足配强理财经理、风险防控两支队伍；打造数据运营队伍，实现区县数据人才从无到有的突破。

——薪酬管理效能持续提升。优化工资总额管理方式，修订全市邮政领导人员月度绩效考评细则，全面开展薪酬二次分配问题专项治理工作，上调防暑降温、劳动防护等福利标准。

——关爱员工凝聚发展共识。投入资金3070.17万元，为员工办理好事实事10项。在疫情封控期间，党政工联合筹资1000万元，全力保障员工生产生活。配置员工伙食费、网点炊事员费用1.12亿元。

——领导干部队伍不断优化。开展适应性调整和结构性调整，选拔调整领导人员48人（其中提任11人）；推进任期制和契约化管理，初步构建“战略绩效+经营业绩”考核体系；公开竞聘选拔使用优秀年轻领导人员4人；出台《领导人员插手干预重大事项记录报告规定》等10余个制度办法。

——“比学赶帮超”氛围日益浓厚。坚持“跨赛+双创”常态化劳动竞赛机制，获评“全国邮政系统先进集体”3个（沙坪坝区分公司、涪陵片区分公司城市支局、巴南片区分公司水轮村邮政所）、“全国邮政系统先进个人”3名、重庆市工人先锋号1个。

**七、风险管控**

风险防控机制持续完善。39个区县建成非现场检查室；开展安全大检查，集中整改突出问题隐患1499项；强化三级风控队伍建设，开展“查教管改”一体化综合检查；推进“雷霆行动”，集中整治各类存量风险问题。（重庆市分公司）

## 【邮储银行重庆市分行】

实现利润总额17.65亿元，完成预算目标113.80%，超额2.14亿元；实现自营业务收入41.56亿元，完成预算目标96.20%。实现经济增加值3.75亿元，实现经济资本回报率14.44%。

**一、服务国家重大战略部署**

——助力经济社会发展。总资产4513亿元，比上年增幅12.15%，增幅列国有大行第1位。各项贷款余额1217.57亿元，比上年增幅8.23%，高于全市贷款平均增长水平。贷款重点支持基础设施建设、先进制造业、战略性新兴产业、“专精特新”、绿色金融等重点领域，制造业贷款余额56.4亿元，增幅48.03%；绿色贷款余额45.3亿元，增幅20.8%。

——服务乡村振兴。加大乡村振兴重点领域信贷投入，涉农贷款余额320.87亿元，净增25.78亿元，涉农贷款占所有贷款比重26.35%，列国有大行第1位。大力开展农村信用体系建设，推进信用村普遍授信，建成信用村6585个，发展信用户19.98万户。接续做好脱贫地区、脱贫人口和国家重点帮扶县金融服务，圆满完成各项监管任务目标和帮扶任务。

——服务小微企业纾难解困。发放普惠型小微企业贷款193.76亿元，比上年多发放12.78亿元。普惠小微贷款余额195.8亿元，占各类贷款比重16.4%。支持民营企业健康发展，民营企业贷款余额108.5亿元，增长35.1亿元，增长率47.9%，列国有大行第1位。

**二、业务发展**

——零售金融业务。一是个人AUM实现恢复性增长。积极应对养老保险批量代扣补缴政策影响，新增个人AUM扭转为正增长38.07亿元。代理保险实现保费8.28亿元，保障型保费占比32.56%，比上年提升13.56%。邮银联合销售渝快保46万份，列重庆同业第1位。推进财富管理转型，新增有效客户10.96万户，完成目标115%，列邮储银行第7位。二是数字人民币试点成效显著。全市开立数币个人钱包233万户，个人钱包增量在邮政系统和重庆同业均为第一，市场占有率超过34%。三是网络金融业务高效发展。实现业务收入3761万元，增长37.52%，增幅列邮储银行第6位。收单商户个人AUM为21.71亿元，联动活期存款16.69亿元，净增6.3亿元。四是信用卡业务稳步发展。实现收入2.12亿元，增长20.46%。丰富商户分期交易场景，实现交易金额2.35亿元，比上年增幅439%。五是零售信贷数字化转型。线上贷款快速发展，极速贷、E捷贷等线上渠道放款占零售贷款比重76.56%。以线上信用贷款为抓手，线上信用户贷款授信

4803户、4.1亿元。

——公司金融业务。一是加快补齐公司金融短板。公司金融板块实现收入5.17亿元，增长18.28%，增幅列邮储银行第4位；公司贷款余额219.61亿元，新增73.2亿元，超计划44.2亿元，增长50%，增幅列邮储银行第1位。投资银行累计实现收入2453.49万元，比上年增速804%，增速列邮储银行第2位，是年内唯一实现投行业务品种全覆盖的一级分行。发放西部地区首笔、邮储银行首笔公募REITs并购贷款5亿元。二是小企业贷款实现高质量发展。实现业务收入1.66亿元，增长18.46%，增幅列邮储银行第5位。加强重点客群营销，支持"专精特新"客户210户，金额13.57亿元。主动退出"两高一剩"风险客户，小企业贷款不良率由2.2%降至0.86%，不良额、不良率实现"双降"。三是票据业务迅猛发展。实现直贴业务收入4358万元，比上年增长3109万元，增幅249%。票据贴现"破百亿"，达到123亿元，比上年增长73亿元，增幅148%，列邮储银行第4位。四是交易银行业务模式创新。实现业务收入10785万元，完成全年收入计划的138.6%，比上年增幅62.93%，增幅列邮储银行第5位。发放邮储银行首笔国内再保理贷款1.89亿元，丰富供应链融资实践。

**三、风险管控**

——资产质量管控。按照"严控增量、化解存量"原则，集中精力化解零售信贷风险。贷款不良率由高峰期1.32%降至年末1.20%，完成总行目标计划，低于重庆银行业不良率；新增不良率0.27%，低于重庆银行业新增不良率。不良贷款清收本息5.69亿元；呆账核销本金3.72亿元，完成总行计划229%；不良资产证券化1.34亿元，完成总行计划的137%。

——信用风险管控。全面上收三农贷款、小企业贷款审批权限集中市分行审批。建立新增不良贷款检讨机制，开展内外勾结骗贷等专项检查，加大信贷违规问责力度。

——案防内控强化。深化"内控合规管理提升年"活动，专项检查重点风险机构，做实案件风险排查，突出警示教育作用。持续强化反洗钱和消保工作，建立投诉压降提醒约谈、分管行长负责制、溯源整改3项工作机制。加大违规问责力度，纪律处分227人次，其中开除6人，经济问责784.48万元。

——安全生产管理。排查整治消防安全，有效消除安全隐患。有效协助公安机关打击治理电信网络诈骗新型违法犯罪，完成全行营业网点高清监控全覆盖改造建设。

**四、运营管理**

——财务管理。坚持目标导向，明晰预算分解规则，公平合理安排分支行财务预算目标。优化完善分支机构绩效考核体系，明确关键业绩与重点任务考核指标，有效融入领导人员任期制和契约化管理实施方案，建立红黑榜监测分析机制，强化考核结果应用，努力发挥绩效考核"指挥棒"作用。

——人力资源管理。深化干部人事制度改革，全面完成219名领导人员任期制和契约化管理首次签约，建立以契约为核心的权责体系。持续开展"领航工程"人才库建设，新入库241人，比上年增长177%。提拔领导人员17人，其中通过公开竞聘及"领航工程"竞争性选聘16人。加强专业人才队伍建设，全行销售人员占比29.22%，比上年增加2.76%。

——运营管理。强化日监测和情况通报，网点服务质量排名邮储银行第12位，提升17位。总行级低效网点治理完成率57%，远高于总行30%的治理目标。实施个人银行账户简易开户服务，全市推广"对公线上预约开户"功能，全流程时限大幅缩短，公司柜面开户时长排名邮储银行前5位。反诈反赌工作有效推进，荣获市"支付反诈反赌十佳单位"荣誉称号。

——科技支撑。投产上线37个信息化项目，其中自主开发项目22个。部署上线分行云平台，解决分行信息系统建设中长期存在的成本高、周期长、资源空间不灵活、安全性不足等痛点问题。圆满完成全年重大活动期间通信和网络安全保障任务，重要信息系统、网络系统完好率均保持在99.95%以上。

——邮银协同发展。完善体制机制，落实工作专班，构建"6+6+8"协同项目分类管理格局，顺利完成集团公司、总行及省内协同项目任务。惠农项目经营贷增长1621户，完成232%，净增3.4亿元，完成130%。邮银联合金融科技赋能乡村振兴示范工程获人民银行高度认可。荣获集团公司的"优秀组织奖—十佳省级协同发展委员会"荣誉。"1+2+*N*普惠金融服务到村"邮银共建协同项目成为全国优秀案例。

**五、党的建设**

——坚定不移加强思想政治建设。时刻同习近平总书记重要讲话、党中央精神对标对表，继续落实好"三个第一时间"学习机制，发挥好党委"把方向、管大局、保落实"的领导作用。以学习宣传贯彻党的二十大精神为主线，开展"喜迎二十大·奋进展风采"主题宣传，集中收看党的二十大开幕会，分行党委分专题原文学习二十大报告和党章。

——持续加强基层党组织建设。根据机构改革调整直管行党组织设置，5个党支部升格为党总支，新成立12个党支部。深化党支部"领题破题"活动和"三亮三比三评"活动，围绕"五大体验主题"开展"行长值大堂"主题活动。开展"邮储人十项共识"等企业文化宣贯工作，推广运用"三必知、四必谈、五必访"工作法，发挥群团组织的桥梁纽带作用，推动党建工作和经营发展深度融合。

——驰而不息正风肃纪反腐。强化巡视巡察整改落实，对4个二级分行党委和12个党支部再巡察，发现问题177个。对16个党组织巡视巡察整改情况进行检查，发现并督促整改问题11个。持续推进"三不"机制，各级纪检机构受理信访举报19件，立案6件、处分党员6人次。制定领导人员与合作商亲清关系的若干规定，持续推进清廉文化建设。（邮储银行）

**【中邮保险重庆市分公司】**

**一、发展概况**

实现总保费35.65亿元，银保新单保费14.64亿元，其中长期期交保费11.63亿元，5年交终身寿险保费8.2亿元，健康险新单保费4064万元；实现续期保费20.72亿元；实现团险保费2935万元。长期期交占新单比重79.43%、5年交终身寿险占长期期交保费比重70.56%、健康险占新单比重2.78%，分别比上年提升27.43%、10.94%、1.33%，业务结构持续优化。市场份额稳步提升，规模保费分别列地方寿险市场、银保市场第5位和第2位，比上年分别提升2个位次和1个位次；期交新单列银保市场第1位；健康险规模保费列银保市场第1位。客户结构继续优化，银保客户数6.7万人，其中黄金客户突破5000人，铂金客户600人，钻石客户增幅50%；期交户均保费1.8万，比上年提升25.3%。业务品质保持优良，23项主要运营指标全部达到或超过全国平均水平。未发生重大群体性投诉案件，未出现集中退保情况，全年无重大负面新闻与声誉事件，无群体性、系统性、区域性风险事件及保险资金等案件，未收到任何监管风险提示函和监管处罚。

**二、落实服务国家重大战略**

统筹推进乡村振兴、绿色金融、成渝双城经济圈建设等国家重大战略，为5618名有帮扶需求居民提供1.12亿元风险保障，开展2场教育帮扶公益活动，线上线下覆盖超过10万人次；推广普惠保险，聚焦农民合作社、家庭农场等五大客群，为9239人次提供保险保障，为122名客户赔付保险金39.64万元；践行金融为民社会责任，推出“稳经济大盘”一揽子措施20项；参与成渝双城经济圈建设，制定7项目标任务并有序推进；做好疫情防控期间保险服务，推出线上服务，实现服务不断档；助力重庆防暑抗旱、驰援山火救援。分公司获“2021年重庆保险业履行社会责任先进单位”、“2021年重庆保险业服务民生事业先进单位”、“2021年度最受信赖保险公司”、“2022年度金融诚信经营奖”、2022年度人身险典型理赔案例（服务国家重大战略与重要决策部署最突出赔案）。

**三、业务发展**

统筹推进深化“自营＋代管”模式、“一主多辅”渠道建设、数字化营销等重点工作。固化协同发展机制，积极融入重庆邮政系统协同发展委员会、重庆邮政企业代理金融风险内控案防管理委员会，将专业发展、质量管理、风险管控纳入邮政整体发展规划，实现经营部署、考核激励、合规管控一体推进；强化专业引领，深化邮银保三方渠道协同，融入邮银金融转型，发挥专业引领作用，抓实抓细专业支撑，联动邮银召开各层级协同会议15次、开展渠道基层调研41次，组织培训306场次，辅导网点780个；压实代管人员管理，明确工作职责、标准，组织专岗人员培训4次。推进“一主多辅”渠道建设，邮银主渠道“三支队伍”初步建成，专职讲师由9名增加到20名，从无到有引入53名保险规划师，完成市公司90名兼职讲师聘任工作；多元渠道建设迈出步伐，完成招行签约、招行和交行的网点双选工作，与中信银行、建设银行、农业银行、重庆农商行等建立良好对接机制，与明亚经纪公司达成合作意向。数字化营销全面推广，协同邮银将数字化营销纳入板块协同重点项目，分别打造97个、20个数字化营销网点，累计实现健康险保费1019万元，网均保费8.71万元，列全国第6位。

**四、运营管理**

打造“健康险＋”生态服务体系，建立健康险VIP专属通道，提供分类分级视频问诊、看病陪诊、三甲医院专家预约等增值服务。持续优化承保、保全、理赔全流程线上化服务能力，推广“邮e宝”，升级分公司微信号线上服务，增加重疾险理赔窗口，上线人工自助核保版块，持续提升线上服务能力。坚持“以客户为中心”，成立消费者权益保护委员会，统筹推进制度完善、重点工作研究决策等工作，强化消费者权益保护；做好消保金融宣教、集中宣教等重点工作，夯实消费者常规宣教机制，触及客户10万人；开展投诉专项整治，亿元保费投诉量持续下降。

**五、风险防控**

全维度抓好年度风险合规管控，制定年度合规工作要点，按季督导，抓短板提弱项，风险防范管控到位；以监管“内控合规管理提升年”项目贯穿全年，重点围绕“夯实治理架构、厚植合规文化”等六大方面，制定37项提升举措，进一步压降经营管理风险点；监审联动在全国实现创新突破，被银保监局纳入指定内审项目单位，在系统内形成宝贵经验，主动联合保险行协创作《销售负面清单》培训视频，由协会发文推广；持续深化协同合规管控，联合开展培训、检查等工作；对18家基层单位、84个网点开展现场检查，提出整改建议77条；动态管理分公司制度，立改废制度97项；接受、开展审计11次。

**六、党的建设**

深入贯彻党的十九届六中全会、党的二十大精神，确保会议精神全面学习、全面把握、全面落实。坚决贯彻党中央重大决策部署，统筹推进党的政治建设、思想建设、组织建设等工作，党的领导持续加强。深化全面从严治党，聚焦重点工作事项开展监督检查，确保工作有效落地；做实巡视整改“后半篇”文章。积极开展精神文明创建、企业文化建设、品牌建设工作。分公司获“川渝银行业保险业清廉文化知识竞赛重庆赛区优秀组织奖”。（中邮保险）

【中邮证券重庆市分公司】

**一、总体发展概况**

中邮证券重庆市分公司认真落实总部的发展思路及各项工作要求，以实现分公司快速、向上、高质量发展为目标，坚持全面从严治党，认真落实工作要求，全面推进分公司各项工作。

**二、业务发展**

——经纪业务。截至9月30日，财富管理经纪业务考核收入36.96万元，排名第20位；完成年度目标17.61%，排名第22位。考核协同收入7.38万元，排名第19位；完成年度目标3.6%，排名第20位。新增客户数5972户，排名第17位；完成年度目标78.01%，排名第8位。有效户1501户，排名第14位；完成年度目标118%，排名第10位。客户资产8908.2万元，排名第12位；完成年度目标38.56%，排名第10位。金融产品销售2070.76万元，排名第16位；完成年度目标20.71%，排名第12位。两融日均余额409.16万元，排名第15位；完成年度目标13.64%，排名第14位。两融业务净收入8.41万元，排名第15位；完成年度目标16.83%，排名第14位。绩效考核得分50.63分，排名第20位。

——私募基金。计划引入首誉光控投资管理有限公司、深圳凤翔私募证券基金管理有限公司，完成前期合作白名单、代销白名单准入的相关材料，完成对公司的前期尽调工作。分公司累计引入9个机构户（其中8个产品户、1个普通机构户），引入300万元以上高净值客户7名。按照市分公司对全市网点组织开展财富管理转型项目要求，分公司指定专人派驻至市分公司参与财富管理转型相关工作，根据客户情况按客群分类及风险承受力特征制作相应产品配置包，参与市分公司开展关于宏观行情分析和资产配置相关专题讲座活动。

——机构业务。与马上消费、四方新材、安诚保险和风向标等公司签订战略合作协议。推进马上消费与重庆邮政的合作关系并促进双方签订战略合作协议，跟进马上消费金融债及安逸花ABS第二期、第三期的分销事宜以及第四期的主承。为四方新材寻找并购标的，推进企业融资相关工作。联合资管分公司为安诚保险定制资管产品及跟进单一委外业务。

**三、运营管理**

市场化招聘1名副总经理、1名理财顾问、3名客户经理、2名运营服务人员。以业绩为导向制定员工绩效考核实施细则，根据分公司总体目标，按部门到员工分级设定考核目标，分公司负责人签订绩效合同，部门负责人与员工签订个人绩效合同，多维度量化考核。

**四、风险管控**

——严格落实合规风控责任。强调业务部门及业务管理人员的一道防线的重要性，同时落实综合部合规风控人员的二道防线的职责，从经办人员、部门负责人、合规人员、分公司领导的角度，强化各岗位合规职责。

——落实监管制度精神，健全分公司制度体系。就监管发布的文件开展解读与培训活动；按照分公司目前制度建设情况，重点跟进部分文件未行文的情况。

加强员工违规行为监测。严格执行监管对违规行为"零容忍"态度，将近期监管案例频发的飞单、从业人员违规炒股情况作为重点关注内容。

——加强洗钱风险管理。可疑交易管理，结合总部合规法务部可疑交易处理情况进行排查、分析、督导、通报，总结可疑交易共性问题，关注异常指标。客户尽职调查工作，从业务营销前端、运营中端、反洗钱排查3个环节，确保客户资料真实有效，尽职调查及客户资料整理工作完善。加强分公司反洗钱培训，增强全员风险防范意识，提高工作能力。

**五、党的建设**

——加强党的政治建设。牢固树立"四个意识"，持续落实好"三个第一时间"学习机制，严格执行民主集中制，确保党的路线方针政策和上级决策部署在分公司落实落地。时刻绷紧意识形态这根弦，高度重视意识形态工作；按照公司2022年意识形态自查工作要求中分公司涉及的37项内容，制定整改措施，撰写意识形态自查报告；组织开展主题党日活动、"寻找身边榜样，讲好中邮证券故事"暨分公司"员工大讲堂"活动。

——加强党的思想建设。坚持理论武装头脑，通过"三会一课"、主题党日等形式和线上培训平台，在学懂弄通做实上下功夫。始终坚持问题导向、实践导向，坚持以"三个视角"找差距，以"三大规律"促发展，向行业其他券商交流学习；坚持发展为第一要务，聚焦协同核心优势，充分认识协同的重要意义，解放思想，主动对接。深入开展"三亮三比三评"主题实践活动，上报"领题破题"课题1个，按计划推进落实，推动党建与业务经营互融互促。

——加强党的组织建设。完成党支部书记选举和党支部印章刻制与启用；坚持理论武装头脑，深入学习贯彻习近平新时代中国特色社会主义思想。完成党员发展对象组织关系转接。积极宣传党的路线、方针、政策，在分公司内部发布《入党倡议书》，2名青年员工递交《入党申请书》。加大对优秀后备人才培养使用提拔力度，将优秀青年员工纳入公司"雏鹰计划人才库"，营造"比学赶帮超"的良好工作氛围。强化干部监督管理，提升领导干部履职能力。

——加强纪律作风建设与监督。持续推动党性教育和廉政警示教育常态化，每日向分公司全体员工转发传达重要会议精神。扎实做好运用十九届中央第八轮巡视成果对照整改工作，对照查找出6个问题，制定9项整改任务、12项整改措施，制定整改工作方案和台账。开展深化理论学习和发展党员材料抄袭造假问题专项治理自查自纠，组织签订《自查工作承诺书》。开展各类载体检查全面彻底肃清工作。

——落实全面从严治党要求主体责任和“一岗双责”责任。加强党建制度建设，及时制定下发3项制度。对中邮证券的“邮政底色”和“证券特色”文化具体表现进行梳理，初步形成分公司企业文化雏形。积极向总部投稿，在公司《党建工作简报》上刊发3篇，制作发布分公司党建工作简报《榜样的力量》。（中邮证券）

# 四川省

**【中国邮政集团有限公司四川省分公司】**

**一、2022年工作概述**

业务收入119.05亿元，列全国第8位，增长10.36%，快于全国邮政平均水平；实现经营利润8.18亿元，列全国第5位，增长48.95%，收入利润率6.87%，列全国第4位。

**二、党的建设**

——深入学习贯彻党的二十大精神，党委开展5次中心组专题学习研讨，组织专题讲座，领导干部带头学、带头讲。落实党建工作责任制，专题研究部署党建工作2次、意识形态工作3次，组织中心组学习13次。实现对二级党委、直属党支部党建述职评议考核全覆盖。全面彻底肃清不良影响。

——开展达标工程、创先争优、党建联系点、党员“三亮三比三评”、党支部“领题破题”等活动，组建336个党员突击队参与急难险重任务。调整14个二级单位正职，提任三级领导22人，选派31人交流锻炼。持续推行“四制”，开展“三代劳模”宣传，弘扬“忠专实”作风。

——提高政治站位，做好集团专项巡视配合工作。将巡视整改与外包审计整改、外包专项整治相结合，将立行立改与标本兼治相结合，巡视反馈的51个具体问题整改率88%，162项整改措施完成率96%，问责288人次，完善制度23项。

——深化纪律监督，跟进监督贯彻落实党中央重大决策部署工作9项，推动“靠邮吃邮”等5类专项治理，持续加强对“一把手”和领导班子的监督。收到信访举报60件，立案19件，处理26人，运用“四种形态”处理600人次，查处违规经营案件6起。查处违反中央八项规定精神案件8件、9人受到处理处分；开展业务招待费使用情况监督检查，处理74人次。

——其美多吉光荣当选党的二十大代表，哈弄夺机荣获“2021年感动交通特别致敬人物”“第十七届全国职工职业道德建设标兵个人”称号，宜宾分公司马永强获评“第十六届全国技术能手”，4个集体、7名个人获集团公司“双先”表彰，17个集体、23名个人获四川“最美快递青年”荣誉称号，成都邮区中心团委获评团省委“五四”红旗团委。

**三、服务国家重大发展战略**

——服务成渝地区双城经济圈建设，特快实现成渝当日递、川渝次日递；助力畅通双循环，中欧班列（成都）开通运邮，开通成都至美国、日本等5条直航货运线路；绿色包装“9917”达标。

——保供保通保畅。运送防疫物资180多吨，承接市民和世乒赛核酸样本转运，推出特需用邮主动客服，兜底民生物资保供配送。统筹推进抗震救灾、恢复生产，第一时间启运救灾物资、恢复邮政服务，确保机要通信安全，党报党刊及时送达，助销灾区农产品25万斤。

——服务乡村振兴。率先组建省市县乡村振兴办公室，打造2.0版工作体系。建立政企联合工作机制，政府部门出台支持文件14个，推进交邮、商邮、农邮、邮快合作。累计建成县乡村节点134个、2136个、2万个，建设信用村5020个，新增农村会员50万人，打造示范合作社106个、示范合作企业14家。销售农产品4.24亿元、农资1亿元。

**四、落实集团公司发展战略部署情况**

——高质量发展。建立高质量发展指标体系，推行“四比三确保”（与市场需求比，与竞争态势比，与同行发展比，与员工期盼比；确保员工收入合理增长，确保生产经营正常，确保可持续发展）机制，实施收入双口径管理，聚焦短板弱项设置考核指标，搭建强县、快县、好县和金融网点“百强争霸”荣誉体系。

——寄递改革。邮区中心规范化改革，成都、南充、内江邮区中心人均效率分别为1464件/天、1236件/天、1083件/天，均高于定额目标，处理环节单件成本实现压降。市趟运输改革，市趟车辆准点率93.72%、单车件数装载率55.1%、车辆日行驶里程110公里，市趟运输单位成本下降22.9%。揽投网改革，全省260个揽投部划分网格772个，其中194个网格快包自提率超70%，132个揽投部进口内部处理时长压降21%，125个网格实现处理中心直分，特快、快包及时妥投率94.46%、98.34%，网格件均投递单价1.14元、比上年下降17.4%。

——协同工作。发挥协同优势和“首席+综合+专业+点部”营销体系作用，重点协同项目收入13.4亿元，新增总部客户18家。启动“客户劲增”行动，新增金融有效客户10.13万户，寄递有效协议客户9866户，新增邮生活用户282万人，新增积分会员276万人，BSC线上营销业绩1.3亿元。

——机制创新。综合便民服务站业务转介模型入围集团“揭榜挂帅”项目，推广运用创新成果5个。推行区域化运营，围绕乡镇行政区划和村级建制调整改革，组建383个经营区域，覆盖499个片区，覆盖率62%，辐射综合网点2147个（占比88%）。寄递末端机制创新覆盖率

55%。

——普遍服务。建制村周三投递频次达标率等重点指标达标，《人民日报》当日见报率保持 79.2%，未触碰“两条红线”，机要通信 29 年质量全红。菜单式叠加 15 类 56 项业务，低效网点降至 291 个，占比 4.74%。

**五、业务发展**

——寄递业务。实现收入 23.3 亿元，增长 4.11%。特快业务实现收入 9.8 亿元，增长 18.24%，占寄递收入比重 42%，比上年提升 5.03%，件均利润率 46.65%；快包业务边际贡献率 17.7%，高于全国邮政平均水平。

——代理金融。实现收入 77.69 亿元，增长 12.17%。非储收入占比 26.58%，比上年提升 0.16%。新增 AUM776.8 亿元，余额规模迈上 5000 亿台阶（5115.5 亿元）。保险手续费率 11.84%、比上年提升 1.7%，基金理财、电子支付收入增幅高于全国邮政平均水平。客户渗透率提升至 34.1%，发展直销银行客户 33.6 万户、列全国第 2 位。

——邮务业务。实现收入 16.16 亿元，增长 13.94%，高于全国邮政平均水平 3.96%。集邮收入 2.2 亿元、增长 30.92%，函件收入 2.46 亿元、增长 4.07%，报刊收入 5.27 亿元、增长 6.46%，增值收入 7889 万元、列全国第 2 位，分销收入 5.43 亿元、增长 27.49%。开发全国首个中小学邮政行业劳动实践教程，通过“哦邮”小程序订阅校园报刊 3 万份，熊猫邮局开发“网红款”录取通知书。

**六、运营管理**

——夯实基础。省会双中心、省际三节点、本地中心处理能力分别为 386 万袋（件）/ 日、451 万袋（件）/ 日、156 万袋（件）/ 日，成都等 8 个寄递“主产区”集中收寄能力达 47 万件 / 日。金融网点购置 13 处、改造 194 处，金融网点自有率 50%，社保制卡机、ITM/STM 总量分别为 1380 台、3286 台。专职理财经理点均 1 人，共实现中间业务销量 269 亿元、中收 10.14 亿元，占全省比重分别为 83.3%、64.6%。

四川省江安县快递物流仓配中心（《中国邮政报》10 月 9 日）

——渠道运营。活跃邮乐购站点 2.15 万个，培育批销优质站点 9492 个，自提点业务量列全国第 4 位，邮乐线上零售交易额 2.44 亿元，激活社区团购点 5137 个，列全国第 3 位，开团 1.59 万场，交易额 1 亿元，366 场邮乐直播销售额 1500 万元。

——科技赋能。建成“1+4+*N*”技术中台等系统 16 项，自研智能数据模型 3 项；客户预约系统转介金融客户 10.96 万户，“金融生态圈”拉动新增 AUM379 亿元，推广收单工具“丰收宝”，收购商交易资金 1.6 亿元，沉淀收购商、农户资金 59 亿元；开发“天府邮医”小程序，与 25 家医院合作推出药品同城配送业务。

——资源配置。新增理财经理 874 人，金融网点劳务用工占比 25%，招聘合同用工揽投部经理 101 人，从业人员劳动生产率从 38.7 万元 / 人增至 43.1 万元 / 人。开展寄递生产机构定额定员，揽投、分拣、运输岗计件薪酬全覆盖，城镇投递、分拣、长途邮运驾驶岗固定薪酬占比达标。能力建设投入寄递占比 45%，邮务普服占比 22%，三级物流体系占比 22%。盘活房屋 148 处，土地 6 宗。完成集采金额 18.79 亿元，集采率、公开采购率分别提升 19.84%、1.48%，资金节约率 14.12%。

——评选“6+1”业务发展能手（“6+1”业务发展能手：“6”：营销精英、金融专家、转型大使、揽投先锋、渠道管家、文创巧匠；“1”：金牌讲师）2221 人、基层经营管理能手 500 人，配置区域经理 410 人、区域渠道经理 288 人，新增高技能人才 66 人、高级职称 8 人，线上、线下培训 32.4 万人次，举办川邮讲堂 7 期。

拨付各类慰问资金 750 万元，新建、升级职工小（之）家 18 个、县公司食堂 5 个，全力保障员工防疫物资供给，常态化扶危助困，提升员工的获得感。

**七、风险管控**

——外包专项整治，建立“1571”闭环管理体系（1 个管理办法，5 个管理流程及定价模型，7 个具体工作指引，1 个全环节管控体）。揽投、处理环节外包费增幅低于业务量增幅，收寄、投递外包单价分别比上年下降 25.9%、8%。

——治理欠费，寄递逾期欠费减少 2176 万元，达集团控制目标，逾期欠费比重 5.63%，下降 6.7%。寄递散件电子支付率从 40% 提升并保持在 95% 以上。

——加强审计监督，审计项目 581 项，披露问题 2988 个，处理 762 人次、处罚金额 58.87 万元（含审计署移交线索问题问责 667 人次、处罚金额 55.37 万元），工程审减金额 983.76 万元。

——构筑安全屏障，开展安全生产大检查大整治，全年未发生安全责任事件。（四川省分公司）

**【邮储银行四川省分行】**

实现自营收入 109.47 亿元，列邮储银行第 7 位，增幅 8.39%。实现利润 50.38 亿元，列邮储银行第 7 位，增幅 4.12%。实现中间业务收入 11.10 亿元，完成率 118.98%，增幅 30.99%，完成率和增幅均列邮储银行第 4 位。成本收入比 41.59%，下降 2.08%。风险管控提质，清收 13.33 亿元，列邮储银行第 3 位，完成率 121.40%。

全行不良贷款余额24.37亿元；不良率0.75%，低于总行限额。

**一、服务国家重大战略部署**

——多举措加大整体信贷投放。成立“四川省分行金融支持稳经济大盘工作领导小组及工作专班”，重点制定对制造业等领域金融支持方案。各项贷款余额3159.05亿元，年净增397.10亿元，比上年增幅14.38%，完成率102.03%。实体贷款年净增378.91亿元，比上年增幅14.18%。绿色贷款余额288.32亿元，比上年增幅21.03%。

——多维度融入地方经济发展。围绕成渝双圈国家战略和区域经济布局，加力支持基础设施互联互通等重大项目。中标蜀道集团3个高速银团牵头行资格，总金额400亿元，为邮储系统内主牵头最大银团项目。落地分行首单城市有机更新银团牵头项目。公司贷款年净增157.16亿元，完成率131%，列邮储银行第5位。

——多领域践行服务“三农”宗旨。全面推进三农专业化改革，狠抓“一号工程”极速贷，加大信用村、信用户建设力度。小额贷款余额突破500亿大关，市场占有率列省内国有大行第2位。极速贷年净增90.54亿元，完成率117%。建设信用村2.16万个、信用户51.02万户。加大乡村振兴重点领域信贷投入，涉农贷款年净增104.18亿元，普惠型涉农贷款年净增35.67亿元，分别完成监管计划的209%和154%。

——多路径支持小微企业发展。落实“敢贷、愿贷、能贷、会贷”长效机制建设，普惠型小微企业贷款余额605亿元，年净增94亿元，完成率123%。加大平台合作、产品创新和数字化转型，小企业贷款年净增40.76亿元，完成率124%。小企业贷款客户年净增1227户，完成率145%。在成都、绵阳首批打造科创支行，“专精特新”企业客户净增104户，完成率297%。

**二、业务发展**

——零售金融业务。一是持之以恒抓财富管理规模。个人客户AUM新增203亿元，完成率110%。个人有效客户新增28.83万户，VIP客户新增8.09万户，均列邮储银行第3位。长期期交保费11亿元，比上年增幅137%。代销业务收入5.15亿元，列邮储银行第5位，完成率125.16%，列邮储银行第3位。开展“客户满减”等活动活跃商户，利用生态场景打造发展数字人民币业务。新增数字人民币收款商户1.6万户，列邮储银行第1位。收单活跃商户2.23万户，列邮储银行第3位；交易规模172.94亿元，完成率113.77%；联动AUM年净增10.59亿元，列邮储银行第4位。二是明确打法抓信用卡质效。整合渠道协同发力，运用场景营销一站式获客活客，打造支付宝和苏宁自收单分期场景。新增客户50.70万户，列邮储银行第3位，新增市场占有率29.45%，列省内同业第2位。新增快捷绑卡量19.37万张，关联还款账户18.24万户，均列邮储银行第2位。消费金额409.50亿元，比上年增幅11.03%。三是优化准入流程，着力提升接单量。做好“关键人”“关键时点”服务，抓一手房准入时效，新增项目306个。名单制管理、精细化盯梢，抓二手房中介开发，新增中介266家。扎实走访营销，新增优质单位2710个。车贷突破性签约集团式经销商（中升），累计签约总对总146家。消费贷款年净增72.93亿元，列邮储银行第5位。住房贷款年净增81.70亿元，新增市场占有率10.26%，提升3.82%。信用类消费贷款年净增7.55亿元，列邮储银行第3位。四是着眼个人结算，推进C端渗透。按月下发基金理财绑卡客群明细、市州在网代发工资单位名单。组织开展“登录抽奖”等活动10余次。快捷绑卡年净增46.90万户，列邮储银行第4位。数字人民币个人激活钱包年净增41.05万户。

——公司金融业务。一是贯彻精准营销，强化公司结算。通过宣传培训、营销竞赛等提升现金管理重点产品应用，智能薪支付、单位结算卡拓客数、现金管理关联存款均列邮储银行前3位。依托省级重点项目带动交易性资金存款增长，四川能投金鼎实体资金池等项目年日均存款贡献超30亿元。二是全力以赴抓投行竞争优势。逐笔梳理全省AA及以上客户，争取合作机会。债券承销规模128.25亿元，列邮储银行第3位。承销收入1882.46万元，列邮储银行第4位。财务顾问新签合同11笔，合同金额1649万元，列邮储银行第1位。牵头承销发行邮储银行首批科创票据。三是紧盯交易场景痛点延伸上下游。川藏铁路项目生态圈建设有成效，账户累计入账7.5亿元，年日均余额1.6亿元，对建设施工商开立履约保函11.22亿元。参与西成铁路项目建设资金监管，金额33.01亿元，占比21.70%，为第二大标段。四是紧靠优质产业创新发展模式。创新与中烟新商盟联合营销和运用烟草公司共享数据自主营销双驱发展模式。瞄准肉牛、酒、茶叶等批发行业，打造涉及257个特色产业的个人产业链经营贷款产品，贷款年净增12.76亿元，完成率170%。优化核心企业上下游小微企业融资结算服务，落地新希望集团线上产业链项目，郎酒项目进入系统开发阶段。五是紧扣小企业客户综合价值开发。加快推动产品思维向客户思维转变，小企业主办行客户占比28.38%。小企业有贷户代发工资覆盖率26.90%，提升10%，代发金额29.84亿元，列邮储银行第1位。

——资金资管业务。一是攻坚资金监管，改善闭环管理。信贷资金承接账户有所提升，新发放批发贷款受托支付资金监管率21%，提升14%。地方债资金监管项目拓展及资金闭环势头向好，新落地并开立结算账户项目47个，入账11.84亿元。二是把握机遇抓金融同业业务。围绕“邮你同赢”平台优化项目，加大与重点头部银行、券商及省联社合作，落地邮储银行首单平台签约。首次破冰保险托管、自营资金投资自贸区离岸债券等业务。机构拼单类托管公募基金累计销售22.50亿元，货基保有量列邮储银行第1位，债基销量列第3位。票据贴现量163.65亿元，完成率141.08%，列绩效考核组内第1位。

三、风险管控

——全力保全资产质量。增强资产保全价值创造，处置不良资产19.90亿元，创历史新高。处置回冲拨备约9.76亿元，占全行利润的19.84%，压降不良率0.53%。

——持续发力合规管理。有序开展违法违规与中介合作专项整治。完成24.66万份异常数据分析，报送重点可疑交易报告157份。资阳公安局根据分行报送线索推动判决1起"洗钱罪"案件。处理客户投诉1.42万笔，满意度94.12%。获四川银行业金融知识教育活动"单位最佳普及奖"。

——扎实推进安全生产。开展安全生产大检查及问题整改，共计发现问题2813个，整改率91.4%。落实安全防范建设三年规划。严控消防安全，重点排查食堂燃气、备用电源、消防设备，覆盖率100%；疫情防控成效良好，有效保障了全体员工的身体健康。

四、运营管理

——加压财务精细管控。压降机构运行类费用，运行类费用占业管费比重下降1.14%。不可撤销贷款承诺比上年下降36.58亿元，释放经济资本2.24亿元。

——激发全行队伍活力。出台"专业化团队建设指导意见"等方案，抓实队伍专业机制建设。全行客户经理占比31.97%。建成中级正、副职管理人才库96人和42人。提拔任用省管干部20人，20家分行领导班子配备"80后"干部。组织全行25人跨机构跨岗位锻炼。针对性开展各类专业培训班2044期，培训27.30万人次。

——完善绩效考核激励。突出价值和效益导向，适当向基层倾斜。对分行新投入挂钩效益工资比上年增幅61%，二分员工可用工资增幅10.86%，一支班子、二支行长浮动绩效占比60%。全面推进"任期制与契约化"改革，聘任协议和目标责任书签约率100%。

——狠抓数字科技建设。完成川发展等27项银企直连和63项新中平项目上线，助力银政通、成都公积金等重点项目落地。"基于大数据技术的乡村客运信贷服务"项目得到人民银行成都分行肯定并纳入"监管沙盒"。自主开发"外部数据接入前置系统"，成功落地"金融科技赋能乡村振兴示范项目"。额度类消费贷款跟踪系统"白名单转化率"与"已授信支用率"加速线上获客，线上获客率64.93%。数字人民币上线简阳三方协议数币缴税场景，缴税超9100万元，补齐政务场景短板。分行在2022年邮政金融计算机系统安全运行竞赛活动中获得满分，并列第1位。

——提升管理运营效能。调整网点布局和内部分区，撤销26个自营网点，优化盘活142人。推行贷审会经营主责任人汇报机制，会审筛选核心目标客户名单3期。除中邮证券协同拓展项目外，21个协同项目均完成目标。

五、党的建设

——强责任担当"讲政治"。完善在公司治理中加强党的领导，严格落实"三重一大"决策机制。强化意识形态工作责任制，组织辖内各单位党委对照95个检查点进行自查自纠。

——强理论武装"讲学习"。通过党委会、理论中心组（扩大）学习会、"三个第一时间"持续学习习近平新时代中国特色社会主义思想、党的二十大精神。

——强从严治党"讲力度"。对2018年以来巡视巡察整改全面自查及"回头看"。巡察市县机构党组织185个，完成五年全覆盖。综合运用"四种形态"处理干部、员工10人次。

——强文化建设"讲情怀"。积极开展辖内员工心理关爱活动，探索建立心理关爱体系。巴中市分行熊伟荣获"全国金融五一劳动奖章"；泸州合江县支行获评"四川省工人先锋号"；甘孜分行、攀枝花东区支行和米易县支行营业部获评"省级青年文明号"；1人获评"省优秀共青团干部"。（邮储银行）

## 【中邮保险四川省分公司】

一、发展概况

实现总保费62.7亿元、新业务价值4.86亿元，规模列全国第5位；实现长期期交新单保费20.22亿元，列全国第6位，长期期交占新单保费比重79.4%。其中，实现5年交终身寿险15.26亿元，列全国第4位，比上年增长120%；5年交终身寿占新单保费比重60%；实现健康险7088万元，列全国第5位，比上年增长98%；实现团险保费4984万元，列全国第4位，比上年增长49%；实现续期保费36.8亿元，列全国第5位。

分公司在四川寿险市场排位比上年提升2位，升至行业第3位，市场占有率提升1.2%，银保市场保持第1位。获评"四川企业100强""四川企业服务业100强""第七届中国西部财经论坛'2022年高质量发展贡献奖'""行业宣传工作成绩突出单位""四川省企业管理现代化创新成果三等奖"等荣誉。

二、落实服务国家重大战略

开展服务乡村振兴公益帮扶活动，向金阳县热水河乡和昭觉县则普乡捐赠中邮禄禄通团体定期寿险，受捐群众4507人，保额2000余万元。推进防范化解金融风险、碳达峰碳中和、厉行节约等工作，高效做好常态化疫情防控及平稳转段工作，确保安全生产和员工健康。

三、邮银渠道建设

协同省公司、省分行，确立了中邮长期期交、5年交终身寿险“4321”和健康险“2431”的发展节奏。联合开展高价值业务转型发展劳动竞赛和健康险专项营销活动，将中邮保险高价值业务纳入市州2022年的战略绩效考核，鼓励市州冲刺健康险奋斗目标。新增驻点讲师11人，讲师跟班辅导1700多天，人均跟班近70天。开展能力提升专项培训87场、主销产品培训2440场，市州培训覆盖率100%。

**四、多元渠道拓展**

始终从对方视角出发，突出品牌、产品、服务、费率于一体的综合竞争优势，最终于11月和招行成功签约两年，成为系统内首批完成签约的机构，2个月实现终身寿险保费664万元。成功中选四川烟草泸州市分公司企补医疗项目，保费收入982万元，这是全国首个烟草员福项目，也是省内自主外拓员福业务单笔保费规模全国第一的项目。

**五、改革创新**

优化考核激励机制，完善分公司绩效考核及分配、专职讲师考核、领导人员综合考评等办法，体现贡献和业绩导向，破除论资排辈，强化激励约束，引导干部职工聚焦业绩贡献，积极担当作为，服务分公司高质量发展。

**六、专业能力**

——实现规划师队伍从0到1。在成都试点组建33人的代理人制保险规划师队伍，为缓解渠道支撑不足探索解决方案。截至12月31日，成都规划师团队对渠道业务培训427次、技能辅导389次、网点活动支撑941次，助力实现长期期交保费4751万元。

——合规风控筑牢屏障。率先印发建立“检查队伍复用”机制，开展检查人数破百，问责248人次，问责金额27.6万元，推动检查队伍复用制度化、常态化。应对每一件诉讼案件，非调解案件胜诉率超六成，累计挽损283万元。

**七、运营管理**

聚焦关键环节，通过事前高风险客户回访复检全覆盖、事后事实溯源验证、网点及客户风险双评级等举措，建立协议退保“1+3”工作法。持续加强消费者权益保护，开展37次消保审查，认真处理客户投诉，做好投诉溯源整改工作。对标同类省级机构，为员工体检增项；深入落实省安委办《关于认真做好高温期安全防范工作的通知》相关要求，制订方案并发放员工高温津贴；通过企业文化核心理念上墙、支部学习交流研讨等营造浓厚学习氛围，将企业文化融入“学雷锋”“3·15”“手植一棵树 绿化一片天”等主题活动。

**八、党的建设**

——坚持把党的政治建设摆在首位。深入学习贯彻党的二十大和二十届一中全会精神，通过第一时间学习、开展主题活动、邀请其美多吉宣讲等多种形式，引导分公司全体党员深刻领悟“两个确立”的决定性意义，切实做到“两个维护”。

——加强党对经营管理工作的全面领导。深化巡视整改，以做好“回头看”为主线，推动2018年以来中央巡视和内部巡视举一反三等5张台账整改任务完成，以高质量整改助力高质量发展。

——加强典型引领。成立田然“中邮保险四川分公司工匠”和“田然劳模创新工作室”，突出支部、工会、团委凝心聚力作用，在防控疫情、推进改革和助力乡村振兴等重大任务中，充分调动员工主观能动性。（中邮保险）

## 【中邮证券四川省分公司】

**一、总体发展概况**

实现收入1558.96万元。其中，经纪业务收入1495.59万元，股票质押业务实现收入806万元，存续质押规模1.9亿元，资管业务实现收入15万元，投行业务实现收入88.44万元。

累计证券账户144763户，新增账户17352户，有效户3774户。客户资产15.79亿元，新增1.7亿元。代销金融产品11251.11万元（折算额5867.34万元），其中公募基金487.31万元，收益凭证8778.3万元，资管产品1985.5万元。累计两融账户128户，新增两融账户6户，正在用信账户39户，融资余额3802.55万元。

**二、业务发展**

——财富管理。加强队伍建设，建立员工日常业务内训机制，积极开展财富管理、高净值客户开发、产品配置等方面的专业培训。积极转型，筛选出存量低产的价值客户，专人负责二次开发；借传统节日之机，做好价值客户沟通联系和维护；每周六开展线上沙龙，提升客户体验，增强黏性。以两融业务、产品销售为突破重点，挖掘客户价值。成立业务突击团队，制定配套政策，成功突破企业理财，机构经纪业务。做好投资者教育，利用投资策略报告会、金融知识普及月、打非宣传月等活动，组织开展投资者教育和财富讲堂活动。

——经纪业务。加强与省邮政协调汇报，积极争取省级层面协同支持政策，召开四次全省协同发展推进会，带队下沉市州，下市（县）47人次，开展线上线下培训40场、2500余人次。积极做好产品支撑，定制收益凭证8期、资管产品1期（川渝），较好地实现代销目标。组织实施“特训营”活动，安排专人赴达州邮政驻点指导、固化工作流程，在客户开发、挖转资金、产品销售等方面取得成效，形成良好的示范效应。

——机构业务。创新协同地方政府专项债业务，已储备邮政协同证券5单项目；邮储银行协同证券4单项目。发挥收入双计政策，调动银证协同积极性，与邮储银行联动下发公司金融“1+*N*”综合营销活动文件；推进邮储协同推荐3单项目；证券协同推荐四川分公司推荐乐山交投PPN项目，标的资金10亿元、协同推荐2022年渠县债券分销项目，实现银证收入 60 万元；邮储实现对公沉淀资金 6000 万元。

——债券业务。储备的达州发展 PPN 项目、都江堰公司债都已取得批复，目前待发行中。南充企业债、达州企业债、乐山 PPN 项目、川渝债券发行等都在紧密推进中。

——股权业务。持续推进永丰和新三板挂牌项目，新增储备维邦股改项目以及广安并购项目。

——股票质押业务。做好云图控股、兴义阳光等存量客户维护工作，配合总部化解处置恒信东方股质风险。新增开发牧原股份股质项目，实现融资 1.5 亿元。持续跟进储备项目科伦药业。

——布局突破公募 REITs、ABS 及企业理财新业务。结合公司投行新的业务领域和专业优势，筛选摸排省内优质景区特许经营权、国企收费收益权等，开发储备乐山大佛公募 REITs、四川港投供应链 ABS 等证券化项目。突破机构理财业务，成功开发四川腾翔人力资源公司 500 万元小集合资管产品销售，储备广安投资 5000 万定制化企业理财项目。积极布局公募基金席位租赁、企业投顾等业务。

**三、运营管理**

严格执行适当性管理办法及总部操作流程，强化业务办理时效及合规意识。以业绩为导向，优化完善分公司内部激励机制，在绩效管理办法中引入个人业绩评价指标，推行员工营销积分方案，按各部门实际创收匹配对应的绩效，增强内生发展动力。严格落实责任制，强化安全管理，加强安全防范，消除安全隐患。抓住春节、五一、十一等重要节假日，组织开展安全大检查，全年未发生安全事故。抓好疫情防控工作，分公司落实联防联控要求，在积极做好防控的同时迅速恢复生产经营。

**四、风险管控**

持续加强内部检查、合规监控工作。做好规划并组织实施合规检查工作，完成每日合规检查、监测、审核工作。继续加强合规培训工作，提高全体员工合规执业水平，落实合规内控制度。落实投资者适当性管理工作和反洗钱工作，定期开展适当性工作自查。坚持开展每周合规主题检查工作，组织开展合规、反洗钱、廉洁从业知识竞赛。

**五、党的建设**

积极融入生产经营，围绕“分公司自主开发的资产证券化项目突破”为课题，开展“领题破题”活动；以“专精特新”企业走访为契机，开展“根在基层”调研实践活动，为股权业务发展开拓市场、储备股权客户。切实开展党史学习教育，召开支委（扩大）会学习 15 次、支部学习 17 次、理论学习组集中学习研讨 10 次、讲党课 4 次。加强廉政建设，组织参加“党风廉政警示教育月”、廉洁从业培训，党风廉政警示教育月知识竞赛等活动。（中邮证券）

# 贵州省

**【中国邮政集团有限公司贵州省分公司】**

**一、2022 年度总体发展概况**

实现业务收入 38.67 亿元，比上年增长 7.14%，完成集团公司计划 101.31%；累计完成经营利润 0.53 亿元，超集团公司计划 10.28%。

**二、党的建设**

——始终坚持把党的政治建设摆在首位。开展中心组学习 10 次，党委委员领学发言 17 次，其他成员谈学习体会 8 次。

——基层组织建设得到新提升。对照新的“664”标准，186 个基层党组织开展自查，复核示范点 26 个，发展党员 147 名；省分公司党委班子成员到基层联系点调研全覆盖，党员联系无党员网点工作制度得到有效落实。

——全面从严治党迈上新台阶。围绕集团公司 81 项工作，结合实际细化具体措施 89 项，已基本完成；对安顺市、黔南州、铜仁市分公司开展巡察整改专项检查，对 210 人作出批评教育、提醒谈话等处理；收到信访 33 件，比上年下降 35.2%，立案审查 6 件，给予党内严重警告 3 人、党内警告 6 人；对 53 人作出记大过、记过、警告、诫勉、通报、批评教育、提醒谈话等处理。

**三、服务国家重大发展战略部署情况**

——普遍服务水平更加优质。普服网点营业时间达标率、四项业务开办率、乡镇普服网点覆盖率 100%；建制村投递频次达标率 99.78%；直辖市、省会城市间全程时限平均时长缩短至 2.11 天；县及县以上城市党政机关《人民日报》当日见报率 100%；机要通信质量实现 32 年全红。

——服务乡村振兴更加深入。完成三级物流体系重点

贵州省农业农村厅与贵州邮政携手助力的新型农业经营示范点（贵州省分公司）

县建设18个、邮快合作建制村覆盖率62.63%；快递进村邮件业务量2047.19万件（含邮政和民营快递件），完成率409.44%；建成全国级农产品基地4个、区域级12个。

——疫情防控措施更加有力。免费为政府提供应急物资运输，80余个党支部、600余名党员下沉社区“零距离”服务群众。

——绿色邮政建设更加高效。全面实施“9917”工程，累计投放可循环快递箱（盒）1.62万个，在邮政快递营业揽投网点布设回收装置1676个，回收复用瓦楞纸箱147.38万个。

**四、落实集团公司发展战略情况**

——投资建设持续推进。累计下达投资计划0.96亿元。贵阳邮区中心工艺优化工程通过初验并投入试运行；完成二、三类业务库改造17个；购置、新建支局房8处，装修改造14个；完成邮政信息网络安全加固工程等集团直管项目立项8个，中国邮政远程集中监控系统与绿盾视频联网对接改造工程等集团公司直管项目竣工验收7个。

——科技创新全面赋能。强化ERP系统运行管理，完成新模块、新功能试点切换上线；向集团公司申报科技创新项目2个，下达9个；购置运钞车30辆、智能枪柜42个、智能弹柜9个；向集团报送一级采购目录设备金额571.06万元。

——贵阳邮区中心改革稳妥实施。认真开展“劣三类”邮件管控，小件分拣机效能从85%提升至120%，双层包分机收容率从4.17%压降至1.78%，小件分拣机收容率从3.43%压降至0.39%；人均处理效率从每日895件提升至1297件，增幅44.92%。

——市趟改革有效实施。累计完成改革任务47项，完成汇集发运158个网点、串行邮路115条，串行网点384个，上下行综合复用邮路76条，日均减少里程约800公里，盘活车辆12台。

——揽投网改革深入实施。建成“自提直投中心”9个，快递包裹自提率整体68.43%，建成揽投机构40个，维护率90%；投递未解车信息断点率降至8.28%，特快专递违规投点率降至3.46%。

——“两集中”改革稳步实施。特快全程时限达成率93.52%，列全国第2位；特快收寄及时率98.9%，列全国第3位；特快、快包妥投率93.77%、97.66%，列全国第5位和第6位；一级干线、二级干线准点率93%、95.79%，列全国第5位和第8位；特快、快包省内互寄达成率94.9%、88.81%，列全国第5位和第6位。

——邮银速协同效应不断扩大。融资E贷款新增4.12亿元，完成率261%，列全国第4位；引荐且成功办理融资E贷款4955户，完成率420%，列全国第1位；邮银共建信用村936个，列全国第2位；军人客户新增AUM 9.1亿元。

**五、业务发展**

——金融业务发展势头持续向好。完成业务收入23.61亿元，比上年增长8.25%。全省AUM增长9.04%，完成计划129.19%，列全国第12位；新增月日均存款105.26亿元；销售高效基金9.32亿元，完成计划291%，进度列全国第1位，净值型理财保有量增量3.1亿元；长期期交新单保费10.19亿元，期交占比列全国第2位。

——寄递业务发展质效稳步提升。完成业务收入8.6亿元，比上年增长11.8%，列全国第7位。其中，特快专递比上年增长26.0%，列全国第14位；物流收入增长29.8%，列全国第3位；国际业务增幅列全国第11位；寄递总体利润率2.4%，列全国第6位；寄递业务收入市场占有率11.5%，列全国第10位；业务量市场占有率14%，列全国第14位。

——邮务业务发展总体保持平稳。完成报刊业务收入1.92亿元，比上年增长0.2%；创新打造“邮政文创＋头部酒企”的新一代酱酒品牌产销体系，累计完成业务收入0.24亿元；函件、集邮、分销、增值等专业与上年基本持平。

——保安押运市场领域不断拓展。紧紧围绕“三化”建设，实现业务收入8297万元，超进度10.58%，绝对值增加794万元。成功开发及续签押运、寄库、清分项目20个，合同总金额2240万元，年度服务费1159万元。

**六、运营管理**

——财务管理更加精细。加强营收资金规范，寄递业务散户现金收款率0.94%，全面完成股权投资清理任务，规范外包管理，积极推进业财一体化平台上线及应用，稳步开展分类核算。

——人力资源管理更加规范。用工总量降至10070人，连续两年实现负增长；金融从业人员劳务用工占比降至13.42%；委代办自然人实现“清零”；从业人员劳动生产率38.4万元/人，比上年增长7.3%。

——审计监督更加严格。完成审计项目177项，提出审计意见及建议172条，整章建制8项，处理处罚13人次，工程结算审计审减844.95万元，审减率12.6%。

——采购效率更加高效。完成集中采购项目115项，采购合同金额2.1亿元，资金节约额2348.18万元。集中采购率、公开采购率、公开招标率、资金节约率和上网采购率均超集团考核标准。

——人才培养成效明显。选派30名优秀年轻干部开展双向交流锻炼，晋级中级理财经理196人，高级理财经理2人；持有五个岗位资格证书占比81.52%；金融理财师（AFP）累计持证184人，基金持证率60.7%，列全国第2位；完成申报工程系列职称35人，具有专业技术职务任职资格达2099人。

——干部人事制度改革有序实施。出台任期制和契约化管理工作经营业绩考核、领导人员薪酬分配实施办法等方案，累计提任三级领导人员 16 名，任职岗位调整 43 人；市州分公司领导班子成员平均年龄 46.3 岁，较 2021 年下降约 1 岁。

**七、风险管控**

——重大风险屏障更加牢固。持续推动“平安邮政”建设，排查安全隐患 4060 个，整改 3948 个；圆满完成北京 2022 年冬残奥会、党的二十大等重大活动期间安全和服务保障工作；全年未发生重大安全生产事故和安保类资金案件，开展“雷霆行动”，核查风险疑点数据 39380 条，排查行为异常人员 1608 人，经济处罚 9663 人次，问责告诫 27 人、通报批评 3 人、警告 10 人、记过 2 人、记大过 1 人。

——强化法律风险和合规管理。将“三必审”贯彻法律审核全过程，扎实推进标准合同范本应用，初步清理现行制度 325 项，拟保留 256 项，新制定 21 项，修订 69 项，废止 29 项。

——守好意识形态主阵地，密切关注中央、地方纪委监委网站、官微，对相关违纪违法人员及时通报，持续做好余毒专项排查。（贵州省分公司）

**【邮储银行贵州省分行】**

收入利润超预算完成。实现自营收入 34.9 亿元，比上年增长 3.5 亿元，增幅 11.3%；实现利润总额 13.9 亿元。经营规模实现稳步增长。资产总额 1716.4 亿元，比上年增长 146 亿元，增幅 9.3%。各项存款余额 1546.5 亿元，比上年增长 117.3 亿元，增幅 8.2%；各项贷款余额 1079.3 亿元，比上年增长 180.2 亿元，增幅 20%，增速列邮储银行第 4 位。重点财务指标优于平均。成本收入比 34.8%，收入利润率 39.7%，人工成本利润率 169.8%；人均创收、人均创利分别为 124.2 万元、49.4 万元；网均创收、网均创利 2476.9 万元、984 万元。贷款投放量升价优，存贷比 69.8%，比上年提升 6.9%；存贷利差 3.7%，列邮储银行第 1 位；新发放各项贷款平均利率 5.2%，列邮储银行第 1 位。

**一、服务国家重大战略部署**

——支持贵州“四新四化”战略。乘“新国发 2 号文”政策的东风，投放“四化”贷款 203.06 亿元。一是全速支持新型工业化，聚焦新能源、制造业、特色食品加工等重点领域，支持十大工业产业加速发展，累计投放工业贷款 250 亿元。向 192 户“专精特新”及高新技术企业贷款 12.8 亿元，支持国家级及省级农业龙头企业 68 户、贷款 4.7 亿元。二是全程支持新型城镇化，为贵州交通基础设施打上邮储印记，向全省 31 条高速公路项目提供融资 440 亿元，支持高速公路项目近 1950 公里，约占全省高速通车总里程的四分之一；为机场和城市轨道交通建设提供融资 82.4 亿元。积极对接支持城乡供水、垃圾发电、脱贫攻坚城乡供水巩固提升工程和城市更新等项目，累计投放新型城镇化贷款 130 亿元。三是全面支持农业现代化，围绕县域基础设施建设、农村绿色清洁能源、高标准农田项目、新材料等重点领域加大支持力度，施行差异化授信政策，累计投放涉农贷款 1147 亿元。四是全情支持旅游产业化，锚定“双碳”目标，赋能绿色发展，率先在邮储银行和省内商业银行中落地国家储备林业务，累计支持项目 8 个、授信 22 亿元。以旅游景区和文旅综合服务为主要应用场景，创新推出“旅邮通”服务方案，累计投放旅游产业化贷款 10 亿元。

——践行普惠金融。普惠小微企业贷款余额 161 亿元，比上年增长 20.5 亿元，贷款余额、增量创近 3 年新高，增速 14.6%，完成率 117%。围绕“增量、扩面、降利”普惠金融政策要义，加强名单制客户走访和邮银协同营销获客，制定支持毕节普惠金融试验区专项方案，以“主办行 + 主动授信”双管齐下，新增小企业客户数 8090 户，增幅 29.48%，增量和增幅创历年新高，主办行客户占比 24.8%，比上年增长 1.3%。普惠型涉农贷款余额 91 亿元，年净增 7.9 亿元，完成总行计划 136%。

——提升乡村振兴质效。建成信用村 6394 个，采集信用户 17.6 万户，邮银协同成立 106 个乡村振兴金融工作室。围绕省内茶、食用菌等农业优势特色产业加大信贷投放，“辣椒贷”“猕猴桃贷”“犇牛创业贷”等定制化产品方案相继出台，积极推动一、二、三产业融合发展，累计支持特色产业客户近 8000 户、发放贷款 31 亿元，农业产业链贷款净增 4.2 亿元。邮储品牌在农业农村领域更有“话语权”。

**二、业务发展**

——零售金融业务。个人金融坚持以 AUM 为纲，推进财富管理体系建设，实现收入 4 亿元，完成计划 112.2%。旺季跨赛荣获总行“突出贡献奖”，贵金属完成率 167%，列邮储银行第 1 位。网络金融持续做大优质客群，提升数字经营能力，手机银行月活跃客户规模完成率列邮储银行第 9 位，电子支付重点客群渗透率列邮储银行第 4 位。信用卡以获客及活客为目标，打响“MGM”营销战，创收能力稳步提升。实现业务收入 3.3 亿元，增幅 13.7%，客户活跃率 46%，列邮储银行第 8 位。消费信贷聚焦“促发展、提能力、控风险”，积极应对政策及市场形势变化，投放 122 亿元、净增 32.3 亿元，新增市场占有率 5.9%，列省内六大行第 3 位。个人经营性贷款坚持数字化转型主线，明确十大发展路径，坚持邮银协同、城乡联动，持续巩固线上线下有机融合核心竞争优势，贷款余额 156.9 亿元，增幅 21%。

——公司金融业务。公司业务通过“+ 计划”活动落实“1+$N$”经营理念，公司贷款净增 107.4 亿元，增幅 30.8%，列邮储银行第 8 位；公司存款净增 6.6 亿元，增幅 6.7%。绿色贷款余额 97 亿元，比上年增加 34.5 亿元，增幅 55.3%，绿色贷款占各项贷款比重 9%。普惠金融坚持“54321”战法，年末贷款余额 72.9 亿元，余额净增完成总行计划 147%；小企业有贷户主办行客户占比 24.8%。交易银行围绕国内资产、结算、跨境金融三大板块，实现收入 6885.7 万元，比上年增长 48%，分行计划完成率 119.1%；现金管理新增资金池 476%，列邮储银行第 4 位。

——资金资管业务。稳定同业融资业务压舱石作用，实现收入 1.3 亿元，比上年增长 37%；实现利润 1.1 亿元，比上年增长 42%。

**三、风险防控**

——全面风险管理夯基垒台。一是强化风险限额刚性管控，上下协同、前中后台齐抓共管。二是有效运行风险与内控管理委员会机制，实资产质量管控、法人客户特殊业务、全面风险排查评估等重点问题解决。三是推进智能化风控运用，借助数字化风控核心指标，围绕历史客群等级分布、违约概率、不良生成等指标检视贷前贷后风控效果，定位薄弱环节。

——授信管理引领业务发展。制定贵州省分行区域授信政策，对全省高新技术企业、“专精特新”“小巨人”企业等省重点行业企业及重点项目给予信贷政策支持，引导前台精准营销优质客户、发挥授信政策指引作用。

——不良资产有效化解。坚持“退存量、优增量”，不良率低于全省金融机构平均值 0.27%，列省内国有六大行第 4 位。处置不良资产 12.96 亿元，现金清收 8.15 亿元，有效释放相应拨备占用节约成本 5.4 亿元，直接贡献利润 0.8 亿元。

——内控合规根基筑牢。充分用好“总行 + 优势分行”与困难分行对口帮扶机遇，与总行、福建省分行双向选派人才交流指导学习。成功编制系统风险模型 13 个，获总行采用推广 3 个。问责 4854 人次，经济处罚 570.3 万元。

**四、运营管理**

——人力资源管理。一是着力加强干部建设，推行任期制和契约化管理，全行 333 名领导人员全面签订聘任协议和业绩责任书。二是着力拓宽引才通道，社招引进 32 名、校招补充 82 名专业人才。三是着力加快人才培养，建成 450 人中基层管理人才库、100 人年轻干部储备池、18 人“骐骥”战略人才库。四是着力完善激励机制，工资总额向重点业务及重点领域倾斜，专项奖励切块分配到条线管理。职级晋升比例 22.1%；薪档晋升比例 67.6%。五是着力优化人才结构，销售人员占比 32.4%，比上年上升 4%。

——财务管理。一是加大财务政策激励力度，撬动各项贷款多投放 61 亿元。二是加大固定资产投资力度，7 个支行购置获总行批复，批复实施 11 个营运用房装修改造项目。三是加大资产损失税前扣除力度，完成税前扣除报备 3.5 亿元。四是加大集中采购力度，集中采购率 100%，节约成本 727.3 万元。

——运营管理。持续推进网点柜员、大堂经理岗位融合，实现 141 个网点岗位融合，优化前台人力资源约 51 人。持续强化现金管理，年均备付率 0.53%，下降 0.05%。

——科技管理。初步形成业技融合、推动科技创新的软件研发组织架构，取得一定研发成果，自主研发落地开放式缴费、资金监管等中间业务项目及烟商贷、数据直连、业务劳动竞赛积分系统等项目共计 49 项。

**五、党的建设**

——党建引领持续增强。深度研学党的二十大精神，不断加强理论研究，引导党员干部员工学而信、学而思、学而用、学而行。分行荣获集团第二批“党建工作示范单位”，被总行评定为“先进”等级，辖内贵阳市中华北路支行团支部荣获“全国五四红旗团支部”称号。“鸿雁先锋 · 领飞黔行”党建品牌提档升级，累计表彰 150 个红旗集体和 208 名标兵个人。

——党建与经营深度融合。开展党建工作与经营发展深度融合系列实践活动取得明显成效。创新联建模式，各级党委、党支部共计开展党建共建活动 399 次，与共建单位签约 85 次，通过活动开展实现各项存款 16 亿元、各类贷款 9 亿元。

——全面从严治党纵深推进。以“深化政治监督”为引领，持续压实管党治党责任，有效发挥党内监督利剑作用，促进治理效能提升。建立“阳光信贷告知书”二维码监督平台，收集贷款客户监督反馈意见 1764 份并进行研判处置，未收到反映信贷员违反廉洁风险的问题；聚焦重要节日做好廉洁提醒，节日期间开展检查 30 次、暗访 4 次，未发现违反中央八项规定精神的行为；扎实转变工作作风，整治形式主义、官僚主义，文件比上年压降 5.2%，会议比上年压降 2.6%，达到只减不增目标要求。（邮储银行）

## 【中邮证券贵州省分公司】

**一、总体发展概况**

截至 12 月 31 日，贵州省分公司在职员工 7 人。其中党员 5 人，非党员 2 人，党员占比 71.43%。女党员 3 人，占党员总数的 60%；汉族党员 5 人，占党员总数的 100%；硕士学历 2 人，本科学历 5 人，本科及以上学历员工占比 100%。

**二、业务发展**

——经纪业务。截至 2022 年 12 月 31 日，贵州省分公司普通账户累计开户 20916 户，2022 年新增开户 4560 户。实现收入 145.68 万元，实现利润 81.85 万元，新增有效户 838 户。新增客户资产 853.47 万元，累计客户资产 5477.08 万元。2022 年共销售代理基金、收益凭证 2003.1 万元。

——投行资管。成功开展贵州省内上市公司中航重机公司的财务顾问项目，形成收入 54.76 万元。持续跟进贵州水投能源公司就下属水电站 ABS 立项工作。分公司继续加强资管产品销售工作，邮银协同销售资管产品 1.1 亿万元。

——板块协同。积极争取省公司协同支撑政策。下发《关于开展2022年中邮证券业务协同发展竞赛活动的通知》文件，向全省各市（州）明确中邮证券新增有效户及各项销售产品及投行项目等激励政策。下发《2022年贵州邮政自办证券业务发展劳动竞赛方案》，明确劳动竞赛目标及相应的奖项设置，进一步激励各市州分公司协同强化客户资源共享和开发，积极开展劳动竞赛活动组织，实施精准营销。

**三、运营管理**

按照《中邮证券公司柜面业务操作规程》《中邮证券公司客户账户非现场开户业务管理制度》等各业务线的规章或办法严格办理业务，经核查分公司交易系统，分公司账户均为正常账户，未发现“禁止”或“限制”标识。

**四、风险管控**

——合规管理。贵州省分公司各项业务均严格按照监管和公司的合规要求开展，严格执行适当性管理的相关要求开办业务，符合监管和公司的相关规定，各项业务有序开办和进行。分公司定期开展合规培训，让员工充分认识到合规经营的重要性，确保企业健康稳定发展，严格按监管要求报送各类监管报表。

——反洗钱工作。按照公司管理要求及时组织反洗钱学习与宣传。按照人民银行、中国证监会及公司总部的相关要求，认真履行反洗钱义务，合规、稳健地开展证券经营活动。认真按照人民银行要求落实反洗钱工作，严格按监管要求报送监管报表。

——客户回访。贵州省分公司进行身份证过期客户的回访、新开户客户的回访、年度客户10%存量回访、自查整改回访、创业板开通回访等内容，未发现异常记录，回访中未发现员工代客理财、全权委托等情况。

**五、党的建设**

——落实“三会一课”制度。贵州省分公司严格执行“三会一课”制度。党支部书记根据制度要求负责组织制定“三会一课”年度和阶段性计划，确定具体的内容和形式，组织落实好“三会一课”制度，并带头讲好党课。

——持续深化巡视整改工作。深入贯彻集团巡改办《关于运用十九届中央第八轮巡视成果对照整改工作》的要求，分公司党支部结合公司实际情况，制定中邮证券贵州分公司党支部运用十九届中央第八轮巡视成果对照整改方案并按要求时限报送整改工作开展情况。

——扎实开展主题党日活动及专题党课活动。年初制定全年主题党日及部分学习内容并严格执行。根据“三个第一时间”制度要求，组织学习习近平总书记重要讲话精神，中央、集团公司、公司总部和属地邮政相关工作的重要指示，新冠疫情期间的防控文件等内容，开展社会主义核心价值观主题实践、党风廉政教育及小长假前违规事项通报等主题党日活动。组织主题党日活动和集体学习12次，专题党课4次。合规岗位党员代表以实际案例为出发点，结合监管文件作专题交流。

——落实意识形态工作责任制。抓好主体责任落实，实现意识形态工作齐抓共管。加强理论学习，推进工作落实。坚持正确舆论导向。认真落实意识形态工作专项督查和责任制专项检查自查。

——强化廉洁意识，从严开展日常监督。贵州省分公司把遵守党的政治纪律和落实中央八项规定精神作为常态化监督工作，严防“四风”问题，坚持一个节点一个节点坚守，以钉钉子精神督促中央八项规定及其实施细则精神贯彻执行，及时通报中央、集团公司党组、中邮证券公司党委和省分公司发布的各类违法违纪案件。分公司于节假日前发布廉政风险提醒信息5次。（中邮证券）

# 云南省

**【中国邮政集团有限公司云南省分公司】**

**一、2022年度总体发展概况**

实现营业总收入39.35亿元，完成计划任务的101.65%，比上年增长8.03%。高效业务收入占比72.95%，高于全国平均水平8%，全国排名第9位。高效业务收入拉动率9.5%，全国排名第11位，其中，金融拉动率7.4%，特快拉动率2.1%。寄递事业部实现营业利润–3484万元，超集团公司预算7516万元，全国排名第1位，比上年减亏1.26亿元，全国排名第7位。企业货币资金存量4.51亿元，比上年增加1.57亿元，增幅53%。实现经营利润3亿元，全国排名第10位，实现超额利润2.23亿元，全国排名第1位，比上年增加2.88亿元，全国排名第5位。认真落实党和国家疫情防控政策，积极助力保供保通保畅，承运疫情防控物资135.92万箱（件）；处理发运进出口民生物资1179.39万件。

**二、党的建设**

——五大建设。深入学习贯彻习近平新时代中国特色社会主义思想、党的十九届历次全会及党的二十大精神，树牢“四个意识”，坚定“四个自信”，坚决做到“两个维护”。进一步理顺全省各级寄递事业部及各州市、县分公司党组织管理关系，加强基层党组织建设，持续开展共建共享活动，推动党建与生产经营工作深度融合。全省深入开展“干在实处、走在前列，比学赶帮超”活动，积极践行“三个工作法”，推动工作作风转变。持续强化政治监督和日常监督，强化对“一把手”和领导班子等“关键少数”的监督，强化执纪问责，营造风清气正的发展环境。

——巡视巡察整改。以巩固中央巡视整改、集团公司党组2020年第二批专项巡视反馈问题整改、省内巡察整改为重点，开展全面自查工作；扎实推进2021年巡察整改遗留问题、2022年巡察及巡察“回头看”发现问题、集团公司2022年巡视整改专项检查督导反馈问题的整改。对1个党委、19个党支部开展常规巡察，对4个党委及部分党支部开展巡察“回头看”，完成党的十九大以来省内巡察收官工作，实现全省168个党组织巡察全覆盖目标。

——团青工作。加强基层团组织和团干部队伍建设，圆满召开第一次团代会，选举产生省分公司第一届团委。召开青年干部座谈会，倾听青年员工心声，凝聚青年力量。扎实开展“喜迎二十大、永远跟党走、奋进新征程”主题教育实践、“根在基层”调研、党员团员青年先锋突击队“双11”主题实践等活动。

**三、服务国家重大发展战略部署情况**

——普遍服务。持续加大普遍服务投入力度，持续推进453个网点形象改造及538个网点店招更新。建立检查和绩效考核体系，提升普遍服务管理质效。克服疫情影响，普遍服务37项质量指标全面达标，机要通信安全万无一失。新增2个当日见报县，全省县及县级以上城市党政机关党报当日见报率58.91%。强化政企协同，积极推进抵边自然村邮政普遍服务覆盖工作，自筹资金310万元，下达抵边村通邮补贴，全省2207个抵边自然村顺利实现通邮，新增通邮抵边村数量占全国90%以上。

——乡村振兴。一是农村电商。实现上行商流交易额1.01亿元，完成计划目标的101.4%，下行商流交易额6068万元，完成计划目标的114.5%，建成线下优质邮乐购站点766个，线上6030个活跃邮乐小店，实现线上零售交易额3641.17万元。“919电商节”实现历史最好成绩，打造8个万单农品，开展社区团购945场；直播带货233场；零售交易额657.74万元，完成计划目标的131.55%；中秋销售2441.67万元；盐业销售4623.33吨；启动全省邮乐购站点优化升级工作，建成“邮政年货节”五星站点761个，完成率200.26%。二是农村市场。累计发展农村会员64.63万户，新建信用村828个，累计建成信用村1359个，评定信用户2.23万户；融资e贷款净增4.47亿元；新增小额辅助贷款8896万元，助力解决“融资难”问题。充分发挥邮政线上线下渠道优势，邮政农产品销售额超过1亿元，自营农产品销售额超过6437.62万元，有效解决“销售难”问题。依托邮政畅通国内的邮运交通网络优势，助力农产品上行2284余吨，寄递业务量近2000万件，有效解决“物流难”问题。三是脱贫攻坚。认真履行定点帮扶责任，主动融入地方乡村振兴工作，按照“七个一”要求，全省定点帮扶挂钩单位106个，累计投入定点帮扶资金189.32万元，助力2.45万贫困户脱贫增收。

**四、落实集团公司发展战略情况**

——国企改革三年行动。圆满完成省级层面改革任务，人均劳动生产率34.46万元，增幅8.22%。企业总资产周转率、国有资产保值增值率逐年提升，企业管理体系和管理能力现代化水平不断提高。加快推进绿色邮政建设，全省规范封装操作比例94%、电商快件不再二次包装比率97.1%、全省电子面单使用率98%，年度“9917”工程重点指标全面达标。

——寄递业务六大改革。昆明、大理两个省际处理中心在全国验收工作中均被评为“优秀省际中心”，应集必集完成率87.92%，比上年提高2%，全量集包率61.43%，比上年提升14.17%。加快推进市趟运输改革，顺利完成集团公司阶段性验收，验收总得分85.2分，全国排名第11位。持续推进陆运网改革，组建省内特快专网，全省全范围特快次日递率73.69%，提升19.91%；开通专线够量直达邮路，昆明陆运中心对砚山等34个县直发，大理处理中心对腾冲等18个县直发，有效提升时限水平。深化推进运输网改革，持续推行陆路运输小改大、单改双、委改自改革，强化邮路运行管控，省际邮路发班大车占比34.43%，一级干线正班往返邮路占比100%，自办邮路占比37.82%；丽江直发杭州、南京、上海、郑州、西安等重点城市邮件时限水平提升2~3天。深化揽投网改革，完成27个特快专站及98个特快专段建设，建成社会自提点6276个，全省快递包裹邮件自提率指标71.46%，规范推进全省城市地区快递包裹邮件甩点直投工作，甩点直投业务量1071.81万件。强化揽投网格运营管理，全省建成274个网格，设置邮件接转点145个，构建网格化作业指标体系，进一步提高协同作业能力。全面推进寄递“管理提升年”活动，开展用户欠费及个人账户归集资金专项整治，账期外欠费占比17%，散户现金收款率2.6%，个人账户归集资金由整治前的每月1079笔压降至61笔。

**五、业务发展**

——寄递业务。打造昆明、丽江双航空中心，开通28条省际直航邮路，全程时限提升2~3天，运输成本下降0.35元/公斤，节省运费38.25万元。全省政务收入占特快比重50%，文件型邮件占比57.7%，比上年提升10%。省内“飞虎达”主打中高端市场，累计收寄120.95万件，拉动省内特快业务量增长61.7%。组开12条专线直达邮路，补充航空运能缺口，省内面向广州邮路增加砚山交接点，文山和红河出口广东时限提升5~12小时。邮航顺利执飞昆明—曼谷164趟航班，有效支撑云南国际业务发展。政务市场落实9个标准化模板，复制87个政务项目，33个传统项目覆盖率96%，54个新兴项目覆盖率91%。商企市场大力开展“十强千户”竞品客户抢夺战，成功抢夺竞品客户1438户，开发率111%。生鲜市场开展极速鲜项目57个，其中云茶项目实现收入3037万元。高校教育市场高考录取通知书实现82所院校“教邮”合作全覆盖，实现业务量35.8万件，增长17%；学生档案实现业务量32万件，增长39%。散户现费市场大力开展“双万”行动，特快日均揽收量突破6091件，快包日均揽收量5702件。全省228个重点商圈入驻率100%，开发客户1043户，粉丝拉新26.7万户。特快活跃客户1.38万户，比上年增长43.24%，贡献特快收入3.63亿元；快包活跃客户1.03万户，比上年增长42.94%，贡献快包收入2.09亿元。全省46个法院签订集约送达合作协议，实现收入2624.38万元，增长32.19%，全国排名第2位。新增交管服务网点157个。全省建成州市级营销团队44个、区县级93个，专职客户经理114人。以“三种模式”优化网络组织，创新分配机制，激活农村市场，乡镇农村市场收入突破1.4亿元，增长34.28%。

“双11”期间，云南省昆明市分公司迎来邮件处理高峰（《中国邮政报》11月15日）

——金融业务。全省CRM系统完成关键人客户标签2.75万户，种养殖客户标签61.53万户，务工客户标签42.42万户。累计新增有效客户34.38万户；有效客户规模1031.4万户，客户渗透率21.84%，较年初提升0.73%；标准客户新增2.43万户，规模21.11万户，新增VIP客户5万户，新增财富客户6279户。组织开展全省“理财节”活动，活动吸粉6万余人，实现人民币理财新增11.6亿元，基金销售4.29亿元，新增财富体验客户1371户。开展“保险数智化转型营销活动”，昆明期缴保费全国小组排名第1位，全省新增长期期缴保费4.35亿元，拉动收入提升1.15亿元。常态化推进基金业务快速发展，实现高效基金销售10.01亿元，目标达成率112%，全国排名第14位；新增快捷支付绑卡客户48.38万户，完成年度计划目标的107.5%。实现非利差收入5.16亿元，非利差收入占比20.99%，比年初提升1.69%。配齐配强理财经理队伍，全省712个网点共配置理财经理715人，达到点均1人，建成理财经理工作室194个。加强金融高管人员、管理员、网点支行长、理财经理及内控检查人员队伍建设，基金持证率56.2%，比年初提升20%。构建理财经理荣誉体系，开展“百佳理财经理”评选，开展首届“财富盛典”活动，打造50名精英理财经理头部队伍。建成311个双录专区和98个金融投教区（云岭乡村振兴工作室），推动代理金融服务覆盖金融空白乡镇。开展线上数字营销，打造支付场景生态，新建智慧场景116个，累计252个。批量获取场景商户6200余户，新增对公账户45户，交易金额超过3.6亿元，年新增资产1.21亿元，累计资产超过3.13亿元。

——邮务业务。报刊发行业务深挖“一所三校”项目，实现校园书报刊流转额4198万元，比上年增长10.93%。加快数字媒体项目开发，创新开展中小学生“作业本”项目，发行图书78万余册，实现销售额3600万元，其中，发行《习近平谈治国理政》第四卷27万册，全国排名第4位，西南地区排名第1位。报刊大收订实现流转额6.7亿元，完成集团公司任务目标的100.73%。全省实现报刊业务收入2.21亿元，比上年增长3.44%，绝对值增长734万元，超集团公司计划任务514万元。集邮文传业务持续强化全省库房安全规范化运行和管控，积极推进“全省一个库”集库工作，全省集邮品库存减少823万元，比年初下降8.87%，库存周转率0.6。推进集邮业务全程邮品条码化应用，库房信息化管理水平进一步提升。顺利完成北京冬奥会、党的二十大等重大题材邮票发行保障工作。创新项目运营模式，线上、线下渠道融合发展，集藏巡展和沙龙活动全面推进。集邮文传及中邮文创专业实现收入1.16亿元，完成集团公司计划任务的105.55%，比上年增长30.24%。产品综合毛利率33%，全国排名第2位。

### 六、运营管理

——降本增效。调整节约投资2225.81万元，提升投资效益。开展公务用车改革，压缩公务用车22辆，节约投资616万元。深化采购管理，节约资金7055万元。

——合规经营。深入学习董事长关于树立正确业绩观有关要求，深刻领会“三个心系”和“三个有利于”的工作要求，对照集团公司巡视、离任审计、财务检查各项整改要求，对各级领导干部存在问题进行深入查摆整改，对全省业务收入、成本费用支出、业务代办费、外包费用管理进行了再宣贯、再规范、再整改、再落实。结合集团公司的新要求和省内发现的问题，对财务收支管理制度进行了完善和规范，聚焦“四类收支真实性违规行为”和“六类成本管理违规行为”扎实推进整改，会计信息质量持续向好。对业务外包管理进行了整改规范，外包费用比上年下降6800万元，降幅6.74%。完善代办费管理制度，对业务代办费管理进行整改规范，省分公司百元收入代办费6.06元，降幅32.89%。推动虚列收支整改工作，2021年计列的收入、成本已在当年12月完成账务、业务系统调整，累计调减项目收入1.05亿元，调减项目直接成本1.2亿元（含前期未列收入的后续成本）；2020年计列的收入、成本已在2021年度财务会计决算报表“上年数”中进行调整，累计调减项目收入3630.57万元。

——人力资源管理。完成省内106名三级经理、近600名四级经理的任期制和契约化管理推行工作。选拔任用2名优秀年轻干部充实到州市分公司，州市分公司班子年轻干部配备完成50%。加强干部考核管理，制定省内三级领导人员经营责任书，强化季度重点工作考核力度。持续优化用工结构，通过校园招聘补充541名合同用工，92.6%分布在金融专业；社会招聘补充68名合同用工，89%分布在金融专业。深入推进邮政见习基地运行，接收见习人员1000人，获得政府专项补助资金417.45万元。实施“优秀年轻干部选拔培养计划”和“三青”培养计划，选拔63名优秀年轻干部和99名“三青”人员。强化员工培训和技能提升，举办集中培训班13期580人，完成各类远程培训班103期，8.75万人次参加培训。组织开展省市两级机关管理人员业务素质提升远程培训班，1832名管理人员参加学习，为职工提升综合素质和专业能力提供有效支撑。

——财务管理。全面推动零基预算管理，加强存货管控分析和有效盘活，推进闲置和低效资产盘活工作，有效提高存货周转率和资金运营能力。开展用户欠费专项治理行动，通过对超一个月账期的用户欠费和账期外的用户欠费收取利息、落实欠费客户财务函证工作等方式，加大用户欠费考核力度，促进资金及时回笼。完成投资4883.17万元。扎实开展“四费整治”及“外包专项整治”。安保成本占业务总成本比重2.63%；运输费用率52.9%。

——IT赋能。加强IT能力建设，完成邮储个人核心系统、业财一体化平台、代收付业务新中平切换等集团公司信息化建设任务。加强数字技术与业务融合，实现“摩托车检审”“车辆灭失”“号牌寄递”等警邮业务的全流程信息化。首次面向公众开发“云邮便民”微信小程序，完成“数字签名”“数据加密”多项技术攻关，实现昆明“网点业务预约”、楚雄“车辆登记”等多种线上便民服务。自主研发的分配系统支持定制化，有效保障昆明电子烟配送新业务落地运营。推进寄递运管智能化，实现逾限预警和指标提醒自动发送。开发建制村投递监控系统，实现精准监控、智能抽查，确保每天投递履职率99.9%以上，得到监管部门的高度认可。

——新闻宣传。一是舆论引导。持续强化舆情管理，防范化解邮政重大声誉风险。前置舆情防范关口，在做好日常舆情管理工作的基础上，强化特殊敏感时期尤其是党的二十大期间的舆情提示和预警工作。组织开展全省邮政舆情管理专题培训，强化与省分行的沟通联动并联合开展负面舆情应急演练。组织全省各级邮政企业对辖内开办的新媒体平台账号开展调查统计，并督促其做好各类账号在“中国邮政融媒体平台”的入驻备案工作。认真落实集团党组和省分公司党委关于全面彻底肃清不良影响的工作要求，拟发7个肃清工作指导性文件，分三轮组织全省邮政各单位开展排查清理及现场抽查工作。二是对外宣传，统筹做好邮政对内对外新闻宣传工作，认真落实《中国邮政报》社关于新闻宣传工作的部署要求，持续提升“云南邮政”微信订阅号运营管理水平，结合实际优选题材主动对外讲好邮政故事“三措并举”，全省邮政企业关于反映云南邮政经营管理及发展成效的各类稿件在《中国邮政报》及中国邮政新媒体平台发稿136篇；通过“云南邮政”订阅号发布全省邮政新闻报道576篇；在社会媒体刊发云南邮政相关报道近400条。最美快递员故事、劳模助力“丰收节”、云南抵边村通邮等10余个对外宣传亮点被收入集团公司《邮政舆情周报》正面报道；在集团公司发布的《中国邮政舆论形象及传播情况月度评估报告》中，有两个月云南邮政在各省邮政正面舆论声量排名分别列第8位、第11位。年内荣获省委宣传部2021年度“宣传云南头条工程奖”二类奖1个、三类奖1个，“宣传云南好新闻奖”3个。

——企业文化。按照职工小家建设标准，安排157个职工小家的“改、建、提”工作补助各基层工会379万余元。下半年在党委的关怀和全力支持下，追加投入375万元，完成142个旱厕改造。14204人参与第七期职工互助关爱工程。因疾病等情况共帮120人，发放互助61.44万元；开展助学帮扶82人，发放助学金14.95万元；关爱职工高龄父母1774人，支付关爱金106.44万元；女性安康关爱活动帮扶13人，发放关爱金12.7万元；元旦、春节、中秋、国庆期间组织开展34人次困难职工帮扶送温暖，给予资金帮55.05万元。帮扶关爱职工2330人次，支付帮扶金250.58万元。安排一线职工、优秀技能人才、新就业形态劳动者62人参与省总工会开展的全省示范性职工疗休养。

**七、风险管控**

——风险管理。积极推进全省审计从“事后管结果”向“事前管方向、事中管过程”转变，构建全方位、常态化监督检查体系。完成2014年以来701项中央预算内资金建设项目财务决算审计。强化各级邮政企业风险内控案防管理工作机制，将KPI指标纳入战略绩效考核及经理层任期制、契约化重点任务中进行季度考核，全面压实各级企业案防主体责任，企业风险合规管控体系逐步完善。强化企业重大决策及规章制度的法律审查，强化各业务板块风险、内控、合规管理工作，初步建立起全面风险管理体系。全年未发生金融资金案件及重大风险事件，未发生重大舆情事件。（云南省分公司）

**【邮储银行云南省分行】**

实现营业收入32.40亿元，利润总额15.11亿元，各项存款余额1890.12亿元，其中自营存款余额305.32亿元，净增15.31亿元；各项贷款余额1054.18亿元，净增129.65

亿元。监管口径不良贷款率0.94%，较云南省银行业金融机构平均不良率低0.43%。

**一、服务国家重大战略部署**

——坚决落实金融支持稳经济大盘。云南省分行党委第一时间专题研究布置落实金融支持稳经济系列重要会议精神，制定阶段工作方案，建立结对帮扶工作机制，行领导与基层共同跑市场、跑客户、跑项目。活动期间，各项贷款完成阶段性目标的198.54%。加快设备更新改造再贷款和交通物流专项再贷款投放，落实保交楼政策。

——全力支持乡村振兴。完成新建26个县域网点，脱贫县贷款结余200.54亿元，净增36.42亿元，国家乡村振兴重点帮扶县贷款增速22.57%，高于全行贷款增速。投放涉农贷款144.38亿元，净增58.99亿元，结余400.27亿元；投放普惠型涉农贷款155.69亿元，净增19.71亿元，结余133.48亿元，适度提高涉农贷款不良容忍度。

——践行普惠金融助力民营小微。普惠小微企业贷款净增4855户，金额19.55亿元。出台全省行动方案，各级领导带头营销走访，“专精特新”客户净增37户，金额1.34亿元；科技型企业净增84户，金额2.96亿元。获总行审核通过科技创新再贷款1.16亿元，普惠小微企业贷款平均投放利率比上年下降24BP。

——助力绿色金融发展。投放绿色贷款120.86亿元，净增12.68亿元，余额91.28亿元，增速16.13%，高于全行各项贷款增速。在省内银行业中率先开展运营碳盘查、企业客户碳核算，通过人民银行审核碳减排支持项目贷款20笔、金额6.64亿元，带动碳减排量超过14.12万吨，提前完成年度碳盘查工作任务。

——全面落实好疫情防控工作。落实延期还本付息、展期政策，2020年以来累计对企业及个人延期、展期贷款2095笔，涉及贷款金额22.39亿元。对19家符合政策的收费公路主体20个贷款项目给予四季度贷款利息减免50bp，金额3912.44万元。普惠小微企业贷款平均投放利率5.49%，比上年下降24BP。

——抓好新市民客群金融服务。条线协同开展新市民金融服务，累计向新市民发放个人贷款6.79亿元，发放新市民U+卡672张，办理云建宝卡7万张。

**二、业务发展**

——零售金融业务。个人金融深入贯彻“以AUM为纲”的理念，加快大财富转型。邮银AUM突破2000亿元，净增150.92亿元；自营个人客户AUM比上年增加32.15亿元，增幅15.21%，完成总行下达计划的107.18%。举办两期精英理财经理、客户经理经验交流会，贵宾财富客户资配达标率列邮储银行第1位。网络金融积极应对客户服务线上化、移动化趋势，手机银行活跃客户列邮储银行第11位。信用卡建立288人信用卡网点联系人队伍，信用卡消费金额321.43亿元。消费信贷加快线上化转型，邮享贷白名单转化率5.77%，列邮储银行第8位；县域车贷投放进度列邮储银行第2位。

——公司金融业务。公司信贷投放节奏前移成效显著，投放超140亿元，净增85.44亿元，为历年最好水平。加快“1+*N*”经营服务新体系建设，建立核心目标客户营销走访机制，持续推进行领导“一周一客”走访。成功开立2个部队账户，省分行公司金融部荣获云南省委、省政府“云南省爱国拥军模范单位”表彰。交易银行积极服务“一带一路”倡议，新增“万万高速”1000万元跨境人民币贷款。投资银行成功发放云南省交投并购贷款业务30亿元。金融同业抓票据转型，票据贴现84亿元，比上年增长68%。贴现利润率1.14%，列邮储银行第1位。托管业务深耕同业合作，获得“托管债基拼单优秀分行”“托管债基拼单新拓分行”两项荣誉。

**三、风险管控**

——提升“看未来”的行业研究能力。开展信审引领专题培训9次，召开沟通交流会议15次，开展平行作业61次，涉及客户90户。为55个客户和项目开通绿色审批通道。

——全面深化风险管理体系建设。推进资本管理高级法实施，非零售信贷客户有效评级覆盖率100%。落实“三单”客户管理和监测，积极推进省属国企化债方案落地，未发生大额风险事件。处置不良贷款8.16亿元，为历史最高，其中现金清收4.9亿元，实现全行个人消费类不良资产ABS破冰。

——夯实内控合规基础。将案防作为“一把手”工程，推进风险经理队伍建设，建立“问题整改行长督办制”，充分准备做好监管现场检查迎检工作，加强问责管理和警示教育。扎实新一代反洗钱系统运用，开展分支行反洗钱自评估，深度挖掘并报告各类可疑交易线索。持续做好消费者权益保护，开展“四个专项治理回头看”，荣获人民银行昆明中支等四部门联合授予的“2022年金融联合宣教工作突出单位”。

——扎实开展安全生产。做好重大活动期间安全保障，开展安全生产大检查，集中开展消防安全隐患排查整治活动，全年安全生产零事故，“平安邮储”建设被总行评定为优秀。深入推进网点安防达标，深入开展“2022保密提升年”活动，加强保密宣传教育，开展保密检查与问题整改。

**四、运营管理**

——强化队伍能力建设。深入贯彻落实国企改革三年行动方案，规范完成岗位聘任协议和业绩责任书签约，干部签约率100%。规范开展选人用人，提任干部5人，竞争性选拔择优提任比例80%。深入开展“六问自查”活动，省分行管理干部对照自查清单52条认真自查。强化关键队伍建设，理财经理158人，客户经理852人，销售队伍占比36.10%，前端营销力量大幅提升。深入落实发展为了员工的理念。常态化开展员工职级晋升，优化绩效考核体系激励员工发展业务，全行员工人均工资增幅6.6%。

——提升精细化管理能力。认真贯彻落实总部“降本增效”要求，制定降本增效行动方案，加大贴息欠息清收，成本收入比下降至39.77%。充分发挥绩效考核指挥棒作用，多措并举促进中间业务发展，固定资产管理受到总行表扬。昆明海埂省分行营运中心、大理营运用房、建水县支行营运用房建设投资获批。开展外包专项整治，强化资金清理，规范供应商管理，严肃财经纪律开展小金库专项治理。

——增强科技支撑能力。成功完成新一代个人业务核心系统上线，未发生客户投诉。参加总行第三届数据建模大赛获得优秀奖。组织信息科技风险大排查，全年信息科技安全零事故。圆满完成党的二十大期间重要通信保障任务。

——加快运营管理转型步伐。开展客户体验、服务质量提升、线上服务提升年等活动，自营网点服务类有责投诉比上年下降96%。协助外部单位开展反电诈和司法查询，受到省公安厅和省反电信网络诈骗中心的通报感谢表扬。在前期95个代理县整改完成基础上，对12个代理县进一步优化整改。

——提升对基层服务和帮扶能力。研究制定整治形式主义、官僚主义为基层减负重点工作任务清单，开展报表清理“回头看”专项整治，文件、会议完成全年管控目标。改进调查研究方式方法，扎实开展“比学赶帮超”活动，加强重点城市行支撑，开展落后重点分行帮扶，提高调研时效。

——邮银协同取得新成效。认真践行协同战略，加强联合调研督导和培训，邮银奖励300余万元，提前完成集团和总行协同考核指标。融资E贷款净增完成率列邮储银行第1位，代理引荐成功贷款客户完成率列邮储银行第3位。

**五、党的建设**

——持续加强政治建设和思想建设。组织全行员工收看党的二十大开幕会直播，第一时间召开党委（扩大）会议，分批次深入学习研讨党的二十大报告。参加集团公司党组党的二十大精神专题会议5次，组织2次中心组专题学习、58人次参加，组织全行各级党组织专题学习6次。严格落实“三个第一时间”和“第一议题”。

——充分发挥党建引领作用。制定落实总行党的建设工作会议精神重点任务清单，严格落实意识形态工作责任制，全面彻底肃清余毒不良影响。建立四套台账，对照十九届中央第八轮巡视成果举一反三深化整改，查找具体问题28个，87项整改措施全部完成。集团公司党组巡视云南分行反馈的20个突出问题、41个具体问题，63项整改任务、166项整改措施全部完成。制定、修订制度39项，出台规范性文件123项。深入推进基层党组织建设达标工程和创先争优，认真开展“行长值大堂”，深化“领题破题”和“三亮三比三评”。加强督办管理，严格落实重大事项报告制度。

——推动全面从严治党向纵深发展。强化落实党中央决策部署落实监督，提前完成五年巡察全覆盖，对10个党组织开展巡察“回头看”。锲而不舍落实中央八项规定精神，开展“靠邮吃邮”“小金库”、招标采购等12个专项治理。全行各级纪委党纪立案7件，比上年下降56.3%；运用“四种形态”批评教育帮助和处理189人次。（邮储银行）

**【中邮证券云南省分公司】**

**一、总体发展概况**

云南省分公司在总部的正确指导下，牢牢把握“管理提升年”的发展要求，以“强管理、促转型、拓市场”为重点，稳步推进各项经营工作。积极参加监管和协会组织的投教活动，在“2022年度股东来了”活动中，荣获优秀组织奖。

**二、业务发展**

——经纪业务。新增客户5435户，完成率59%，比上年上升35%。其中邮政代理金融新增客户2654户，邮储新增客户2781户；新增有效户数1466户，超额完成总部下达的新增有效户目标，完成率102%；代销金融产品金额2826万元，完成率28%，比上年下降41%。加快财富管理转型，参与市场竞争。树立“全员营销”理念，制定分公司重点工作实施意见，进一步提升财富条线精细化管理能力，推进市场化转型。坚持“走出去、请进来”，了解行业熟悉市场，为市场化转型把好方向、找准路径、踏准节奏奠定基础。持续抓好“有效户大提升”“财富管理转型存量客户促活”“重点基金/资管产品营销活动”等各类主题营销活动，激活存量、扩大增量，巩固财富管理的客群基础，提升经纪业务收入贡献。加强内部学习和外部培训，不断提升业务水平和管理技能。

——机构业务。完成外拓拜访约40次，拜访对象主要包括省邮政、省分行和各重点州市邮政、邮储分支机构，外部商业银行，“专精特新”小企业。持续推动邮政和邮储协同联动，有效对接重点州市的领导和业务负责部门，理清邮银授信客户情况，创造业务合作机会。成功中标1只ABS计划管理人，预计募集资金规模约20亿元。开展机构客户拜访活动，加快推动机构业务发展。金融机构、上市公司走访，建立金融机构客户档案，明确合作方向。走访“专精特新”企业，储备股权类项目。

——协同发展。争取到云南邮政和邮储的持续支持，邮政渠道下发《关于推进云南邮政代理金融2022年中邮证券业务发展的通知》，将证券协同指标纳入重点协同指标进行奖励与考核。打造培训课件池，面向邮政金融提供菜单式、定制化培训支撑。主动开展协同联动，下沉地市、区县和网点，广泛凝聚协同发展力量。

**三、运营管理**

——坚持做好疫情防控工作。按照中邮证券公司和省邮政分公司疫情防控工作部署，成立疫情防控工作小组，启动联防联控机制，严格落实疫情防控措施，加强疫情防控知识宣传，配备防护用品用具，指定专人负责对员工及其家属身体情况按日报告，确保信息沟通到位，宣传引导到位。对外来人员进行测温登记，对营业场所、办公场所、常用设备设施进行定时消毒。在分公司领导带领下做好常态化疫情防控，及时传达上级精神、落实必要防护用品、执行具体防控措施，确保无负面舆情，确保员工健康。

——开展投资者教育培训活动。根据云南证监局和中邮证券总部年度投资者教育工作重点，密切联系投资者需求，持续做好理性投资理念宣传、业务规则解读、证券知识普及和交易风险提示等工作。积极开展线上线下投教活动，开展线下投教活动2场；开展线上投教推广39次，全渠道主要以短视频、交易所投教知识投放为主。6月，分公司获得协会《股东来了》优秀组织单位奖。

——坚持优化财务管理。依据国家税务总局公告2012年57号文规定完成“只申报不缴纳企业所得税二级分支机构”备案。依据《财务部税务总局关于明确生活性服务业增值税加计抵减政策的公告》完成加计抵减申报并享受税务优惠；完成2021年度个人所得税代扣代缴手续费退库。分公司做好工商年报的上报工作。根据《国家税务总局关于办理2021年度个人所得税综合所得汇算清缴事项的公告》做好分公司个人所得税汇算清缴的通知下达工作并在时限内完成汇算。根据公司《关于开展业务招待费使用情况监督检查的通知》要求做好自2019年开业的业务招待费的自查和整改相关工作。

**四、风险管控**

落实合规责任，强化合规意识。开展合规自查，整顿规范运营。提高风险管理水平，推动业务发展。

**五、党的建设**

因分公司6—11月只有1名党员，为了保证基层党建工作不遗漏，该同志参加公司总部和省分公司组织的各项党员学习活动，严格执行“三个第一时间”学习机制，分公司所有人员认真梳理和整改2021年巡视整改中发现的问题。截至12月31日，分公司针对6个方面10个具体问题，制定了22项整改措施，19项已完成，3项完成阶段目标并持续推进中。（中邮证券）

# 西藏自治区

## 【中国邮政集团有限公司西藏分公司】

**一、2022年度总体发展概况**

1—7月，收入增幅14.97%，列全国第6位，预算58.89%超进度推进。8月，突发疫情严重冲击了企业的生产经营工作。总收入累计完成39600.50万元，降幅1.90%，净减768万元；完成集团预算91.08%，差预算3880万元。

**二、党的建设**

吸收44名发展对象，56名预备党员，新成立党支部4个，其中那曲市分公司两县一区成立独立党支部。推进党建与业务深融互促，申报“领题破题”课题20个并全部结题。完成6个地市分公司班子的选好配强工作，加强县级邮政企业领导人员队伍建设。做深做实援藏人才管理工作，完成第八、九批援藏干部轮换工作。持续开展“‘一月一事’，消灭最差”活动，深入基层一线，推动问题解决，调研督导覆盖7地市、33个县区分公司。核查处理信访件21件，给予9人党纪处分。

**三、服务国家重大发展战略部署情况**

——农村电商。依托优质邮乐购站点打造，推进批销配送、邮件代收自提、农村公共服务等场景有效运营，协同推进金融、寄递业务发展。依托社群+邮乐小店、社区+邮乐优鲜、基地溯源+邮乐直播渠道，持续打造“线上+线下”立体化营销矩阵。依托农产品基地建设，加快打造“进城+下乡、线上+线下、生态+专业”特色生态体系，稳步提升双向商流规模，不断探索邮政农村电商差异化经营模式。

——普遍服务和特殊服务工作。普服邮件全程时限、建制村投递频次、乡镇网点覆盖率、建制村直接通邮率、给据邮件信息断点率、平常邮件信息断点率达到集团目标值，建制村投递打卡率保持在99%以上。投资1051万元实施291处普服网点形象提升工程。投入160万元对97条农村投递段道实现汽车运输投递升级；全区农村投递汽车化率总体达到50.49%，较2021年年底提升23.6%。全面推进邮快合作，初步形成了“政府引导、邮政主导、快递参与”的农村寄递共配平台。实现邮政普遍服务覆盖138个抵边自然村。两处边防邮路站点投递频次、深度均达到普遍服务标准。邮件丢损量比上年下降38.02%，达到了预期整治效果。高考录取通知书、学生档案，做到了“零误投、零丢失”。投入专项资金加强机要通信设施设备配置，机要通信实现连续30年质量全红。

**四、落实集团公司发展战略情况**

——打造协同优势。发挥邮政多板块、多业态的资源优势、代理网点的渠道优势和银行自营的产品优势，协同开发寄递、电商等高价值客户，深入推进代理引荐公司业务、信贷业务、信用卡业务；依托信用村建设，提高农户对邮政金融的信任度，强化商户结算贷等信贷产品引荐力度，解决农村客群扩大再生产的融资需求。各专业、各部门、各条线要增强协同配合意识，加强联系沟通，打破竖井壁垒，疏通堵点痛点，推动实现资源、业务、数据、管理、支撑等全方位协同。加强与政府部门、大型企业、战略客户的合作，持续扩大“朋友圈”，开展更大范围、更宽领域、更深层次的合作。

——推动县域邮政发展。围绕自治区“一核一圈两带三区”区域发展布局，促进县域邮政深度融入区域经济板块，不断壮大县域邮政规模。围绕农业大县、牧业强县、旅游名县，推动发展壮大。

**五、业务发展**

——寄递业务。实现收入17604万元，增幅2.30%，列全国第17位；完成集团预算92.88%，列全国第19位；占总收入比重44.45%，比上年提升1.82%。特快业务完成收入8554万元，增幅18.19%，列全国第20位。收寄包裹快递邮件510万件；处理邮件量3365万袋（件）；运输邮件量1609万袋（件）；妥投给据邮件1600万件。（1—11月）业务量占有率36.60%，比上年提升5.3%；业务收入市场占有率34.51%，比上年提升2.51%。

——代理金融业务。实现收入9404万元，增幅9.72%；完成集团预算102.01%；占总收入比重23.75%，比上年提升2.52%。个人有效客户总规模29.83万户，年增长1.16万户；客户AUM为54.45亿元，新增2.89亿元。收单业务量质齐升，新增收单商户0.69万户，结存商户1.69万户，联动资产11.78亿元，户均资产8.09万元。保险、基金、理财等中间业务转型推动。

西藏分公司协助向尼泊尔捐赠防疫物资（西藏分公司）

——邮务类业务。实现收入10012万元，增幅-4.76%，完成预算92.51%。政务图书项目实现收入820万元；生肖贺岁、建团百年、“5·20”等近百个集函类项目实现收入670万元；福至新春、邮粽传情等专项营销活动和单位食堂项目实现分销收入2260万元。

——农村电商。做大双向商流，农产品进城方面，运营了2个全国农品基地，推进跨省互销，农产品交易额完成3483万元，完成预算139.32%，进度排名全国第一；农产品基地项目收入1493万元，完成集团预算373.25%，进度排名全国第一。工业品下乡方面，批销交易额完成490万元，完成集团预算122.50%，其中大单品交易额474万元，完成集团预算124.74%。

**六、运营管理**

坚持“三个视角”“三大规律”，构建全业务、全流程、端到端、各环节、全要素的体系化、多维化、精细化的对标体系。在经营发展方面，重点对标市场份额、客户、产品、点均效能、经营发展成效等；在运营服务方面，重点对标邮件时限、环节效能、服务品质、服务满意度等；在综合职能方面，重点对标环节成本、财务管理、劳动生产率、科技赋能、资源配置等。

**七、风险管控**

巩固“小金库”“靠邮吃邮”专项治理成果，严查员工身边腐败。深化政治巡察，制定党委巡察规划（2023—2027年），开展党委巡察，加强整改成果运用。（西藏分公司）

**【邮储银行西藏分行】**

实现自营收入3.9亿元，增幅8.08%，完成全年预算目标的102.54%；实现利润总额8646万元，增幅8.25%，完成全年预算目标的221.13%，列邮储银行第1位。服务实体经济质效稳步提升。各项贷款余额185.08亿元，其中实体经济贷款结余180.93亿元，占全部贷款结余的97.76%；零售类贷款结余66.25亿元，占全部贷款结余的35.80%。各项存款余额110.32亿元，新增12.46亿元，增幅12.74%。价值创造能力快速提升。分行点均利润467.4万元，增幅286.6%；人均劳动生产率105.5万元，增幅11.82%；人均利润23.3万元，增幅285.81%。

**一、服务国家重大战略部署**

——服务国家和区域发展重大项目。面向水电等重大基础设施项目累计授信金额119.22亿元。用时5个月完成川藏铁路专业支行的筹建和开业，为中铁二十局等川藏铁路承建单位开立公司结算账户33户，开立代发工资账户3000余户，用实际行动支持川藏铁路建设项目。

——服务乡村振兴战略。创建数字化信用村9个，信用户154户，投放各类涉农贷款10.54亿元。面向小微企业、个体工商户、农牧民等小微客群发放的零售类贷款结余占比较上年提高4.35%。

——服务国家“双碳”目标。绿色贷款余额48.38亿元，增幅 10.94%，超额完成总行和监管考核目标。响应自治区国土绿化行动，投入资金 3551.75 万元，承担拉萨 1918 亩绿化造林任务，造林约 29.5 万棵，走在金融同业前列。

——服务小微企业助企纾困。坚决贯彻执行疫情防控期间金融服务保障工作要求，累计为全区 26 户中小企业办理无还本续贷、延期还本助企纾困业务 80 笔 7.89 亿元。

**二、业务发展**

——零售金融业务。自营个人客户结存突破 20 万户，新增 5440 户；自营个人客户 AUM 达到 33.60 亿元，新增 1.7 亿元。信用卡新增 3929 户，手机银行新增激活客户 8000 户，收单商户新增 1800 户。线上线下融合发展，小额贷款突破 10 亿元，新增 1.46 亿元。消费贷款结余 45.38 亿元，新增 2.98 亿元，完成率列邮储银行第 6 位。业务基础进一步夯实，普惠型小微企业贷款新增 245 户、1.68 亿元，完成监管考核目标的 168.22%，贷款增速高出各项贷款增速 23.75%，超额完成监管考核目标。

——公司金融业务。“1+*N*”经营与服务体系成效显著，公司价值存款年日均余额新增 5.08 亿元，完成全年计划的 169.2%。中间业务取得多项新突破，成功落地分行首笔 3 亿元“绿色并购贷款 + 副牵头银团”业务。企业网银客户新增 691 户，网银开通率 70.03%。开放式缴费平台交易金额 6.16 亿元，完成全年任务的 513%。成功落地邮储银行首个基于互联网综合服务类业务平台，供应链金融核心企业准入实现零的突破。

**三、风险管控**

——全面风险管理。风险管理委员会高效运行，定期会商、研判风险管理工作。开展业务连续性及外包风险专项检查、评估机构准入等工作，在全面风险的引领下全行稳健经营水平有效提升。

——资产质量管理。不良贷款率 0.80%，低于总行不良率管控目标 3 个 BP。持续加大不良贷款处置力度，全年累计处置不良贷款 1.07 亿元，完成监管下达处置目标的 255.55%，完成清收计划的 309.52%，其中清收计划完成率列邮储银行第 2 位，核销后不良贷款清收计划完成率列邮储银行第 1 位。

——内控合规管理。深入推进落实内控合规提质增效“总结深化年”活动要求，不断健全内控基础管理，全年邮政金融未发生案件和风险事件。

——反洗钱和消保工作。监管评价明显提升，在人民银行、银保监局考评中实现双提升，分别获得 A 级和二级 B 评价，总行考核评价为良好，排名比上年度提升 15 个位次。

——授信政策指引。授信政策指引作用有效发挥。将授信管理评价结果纳入机构和部门绩效考核体系，征信管理考评首次被人民银行评定为 A 级。

——安全保卫管理。圆满完成党的二十大期间维稳安保和银行安全防范“新规”达标，获得总行“平安邮储”优秀单位称号，分行连续 15 年保持零安全事故和零案件。

**四、运营管理**

——财务管理。科学配置财务资源，优化信贷规模，出台激励政策，支持重点业务转型发展。强化资源回报理念，成本收入比稳中有降。

——运营支撑。强化风险、服务、质效管理，账户、结算、清算、现金管理水平有效提升。代理机构及业务库整改工作取得阶段性成果，低效网点治理完成率 100%。

——信用审查审批。全面加强信用审批全流程时限管理，全力保障公司“1+*N*”“专精特新”转型发展。强化评级质量管理，信用审批评价考核比上年度提升 7 位。

——科技赋能。成功上线 4 个本地特色业务系统，完成税银缴费系统、银企系统等重点系统升级改造，助力分行特色业务发展。

——采购管理。全年实施采购项目 28 项，集中采购率 100%，公开采购率 99%，资金节约率 7.03%，公开采购率和集中采购率两项指标均达到总行考核指标。

——人力资源管理。一是加强班子队伍建设。圆满完成领导人员任期制和契约化管理改革，任期协议签约率 100%。基层支行班子队伍配齐配强，分行领导班子自身建设全面加强。二是优化专业人才队伍。全力推进优秀年轻干部队伍建设、“领航工程”和“骐骥”人才库建设。三是畅通员工发展渠道。按期完成每年 2 次职级晋升和每年 1 次薪档晋级工作。全行有 326 人次获得职级晋升，有 460 人次获得薪档晋级。

——协同发展。在重大营销事项、管理事项等方面建立定期灵活协商机制。在村社户企店客户拓展、邮政引荐消费贷款、邮银共建信用村等方面出台具体营销激励政策，充分调动邮银协同的积极性。协同发展显成效，全年新增公司客户 286 户，完成全年计划的 477%，列邮储银行第 1 位；协同新增公司存款月日均余额 1.75 亿，完成全年计划的 2744%，列邮储银行第 1 位。全年邮政企业引荐投放邮薪贷 18 亿元，完成率列邮储银行第 1 位。邮银共建信用村 3 个，发展信用户 46 户。

**五、党的建设**

——党建引领作用持续发挥。深入推进党的二十大精神学习宣传贯彻，通过“三亮三比三评”“行长值大堂”等主题活动，将党建引领经营管理全过程，有力推动党建和经营发展的深度融合。

——基层组织建设固本筑基。扎实开展基层党组织建设达标工程和创先争优活动，顺利通过总行 2022 年基层党组织“达标”考核，基层党组织建设持续巩固。

——巡视巡察整改取得实效。扎实推进 2021 年集团公司党组第二巡视组巡视反馈问题整改工作，问题整改完成率 100%。

——党风廉政建设纵深推进。扎实开展巡察整改“回头看”，加大重点工程、选人用人等全过程监督，政治生态更加清朗纯正。

——企业文化建设再添新貌。推进企业文化宣传贯彻落地，积极开展精神文明和民族团结进步创建，分行及下辖机构先后荣获“自治区民族团结进步模范单位”“第六届日喀则青年五四集体奖章”等多项荣誉。（邮储银行）

# 陕西省

## 【中国邮政集团有限公司陕西省分公司】

**一、2022年度总体发展概况**

设13个部门，辖1个寄递事业部、4个直属单位、10个市分公司、114个县（市、区）分公司，全省邮政员工1.48万人。代理金融网点1024个、普遍服务网点1864个、邮件揽投网点1213个，邮政便民服务站6700多个，服务网点覆盖全省城乡和线上、线下。生产运输车辆6221辆，其中运输汽车967辆、投递车辆5254辆、火车邮厢9节；汽车邮路633条，投递段道6073条；国内航空邮路47条，国际航线10条。

**二、党的建设**

把政治建设摆在首位，落实中央企业在完善公司治理中加强党的领导的实施办法，引导党员干部把“两个确立”转化为坚决做到“两个维护”的行动自觉。常态化长效化推进党史学习教育，推动学习贯彻习近平新时代中国特色社会主义思想走深走实、见行见效。加强基层党组织建设，实现基层党建工作清单化管理，建成党建指导员队伍，实现600余个无党员网点全覆盖帮扶。巩固提升达标成果，6个支部、92名党员获评全国示范点、先锋岗，企业支部首次获评省直机关“五星级党支部”。全省各级党支部“领题破题”288个，“三亮三比三评”持续激励党员争先进位。加强中央、集团公司党组巡视整改，坚持政治巡察定位，完成2批15家单位（部门）党组织巡察及问题反馈整改。严格落实中央八项规定精神，坚持不懈纠治“四风”，开展薪酬二次分配、外包及形式主义等专项整治，一体推进不敢腐、不能腐、不想腐，党风廉政建设和反腐败工作取得新成效。

**三、服务国家重大发展战略部署情况**

——普遍服务。减少营投合一单人局所14处，实现全省营投合一单人局所清零；维修改造8年以上普遍服务网点116处，更新店招518处；邮政普遍服务委代办局所减少56处。提前实现网点转型全覆盖，点均叠加业务19项。实现建制村直接通邮率、建制村周三班投递比例、普遍服务网点乡镇覆盖率、服务营业时长达标率、普遍服务邮件全程时限达标率、县级城市党报党刊当日见报率、社会监督员县级覆盖率“七个100%”，给据邮件和平信信息断点率优于全国平均。

——机要通信。全省机要通信连续31年质量全红。各级邮政企业严格按照机要通信“两项规范”要求，扎实开展升级达标工作，机要通信营业、接发场所升级改造工作基本完成。严格落实中央巡视要求，认真开展机要通信邮路外包、机普混合作业专项自查整改，确保机要通信安全平稳、万无一失。克服疫情缺员影响，圆满完成两轮51070件研究生考试试卷寄递任务。

——专项服务保障工作。收投高校录取通知书63.23万件，无一延误、丢失。全年共设立各类巡视巡察专用邮政信箱48个，均安全及时收投。党的二十大、北京冬奥会等重大活动期间安保服务工作保障有力，邮政寄递渠道安全平稳有序。

陕西省西安市分公司统筹做好党的二十大期间安全和服务两项保障工作（《中国邮政报》10月21日）

——服务乡村振兴。落实邮政服务乡村振兴战略实施办法，巩固拓展集团在陕定点帮扶成果，1348万元拨付资金和产业、人才、生态、文化、组织振兴5类项目落地见效，省分公司定点帮扶工作有序推进。深化各级政企协作，争取政策支持，提升农村地区综合服务水平和发展能力。惠农合作项目实施“四精工程”，打造“村社户企店”全方位新生态。发展活跃合作社“广覆盖”1.96万个，农村会员67.6万人，进度列全国第三。净增融资E贷款4.8亿元，进度170%。农产品寄递快包收入规模列全国第5位，农产品寄递量比上年增长20%，交易额增长68%。培育“一市一品”农特产品进城项目31个，产品销售额31.5亿元，农特产品业务服务乡镇793个、服务农户8.9万户。服务乡村振兴工作获得集团公司考评满分，连续第二年获陕西省电子商务行业协会“乡村振兴先进单位”荣誉。

**四、落实集团公司发展战略情况**

——三级物流和县域商业体系建设。持续推进三级物流和县域商业体系建设，争取各级支持补贴2270余万元。

全面推进集团示范县建设，9 个集团级示范县全部建成，村级站点建制村覆盖率 70%，示范县物流处理场地平均面积 842 平方米，全部配备皮带机或小型分拣设备。邮快合作触达建设村 1.08 万个，覆盖率 66.25%，业务量比上年增长 5 倍以上；累计代投代收快件 765.6 万件，比上年增长 80%；交邮合作达成 31 条运邮线路，进驻 11 个交通运输部综合服务站点。全省农村邮路投递段道汽车化率达到 29.3%，比上年增长 24.3%。出台支持县域商业体系建设实施方案，全省 13 个县 22 个邮政项目成功入围。各级邮政企业积极参与推进客货邮融合发展，5 个客货邮融合发展样板县进入验收评定。

——寄递改革。着力提高全网运行效率效益，推进两集中改革，完成 35 项年度任务。邮区中心规范化改革验收评价优秀，环节效率定额达标 100%，人员压降、人均效率全部达标，小件机、摆轮矩阵等主要设备效能指标进入集团公司快鹿榜。市内趟车运输改革实现全省集中管理，时限达成率 90%，比年初提升 11.38%。对占全省市内趟车邮路 60% 的西安地区进行网络优化，市内趟车时限达成率较之前提升 12.95%。陆运网改革建成宝鸡辅助中心和渭南、汉中、延安本地中心，全省日均处理量从 350 万袋（件）提至 440 万袋（件），“双 11” 旺季邮件“进得来、出得去”，彻底解决邮件拥堵问题。运输方式改革完成 107 条邮路转自办，干线车辆装载率、大车发运占比优于全国，各市全部组开往返邮路。投递网改革扩大“自动分拣 + 汽车直投 + 自主代投点”，建成代投自提网点 3.9 万个，城区汽车直投占比 30%，完成 10 个超大进口揽投部拆分重组。高铁、民航新邮路持续开通；开通西安—首尔、莫斯科航空专线和中欧班列长安号邮路；西北地区建设规模最大、功能最齐全、设备最先进的邮政综合物流通关监管服务中心——西安国际邮件互换局暨中国（西安）邮政跨境电商产业园于 8 月 12 日启动运营，该场地集通关功能、仓储物流、产业孵化、跨境园区、中欧班列集结等多功能一体的综合性服务平台，具备国际邮件、商业快件、跨境电商“三关合一”通关功能和“空侧安检前置”资源优势。

——运营质量。构建寄递服务质量、运营质量两大管控体系，把握寄递时限“生命线”，一体推进管理制度、责任考核、痛点整治、服务支撑“四个到位”。加强关键控制点清单管理，坚持时限管控路长制、日分析通报制，实施从“考核单位”到“考核到人”的转变。建成省、市、县、生产机构四级质量保障体系，完成 13 家区域客服设立。全省寄递时限稳步提升，快包省内时限领先竞品 8.32 小时，省际时限与竞品基本持平；特快时限与竞品差距进一步缩小。品牌线路和重点营销线路占比提升，特快较年初提升 38%，快包较年初提升 24%。五大环节成本压降全部达标，收寄、处理、运输、投递 4 个环节优于全国平均。紧盯丢损压降，逐级压实领导牵头整治责任，推进完善闭环管理，全省邮件丢损量连续 7 个月实现压降，丢损率达标。

——科技赋能。下达固定资产投资 2.3 亿元，持续提升实物网能力，加强邮政普遍服务设施、三级物流体系建设投资力度，保障信息化智能化系统、设备建设和使用需求。研发应用金融北斗星、活客星、巡航星和寄递政企通、千里眼、快速收寄系统，新配备千余台邮件顶扫和 CRS、STM 等智能设备。推进信息网工程提速，完成省中心机房改造、网络设备及虚拟化平台扩容、网络安全分析平台建设等工程，有效保障信息网安全运行，数据存储、调用能力大幅提升。

**五、业务发展**

邮政（含寄递事业部）收入 62.42 亿元，超产 4.5 亿元，完成集团预算 107.82%，进度列全国第 2 位；增幅 13.43%，列全国第 4 位；企业超产规模、比上年增幅、收入进度前所未有，四大板块业务均提前完成集团公司计划。实现利润 3.33 亿元，超预算 1.07 亿元，增幅 70.22%。陕西省分公司被省委省政府授予“陕西省先进单位”荣誉称号。

——代理金融业务。实现收入 43.93 亿元，比上年多增 5.74 亿元，增幅 15.02%，进度列全国第 4 位；邮储余额年增 353 亿元，较集团计划、上年净增实现翻番；保费规模列省内同业第 1 位，长期期交占比列全国第 4 位，保费收益率提升 151 个 BP；高效基金销量增幅列全国第 6 位，邮银占比列全国第 3 位；新增有效客户 57.55 万户，进度列全国第 1 位；VIP 核心产品叠加率列全国第 5 位；数字人民币新增规模、进度均列全国第 5 位。

——寄递业务。实现收入 11.42 亿元，增幅 14.02%，进度、增幅首次进入全国前三。国际商业渠道收入 8765 万元，比上年增长 39 倍。中标茅台飞天系列、泸州老窖仓配项目，与驻陕联勤保障部队达成物资配送合作。

——农村电商。农产品销售翻番，规模超 2 亿元。打造周至猕猴桃 5 万单级大单品项目。建成 26 个全国级、区域级农产品基地，超额完成全国级基地交易额目标。培育优质邮乐购站点 3725 个，引流客户超 80 万人次；批销交易额 1.43 亿元，增幅 80%。中邮车务保费规模 5655 万元。陕西省分公司被省电商行业协会授予“2022 年度农村电商先进单位”。

——邮务类业务。实现收入 4.27 亿元，增幅 13.41%。集邮业务收入进度列全国第 1 位。打造“秦岭四宝”“秦礼”“空享欢喜”“冰锋系列”、癸卯生肖太白文化酒、幸福安康国潮兔等省内特色文创产品，6 款产品上架全国平台，集团中邮文创产品销售进度列全国第 1 位。

——协同业务。惠农合作、汽车产业链、政务服务等 6 个集团公司重点项目、22 项指标全部达标，实现收入 8.42 亿元，增幅 70%。网点“转型赋能、协同增效”活动拉动寄递收入 1.42 亿元，30% 网点增收过万，73% 网点寄递增幅超行业，网点快包件均单价高于全省平均两倍多。

六、运营管理

——管理能力。全面落实管理提升年工作要求，着力构建系统、规范、高效的制度体系，绩效改进工作获2022年度全国邮政企业管理现代化创新成果三等奖。突出战略绩效考核导向，完善经营激励考核制度。深化全面预算管理，推进业财一体化管理系统上线。完成揽投外包费用、代理金融营销费用等8类专项审计，工程审减金额711万元。采购重点指标全部达标，全省集中采购率96.33%、公开采购率98.23%、资金节约率12.22%。代理金融专职理财经理配备点均1人，达到集团考核要求。智能风控系统优化迭代，合规管理水平持续提升，始终居于集团风控一级水平。

——干部职工队伍建设。持续加强干部职工队伍建设。制定落实领导人员任期制和契约化管理、经营业绩考核、薪酬分配等制度办法，完成首轮聘任签约，形成"能者上、优者奖、庸者下、劣者汰"用人导向。加大年轻干部选拔作用，全省65个县（区）分公司班子配备35岁以下领导，占比52%。高技能人才6574人，占比保持全国第一；理财经理基金持证率达59.3%，排名全省第四。启动机关、基层干部双向交流，畅通员工职称晋升渠道，拓展员工职业发展通道，招录理财经理合同工728人。做好员工保障救助，出资1722万元购买商业保险，覆盖2.69万人，全年理赔3554人。广泛开展职工关心关爱，全年筹集、申领资金457万元，全部用于基层慰问、疫情防护、员工补助。全员薪酬待遇稳步增长，一线员工收入增幅8.3%。员工产能持续激发，从业人员劳动生产率增幅14.99%。西安、咸阳、渭南3家基层单位获评陕西省国防系统劳动竞赛优胜单位和"工人先锋号"，2名职工荣获国防系统劳动模范，4人荣获陕西省劳动模范，3家基层单位和4名职工获集团公司"双先"表彰。（陕西省分公司）

【邮储银行陕西省分行】

实现收入62.35亿元，增长10.80%，利润30.97亿元，增长20.68%。各项存款余额4383.57亿元，年增472.96亿元，各项贷款余额1701.37亿元，年增146.93亿元。不良贷款率1.13%，比上年下降0.34%。

一、服务国家重大战略部署

——全面助力经济稳增长。主动融入重大战略实施，投放实体经济贷款806.19亿元，占各项贷款75%。累计减免支付服务手续费1296.48万元，惠及小微企业和个体工商户3.98万户。落实保交楼、保投放、保民生，帮助400余家房企按揭回款60亿元。绿色贷款余额149.67亿元，增幅56.97%。

——全力支持中小微企业。深化金融服务小微企业敢贷、愿贷、能贷、会贷长效机制，服务"专精特新"及科技型企业2600户。普惠型小微企业贷款增速21%，高于全行各项贷款平均增速11%。被省发改委、省银保监局评为"信易贷"示范银行，被省军民融合办评为"发展要素保障工作突出单位"。

——持续深耕乡村振兴。制定"十四五"服务乡村振兴落实意见，组建科技赋能乡村振兴专班，搭建金融科技赋能乡村振兴平台，在数字化转型、场景化转型、智慧乡村建设等方面积极实践。26家重点帮扶县贷款增速高于全行各项贷款增速4.52%。乡村振兴考核评估连续两年被监管评为"优秀"等次。

二、业务发展

——零售金融业务。个人金融以AUM为纲，新增有效客户17.78万户，个人客户AUM突破1000亿元；保险规模14.29亿元，理财月日均保有规模102.96亿元；压降三年期存款7.5亿元，年日均活比39.05%，提升1.45%。收单业务联动个人、对公活期存款新增2.25亿元、3.13亿元，分别列邮储银行第9位、第3位。数字人民币开立个人钱包26.4万个，列邮储银行第5位；交易364万笔，列邮储银行和陕西同业第1位。信用卡新增发卡22.95万张，其中白金卡占比37.78%，提升30%。综贷业务线上渠道替代率70%，比上年提升20%；线上信用户贷款净增17.61亿元，列邮储银行第4位。集约化运营成效初显，实现10家市分行贷后运营集中、小额贷款业务审查审批集中，小额贷款贷后任务完成率提升15%，专职贷后替代率提升16.27%，消费信贷三级预警办结率提升49.7%；零售信贷工厂笔均业务运营时效列邮储银行第6位。

——公司金融业务。公司存款年日均余额净增58.87亿元，列邮储银行第5位，公司客户新增1.17万户，新增重要资格资质14个，落地邮储银行首个为军监管资金账户；公司贷款年增50.51亿元，新增授信客户78户，新增行业拓展4个。公司理财年日均净增4.04亿元，列邮储银行第4位；托管规模净增进入邮储银行前10位，荣获总行"托管业务突出贡献奖"。成功落地全省首笔可持续发展挂钩贷款、全省首笔财务顾问业务等，承销发行全省首笔绿色汽车消费贷款资产证券化业务。

三、风险管控

——全面风险管理。加快数字化风控成果应用，优化委外催收模式，探索城区支行保全集中。强化大额不良清收，提前完成总行全年清收计划，不良贷款处置比上年提升90.56%。指标评价获监管肯定，连续两年在人民银行征信合规与信息安全考核评级工作中被评为"A"级机构，2022年被国家外汇管理局陕西省分局评估为银行外汇业务合规与审慎经营"A"类机构。

——内控合规管理。实现风险经理+营业主管双派驻全覆盖，加大案防违规问责力度。加强消费者权益保护，制定消费者权益保护监管评价提升方案，投诉总量比上年下降 2.33%。开展“高管带头学法规·高管率先讲合规”活动，积极培育合规文化。

——安全生产管理。认真落实“疫情要防住、发展要安全”，压实安全生产责任，开展安全隐患排查。加强安防设施建设，完成 64 处网点和新建、改造办公大楼用电监测系统建设。强化网络安全、数据安全管理，规范外包整治。全年未发生重大金融风险和重大安全事故，未发生失密、泄密事件。

**四、运营管理**

——科学配置管理资源。优化存贷款定价授权管理，存贷款利差率保持平稳。科学配置财务资源，出台 20 余项财务激励政策支持重点业务发展，启动客户突破工程。完善中间业务发展激励约束机制，加大中收资源投入倾斜，配置专项工资奖励及市场发展费用。优化成本支出结构和标杆管理体系。

——完善绩效考核体系。制定各层级领导人员综合考评办法，修订部门和员工绩效考核方案，出台分支行分等分级管理制度。优化网点人员绩效考核，差异化设置一人一表、一人一包，量身定制综合营销产品包，VIP 客户个人产品覆盖率 3.06，列邮储银行第 2 位，试点分行网点人均业绩积分月均增幅 3.87%、平衡计分卡得分月均增幅 1.37%、综合营销系数月均增幅 1.66%。

——调整组织架构体系。优化城区支行管理模式，通过管理上收、经营下沉、优化模式，解决支行不合理兼职，提升网点营销人员占比。管理型一级支行由 30 个调减至 23 个，增配营销岗 55 人。推进资产业务下沉，全辖 125 家开办零售信贷业务机构均实现下沉；小企业新增下沉 32 家，一级支行下沉率 94.5%。探索打造“铜川模式”，实现下辖营业网点全部扁平化运营。

——深入推进队伍建设。完成领导人员任期制和契约化管理签订。完善四级人才储备体系。选优配强市分行领导班子，搭建年轻干部成长平台，出台年轻干部队伍建设实施细则和校园招聘员工培养方案，启动省市分行上下交流、跨地市交流、业技项目制交流、机关“U 行计划”。完善“物质 + 精神 + 职业生涯”激励体系，常态化开展职级晋升、职称聘任、能力培训和岗位资格认证。着力建设理财经理、公司客户经理、资产保全 3 支队伍，分别增配 136 人、81 人、69 人。

——提高服务运营能力。开展“暖心邮储”和“感动服务”主题服务活动；服务类有责投诉压降 100%，列邮储银行第 1 位；建设适老化支付服务示范网点 19 处。加快老旧网点和办公环境改造，完成网点全面改造 29 处、微改造 62 处。治理低效网点 11 处，撤并业务库 6 个，压降自营网点台席 14 个。

——提升业技融合成效。出台业技融合实施方案，探索嵌入调入、专班、跟班等模式，推进融合项目 26 个，开发上线邮薪贷公积金前置等 8 个系统；交易银行银企迁移项目完成率 100%，业技融合试点考核列邮储银行第 2 位。1 个项目荣获总行“科技创新奖”，2 个项目荣获总行“第三届建模大赛价值创新奖”。

——深入推进邮银协同。聚焦重点协同项目，协同工作评价列邮储银行第 2 位。邮银军人客户新增 AUM 37.61 亿元，中邮三方存管新增账户 5949 户，中邮长期期交、5 年交及以上终身寿险、健康险三项指标分别列邮储银行第 6 位、第 5 位、第 1 位，公司金融月日均年增完成率 337%，协同中邮理财落地全行首笔理财直融工具非信贷协同项目 1.18 亿元。

**五、党的建设**

——扎实推进党的建设。深入学习宣传贯彻党的二十大精神，选举代表参加陕西省第十四次党代会，实施“三亮三比三评”“党支部领题破题”“共建共享共进”“行长值大堂”及“强省行”三年行动。基层党组织达标考核被总行党委评为“先进”等次，8 个基层党支部被省直机关工委评为“五星级党支部”。

——加强党风廉政建设。持之以恒地正风肃纪，持续整治形式主义官僚主义。持续推动巡视整改，巩固巡察成效，对三家市分行开展巡察“回头看”。制定清廉金融文化建设三年实施方案。探索部门 + 团队 + 地方联合办案机制，发挥监督执纪的震慑作用。

——广泛开展群团工作。举办“青春心向党 奋斗绽芳华”企业文化短视频大赛；完成省分行团委换届，召开团青工作会议；优化评先推优机制，组织全行先进、疫情防控先进、团青工作先进、“两优一先”等荣誉评选；4 名员工获评集团总行先进个人。

——提升邮储品牌形象。陕西省分行被外部机构评为“支持陕西经济高质量发展优秀金融机构”“支持陕西乡村振兴优秀金融机构”等。推进“品牌提升年”活动，获中央电视台报道 3 次，获陕西新闻联播报道 1 次，邮储银行的品牌形象不断提升。（邮储银行）

## 【中邮保险陕西省分公司】

**一、发展概况**

总保费 43.67 亿元，进度 101%。其中新单保费 18.23 亿元，进度 102%；邮银渠道业务高速增长，实现 5 年交终身寿比上年增幅 379%，列全国第 1 位。健康险保费 5073 万元，比上年增幅 91%，进度 107%，列全国第 7 位。续期业务稳中有进，实收保费 25.17 亿元，连续 3 年超过新单保费，其中复效保费突破 7900 万元；团险渠道业务再创新高，实现保费 2753 万元，进度 110%，列全国第 4 位。

**二、落实服务国家重大战略**

——为有帮扶需求人口提供风险保额 3.66 亿元的意外伤害、意外医疗保险保障，荣获陕西银保监局和华商网联合举办的乡村振兴网络展“2022年陕西省金融业 凝聚金融力量 助力乡村振兴 卓越贡献奖”。

——推进落实碳达峰碳中和暨绿色金融工作，践行绿色发展理念，关键指标持续达标；普惠金融方面，“邮侠E路保”宣传推广首破100单，获公司“先锋贡献奖”；协助渠道做好普惠保险业务发展的推广工作，实现保费99.33万元，风险保额108亿元。

**三、邮银渠道建设**

——渠道占比持续提升。邮银渠道中邮保险长期期交占比达到61.6%，列全国第5位，比上年提升14.7%，为历年最高。

——专职讲师队伍建设。专职讲师19人，服务邮银渠道培训902场次，覆盖参训人数17000余人，落实分公司专项营销活动11场。

——规划师队伍建设。完成25人队伍的招募到岗，对标同业形成日常考勤管理和业务拓展管理相结合的管理架构；展业3个月，西安市分公司发展5年交终身寿险6000余万元，协谈客户咨诉123笔，服务支撑作用初见成效。

——业务结构。聚焦价值产能目标，辅导渠道运用数字化营销系统深挖精挖客群，差异化按需开展赋能培训，强化销售转型，优化价值结构，实现5年交终身寿保费比上年增幅378.9%，列全国第1位，5年交占比由19%提升至70%。

——数字化营销。研发专项项目，借助数字化系统精准筛邀重点客群，配套搭建多样化的营销场景。从4月选取榆林试点到全省推广，健康险保费从4月396万元增加到12月5073万元。

**四、多元渠道拓展**

——银保渠道和中介渠道合作。深入贯彻落实多元渠道布局战略，与秦农银行、招商银行、建设银行、交通银行省级机构联系接洽，与明亚经纪开展线上培训，并建立企业微信工作群。

——团险渠道市场化。团险业务中心响应社会公开招标9次，全流程应标6次，成功中标邮储银行陕西省分行2022年补充医疗560万元、陕西邮政2023—2025年度补充医疗3300万元。

**五、专业能力**

——市场化机制改革。内设部门调整为10个，编制111人，人力投入和资源配置重点向一线业务部门倾斜；全面实施领导人员任期制和契约化管理，建立“双达标”考核机制；完成员工职级薪酬套改，优化调整薪酬分配机制。

——重点领域风险防控。开展市场乱象治理“回头看”等专项排查工作，整改11项存在问题；扎实开展制度体系优化整改，立改废制度138项；反洗钱年度综合评级BB，获得监管的认可。

——财务赋能价值转型。投价比5.1，比上年优化1.3，全国排名第11位，高于全国均值0.4，比上年提升4位；严把行政办公经费开支，加强刚性预算约束，行政办公经费开支132万元，节约28万元。

——审计整改监督职能。开展内部控制评估、中介渠道业务合规审计等10个专项审计项目，提出审计建议，发现问题15项，均全面完成整改。

**六、运营管理**

——运营能力。7×24小时理赔咨询服务电话5000余次；运营重点指标全部达标，人核件处理时效6.12天，列全国第6位，保全时效1.01天，列全国第11位，索赔支付时效1.06天，列全国第6位，回访问题件占比0.44%，列全国第9位，各类咨诉件全部妥善解决。

——客户服务。开展“3·15”消费者教育宣传周活动，通过宣教短视频、以案说险和风险提示等形式展现给广大金融消费者；依托CRM系统，开展高端中华传统文化传承体验活动。

——业务品质。运用继续率指标回溯分析与穿透手段，定期编发通报；针对问题机构，加强走访沟通与品质问题的查摆分析；以“透过续期数据看品质”为主题开展市县专岗培训。

**七、党的建设**

——党的建设工作扎实推进。深入开展创先争优活动，分公司第三党支部被复评为“党支部建设示范点”，7名党员获评“党员先锋岗”荣誉称号，形成良好的示范带动和模范引领作用。

——巡视整改工作持续巩固。召开巡视整改会议10次，落实整改事项统筹推进、检查、督促，不断巩固常态长效整改机制，累计完成23项整改措施，14项存在问题均已整改完成。

——党风廉政建设深入推进。开展10项政治监督、12项日常监督。运用“第一种形态”问责26人次。落实贯通协同监督有关工作，建立问题信息共享机制，进一步形成监督合力。

——群团工作务实创新。职工大会征集职工提案4件，立案2件，均落实；合唱作品《我和我的祖国》获得集团公司2022网络春晚三等奖，气排球队荣获陕西省金融系统气排球比赛第四名。（中邮保险）

## 【中邮证券陕西省分公司】

**一、总体发展概况**

中邮证券陕西省分公司党总支坚决维护以习近平同志为核心的党中央权威，深入学习贯彻习近平新时代中国特色社会主义思想、党的十九届历次全会和党的二十大精神，按照集团公司、中邮证券公司年度工作会议要求，认真贯彻落实公司的各项决策部署，推动分公司各项工作取得新成效。

**二、业务发展**

实现营业收入 6233 万元，完成年度目标 73%，占公司分支机构总收入 31.5%；实现利润 2398 万元，完成年度目标 69.1%，占公司分支机构利润总额 71.6%。辖区金融产品销售 1.29 亿元，列公司分支机构第 6 位。累计新增有效户 3097 户，超额完成年度目标；两融日均余额 6.83 亿元，完成年度目标 98.6%。新增资产 7.84 亿元，超额完成年度目标。

——财富业务。组织召开陕西辖区 2022 年业务发展专题会议，对辖区分支机构近 3 年收入情况进行分析，提出年度发展方向和财富管理业务发展思路。召开辖区协同工作会，对 2022 年集团金融业务部、邮储总行个金部、邮储总行协同工作指导意见等协同文件精神及辖区第三方存管联动营销活动目标分解表进行宣讲。组织辖区协同渠道人员会议，通报协同工作落实情况及下年度工作开展思路研讨。

——机构业务。联合邮储银行金融同业部及邮储一级支行，对邮储部分客户进行业务联合拜访；积极推动市场化业务拓展，对企业债、公司债及 ABS 等业务进行对接。先后中标泾河城建公司债项目、宝鸡市国资经营有限责任公司债项目、长安城乡污水处理 ABS 项目。签订航天高技术小微企业集合债项目。与西安财金公司签订战略合作协议，成功落地该企业参与二级市场股票定向增发专用账户，新增资产 6600 多万元。陕西分公司成功入围陕西省地方政府专项债承销团成员。

——板块协同工作。与省分公司金融业务部、省邮储银行个人金融部进行沟通，协商推进协同工作开展方向。精心组织、明确要求，安排分支机构协同负责人配合协同开户及有效户激活。强化业务支撑，及时更新网点及对接人员信息，提供业务培训服务；充分调动辖区内培训力量，全年省级层面举办线上线下培训 9 场，覆盖 1969 人次。邮政渠道第三方存管新增签约账户数 2914 户，其中，新增有效账户数 1220 户，邮储渠道第三方存管新增签约账户数 5940 户，均超额完成年度目标。代销中邮证券资管产品邮政渠道 1.84 亿元、邮储渠道 1.76 亿元，超额完成年度目标。陕西分公司首次在邮储渠道成功发售一支五矿信托 - 致远安盈 9 号集合资金信托计划 2 期专属定制产品，募集金额 5687 万元。

**三、运营管理**

——整合辖区营业部投资顾问人员团队力量。组织召开辖区 15 次投资顾问例会，整合辖区分支机构投资顾问力量，提升投资顾问能力。

——组织开展投资者教育活动。开展投资者教育活动，为客户普及绿色投资相关知识；辖区开展的《股东来了》投资者教育活动宣传简报入选“投服中心”公众号，新华网及上海证券报也在相应专区对辖区《股东来了》活动开展情况进行报道。开展投资者教育进百校系列活动 5 次，组织投资者走进上市公司两家。对辖区分支机构按计划开展服务质量检查工作，就检查中发现的问题及时与营业部沟通，进行整改，提升整体服务质量。

——推进乡村振兴建设。分公司经前期多方走访调研，与政府沟通后，选定商州区鲜食玉米种植项目、玉米大豆秸秆加工项目，洛南县乡风文明项目、学校安全饮水项目进行帮扶活动。

**四、风险管控**

定期加强班子成员对法律法规和最新监管政策的学习，强化合规意识和法纪观念。对全体员工进行展业合规培训，培育全员合规意识，夯实合规思想基础。在分公司推行稳健的风险文化，形成与本公司相适应的风险管理理念、价值准则、职业操守，建立培训、传达和监督机制。

**五、党建工作**

——加强党的政治建设和思想建设。以学习贯彻党的二十大为主线，深入学习贯彻习近平新时代中国特色社会主义思想。制定并下发《中邮证券陕西分公司党总支 2022 年度理论学习计划》，党总支书记为全体党员讲授 4 次专题党课。认真落实意识形态工作。成立中邮证券陕西分公司意识形态工作领导小组，明确和落实意识形态工作责任。

——认真履行管党治党政治责任。召开陕西分公司党委党的建设暨党风廉政建设和反腐败工作专题会议；召开 2021 年度党的建设暨党风廉政建设和反腐败工作会议。制定党的建设工作要点，印发《2022 年中邮证券陕西分公司党总支党的建设工作要点》。制定分公司党总支 2022 年度党组织书记抓基层党建述职评议考核工作实施方案，推动党建责任层层落实，实现基层党建述职评议考核、基层党组织书记述职全覆盖。

——抓好党建工作重点任务落实工作。深入开展基层党组织建设达标工程和创先争优活动，要求各党支部及全体党员从严从实对标达标，争创先进。做好精神文明、企业文化建设等方面工作，陕西分公司代表总部参加陕西证券期货行业乒乓球赛，荣获亚军。

——把全面从严治党向纵深推进。领导班子认真履行“一岗双责”，实现业务工作和党风廉政建设的同步发展。认真履行监督职责，陕西分公司领导班子成员能严格遵守中央八项规定实施细则，自觉遵守廉洁从业的各项规定，并认真开展与下属各营业部负责人集体约谈和廉政谈话。持续做好巡视整改工作，切实承担巡视整改工作的主体责任。继续做好深化巡视整改工作，组织制定并下发《中邮证券有限责任公司陕西分公司党总支运用十九届中央第八轮巡视成果对照整改方案》，按月召开巡视整改月度例会，

扎实推进整改，力争收到实效。（中邮证券）

# 甘肃省

**【中国邮政集团有限公司甘肃省分公司】**

**一、2022 年度总体发展概况**

实现业务收入 25.48 亿元，增幅 11.85%，高于全国平均水平 1.97%，增幅排名全国第 9 位，迈出了发展加速度，积蓄了发展新动能。

**二、党的建设**

——持续落实“三个第一时间”学习机制，坚持以深入学习贯彻习近平新时代中国特色社会主义思想为首要政治任务，政治建设不断加强。党员领导干部对“两个确立”的决定性意义的认识不断深化，“四个意识”不断增强，“四个自信”更加坚定，“两个维护”更加自觉。发挥各级党委理论学习中心组领学促学作用，深入学习贯彻落实党的二十大精神，持续强化思想理论武装，使思想建设走深走实。开展专题学习研讨 152 次，增强了理论修养、坚定了理想信念、提升了能力本领。党支部定期开展线上线下学习，党组织书记和专家教授作专题辅导、讲党课 205 次。各级团组织、青年理论学习小组组织全省团员青年开展读书分享会、党的二十大报告原文诵读等活动，营造了良好的学习氛围。

——开展基层党组织建设“664”达标工程和创先争优活动。全省 1 个党建工作示范单位、11 个党支部建设示范点和 114 名党员先锋岗通过集团公司复核，集团公司新命名 3 个党支部建设示范点和 56 名党员先锋岗。同时，深入开展“党支部领题破题”“三亮三比三评”以及“我为群众办实事”活动，破题 238 项，办实事 363 件，使基层组织建设不断夯实。

——组织开展力戒形式主义官僚主义“大学习大排查大整改”活动。以“学”“查”“改”解决了制约全省邮政高质量发展的各类问题 568 个，作风建设不断加强。持续推进“党旗领航、助力发展”活动，发挥党员联系群众、机关联系基层的双向作用，跟班写实调研 1163 人次。

——有效发挥监督保障，精准履行监督职责。完成 33 项重点监督项目，发现并督促整改问题 101 条，推动机关部门有效履职。巡察“回头看”35 家党组织，市州分公司实现巡察“回头看”全覆盖，县区分公司巡察“回头看”率 62.8%。中央巡视整改完成率 100%，集团公司专项巡视整改完成率为 100%，巡视整改成效明显。严格落实中央八项规定精神，严厉查处摊派营销任务、薪酬二次分配等侵犯员工切身利益问题，一以贯之纠治“四风”，受理信访举报 52 件，依规依纪处置，问责各类人员 47 人，全面提升一体推进“三不腐”的能力。

**三、服务国家重大发展战略部署情况**

——乡村振兴。通过实施普服提质工程，全面完成“一确保、三提升、三强化”工作任务，直辖市省会城市间普邮全程时限 3 项指标全部达标，全国排名靠前，省内普邮全程时限 12 项指标全部达标；邮政营业服务、建制村直接通邮、投递实地打卡等重点指标持续稳定达标；机要通信服务保持 32 年全红，未发生违反“两条红线”案件；572 个普服网点营业时间全面优化，所有农村网点叠加邮件自提功能。

——三级物流体系建设。“两中心一站点”建设取得新突破，建成 48 个县区共配中心，183 个乡镇共配中心，624 个综合便民服务站点；新增农村投递车辆 195 辆，完成快递进村 6645 万件，完成率 107%。与甘肃省交通厅、省邮管局联合开展农村客货邮融合发展示范创建县（点、线路）建设工作，建成客货邮综合服务站 57 个，开通客货邮示范线路 47 条。开展“邮快合作”竞赛活动，完成农村邮快合作 2341 万件，增幅 445%，实现收入 2916 万元。主动争取政策，积极承接县域商业体系建设，11 个县区争取县域商业体系项目补贴资金 1074 万元。

——惠农合作。甘肃邮银协同助销“天水樱桃”“花牛苹果”被中央电视台、央视网、甘肃日报等多家主流媒体报道。深入推进“广覆盖”合作社 1.88 万户，完成率排名全国第 4 位；打造集团级和区域级中邮惠农综合服务示范社 20 个，完成率排名全国第 7 位；邮银协同开展“信用村建设攻坚月”活动，建成信用村 568 个；引荐融资 E 贷款客户 2909 户，解决了农户“融资难”问题。通过内外协同，成功打造 4 个全国级和 13 个省级产业农品基地，农村电商得到长足发展。借助邮政消费帮扶、直播带货、社区团购、供应链外销等渠道，实现农产品销售 61.74 万件，助农增收超过 10%。全国级基地项目农产品销售额 2326.5 万元，增幅 123%。

**四、落实服务集团公司发展战略情况**

统筹邮政全网资源，全力做好疫情防控和保供保通保畅工作，特别是在疫情严峻的时候，面对全省邮政 209 处金融网点（占比 47%）、621 处邮务网点（占比 50%）和 74 处揽投部（占比 31%）暂停营业的形势，克服万难，时刻坚守在保供保通保畅一线，疫情防控期间处理各类邮件 2486 万件，投递各类邮件 1556 万件，日均投递中央级及省级党报党刊 28 万份，累计运输 5660 趟次。

在全力做好自身疫情防控各项工作的基础上，甘肃邮政发挥系统货源组织能力、运输组织能力和投递保障能力，主动兜底防疫物资、食品药品、生活必需品等民生物资的供应配送。联合甘肃省商务厅建立物资保障工作机制，迅速搭建邮政保供电商平台，在“兰州优选”和“邮乐优鲜”购物平台上线平价生活物资，利用全省建成的 2 个千万级和4个500万级农产品产销基地，对接493家重点农民合作社，依托“邮乐网”直连外省农产品基地源头保供优势，迅速组织水果、蔬菜、粮油等平价生活物资120余种，最大限度满足政府集采、社区团购、生活物资配送等多种保供服务需求。疫情防控期间配送各类防疫物资120万件、民生保供物资18万件、蔬果箱23万件。甘肃省委省政府领导对邮政疫情防控和保供保通保畅工作做出了批示，点赞甘肃邮政“在疫情防控中敢于担当、善于担当，举全系统之力打通大循环、微循环，体现了央企担当，展现了邮政风采”。

发挥各级党组织的战斗堡垒作用和广大党员的先锋模范作用，广泛号召、广泛动员，以全省1653个邮政网点为阵地，主动与街道办、社区居委会及村委会对接，员工就地转化为志愿者，融入疫情防控工作，全省邮政780人、2166人次党员干部与医务人员、街道社区工作者并肩作战在疫情防控一线。

**五、业务发展**

——金融业务。实现收入15.41亿元，增幅16.6%，比上年提高7.42%，高于全国平均水平3.97%，增幅排名全国第6位，比上年大幅提升12位，排名全国第2位。通过实施“千亿工程”，储蓄余额新增140.9亿元，新增历史最高，增幅18.5%，排名全国第4位，余额规模突破900亿大关，达到“千亿工程”目标的90.2%，金昌、酒泉市分公司提前完成“千亿工程”竞赛目标。调整发展节奏，突出旺季抢市场，旺季新增日均储蓄余额127亿元，比上年多增68亿元，增幅16.6%，排名全国第1位。提升客户经营能力，推动财富金融转型，价值存款规模占比91.8%，排名全国第2位；期交保费银保市场份额达到69.3%，排名全国第2位；有效客户数新增21.3万户，增幅4.5%，排名全国第3位；VIP客户数增幅排名全国第2位；手机银行客户渗透率65%，排名全国第1位。联合省委宣传部、省人社厅等8家单位开展“春运暖心陇原情 关爱务工公益行”活动，深挖务工客群，源头切入500万务工人群，拉动余额增长13亿元。落实金融风控“精益工程”，开发83个风险防控模型，2个被集团公司采用，在全国金融风险合规KPI考核中，甘肃省为A级，全年未发生风险事件和金融案件，未发生重大负面舆情。

——寄递特快业务。实现收入5.42亿元，增幅8.17%，排名全国第12位。特快收入3.32亿元，增幅30.4%，排名全国第7位，为全国第5个完成集团计划目标的省份，特快收入占寄递业务总收入60.31%，排名全国第1位。聚焦“八大市场”，坚定“抓生鲜就是抓特快”不动摇，牛羊肉极速鲜项目实现特快业务量161万件，增幅84%，实现特快收入4846万元，增幅43%，收入增幅、规模均位居全国重点牛羊肉产区省份第1位；政务市场紧抓法院、交管、医院、校园等重点项目，实现特快收入6668万元，增幅31.4%，排名全国第1位；商企市场紧抓IT通讯、金融保险、移动号卡等重点项目实现特快收入6923万元，增幅42%，排名全国第5位；散户特快市场实现收入7547万元，增幅25.17%。

——文传业务。实现收入2.79亿元，增幅12%。报刊业务实现收入1.61亿元，进度与增幅均排名全国第1位，2023年度报刊大收订流转额增幅排名全国第5位，集团公司“比学赶帮超”分组排名第1位；函件旺季营销实现收入3635万元，完成目标计划的104%；集邮完成收入6556万元，增幅10.67%，集邮品毛利率排名全国第4位，生肖贺岁季销售额5344万元，创历年新高，文创专柜实现收入2400万元，增幅398%，盲盒手账预订规模排名全国第5位，省集邮协会被中华全国集邮联合会评为“全国集邮工作先进单位”。

——渠道业务。上行商流农产品交易额8062.4万元，增幅31.2%；下行商流批销交易额1037万元，增幅106.3%。打造线下优质邮乐购站点227个；发展线上活跃邮乐小店2479个。在集团公司第六届邮政“919电商节”中荣获“十佳对标先进省份奖”。

甘肃邮政社企对接迎新春（《中国邮政报》1月26日）

**六、运营管理**

——能力建设。持续开展在建工程清理，省内2019年以前立项的长期在建项目全部完成清理并关闭，2020年立项的所有项目按集团公司要求完成初验，2022年集团公司计划建设管理预评得分98分。重点项目中，兰州中川邮件处理中心二期工程完成可研编制；兰州金崖邮政处理中心建设用地遗留问题得到妥善解决；投资935万元立项建设中川邮件处理辅助场地；启动兰州新区土地置换、仓储项目征地等工作，解决了兰州市分公司新区土地遗留问题；有序推进张掖邮件处理场地建设，酒泉、陇南本地中心工艺改造及临夏邮件处理中心征地工作。

——邮政网点转型创新。转型网点1706个，点均收入增幅 15.2%。业务叠加率、转型覆盖率、低效网点压降率、BSC 营销等 8 项重点指标全面达成。制定低效金融网点三年提升方案，采取"就地提升、异地搬迁、轻型化改造"等方式，分类施策，盘活低效网点 60 个。投入 3578 万元改造金融网点48处，点均余额规模全国排名提升1个位次。投入 1442 万元标准化改造邮务网点 440 处，迁址、扩建网点 33 个，新增网点 13 个。

——科技赋能不断加强。自主研发"比学赶帮超"竞赛活动驾驶舱、寄递邮件损益核算、特快邮件流量流向预警等 9 项信息系统，赋能经营发展；聚焦数据要素价值，开展务工人员资产变动、资金转存率、揽投网智慧选址、全流程时限对标等 14 个分析项目，助力经营智慧决策。启动新一代储蓄核心切换上线、新一代通信数据专线改造、全省视频会议系统建设等 7 项信息网改造工程，构建扁平化、数字化平台优势，实现信息网提质增效。

——持续降本增效。紧盯关键成本要素，持续压降环节成本，五大环节全部达标。揽收环节件均成本下降 0.28 元，降幅 11%；内部处理环节件均成本下降 0.04 元，降幅 10%；运输环节件均成本下降 0.02 元，降幅 2%；投递环节件均成本下降 0.17 元，降幅 7.5%；管理支撑环节件均成本下降 0.11 元，降幅 15.2%。扎实推进经营秩序整治工作，防止套用优惠资费，整改特快疑似拼户客户 2518 个；源头治理拼户串户，清理回款账户数据 1333 条；杜绝高收低录，私吞资费，现费电子支付率达到 99.01%，提升 14%；防止偷逃重量，邮件重量稽核差异率 0.5%，下降 2.76%；全省特快件均单价提升 17.07%；快包件均单价提升 3.67%；快包边际贡献率提升 5%，亏损客户下降 189 个。

——采购流程不断优化，制定零星购买实施细则，有效缩短采购时间。完成集中采购项目 36 个，执行采购预算 1.76 亿元，实际采购金额 1.52 亿元，节约资金 2380 万元，资金节约率 13.52%，比上年提升 4.6%，上网采购率 76%，比上年提升 26%，公开采购率 99.4%，集中采购率 86%。

——加强经济责任审计、年度绩效审计、风险管理审计、内控合规审计和工程审计，审计质量不断提升。完成审计项目 109 项，完成集团公司专项审计 10 项，工程结算审减额 130 万元，审减率 4.68%。

——加强与省商务厅、农业农村厅、乡村振兴局、邮政管理局等政府部门全面合作，协同推进乡村振兴、三级物流体系建设、县域商业体系建设。与甘肃日报、佛慈制药、三大电信运营商、保险公司、烟草公司等单位深化战略合作，互利共赢成为常态。甘肃省委省政府以及地方领导多次听取邮政工作汇报，深入邮政基层网点和生产场地调研慰问，并对邮政工作给予表扬。

——企业文化和精神文明建设。始终坚持薪酬分配向一线员工倾斜，按照各单位分等分级结果核定员工月度岗位绩效标准，全省最低月度岗位绩效由 600 元提高到 1000 元，新入职大学生见习期每月增加 1000 元生活补助。员工收入增幅 8.15%，其中金融岗位人均年收入增幅超过 20%，中后台管理支撑人员收入也得到较大幅度提升。拨付防疫专项资金 225 万元，两次为员工配送生活物资 8000 多件，帮助员工渡过难关；新建职工小家 39 个、提升改造 119 个，小家总数 325 个，受益职工 9600 人；组织开展困难员工及劳模慰问活动，发放慰问金 238 万元。

天水市分公司荣获甘肃省"五一劳动奖状"，庆阳市分公司赵元瑞、陇南市分公司年新龙荣获甘肃省"五一劳动奖章"；天水市龙山支局、酒泉市客户经理白金花、甘南州投递员麦桃吉荣获甘肃省"五一巾帼奖"；嘉峪关市新华北路营业所、平凉市崆峒区营业部荣获甘肃省"工人先锋号"；甘肃省分公司被集团评为"全国财富管理转型项目优秀组织奖"单位、"平安邮政"优秀单位；定西市分公司、天水市甘谷县分公司、兰州市城关区二热揽投部被评为"2018—2021 年度全国邮政系统先进集体"，庆阳市分公司赵元瑞、嘉峪关新华北路营业所经理安静被评为"2018—2021 年度全国邮政系统先进个人"；"赵清龙劳模创新工作室"被命名为"集团公司劳模创新工作室"，"窦双荣创新工作室"被命名为"甘肃省示范性劳模创新工作室"；1 名优秀党务工作者、1 名优秀党员和 2 个先进基层党支部受到省委直属机关工委表彰奖励，2 个青年集体和 3 名团干部被团中央、团省委授予"两红两优"称号。

**七、风险管理**

安全生产管理聚焦七大安全领域，组织开展全省安全生产隐患大排查大整治工作，累计发现隐患问题 999 个，整改率 100%，省分公司被集团评为"平安邮政"优秀单位。（甘肃省分公司）

**【邮储银行甘肃省分行】**

实现自营收入 23.11 亿元，增幅 6.39%，完成预算目标 103.21%；实现利润 8.42 亿元，完成预算目标的 116.99%。分行资产总额 1411.61 亿元，增速 18.39%；负债总额 1403.93 亿元，增速 17.77%；各项贷款结余 667.48 亿元，年增 60.3 亿元；各项存款结余 1287.78 亿元，年增 195.42 亿元。分行不良贷款额（含信用卡）8.83 亿元、不良率 1.25%，比上年下降 0.06 亿元、0.13%。

**一、服务国家重大战略部署**

——服务乡村振兴。涉农贷款净增 35.7 亿元，监管目标完成率 630%；启动农村信用体系建设"星火工程"，新建信用村 2419 个，累计建成 6718 个，评定信用户 3.59 万户，累计评定 8.55 万户，发放信用村贷款 26.93 亿元，净增 10.55 亿元。省分行三农金融事业部获评甘肃省委省政府"全省脱贫攻坚先进集体"。

——服务新市民客群。识别新市民客户 4.43 万户，累计对345户有融资需求的新市民发放创业担保贷款4041.30万元。

——支持小微企业发展。普惠型小微企业贷款结余年增10.1亿元，普惠型小微企业贷款增速9.95%，普惠小微“两增”监管指标如期完成。持续加大小微企业信用贷款的支持力度，小微企业信用贷款占比25.76%，增速7.39%，达到监管要求。

——落实碳达峰碳中和目标。绿色贷款余额53.56亿元，占各项贷款比重8.02%，提高3.18%，贷款增速列邮储银行第3位；清洁能源产业贷款余额34.4亿元，占各项贷款比重5.15%，提高2.89%，贷款增速列邮储银行第3位。

——支持稳经济大盘。服务实体经济，实体贷款净增56.62亿元；向国家级、省级“专精特新”企业发放贷款1.41亿元；支持制造业、能源、基建项目，公司贷款净增50.1亿元。甘肃省分行获评甘肃省人民政府省长金融奖。

**二、业务发展**

——零售金融业务。一是个人存款月日均余额202亿元，月日均新增规模27.28亿元，增幅15.61%，列邮储银行第1位；活期存款占比59.07%，列邮储银行第2位。自营客户AUM279.38亿元，净增（考核口径）58.83亿元，完成目标178.27%。二是信用卡新增客户13.01万户；激活首刷率73.69%，列邮储银行第9位；客户活跃率48.81%，列邮储银行第8位。三是小额贷款净增7.63亿元，净增列甘肃金融机构第2位，市场占有率由4.78%提升至5.32%，市场占有率列甘肃金融机构第3位。依托“牛羊菜果薯药”六大行业研究成果，产业贷完成率350%，列邮储银行第1位。

——公司金融业务。一是年末公司存款时点余额174.87亿元，增幅16.7%，列邮储银行第6位。价值存款年日均净增27.21亿元，完成目标计划453%，列邮储银行第2位。二是公司贷款余额227.81亿元，增幅28.19%；中长期贷款余额175.37亿元，占比76.98%。三是普惠贷款业务有贷户“主办行”占比39.5%，列邮储银行第2位；新增寄递卡绑卡客户列邮储银行第13位，代发工资覆盖率列邮储银行第11位，有效客户占比列邮储银行第13位。四是交易银行关联存款日均余额78.35亿元，净增21.8亿元，列邮储银行第6位，完成净增进度1362.5%，列邮储银行第2位。

——资金资管业务。以同业客群建设为基石，有效生态圈拓客完成计划目标110%，“邮你同赢”平台注册完成计划目标560%，平台注册客户数和任务完成率均列邮储银行第1位。同业融资余额120亿元，比上年增加89亿元，增幅287%。

**三、风险管控**

——信用风险识别化解。一是提升贷前风险引领能力。聚焦甘肃省“牛羊菜果薯药”六大特色产业，印制《甘肃省分行“牛羊菜果薯药”特色产业报告集》，指导行业研究成果向新增信贷规模转化。二是提升贷中审查审批速效。小企业授信审批当天反馈，批发授信平均审查时限控制在2.26个工作日内，优于总行3.85天的规定时限。三是提升贷后溯源回检分析。机构、条线双线运作，挖掘存量不良贷款问题，从12个维度分析梳理18个方面的问题，提出35项优化建议及8个部分的严禁事项，形成《不良贷款回检报告集》，溯源回检反哺业务发展。四是强化信用风险化解。处置不良资产9.39亿元，开展线上批量转让，成为甘肃省内首家通过银登平台开展批量转让的金融机构。

——法律事务和内控管理。强化风险经理派驻管理，增配风险经理10名，建成79人的风险经理队伍，实现各级支行全覆盖，开展风险经理“一月一主题”重点风险排查，发现各类风险问题2500余个。健全完善消保工作体系，梳理“三道防线”工作职责，形成《消保“三道防线”履职责任清单》。启动甘肃分行投诉压降及监管转送投诉专项治理，监管转送投诉比上年下降44.33%。完善反洗钱风险管理机制，强化可疑交易分析成果运用，研究成果荣获人民银行兰州中心支行反洗钱征文比赛二等奖。与甘肃省国家安全厅建立国安·邮储可疑交易定期会商机制，连续两年获得省国安厅的通报表扬。优化邮银协同风险共防机制，推进落实代理营业机构管理主体责任。

——疫情防控和安全生产。坚持“人民至上、生命至上”，配发防疫物资、强化防疫措施，实现平稳过渡；全力保障驻场刚性支撑员工工作生活。开展“保密提升年”，保密意识明显提升。逐级签订《安全责任书》，全年未发生安全生产责任事故和外部侵害案件。

**四、运营管理**

——财务管理。按照“有偿占用”原则，提高市场发展费配置与重点业务发展目标的挂钩力度，成本收入比降低3.5%。动态调整授权价格，持续落实差异化定价。建立全省金融机构大型、中型、小型、微型企业对标和四大行同业个人贷款对标体系。甘肃分行年末净利差3.2%，列邮储银行第7位。

——人力资源管理。一是“以效定员”，将有限的人力资源配置到高效能的机构、条线和岗位，全行销售岗人员884人，比上年增加21人；销售岗人员占比26.15%。二是省分行选派骨干员工赴总行交流，开展省分行机关与基层单位双向交流工作；U行计划首次顺利实施。三是全面优化领导班子结构，全年选拔任用干部23名，引进总行及湖南分行6名优秀干部充实到二级分行和省分行部门，省分行党委管理干部平均年龄由47.6岁降至45岁。

——信息科技支撑。全年收到开发需求91项，省内自主开发率提升至65%，高于总行55%的计划目标。全力打造场景金融，“兰张三四线”铁路资金监管系统上线，实现客户核心账户链式开发，建设资金在邮储银行体内循环。完成烟草零售客户“陇叶E宝”小程序上线，首次利用社交网络平台打造特定客群金融生态体系。

——集约化转型。零售信贷作业中心单笔作业用时26分钟，居邮储银行第4位；单笔业务审结用时196分钟，居邮储银行第1位。消费贷款非现场贷后检查任务全部上收至一级分行集中处理。14家二级分行小额贷款审查审批全部实现集中运营，甘肃分行成为邮储银行首家全贷种、全机构集中运营的分行。

——网点效能和客户体验。“云督导”检查提升柜面操作指标；邮银协同完成代理县业务库整改。持续提升低效网点治理，15个低效及关注类网点客户AUM合计净增3.6亿元，实现利润7632.81万元。明确“星级”“千佳”网点创建标准，推动省内基础条件达标的网点逐步开展创建工作。

**五、党的建设**

——深入学习宣传贯彻党的二十大精神。第一时间组织党员干部学习党的二十大报告，制定学习宣讲方案，领导同志带头讲好专题党课，甘肃省分行党委开展二十大专题学习研讨5次。发挥“关键少数”领学促学作用，加强党委理论中心组学习，示范引领全行党员干部群众学习习近平新时代中国特色社会主义思想和中国特色社会主义理论体系。甘肃省分行党委开展理论中心组学习10次，研讨9次，开展巡听13次，旁听13次。召开党委会50次，研究重大事项315项，通过党委会提交“三个第一时间”学习议题67个。

——党建与业务融合。甘肃分行各级党支部通过各种形式深化“三亮三比三评”活动，全行126个党支部总领题数目149个，已完成138个，持续推进11个，评选出30个优秀课题。开展“行长值大堂”活动，甘肃分行共有76名党组织书记、行长深入基层网点，解决员工和客户“急难愁盼”问题。

——全面从严治党。一是“现场+书面”相结合开展党组织书记抓党建述职评议考核，按月下发党建重点工作清单，开展全面从严治党检查。二是完成党的十九大以来省分行党委巡察全覆盖。全年开展3家党支部常规巡察，2家市分行巡察“回头看”。甘肃省分行党委会9次专题研究推进运用十九届中央第八轮巡视成果对照整改工作，开展常规巡察和巡察“回头看”，发现主要问题59个，向被巡察单位提出意见建议18条。三是一体推进不敢腐、不能腐、不想腐。甘肃分行各级纪检机构全年收到信访件23件，比上年下降28.13%；运用监督执纪“四种形态”处理294人次，其中第一种形态处理占比99%，让“红脸出汗”成为常态。加强对领导班子和班子成员特别是各单位“一把手”的监督。推动“一把手”监督谈话76人次，促进知责负责守责尽责。

——企业文化建设。深入推进企业文化宣传贯彻落地，围绕《企业文化手册》内容开展网上每月答题活动。主动履行社会责任，全力保障疫情防控期间金融服务“不打烊”，组织志愿者305人次下沉到社区防疫一线，为共同筑牢疫情防控安全防线贡献“邮储力量”。甘肃分行41个青年志愿服务团体组织91场青年志愿服务活动，共有1600余人次参加。（邮储银行）

# 青海省

## 【中国邮政集团有限公司青海省分公司】

**一、2022年度总体发展概况**

完成收入5.4亿元，比上年增长2.35%，完成预算94.43%；业务总支出9.77亿元，比上年下降3.99%；经营利润完成-1.27亿元，完成预算目标104.43%。

**二、党的建设**

——党建引领作用。深刻领悟“两个确立”的决定性意义，进一步增强“四个意识”、坚定“四个自信”、坚决做到“两个维护”，各级党组织和党员领导干部“政治三力”不断提高。大力实施五个可视化工作，深入开展基层党组织建设达标和创先争优、“三亮三比三评”、党支部“领题破题”等活动，党的组织建设更加有力，“两个作用”发挥更加突显。党建带团建，团组织焕发青春活力。

——全面从严治党纵深推进。一体推进“三不腐”，处置问题线索15件，运用“四种形态”处置5人，开展谈心谈话和专项治理工作。扎实推进巡视整改和内部巡察，中央巡视、集团专项巡视、省内巡察整改成效得到巩固深化。

**三、服务国家重大发展战略部署情况**

——助力地方保通保供获得高度肯定。服务地方疫情防控大局，累计配送防疫物资2.8万箱、转运核酸检测样本780万人次，利用邮乐优鲜、邮乐购等平台，代购药品服务812人次，配送蔬菜包5.3万单210余吨，冷链直达运输果洛至上海抗疫生活物资50余吨，成为地方疫情防控的重要助力。

4月9日，青海省分公司抽调邮运车辆，助力地方抗疫，运送核酸样本（青海省分公司）

——全力保障经营服务平稳运行。建立健全应急预案，拨付专项资金800余万元，强化疫情防控物资储备，全力保障企业稳健运行和员工的生命安全。整合人员、车辆等资源优势，组开临时邮路，全力保障机要邮件党报党刊传递和通信服务不中断，最大限度地满足人民群众的用邮需求。

——持续推进高原普服能力提升。加强乡镇邮政局所管理，局所覆盖率、四项业务开办率、营业时间达标率、网点签到签退率100%。平信和给据邮件断点率分别压降至千分之0.84和万分之0.77，报刊短缺率压降至万分之三以下。压降乡镇委代办局所占比，全省“营投合一”单人局所数量全面清零。

**四、落实集团公司发展战略情况**

——寄递业务改革。两集中改革方面，强化扁平组网，弱化县级分拣层级，邮件全程平均分拣次数由1.86次降至1.80次。陆运网改革方面，优化省内邮路网络组织，邮件接转效率、党报党刊当日见报率、邮件传递时限等持续提升。运输改革方面，开通邮航专线，带运“极速鲜”类、特快类邮件。邮区中心改革方面，优化生产作业组织，应集必集比例排名全国前列。揽投网改革方面，西宁城区揽投部网格化率90%，提前完成集团下达指标；快递包裹自提率52.74%，特快及时妥投率82.78%，快包及时妥投率99%，剔除疫情影响排名全国前列。市趟运输改革方面，汇集串行减少交接站点，提升车辆装载率，汇集网点增加至25个，串行邮路增加至48条线，单车装载率提升17%。

——服务乡村振兴。加快三级物流体系建设，争取上下行末端物流费三年“退坡”资金补贴，全省落实政府专项建设资金1346万元，占政府整体专项资金的68%。加快综合便民服务平台打造，全省累计建成村级综合便民服务站2944个，新建占比72.8%，建制村快递服务覆盖率100%。深化“邮快合作”，推动“快递进村”，全省23个乡镇实现交邮合作。加快省内基础能力建设，围绕服务“三农”，下达固定资产投资3024万元。

**五、业务发展**

——寄递业务。特快业务收入占寄递收入比重较年初提升4%；营揽平台销售化转型网点特快收入点均增长率9.15%，业务量点均增幅18.4%。打造了法院专递、公安交管、医药寄递、身份证、校园市场等“五个百万级项目”；加大牛羊肉等特色农产品寄递项目开发，实现寄递收入2186万元；菜鸟裹裹电商退换货项目实现订单量5.4万单，寄递量4.67万单，成单率73.4%，打通青海曹家堡保税物流中心（B型）、西宁保税仓国际业务寄递关口。

——代理金融。实现收入2.85亿元，比上年增幅18.5%，增幅排名全国第3位。深入推进“储蓄存款精进工程”，全省余额规模169.08亿元，年新增余额19.81亿元；年新增市场占有率7%，五大行排名第3位。持续巩固代理保险第二大收入支柱地位，实现收入4199.3万元，比上年增幅105.62%，排名全国第1位。深入推进“财富管理精品工程”，加快推动代理金融“综合资产配置”转型，非储蓄收入占比21.37%，比上年提升3.43%。

——农村电商平台功能初步形成。加强农产品基地建设和“一月一品”项目运作，创新开展邮乐优鲜社区团购，联动金融寄递发展，协同建设7家惠农示范合作社。优化批销流程，加快撮合批销业务转型。全面完成优质站点建设目标，全省3619处站点叠加包裹代收代投业务，代投包裹超220万件。

——基础业务。函件业务旺季营销、主题营销、全媒体业务等重点项目取得良好成效。报刊业务实现收入4201万元，增幅6.31%，增幅排名全国第3位；2023年度报刊大收订超额完成目标，进度、增幅均排名全国第1位。集邮业务实现专业收入2561万元，比上年增幅16.32%，全国排名第3位；集邮品毛利率28%，全国排名第10位。

——协同战略。总部项目累计实现收入2055万元，比上年增长43%。惠农项目实现收入3137万元，政务服务、汽车产业链等项目提前超额完成年度目标。

**六、运营管理**

——财务管理。强化全面预算管理，开展定期滚动预测工作；全流程推进寄递业务降本增效，总体件均成本压降0.65元，比上年下降9.88%；开展业务外包管理等专项治理，健全完善各类制度办法。

——人力资源管理。全面推广计件工资制，开展寄递业务生产机构定额定员工作；金融条线专科以下劳务派遣用工全面压降；调整省、市两级风险管理及内控合规机构设置和人员编制。

——审计和采购管理。组织开展领导人员经济责任、金融营销激励政策、寄递业务外包、寄递业务质效、市趟运输、定点帮扶等专项审计工作。持续加强采购管理工作。

——服务质量管理。开展包裹快递邮件丢损专项治理，全省包裹快递邮件丢损比上年压降3.16%；开展“六项禁止类服务问题”专项治理和特快专递邮件投递质量提升季活动。

——干部队伍建设。全面推进任期制和契约化改革，选好配强各级领导班子；持续加大后备干部的培养力度，组织开展一般管理岗位上下交流和本部关键岗位全省竞聘工作。

——精神文明建设。葛军同志光荣当选党的二十大代表，省委书记专门对葛军同志个人先进事迹作出批示，组织开展葛军同志先进事迹宣讲会。加强精神文明创建工作，创建全国文明单位2个、省级文明单位标兵2个、省级文明单位6个、市州级文明单位9个、县级文明单位8个。

**七、风险管控**

坚守安全生产底线。深入开展安全生产大检查大提升

活动，完成北京冬奥会、全国两会、党的二十大等重大活动期间邮政安全保障工作。（青海省分公司）

【邮储银行青海省分行】

完成收入 6.85 亿元，比上年增幅 5.06%；实现利润总额 2.11 亿元，完成总行预算目标的 109.11%，比上年增幅 43.92%。其中，全行三农金融、消费信贷、信用卡条线累计完成收入 2.4 亿元，占总收入比重 35.04%，提高 6.94%。信贷投放 166.07 亿元，信贷资产余额 202.55 亿元，其中票据投放 93.97 亿元，实体贷款投放 72.10 亿元。零售不良贷款余额压降至 2.1 亿元，不良贷款率管控至 0.98%，省内同业中排名第 1 位。

**一、服务国家重大战略部署**

——推进乡村振兴。一是构建广覆盖、多层次的农村金融生态。探索开发特色农村金融生态模式，普惠型涉农贷款净增 3.08 亿元、总行计划完成率 513.3%；评定信用村 776 个、信用户 14352 户，年度计划完成率分别为 128%、103%。二是创新推出“线上信用户贷款”，年末结余 4.4 亿元，净增 4.02 亿元，总行计划完成率 336%，排名邮储银行第 1 位。三是超计划完成监管考核各项任务。全省 41 个脱贫县各项贷款净增 8.79 亿元，增速 31.22%；15 个国家重点帮扶县各项贷款净增 3.31 亿元，增速 47.83%。

——支持小微企业。一是超额完成小企业贷款及普惠小微企业目标计划。小企业法人贷款净增 1.2 亿元、普惠小微企业贷款净增 5 亿元，总行计划完成率分别为 402%、215%，均排名邮储银行第 3 位。二是有序推进“专精特新”及科技型企业信贷投放。向各级“专精特新”及科技型企业投放贷款 1.25 亿元，发放科技信用贷、信贷工厂模式贷款各 1 笔。三是获全国普惠金融综合示范区试点区域主办行资格，年末实现城西区企业走访覆盖率和信息录入率 100%；持续对接“青信融”平台，开展“甘霖工程”扫街走访，全年累计走访商户 2562 户，录入信息 333 户，放款 6290 万元。

——推动低碳转型。一是深入推进绿色邮储建设，绿色融资余额 12.15 亿元，比上年增幅 25.26%，绿色信贷覆盖率 6%。二是加大项目脱虚向实，加大新能源、生态环保等领域信贷投入，为盐湖化工提供 2 亿元重组资金，投放 4.63 亿元清洁能源项目贷款。

**二、业务发展**

——零售金融业务。个人金融以 AUM 为纲，个人客户 AUM 新增 9.92 亿元，完成总行计划 123%；价值存款年日均新增 2.65 亿元，完成总行计划 265%；代销规模持续扩大，新单保费增幅列邮储银行第 6 位。网络金融生态建设成效明显，全年新增商户激活率 82.35%，列邮储银行第 3 位。三农金融条线实现收入 9869 万元，比上年增幅 54.13%。信用卡场景建设提质增收，场景分期目标完成率 51.54%，有效带动条线收入的增长。信用卡条线实现收入 6852 万元，比上年增幅 17.47%。消费信贷条线实现收入 7299 万元，比上年增幅 19.75%。消费信贷净增 4.51 亿元，净增量排名省内国有六大行第 1 位。

——公司金融业务。一是负债业务扭负为正。公司存款年日均余额 89.16 亿元，净增 5.67 亿元，总行计划完成率 283.5%。二是建立全行项目储备库，联动营销公司金融产品，“1+*N*”综合金融服务模式落地见效。三是军警业务多地开花。成立为军服务业务交流小组全方位对接军队业务合作，签订相关协议 27 份。

——资金资管业务。金融同业条线完成收入 3253 万元，比上年增幅 28.08%。一是票据资产结构不断优化。全年票据交易量 192.06 亿元，在省内权限分行中排名第 1 位；票据贴现完成率排名邮储银行第 7 位。二是非息收入占比不断提升。实现非息收入 488.99 万元，比上年增幅 1035.34%，总行计划完成率 378.44%。三是智能化生态圈建设有力。疫情防控期间办理线上“邮 e 贴”业务 25 笔、5.28 亿元。

**三、风险管控**

——风险管理体系升级。一是进一步强化智能风控建设应用。开发风控数据预测模型，提前对风险点进行风险提示；开发金融资产违约“五色”预警模型，实现了资产端风险暴露精准计量、预警和考核。二是进一步提升不良资产处置能力。做实做细不良贷款成因分析，定期编发典型案例指引。清收计划完成率 101%，呆账核销计划完成率 110%。三是进一步深化重点领域风险管控。深入开展声誉风险排查工作，全年未出现重大声誉风险事件；切实提升保密管理水平，完成机关机要室改造及保密评估整改，整改率 100%。

——内控合规管理。一是内控体系建设更加完善。风险经理履职规范性与有效性明显提升，全年检查发现问题 2168 个，问题整改率 100%；监管通报问题整改销号率 96.15%。二是案防违规问责力度持续加大。轻微违规积分处理 653 人，批评教育 228 人，警告以上处理 72 人。三是反洗钱消保工作更进一步。金融情报工程工作位列全省银行业机构第二；消保评级由上年度 C 提升至 A。

——安全生产管理。一是落实疫情防控主体责任。全行无禁忌人员加强针疫苗接种率 97.01%，常态化疫情防控期间未发生行内聚集性疫情。二是贯彻新《安全生产法》，落实“三管三必须”要求。实现现场安全检查全覆盖，发现问题 500 条，整改完成率 95.2%；消防手续不齐全单位由 52 家减少至 26 家。

**四、运营管理**

——人力资源管理。一是基础管理工作更为规范。统一全行绩效考核规则，核定一级支行机关人员编制，完成人事档案数字化工作。二是薪酬保障效能更加凸显。提高合同制员工艰苦边远地区津贴标准，增发劳务用工青海津贴和艰苦地区补贴，保障了员工队伍的稳定性。三是队伍建设更加有力。调整干部23人，选拔分行优秀骨干36人；全年增配销售人员30人。

——运营管理集约化。一是现金集约化加速推进。33个代理县现金运营整改工作深入推进，全省现金运营集约化工作加速推动，边远地区网点现金安全隐患从根本上逐步消除。二是全面完成所有网点店招更换，对外展现标准更为统一的邮储新形象。三是构建客户和网点员工“双满意”服务模式，客户服务水平有效提升。

——业技融合模式。引入RPA（机器人流程自动化）技术开展手工报表治理，工作效率大幅提升；自建信息系统5项，自主研发占比50%，其中1项研发课题荣获青海省质量管理二等奖，分行荣获“青海省质量管理活动优秀企业”称号。

**五、党的建设**

——加强党的建设。一是政治建设持续强化。第一时间学习党的二十大精神，研究重要问题时刻同党中央对标对表；严格落实意识形态工作责任制，对照95个检查点开展自查自纠、督查检查。二是理论建设持续深化。开展10次党委理论中心组学习，结合实际谈学习体会及落实举措，理论武装实效性提升。三是党业融合纵深推进。完成29项“领题破题”活动、四期18人次“行长值大堂”活动。

——强化监督执纪。一是“监督常在”做优做实。对2家一级支行党支部开展全面从严治党监督检查，对4家一级支行党支部开展巡察“回头看”；严把选人用人关口，开展纪委书记约谈、集体约谈共计8次。二是执纪监督问责力度加大，全年累计处理24人次。三是调查研究之风更浓。开展主题调研135次，发现问题280余个、解决办结率93%。

——深化巡视整改。一是主动运用十九届中央第八轮巡视成果。针对6个主要问题、30项具体问题，制定78项深化整改措施，深化整改完成率100%。二是持续巩固集团公司党组巡视整改成效。针对反馈的问题，制定105项细化举措，实现问题“清零”。三是分类治理普遍问题和突出问题。建立巡视整改“四套台账”，确保各条线整改督导和日常管理责任落实到位。（邮储银行）

# 宁夏回族自治区

## 【中国邮政集团有限公司宁夏分公司】

**一、2022年度总体发展概况**

实现收入7.7亿元、增幅15.7%，排名全国第2位，完成集团公司预算101.9%，排名全国第14位；完成全口径经营利润–8505万元，比上年减亏3933万元。

**二、党的建设**

——党建工作质量持续提升。坚持以习近平新时代中国特色社会主义思想凝心铸魂，深入学习宣传贯彻党的二十大精神，扎实开展习近平总书记视察宁夏重要讲话指示批示精神“大学习大讨论大宣传大实践”活动，把大抓发展、抓大发展、抓高质量发展作为践行“两个维护”的具体行动。深入开展基层党组织建设达标工程和创先争优活动，新评选出1个党支部示范点和25个党员先锋岗；持续抓好“三亮三比三评”主题实践及党支部（党小组）“领题破题”活动，组织开展“强堡垒做先锋，凝心聚力发展储蓄余额”活动。持续广泛开展“党建共建”、支部品牌建设和党员责任区建设，推动党建与生产经营深度融合，激发基层党组织干事创业积极性。

——全面从严治党向纵深发展。强化政治监督，有力推动中央决策部署和集团公司重要工作任务落实落地；紧盯“关键少数”，强化对各级“一把手”及班子成员监督，全年分公司党委班子成员对下级谈话20人次；对2个市分公司党委组织开展巡察“回头看”；加强贯通协同监督，开展重点领域专项治理，加大监督执纪问责力度。

——推进和谐企业建设。坚持企业改革发展成果与员工共享，员工人均年收入比上年增长8.5%。持续做好送温暖、节日慰问、大病互助等工作，累计发放各类慰问金、补助金310万元。投入123.4万元推进职工小家、食堂、文化阵地等建设改造。坚持典型引领、示范激励，有2个集体、3名同志荣获全国邮政荣誉称号、4名同志荣获自治区级荣誉称号。

**三、服务国家重大发展战略部署情况**

——服务乡村振兴。建机制创模式。优化重组区市县惠农专班、转型专班、地推团队、自提点建设团队，组建“N队合一”团队；体系化推广“N站合一、一村一站”“网点+站点”“网点+合作社+农户”“综合网点1+纯邮政网点N”四大模式，启动农村市场大开发大营销专项行动，推进服务乡村振兴有效落地。拓市场建生态。提前一个月完成集团公司下达的服务乡村振兴五大类十一项指标。坚持以商流为牵引、以物流为支撑、以金融为保障，以电商节、直播平台、农产品基地、社区团购为抓手，做大上下行商流规模，以邮政“四流”优势破解农村“三难”的综合服务能力大幅提升，全年打造7款万单产品，农产品交易额增幅38%，批销交易额增幅104%，农产品寄递收入增幅24.7%。强联合获支持。联合自治区农业农村厅下发《共同促进新型农业经营主体高质量发展试点工作方案》，争取到150万元奖励补贴资金计划；自治区17部门发文明确邮政参与县域商业体系建设，灵武、青铜峡、沙坡头邮件处理中心纳入县域商业体系建设补贴范围；打造“中邮云视新电商中心”，获得“首批自治区级电商直播示范基地”称号，在南京集散中心创新设置前置仓，中邮云视新电商中心累计直播销售1040万元，实现寄递收入154万元。强体系提能力。加快三级物流体系建设，不断增强农村寄递服务能力，投递频次均在周三班以上，重点乡镇达到周七班；邮快合作建制村覆盖率达57.8%，比上年提升34.2%，合作业务量620万件、增幅55%；免费进驻公交客运站建设综合便民服务站14处、比上年增加6处，开通客货邮商公交线路17条、比上年增加14条。

宁夏回族自治区石嘴山市平罗县灵沙乡邮政综合服务站点人员正在帮助村民手机下单寄递邮件（《中国邮政报》6月1日）

——用行动诠释责任担当。疫情防控期间，全力做好保通保畅工作，始终保持机要营投和党报党刊100%投递，确保党的二十大期间政令安全畅通；自治区、市、县分公司、银川邮区中心、各揽投部第一时间组织人员驻守单位保运营；各市分公司充分利用邮乐网、中邮驿站线上渠道，提供“线上订购+邮政配送”的无接触式配送服务；各级邮政企业承担核酸样本转运、物资运输、社区值守等志愿服务，在非常时期担起非常之责、关键时候尽到关键之力，充分展现了“国家队”责任和担当。自治区政府高度肯定了宁夏邮政疫情防控和保供保通保畅工作。

**四、落实集团公司发展战略情况**

——协同机制作用显现。邮银协同拓市场。明确自治区、市、县邮银联合会议、联合调研、联合走访营销等三大工作机制，制定落实重点协同项目奖励、考核、评价制度，确保重点协同项目直接穿透到基层网点。项目协同促发展。理顺三级协同工作流程，健全完善协同项目收益分配机制，推动项目协同、客户协同和数据协同，集团公司六大重点协同项目累计实现收入1.5亿元、增幅25.3%。专业协同增收益。总部营销见成效。与平安健康、中国人寿、中石化等7家省级总部客户签订合作协议；成为自治区首批“崇军行动”合作单位。实现总部客户收入3473.4万元、增幅16.2%，其中与中化推进战略合作实现收入488.9万元。

——机制改革深入推进。“寄递六大改革”任务全面落实。邮区中心规范化改革成果凸显，紧扣效率提升和定额定员达标，推进落实“三个标准”手册，全面完成85项任务，在集团督导检查中获得“良好”等级。市趟改革成效明显，推行多点串行、汇集发运，合并低效毗邻邮路，市趟运输与内部处理、揽投作业高效衔接，时限标准准确率、时限达成率均达到集团目标值，其中时限达成率排名全国第1位，车辆日均行驶里程提升20公里。运输改革有力推进，实现航空、高铁、陆运多式联运，民航线路覆盖全国27个省，开通郑州、杭州、西安3条高铁线路，省际干线正班邮路全部为往返无单边邮路，干线装载率比上年提升3%。陆运网改革深入推进，打破行政区划，邮件处理中心实现直连装发，省内能力不断增强。两集中改革扎实推进，网络运营“一体化”管理模式充分建立，运营管理职责更加明确，集中指挥调度管控更加有力。揽投网改革效果明显，优化调整揽投部8处，揽投效能达到167件/人，排名全国第1位，比上年提升53件/人。自提点建设成效显著，自提率达78.5%，排名全国第7位，比上年提升13.9%；自提点结算单价0.31元/件，排名全国第2位，降幅25%。市场化经营机制加快建立。全面实施任期制和契约化管理，全区67名三级、153名四级领导人员签订岗位聘任协议和经营业绩责任书，签约率100%。对标行业，制定银川邮区中心内部处理环节、市分公司揽投环节定额标准，推进寄递生产环节定额定员；完善寄递操作岗位计件薪酬，在揽投、内部处理环节推行无底薪计件工资。

**五、业务发展**

——普遍服务。集团公司考核的15项指标全部达标，其中12项排名全国第1位；邮件信息断点率为0，省会城市间普邮全程时限压降至2.4天；邮政申诉处理满意率100%。全区邮政普服网点收入增幅31%，全面撤销万元以下收入网点，5万元以上收入网点占比71.3%。

——金融业务。实现收入4.1亿元、增幅20.2%，排名全国第2位。余额发展再创历史新高，余额规模突破200亿元大关，新增储蓄余额41.2亿元、增幅24.1%，排名全国第1位。AUM增幅15.9%，排名全国第1位。规模市场占有率比上年提升0.32%，市场占有率增幅排名全国第1位；余额新增市场占有率6.5%，排名区内19家金融机构第7位。业务结构进一步优化，价值存款规模占比88.6%，排名全国第6位；非储蓄收入占比37.2%，排名全国第2位。新增VIP以上客户1.4万户、增幅19%，排名全国第1位。保费规模稳步增长，长期期交比重达38.1%、比上年增长11.3%，保险平均收益率35%、比上年增长8.1%，长期期交收入占保险收入比重87.6%。

——寄递业务。克服旺季期间因疫情导致多地封控、邮路不畅等困难，瞄准发展差距，聚焦政务、商企、生鲜、现费等重点市场，全力追产补收。实现收入 2.2 亿元、增幅 13.3%，排名全国第 4 位，高于行业增幅 7.3%；完成集团预算 102.1%，排名全国第 5 位；经营利润比上年增加 2093.6 万元；1—11 月业务收入市场占有率达 13.2%，比上年提高 0.7%。特快专递收入增幅 25.1%、占寄递业务收入比重 45.8%，排名全国第 10 位，占比比上年提升 4.3%。通过采取疫情防控期间抓好“极速鲜”项目知客、获客、蓄客工作，疫情后加大优势线路营销、开通够量直达线路，推动“极速鲜”项目增收增效，全年“极速鲜”收入增幅 55.3%，其中 12 月份增幅 88.1%。

——传统业务。集邮收入 3258 万元，增幅 11.8%；集邮品毛利率 32%，排名全国第 5 位，毛利润值排名全国第 2 位。函件收入 764 万元，增幅 4.3%。报刊收入 4138 万元，增幅 5.5%，2023 年度报刊大收订流转额增幅和完成进度均排名全国第 2 位。电商分销收入 2509 万元，增幅 32.5%；分销产品毛利率 27.4%，排名全国第 2 位。

**六、运营管理**

——管理提升工作。精准承接集团公司管理提升工作要求，形成《中国邮政集团有限公司宁夏分公司管理提升重点任务分工表》，扩展问题点至 145 个、整改措施 487 项，确保集团公司管理提升年各项任务“悟透彻、做得细、落实好”。

——财务管理。完善全面预算管理体系，在保障人工成本的前提下制定运行成本计划，加强重点成本费用管控。强化资金管理，开展个人账户归集营收资金问题专项治理和业务外包专项整治。扎实推进分类核算数据治理和业财一体化平台建设。

——降本增效。寄递五大环节件均成本全面完成集团目标，收寄环节件均 2.75 元、内部处理环节件均 0.4 元、投递环节件均 1.81 元、管理支撑环节件均 0.84 元、陆运运输环节单位成本 0.89 元，其中收寄、陆运运输、管理支撑 3 项优于目标值，陆运运输、投递 2 项优于全国平均水平。

——人力资源配置优化。加大年轻干部选拔使用力度，市分公司班子中 40 岁左右三级干部占比 18.8%，县分公司班子中 35 岁及以下四级干部占比 58.6%。加强金融、寄递、邮务等专业高素质人才队伍建设，全年招聘 91 名硕士研究生、重点院校大学生。以“外部引进 + 内部盘活”的方式，组建线上新媒体专业运营团队。

——基础管理。加强审计监督，聚焦重大成本及关键环节，重点抓好营销费用、寄递外包、市趟运输、“靠邮吃邮”等专项审计，累计开展审计项目 12 项，审减工程费用 118 万元，审减率 8.5%。推进采购管理由“管理规范、程序合规”向“管理精细、降本增效”转变，公开采购率 99%、公开招标率 83.7%、资金节约率 10.2%。

**七、风险管控**

统筹发展与安全，明确风险管理及内控合规职责，牢牢守住重大风险底线；压实安全生产责任，持续构筑安全生产六大管理体系，全年未发生重大金融风险和重大安全生产事故。（宁夏分公司）

**【邮储银行宁夏分行】**

实现收入 9.69 亿元、比上年增长 10.85%，实现利润 3.26 亿元、比上年增长 86.23%，收入、利润全面超额完成总行预算目标。EVA、RAROC、成本收入比、收入利润率、人均及网均利润等质效指标全面提升。贷款不良率 2.42%，比上年下降 0.11%，控制在总行限额之内。

**一、服务国家重大战略部署**

——支持基础设施建设。基础设施贷款余额 63.32 亿元，占各项贷款的 22.17%，比上年增长 7.42 亿元，占比提升 1.47%。

——支持绿色金融发展。绿色信贷余额 33.49 亿元，占各项贷款的 11.7%，比上年提高 2.3%。绿色信贷增速为 31.83%，高于各项贷款增速 26.06%。

——支持民营企业发展。民营企业贷款余额 103.53 亿元，占各项贷款的 36.25%，比上年增长 24.12 亿元。

——支持小微企业发展。小微企业贷款余额 50.82 亿元，比上年增长 2.91 亿元，占各项贷款的 17.79%，比上年提高 0.5%。

——服务乡村振兴。涉农贷款余额 87.48 亿元，占各项贷款的 33.3%，比上年提升 3.57%。普惠型涉农贷款余额为 63.31 亿元，比上年增长 14.61 亿元，贷款增速 30%，高于各项贷款增速。

**二、业务发展**

——零售金融业务。坚持财富管理转型方向，以财商教育为核心深化对客活动，以“铁三角”模式为依托强化紧密管户，通过加大权益资产配置、发售专属理财产品，推动 AUM 增长和结构优化。大理财保有量三年翻番，规模占比 37.2%，提升 10%。零售信贷发展创新高，个人经营性贷款新增市场占有率排名自治区同业第 3 位，规模市场占有率升至同业第 4 位。房贷业务净增 10.96 亿元，为历年净增最好水平。信用卡新客净增 3.2 万户，活跃率、点均产能保持邮储银行第 1 位，激活率排名第 5 位，邮银协同新客发卡、激活首刷率排名第 1 位。

——公司金融业务。公司拓户新增 2449 户，价值存款年日均净增 7 亿元，新增自治区级国库现金管理定期存款 3.12 亿元，增量、增幅均创历史新高。新签订 6 家县区代理国库支付协议，实现县区资格全覆盖。为军队服务实现新突破，签署县区人武部资金保障及金融服务合作协议 10 份。企业手机银行开通率排名邮储银行第 2 位。公贷结构调整成效显现，新发放贷款占比 75.3%，收入比上年增长 21%。全面走访自治区内“专精特新”企业，为39户企业融资1.52亿元，小微易贷净增2.3亿元，科技e贷、产业链模式相继落地，全面完成普惠小微净增计划及“两增两控”监管指标。公司中收全面提速，交易银行收入翻番增长，票证函、法透、U链业务实现突破，公司中收占比提升 2%。

——资金资管业务。新增同业客户 6 户；与区内 2 家银行签订数字人民币合作协议。直贴交易量恢复性增长，取得系统外票据买入授权，票据回购、基金拼单、再贴现业务均有突破。

**三、风险管控**

——内控合规管理。持续深化内控合规提质增效，突出抓好重点领域风险防控，组织开展“一把手讲合规”、不良及问责溯源分析、屡查屡犯问题专项整治、零售信贷“强基固本”等系列活动，深入开展案件警示教育，完成陈积案件清理报送。

——信用风险管理。通过清收、核销、证券化处置不良资产 3.1 亿元。小企业保证保险不良贷款全部代偿到位，不良率压降至 9.5%。大额信用风险完成滚动续作，收回全部欠息，压降风险敞口 860 万元。经过不懈努力，分行资产质量持续改善、稳步好转。

——安全生产工作。认真落实安全生产“巩固提升年”安排，全面开展安全生产大检查、消防隐患整治“回头看”，发现并消除了一批安全隐患。

**四、运营管理**

——运营管理。强化担保与征信管理，推进押品内评和“互联网＋不动产”抵押登记。小额贷款审查审批集中至区分行，非现场贷后集中至二级分行。运营条线考评排名邮储银行第 2 位，24 项指标排名第 1 位。反洗钱、反电诈工作获监管部门的充分肯定。消保监管评级升至 A 级，位列区内国有大行第 3 名。个人和公司业务差错率优良水平排名邮储银行第 8 位。对公开户线上预约率 97.5%，临柜全流程等待时长压降 26.3%。

——人力资源管理。率先完成任期制和契约化管理签约，同步完善工效挂钩、绩效考核、综合考评等配套办法。对 40 名区管干部进行交流调整，对 7 个 14 职级管理岗位采取公开竞聘、竞争上岗方式遴选干部，一批“80 后”“85后”走上管理岗位，干部队伍结构和活力持续年轻化。借助总行帮扶机制，加大与总行、优势分行干部交流力度。通过社招，引进公司金融、信用卡、信息科技、理财经理等专业人员 37 人。

——网点改造。推进 4 家支行整体改造、9 家支行微改造，在所有支行推广“感动服务”。

——信息科技支撑。作为邮储银行首批试点分行，新一代个人核心系统顺利上线，近 300 万客户数据无感迁移。新 OA、新报账系统等 10 个统建系统上线投用，区内自建系统自主研发率 57%。

——财务管理。通过“大房小行”整治，8 个网点年压降房租 128.4 万元。全行集中、公开采购率分别为96.1%、97.95%。

——疫情防控。统筹疫情防控和经营发展，针对突发疫情组织应对，尽最大努力将疫情影响降至最低，确保经营管理的连续性稳定性，确保取得优良业绩。

**五、党的建设**

——深入学习宣传贯彻党的二十大精神。以学习贯彻党的二十大精神为主线，深化党史学习教育，高质量开展党委理论中心组学习，带动青年理论小组政治学习。制定党的领导融入公司治理实施细则，明确党委前置研究清单。顺利完成区分行机关“两委”换届。

——巡视巡察整改。深入开展中央巡视整改和重点领域专项整治，运用十九届中央第八轮巡视成果开展对照整改。从严从实做好巡视整改“后半篇文章”，基本完成集团巡视反馈问题整改任务。在辖内巡察全覆盖的基础上，开展巡察“回头看”，进一步巩固巡察整改实效。

——党建与业务融合。将“三亮三比三评”“领题破题”活动融入经营管理，各级分支行长到基层网点“值大堂”，推动“我为群众办实事”常态化、长效化。

——持续整治形式主义官僚主义。重点纠治“表哥”“表姐”等顽瘴痼疾，巩固为基层减负成果。（邮储银行）

## 【中邮保险宁夏分公司】

**一、发展概况**

总保费实现 5.1 亿元，比上年增长 11.03%。其中新单保费 2.17 亿元，完成年度目标 112.4%，列全国第 3 位，银保期交市场占有率 18.2%，列宁夏寿险公司第 2 位。邮银渠道续期保费 2.94 亿元，列宁夏寿险市场第 1 位。长期期交保费实现 1.77 亿元，比上年增长 33%，完成年度目标 115.7%，列全国第 3 位。5 年交及以上终身寿险新单保费实现 1.32 亿元，完成年度目标 140%，列全国第 8 位。健康险保费实现 475 万元，比上年增长 44%，达成年度目标。新业务价值 4195 万元，完成年度目标 116.3%，列全国第 2 位；新单负债成本率 4.06%，列全国第 2 位；标保新业务价值率 51.6%，高于全国平均水平。5 项续期继续率指标均进入目标库，其中 3 项指标进入优势库。健康险13 月继续率 84.02%，年金及其他价值类产品 13 月继续率87.64%，终身寿 13 月继续率 94.87%；长期期交 25 月继续率 97.47%。人核件全流程时效，列全国第 7 位，新契约综合合格率、保全时效、犹豫期内回访率等指标均优于全国平均水平，新契约问题件占比由 2021 年的 5.1% 降至0.72%。

**二、落实服务国家重大战略**

——市场化改革。全面推进任期制和契约化管理，制定年轻干部配备计划，优化队伍结构，引进业务条线急需人才，人员配备率由62.3%提升至75.4%。组织员工职级薪酬初始化套改，强化基本薪酬保障作用。

——重大决策部署落实力度增强。开展保险帮扶和公益帮扶活动，为海原县米湾村村民赠送意外伤害风险保障4000万元，帮助修复生产道路，助力村集体经济发展。积极推广普惠保险，为1500余保户提供4.8亿保障。落实碳达峰碳中和及绿色金融行动，线上出单率、线上培训覆盖率等关键指标均达到总部要求。

**三、业务发展**

——邮银协同。沟通邮银，层层分解落实目标任务，从营销激励、绩效考核、队伍建设等给予政策倾斜，强化业务通报，实地帮扶督导，推进各项业务指标达成。

——营销方式。数字化营销线索执行率85%，协同打造数字化营销示范网点22个，实现健康险保费77.6万元。做好“两项保险”及邮银、中移家属自购工作，实现保费202万元。

——培训模式。派驻制讲师对接渠道需求，网点实地培训100%全覆盖。组织“飞鹰起航”等专项培训活动，固化“2+5+7”实战模式，重点提升渠道销售人员保险理念及高价值产品营销能力。

——服务支撑。发挥区域联系小组及督训小组作用，及时解决渠道突出问题，协助策划营销活动，创建营销场景，将客服活动与厅堂沙龙相结合，推进高价值业务产能持续提升。

——队伍共建。招聘5名派驻讲师，纳入地市邮政金融业务部管理，选聘增配25名兼职讲师，协同推进渠道兼职讲师队伍建设。配备11名保险规划师，实现银川市83个邮银网点服务支撑全覆盖。

——外拓渠道。主动拜访招商银行银川分行，签订保险兼业代理合作协议，招商银行网点准入全覆盖。启动中介业务合作，组织“明邮之声”产品宣讲会。

**四、运营管理**

——续期管理。严格落实“续期四大关键指标库”对标管理，聚焦疑难保单，差异化开展催收服务。开展失效保单清理活动，复效473件，复效金额1074.4万元。

——运营质量。全面推广运营服务线上化，开通网点“邮e宝”账号237个，线上受理保全业务5695笔，占比52.9%。开展满期业务风险排查，利用CRM等数智化方法，提高满期客户的转化率。

——客户服务。组织开展客户服务活动45场，联合中邮大药房开展健康讲座15场，中医问诊150人次。联合六省联播，举办线上健康讲座及金融知识普及讲座3场。

**五、风险管控**

——内控管理逐步优化。抓好制度建设，聚焦巡视、审计和检查发现的问题，组织“举一反三”制度自查、内控合规管理能力评估，完成455项风险点评估。在2022年度宁夏银保监局组织的内控合规管理能力评估中，分公司排名宁夏寿险行业第2位。

——联动防控逐步优化。认真落实年度操作风险识别与评估、偿付能力、风险管理能力评估工作，强化现场联动检查，推动全区“双录”问题件占比由上年的100%降低到12.91%，犹豫期退撤率由上年的23.81%降低到18.42%，重点指标改善明显。分公司未发生重大金融风险事件。

**六、党的建设**

——思想政治建设。认真学习贯彻党的十九届六中全会精神和党的二十大精神，组织党委理论中心组学习研讨10次，制定分公司学习宣传贯彻党的二十大精神实施计划，各支部、青年学习小组结合实际工作交流研讨，撰写心得体会70余篇，不断提高政治判断力、政治领悟力和政治执行力。

——基层组织建设。增设1个党支部、2个党支部换届、3个党支部配强支委委员，理顺21名党员和入党积极分子党组织关系，公司级党员先锋岗新选1名、续评2名。支部紧密围绕经营开展“领题破题”“三亮三比三评”活动，发挥先锋模范作用，助推健康险业务发展达成年度目标。

——团结向上的发展氛围。组织员工参加企业文化核心理念调研活动，开展员工思想动态调研2次，组织员工座谈会，及时了解员工思想动态。组织“以躺平为耻，以奋斗为荣”学习研讨活动，组织员工户外拓展活动，激发团队干事的创业激情。(中邮保险)

# 新疆维吾尔自治区

**【中国邮政集团有限公司新疆分公司】**

**一、2022年重点工作完成情况**

完成收入26.35亿元，增幅1.6%，完成集团目标93.4%。经营利润比上年增加3962万元，收入利润率提升1.73%，总资产收益率提升1.9%。非寄递业务实现收入18.82亿元，完成目标98.5%。寄递业务实现收入7.53亿元，完成目标82.8%。代理金融收入创近5年新高。

**二、党的建设**

——党建引领发挥作用。政治建设持续强化。落实“第一议题”制度，全面贯彻上级党组织各项工作部署。完善意识形态例会和督查检查机制，开展肃清余毒专项整治。推进集团党组巡视自查整改、分公司党委巡察整改和巡察“回头看”整改，整改率99%。理论武装凝心聚魂。深入学习宣传贯彻党的二十大精神，严格执行“三个第一时间”学习机制。各级党委组织集中学习研讨235次。党建基础不断夯实。选树20个党支部示范点和60名党员先锋岗。健全无党员网点（班组）工作机制。党建经营深融互促。开展支部“领题破题”，完成结题265个。党风廉政建设稳步推进。执纪问责持续强化。累计运用“第一种形态”处理207人次；累计问责处理1439人次；累计对8名四级及以下人员给予党纪政纪处分；立案查处侵害基层员工切身利益问题2起，给予2名四级领导人员党纪政纪处分。巡察任务圆满收官。完成对11个县（市）分公司巡察和4个地州市分公司巡察“回头看”及专项检查，反馈问题348个，整改完成率89.94%，全面完成巡察全覆盖任务。

——构建幸福邮政。先进选树成果显著。6个集体、4名个人获得省部级荣誉，两个集体、两名个人获得厅局级荣誉，创历年新高。民主管理积极推进。三级企务公开覆盖面、及时率和职代会提案结案率均达100%。职工关爱落到实处。“八个一好事”扎实推进，六件实事有效落地，55处职工小家完成升级改造，职工家访覆盖率100%，开展近两百场心理健康辅导活动。

**三、服务国家重大发展战略部署情况**

——维稳扶贫履职尽责。派出73支工作队，187人参加“访惠聚”驻村（社区）工作，4381人次参加“民族团结一家亲”结亲周、进村住户“双覆盖”，实现所驻村（社区）社会稳定。投入100余万元用于增加农民收入、改善村容村貌、解决困难诉求、做好后勤保障，巩固提升脱贫成果。

——乡村振兴服务农村市场产业链。政企联合实现区级以上示范社走访全覆盖。协同推广融资E，推荐高价值白名单客户1.38万户；累计放贷1.92亿元，净增1.06亿元；打造中邮惠农示范社9个、示范企业3个。

——普遍服务质量优化提升。保持普遍服务网点营业时间达标率、乡镇普服网点覆盖率、普遍服务业务开办率、县级城市党政机关《人民日报》当日见报率等4个100%，抵边村通邮率提前实现全覆盖，机要通信万无一失。西部地区建制村作业频次优于集团考核指标0.96%，建制村投递打卡率提升至99.7%，城市普遍服务投递关键节点扫描率提升至99.08%。《基于八大民生服务工程的邮政普遍服务创新管理》获自治区企业管理现代化创新成果一等奖。

——保供保畅彰显担当。疫情防控期间，全区6000余名干部职工在单位值守，落实疫情防控工作最新要求和工作部署，努力保障机要通信、党报党刊及时传递，参与疫情防控和民生物资运输配送，累计投递高考录取通知书21余万件、运送防疫物资2767吨、配送生活物资32万单，销售农产品300余吨。400余篇抗疫新闻被人民网、新华网等多家主流媒体宣传报道，《亚洲中心时报》进行专版报道。

**四、落实集团公司发展战略情况**

——三级物流体系建设畅通农村末端微循环。邮快合作实现业务量687.9万件、收入1209万元，分别增长83.6%、80.6%。交邮合作累计建成站点141处，开通代运邮路123条，代运邮件44.5万件。县域商业体系建设行动获奖补资金705万元。设立村级快递服务站8748个，实现全覆盖。

——协同发展整合邮政资源拓市场。政务服务、汽车产业链、医药市场项目分别实现收入7206万元、2506万元、1429万元。社保、军人客户AUM分别新增11.74亿元、4.88亿元。“金普协同、金包联动”交叉营销客户4.12万户，联动金融资产余额29.4亿元、寄递收入2679万元，均超额完成目标。四是总部营销开启合作共赢新局面。总部客户实现收入6845.1万元。与乌鲁木齐综保区、和田地区行署等5个单位签署战略合作协议。开发三大通信运营商代发工资7944万元，中石油、中石化仓配物流业务1500万元。

——改革创新增添动力。一是寄递“六大改革”成效显著。邮区中心改革：处理中心压减用工总量14%，压降外包费支出1060万元，人均处理效率提升67%。全区小件机设备效能提升至83%，自动化设备效能较改革前提升47%，设备收容率压降至1.6%。市趟运输改革：市趟邮路日均节省里程427公里，时限提升5.3小时。车辆日均里程、装载率较改革前分别提升26%、15%。运输改革：省际通航地市增加至9个。单边邮路由年初16.8%压降至9.6%，大车发车占比由年初22%提升至37.2%。干线车辆装载率48.9%，列全国第5位。二是提质增效工作亮点突出。代理金融网点实现收入16.5亿元，利润7亿元，增幅15.7%，净增9580万元；亏损网点个数较年初减少11个，减亏327万元。寄递四大环节件均成本分别下降4.6%、2.6%、15.1%、7.4%，寄递五大环节合计压降成本4427万元。盘活闲置房屋34处、面积2.6万平方米，产生收入636万元。累计实现房屋出租收入6906万元。盘活原进口邮件处理中心场地2.3万平方米。

**五、业务发展**

——经营发展平稳有序。储蓄存款比上年提前81天实现正增，新增余额82.73亿元。财富金融实现收入1.43亿元，增幅16.9%。代理保险收入市场占有率列新疆行业首位。千人兵团人均业绩列全国第12位。城市网点客户AUM比上年多增29.79亿元，点均多增1631万元。客户资产提升46.2亿元，低资产客户户均资产提升1.02万元，列全国第2位。手机银行新增激活17.18万户。

——寄递业务实现稳步发展。特快业务显成效。政务市场“一件事一次办”业务引流优质客户8000余户；法院集约送达、政务服务中心“双程”寄递等项目取得突破。商企、电商特快市场收入增幅分别为11%、14%。现费市场累计增粉 22.4 万人，营业网点高效业务收入占比提升 10%。生鲜市场冷鲜肉项目日均出口 37 吨，增幅 85%；哈密瓜、小白杏等项目业务量 50 万件、收入 1500 万元。快包业务整体边际贡献率 26.95%，列全国第 3 位。国际业务提前 93 天完成收入目标。

——物流业务建成高位货架存储区 1680 平方米，新增储位 2800 个。成功运营喀什 BD 代储项目。仓配业务超额完成“线上找客户，线下仓 + 配”活动目标。三是集邮与文化传媒业务稳中向好。进度、增幅分别列全国第 5 位、第 3 位。集邮品毛利率 32%，列全国第 5 位。

——文化旅游项目收入 2735.2 万元，进度 152%。党的二十大学习材料等图书发行实现收入 615 万元。《习近平谈治国理政》市场占有率稳步提升。“农家书屋”“文化润疆”等项目实现销售额 444.5 万元。支撑邮政项目、总部项目实现收入 1900 万元。

——渠道平台业务质效提升。农产品进城取得成效，农产品交易额 5483.7 万元，增幅 48.5%，完成率列全国前 3 位。跨省合作销售基地农产品项目 1681.6 万元，增幅 73%，完成目标 140%。“社区 + 社群”营销场景建设取得突破，全区日均活跃邮乐小店 3740 个，累计开展社区团购 1312 场，开展邮乐直播超 1500 场，列全国第 1 位。站点赋能和批销大单品打造取得进展，建成活跃站点 2068 个、优质站点 210 个，分别完成目标的 103%、105%。传统分销和增值业务发展质效取得提升。分销毛利率 17.6%，列全国第 3 位。

——网点转型发展有效赋能。全区四类转型网点 1523 个，覆盖率 100%，点均叠加业务 11 项。104 个网点叠加烟草零售业务，实现销售收入 857.15 万元，完成目标 171.4%。万元以下网点比上年压降 99 个，超集团公司目标 28%。

**六、运营管理**

——人力资源持续优化。队伍建设不断强化。实施任期制和契约化管理，三、四级领导人员全面签约。提任三级领导 7 人，调整 13 人。60% 以上区县分公司领导班子已配备 35 岁左右干部，提前达到集团目标。开展了选人用人“一报告两评议”，评议新提任三、四级领导 82 人。推荐四级正优秀干部 39 人、区级管培生 98 人。开展三、四级领导及一般岗位竞聘。用工管理有效推进。全口径人员总量比上年降幅 10.4%，劳动生产率水平比上年增长 15.7%。寄递生产机构实现定额定员，配置区县专兼职人员 235 人。薪酬福利不断完善。统筹管理养老保险账户 7978 个，企业缴费比上年增长 864.24 万元。统筹管理职工企业年金账户 7525 个，企业缴费比上年增长 883.83 万元。重大疾病和意外伤害保险保费 284.06 万元。为 1045 名农牧区委办投递员办理意外伤害团险。教育培训有序组织。各类培训累计参培 19.9 万人次，开展 3 期 505 名校园招聘员工入职培训，组织 5 个岗位 8671 人资格认证考试 6 次用工管理有效推进。

——财务管控持续深化。全面预算不断改善。资源配置持续优化，直接业务成本配置比上年提升 0.26%，安排金融业务专项配额资金 2000 万元、集中维修项目预算 3455 万元。推动财务、经营、投资、人工成本及资金预算深度融合。资金保障不断增强。争取增值税留抵退税 1 亿余元。月均支撑经营周转金 2.36 亿元，支持分销业务周转金 1000 万元，发放业务奖励资金 1.81 亿元，支付普服及投资建设资金 5.35 亿元。

——寄递服务改善提升。客户咨询投诉在线接通率 98% 以上，问题一次性解决率比上年提升 3.9%，紧急类邮件问题一次性解决量 8530 件，重要邮件“零投诉、零丢失”，投诉负面舆情零发生。特快投递投诉率优于集团考核指标 3.1 个万分点，丢损量比上年压降 53%。包裹快递投诉率比上年下降 31.4%，理赔及时率高于达标值 13.12%。

——能力建设不断增强。年度固定资产投资规模 9275 万元，其中基建类项目 4748 万元，技改类项目 5582 万元；三级物流体系建设专项投资 413 万元；稳步推进乌鲁木齐、阿克苏、和田、伊犁等重点工程建设。科技赋能推动发展。完成 6 个集团、7 个区内项目竣工验收及 7 个区内自建系统改造开发；保障了全区信息网安全稳定运。

奎屯市分公司组织行政部门人员帮扶支局揽投工作，及时处理邮件（《中国邮政报》12 月 27 日）

**七、风险管控**

——风险管控有效压实。一是安全责任压紧压实。顺利完成党的二十大及重要节日期间安全服务保障。开展安全生产大检查大整治，检查消防、信息、交通安全等 1.9 万次，发现问题隐患 2380 项，整改率 99.8%。二是合规防线有效筑牢。开展一把手讲合规 20 场次，组织 3.96 万人次参加 77 期素质提升大讲堂、微课堂培训。预警 1212 条，比上年下降 3.7%。“雷霆行动”排查 3186 人次，发现问题 1193 个，问责 1107 人次。建立 3 个风险模型，发现违规 1058 人次，问责 53.7 万元。三是采购管理不断加强。完成集采项目 131 项，节约资金 6012 万元。公开采购率 91.08%、招标率 90.49%、集采率 96.02%，均达目标。四是审计管理水平提升。实施绩效、效能、经济责任和工程审计项目 144 项，发现问题 348 个，提出意见和建议 163 条，工程审减额 383.79 万元。（新疆分公司）

**【邮储银行新疆分行】**

实现营业收入 28.61 亿元，增长 9.58%；净利润 3.72 亿元，成本收入比 56.33%。分行总资产 1443.48 亿元，增长 8.46%。各项存款余额 1311.77 亿元，增长 0.33%，新增存款 102.3 亿元；各项贷款余额 523.19 亿元；存贷比 39.88%。不良贷款率 1.11%。拨备覆盖率 174.15%。

**一、服务国家重大战略部署**

——服务实体经济。紧扣“丝绸之路经济带核心区”建设，促成总行与自治区人民政府和兵团签署战略合作协议，支持重点项目（客户）37 个，投放贷款 64.24 亿元。聚焦新疆工作“总目标”，扎实开展“访惠聚”和“民族团结一家亲”工作。区分行派出的工作队获自治区“优秀工作队”荣誉，1 人获“优秀第一书记”荣誉；新增民族团结进步示范单位 5 家。深化为军服务，建成邮储银行首家为军服务专属支行——和田皮山县赛图拉镇支行。发展绿色金融，绿色贷款余额 62.76 亿元，比上年增长 12.51 亿元。

——服务乡村振兴。巩固拓展脱贫攻坚成果同乡村振兴的有效衔接，加快信用体系建设及成效转化，做大线上产品规模，构建“三农”综合生态圈。涉农贷款余额 114.9 亿元，比上年增长 23.88%。建成信用村 4012 个，评定信用户 9.91 万户，发放信用户贷款 43.49 亿元，其中线上信用户贷款 11.62 亿元。脱贫人口小额贷款（含扶贫小额信贷）余额 3.56 亿元，年净增 1.11 亿元。发放乡村振兴信用卡 1.06 万张。

——服务小微企业。聚焦“首贷户”“专精特新”及科创企业，深入推进“大走访”活动，加大信贷投放，全面完成“两增两控”任务。普惠型小微企业贷款余额 40.45 亿元，比上年增长 20.51%，贷款户数比上年增加 3358 户；不良率比上年下降 0.29%；加权利率比上年下降 27 个 BP。新增小微企业“首贷户”124 户。服务“专精特新”及科创企业 78 家，投放贷款 10.65 亿元。多措并举助企纾困，办理小企业无还本续贷 7 户、1014 万元，展期 6 户、762 万元；个人贷款延期 11498 笔、27.13 亿元，展期 706 笔、1.35 亿元。

**二、业务发展**

——零售金融业务。个人金融以 AUM 为纲，推进财富管理转型。个人客户 AUM 为 294.64 亿元，比上年增长 5.52%，储蓄存款年日均新增 7.51 亿元。投资理财类资产规模 89.12 亿元，比上年增长 5.76 亿元。发售邮储银行首支区域专属军人优享理财产品，成功突破优待证、民兵卡等重点项目。数据运营赋能，绑卡率及手机银行渗透率明显提升，快捷绑卡净增 9.02 万户，手机银行月活跃客户 18.76 万户。零售信贷开启批量获客新路径，加快推进数字化转型。创新推广棉花、肉牛、粮食等优势行业产业贷，实现放款 6.18 亿元。开展兵团极速贷特色白名单试点，加速拓展兵团农贷市场。小额贷款余额 79.24 亿元，比上年增长 35.9%。消费贷款着力推动线上业务发展，主动授信计划完成率 144%，列邮储银行第 4 位，线上替代率 80.56%。信用卡以效益客户规模增长为基础，加强获客能力和场景建设。实现收入 3.25 亿元，比上年增长 12.26%。

——公司金融业务。公司存款抢抓地方债项目引存，开立下游施工单位账户 141 户，开立邮储银行首个移动公司监管账户，拓展邮银合作供应商 320 户，开立农民工工资代发专户和保证金专户 219 户。公司贷款围绕新能源、交通、煤炭煤电以及政策性贷款领域，加强重点行业客户维系拓展，成功投放首笔煤炭行业固定资产贷款，交易银行探索发展新模式。落地邮储银行首笔美元高级固息债增信国际备用信用证业务、首家手机银行 NFC 卡缴费业务，落地分行首笔融资租赁保理和 U 信保理业务，代开保函、信用证开立和议付实现突破。交易银行表内外资产规模 23.73 亿元，比上年增长 3.04 亿元。

——资金资管业务。同业价值存款年日均余额净增 1.17 亿元，计划完成率 582.7%。落地邮储银行首笔“邮你同赢”平台同业融资业务。票据贴现量 68.93 亿元，比上年增长 28.28%，市场占比 5.55%，比上年提升 1.21%；直贴余额 35.83 亿元，比上年增长 31.48%；转贴现系统外交易量 114.85 亿元，比上年增长 85%，非息收入完成率 127.48%。产业基金托管和公募拼单基金实现零的突破；同业生态圈新增客户 64 户，计划完成率列邮储银行第 2 位。

**三、风险管控**

——全面风险管理。完善授信管理评价、机构风险评估机制，优化分支机构风险管理考核体系。加强逾期分类管理，完善疫情特殊时期的资产质量管控工作机制，强化目标和过程双线管理，压实资产质量管控责任。细化授信政策落地执行，强化对绿色信贷、乡村振兴、兵团等领域授信业务发展的研究分析，分区域细化重点支持领域。开展资产保全“固堤清淤”行动，处置不良资产 4.27 亿元。

——内控合规和法律事务管理。大力推进风险经理派驻和非现场预警数据核查，派驻率 100%。自主研发“虚增储蓄业务”等 7 个风险预警模型，组织开展 7 项风险信息核查专项排查。加强法律审查，重要决策事项法律审查率 100%。强化反洗钱检查问题整改和基础管理，向人民银行报送重点可疑交易报告 6 份，协助公安机关立案 2 起，报送可疑线索 7 条。消费者权益保护“三道防线”进一步筑牢，全渠道投诉总数比上年下降 16.5%。

——安全生产和疫情防控工作。深入推进“平安邮储”创建工作，狠抓安全生产责任制落实，开展“消防安全隐患整改年”活动，加强安全生产大检查大整治，安全防范能力进一步提高。全年未发生安全生产和安保类责任事（案）件。深入贯彻党中央、国务院“疫情要防住、经济要稳住、发展要安全”的要求，保障特殊时期的平稳运行和有序复工复产。

**四、运营管理**

——财务管理。发挥绩效考核引领作用，突出轻资本经营、客户聚焦、价值存款和中间业务等领域，增设“人均收入”和“人均利润”“新业务落地加分”“存贷比”指标，进一步补短板、强弱势。强化信贷资源管理，加强日常监测及动态调剂，有效管控信贷计划。加强固定资产及投资管理，开展租入房屋清查和固定资产清查，加快推进购置房产权证办理。

——人力资源管理。加快推进国有企业改革，全面推行各级经理层成员任期制和契约化管理，规范领导人员任期制和契约化机制下的业绩考核模式，建立以契约为核心的权责体系。统筹优化干部队伍，调整干部 6 人，选拔干部 14 人。加强干部监督，对 8 人进行告诫谈话，开展提醒谈话 79 人次。畅通员工发展通道，职级晋升 716 人，薪档晋升 2134 人。严格执行绩效考核等级比例要求，有效体现绩效差异，树立业绩导向文化。加大人才招聘力度，放宽艰苦地区及招聘困难分行学历及专业要求，缓解艰苦地区人员紧张问题。

——网点效能和客户体验。加强网点效能管理，完成 6 个低效网点治理目标，服务类有责投诉比上年下降 59.1%。优化网点规划布局，3 个新设自营网点对外营业，自营网点室外标识 100% 应换尽换。推动客户体验持续提升，开展 3 期自主体验评测活动，推进消费贷款、个人理财和信用证 3 个客户旅程优化项目，完成兼职体验员和客户旅程优化师系统化管理。

——信用审批。针对重点行业开展本地化研究，由被动审贷向主动赋能转变，成功落地自主审批绿色新能源项目和棉花产业链核心客户业务。加强限时管理，提高审查审批时效，限时服务达标率 100%，受理授信业务比上年增长 63%、审批业务比上年增长 33%。

——信息科技。完成农民工工资监管系统、铁路资金监管系统等 10 个软件项目研发，配合总行上线新一代核心系统等 23 个信息化工程项目，完成 2 项数据建模课题和 147 项数据挖掘服务。疫情防控期间，开通近 600 个远程 VPN 应急账户，全力支撑业务发展。

——邮银协同。邮银板块协同项目全部超额完成集团公司计划目标。其中，军人客户新增 AUM 完成率 1473.49%，邮政代理引荐开放式缴费完成率 889.7%，邮政代理新增引荐信用卡客户完成率 111.96%，惠农融资 E 贷款年净增完成率 153.98%，邮政代理引荐融资 E 新增客户完成率 106.9%。

**五、党的建设**

——全面从严治党。认真学习宣传贯彻党的二十大精神，聚焦 7 个方面，抓好学习培训，将思想和行动统一到党的二十大精神上来。推行“项目制 + 清单制”党建工作模式，推动基层党组织工作全覆盖。深入开展党支部“领题破题”“三亮三比三评”，创新开展“三四五 +*X*”工作法，认真开展“行长值大堂”等主题活动，不断凝聚高质量发展的组织活力。统筹推进运用十九届中央第八轮巡视成果对照自查、集团公司党组巡视和内部巡察整改，通过真抓实改推动工作质量提升。

——党风廉政建设。围绕贯彻落实党的二十大精神、紧盯“关键少数”推进政治监督，开展落实意识形态责任制、巡视巡察整改、乡村振兴、疫情防控、安全生产等专项监督。创新开展“啄木鸟”意见建议征集与谈心谈话工作，信访量比上年下降 60%，源头治理成效显著。自主开发建成“啄木鸟”病虫害管理系统，在构建与合作单位亲清关系、创新关键领域监督方面积极探索。深入推进清廉金融文化建设，26 人次获得清廉文化建设奖项。

——企业文化建设。组织开展 9 项劳动竞赛，助推重点业务发展。设立开通心理咨询热线，建立心理关爱内训师队伍，为员工提供心理健康自助平台。针对疫情防控期间在单位值守人员，开展慰问及送医送药服务，将组织关怀传递给员工。开展志愿服务和捐助活动，用实际行动诠释守望相助、共克时艰的责任担当。（邮储银行）

## 【中邮证券新疆分公司】

**一、总体发展概况**

内设综合管理部、财富管理部、机构客户部 3 个部门，从业人员12人，其中本科及以上学历员工12人，占比100%。截至2022年12月31日，公司总账户41568户，融资融券账户21户，机构户15户，经纪业务客户总资产10.39亿元，实现业务总收入550万元，比上年增长81%，增长率排名第5位，累计销售金融产品1.65亿元，其中收益凭证1.57亿元，公募基金650万元，资管产品52万元，公募基金销售完成率排名第6位。新疆分公司协助博州国投成功发行8.2亿元私募债，落地农六师股权财务顾问项目及天莱牧业集团财务顾问项目，推动股票质押融资1亿元，质押期累计创收1200万元，净创收200万元，并储备可交债项目2个。

**二、业务发展**

——发挥协同优势，打牢发展基础。调整发展思路，相关指标纳入邮政公司季度奖励考核，定期参加季度板块协同会议，以问题为导向，解决并部署下一步重点工作。紧抓服务质量，专人对接地市协同，与员工及客户形成良好的沟通机制。强化督导跟进，丰富协作内容，固化日通报、周点评的模式，持续督导指标进度，发挥地市资源优势，深化推进"1+*N*"及"专精特新"企业开发，协同邮储银行公司部及金融部、邮政公司市场部联合走访"专精特新"企业，推进并购贷、评级授信、流贷、分销等业务，邮储银行推荐优质企业3家，其中投标1家（未中标，持续跟进）。树立系统思维，推进财富管理转型，以邮政大金融为背景，以客户为中心，发挥产品及服务互补优势，共同推进客户AUM的快速提升，定制收益凭证7只，累计销售规模1.17亿元；协同渠道业务培训实现全覆盖，邀请总部专业团队为邮储银行开展《新疆地区地方政府专项债》、分公司对邮政公司、邮储银行开展的业务培训，参培1957人次；邮政公司新增有效户1813户，完成年度目标的352%，全国排名第2位；邮储银行新增开户2289户，完成年度目标的88%。

——加强客户开发，拓宽服务半径。加强机构业务纵深发展，机构客户部深入研究各项业务发展特点，确立发展方向，内部开展银证合作、股票质押目标筛选、可交债及可转债业务、机构客户打新策略、市值管理等多项业务培训；梳理周边资源，明确攻克目标，推进机构业务向常态化和纵深发展。加强外拓企业拜访力度，实现疆内银行走访联络全覆盖、疆内上市公司走访联络全覆盖、疆内地市国投城投走访全覆盖。总分联动激活市场，与债权、股权、信用业务团队深入探讨交流，邀请8个业务团队共赴企业座谈，增强分公司专业水平；协助博州国投成功发行8.2亿元私募债、落地农六师股权财务顾问项目及天莱牧业集团财务顾问项目；分公司已与辖内近百家企业建立沟通机制，储备了公司债、可交债、定增、IPO、北交所、REITs、类REITs、ABS、财务顾问、投资顾问、市值托管等项目。拓展高质量客群，以个人客户为基础，推动私募基金合作，增强客户服务的专业性，满足客户个性化需求，提升专业化服务水平，分公司已提交私募基金白名单资料一份。丰富服务内容，推动客户多层次开发，拓宽思路，融合经纪与投行业务，深入挖掘客户需求，不断提升客户贡献度。强化服务能力，加强投资者教育，每周举办2次线上财富管理沙龙活动，用专业博得客户认可，用服务增强客户黏性。

**三、运营管理**

协助各地市协同业务发展，客户开户、特殊业务见证与审核，处理客户开户过程中遇到的各类问题；完成开户、金融产品销售等各业务需要的回访工作；处理分公司客户柜台业务；完成每月监管报表数据核对与上报；完成每日分公司基金、收益凭证等产品销售通报；参与公司基金等业务上线前各客户端系统测试。

分公司不断加强综合管理，以促进业务发展和提升经营效益为中心，强化预算管理和成本管控，严格执行证券行业监管、税务机关材料报送等要求；扎实开展选人用人工作，按照信念坚定、为民服务、勤政务实、敢于担当、清正廉洁的标准选拔和培养后备干部，夯实分公司优秀人才基础。

**四、风险管控**

按照不相容职务严格分离的原则，公司岗位前后台严格分离，公司业务岗位设置规范。参加总部组织的合规、反洗钱和风险管理业务培训、交流，按时完成分公司每月一次合规培训和每季度一次反洗钱培训。按时做好反洗钱宣传和信息报备工作，按时做好可疑交易分析与报告工作。日常管理中，定期或不定期对公司印章保管使用交接登记情况、业务台账管理、电话回访分类管理、业务档案登记及归档保管等工作进行检查，确保符合要求。做好与当地监管部门沟通联系工作，做好信息报送工作。

**五、党的建设**

——深化思想指引，持续加强党的建设。坚持用习近平新时代中国特色社会主义思想武装头脑、指导实践、推动工作；扎实推进政治理论学习，以学习研讨、撰写心得体会等落实学习效果；利用新媒体平台营造学习氛围。

——贯彻"三会一课"制度，推进党建与生产经营融合。党员政治理论学习每月2次常态化；开展"绿水青山就是金山银山－天山大道捡拾垃圾"主题活动、观看爱国主义教育电影等主题党日活动、支部书记讲党课等多种形式活动，把企业党建工作与业务工作有机结合起来，把党建各项工作任务最终落到党支部，落到每个党员干部。

——切实强化党风廉政建设，严格落实“三亮三比三评”。持续加强党风廉政建设，认真落实中央八项规定和“反四风”整治工作。开展“三亮三比三评”活动，充分发挥分公司党支部的战斗堡垒作用，服务经营发展工作。分公司党员能够充分发挥模范带头作用，推动分公司健康稳定发展。

——认真开展巡视整改工作。开展 2021 年集团巡视整改和运用十九届中央第八轮巡视成果对照整改工作，坚持问题导向，强化责任担当，狠抓工作落实，整改落实工作取得良好成效。（中邮证券）

# 附　录

◇ 2022 年邮政行业发展统计公报

◇ 国家邮政局公布 2022 年邮政行业运行情况

# 2022 年邮政行业发展统计公报

2022 年是党和国家历史上极为重要的一年。党的二十大胜利召开，描绘了全面建设社会主义现代化国家的宏伟蓝图。邮政行业在以习近平同志为核心的党中央坚强领导下，以习近平新时代中国特色社会主义思想为指导，按照“疫情要防住、经济要稳住、发展要安全”的要求，高效统筹疫情防控和邮政快递各项工作，奋力谱写加快交通强国建设邮政新篇章，为经济社会发展作出了积极贡献。

## 一、业务发展情况

### （一）业务规模

2022 年邮政行业寄递业务量完成 1390.9 亿件，同比增长 2.7%。其中，快递业务量完成 1105.8 亿件，同比增长 2.1%。

2022 年邮政集团函件业务量完成 9.4 亿件，同比下降 13.5%；包裹业务量完成 1757.3 万件，同比下降 3.6%；订销报纸业务完成 165.6 亿份，同比增长 1.0%；订销杂志业务完成 6.9 亿份，同比增长 0.7%；汇兑业务完成 433.3 万笔，同比下降 32.9%。

2022 年邮政行业业务收入（不包括邮政储蓄银行直接营业收入）完成 13509.6 亿元，同比增长 6.9%。其中，快递业务收入完成 10566.7 亿元，同比增长 2.3%。快递业务收入占行业总收入的比重为 78.2%，比上年下降了 3.5 个百分点。

快递与包裹服务品牌集中度指数 CR8 为 84.5。

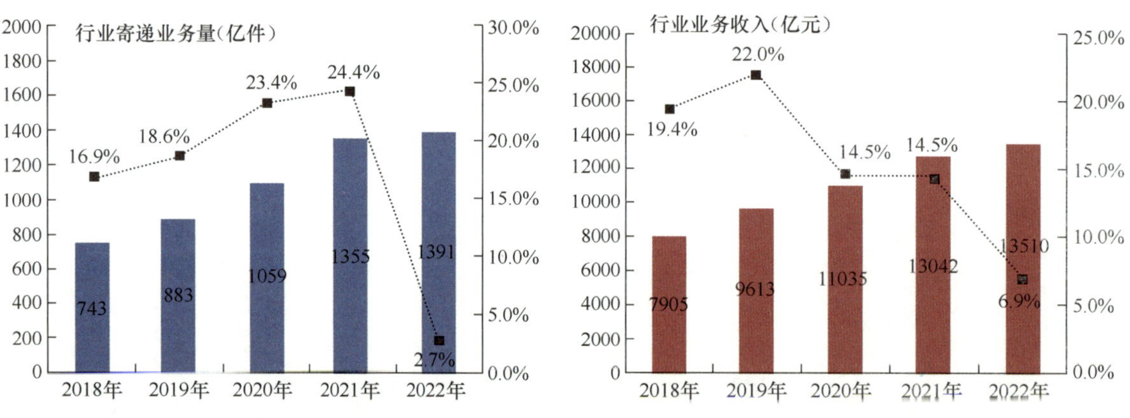


图 1　2018—2022 年邮政行业发展情况

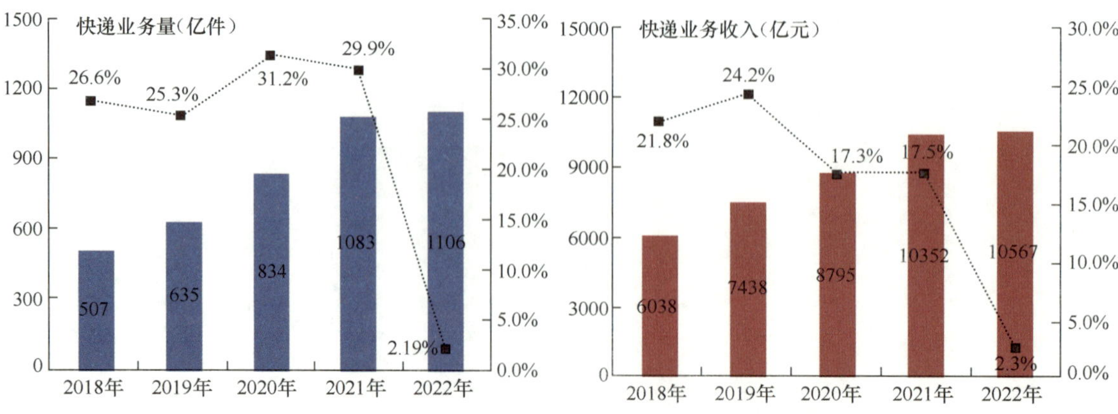


图 2　2018—2022 年快递业务发展情况

（二）业务结构

2022 年同城快递业务量完成 128.0 亿件，同比下降 9.3%；异地快递业务量完成 957.7 亿件，同比增长 4.0%；国际 / 港澳台快递业务量完成 20.2 亿件，同比下降 4.1%。同城、异地、国际 / 港澳台快递业务量占全部比例分别为 11.6%、86.6% 和 1.8%。

2022 年同城快递业务收入完成 684.5 亿元，同比下降 16.2%；异地快递业务收入完成 5229.0 亿元，与去年同期持平；国际 / 港澳台快递业务收入完成 1161.1 亿元，同比下降 0.2%。同城、异地、国际 / 港澳台快递业务收入占全部比例分别为 6.5%、49.5% 和 11.0%。

（三）区域结构

东、中、西部地区快递业务量比重分别为 76.8%、15.7% 和 7.5%，快递业务收入比重分别为 77.6%、13.4% 和 9.0%。东部地区完成快递业务量 849.6 亿件，同比增长 0.4%；实现业务收入 8196.8 亿元，同比增长 1.5%。中部地区完成快递业务量 173.5 亿件，同比增长 10.1%；实现业务收入 1417.0 亿元，同比增长 6.2%。西部地区完成快递业务量 82.7 亿件，同比增长 4.6%；实现业务收入 953.0 亿元，同比增长 3.6%。

快递业务量排名前 5 位的省份依次是广东、浙江、江苏、山东和河北，其快递业务量合计占全部快递业务量的比重达到 65.8%，较上年前 5 位占比下降 0.2 个百分点。快递业务收入排名前 5 位的省份依次是广东、上海、浙江、江苏和山东，其快递业务收入合计占全部快递业务收入的比重达到 64.7%，较上年前 5 位占比提高 0.1 个百分点。

快递业务量排名前 15 位的城市依次是金华（义乌）、广州、深圳、揭阳、杭州、东莞、上海、汕头、苏州、泉州、北京、武汉、成都、温州和佛山，其快递业务量合计占全部快递业务量的比重达到 51.1%。

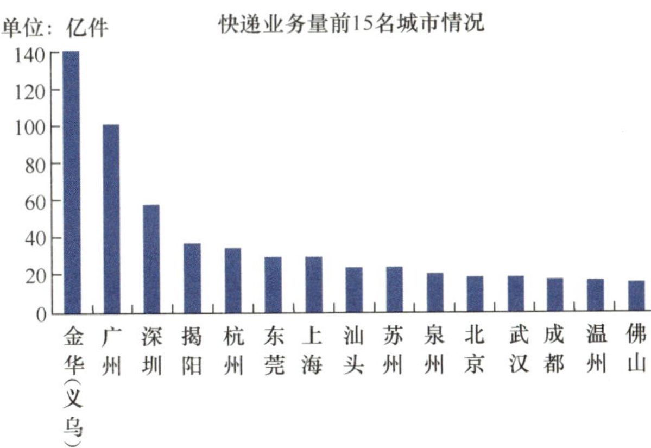


图 3 快递业务量前 15 名城市情况

快递业务收入排名前 15 位的城市依次是上海、广州、深圳、金华（义乌）、杭州、北京、东莞、苏州、揭阳、佛山、成都、武汉、天津、郑州和宁波，其快递业务收入合计占全部快递业务收入的比重达到 55.5%。

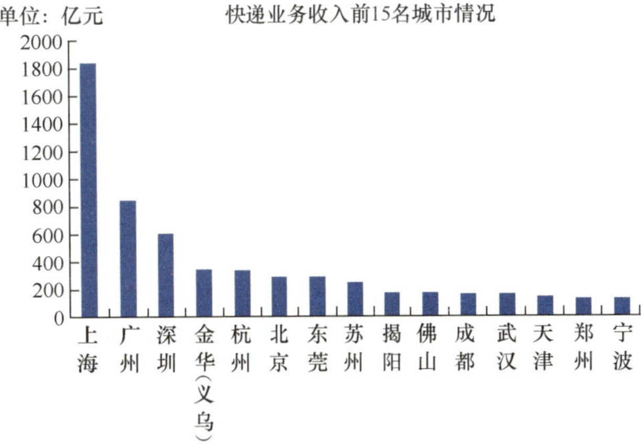


图 4 快递业务收入前 15 名城市情况

## 二、通信能力和服务水平

（一）机构设备

全行业拥有各类营业网点 43.4 万处，比上年末增加 2.1 万处，其中设在农村的 11.7 万处，比上年末增加 0.1 万处。快递服务营业网点 23.1 万处，比上年末增加 0.3 万处，其中设在农村的 7.6 万处，比上年末增加 0.1 万处。

全国拥有邮政信筒信箱 9.2 万个，比上年末减少 0.3 万个。全国拥有邮政报刊亭 0.8 万处，比上年末减少 0.1 万处。

全行业拥有国内快递专用货机 161 架，比上年末增加 19 架。全行业拥有汽车 36.8 万辆，比上年末增加 1.9 万辆，其中快递服务汽车 26.5 万辆，比上年末增加 1.4 万辆。

（二）通信网路

全国邮政邮路总条数 4.4 万条，比上年末减少 0.2 万条。邮路总长度（单程）1142.5 万公里，比上年末减少 50.3 万公里。全国邮政农村投递路线 10.4 万条，比上年末减少 0.1 万条；农村投递路线长度（单程）414.7 万公里，比上年末减少 0.9 万公里。全国邮政城市投递路线 11.9 万条，比上年末增加 0.4 万条；城市投递路线长度（单程）237.5 万公里，比上年末增加 3.6 万公里。全国快递服务网路条数 21.2 万条，比上年末增加 1.2 万条。快递服务网路长度（单程）4870.4 万公里，比上年末增加 564.8 万公里。

（三）服务能力

全行业平均每一营业网点服务面积为 22.1 平方公里；平均每一营业网点服务人口为 0.3 万人。邮政公司城区每日平均投递 2 次，农村每周平均投递 5 次。全国年人均函件量为 0.7 件，每百人订有报刊量为 7.6 份，年人均快递使用量为 78.3 件。年人均用邮支出 956.9 元，年人均快递支出 748.5 元。

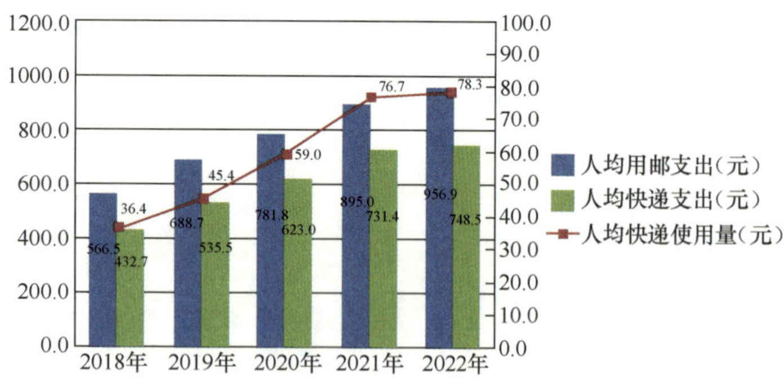


图5　2018—2022 年人均用邮支出、快递支出和快递使用量情况

备注：

1. 本公报中邮政集团业务、通信能力和服务水平有关数据来自年报，其他数据为月报统计数据。
2. 各项统计数据未包括香港特别行政区和澳门特别行政区及台湾省。
3. 部分数据因四舍五入的原因，存在着与分项合计不等的情况。
4. 全国人口数据来自国家统计局《中华人民共和国2022年国民经济和社会发展统计公报》。（国家邮政局官网 2023 年 05 月 26 日）

# 国家邮政局公布 2022 年邮政行业运行情况

2022 年，邮政行业寄递业务量累计完成 1391.0 亿件，同比增长 2.7%。其中，快递业务量累计完成 1105.8 亿件，同比增长 2.1%；邮政寄递服务业务量累计完成 285.2 亿件，同比增长 5.0%。

2022 年，邮政函件业务累计完成 9.4 亿件，同比下降 13.5%；包裹业务累计完成 1757.3 万件，同比下降 3.6%；报纸业务累计完成 165.6 亿份，同比增长 1.1%；杂志业务累计完成 6.9 亿份，同比增长 0.8%；汇兑业务累计完成 433.3 万笔，同比下降 32.9%。

2022 年，同城快递业务量累计完成 128.0 亿件，同比下降 9.3%；异地业务量累计完成 957.7 亿件，同比增长 4.0%；国际 / 港澳台业务量累计完成 20.2 亿件，同比下降 4.1%。

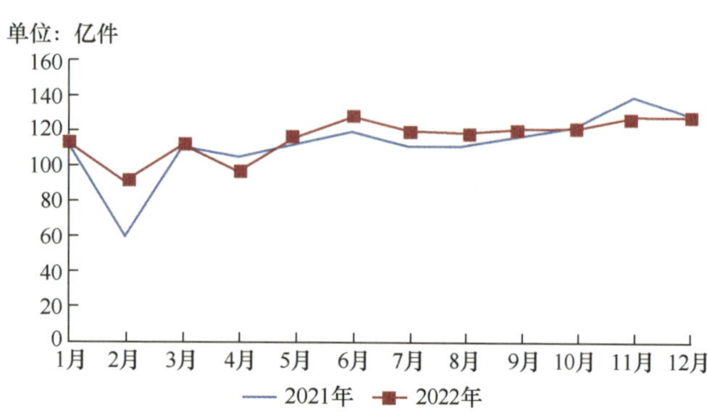


图 1　邮政行业寄递业务量

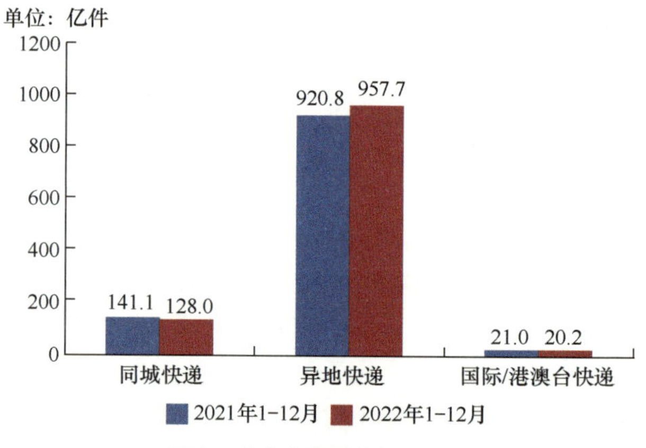


图 2　分专业快递业务量比较

2022 年，邮政行业业务收入（不包括邮政储蓄银行直接营业收入）累计完成 13509.6 亿元，同比增长 6.9%；其中，快递业务收入累计完成 10566.7 亿元，同比增长 2.3%；邮政寄递服务业务收入累计完成 383.6 亿元，同比下降 2.7%。

12 月份，邮政行业寄递业务量完成 127.9 亿件，同比下降 0.9%。其中，快递业务量完成 103.7 亿件，同比增长 1.2%；邮政寄递服务业务量完成 24.2 亿件，同比下降 8.6%。

12 月份，邮政行业业务收入（不包括邮政储蓄银行直接营业收入）完成 1230.9 亿元，同比增长 21.4%；其中，快递业务收入完成 996.9 亿元，同比增长 8.6%；邮政寄递服务业务收入完成 30.2 亿元，同比下降 18.9%。

2022 年，同城、异地、国际 / 港澳台快递业务量分别占全部快递业务量的 11.6%、86.6% 和 1.8%；业务收入分别占全部快递业务收入的 6.5%、49.5% 和 11.0%。与去年同期相比，同城快递业务量的比重下降 1.4 个百分点，异地快递业务量的比重上升 1.6 个百分点，国际 / 港澳台业务量的比重下降 0.2 个百分点。

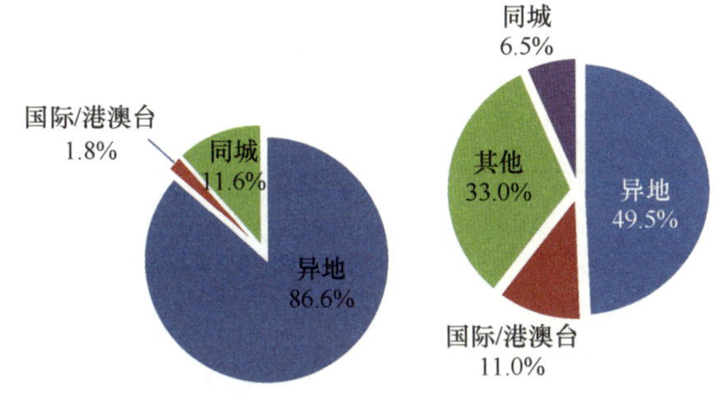


图 3-1 快递业务量结构 图 3-2 快递业务收入结构

2022 年，东、中、西部地区快递业务量比重分别为 76.8%、15.7% 和 7.5%，业务收入比重分别为 77.6%、13.4% 和 9.0%。与去年同期相比，东部地区快递业务量比重下降 1.3 个百分点，快递业务收入比重下降 0.6 个百分点；中部地区快递业务量比重上升 1.1 个百分点，快递业务收入比重上升 0.5 个百分点；西部地区快递业务量比重上升 0.2 个百分点，快递业务收入比重上升 0.1 个百分点。

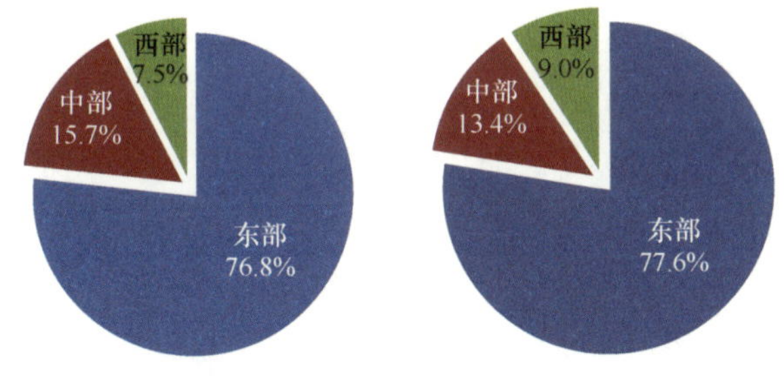


图 4-1 地区快递业务量结构 图 4-2 地区快递业务收入结构

2022 年，快递与包裹服务品牌集中度指数 CR8 为 84.5，较 1—11 月下降了 0.1。

**全国邮政行业发展情况表**

| 指标名称 | 单位 | 12 月份 | | 比去年同期增长（%） | |
|---|---|---|---|---|---|
| | | 累计 | 当月 | 累计 | 当月 |
| 一、邮政行业寄递业务量 | 万件 | 13909688.6 | 1279006.7 | 2.7 | -0.9 |
| 1. 快递业务 | 万件 | 11058122.0 | 1036632.6 | 2.1 | 1.2 |
| 其中：同城 | 万件 | 1279534.7 | 112111.1 | -9.3 | -16.8 |
| 异地 | 万件 | 9576783.7 | 901099.2 | 4.0 | 3.3 |
| 国际 / 港澳台 | 万件 | 201803.5 | 23422.3 | -4.1 | 33.3 |
| 2. 邮政寄递服务 | 万件 | 2851566.6 | 242374.1 | 5.0 | -8.6 |
| 其中：函件 | 万件 | 94062.1 | 8930.5 | -13.5 | 19.3 |
| 包裹 | 万件 | 1757.3 | 214.2 | -3.6 | 29.6 |
| 订销报纸累计数 | 万份 | 1656218.2 | 144818.2 | 1.1 | 2.0 |
| 订销杂志累计数 | 万份 | 69098.1 | 5602.3 | 0.8 | 0.1 |
| 汇兑 | 万笔 | 433.3 | 36.1 | -32.9 | -31.9 |
| 二、邮政行业业务收入 | 亿元 | 13509.6 | 1230.9 | 6.9 | 21.4 |
| 其中：快递业务 | 亿元 | 10566.7 | 996.9 | 2.3 | 8.6 |
| 邮政寄递服务 | 亿元 | 383.6 | 30.2 | -2.7 | -18.9 |

续表

注：邮政行业业务收入中未包括邮政储蓄银行直接营业收入。

**分省快递服务企业业务量和业务收入情况表**

| 单位 | 快递业务量累计（万件） | 同比增长（%） | 快递业务收入累计（万元） | 同比增长（%） |
|---|---|---|---|---|
| 全国 | 11058122.0 | 2.1 | 105667264.6 | 2.3 |
| 北京 | 195628.5 | -11.5 | 2915532.3 | -7.0 |
| 天津 | 121552.9 | -1.5 | 1374733.2 | -1.9 |
| 河北 | 526889.0 | 4.1 | 3802277.8 | -5.8 |
| 山西 | 70585.0 | -9.7 | 794701.5 | -11.9 |
| 内蒙古 | 24213.5 | -7.2 | 483439.1 | -6.9 |
| 辽宁 | 171216.7 | 4.2 | 1689150.5 | 0.7 |
| 吉林 | 58194.0 | -6.4 | 713756.7 | -7.2 |
| 黑龙江 | 72638.1 | 20.1 | 895306.0 | 7.4 |
| 上海 | 285770.4 | -23.6 | 18454342.2 | 7.6 |
| 江苏 | 871160.7 | 1.2 | 8213333.3 | 4.2 |
| 浙江 | 2290410.3 | 0.5 | 12049381.1 | -4.7 |
| 安徽 | 353238.8 | 13.0 | 2374648.4 | 9.5 |
| 福建 | 426376.5 | 2.7 | 3548369.1 | 1.0 |
| 江西 | 182264.7 | 13.9 | 1617054.7 | 12.1 |
| 山东 | 577179.8 | 3.1 | 4518325.9 | 0.5 |
| 河南 | 445289.4 | 2.2 | 3313457.8 | 3.8 |
| 湖北 | 321241.6 | 19.3 | 2673822.6 | 10.8 |
| 湖南 | 231716.8 | 17.1 | 1786807.5 | 10.0 |
| 广东 | 3013602.8 | 2.3 | 25103048.8 | 2.3 |
| 广西 | 105450.9 | 2.6 | 1168930.0 | 3.7 |
| 海南 | 16561.0 | 14.2 | 299529.5 | 3.3 |

续表

| 单位 | 快递业务量累计（万件） | 同比增长（%） | 快递业务收入累计（万元） | 同比增长（%） |
|---|---|---|---|---|
| 重庆 | 109176.8 | 11.5 | 1115136.6 | 7.8 |
| 四川 | 286917.5 | 3.1 | 2782040.6 | 3.8 |
| 贵州 | 49204.6 | 23.7 | 726716.0 | 9.0 |
| 云南 | 88781.8 | 5.5 | 987788.3 | 8.7 |
| 西藏 | 1219.3 | –17.9 | 44815.9 | –9.4 |
| 陕西 | 112826.2 | 0.9 | 1251205.8 | 3.4 |
| 甘肃 | 19588.3 | 6.1 | 381585.5 | 3.2 |
| 青海 | 3103.6 | –15.8 | 83052.9 | –17.7 |
| 宁夏 | 9905.9 | –0.6 | 156235.8 | 1.4 |
| 新疆 | 16216.5 | 0.2 | 348739.4 | –7.3 |

### 快递业务量前50位城市情况表

| 排名 | 城市 | 快递业务量累计（万件） | 排名 | 城市 | 快递业务量累计（万件） |
|---|---|---|---|---|---|
| 1 | 金华（义乌）市 | 1180468.0 | 26 | 重庆市 | 109176.8 |
| 2 | 广州市 | 1013080.9 | 27 | 南通市 | 108976.7 |
| 3 | 深圳市 | 579983.0 | 28 | 无锡市 | 96128.1 |
| 4 | 揭阳市 | 372893.7 | 29 | 绍兴市 | 93581.8 |
| 5 | 杭州市 | 348459.5 | 30 | 南京市 | 91565.8 |
| 6 | 东莞市 | 288061.6 | 31 | 中山市 | 87148.9 |
| 7 | 上海市 | 285770.4 | 32 | 青岛市 | 80928.7 |
| 8 | 汕头市 | 245711.6 | 33 | 廊坊市 | 78681.3 |
| 9 | 苏州市 | 243498.4 | 34 | 西安市 | 77670.2 |
| 10 | 泉州市 | 210753.4 | 35 | 济南市 | 76856.0 |
| 11 | 北京市 | 195628.5 | 36 | 沈阳市 | 76502.2 |
| 12 | 武汉市 | 184599.4 | 37 | 潮州市 | 73854.3 |
| 13 | 成都市 | 175968.3 | 38 | 南昌市 | 63263.8 |
| 14 | 温州市 | 167561.7 | 39 | 湖州市 | 61453.7 |
| 15 | 佛山市 | 158426.2 | 40 | 商丘市 | 59543.4 |
| 16 | 郑州市 | 148490.1 | 41 | 福州市 | 56938.5 |
| 17 | 石家庄市 | 146150.0 | 42 | 宿迁市 | 56873.1 |
| 18 | 宁波市 | 144131.7 | 43 | 厦门市 | 56548.4 |
| 19 | 临沂市 | 143394.3 | 44 | 昆明市 | 56493.1 |
| 20 | 台州市 | 139797.4 | 45 | 惠州市 | 56061.7 |

续表

| 排名 | 城市 | 快递业务量累计（万件） | 排名 | 城市 | 快递业务量累计（万件） |
|---|---|---|---|---|---|
| 21 | 长沙市 | 138933.5 | 46 | 邢台市 | 53868.8 |
| 22 | 合肥市 | 132838.1 | 47 | 徐州市 | 51783.0 |
| 23 | 保定市 | 127333.9 | 48 | 哈尔滨市 | 50070.0 |
| 24 | 嘉兴市 | 121620.6 | 49 | 南宁市 | 48751.4 |
| 25 | 天津市 | 121552.9 | 50 | 潍坊市 | 48665.1 |

### 快递业务收入前50位城市情况表

| 排名 | 城市 | 快递业务收入累计（万元） | 排名 | 城市 | 快递业务收入累计（万元） |
|---|---|---|---|---|---|
| 1 | 上海市 | 18454342.2 | 26 | 青岛市 | 860261.6 |
| 2 | 广州市 | 8404275.1 | 27 | 西安市 | 849690.1 |
| 3 | 深圳市 | 6021671.5 | 28 | 济南市 | 820670.0 |
| 4 | 金华（义乌）市 | 3417986.6 | 29 | 厦门市 | 786009.5 |
| 5 | 杭州市 | 3355474.5 | 30 | 南通市 | 777943.1 |
| 6 | 北京市 | 2915532.3 | 31 | 沈阳市 | 749387.6 |
| 7 | 东莞市 | 2890080.3 | 32 | 中山市 | 739430.6 |
| 8 | 苏州市 | 2489998.4 | 33 | 台州市 | 732683.3 |
| 9 | 揭阳市 | 1780487.6 | 34 | 廊坊市 | 715626.4 |
| 10 | 佛山市 | 1743644.7 | 35 | 福州市 | 712439.2 |
| 11 | 成都市 | 1632977.8 | 36 | 南昌市 | 695776.9 |
| 12 | 武汉市 | 1591062.7 | 37 | 保定市 | 687072.6 |
| 13 | 天津市 | 1374733.2 | 38 | 临沂市 | 661319.4 |
| 14 | 郑州市 | 1311368.6 | 39 | 常州市 | 603783.8 |
| 15 | 宁波市 | 1303778.4 | 40 | 哈尔滨市 | 571578.8 |
| 16 | 泉州市 | 1252772.0 | 41 | 南宁市 | 555167.6 |
| 17 | 汕头市 | 1234807.6 | 42 | 昆明市 | 537612.1 |
| 18 | 重庆市 | 1115136.6 | 43 | 惠州市 | 524283.6 |
| 19 | 无锡市 | 1081282.3 | 44 | 绍兴市 | 507834.3 |
| 20 | 嘉兴市 | 1053403.5 | 45 | 长春市 | 447481.6 |
| 21 | 温州市 | 1030664.1 | 46 | 徐州市 | 409731.0 |
| 22 | 长沙市 | 994041.7 | 47 | 湖州市 | 401788.5 |
| 23 | 南京市 | 942257.9 | 48 | 大连市 | 370145.0 |
| 24 | 合肥市 | 920183.1 | 49 | 潍坊市 | 348761.9 |
| 25 | 石家庄市 | 863609.2 | 50 | 太原市 | 333765.5 |

（国家邮政局网站 2023 年 1 月 18 日）